# Estudos sobre *Law Enforcement*, *Compliance* e Responsabilidade Empresarial

# Estudos sobre *Law Enforcement*, *Compliance* e Responsabilidade Empresarial

2023

Comissão Organizadora
Paulo de Sousa Mendes
Teresa Quintela de Brito
Rui Soares Pereira
José Neves da Costa
Miguel da Câmara Machado

ALMEDINA

**ESTUDOS SOBRE *LAW ENFORCEMENT, COMPLIANCE* E RESPONSABILIDADE EMPRESARIAL**

COMISSÃO ORGANIZADORA
Paulo de Sousa Mendes
Teresa Quintela de Brito
Rui Soares Pereira
José Neves da Costa
Miguel da Câmara Machado

EDITOR
EDIÇÕES ALMEDINA, S.A.
Avenida Emídio Navarro, 81, 3D
3000-151 Coimbra
Tel.: 239 851 904 · Fax: 239 851 901
www.almedina.net · editora@almedina.net

DESIGN DE CAPA
EDIÇÕES ALMEDINA, S.A.

PRÉ-IMPRESSÃO
João Jegundo

IMPRESSÃO E ACABAMENTO

Março, 2023

ISBN
978-989-40-1093-7

DEPÓSITO LEGAL



ALMEDINA | GRUPOALMEDINA

# NOTA INTRODUTÓRIA

O Centro de Investigação em Direito Privado (CIDP) da Faculdade de Direito da Universidade de Lisboa organizou, no ano letivo de 2021/2022, o III Curso de Pós-Graduação sobre "*Law Enforcement*, *Compliance* e Responsabilidade Empresarial: O papel e responsabilidades das autoridades independentes, das empresas e dos seus dirigentes".

O programa do Curso procurou, ao longo das suas 44 sessões, cobrir os diversos desafios que as matérias da aplicação efetiva do Direito (*law enforcement*) e do cumprimento normativo (*compliance*) levantam. Para tal, dividiu-se em quatro grandes blocos: um primeiro que tratava dos desafios da regulação responsiva e da autorregulação regulada; um segundo incidente sobre os temas das responsabilidades civil, contraordenacional e penal das pessoas singulares e coletivas; um terceiro que versava sobre os princípios do cumprimento normativo e um quarto dedicado aos desafios intersectoriais de *law enforcement* e *compliance*, cobrindo temas no âmbito da atividade bancária, da prevenção do branqueamento de capitais e do financiamento do terrorismo, dos mercados financeiros, da concorrência, da proteção de dados pessoais, da grande distribuição de produtos em mercado retalhista, da prevenção da corrupção, do *compliance* ambiental, do *compliance* laboral e da inovação tecnológica.

O propósito do referido Curso passou, pois, por percorrer e estudar de forma ampla, atualizada e compreensiva os principais problemas e desafios se colocam às autoridades reguladoras, às empresas e aos seus dirigentes nas áreas da aplicação efetiva do Direito e do cumprimento normativo, habilitando os Auditores do Curso com uma formação sólida, atualizada e interdisciplinar.

Tal propósito foi conseguido, em grande parte, graças à junção de um leque de conferencistas que ofereceu contributos e perspetivas teóricas e práticas, nacionais e internacionais, sobre os temas em apreço, tendo-se promovido, em todas as sessões, o debate de diferentes pontos de vista acerca dos problemas e juntado, num mesmo espaço, perspetivas teóricas plurais e experiências práticas variadas, fomentando a reflexão crítica.

A monografia que agora se publica, em seguimento lógico daqueloutras resultantes das duas edições anteriores do Curso, propõe-se a continuar o nosso esforço de sistematização de alguns dos principais problemas gerais e sectoriais colocados pela constante tensão entre, por um lado, a necessidade de o Estado assegurar a aplicação efetiva do Direito aos agentes sociais e operadores económicos e, por outro, o esforço voluntário por parte destes para adequar a sua resposta às múltiplas exigências legais e regulatórias que sobre si impendem. A obra é composta por textos desenvolvidos a partir das apresentações feitas pelos Conferencistas. A todos os Autores deixamos o nosso agradecimento.

Lisboa, 16 de janeiro de 2023

A Comissão Organizadora,
Paulo de Sousa Mendes
Teresa Quintela de Brito
Rui Soares Pereira
José Neves da Costa
Miguel da Câmara Machado

Centro de Investigação de Direito Privado

FACULDADE DE DIREITO
UNIVERSIDADE DE LISBOA

# I

# REGULAÇÃO RESPONSIVA
# E AUTORREGULAÇÃO REGULADA

# Regulação responsiva, autorregulação regulada e responsabilidade empresarial

Paulo de Sousa Mendes*



## Introdução

O cumprimento normativo (*compliance*) ganhou uma enorme visibilidade desde que as empresas começaram a adotar programas corporativos de prevenção de ilícitos, em ordem a minorar significativamente os riscos de responsabilização das sociedades comerciais e dos respetivos dirigentes nos âmbitos civil, contraordenacional (administrativo, contravencional ou regulatório) e até criminal e, com isso, a defender não apenas os donos do negócio, mas também, genericamente, os diversos interessados (*stakeholders*).

O cumprimento normativo consistiu inicialmente numa autorregulação voluntária (*voluntary self-regulation*)[1] das empresas ou grupos de empresas, alargando-se, por vezes, a nichos ou setores de atividade económica[2].

* Professor Catedrático da Faculdade de Direito da Universidade de Lisboa (FDUL). É (Co)coordenador científico do Mestrado em Direito e Gestão da FDUL e ISEG.

[1] O conceito de autorregulação voluntária deve-se a Braithwaite, 1982: 1469.

[2] Braithwaite dá o exemplo do programa de autorregulação setorial criado pela Associação Nacional de Intermediários Financeiros (*National Association of Securities Dealers* – NASD), ao

Do interesse manifestado pelos reguladores (*regulators*)[3] em relação às vantagens do cumprimento normativo adotado pela indústria foi emergindo a autorregulação regulada ou imposta (*enforced self-regulation*)[4]. A autorregulação regulada significa que as empresas passaram a ser obrigadas a redigir os seus próprios programas de cumprimento normativo, os quais devem depois ser certificados por entidades devidamente acreditadas para o efeito. Havendo falhas no cumprimento desses programas certificados, as mesmas são supridas por meio da intervenção efetiva das autoridades administrativas independentes, tais como as agências setoriais (mercados de crédito, financeiro, elétrico, comunicações, etc.) ou transversais (concorrência)[5].

A autorregulação regulada constitui assim um meio termo entre a autorregulação pura e o controlo estatal direto, o que se tornou possível porque o cumprimento normativo encontrou eco do lado da regulação das atividades económicas. A regulação clássica era distante da indústria e adotava uma postura formalista de comando e controlo (*command and control regulation*)[6]. Ou seja, a cada pedido de informação, auditoria ou inspeção a que se seguisse a descoberta de um incumprimento de deveres por parte das empresas visadas respondia o regulador mediante a instauração de procedimentos instrutórios destinados à aplicação de sanções. Já a regulação responsiva ou sensível (*responsive regulation*)[7] adequa-se sim-

abrigo da Secção 15A da Lei do Mercado de Valores Mobiliários (*Securities Exchange Act*), de 1934. Esse programa conferia àquela entidade associativa privada autênticos poderes inspetivos relativamente a instalações, livros e registos dos respetivos membros para confirmação do cumprimento ou eventual violação dos regulamentos da autoridade reguladora do mercado de valores mobiliários (cf. Braithwaite, 1982: 1468).

[3] Há quem prefira um conceito amplo de reguladores, mas, no presente contexto, usaremos a expressão no sentido de autoridades administrativas independentes, segundo o modelo original das agências independentes (*independent agencies*) norte-americanas. Em favor do conceito amplo, abrangendo, por exemplo, o Departamento Federal de Investigação dos Estados Unidos (*U.S. Federal Bureau of Investigation* – FBI), cf. Braithwaite, 2017: 23. No entanto, a referência ao FBI suscita confusão, pois não é uma agência reguladora, muito menos independente, já que a sua principal função é auxiliar os procuradores do Departamento de Justiça dos EUA (*Department of Justice* – DOJ).

[4] O conceito de autorregulação imposta deve-se a Braithwaite,1982: 1470.

[5] A definição de autorregulação imposta utilizada em texto pode ver-se em Ayres/Braithwaite, 1992: 6.

[6] Cf. Ayres/Braithwaite, 1992: 6.

[7] O conceito de regulação responsiva deve-se a Ayres/Braithwaite, 1992: 4 e *passim*.

bioticamente às melhorias no cumprimento normativo da indústria, escolhendo dessa forma a oportunidade e a intensidade da atuação, não apenas supervisora, mas também sancionadora. A atuação dos reguladores, em ambos os domínios, é assim calibrada e doseada de modo a ajustar-se ao comportamento das empresas e ao seu contexto. Os reguladores preferem assim aplicar medidas persuasivas e, em caso de ineficácia das mesmas, escalar sucessivamente para medidas mais severas, seja de aviso, tais como as cartas de advertência, seja de ressarcimento de danos, seja de sancionamento administrativo e até penal, seja, quando tudo falha, de suspensão ou mesmo revogação da licença de laboração, segundo um esquema que é designado, em sentido figurado, de pirâmide da intervenção regulatória (*enforcement pyramid*)[8]. A regulação responsiva por parte do Estado afigura-se especialmente adequada à promoção da autorregulação regulada por parte das empresas, muito mais do que a atitude formalista de comando e controlo poderia sê-lo para o mesmo efeito. Por isso mesmo, é possível considerar a regulação responsiva como uma espécie de autorregulação regulada, na verdade a mais perfeita. Assim é porque a regulação responsiva oferece uma maneira eficiente de reduzir tanto os custos de regulação como os de conformidade, ao mesmo tempo que é a forma menos disruptiva de as empresas continuarem a realizar as respetivas atividades económicas relevantes para a sociedade como um todo.

Segundo Ayres e Braithwaite, a tensão crucial em todas as áreas de regulação revela-se entre o ser orientado-para-a-punição (*punishment-oriented*) e o ser orientado-para-o-problema (*problem-oriented*). A ideia fundadora da regulação responsiva é que os reguladores sejam sensíveis à conduta dos regulados quando tiverem de decidir uma intervenção mais ou menos robusta. Em particular, os reguladores devem corresponder à eficácia com que os cidadãos e as empresas se autorregulam antes de decidirem escalar a intervenção. A reserva mais frequentemente oposta à regulação responsiva é o não estar concebida para maximizar a consistência na aplicação da lei. A ideia de regulação responsiva surgiu da insatisfação com o debate sobre a regulação empresarial, alguns argumentando que os empresários são atores racionais que só reconhecem a linguagem do sancionamento, devendo por isso mesmo ser punidos consistentemente por quaisquer transgressões

[8] O conceito de pirâmide da intervenção regulatória deve-se igualmente a Ayres/Braithwaite, 1992: 4, 35-38 e *passim*.

legais, outros contrapondo que os empresários são cidadãos responsáveis que podem ser persuadidos a entrar em conformidade com as exigências legais. Em diferentes contextos, há muito de verdade em ambas as posições doutrinárias. Tal significa, porém, que tanto a punição consistente como a persuasão consistente são estratégias inviáveis[9]. Nos círculos da regulação empresarial, hoje em dia, não há muita contestação da conclusão de que a punição consistente dos casos identificados de incumprimento da empresa é uma má política e que a persuasão, abstraindo de quaisquer circunstâncias excecionais, é o melhor caminho a seguir quando haja motivos para suspeitar que a conformidade vem a caminho, embora ainda sejam necessários estudos empíricos sobre a melhoria efetiva do cumprimento normativo por meio da reorientação da vigilância regulatória para a cooperação com as empresas[10]. Talvez a causa mais comum do fracasso sistemático da justiça restaurativa e da dissuasão seja que o descumprimento não se deve à falta de boa vontade para cumprir, nem ao cálculo racional para transgredir, mas simplesmente à incompetência da gestão para cumprir[11]. Portanto, a regulação responsiva pode ser definida como a alavanca mais desejável para a autorregulação regulada.

Não obstante os conceitos de regulação responsiva e de autorregulação regulada terem uma origem doutrinária, os mesmos não surgiram como meras propostas de modelos de atuação para os reguladores e as empresas, mas antes como resultado de uma análise empírica da evolução do mundo dos negócios nas sociedades desenvolvidas[12]. Sendo assim, revelam tendências que têm expressão na realidade económica, política e social das sociedades desenvolvidas, extravasando, aliás, do amplo espaço anglo-saxónico em que emergiram.

No presente texto procuraremos enquadrar sumariamente as dificuldades levantadas pela necessidade de articulação da regulação responsiva com a autorregulação regulada e tentaremos dar resposta a onze questões, começando pelas três seguintes:

[9] Cf. BRAITHWAITE, 2002: 29.

[10] Cf. BRAITHWAITE, 2002: 30.

[11] Cf. BRAITHWAITE, 2002: 32.

[12] A formação de Braithwaite como criminólogo ajuda a este tipo de abordagem dos fenómenos estudados.

I. Como evitar que os reguladores se iludam quanto à verdadeira eficácia de programas de cumprimento normativo que, ao fim e ao cabo, são impostos à indústria?
II. Como conseguir que as empresas apliquem genuínos programas de cumprimento normativo, em vez de se deixarem dominar pelo desejo de enganar os reguladores e, assim, tentarem fugir à responsabilidade própria e transferi-la para sujeitos individuais no interior das estruturas corporativas?
III. Como transformar a regulação responsiva e a autorregulação regulada numa relação virtuosa?

A terceira questão é uma síntese das duas anteriores, na medida em que são, de facto, os dois lados da mesma moeda, a saber, a perspetiva da regulação pública, de um lado, e a perspetiva da conformidade empresarial, do outro. As respostas a essas três perguntas, dadas nas secções I e II deste artigo, determinarão os resultados de outras questões cruciais que precisam de consideração nesse contexto, tais como as seguintes:

IV. Por que razão a regulação responsiva depende do quadro legal vigente e não apenas da atitude simbiótica dos reguladores em relação às empresas, seguindo de perto as suas atividades e negócios?
V. Como impedir que um regulador simbiótico seja, consciente ou ingenuamente, capturado pelas empresas, devido à sua proximidade com as mesmas, forjada ao longo do tempo, agindo em favor do interesse privado e, finalmente, desconsiderando o interesse público?
VI. Como evitar que as investigações internas sejam, na prática, desincentivadas pela possibilidade de os reguladores e as autoridades judiciárias terem acesso às mesmas e poderem utilizá-las para alimentar os processos sancionadores contra as empresas?

A quarta, a quinta e a sexta questões serão também analisadas nas secções I e II, à luz do Direito comparado, que é a perspetiva assumida neste texto.

Na sequência trataremos de algumas questões mais técnicas de Direito material, designadamente as questões relativas à imputação de responsabilidades, a saber:

VII. Qual a relevância do cumprimento normativo para a responsabilidade empresarial, nos planos contraordenacional (administrativo, contravencional ou regulatório) e criminal?

VIII. Qual a relevância do cumprimento normativo para a responsabilidade dos dirigentes e de outros trabalhadores?

IX. Qual o título de imputação da responsabilidade ao oficial de cumprimento?

A sétima questão será analisada na secção I deste artigo, igualmente na perspetiva do Direito comparado. A oitava e a nona questões serão analisadas na secção III, sendo tratadas de forma inter-relacionada.

Adicionalmente será abordada uma questão particularmente complexa e difícil de Direito processual e probatório, nomeadamente:

X. Quem tem o ónus de alegar e produzir prova sobre a existência de programas e sistemas efetivos de cumprimento normativo?

A décima questão será analisada na secção IV deste artigo, sendo desconstruída em termos das múltiplas variáveis que influenciam a resposta, incluindo aspetos do Direito comparado.

Finalmente, a questão mais concetual de todas precisa ser respondida:

XI. Será que a regulação responsiva e a autorregulação regulada dizem respeito ao Direito Administrativo, ao Direito Penal ou a um ramo emergente de Direito Regulador?

A última questão será analisada na secção V deste artigo. Embora sendo concetual, a questão tem relevância prática, pois exige uma reflexão sobre os princípios aplicáveis a um ramo do Direito emergente, se for o caso.

## I. Da autorregulação voluntária à autorregulação imposta

### 1. Estados Unidos da América:

O cumprimento normativo teve origem nos Estados Unidos da América, aproximadamente a partir de 1909, ou seja, o ano em que o Supremo Tribunal Federal (*United States Supreme Court* – SCOTUS) reconheceu, pela primeira vez, que as sociedades comerciais podiam ser responsabilizadas pelos factos criminosos dos seus agentes[13]. Daí decorreu uma paulatina

[13] *New York Central R. Co. v. United States*, 212 U.S. 481 (1909).

tomada de consciência de que litígios, sanções, restrições regulatórias e danos reputacionais poderiam ser evitados se fossem concebidos e postos em prática programas de cumprimento normativo por parte das empresas[14]. Na sequência da crise financeira de 1929, o cumprimento normativo passou por uma fase de forte incremento, quanto mais não fosse como forma de os homens de negócios reconstruirem a abalada reputação das empresas. O cumprimento normativo era então encarado como uma questão de autorregulação voluntária das empresas e dos seus negócios[15].

Em 1961, teve início uma drástica mudança de perspetiva no cumprimento normativo, desencadeada pelo escândalo das empresas de eletricidade que envolvera dezenas de empresas norte-americanas proeminentes em práticas colusivas de fixação de preços (*price-fixing*). Uma mudança, aliás, que se acentuaria ao longo de décadas, à medida que se somavam escândalos de cartelização (*cartelization*), abuso de informação privilegiada

[14] A maioria das narrativas históricas acerca da responsabilidade empresarial norte-americana começa com a Revolução Industrial, a ascensão do Estado regulador e a decisão histórica do SCOTUS em 1909. No caso *New York Central*, o SCOTUS confirmou a constitucionalidade da Lei Elkins (*Elkins Act*), uma lei federal que regulamentava as tarifas ferroviárias e impunha a responsabilidade criminal às empresas que violassem as obrigações decorrentes dessa legislação. O SCOTUS adotou a doutrina do *respondeat superior* oriunda do Direito Civil, entendendo que uma empresa poderia, em conformidade com a Constituição, ser condenada por um crime quando um seu agente cometesse um facto punível (1) no âmbito do seu emprego e (2) para benefício da empresa. Esse padrão continua a ser uma boa lei até hoje. A referência ao caso *New York Central* como ponto de partida para a responsabilidade criminal das empresas norte-americanas é certamente um argumento lógico porque esse caso estabeleceu a autoridade do Congresso para criminalizar a conduta corporativa. No entanto, o mencionado argumento desconsidera um movimento importante que já estava em curso muito antes do caso *New York Central*, o qual é fundamental para se entender o como e o porquê de a responsabilidade empresarial se ter expandido tão rapidamente na esteira desse caso jurisprudencial. Enquanto que o caso *New York Central* envolvia uma lei que expressamente alargava a responsabilidade criminal às empresas, já cerca de cinquenta anos antes de o Congresso aprovar a Lei Elkins tinham vindo os procuradores de justiça (*prosecutors*) de todo o país a pedir a aplicação de sanções criminais às empresas com base em leis penais gerais criativamente estendidas à conduta corporativa. A este propósito, cf. Laufer, 1999: 1359-1368 e Diskant, 2008: 134-142. Dado que a responsabilidade criminal empresarial existia já antes de 1909 e o cumprimento normativo também terá surgido como resposta à responsabilidade civil regulatória, então é viável conjeturar que o cumprimento normativo se tenha afirmado paulatinamente antes da consolidação da responsabilidade criminal empresarial em 1909, mas faltam dados empíricos que confirmem essa conjetura.

[15] Cf. Haugh, 2021: 135.

(*insider trading*) e corrupção internacional (*foreign bribery*)[16]. As grandes áreas da economia foram assim sujeitas a investigações criminais. Seguiu-se a produção de ampla legislação destinada a coibir infrações das empresas, o que, por sua vez, fez com que as empresas em todo o país adicionassem aos respetivos códigos de conduta regras específicas de prevenção do crime corporativo e promovessem o adequado treino dos seus colaboradores. Este foi o início da era moderna da conformidade normativa, um período dominado por uma espiral infindável de escândalos corporativos, clamor público, legislação abrangente e multiplicação de regras específicas de cumprimento normativo por parte das empresas[17].

Mas a verdadeira mudança qualitativa no cumprimento normativo veio em 1991 com a publicação das Diretrizes de Sentenciamento de Organizações (*Organizational Sentencing Guidelines*)[18]. A inovação trazida pelas Diretrizes foi deixar de encarar a punição das empresas como um mero procedimento reativo por intermédio do qual as penas são fixadas em função do número e da gravidade dos ilícitos praticados para passar a ser um procedimento decremental por intermédio do qual as penas são doseadas em função das medidas de prevenção de ilícitos já implementadas pelas empresas anteriormente à prática dos próprios ilícitos, focando-se assim no propósito de levar as empresas a melhorarem os seus sistemas de conformidade normativa. Uma empresa sujeita aos critérios das Diretrizes começa por ser alvo de uma sanção pecuniária baseada no delito (*offense-based fine*), mas esse valor pode ser reduzido até 95 por cento se a empresa possuir um programa de conformidade eficaz operando antes do delito. A questão central desta perspetiva baseada no dever (*duty-based approach*) passou então a ser a identificação dos aspetos que tornam um programa de conformidade satisfatoriamente eficaz (*effective*) para a prevenção de ilícitos e a promoção da cultura ética (até porque o programa obviamente falhou no caso concreto em pelo menos algum desses aspetos), justificando, por isso mesmo (apesar da falha no caso concreto), uma redução acentuada das sanções aplicadas[19].

[16] Cf. HAUGH, 2021: 135.

[17] Cf. HAUGH, 2021: 135-136.

[18] Disponível *online* em: https://www.ussc.gov/guidelines/organizational-guidelines (consultado em 14/03/2022). Também cf. MURPHY, 2002: 699-702.

[19] Cf. HAUGH, 2021: 136. Os critérios para avaliação da efetividade dos programas de cumprimento normativo estão definidos no Manual sobre as Diretrizes de Sentenciamento dos

As Diretrizes desencadearam não apenas uma explosão de conformidade por parte das empresas, mas também uma nova atitude por parte de juízes, procuradores de justiça e autoridades reguladoras, dado que as Diretrizes se tornaram fundamentais para qualquer tema relacionado com os ilícitos de origem empresarial (*corporate wrongdoing*). Se uma empresa for realmente condenada, as Diretrizes determinam a medida concreta da sua culpabilidade. Se não chegar a haver uma acusação, as Diretrizes não deixam de ser fundamentais porque orientaram seguramente os procuradores de justiça para a celebração de acordos de suspensão ou não prossecução do procedimento criminal (*deferred or non-prosecution agreements* – DPA/NPA), desde logo porque os elementos de um programa de conformidade eficaz foram incorporados no Manual de Justiça (*Justice Manual* – JM)[20]. Em última análise, cada memorando do Departamento de Justiça e cada relatório da Comissão do Mercado de Valores Mobiliários (*Securities and Exchange Commission* – SEC) ou de qualquer outra agência reguladora independente sobre a determinação do comportamento ilícito corporativo são decisivamente influenciados pelas Diretrizes[21].

As Diretrizes também provocaram um efeito secundário imprevisto, pois levaram os reguladores a intrometer-se nas empresas na mira de influenciar a cultura corporativa e o desenho dos programas de cumprimento normativo[22].

As tendências assinaladas aumentaram exponencialmente a partir dos anos 2000 e durante a era da crise financeira de 2007-2008, quando as principais leis – a Lei Sarbanes-Oxley (*Sarbanes-Oxley Act* – SOX), de 2002, e a Lei Dodd-Frank (*Dodd-Frank Act* – DFA), de 2010 – criminalizaram a falta de protocolos de conformidade nas empresas[23]. Agora, simplesmente não

Estados Unidos (*United States Sentencing Guidelines Manual*), § 8B2.1(a)–(b) (2018). Disponível *online* em: www.ussc.gov (consultado em 14/03/2022).

[20] Cf. Murphy, 2002: 712-713. O JM era anteriormente conhecido como Manual dos Procuradores dos Estados Unidos (*United States Attorneys' Manual* – USAM). Foi amplamente revisto e renomeado em 2018.

[21] Cf. Haugh, 2021: 137.

[22] Cf. Haugh, 2021: 139.

[23] O objetivo da SOX consiste em dar proteção jurídica robusta aos investidores em empresas de capital aberto, aprimorando a responsabilidade empresarial e a transparência. A SOX estabelece a responsabilidade empresarial por relatórios financeiros e penalidades para dirigentes cujas ações pessoais tenham sido ilícitas por dolo ou negligência (ver SOX, especialmente as Secções 302, 802, 807, 906). Ao contrário da SOX, a DFA não cria novas

cumprir corretamente podia ser uma violação substantiva por si mesma. A expansão legislativa relacionada com o cumprimento normativo coincidiu com a expansão do Direito Penal de maneira geral. Atualmente, existem mais de 5.000 leis federais e, aproximadamente, 300.000 regulamentos administrativos federais que podem ser aplicados penalmente, muitos dos quais visam condutas relacionadas com a economia e os negócios. Não é surpresa, portanto, que os crimes corporativos e de colarinho branco tenham passado a ser o foco da maior expansão da lei federal em três das últimas cinco décadas. Em grande parte, tal decorreu da espiral de a cada novo escândalo corporativo se seguir a edição de nova legislação criminal destinada a combatê-lo[24].

## 2. Espanha

O modelo norte-americano influenciou a evolução de muitos ordenamentos jurídicos nacionais. O Direito espanhol é dos que mais reflete diretamente essa influência. A reforma do Código Penal espanhol[25], em 2010[26], estabeleceu a responsabilidade criminal das pessoas coletivas (*personas jurídicas*) e reconheceu os programas corporativos de prevenção de ilícitos como fator de mitigação da pena cominada ao próprio ente coletivo. Foi somente com a reforma de 2015[27] que se definiu o modo como tais programas devem ser implementados e se estabeleceu a isenção da responsabilidade da pessoa coletiva em caso da sua correta implementação antes da prática do delito ou a atenuação da pena que lhe é aplicada em caso de implementação apenas parcial (artigo 31 bis, nº 2, do Código Penal espanhol)[28].

obrigações para as empresas em matéria de programas de conformidade. No entanto, a DFA altera o contexto dos programas de cumprimento normativo, oferecendo relevantes incentivos financeiros para que os funcionários denunciem violações das leis federais de valores mobiliários à SEC (ver DFA, especialmente a Secção 922). Tais incentivos reforçam significativamente a implementação de programas de cumprimento normativo efetivos e uma verdadeira cultura de conformidade.

[24] Cf. HAUGH, 2021: 137-138.

[25] Ley Orgánica 10/1995, del 23 de noviembre.

[26] Ley Orgánica 5/2010, del 22 de junio.

[27] O Código Penal de 1995 sofreu inúmeras modificações ao longo dos anos (32 modificações, incluindo a última operada pela *Ley Orgánica 2/2019 de 1 de marzo*), sendo a última das grandes reformas a do ano de 2015 (*Ley Orgánica 1/2015, del 30 de marzo*).

[28] Cf. GÓMEZ-JARA DÍEZ,, 2015: 82.

### 3. Alemanha

A situação no Direito alemão é um pouco diferente. Na lei alemã não há responsabilidade criminal para empresas (*i.e.*, especificamente para pessoas coletivas), já que o Código Penal alemão (*Strafgesetzbuch* – StGB) aplica-se tão-somente a pessoas singulares. Não havendo responsabilização criminal de empresas, então tão-pouco haverá lugar, em sede de Direito Penal, a prémios para aquelas que tenham adotado protocolos de conformidade antes da prática do delito por algum dos seus dirigentes ou demais trabalhadores.

A situação esteve recentemente à beira de mudar. Quando assinaram o acordo de coligação de 12 de março de 2018, os partidos que integraram o anterior Governo Federal (*Bundesregierung*)[29] tinham concordado na criação de um sistema de sanções penais contra empresas. No entanto, os partidos da anterior coligação governamental não foram capazes de resolver as últimas divergências pendentes, as quais determinaram, por fim, o fracasso da Proposta de Lei das Sanções para Organizações (*Verbandssanktionsgesetz* – VerSanG), de 16 de junho de 2020[30]. Pela primeira vez na Alemanha, a VerSanG teria permitido que as empresas fossem sancionadas com penas criminais (*Kriminalstrafen*)[31] e, entre outros aspetos, teria definido os requisitos legais das investigações internas (*verbandsinterne Untersuchungen*)[32]. Após as eleições de 26 de setembro de 2021 e com um novo Governo Federal em funções[33], espera-se que seja feita nova tentativa de criação de uma lei para o sancionamento de empresas.

[29] O 4º Gabinete de Merkel foi o 24º Governo da República Federal da Alemanha e era composto por uma coligação entre União Democrata Cristã da Alemanha (*Christlich Demokratischen Union Deutschlands* – CDU), União Social Cristã da Baviera (*Christlich-Sozialen Union in Bayern* – CSU) e Partido Social Democrata da Alemanha (*Sozialdemokratischen Partei Deutschlands* – SPD).

[30] Cf. "Gesetzesentwurf für ein Gesetz zur Sanktionierung von verbandsbezogenen Straftaten", de 16/06/2020. Para uma leitura crítica da Proposta da VerSanG, cf. WASSMER, 2021: 11-12 (§ 49, nº m. 16) e SCHWEIGER, 2021: 137-154.

[31] Existe controvérsia sobre se estas sanções serão realmente criminais. A maioria dos autores fala de sanções *sui generis* ou, mais especificamente, de algo entre as sanções criminais e as sanções administrativas.

[32] Cf. §§ 16 e 17 VerSanG. Na doutrina, cf. LEHMKUHL, 2021: 170-175.

[33] O 1º Gabinete de Scholz é o 25º Governo da República Federal da Alemanha e resulta de uma coligação entre o Partido Social Democrata Alemão (*Sozialdemokratischen Partei Deutschlands* – SPD), a Aliança 90/Os Verdes (*Bündnis 90/Die Grünen*) e o Partido Democrata Livre (*Freie Demokratische Partei* – FDP), um arranjo conhecido como "Coligação Semáforo"

A inexistência de sanções criminais para as empresas é, no entanto, uma questão de somenos importância ou, se preferirmos, uma mera tecnicalidade no tocante ao binómio da regulação responsiva e autorregulação regulada, pois basta haver reguladores com poderes sancionatórios, de um lado, e empresas, do outro, para ser possível replicar a atual tendência para uma utilização responsiva dos poderes de sancionamento e fomentar a conformidade das atividades económicas com as boas práticas.

Os poderes sancionatórios das autoridades reguladoras são exercidos no quadro do Direito das Contraordenações (*Ordnungswidrigkeitenrecht*)[34]. A possibilidade de aplicação de sanções a empresas é atualmente garantida através do Direito das Contraordenações, que é uma espécie de Direito Administrativo sancionador cujas sanções pecuniárias (*Geldbußen* ou *Bußgelder*), quando aplicadas a empresas, podem atingir valores muito significativos, nos termos do § 30 da Lei das Contraordenações (*Gesetz über Ordnungswidrigkeiten* – OWiG)[35].

É possível configurar a regulação responsiva à luz do Direito das Contraordenações porque o § 47 OwiG deixa às autoridades administrativas a decisão quanto a promover ou não promover o processo de contraordenação, no exercício de uma faculdade que esse mesmo preceito designa por discricionariedade vinculada (*pflichtgemäßes Ermessen*). A jurisprudência e a doutrina ocupam-se da definição dos critérios que devem circunscrever o exercício dessa faculdade, atento o risco que as decisões discricionárias normalmente comportam de tratamento desigual das pessoas em situações equivalentes. O debate centra-se, designadamente, na questão de saber se são ou não aplicáveis os parâmetros constantes do § 153 do

por causa das cores tradicionais dos partidos de vermelho, amarelo e verde. Cf. Acordo de Coligação, datado de 12/07/2021 (*Koalitionsvertrag 2021-2025 zwischen der Sozialdemokratischen Partei Deutschlands, Bündnis 90/Die Grünen und den Freien Demokraten*). Online: https://www.bundesregierung.de/breg-de/service/gesetzesvorhaben/koalitionsvertrag-2021-1990800 (consultado em 12/04/2022).

[34] Excetuando Alemanha e Portugal, este último influenciado pelo Direito alemão, a designação de Direito das Contraordenações não existe noutros países. A comparação deve então ser feita com os regimes sancionatórios não penais em que a titularidade dos processos sancionatórios pertence às autoridades administrativas. Itália tem um regime jurídico específico para o ilícito administrativo e as sanções administrativas (*Legge 24 novembre 1981, n. 689*).

[35] Cf. § 30 OWiG. Vale a pena ressaltar que as multas cominadas na VerSanG serão muito maiores. Na doutrina, cf. Prittwitz/Zink, 2021: 271.

Código de Processo Penal (*Strafprozessordnung* – StPO) relativos à possibilidade de não promover o processo penal. De acordo com o disposto no § 152 StPO, salvaguardadas as exceções previstas nesse mesmo diploma legal, o Ministério Público (*Staatsanwaltschaft*) deve promover os processos na sequência de obtenção da notícia de infração. Contudo, o § 153 StPO prevê que o Ministério Público possa não promover o processo nos casos de insignificância (*Geringfügigkeit*). Deste modo, a promoção do processo não obedece a um estrito princípio de legalidade (*Legalitätsprinzip*), na medida em que, perante os pressupostos definidos no § 153 StPO, o Ministério Público dispõe de uma verdadeira faculdade relativamente à promoção, manifestada também noutros preceitos que contemplam soluções de diversão processual, tais como o arquivamento mediante cumprimento de injunções ou regras de conduta (*Einstellung nach Erfüllung von Auflagen*), nos termos do §153 StPO. O Tribunal Constitucional (*Bundesverfassungsgericht* – BverfG) pronunciou-se no sentido de a margem de decisão atribuída ao Ministério Público ser conforme à Lei Fundamental (*Grundgesetz* – GG), reconhecendo que o dever do Estado de garantir uma tutela de direitos eficaz não impõe o dever de promover o processo penal perante todas as notícias de infração e que tal dever poderia até ser contrário ao princípio do Estado de Direito (*Rechtsstaatsprinzip*)[36]. Na Alemanha há Diretrizes para os Procedimentos Penais e Administrativos Sancionadores (*Richtlinien für das Strafverfahren und das Bußgeldverfahren* – RiStBV)[37] emitidas pelo Ministério da Justiça. Daí decorre que qualquer decisão de não promover o processo deva ser fundamentada e dessa decisão deva ser dado conhecimento ao denunciante[38].

É duvidoso que as situações que dispensam a promoção do processo de contraordenação por parte das autoridades administrativas sejam sempre casos de insignificância da infração descoberta ou noticiada. Muito pelo contrário, qualquer estratégia de intervenção baseada em pirâmide regulatória recomenda que as autoridades administrativas comecem por medidas persuasivas independentemente da gravidade da infração, embora, em última análise, as medidas devam ser escolhidas em função das cir-

[36] BVerfGE 51, 324-351.

[37] Cf. *Richtlinien für das Strafverfahren und das Bußgeldverfahren* (RiStBV), de 01/01/1977, alteradas pela última vez, ao nível federal, em 01/11/2007 (BAnz. Nr. 208).

[38] Cf. Bibbo, 2006: 177-178 e Maiazza, 2003: 192.

cunstâncias do caso concreto[39]. Fazem falta estudos empíricos acerca da atuação dos diferentes reguladores para perceber se preferem o modelo de comando e controlo ou antes o modelo de regulação responsiva[40]. Uma coisa é certa: há exemplos de comando e controlo que, na prática, acabaram por correr muito mal, como foi o caso do Citigroup, em que a Autoridade Federal de Supervisão Financeira (*Bundesanstalt für Finanzdienstleistungsaufsicht* – BaFin) denunciou a situação ao Ministério Público de Francoforte (Meno), com vista à abertura de processo-crime relativo à negociação efetuada pelo Citigroup por suspeita da prática de crime de manipulação de mercado (*Marktmanipulation*). Dada a inexistência de responsabilidade criminal das pessoas coletivas no ordenamento jurídico alemão, a denúncia foi apresentada contra os seis operadores do Citigroup que implementaram a estratégia de negociação em causa[41]. O Ministério Público depressa arquivou o processo, em 21 de março de 2005. Também na Alemanha, o Eurex abriu um inquérito, mas concluiu que a negociação efetuada pelo Citigroup não violara quaisquer regras desse mercado. No entanto, o Citigroup, devido às características transnacionais do caso[42], foi condenado no Reino Unido pelos mesmos factos[43]. A Autoridade de Serviços Finan-

[39] O facto de a VerSanG introduzir a obrigatoriedade da persecução não constitui um obstáculo à discricionariedade, pois apenas significa que a decisão de não instaurar ou não prosseguir investigações destinadas a apurar a responsabilidade administrativa ou criminal da empresa não pode ser arbitrária.

[40] Não compensam essa falta os estudos empíricos já realizados acerca dos programas de conformidade das empresas alemãs, cujo exemplo de referência é o estudo de SIEBER/ENGELHART, 2014: *passim*. Naturalmente, há também relatórios das grandes auditoras, tais como, por exemplo: *PwC's Global Economic Crime and Fraud Survey 2020 – Wirtschaftskriminalität – Ein niemals endender Kampf*, disponível *online* em https://www.pwc.de/de/consulting/forensic-services/wirtschaftskriminalitaet-ein-niemals-endender-kampf.pdf (consultado em 14/03/2022). No referido relatório é de destacar a constatação de que as autoridades de supervisão e aplicação da lei prestam cada vez mais atenção aos programas de conformidade da empresa e solicitam evidências de sua eficácia.

[41] Cf. DONALD, 2005: 650.

[42] O caso Citigroup apresentava elementos de conexão com várias ordens jurídicas europeias, a saber: o Citigroup tinha sede em Londres, o mercado de futuros Eurex tinha sede em Francoforte (Meno), o MTS era um sistema de negociação italiano, mas era operado em diferentes plataformas nacionais por empresas filiadas. Não admira, pois, que o caso Citigroup tenha dado origem a investigações por parte de diversas autoridades nacionais de supervisão dos mercados financeiros.

[43] Cf. LUCHTMAN, 2013: 7-8.

ceiros (*Financial Services Authority* – FSA)[44] do Reino Unido acabou por concluir que a estratégia de negociação do Citigroup pusera em risco a negociação ordenada na plataforma do MTS e, por conseguinte, aplicou-lhe uma sanção pecuniária (*financial penalty*) de cerca de 14 milhões de libras (21 milhões de euros), que, à data, foi a segunda mais elevada de sempre naquele país no domínio do mercado de capitais[45]. A sanção foi imediatamente paga, até porque a decisão final da FSA foi negociada com o Citigroup e, por isso mesmo, a impugnação judicial da decisão ficou afastada. Parece que a FSA foi a autoridade reguladora nacional mais eficaz, pois conseguiu que o Citigroup não só pagasse a sanção pecuniária que lhe fora aplicada, mas também – o que ainda é mais importante – reconhecesse que violara alguns dos chamados princípios dos negócios (*principles for businesses*) que constavam do Manual da FSA (*FSA Handbook*)[46]. O caso do Citigroup demonstra que os vários reguladores nacionais envolvidos estiveram longe de concordar entre si, muito menos de conseguir construir um caso comum numa situação em que todos tinham jurisdição. Note-se que seria muito difícil de aceitar que cada um deles pudesse impor simultaneamente sanções independentes, mesmo deixando de lado a questão de saber se essas sanções deveriam ser criminais ou administrativas ou se deveriam ser aplicadas às pessoas coletivas ou às pessoas singulares. Parece que a FSA agiu de forma responsiva, na medida em que mediu a sua ação sancionatória de acordo com a disposição do Citigroup em reconhecer publicamente a violação de seus deveres de conduzir os negócios com a devida habilidade, cuidado e diligência e de tomar medidas razoáveis para organizar e controlar os negócios com responsabilidade e eficácia através de sistemas de gestão de risco adequados. Em contrapartida, a BaFin agiu de forma draconiana, não deixando espaço para o diálogo com o Citigroup, uma abordagem que resultou afinal na ineficácia do sistema de justiça para sequer começar a analisar o caso de um ponto de vista criminal. As perguntas que naturalmente surgem aqui são: a sanção pecuniária que a FSA impôs ao Citigroup foi muito branda? Teria sido melhor buscar a responsabilidade criminal pela manipulação de mercado, como pretendia o BaFin? Em caso afirmativo, quem deveria ter sido chamado

[44] A FSA foi substituída, em 2012, pela Autoridade Financeira Comportamental (*Financial Conduct Authority* – FCA).

[45] Cf. Herbst/Rutter, 2005: 65-68.

[46] Cf. Sousa Mendes, 2009: 55-58.

para responder às acusações? Deveriam ser apenas os operadores do Citigroup e o respetivo chefe, uma vez que não existe responsabilidade criminal das pessoas coletivas no ordenamento jurídico alemão? Ou, muito pelo contrário, ninguém deveria ter sido chamado para responder a qualquer título, já que os operadores tiveram, de facto, uma boa ideia para fazer reviver o MTS e o Citigroup, por isso mesmo, simplesmente se aproveitou das funcionalidades do mercado? São todas boas questões e, embora não seja necessário dar-lhes uma resposta imediata no contexto deste artigo, o importante aqui é salientar que os reguladores e as autoridades de justiça criminal de vários países europeus cometeram o erro de lidar com esse caso e com casos semelhantes independentemente uns dos outros, numa base estritamente nacional. Embora esta seja claramente uma abordagem que ficou aquém do desejável, teve o efeito de oferecer uma inesperada experiência de teste (*sandbox*) que permite avaliações comparativas desses reguladores em relação aos diferentes resultados alcançados por meio de atitudes que variaram desde a regulação mais responsiva até à regulação mais formalista. Claramente, a regulação responsiva produziu resultados efetivos neste caso em que o comando e controlo não o conseguiram fazer[47].

A autorregulação regulada, por sua vez, é uma realidade legal e corporativa, em razão dos muitos regimes jurídicos especiais que tornaram os programas de conformidade normativa em matéria de cumprimento obrigatório. Os mecanismos de autorregulação regulada e deveres de colaboração impostos pelo Estado aparecem, pela primeira vez, nos preceitos dos § 14 da Lei do Branqueamento de Capitais (*Geldwäschegesetz* – GwG)[48], § 25 da Lei das Instituições de Crédito (*Kreditwesengesetz* – KWG)[49] e § 33 da Lei do Mercado de Valores Mobiliários (*Wertpapierhandelsgesetz* – WpHG)[50]. Como último exemplo, cabe aqui lembrar que foi apresentada pelo Governo Federal, em 2020, uma minuta de lei dos canais de abastecimento, a qual, após intenso debate político, foi aprovada, mas com profundas alterações, pelo Parlamento Federal (*Bundestag*), em 11 de junho

[47] Cf. Sousa Mendes, 2009: 55-58.

[48] Cf. *Geldwäschegesetz*, de 23/06/2017 (BGBl. I S. 1822), alterada pela última vez através do artigo 92 da Lei de 10/08/2021 (BGBl. I S. 3436).

[49] Cf. *Kreditwesengesetz*, de 09/09/1998 (BGBl. I S. 2776), alterada pela última vez através do artigo 90 da Lei de 10/08/2021 (BGBl. I S. 3436).

[50] Cf. *Wertpapierhandelsgesetz*, de 09/09/1998 (BGBl. I S. 2708), alterada pela última vez através do artigo 56 da Lei de 10/08/2021 (BGBl. I S. 3436).

de 2021, e pelo Conselho Federal (*Bundesrat*), em 25 de junho de 2021. A nova Lei de Defesa da Integridade Empresarial nas Cadeias de Abastecimento (*Gesetz über unternehmerische Sorgfaltspflichten in Lieferketten* ou, abreviadamente, *Lieferkettensorgfaltspflichtengesetz* – LkSG) tem o seu início de vigência marcado para o 1º de janeiro de 2023. Além de definir um quadro de sanções aplicáveis às infrações nela previstas, a referida lei inclui regras de atenuação em função das medidas de conformidade implementadas nas empresas[51].

À margem do enquadramento acima referido, há ilícitos de desconformidade que são penais para pessoas singulares. Como vimos, o Direito Penal alemão concentra-se na responsabilidade dos administradores, diretores, trabalhadores e demais representantes das empresas[52].

A transformação dos códigos de ética em matéria de cumprimento obrigatório cujas infrações são sancionadas penalmente ocorreu, de início, por força do § 161 da Lei das Sociedades Anónimas (*Aktiengesetz* – AktG)[53], que, embora qualifique o Código de Governação Corporativa Alemão (*Deutscher Corporate Governance Kodex* – DCGK)[54] como meras "recomendações" (tanto mais que foi elaborado por representantes da economia privada)[55], obriga as sociedades admitidas à negociação em Bolsa de Valores a declararem, nos relatórios e contas anuais, quais as recomendações que foram executadas e quais as que não foram e porquê. Esta declaração deve ser publicada no sítio da respetiva sociedade anónima na Internet. Se a informação não corresponder à verdade, é punível como crime de informações falsas (*unrichtige Darstellung*) com pena de prisão até três anos ou pena de multa, nos termos do § 331, nº 1, do Código Comercial (*Handelsgesetzbuch* – HGB)[56] ou, eventualmente, como crime de infidelidade (*Untreue*) com pena de pri-

[51] Do acordo de coligação entre CDU/CSU e SPD, de 12/03/2018, fazia parte a criação de legislação para incrementar a eficácia no combate aos ilícitos corporativos e incentivar as empresas a investigarem as suas próprias falhas de conformidade.

[52] Cf. Sieber, 2013: 82 e Rotsch, 2019: 1188-1190, § 26, nº m. 9.

[53] Cf., *Aktiengesetz*, de 06/09/1965 (BGBl. I S. 1089), alterada pela última vez através da Lei de 07/08/2021 (BGBl. I S. 3311).

[54] Cf. *Deutscher Corporate Governance Kodex*, de 26/02/2002, alterado pela última vez em 07/02/2017. Em 20/03/2020, foi publicado um novo DCGK, que entrou em vigor imediatamente.

[55] Cf. Sieber, 2013: 79.

[56] Cf. *Handelsgesetzbuch*, de 10/05/1897, alterado pela última vez através da Lei de 10/08/2021 (BGBl. I S. 3436).

são até cinco anos ou pena de multa, nos termos do § 266 StGB)[57]. Mas a falsidade e a infidelidade têm de ser imputadas a pessoas singulares[58].

## 4. Outros

Em muitos outros países verifica-se a mesma transição paulatina da autorregulação voluntária para a autorregulação regulada, acompanhada porventura de maior capacidade de os reguladores ajustarem a sua intervenção às características da cultura empresarial instalada, se o enquadramento jurídico global e setorial assim o permitir. Só para dar alguns exemplos recentes, em áreas as mais diversas, atente-se nos seguintes diplomas nacionais: a inglesa Lei da Escravidão Moderna (*Modern Slavery Act* – MSA), de 2015[59], a francesa Lei Relativa ao Dever de Vigilância (*Loi sur le Devoir de Vigilance* – LDV), de 2017[60], ou a neerlandesa Lei da Diligência Devida em Relação ao Trabalho Infantil (*Wet Zorgplicht Kinderarbeid* – WZK), de 2019[61]. São todos diplomas legais que obrigam as empresas, ao menos de certa dimensão, a adotarem planos efetivos de conformidade e a divulgarem-nos publicamente, sob cominação de sanções. Em Portugal[62], o recente pacote legislativo anticorrupção, em finais de 2021 e inícios de 2022, retirou do domínio da *soft law* a implementação de programas de cumprimento normativo, os quais devem incluir planos de prevenção ou gestão de riscos, códigos de conduta, programas de formação, canais de denúncia e designação de um responsável pelo cumprimento normativo. São cominadas sanções contraordenacionais para a não adoção ou adoção deficiente ou incompleta de programas de cumprimento normativo[63].

Alguns países da América Latina seguem a mesma tendência. No Chile, a Lei nº 20.393 (*Ley núm. 20.393*), de 25/11/2009[64], estabelece a responsa-

[57] Cf. Sieber, 2013: 80.

[58] Cf. Tiedemann, 2013: 37-38.

[59] Cf. *Modern Slavery Act*, de 26/03/2015.

[60] Cf. *Loi n.° 2017-399 relative au devoir de vigilance des sociétés mères et des entreprises donneuses d'ordre*, de 27/03/2017.

[61] Cf. *Wet zorgplicht kinderarbeid*, de 01/05/2019.

[62] Cf. Quintela de Brito, 2018: 89, Miranda Rodrigues, 2019: 65-70 e Aires de Sousa, 2019: 128-135.

[63] Cf. Decreto-Lei nº 109-E/2021, de 09/12/2021, Lei nº 93/2021, de 20/12/2021, Lei nº 94/2021, de 21/12/2021, e Lei nº 4/2022, de 06/01/2022.

[64] Cf. *Ley 20393* (*Ley que establece la responsabilidad penal de las personas jurídicas en los delitos que indica*), de 25/11/2009, alterada pela última vez através da Lei 21240, de 20/06/2020.

bilidade penal das pessoas coletivas em crimes de branqueamento de capitais (*lavado de dinero*), terrorismo (*terrorismo*), corrupção (*cohecho*) e outros crimes que indica, ao mesmo tempo que lhes concede a isenção de responsabilidade se tiverem cumprido os deveres de direção e supervisão, com anterioridade à comissão do delito, e adotado e implementado modelos de organização, administração e supervisão para prevenir delitos como o cometido, conforme um modelo de prevenção que integra a designação de um encarregado de prevenção (*encargado de prevención*). No Peru, a Lei nº 30.424 (*Ley nº 30.424*), de 01/04/2016[65], estabelece a responsabilidade administrativa das pessoas coletivas pelo delito de corrupção ativa transnacional (*cohecho activo transnacional*), ao mesmo tempo que lhes concede a isenção de responsabilidade se tiverem adotado e implementado na sua organização, com anterioridade à comissão do delito, um modelo de prevenção adequado à sua natureza, riscos, necessidades e características, consistente em medidas de vigilância e controlo idóneas para prevenir o delito de corrupção ativa transnacional ou para reduzir significativamente o risco da sua comissão, incluindo a designação de uma pessoa ou órgão que exerça a função de auditoria interna de prevenção.

## 5. Síntese comparada

Houve uma progressiva tomada de consciência de que litígios, sanções, restrições regulatórias e danos à reputação das empresas poderiam ser evitados se fossem concebidos e postos em prática programas de cumprimento normativo por parte das empresas[66]. A adoção de boas práticas e sistemas efetivos de controlo interno é indispensável para as empresas não sucumbirem às próprias falhas e perderem afinal a batalha da competitividade. Os códigos de ética e programas de cumprimento normativo surgiram por iniciativa das próprias empresas, podendo falar-se a tal propósito de autorregulação voluntária. Tal tendência ganhou, de resto, uma dimensão generalizada, como se pode perceber pela fixação e certificação privada de padrões universais de gestão de sistemas de cumprimento normativo voluntário, através das Diretrizes para Sistemas de Gestão do Cumprimento Normativo (*Compliance Management Systems – Guidelines*),

[65] Cf. *Ley 30.424* (*Ley que regula la responsabilidad administrativa de las personas jurídicas por el delito de cohecho activo transnacional*), de 01/04/2016.
[66] Cf. Engelhart, 2012: 285-289.

ISO 19600, de 2014, da Organização Internacional para a Estandardização (*International Organization for Standardization* – ISO)[67]. A ISO 37001, de 2016, tem objetivos similares, mas orientados especificamente para a prevenção de crimes de corrupção no setor privado.

Entretanto ocorreu, em vários países, a transição paulatina da autorregulação voluntária para a autorregulação regulada, acompanhada, ou não, de maior capacidade de os reguladores e outras autoridades públicas adequarem a sua intervenção às características da cultura empresarial instalada.

As medidas de autorregulação regulada ou, se preferirmos, de corregulação estatal e empresarial (incluindo as empresas privadas, públicas e mistas) admitem distintos modelos concetuais, desde as meras estratégias de estímulo (*e.g.*, a isenção de responsabilidade contraordenacional ou criminal da pessoa coletiva em caso de comprovada implementação de mecanismos de conformidade, anteriormente à comissão do delito) até à imposição de sanções, inclusive penais, para a simples falta de adoção de medidas efetivas de prevenção de delitos de empresa (*e.g.*, o sancionamento da falta de designação de pessoa ou órgão encarregado da prevenção).

A literatura refere que na autorregulação regulada podem coexistir funções de corregulação preventivas e repressivas. Consoante a repartição de funções que a autoridade pública e a empresa estabeleçam reciprocamente, são concebíveis vários tipos de autorregulação regulada: a autorregulação delegada (*delegated self-regulation*), em que a regulação fica a cargo do Estado e a supervisão e o sancionamento por conta da empresa; a autorregulação transferida (*devolved self regulation*), em que o Estado devolve a regulação, a supervisão e a sanção à empresa, mas reserva-se a competência de rever e fiscalizar periodicamente os programas de conformidade e a sua aplicação efetiva; por fim, a autorregulação cooperativa (*cooperative self-regulation*), em que o Estado trabalha a par da empresa e recebe todas as informações solicitadas, a fim de incrementarem conjuntamente um sistema de prevenção individualizado, ficando a empresa sujeita à fiscali-

[67] A ISO, enquanto entidade internacional não-governamental e independente, foi fundada em 1946 por delegados de 25 países e agrega atualmente representantes de 165 países, desempenhando um papel de relevo na fixação e certificação de padrões universais de gestão de sistemas de cumprimento normativo voluntário, designadamente através das Diretrizes, atualmente em versão: ISO 37301:2021(en). Disponível *online em* https://www.iso.org/obp/ui/#iso:std:iso:37301:ed-1:v1:en (consultado em 14/03/2022).

zação da autoridade competente[68]. Estas classificações, porém, só despertam interesse se tiverem aderência aos ordenamentos jurídicos concretos. Não sendo o caso, os modelos concetuais transformam-se em exercícios de estilo. Mais vale fazer Direito comparado, em ordem a perceber as tendências que têm verdadeiramente expressão neste campo e refletir criticamente sobre as mesmas.

Doravante falaremos sobretudo dos perigos que a regulação responsiva e a autorregulação regulada comportam quer para a missão dos reguladores e das demais autoridades públicas[69], quer para a salvaguarda de um ambiente económico e social aberto, mas regulado[70].

## II. O excesso de conformidade

A autorregulação regulada impôs um crescimento exponencial dos departamentos e funções de conformidade nas empresas, embora de forma proporcional à dimensão de cada uma. Acresce que a autorregulação regulada expandiu as próprias áreas de prevenção dos ilícitos de empresa, a começar na prevenção do branqueamento de capitais – a área universalmente mais regulada ao nível da imposição de deveres preventivos, não apenas relativamente aos bancos, mas a todas as entidades sujeitas, financeiras e não financeiras[71] – e a terminar na prevenção das práticas restritivas da concorrência.

Do mesmo passo, a autorregulação regulada incitou os reguladores a fazerem inspeções mais frequentes às empresas com vista ao conhecimento dos mecanismos de prevenção instalados. Mas também passaram a ser inspeções mais amigáveis para melhorar o desenho dos programas de conformidade e os mecanismos da sua aplicação prática. Em princípio, as inspeções administrativas (*administrative inspections*) não visam a descoberta de ilícitos, sob pena de se transformarem em buscas encapotadas (em manifesta fraude à lei), mas visam, isso sim, o controlo do cumprimento

[68] Cf. Coca Vila, 2013: 51-52.

[69] A teoria da regulação responsiva surgiu como regulação dos negócios, mas evoluiu paulatinamente para abranger a prevenção criminal, a construção da paz e um cada vez mais vasto conjunto de aplicações nos domínios da governação pública e privada. Cf. Braithwaite, 2011: 475-476.

[70] Numa visão muito crítica acerca da autorregulação regulada, cf. Busato, 2018: 21-55.

[71] Em 12/03/2020, a Sexta Diretiva Anti-Branqueamento de Capitais da União Europeia (*6th Directive Anti Money Laundering* – 6AMLD) entrou em vigor para todos os Estados-Membros.

da lei. É natural, portanto, que, em caso de descoberta de irregularidades ou indícios de infrações, os reguladores devam emitir preferencialmente recomendações para adoção de medidas de correção e aperfeiçoamento dos sistemas internos de cumprimento das obrigações legais e regulamentares nas empresas (mas não fica necessariamente excluída a possibilidade de exercerem os seus poderes sancionatórios, dependendo das circunstâncias da situação concreta)[72]. Há quem fale até numa Administração simbiótica a propósito desta quase osmose entre os reguladores e as empresas[73].

A autorregulação regulada não só se transformou num mecanismo dominado pelos reguladores, como se transformou, aliás, num mecanismo mimético da atuação dos próprios reguladores, geralmente com a adesão entusiástica das próprias empresas. As empresas precisam de contratar funcionários para as funções de conformidade. Ora, as contratações mais procuradas tendem a ser de juristas ou advogados com experiência adquirida em funções de regulação pública. Não é de estranhar que repliquem nas empresas o modo de atuação aprendido nas anteriores funções de regulação. Esse modo de atuar é mesmo incentivado nas funções de conformidade, tanto mais que as empresas têm interesse em treinar os procedimentos de colaboração devida com os reguladores em caso de inspeções anunciadas ou mesmo inspeções de surpresa (*dawn raids*), consoante o regime jurídico aplicável. Temendo os riscos de responsabilização criminal ou contraordenacional (administrativa, contravencional ou regulatória) ligados aos respetivos ramos de negócio, as empresas exigem frequentemente o máximo de proatividade e realismo nos procedimentos de conformidade, em especial no tocante às investigações internas (*internal investigations*). Não é raro que sejam invadidos os gabinetes dos colaboradores para pesquisa de papéis, discos rígidos e e-mails, apreendendo-se tudo o que igualmente pudesse ser exigido, por exemplo, durante uma investigação real de práticas restritivas da concorrência. Acontece também tais diligências levarem à instauração de procedimentos disciplinares e à imposição de sanções a dirigentes e trabalhadores. Estes exercícios de dramatização servem, aliás, para as empresas alegarem e demonstrarem a implementação de robustos sistemas de cumprimento normativo, se tiverem de enfrentar processos sancionatórios[74].

[72] Cf. Sousa Mendes, 2016: 383, n. 24.

[73] Cf. Hermes, 2010: 38-39.

[74] Cf. Haugh, 2021: 138-140.

A existência de programas de clemência (*leniency programmes*) que oferecem imunidade ou redução das sanções pecuniárias às empresas que se autodenunciem, ao mesmo tempo que denunciam as demais envolvidas em práticas de cartel, é outro contexto que tem favorecido as investigações internas agressivas. Os programas de clemência visam desestabilizar os pactos de silêncio, oferecendo incentivos às empresas cartelizadas para cooperarem com as autoridades. Nos últimos vinte e cinco anos foram criados programas de clemência em mais de oitenta países[75]. Desde 1996, a Comissão Europeia tem promovido um programa de clemência na luta contra os cartéis. Do ponto de vista da Direção-Geral da Concorrência (DG Comp) da Comissão Europeia e das Autoridades Nacionais de Concorrência (ANC), a principal vantagem de um programa de clemência é a redução da complexidade, da morosidade e dos custos de instrução e recolha de provas em práticas de cartel. Do ponto de vista das empresas, a imunidade que é concedida à primeira requerente de clemência e a redução das sanções pecuniárias concedidas às seguintes podem constituir um incentivo suficiente para a autodenúncia e a colaboração, nem que seja por receio de que as demais empresas cartelizadas possam oferecer informações e meios de prova. Por aqui se percebe que os programas de clemência tenham contribuído para o incremento da conformidade nas empresas[76].

Tudo isto pode alavancar as funções de conformidade como uma *longa manus* dos reguladores e demais autoridades públicas ou como um passa-culpas das empresas para os seus próprios colaboradores, tentando assim transformar os delitos de empresa em delitos dos colaboradores contra a empresa. Ambos os cenários, que não são necessariamente alternativos, são – dizemos nós – contraproducentes para a consecução do cumprimento normativo.

Quanto ao primeiro cenário, cabe, desde logo, assinalar que a conformidade, mesmo quando é imposta, não é uma finalidade, mas é antes uma limitação às finalidades da empresa. A empresa, enquanto organização de meios humanos, técnicos e financeiros, opera para satisfazer os interesses dos seus múltiplos beneficiários (*stakeholders*), desde os donos do negócio ou acionistas (através da realização do lucro que remunera o risco assumido), passando pelos colaboradores (através do emprego e do salário) e clientes

[75] Cf. Wils, 2016:. 327-388.

[76] Cf. Haugh, 2021: 138-140.

(através da oferta de bens ou serviços), até credores (através do reembolso do capital e dos respetivos juros) e fornecedores (através da procura de bens ou serviços). Não será de mais incluir o Estado entre os beneficiários (através do cumprimento das obrigações fiscais). Na máxima extensão possível do conceito de beneficiário, ainda se poderia tentar dizer, em proveito do raciocínio, que a autorregulação, transformada em obrigação legal, corresponderia ainda a uma operação da empresa para satisfazer o interesse da comunidade jurídica (através do contributo para a economia competitiva e regulada). Mas seria um passo de gigante deduzir daí que a empresa passaria a ser uma *longa manus* dos reguladores e outras autoridades públicas, executando ordens ou diretivas, ao invés de colaborar com essas entidades públicas, ainda que ao abrigo de deveres de colaboração[77]. Esta distinção parece apenas uma nuance, mas é, afinal, uma diferença essencial de perspetiva a respeito da autorregulação regulada. Note-se que foram as divergências acerca desta aparente nuance que ditaram o recente fracasso da VerSanG, na Alemanha. Em especial, o regime proposto para as investigações internas foi o pomo da discórdia entre os partidos da coligação governamental. A proposta de lei previa uma separação total entre os investigadores internos e os advogados de empresa, o que significava que os resultados das investigações internas não ficariam resguardados pela proibição de apreensão (*Beschlagnahmeverbot*) estabelecida pelo § 97 StPO e poderiam, pois, ser utilizados pelos reguladores e Ministério Público para a instauração e a instrução de procedimentos sancionatórios públicos (contraordenacionais e penais)[78]. Não foi considerado admissível – e ainda bem que não, dizemos nós – este elevado grau de intrusão, como se não houvesse barreiras de qualquer espécie aos poderes das autoridades públicas relativamente às empresas[79].

Quanto ao segundo cenário, a conformidade como passa-culpas da empresa para os seus colaboradores, acompanhada de investigações inter-

[77] Sobre os deveres de colaboração, Böse, 2005: 5 e Wohlers, 2009: 285.

[78] Disponível *online* em https://www.noerr.com/en/newsroom/news/corporate-sanctions-act-dropped (consultado em 14/03/2022).

[79] Mas são necessários estudos que revelem por que razão o incentivo às investigações internas e ao compartilhamento dos seus resultados não é recomendável. Pode argumentar-se, em sentido contrário, que o referido compartilhamento serviria para reduzir os custos da supervisão pública, o que não é despiciendo, considerando os recursos limitados dos reguladores. Esta é, pois, uma questão empírica que não deve ser decidida através de uma mera tomada de posição de princípio, ao estilo de uma resposta de "sim" ou "não".

nas que violam os seus direitos[80], só pode – como é bem de ver – contribuir para a criação de uma cultura de escapismo e fingimento por parte dos colaboradores, ao invés de estimular o compromisso com as boas práticas, a assunção dos próprios erros e a vontade individual e coletiva de os corrigir[81]. No final do dia, em vez de uma verdadeira cultura de conformidade, abre-se a porta à criação de uma subterrânea subcultura de dissimulação dos delitos de empresa[82].

## III. O oficial de cumprimento como para-raios da empresa

Não há melhor exemplo do risco de passa-culpas das empresas para os seus colaboradores do que a discussão em torno da responsabilidade contraordenacional (administrativa, contravencional ou regulatória) e criminal do diretor do departamento de cumprimento normativo (*Head of Compliance* ou *Chief Compliance Officer*).

Neste contexto, são frequentemente citados vários casos emblemáticos de Direito comparado. Nos Estados Unidos da América, refere-se, por exemplo, o caso de Peter Madoff[83], diretor executivo (*senior managing director*) e diretor de conformidade (*chief compliance officer*) da sociedade Bernard L. Madoff Investment Securities (BLMIS), que foi condenado, em 2012, a 10 anos de prisão pela prática de vários crimes, designadamente fraudes através de falsificação de livros e registos da empresa de consultoria de investimento em ativos mobiliários do seu irmão Bernie Madoff[84]. Na Alemanha,

[80] Cf. Arlen/Buell, 2020: 719-720 e Reeb, 2011: 95-108. Também cf. Antunes, 2018: 124 e Leite Filho, 2018: 153-156.

[81] Cf. Laufer, 1999: 1371-1372.

[82] A afirmação feita em texto fará menos sentido no contexto dos EUA, onde as ofensas cometidas por um colaborador no exercício da sua atividade são sempre imputadas à própria empresa. Assim sendo, o ponto a destacar neste contexto é que os gestores da empresa poderão esperar, na prática, apaziguar os reguladores se lhes oferecerem bodes expiatórios individuais. No entanto, os esforços da gestão para culpabilizar alguns dos colaboradores da empresa podem levar os últimos a apontar para outros indivíduos na empresa, um efeito designado por dinâmica de cooperação em cascata ("Dilema do Prisioneiro"). Tal significa que as pressões sobre a gestão que são transferidas para os indivíduos poderão conduzir os supostos bodes expiatórios a fornecer informações sobre a gestão. Neste sentido, cf. Diskant, 2008: 131-132. De qualquer forma, são necessários estudos empíricos para testar essa hipótese.

[83] Disponível *online* em: https://www.nbcnews.com/business/peter-madoff-sentenced-10-years-role-ponzi-scheme-1C7660243 (consultado em 14/03/2022).

[84] Peter Madoff dificilmente poderá ser considerado como um bode expiatório e não serve realmente como exemplo de transferência de culpas para o diretor de conformidade. Este é

menciona-se o acórdão da 5ª Secção Penal do Supremo Tribunal Federal (*Bundesgerichtshof* – BGH), que declarou, em *obiter dictum*, que um oficial de cumprimento (*compliance officer*) tem, por regra, um dever de garante jurídico-penal, nos termos do § 13 Abs. 1 StGB (*unechtes Unterlassen*)[85], que o obriga a evitar os delitos dos trabalhadores da empresa relacionados com a atividade empresarial (BGH 5 StR 394/08, 17/07/2009)[86]. Na verdade, o BGH decidiu pela responsabilização criminal por comissão por omissão de um diretor do departamento interno de revisão de uma empresa pública (*Berliner Stadtreinigungsbetriebe* – BSR), cuja função era equiparada à de um responsável por um setor de conformidade[87].

Na generalidade das ordens jurídicas nacionais, falta uma regulação detalhada e legalmente vinculativa das funções do oficial de cumprimento. Sendo assim, a delimitação da sua competência no âmbito da empresa constitui o único fundamento para a sua posição de garante, com base na qual se possa depois erigir uma eventual responsabilidade criminal por comissão por omissão. Para fundamentar uma posição de garante do oficial de cumprimento é necessário partir da posição de garante dos órgãos de governo da sociedade comercial (em especial, o órgão de administração). A doutrina dominante tem afirmado uma posição de garante da administração que a obriga a evitar a prática de delitos de empresa[88]. A posição de garante do oficial de cumprimento corresponde a um dever derivado e não originário. O dever de conhecimento originário do órgão de administração (ou do administrador com o pelouro da conformidade) é complementado pelo dever de reporte derivado do oficial de cumprimento, ao mesmo tempo que o dever de fiscalização originário do órgão de administração é complementado por um dever de vigilância derivado do oficial de cumprimento[89]. A designação de um oficial de cumprimento através de uma suficiente *diligentia in delegando* não desonera, porém, o órgão de administração (ou o peloureiro), pois o dever originário permanece no órgão de

muito mais um caso sobre a sua própria responsabilidade individual. No entanto, não se deve esquecer o facto de que ele era o diretor de conformidade.

85 Sobre a comissão por omissão nos crimes de resultado, cf. Ambos, 2020: 20.

86 Sobre o caso, cf. Roxin, 2021: 355.

87 Disponível *online* em: https://dejure.org/dienste/vernetzung/rechtsprechung?Text=5%20StR%20394/08 (consultado em 10/03/2022).

88 Cf. Konu, 2014: 91-143 e Demetrio Crespo, 2008: 64.

89 Cf. Scandelari, 2015: 174-176.

liderança[90]. Importante é, pois, impedir que haja descarga total de responsabilidades no oficial de cumprimento quer por parte das empresas (quando exista responsabilidade criminal das pessoas coletivas), quer por parte dos dirigentes das empresas (em quaisquer casos), como se o oficial de cumprimento fosse o para-raios de todas as falhas da empresa e fosse pago para isso[91].

A possibilidade de responsabilização criminal não deve fazer esquecer que os oficiais de cumprimento não fazem parte da estrutura operacional das empresas e que, por isso mesmo, dependem da informação que lhes é transmitida pelos departamentos operacionais. A sua capacidade de interferência na operação das empresas é indireta e depende grandemente da confiança que lhes for tributada por todos os colaboradores. Por sua vez, a tal confiança só se manterá incólume se os oficiais de cumprimento não forem vistos como elementos estranhos ao ambiente empresarial, mas como agentes das boas práticas. Daí deveria decorrer que reportassem internamente (ao órgão de administração) as anomalias e falhas de conformidade, a fim de serem corrigidas, podendo tal implicar, consoante os casos, a cominação de sanções internas aos colaboradores que as cometeram. Por isso se estranha que alguns ordenamentos jurídicos nacionais imponham aos oficiais de cumprimento deveres de denúncia às autoridades públicas competentes dos ilícitos que eles mesmos detetarem nas empresas. Aquilo que se ganha na denúncia de um único ilícito para efeitos de realização da justiça de nada vale diante de todo o capital de confiança malbaratado num instante, assim se comprometendo, de futuro, o êxito das funções de conformidade[92].

Mais se estranha que haja ordenamentos jurídicos nacionais, embora raros, que incriminem a omissão de comunicação de operações e transações suspeitas (*omisión de comunicación de operaciones y transacciones sospechosas*),

[90] Cf. Carrión Zenteno/Urquizo Videla, 2015: 383.

[91] Cf. Scandelari, 2015: 191.

[92] Mas pode argumentar-se que a análise de custo-benefício depende absolutamente da magnitude da conduta ilícita em questão. De facto, se a conduta ilícita for considerada muito grave, então poderá não haver qualquer perda de confiança. De qualquer forma, são necessários estudos empíricos para determinar se há mesmo perda de confiança interna nos oficiais de cumprimento quando atuarem como fonte direta de informações para as autoridades públicas competentes.

especificamente por parte do oficial de cumprimento[93], como previsto e punido pelo artigo 5º do DL No. 1106 peruano[94].

Seja como for, a omissão de comunicação (por parte dos oficiais de cumprimento às autoridades competentes) de operações e transações suspeitas tem vindo a ganhar estatuto de ilícito contraordenacional (administrativo, contravencional ou regulatório) em muitos ordenamentos jurídicos nacionais, aliás integrada no rol de deveres preventivos do branqueamento de capitais cujo incumprimento é sancionado diretamente pelos reguladores financeiros. É, porém, altamente duvidoso que este tipo de ilícito contraordenacional (administrativo, contravencional ou regulatório) contribua para a eficácia das funções de conformidade. Pelo contrário, isola os oficiais de cumprimento dos restantes colaboradores.

## IV. O ónus da prova da conformidade

Em princípio, a posição dos reguladores e demais autoridades públicas defronte dos programas de conformidade deve ser aberta às evidências empíricas e aos argumentos persuasivos. De facto, a criação de uma burocracia quase-regulatória dentro de uma empresa, juntamente com os incentivos normais que sustentam a maioria das burocracias, podem contribuir fortemente para um mínimo de eficácia que seria do agrado dos reguladores. No entanto, também existem patologias, razão pela qual não devem ser retiradas ilações imediatas da existência de tais programas para isentar as empresas ou sequer mitigar as sanções ou quaisquer outras consequências jurídicas[95].

Levado a sério, o cumprimento normativo tem de visar a prevenção de vários tipos de ilícitos, incluindo os ilícitos criminais (*e.g.*, cartelização, corrupção, evasão fiscal e branqueamento de capitais), em vez de apostar primordialmente na isenção de responsabilidades empresariais ou na atenuação de sanções. Caso contrário, os programas de conformidade tornam-se meros estratagemas de encobrimento das más práticas das empresas.

Acautelando-se contra tais estratagemas, o legislador e os reguladores não deveriam consagrar regimes de responsabilidade empresarial que

[93] Cf. Reyna Alfaro, 2015: 277.

[94] Cf. DL 1106, publicado em 19 de abril de 2012, in: *Diario Oficial "El Peruano"*, que modifica a disciplina prevista pela Lei Penal contra o Branqueamento de Capitais (*Ley Penal contra el lavado de activos* – LPLA), ou seja, a *Ley No.* 27765.

[95] Cf. Rotsch, 2013: 483-484.

reconhecessem efeitos premiais automáticos diante da existência de programas de conformidade, pelo menos até se perceber se são levados a sério na prática.

Nos Estados Unidos da América, a avaliação da efetividade do programa de conformidade obedece a uma lista exigente e bastante estruturada de requisitos, de acordo com o que foi estabelecido pela Comissão de Sentenciamento (*Sentencing Commission*), a saber[96]:

(1) Padrões e procedimentos para prevenir e detetar a conduta ilícita;
(2) Responsabilidade em todos os níveis do programa, juntamente com recursos adequados e empoderamento do pessoal dirigente;
(3) Diligência devida na contratação e alocação dos recursos humanos para cargos com empoderamento substancial;
(4) Padrões e procedimentos de comunicação, incluindo um requisito específico para treino em todos os níveis;
(5) Monitorização, auditoria e sistemas de orientação e reporte internos não retaliatórios, incluindo a avaliação periódica da eficácia do programa;
(6) Promoção e aplicação da conformidade e conduta ética e
(7) Adoção de medidas razoáveis para responder de forma adequada e prevenir futuras más condutas ao detetar uma violação.

A verificação na prática de todos pontos elencados nessa lista não é trivial, mas o que verdadeiramente importa é que o estabelecimento desses requisitos originou um recrudescimento massivo na conformidade porque as empresas passaram a ter uma noção clara (ou pelo menos mais clara) do que poderiam fazer para mitigar a sua responsabilidade. Em vez de conformidade com foco em determinado setor ou regulamentação, agora havia um instrumento para diminuir a culpabilidade por qualquer delito corporativo em potência[97].

Na Alemanha, o acórdão da 1ª Secção Penal do Supremo Tribunal Federal (BGH 1 StR 265/16, de 09/05/2017) decidiu que a conformidade poderia levar a uma redução da coima (*Geldbuße*) aplicada a uma empresa, em sede de responsabilidade contraordenacional (*Verantwortlichkeit für Ordnungswidrigkeiten*), ainda que não existam leis ou regulamentos estritos nesse

[96] Ver *supra*, n. 18.
[97] Cf. HAUGH, 2021: 136-137.

sentido, pois as empresas estão obrigadas a implementar um sistema de conformidade capaz de evitar a conduta imprópria ou até ilícita por parte dos seus colaboradores[98]. O BGH estabeleceu dois critérios relevantes para a determinação do valor da coima: (i) saber se existia um sistema de conformidade efetivo e adequado à prevenção dos riscos da prática da infração em causa; (ii) saber se a administração societária reagiu com prontidão, identificou as lacunas de conformidade e as corrigiu imediatamente no sistema para prevenir infrações similares no futuro[99].

Dito isto, importa agora saber quem é que tem o ónus de alegar e produzir prova sobre a verificação na prática dos aludidos requisitos.

Nos sistemas jurídicos anglo-saxónicos (*common law*), cuja matriz de processo penal é antagonística (*adversarial*), o arguido suporta o ónus de alegar e provar todo e qualquer aspeto que possa ser relevante a título de defesa (*defence*)[100]. É reconhecida a existência de diversas espécies de ónus da prova, entre as quais cabe salientar as seguintes: (i) o ónus de alegação (*burden of pleading*); (ii) o ónus de produção de meios de prova (*burden of production* ou *evidential burden*); (iii) o ónus de persuasão (*burden of persuasion*) e (iv) o ónus tático (*tactical burden of proof*)[101].

A defesa por impugnação (*negating defence*) e a defesa por exceção (*affirmative defence*) não são diferentes quanto se trata de saber a quem cabe a iniciativa de produzir meios de prova com vista a introduzir a questão levantada no processo penal. Na defesa por impugnação, o defendente contesta um ou mais elementos de facto do caso apresentado pela acusação (*e.g.*, o álibi). A defesa por exceção transcende a mera negação de quaisquer elementos de facto, já que incorpora a referência a factos adicionais, os quais, só por si, anulam ou comprometem as consequências jurídicas visadas pela acusação (*e.g.*, a legítima defesa, o estado de necessidade, a embriaguez ou a insanidade). Na defesa por impugnação, cabe à defesa alegar e apresentar meios de prova que sustentem a negação de um ou mais elementos do crime. Este lastro que incumbe ao defendente de alegar e produzir provas que atestem o álibi que ele mesmo pretenda introduzir no debate contraditório não significa, porém, que a acusação não tenha de suportar o ónus contrário de persuadir o juiz de que terá sido cometido pelo defendente

[98] Cf. Roxin, 2021: p. 352.

[99] Cf. Nienaber, 2019: 42 e Abendroth, 2011: 140-142.

[100] Cf. Roberts, 2008: 308.

[101] Cf. Rothstein, 2017: 4-13.

o concreto facto instruído e acusado. O risco de condenação explica que à defesa convenha fazer mais do que simplesmente reclamar a costumeira justiça, pelo que ainda assim fará sentido distribuir por ambas as partes um ónus de prova tático. No tocante à defesa por exceção, a distribuição das diferentes espécies de ónus da prova não é diferente.

Ainda não há ideias suficientemente claras sobre o modo como deverá operar a defesa fundada no cumprimento normativo (*compliance defence*)[102]. A discussão dos ónus pode aguçar o ponto de que, uma vez que a ocasião para o caso é uma falha de conformidade, fará sentido para a empresa tentar demonstrar que o programa de cumprimento normativo era eficaz apesar da falha (a menos que a ocasião para o caso fosse simplesmente sobre se havia ou não um programa já instalado). Terá então a acusação de suportar a carga da prova da inefetividade dos programas de conformidade ou, pelo contrário, terão as empresas de tomar sobre si o ónus da prova da sua efetividade, ainda que a acusação tenha, de alguma maneira, de tomar em consideração o programa de cumprimento normativo porventura existente no caso concreto? Mas seria inadmissível para a acusação ter de provar a inefetividade do programa. Não se lhe pode pedir que investigue os detalhes da aplicação do programa, já se sabendo, no final de contas, que somente a própria empresa estará em condições de conhecer todas e quaisquer falhas cometidas. Assumindo que a acusação não precisará de provar a inefetividade do programa, então caberá à empresa negar a acusação ou será preferível que adote uma defesa por exceção, a saber, apresentando provas da efetividade do programa? É claro que a empresa ficará assim exposta às críticas da acusação relativamente às múltiplas imperfeições ou falhas do programa e revelará, quem sabe, ainda outros factos ilícitos que não estavam sequer a ser investigados, mas é justo que tenha de suportar esse risco se quiser fazer valer a defesa afirmativa de cumprimento normativo[103].

[102] Apenas quatro anos após a decisão do *New York Central*, as empresas começaram a pedir aos tribunais que considerassem a complexidade de realidade corporativa, a importância crucial das políticas corporativas claramente estabelecidas que proíbem as condutas antiéticas e ilícitas e os esforços de boa fé das empresas para garantir o cumprimento da lei. Veja-se o caso *John Gund Brewing Co. v. United States*, 204 F. 17 (8th Cir.), *modified*, 206 F. 386 (8th Cir. 1913). Na doutrina, cf. LAUFER, 1999: 1368.

[103] Muito antes de se chegar aqui, a empresa tem mesmo é de evitar a acusação através de acordos de DPA/NPA. Existem muitos exemplos que atestam que os danos reputacionais

Acresce complexidade à discussão antecedente a circunstância de a medida da prova ser diferente para os elementos constitutivos do crime e para as excludentes da punibilidade. O Supremo Tribunal dos Estados Unidos (*United States Supreme Court*), impondo que todos os factos necessários à configuração do crime tenham de ser provados pela acusação para além de qualquer dúvida razoável (*beyond any reasonable doubt* – BARD), a partir da regra estabelecida no precedente *In re Winship*, 397 U.S. 358 (1970)[104], ainda assim tem considerado que os factos que integram as defesas afirmativas têm de ser provados pela defesa aquém dessa bitola, segundo a regra da prova preponderante (*preponderance of the evidence*), o que acaba sendo mais exigente para a defesa porque não desencadeia o requisito constitucional de refutação (pela acusação) para além de qualquer dúvida razoável[105]. Aceitando que a demonstração da efetividade de um programa de conformidade deva ser classificada como defesa afirmativa, então segue-se que está sujeita à medida da prova preponderante (*i.e.*, *more likely than not*)[106]. Ainda assim, tal constitui um ónus exigente e isso explica a razão por que as empresas procuram juntar o máximo possível de elementos que

resultantes de casos penais pendentes após dedução de acusação não são comportáveis por uma sociedade aberta à subscrição pública, sob pena de irreversível insolvência, como sucedeu no caso da Arthur Andersen LLP. Seja como for, este não é o tópico agora em discussão. Cf. The Volkov Law Group, 2012.

104 Cf. Allen, 1977: 36.

105 Por exemplo, no caso *Dixon v. United States*, 548 U.S. 1 (2006), a arguida Keshia Dixon alegara ter atuado sob coação moral (*duress*), mas o Tribunal Distrital (*District Court*), em *Dixon*, 126 S. Ct. at 2440, considerou não provada a coação moral pela medida da prova da probabilidade preponderante, o que foi confirmado pelo Tribunal de Apelação (*Court of Appeals*), em *United States vs. Dixon*, 413 F.3d 520, 522, United States Court of Appeals, Fifth Circuit (2005), em via de recurso ordinário, e depois pelo próprio *U. S. Supreme Court*, em via de recurso extraordinário para fixação de jurisprudência (*Writ of Certiorari*). Cf. *Supreme Court of the United States: Keshia Cherie Ashford Dixon, petitioner v. United States – On writ of certiorari to the United States Court of Appeals for the Fifth Circuit*, disponível *online* em: https://www.supremecourt.gov/opinions/05pdf/05-7053.pdf (consultado em 10/03/2022). Também cf. Kamisar/et al, 2003: 1511-1517.

106 A *due diligence* (*compliance*) é concebida como defesa afirmativa pelo Código Penal Modelo (*Model Penal Code* – MPC), § 2.07. Em 1962, o Instituto Jurídico Norte-Americano (*American Law Institute* – ALI) codificou no MPC a defesa de *due diligence* redigida de forma restrita para todas as infrações às normas regulatórias do Estado destinadas a “encorajar a supervisão diligente do pessoal corporativo por funcionários administrativos nos casos em que a empresa estiver vinculada à conduta de pessoal inferior”. Mas a Comissão Nacional de Reforma do Código Penal Federal (*National Commission on the Reform of the Federal Criminal Code*), conhecida

atestem os requisitos estabelecidos pela Comissão de Sentenciamento[107]. É a defesa quem tem de juntar tais meios de prova e não a acusação.

Vale a pena notar de passagem que a própria natureza do sistema adversarial do direito anglo-saxónico – particularmente no tocante ao uso de júris nos EUA – significa que nenhuma defesa desse tipo seria, provavelmente, reconhecida. Um julgamento real perante jurados (em vez de um juiz profissional) acerca da (in)eficácia de um programa de cumprimento normativo seria difícil de entender pelos jurados. Como tal, não é de estranhar que as empresas procurem evitar o julgamento e aceitem, previamente à acusação, acordos de DPA/NPA. Além disso, os custos reputacionais de uma acusação são um anátema para praticamente todas as empresas, especialmente as sociedades de capital aberto[108]. Assim, é muito mais útil na prática abordar os desafios de todos os envolvidos, mesmo fora de um ambiente adjudicativo, para estabelecer se um programa de cumprimento normativo foi ou é eficaz (*ex ante* ou *ex post*). Esse é o principal desafio enfrentado pelos reguladores e procuradores que, na prática, decidem se uma empresa tem uma boa defesa de conformidade.

Nos sistemas jurídicos romano-germânicos (*civil law*), cuja matriz de processo penal é de estrutura acusatória, mas integrada por um princípio de investigação (princípio inquisitório)[109], a perspetiva da literatura mais clássica acerca do ónus da prova é totalmente diversa. No tocante ao ónus da prova, a doutrina alemã do final do séc. XIX costumava distinguir entre o ónus de introduzir prova em juízo e o risco de não persuasão[110]. Ao primeiro chamava ónus de prova formal (*formelle Beweislast*)[111] e ao segundo chamava ónus de prova material (*materielle Beweislast*)[112]. No processo penal não existiria o ónus de prova formal ou fáctico quer porque o procurador de justiça tinha de colaborar com o tribunal na descoberta da verdade e na realização da justiça, tanto produzindo provas incriminatórias como excul-

como Comissão Brown (*Brown Commission*), rejeitou especificamente esta defesa. Para mais informação, cf. LAUFER, 1999: 1369, n. 114.

[107] Ver *supra*, n. 18.

[108] Cf. THE VOLKOV LAW GROUP, 2012.

[109] Outras designações correntes para o princípio inquisitório (*Aufklärungsgrundsatz*) são princípio da instrução (*Instruktionsmaxime*) ou princípio da investigação (*Untersuchungsgrundsatz*).

[110] Cf. FLETCHER, 1968: 904, n. 82.

[111] Cf. GLASER, 1883: 99-103.

[112] Cf. GLASER, 1883: 85-98.

patórias (*à charge et à décharge*), quer porque o juiz de julgamento (*Tatrichter*) tinha poderes-deveres autónomos de investigação (*Aufklärungspflichten*), ordenando assim oficiosamente a produção de todos os meios de prova cujo conhecimento se lhe afigurasse necessário à descoberta da verdade e à boa decisão da causa[113].

Esta posição consolidou-se na doutrina a tal ponto que atualmente já nem sequer se encontra qualquer referência ao ónus da prova nos tratados e manuais consagrados de Direito Processual Penal alemães[114/115]. Acresce que a estrutura tripartida da responsabilidade criminal fixada pela clássica monografia de Ernst Beling (1866-1932), *A Teoria do Delito* (*Die Lehre vom Verbrechen*)[116], nomeadamente a tipicidade, a ilicitude e a culpabilidade (*Tatbestand, Rechtswidrigkeit* e *Schuld*), fornece um esquema para ordenar todas as questões substantivas relacionadas com a culpa ou inocência do arguido. Ao fazer uma série de três perguntas: – O arguido causou um resultado proibido pelo legislador? – O facto é socialmente inaceitável (injustificado)? – O arguido é pessoalmente culpado (indesculpável)? – o juiz de julgamento alemão progride através de uma ordenação abrangente e unificada das questões atinentes à responsabilidade criminal do arguido. E a conclusão da culpa requer uma constatação afirmativa nestas três categorias da indagação judicial. As três categorias têm um peso equivalente no ónus do Estado em estabelecer a punibilidade do arguido e, por isso mesmo, o promotor de justiça alemão é quem suporta o risco de dúvida residual do juiz de julgamento acerca das questões substantivas das três categorias[117]. Esta perspetiva da literatura clássica não pode deixar de trazer consequências para a prova da conformidade efetiva no apuramento da responsabilidade empresarial, quer a conformidade efetiva seja encarada como elemento negativo do tipo de delito, quer seja vista antes como uma excludente no plano da ilicitude ou mesmo da culpabilidade.

Este esquema de pensamento é seguido noutros países europeus continentais, o que nos permite aplicá-lo àqueles ordenamentos jurídicos que admitem a responsabilidade criminal das empresas, como é o caso, a título

[113] Cf. Glaser, 1883: 100.

[114] Por todos, cf. Roxin/Schünemann, 2022: § 45, n.os ms. 2-4.

[115] A doutrina portuguesa clássica seguiu a mesma tendência. Por todos, cf. Figueiredo Dias, 1972: 139-140.

[116] Cf. Beling, 1906.

[117] Cf. Fletcher, 1968: 913-915.

de exemplo, de Espanha. O atual nº 2 do artigo 31 bis do Código Penal espanhol decreta que a pessoa coletiva (*persona jurídica*) ficará isenta de responsabilidade se cumprir um conjunto especificado de requisitos, os quais são claramente inspirados nos requisitos estabelecidos pela Comissão de Sentenciamento norte-americana. O ponto crítico aqui é a questão de saber a quem incumbe alegar e juntar provas acerca do cumprimento desses requisitos, total ou parcialmente. Não havendo distribuição do ónus da prova, então a conclusão lógica deveria ser a de que o procurador de justiça (*fiscal*) espanhol é quem suporta o risco de dúvida residual do juiz de julgamento acerca do incumprimento, total ou parcial, dos requisitos da conformidade efetiva no apuramento da responsabilidade do ente coletivo. Se assim for, a falta de menção às falhas de conformidade no despacho de acusação a cargo do Ministério Público (*acusación fiscal*) acaba por fazer operar uma presunção judicial de conformidade na decisão do juiz de julgamento[118]. Acresce que as concretas falhas de conformidade que, porventura, sejam apontadas às empresas no despacho de acusação têm de gerar uma convicção próxima da certeza no juiz de julgamento acerca da sua verificação, o que significa, do mesmo passo, que as empresas visadas terão apenas de suscitar a dúvida razoável relativamente às provas reunidas pela acusação para conseguirem tirar partido da presunção judicial de conformidade.

É – dizemos nós – um esforço absurdo de recolha de provas a cargo da acusação, que, ademais, se aproxima de uma prova negativa ou diabólica (*probatio diabolica*), até mesmo nos casos em que as empresas provavelmente não praticam qualquer espécie de conformidade. Nestas circunstâncias, a autorregulação regulada acabaria provocando o resultado oposto ao pretendido. Ou seja, a autorregulação regulada, assim interpretada, tornaria mais difícil de fundamentar e provar a responsabilidade da pessoa coletiva.

Mas não tem de ser assim. Há ordenamentos jurídicos inspirados no modelo europeu continental que contêm uma regra de distribuição do ónus da prova no processo penal equiparável, salvo nos poderes de investigação subsidiários do juiz de julgamento, à do modelo antagonístico norte-

[118] As presunções judiciais (*praesumptio judicis*), simples, naturais, de homem, de facto ou de experiência (por todas estas designações se tornaram conhecidas) são aquelas que não são estabelecidas pela lei, mas se baseiam apenas na experiência da vida ou, se preferirmos, nas chamadas regras da experiência (*Erfahrungssätze*). Sobre as regras da experiência, cf. Aroso Linhares, 1988: 14.

-americano, como é o caso do Brasil. No artigo 156 do Código de Processo Penal brasileiro[119] dispõe-se que: "A prova da alegação incumbirá a quem a fizer, sendo, porém, facultado ao juiz de ofício: [...] II – determinar, no curso da instrução, ou antes de proferir sentença, a realização de diligências para dirimir dúvida sobre ponto relevante"[120]. Esta regra permite a interpretação de que a alegação e a prova da conformidade efetiva caberão à empresa, designadamente no único caso em que o legislador brasileiro admite a responsabilização criminal das pessoas coletivas, ou seja, nos termos do artigo 3º da Lei de Crimes Ambientais[121].

Nem sequer é preciso que haja regra de distribuição do ónus da prova no processo penal para se chegar à mesma conclusão. Se preferirmos uma teoria processual do delito, inspirada na retórica antagonística, à teoria meramente substantiva do delito de Beling, inspirada no princípio inquisitório, então torna-se possível uma distribuição eficiente e eficaz do ónus da prova pelas partes processuais. Citando o filósofo português Fernando Gil (1937-2006): "[...] o processo é uma argumentação racional contraditória, que se inspirou nos procedimentos retóricos da prova e que, por seu turno, os marcou também. A teoria [...] do *onus probandi* intervém também em toda a controvérsia [...]. Por fim, o processo articula-se com o estabelecimento e a avaliação neutra, imparcial, do facto, que também representa uma exigência epistemológica fundamental [...]"[122].

O Direito norte-americano tem produzido uma análise assaz sofisticada das diversas espécies de ónus da prova que deveria servir – e está já crescentemente a servir – de referência também para os sistemas jurídicos romano-germânicos[123].

## V. Um novo Direito Regulador

A contraposição clássica entre o Direito Administrativo e o Direito Penal está ultrapassada na regulação das atividades económicas, assim como no Direito da Concorrência. Estamos a assistir à emergência de um novo ramo de Direito, que congrega aspetos de Direito Administrativo e de Direito Sancionatório Público, inclusive Penal.

[119] Cf. Decreto-Lei nº 3.689, de 3 de outubro de 1941.

[120] Incluído pela Lei nº 11.690, de 2008.

[121] Cf. Lei nº 9.605, de 12 de fevereiro de 1998.

[122] Gil, 1986: 35-36.

[123] Cf. Prakken/Sartor, 2009: 223-253.

O surgimento das autoridades independentes subverteu o clássico modelo da separação de poderes, por isso mesmo que foram dotadas de três tipos de poderes públicos, tradicionalmente separados, a saber: poderes normativos, executivos e (para)judiciais. As modernas autoridades independentes editam regulamentos de caráter geral e abstrato, acompanham e inspecionam a atividade das empresas e, por fim, aplicam sanções pecuniárias (coimas) e sanções acessórias, se detetarem infrações. Neste tocante, é, pois, difícil de sustentar a contraposição clássica entre o Direito Administrativo e o Direito Penal, tanto mais que o Tribunal Europeu dos Direitos Humanos tem considerado, em jurisprudência constante, que as contraordenações e outras infrações tipicamente administrativas devem ser consideradas infrações criminais para o efeito da aplicação do artigo 6º da Convenção Europeia dos Direitos Humanos, que consagra o direito a um processo equitativo e à presunção de inocência[124].

O contexto social do Direito Regulador obriga à mudança de paradigma na aplicação do Direito e à interação com os agentes económicos. A experiência aponta generalizadamente para as vantagens de uma abordagem baseada nos princípios da regulação responsiva e da autorregulação regulada. O balanço entre ambas exige, porém, um delicado equilíbrio entre as exigências de uma regulação eficaz e as vantagens da colaboração com as empresas no desempenho dessa missão de Direito Público. Aliás, os riscos dessa articulação são imensos e só podem ser minorados através da consagração de mecanismos que garantam a independência e a prestação de contas (*accountability*) dos reguladores e impeçam a captura (*regulatory capture*)[125] por inúmeros interesses, desde os partidários aos empresariais, o que passa também pela imposição de transparência e de restrições às portas giratórias (*revolving doors*)[126] entre o exercício de funções de regulação, funções governativas e funções de gestão de empresas públicas, mistas ou privadas.

[124] Cf. ECtHR, *Engel and Others v. the Netherlands*, 8 June 1976, § 82. Sobre a crescente importância da jurisprudência do Tribunal Europeu dos Direitos Humanos (TEDH – ECtHR) como fonte de Direito, especialmente na definição das garantias mínimas no processo penal, cf. Kostoris, 2018: 58-60.

[125] Cf. Braithwaite, 2011: 477 e Posner, 2013: 49-56.

[126] Cf. Emery/Faccio, 2020.

## Conclusão

Do que vimos resulta que a regulação responsiva e a autorregulação regulada são uma boa ideia, mas que pode correr mal por muitas e variadas razões e em múltiplas circunstâncias, a menos que sejam criados mecanismos de independência efetiva, prestação de contas, anticaptura e autorreflexão crítica dos reguladores.

Os conceitos de regulação responsiva e de autorregulação regulada são inseparáveis porque o cumprimento normativo por parte da indústria só pode melhorar se tiver devidamente em conta os poderes de regulamentação, supervisão e aplicação de sanções administrativas por parte das autoridades independentes, assim como as competências de investigação e acusação do Ministério Público em matéria penal. O papel dos agentes de aplicação do Direito (*law enforcement*) melhorará também se adotarem modelos de regulação responsiva (nomeadamente ajudando a implementar programas de conformidade mais eficazes nas empresas), adequando-se empaticamente às melhorias de cultura corporativa da indústria (*e.g.*, treinos inovadores de conformidade e investigações internas rigorosas) e escolhendo, dessa forma, a oportunidade e a intensidade da respetiva atuação supervisora e sancionadora.

Do lado da indústria, os desafios são essencialmente de conformação e (re)definição da cultura das empresas, articulando e conciliando a dimensão económica e financeira do negócio com os riscos da sua atividade, designadamente os riscos legais, numa ótica de que mais vale prevenir do que remediar.

O grau de abrangência e detalhe de uma política de conformidade é mais exigente quando se tratar de uma empresa que desenvolve a sua atividade em setor regulado. Por uma razão simples: a teia legal e regulamentar nesses setores é sempre mais ampla, e também mais densa e minuciosa, do que nos restantes setores de atividade, para além de ser mais propensa à evolução e revisão do respetivo quadro normativo.

Tudo considerado, os programas, procedimentos e medidas de cumprimento normativo podem, na prática, ter um impacto benéfico na avaliação da responsabilidade empresarial e na definição das penalidades adequadas. É um impacto benéfico para todos os envolvidos – desde as empresas, passando pelos reguladores e demais autoridades públicas, até à sociedade em geral – porque fornece uma estrutura estável para a longa vida esperada das empresas na sociedade global, certamente considerando-as como fonte de desenvolvimento e riqueza, mas também como fonte de riscos e danos que devem ser internalizados.

## Bibliografia citada

ABENDROTH, Christiane,
(2011) *Prolegomena einer strafrechtlichen Bewertung von Corporate Governance, Compliance und Business Ethics – Eine Untersuchung unter Berücksichtigung der Besonderheiten der Kreditwirtschaft*, Berlin: WVB.

ALLEN, Ronald J.,
(1977) "The Restoration of In re Winship: A Comment on Burdens of Persuasion in Criminal Cases after Patterson v. New York", *Michigan Law Review* 76, pp. 30-63.

AMBOS, Kai,
(2020) "Omissions", in: Kai Ambos, Antony Duff, Julian Roberts e Thomas Weigend (org.), *Core Concepts in Criminal Law and Criminal Justice – Anglo-German Dialogues*, Vol. I, Cambridge: Cambridge University Press, 2020, pp. 17-45.

ANTUNES, Maria João,
(2018) "Privatização das investigações e compliance criminal", *RPCC* 1, pp. 119-127.

ARLEN, Jennifer, BUELL, Samuel W.,
(2020) "The Law of Corporate Investigations and the Global Expansion of Corporate Criminal Enforcement", *Southern California Law Review* 93, pp. 697-762.

AROSO LINHARES, José Manuel,
(1988) "Regras de experiência e liberdade objetiva do juízo de prova", *Boletim da Faculdade de Direito de Coimbra* XXXI, pp. 1-364.

AYRES, Ian, BRAITHWAITE, John,
(1992) *Responsive Regulation – Transcending the Deregulation Debate*, New York / Oxford: Oxford University Press.

BAPTISTA, Alexandre Leite,
(2018) "*Compliance* em processo contraordenacional: Da alegação à decisão através da prova", in: Maria Fernanda Palma, Augusto Silva Dias e Paulo de Sousa Mendes (coord.), *Estudos sobre* Law Enforcement, Compliance *e Direito Penal*, 2ª ed., Coimbra: Almedina, pp. 345-384.

BELING, Ernst,
(1906) *Die Lehre vom Verbrechen*, Tübingen: J. C. B. Mohr (Paul Siebeck).

BIBBO, Sabrina Maria,
(2006) *Kriterien zur Konkretisierung des Opportunitätsprinzips im Bussgeldverfahren*, Tübingen: Köhler.

BÖSE, Martin,
(2005) *Wirtschaftsaufsicht und Strafverfolgung – Die verfahrensübergreifenden Verwendung von Informationen und die Grund- und Verfahrensrechte des Einzelnen*, Tübingen: Mohr Siebeck.

BRAITHWAITE, John,
(1982) "Enforced Self-Regulation: A New Strategy for Corporate Crime Control", *Michigan Law Review* 80, pp. 1466-1507.
(2002) *Restorative Justice and Responsive Regulation*, New York: Oxford University Press.

(2008) *Regulatory Capitalism – How it Works, Ideas for Making it Work Better*, Cheltenham, UK / Northampton, MA, USA: Edward Elgar.

(2011) "Fasken Lecture: The Essence of Responsive Regulation", *U.B.C. Law Review* 44, pp. 475-520, disponível em http://johnbraithwaite.com/wp-content/uploads/2016/03/essence_responsive_regulation.pdf (consultado em 25/09/2021).

(2017) "Responsive Excellence", in: Cary Coglianese (org.), *Achieving Regulatory Excellence*, Washington: Brookings Institution Press, 2017, pp. 23-35, disponível em http://johnbraithwaite.com/wp-content/uploads/2017/02/chapter-2-Responsive-Excellence.pdf (consultado em 25/09/2021).

Busato, Paulo César,

(2018) "O que não se diz sobre o *criminal compliance*", in: Maria Fernanda Palma, Augusto Silva Dias e Paulo de Sousa Mendes (coord.), *Estudos sobre* Law Enforcement, Compliance *e Direito Penal*, 2ª ed., Coimbra: Almedina, pp. 21-55.

Carrión Zenteno, Andy / Urquizo Videla, Gustavo,

(2015) "La responsabilidad penal del oficial de cumplimiento en el ámbito empresarial: Un breve análisis comparativo entre Alemania-Perú y EEUU", in: Kai Ambos, Dino Carlos Caro Coria e Ezequiel Malarino (org.), *Lavado de activos y compliance: Perspectiva internacional y derecho comparado*, Lima: Jurista Editores, pp. 371-401.

Coca Vila, Ivó,

(2013) "Programas de cumplimiento como forma de autorregulación regulada?", in: Jesús-María Silva Sánchez e Raquel Fernández (org.), *Criminalidad de Empresa y Compliance: Prevención y reacciones corporativas*, Barcelona: Atelier, pp. 43-76.

Demetrio Crespo, Eduardo,

(2008) "Sobre la posición de garante del empresario por la no evitación de delitos cometidos por sus empleados", in: José Ramón Serrano-Piedecasas e Eduardo Demetrio Crespo (org.), *Cuestiones actuales de Derecho penal económico*, Madrid: COLEX, pp. 61-87.

Diskant, Edward B.,

(2008) "Comparative Corporate Criminal Liability: Exploring the Uniquely American Doctrine Through Comparative Criminal Procedure", *The Yale Law Journal* 118, pp. 126-176.

Donald, David C.,

(2005) "Applying Germany's market manipulation rules to disruptive trades on the Eurex and MTS platforms", *German Law Journal* 3, pp. 649-666.

Emery, Logan / Faccio, Mara,

(2020) "Exposing the Revolving Door in Executive Branch Agencies", disponível em https://ssrn.com/abstract=3732484 e em http://dx.doi.org/10.2139/ssrn.3732484 (consultado em 12/09/2021).

Engelhart, Marc,

(2012) *Sanktionierung von Unternehmen und Compliance – Eine rechtsvergleichende Analyse des Straf- und Ordnungswidrigkeitenrechts in Deutschland und den USA*, 2ª ed. revista e aumentada, Schriftenreihe des Max-Planck-Instituts für ausländisches und internationales Strafrecht, Reihe S: Strafrechtliche Forschungsberichte (MPIS), vol. 121, Berlin: Duncker & Humblot.

FIGUEIREDO DIAS, Jorge de,
(1972) "Anotação – Ónus de alegar e provar em processo penal?", *Revista de Legislação e de Jurisprudência* 105, pp. 125-128 e 139-143.
FLETCHER, George P.,
(1968) "Two Kinds of Legal Rules: A Comparative Study of Burden-of-Persuasion Practices in Criminal Cases", *The Yale Law Journal* 5, pp. 880-935.
GIL, Fernando,
(1986) *Provas*, Lisboa: INCM.
GLASER, Julius,
(1883) *Beiträge zur Lehre vom Beweis im Strafprozess*, Leipzig: Duncker & Humblot.
GÓMEZ-JARA DÍEZ, Carlos,
(2015) *Autorregulación y Responsabilidad Penal de las Personas Jurídicas*, Perú: ARA Editores.
HAUGH, Todd,
(2021) "Criminalized Compliance", in: Benjamin van Rooij e D. Daniel Sokol (ed.), The *Cambridge Handbook of Compliance*, Cambridge: Cambridge University Press, pp. 133-144.
HERBST, Jonathan / RUTTER, Mathew,
(2005) "Why Citigroup was fined", *The Financial Regulator* 2, pp. 65-68.
HERMES, Georg,
(2010) "Staat und Markt", in: Eberhard Kempf, Klaus Lüderssen e Klaus Volk (org.), *Die Finanzkrise, das Wirtschaftsstrafrecht und die Moral*, Berlin / New York: de Gruyter, pp. 26-46.
KAMISAR, Yale / ET AL,
(2003) *Modern Criminal Procedure – Cases-Comments-Questions*, 10ª ed., St. Paul, MN: West Group, pp. 1511-1517.
KONU, Metin,
(2014) *Die Garantenstellung des Compliance-Officers – Zugleich ein Beitrag zu den Rahmenbedingungen einer Compliance-Organisation*, Berlin: Duncker & Humblot.
KOSTORIS, Roberto E.,
(2018) *Handbook of European Criminal Procedure*, New York: Springer Cham.
LAUFER, William S.,
(1999) "Corporate Liability, Risk Shifting, and the Paradox of Compliance", *Vanderbilt Law Review* 52, Issue 5, pp, 1343-1420.
LEITE FILHO, José Raimundo,
(2018) *Corrupção internacional,* criminal compliance *e investigações internas – Limites à produção e valoração dos interrogatórios privados*, Rio de Janeiro: Lumen Juris.
LEHMKUHL, Marianne Johanna,
(2021) "Der Entwurf eines Verbandssanktionengesetzes und die Förderung von Compliance", in: Thomas Rotsch (org.), *Criminal Compliance – Status quo und Status futurus*, Baden-Baden: Nomos, pp. 165-183.
LIPPKE, Richard L.,
(2016) *Taming the Presumption of Innocence*, Oxford: Oxford University Press.
LUCHTMAN, Michiel,
(2013) "Choice of forum and the prosecution of cross-border crime in the European Union – What role for the legality principle?", in: Michiel Luchtman (org.), *Choice of*

*forum in cooperation against EU financial crime – Freedom, security and justice and the protection of specific EU-interests*, The Hague: Eleven, pp. 3-61.

Maiazza, Robert,
(2003) *Das Opportunitätsprinzip im Bussgeldverfahren unter besonderer Berücksichtigung des Kartellrechts*, Herbolzheim: Centaurus.

Miranda Rodrigues, Anabela,
(2019) *Direito Penal Económico – Uma Política Criminal na Era Compliance*, Coimbra: Almedina.

Murphy, Diana E.,
(2002) "The Federal Sentencing Guidelines for Organizations: A Decade of Promoting Compliance and Ethics", *Iowa Law Review* 87, pp. 697-720.

Nienaber, Laura Christiane,
(2019) *Umfang, Grenzen und Verwertbarkeit compliancebasierter unternehmensinterner Ermittlungen*, Baden-Baden: Nomos.

Posner, Richard A.,
(2013) "The Concept of Regulatory Capture: A Short, Inglorious History", in: Daniel Carpenter e David Moss (org.), *Preventing Regulatory Capture: Special Interest Influence and How to Limit It*, Cambridge: Cambridge University Press, pp. 49-56.

Prakken, Henry / Sartor, Giovanni,
(2009) "A logical analysis of burdens of proof", in: Hendrik Kaptein, Henry Prakken e Bart Verheij (org.), *Legal Evidence and Proof: Statistics, Stories, Logic*, Farnham: Ashgate, 2009, pp. 223- 253.

Prittwitz, Cornelius / Zink, Sarah,
(2021) "Criminal Compliance und Verbandssanktionenrecht", in: Thomas Rotsch (org.), *Criminal Compliance – Status quo und Status futurus*, Baden-Baden: Nomos, pp. 251-272.

Quintela de Brito, Teresa,
(2018) "*Compliance*, cultura corporativa e culpa penal da pessoa jurídica", in: Maria Fernanda Palma, Augusto Silva Dias e Paulo de Sousa Mendes (coord.), *Estudos sobre* Law Enforcement, Compliance *e Direito Penal*, 2ª ed., Coimbra: Almedina, pp. 57-100.

Reeb, Philipp,
(2011) *Internal Investigations – Neue Tendenzen privater Ermittlungen*, Schriftenreihe des Max-Planck-Instituts für ausländisches und internationales Strafrecht, Reihe S: Strafrechtliche Forschungsberichte (MPIS), vol. 127, Berlin: Duncker & Humblot.

Reyna Alfaro, Luis Miguel,
(2015) "La responsabilidad penal del *compliance officer*: Algunas consideraciones iniciales sobre el nuevo delito de omisión culposa de comunicación de operaciones sospechosas", *ADPE* 3, pp. 273-287.

Roberts, Paul,
(2008) "Faces of Justice Adrift? Damaška's Comparative Method and the Future of Common Law Evidence", in: John Jackson, Máximo Langer e Peter Tillers (org.), *Crime, Procedure and Evidence in a Comparative and International Context – Essays in Honour of Professor Mirjan Damaška*, Oxford and Portland, Oregon: Hart Publishing, pp. 295-328.

ROTHSTEIN, Paul F.,
"Demystifying Burdens of Proof and the Effect of Rebuttable Evidentiary Presumptions in Civil and Criminal Trials", (04/10/2017), available at SSRN: https://ssrn.com/abstract=3050687 or http://dx.doi.org/10.2139/ssrn.3050687 (consultado em 12/04/2022).

ROTSCH, Thomas,
(2013) "Compliance und Strafrecht – Fragen, Bedeutung, Perspektiven Vorbemerkungen zu einer Theorie der sog. 'Criminal Compliance'", *Zeitschrift für die gesamte Strafrechtswissenschaft* 3, pp. 481-498.
(2019) "Criminal Compliance", in: Eric Hilgendorf, Hans Kudlich e Brian Valerius (org.), *Handbuch des Strafrechts*, Vol. I (Grundlagen des Strafrechts), Heidelberg: C.F. Müller, pp. 1183-1224 (§ 26).

ROTSCH, Thomas (org.),
(2015) *Criminal Compliance – Handbuch*, Baden-Baden: Nomos.

ROXIN, Claus / SCHÜNEMANN, Bernd,
(2022) *Strafverfahrensrecht – Ein Studienbuch*, 30ª ed., München: Beck.

ROXIN, Imme,
(2021) "Vorteile und Nachteile eines Compliance-Management-Systems im Unternehmen – Bilanz und Ausblick", in: Thomas Rotsch (org.), *Criminal Compliance – Status quo und Status futurus*, Baden-Baden: Nomos, pp. 351-366.

SARAIVA, Renata Machado,
(2018) *Criminal Compliance como Instrumento de Tutela Ambiental – A Propósito da Responsabilidade Penal de Empresas*, São Paulo: LiberArs.

SCANDELARI, Gustavo Britta,
(2015) "As posições de garante na empresa e o criminal compliance no Brasil: Primeira abordagem", in: Décio Franco David (org.), *Compliance e Direito Penal*, São Paulo: Atlas, pp. 158-199.

SCHWEIGER, Theresa,
(2021) "Quo vadis Verbandssanktionenrecht? Eine Stellungnahme im Anschluss an die Äußerungen des Bundesrates und der Bundesregierung zum Regierungsentwurf eines Verbandssanktionengesetzes", *Zeitschrift für Internationale Strafrechtsdogmatik* 2, pp. 137-154.

SIEBER, Ulrich,
(2013) "Programas de compliance en el derecho penal de la empresa: Una nueva concepción para controlar la criminalidad económica", in: Luis Arroyo Zapatero e Adán Nieto Martín (org.), *El derecho penal económico en la era de la compliance*, Valencia: Tirant lo Blanch, pp. 63-109.

SIEBER, Ulrich / ENGELHART, Marc,
(2014) *Compliance Programs for the Prevention of Economic Crimes: An Empirical Survey of German Companies*, Schriftenreihe des Max-Planck-Instituts für ausländisches und internationales Strafrecht, Reihe S: Strafrechtliche Forschungsberichte (MPIS), vol. 140, Berlin: Duncker & Humblot.

SOUSA MENDES, Paulo de,
(2009) "Was tun im Falle von transnationalem Marktmissbrauch? – Der Fall Citigroup", *Zeitschrift für Internationale Strafrechtsdogmatik* 2, pp. 55-58.

(2016) "Die Finanzmarktaufsicht und der Transfer von Informationen aus dem Verwaltungsverfahren in das Strafverfahren", *Goltdammer's Archiv für Strafrecht* 6, pp. 380-392.

SOUSA, Susana Aires de,
(2019) *Questões Fundamentais de Direito Penal da Empresa*, Coimbra: Almedina.

STEIN, Alex,
"Evidential Rules for Criminal Trials: Who Should be in Charge?", in: Sean Doran e John D. Jackson (org.), *The Judicial Role in Criminal Proceedings*, Oxford/Portland, Oregon: Hart Publishing, 2000, pp. 127-143.

WILS, Wouter P. J.,
(2016) "The Use of Leniency in EU Cartel Enforcement: An Assessment after Twenty Years", *World Competition* 3, pp. 327-388.

THE VOLKOV LAW GROUP,
(2012) "A Practical Look at the Compliance Defense Proposals", disponível em https://www.jdsupra.com/legalnews/a-practical-look-at-the-compliance-defen-91459/ (consultado em 14/03/2022).

WASSMER, Martin Paul,
(2021) "Strafbarkeit juristischer Personen", in: Eric Hilgendorf, Hans Kudlich e Brian Valerius (org.), *Handbuch des Strafrechts*, Vol. 3 (Strafrecht Allgemeiner Teil II), 2021, Heidelberg: C.F. Müller, pp. 3-94 (§ 49).

WOHLERS, Wolfgang,
(2009) "Selbstregulierung – Aufsichtsrecht – Strafrecht: (Ziel-)Konflikte und Interdependenzen", in: Jürg-Beat Ackermann, Wolfgang Wohlers (org.), *Finanzmarkt ausser Kontrolle? Selbstregulierung – Aufsichtsrecht – Strafrecht: 3. Zürcher Tagung zum Wirtschaftsstrafrecht*, Zürich / Basel / Genf: Schulthess, pp. 267-314.

## Jurisprudência citada

<u>Estados Unidos da América</u>
New York Central R. Co. v. United States, 212 U.S. 481 (1909).
In re Winship, 397 U.S. 358, (1970).
Dixon v. United States (2006) U.S. 126 S. Ct. 2437 (2006).

<u>Alemanha</u>
BVerfG, de 19/06/1979 (2 BvR 1060/78).
BGH, de 17/07/2009 (5 StR 394/08).
BGH, de 09/05/2017 (1 StR 265/16).

# Pirâmide regulatória de Ayres e Braithwaite e discricionariedade na intervenção sancionatória contraordenacional

Helena Magalhães Bolina*

**Sumário:** Introdução; I. A pirâmide regulatória de Ayres e Braithwaite e a necessidade de intervenção sancionatória; II. A margem de decisão das autoridades reguladoras quanto à promoção dos processos de contraordenação. Oportunidade, discricionariedade e promoção seletiva; 1. A promoção de processos de contraordenação no RGIMOS; 2. A promoção seletiva de processos de contraordenação nos regimes setoriais; a) A Lei da Concorrência (Lei nº 19/2012, de 8 de maio); b) As recomendações do Regime Jurídico da Supervisão de Auditoria (RJSA): c) A promoção de processos pelo Banco de Portugal e pela Autoridade de Supervisão de Seguros e Fundos de Pensões (ASF); d) A recente alteração ao artigo 360º do Código dos Valores Mobiliários pela Lei 99-A/2021, de 31 de dezembro; e) Síntese; III. A intervenção sancionatória e os objetivos da regulação: critérios de decisão dos reguladores; Conclusão.

## Introdução

Em vários domínios de atividades prestadas por entidades privadas é essencial que o comportamento dos agentes se oriente por regras que visam proteger interesses relevantes da vida em sociedade[1]. O modo de garantir

* Doutora em Direito (especialidade Direito Penal) pela Faculdade de Direito da Universidade Nova de Lisboa, onde exerce funções docentes como Professora Auxiliar.

[1] E, até, bens jurídicos que podem assumir dignidade penal, como a vida e a integridade física e que, por via da aplicação do princípio da necessidade da intervenção penal, são tutelados

a definição e o cumprimento de tais regras tem variado[2], identificando-se duas abordagens distintas correspondentes a diferentes formas de intervenção do Estado: a autorregulação e a heterorregulação. No primeiro caso, são os próprios intervenientes nas atividades que definem as regras e garantem o seu cumprimento. No segundo caso, a definição das regras e a verificação do seu cumprimento é realizada por autoridades públicas, ainda que frequentemente independentes do Estado[3].

A ideia de pirâmide regulatória introduzida pelos autores australianos Ian Ayres e John Braithwaite[4] corresponde a uma conceção que não coincide com qualquer dos termos deste binómio[5], uma vez que a intervenção do regulador, no desempenho do seu papel de controle de uma determinada área de atividade, apenas surge com intensidade quando as circunstâncias do caso o justifiquem. De acordo com este esquema da pirâmide regulatória, na maioria dos casos[6] a intervenção inicial do regulador será de natureza mais persuasiva, através, designadamente, da emissão de recomendações, deixando os intervenientes encarregues da melhoria dos seus procedimentos. Incrementando-se a intensidade da reação do regu-

através de intervenção sancionatória não penal quanto a modalidades de conduta que apenas sejam suscetíveis de criar perigo para os referidos bens jurídicos (é o caso de parte substancial das normas rodoviárias). No sentido de a intervenção sancionatória contraordenacional também poder tutelar bens jurídico-penais, Brandão, 2016: 855.

[2] Sobre a evolução do fenómeno e do conceito de regulação, *cfr.* Paz Ferreira/Morais, 2009.

[3] As *agencies* do direito norte-americano. Entre nós, também as entidades administrativas independentes com funções de regulação da atividade económica dispõem de um estatuto plasmado na Lei-Quadro das Entidades Reguladoras (Lei nº 67/2013, de 28 de agosto) que as subtrai à tutela do Governo e que João Bilhim e Gonçalo Castilho do Santos qualificam como "adstrição administrativa" no que respeita à sua relação com o Governo (Bilhim/Castilho dos Santos, 2017). Sobre o surgimento das entidades reguladoras no âmbito da economia em Portugal, *cfr.* Paz Ferreira, 2010: 34-41.

[4] Ayres/Braithwaite, 1992. O conceito é também descrito e desenvolvido em Sousa Mendes, 2021: 3, 10.

[5] Muito elucidativo desse posicionamento é o próprio subtítulo da obra dos autores *Responsive Regulation: Transcending the Deregulation Debate.*

[6] A intervenção na maioria dos casos será de natureza persuasiva e só naqueles casos em que o comportamento do agente o reclame é que os reguladores lançam mão dos seus poderes sancionatórios. É por esse motivo que a representação visual desta ideia é a de uma pirâmide: porque são em maior número os casos em que a intervenção é mais moderada (que constituem a base da pirâmide) do que aqueles em que as autoridades avançam para a reação sancionatória (que constitui o topo da pirâmide).

lador quando essa intervenção persuasiva não produza o desejado efeito de cumprimento pelos destinatários das normas.

Como resulta evidente da descrição deste conceito, este modelo de intervenção situa-se num contexto em que a autoridade administrativa se move num perímetro que contempla alguma margem de decisão. A questão que se coloca é, então, a de saber se é possível uma abordagem regulatória desta natureza no ordenamento jurídico português.

## I. A pirâmide regulatória de Ayres e Braithwaite e a necessidade de intervenção sancionatória

O esquema da pirâmide regulatória, que transporta para a área da intervenção regulatória o princípio da necessidade, relaciona-se com vários outros conceitos que surgem no contexto da intervenção regulatória: a regulação responsiva, a autorregulação regulada e a supervisão baseada no risco.

O conceito da *regulação responsiva* é aquele que exprime mais intensamente a ideia subjacente à pirâmide regulatória de a intervenção das autoridades públicas dever conter-se dentro dos limites da necessidade da sua intervenção. De acordo com este conceito, os reguladores vão adaptando os seus mecanismos de reação consoante o comportamento revelado pelos agentes. Ou seja, a intervenção sancionatória constitui um meio de concretização dos objetivos da regulação em geral e só é convocada na medida em que tal se revele necessário para atingir esses objetivos. Conforme esclarece Paulo de Sousa Mendes, "a regulação responsiva (*responsive regulation*) adequa-se simbioticamente às melhorias no cumprimento normativo da indústria, escolhendo dessa forma a oportunidade e a intensidade da atuação, não apenas supervisora, mas também sancionadora. A atuação dos reguladores (...) é assim calibrada e doseada de modo a ajustar-se ao comportamento das empresas e ao seu contexto"[7].

Neste contexto, o conceito que constitui a superação do binómio auto e heterorregulação é o de *autorregulação regulada*[8]. Neste modelo cabe,

[7] Paulo de Sousa Mendes, 2021: 2-3. Em sentido idêntico, José Rodriguez-Pontón assenta o argumento essencial da sua tese de doutoramento na ideia de que as autoridades administrativas devem pautar a sua intervenção por um princípio de necessidade aplicada ao caso concreto e que, se houver outros mecanismos para atingir os objetivos da regulação, a autoridades administrativas devem preferi-los à reação sancionatória (Rodriguez-Pontón, 2001).

[8] Braithwaite, 1982.

em primeira linha, aos próprios intervenientes nas atividades reguladas o dever de definir as regras e de verificar o seu cumprimento. Até este ponto, o modelo não se distingue do esquema da autorregulação. Contudo, no modelo descrito pelo autor, as autoridades têm sempre uma intervenção subsidiária que se traduz numa reação sancionatória quando as regras (definidas pelo visado) não sejam cumpridas nem, desse incumprimento, sejam extraídas consequências ao nível interno[9].

Pode reconduzir-se a esta ideia os chamados *programas de cumprimento normativo*[10], em que a reação sancionatória do regulador incide sobre a inexistência desses programas ou de mecanismos de verificação do seu cumprimento. Sem embargo de reação autónoma quanto à violação dos deveres estabelecidos na lei que aqueles programas visariam acautelar.

[9] Braithwaite, 1982, *passim*, em especial 1471. Sobre as várias modalidades de autorregulação regulada Sousa Mendes, 2021: 15-16. O modelo descrito pelos autores suscita dificuldade perante o princípio da legalidade, quando reveste a modalidade de a reação sancionatória do regulador incidir sobre o incumprimento de regras internas definidas pelo próprio visado – ainda que possam ser aprovadas pelo regulador – e que seriam desenhadas de acordo com as condições específicas de cada entidade, conforme defende Braithwaite, 1982: 1470. É certo que, no ordenamento português, há regimes legais em que os reguladores (e os tribunais, em sede de impugnação judicial das decisões) verificam o cumprimento de normas que não são de fonte legal, nem regulamentar, como sucede com as normas técnicas de auditoria, cuja violação constitui contraordenação, nos termos do art. 45º, nº 2, do Regime Jurídico de Supervisão da Auditoria (Lei nº 148/2015, de 09 de setembro). Contudo, neste caso, as normas não são desenhadas especificamente para cada entidade e por ela própria. São normas uniformes que proveem de entidades que assumem um estatuto público e que abrangem todos os intervenientes daquela área de atividade. E, ainda assim, o tema da remissão para normas técnicas suscita intenso debate a propósito do respeito pelo princípio da legalidade. Veja-se o debate expresso no acórdão do TC nº 41/2004 (de 14/01/2004, Proc. 375/2003, Rel. Maria Fernanda Palma), a propósito da técnica de remissão. Questão que não se coloca exclusivamente nas contraordenações. Como assinalam Teresa Pizarro Beleza e Frederico da Costa Pinto: "encontramos no Código Penal um amplo conjunto de incriminações em que o tipo de ilícito é delimitado em função de um conjunto de regras profissionais que também não são tipificadas pelo legislador penal, mas sim por outras fontes normativas provenientes quer da lei, quer de instrumentos criados por organismos profissionais. Podem invocar-se como exemplo os crimes previstos no artigo 150º, 224º, al. *b)*, 316º, nº 3, 317º, nº 2 ou 321º do Código Penal" (Beleza/Costa Pinto, 1999: 51). Sobre a compatibilidade com o princípio da legalidade da remissão para normas técnicas no Direito Penal, *cfr.* o acórdão do TC nº 115/2008 (de 20/02/2008, Proc. 469/07, Rel. Carlos Fernandes Cadilha).

[10] Designação acolhida nas alterações introduzidas pela Lei 94/2021, de 21 de dezembro, nos artigos 90º-A, 90º-B, 90º-E, 90º-G, do Código Penal e nos artigos 204º e 281º do Código de Processo Penal.

Na legislação portuguesa, há vários exemplos de regimes em que é imposto aos intervenientes em determinada área de atividade o dever de definir procedimentos adequados a garantir o cumprimento de certos deveres previstos na lei. Veja-se o caso do Código dos Valores Mobiliários (CódVM) em que se impõe aos intervenientes no mercado (intermediários financeiros, emitentes) o dever de definir procedimentos[11], cominando-se com contraordenação a falta da sua adoção, conforme resulta dos art.s 397º, nº 2, o); 397º-A, nº 2, d), do CódVM.

Em alguns casos enuncia-se apenas o dever de definir procedimentos adequados e eficazes para assegurar o cumprimento de um determinado dever, mas, em várias normas relativas à definição de procedimentos, o CódVM determina os próprios aspetos que esses procedimentos devem conter (ex.: 309º-I e 309º-J).

A existência, no âmbito da pessoa coletiva, destes procedimentos pode ter consequências sancionatórias a vários níveis:

1. Desde logo, o regime legal pode estabelecer uma sanção contraordenacional aplicável à própria falta de definição de procedimentos adequados, conforme resulta dos preceitos do CódVM referidos.
2. Em segundo lugar, a existência de procedimentos adequados (e efetivamente cumpridos) pode ter relevância afastando a própria verificação da infração em relação à pessoa coletiva que os define. É o caso do art. 9º do MAR[12] que prevê situações de conduta legítima em relação à infração de abuso de informação privilegiada, entre as quais o facto de a pessoa coletiva ter dispositivos e procedimentos adequados e eficazes para garantir a segregação da informação dentro da organização (art. 9º, nº 1, al. *a*), do MAR)[13].
3. Em terceiro lugar, a definição de procedimentos adequados pode ter relevo na questão da imputação subjetiva da infração à pessoa coletiva.

[11] Vejam-se os artigos 305º, 303º-A a 305º-F, 309º-I a 309º-K e 317º-E, do CódVM.

[12] Sigla de *Market Abuse Regulation* que corresponde ao Regulamento (UE) nº 596/2014, do Parlamento Europeu e do Conselho de 16 de abril de 2014, relativo ao Abuso de Mercado.

[13] Entre nós, o abuso de informação reveste as duas modalidades: constitui crime, no termos do art. 378º do CódVM e contraordenação por via dos artigos 248º do CódVM e 7º, 8º e 14º do MAR. Contudo, o art. 9º, nº 1, alínea *a*), do MAR apenas é aplicável à contraordenação, uma vez que o seu conteúdo é exclusivamente dirigido a pessoas coletivas e, em Portugal, o crime de abuso de informação previsto no art. 378º do CódVM apenas é imputável a pessoas singulares.

4. Por último, a existência de procedimentos pode ter relevância na determinação da medida da sanção aplicável à pessoa coletiva. Como critério geral, uma vez que o comportamento do agente é um dos critérios a considerar nessa determinação. E, no caso das recentes alterações introduzidas ao Código Penal, até como critério específico de determinação da medida da pena (art. 90º-B, nº 4, do Código Penal), de fundamentação da atenuação especial da pena (art. 90º-A, nº 4, do Código Penal) e da substituição de pena de multa por pena alternativa (art. 90º-A, nº 6, do Código Penal)[14].

No exemplo do CódVM que apresentámos, a reação sancionatória da Comissão do Mercado de Valores Mobiliários (CMVM) reporta-se à violação do dever que está definido na lei: seja o dever principal, seja o próprio dever de definição de procedimentos. O que significa que não se prevê que a CMVM instaure processos de contraordenação pela violação exclusiva das regras internas definidas pelos intermediários financeiros ou pelos emitentes, se não tiver havido a violação de uma norma legal. As infrações que o regulador persegue respeitam aos deveres que estão definidos na lei.

Relacionado com este tema da pirâmide regulatória surge, ainda, o conceito de *supervisão baseada no risco*. Neste caso, também a intervenção do regulador varia em função do comportamento do agente, mas essa intervenção inclui a própria fase de supervisão, não se cingindo aos modos de reação à verificação de uma infração. Num exemplo relativo à intervenção das autoridades tributárias, JUDITH FREEDMAN relaciona o tema da pirâmide regulatória com a questão da definição das prioridades na supervisão/fiscalização, portanto, em momento anterior ao da deteção de uma infração. A estratégia de *enforcement* da autoridade tributária refletia o comportamento do contribuinte: consoante a classificação dos agentes, feita em função do comportamento por eles evidenciado, a autoridade tributária realizava mais ou menos fiscalizações[15].

Ora, a questão da compatibilização da ideia de pirâmide regulatória com os princípios relativos à promoção dos processos sancionatórios coloca-se

[14] As alterações ao Código Penal dão, ainda, relevância aos programas de cumprimento normativo, no âmbito do regime da vigilância judiciária (art. 90º-E, do Código Penal) e da injunção judiciária (art. 90º-G, do Código Penal).

[15] FREEDMAN, 2021: 630.

com maior intensidade quando aplicamos este esquema à própria intervenção sancionatória, sendo menos problemática no caso da supervisão baseada no risco. Esta última refere-se essencialmente à organização da supervisão e, embora possa ser mais adequada e um contexto de alguma margem de decisão dos reguladores quanto à promoção, é compatível com a existência de um dever de promoção dos processos sancionatórios.

As autoridades não podem supervisionar todos os comportamentos que ocorrem numa determinada área de atividade – tal não seria possível nem num contexto ideal de disponibilidade de recursos – e não decorre da existência de um dever de promoção de processos o dever de detetar todas as infrações, mas apenas o de promover processo por todas as infrações detetadas[16], uma vez que o dever de dar início ao processo de contraordenação apenas surge perante a verificação de notícia de infração. Assim, mesmo na vigência de um dever de promoção de processos sancionatórios, os reguladores podem decidir onde afetam preferencialmente os seus recursos ao nível da supervisão. Na vigência de um dever de promoção de processos sancionatórios, o regulador apenas está obrigado a promovê-los se, no decurso dessa supervisão, detetar a prática de infrações.

O que significa que a supervisão com base no risco pode coexistir com a vigência de um dever de promoção dos processos sancionatórios, porque a margem de decisão quanto à promoção de processos sancionatórios e a margem de decisão quanto à organização da supervisão são aspetos distintos. Esta última não é afetada pela existência de um dever de promoção.

Diferentemente, quando se aplica o esquema da pirâmide regulatória aos modos de reação das autoridades perante a verificação de infrações, aquela pressupõe sempre uma margem de decisão quanto à promoção dos processos, pois só desse modo, as autoridades podem adaptar os seus mecanismos de reação às necessidades de intervenção reveladas pelo caso concreto.

[16] Conforme referimos em Bolina, 2020: 107: "(...) a questão da possibilidade de definição de *prioridades na deteção* das infrações não se coloca no contexto da discussão da existência ou não de um dever de promoção do processo sancionatório. A definição de áreas prioritárias de supervisão não representa qualquer violação do dever de promoção dos processos sancionatórios". Também Raúl Soares da Veiga sustenta que "é legítima toda uma lógica de oportunidade, inerente a orientações prudenciais e de equidade, ao nível da supervisão" (Soares da Veiga, 2009: 147).

Em primeiro lugar, cumpre salientar que as autoridades administrativas têm de agir dentro dos limites da lei[17]. Portanto, mesmo a intervenção mais moderada do regulador – por exemplo, através da emissão de recomendações para alteração de procedimentos – pressupõe a existência de uma regra que não está a ser respeitada pelos destinatários do regime. Ora, na vigência de um dever de promoção, a reação ao não respeito de uma regra que tem cobertura sancionatória, teria necessariamente de ser a instauração do respetivo processo sancionatório.

Por este motivo, só é possível efetuar essa gradação da intensidade da intervenção das autoridades, se a lei lhes atribuir alguma margem de decisão quanto à promoção dos processos.

Em suma, a menos que a regulação responsiva releve apenas para efeito da organização da supervisão, é necessário que a lei preveja uma margem de decisão quanto à promoção de processos sancionatórios para que os reguladores possam ter uma intervenção que se enquadre no esquema da pirâmide regulatória.

Analisamos no ponto seguinte o modo de conformação da intervenção sancionatória compatível com esta perspetiva da intervenção regulatória, descrevendo algumas manifestações destes aspetos que se encontram já hoje em vigor na legislação nacional no domínio das contraordenações[18].

## II. A margem de decisão das autoridades reguladoras quanto à promoção dos processos sancionatórios. Oportunidade, discricionariedade e promoção seletiva

Iniciamos este ponto estabelecendo alguns conceitos quanto à questão da promoção dos processos sancionatórios. Em matéria de promoção é usual

[17] Nisso consistindo o princípio da legalidade da atuação das autoridades administrativas que, em Portugal, resulta logo da própria Constituição (art. 266º, nº 2). Considerando a vigência do princípio da legalidade, entendemos que as autoridades administrativas não estão legitimadas a convencer os administrados a cumprirem para além dos deveres impostos nas normas por forma a obterem uma classificação de risco que os ponha a salvo de fiscalizações. Desse debate dá conta JUDITH FREEDMAN que perfilha o mesmo entendimento de tal modalidade não ser compatível com o princípio da legalidade (FREEDMAN, 2012: 656).

[18] Uma vez que, no ordenamento jurídico português, a intervenção sancionatória pública não penal assenta quase exclusivamente nas contraordenações, com as limitadas exceções da responsabilidade financeira dos titulares de cargos públicos (nesse sentido, COSTA PINTO, 2019) e de algumas sanções administrativas não contraordenacionais ainda presentes na Lei do Jogo (*cfr.* art. 118º, do DL 422/89, de 2/12).

opor-se o princípio da oportunidade ao princípio da legalidade na modalidade de obrigatoriedade de promover os respetivos processos sancionatórios, perante a existência de qualquer notícia de infração[19].

Entendemos que a faculdade deferida às autoridades administrativas de decidirem quais os processos sancionatórios que promovem e aqueles que não promovem não se esgota neste binómio[20]. A vigência de um princípio de oportunidade pressupõe a possibilidade de decidir a promoção do processo em função dos chamados critérios de conveniência e a discricionariedade quanto à promoção não se esgota nesses critérios.

É possível que as autoridades administrativas tenham a faculdade de não promover processos, em função de critérios exclusivamente ligados à própria necessidade de intervenção sancionatória. Esta faculdade não exprime a vigência de um princípio de oportunidade, mas também não corresponde a um dever de promoção. Há, neste caso, um poder discricionário que é atribuído às autoridades administrativas quanto à promoção e que nos parece mais adequado enquadrar num conceito mais geral de *promoção seletiva*: à autoridade é deferida uma margem de decisão que tem por objeto a promoção de processo. E que é, como veremos, o que sucede entre nós em alguns regimes setoriais.

## 1. A promoção de processos de contraordenação no RGIMOS

A regra que consta no art. 54º do Regime Geral do Ilícito de Mera Ordenação Social (RGIMOS) quanto à promoção de processos é a da obrigatoriedade de promoção, à semelhança do que sucede no processo penal. O regime português inspirou-se largamente na lei alemã das contraordenações (a *OWIG*), mas não acolheu a regra que consta do §47, da lei alemã e que é a de que a promoção do processo é uma decisão deixada à discricionariedade das autoridades administrativas[21].

[19] Sobre a progressiva convergência entre os princípios da oportunidade e da legalidade, *cfr.* Costa Andrade, 1988: 339.

[20] O que defendemos em Bolina, 2020. No sentido de que o juízo de oportunidade assenta em critérios de conveniência Cavaleiro de Ferreira, 1955: 44; Figueiredo Dias, 1974: 128; Caeiro, 2000: 40; Marques da Silva, 2017: 86; Antunes, 2017: 66.

[21] E que, na lei alemã, é designada como discricionariedade vinculada. O debate na Alemanha sobre que critérios deverão nortear a decisão quanto à promoção do processo de contraordenação é intenso e ocorre praticamente desde a publicação da *OWiG*, acompanhando as várias versões do preceito que na sua versão inicial (§7) condicionava a promoção do processo em função da reduzida gravidade do caso (*Geringfügigkeit*) e da existência de interesse

Embora esta seja a regra do RGIMOS, existem regimes setoriais onde se confere alguma margem de decisão às autoridades administrativas em matéria de promoção dos processos sancionatórios. Destes regimes resulta a atribuição de uma faculdade de, mesmo na presença de notícia de infração, não promoverem os processos de contraordenação.

O que é também ilustrativo da cada vez menor vocação de generalidade do RGIMOS, na medida em que existem domínios setoriais em que os afastamentos do que se dispõe no RGIMOS são de tal modo importantes que acabam por quase constituir um direito contraordenacional alternativo.

## 2. A promoção seletiva de processos de contraordenação nos regimes setoriais

No ordenamento português vários regimes setoriais preveem alguma margem de decisão das autoridades quanto à promoção de processos de contraordenação. Cingimos a lista que segue[22] aos regimes que possibilitam a não promoção inicial, ou seja, que permitem que as autoridades administrativas se abstenham completamente de promover o processo[23].

### *a) A Lei da Concorrência (Lei nº 19/2012, de 8 de maio)*

Neste domínio vigora, desde 2012, no Direito da Concorrência uma regra da qual resulta uma margem de decisão para a Autoridade da Concorrên-

público na perseguição. A maioria da doutrina inclina-se para critérios relacionados com as finalidades da perseguição sancionatória muito próximos daqueles que dão acolhimento às finalidades da perseguição penal. Disso é exemplo o trabalho de Sabrina Maria Bibbo (2006) que transpõe para o processo de contraordenação os critérios defendidos por Thomas Weigend, no seu trabalho sobre dever de promoção e oportunidade em relação à promoção penal (Weigend, 1978: 179-192). Dando relato das várias posições, Maiazza, 2003 e Bibbo, 2006: 60-61, as quais são também enunciadas nas várias anotações ao §47 da *OWiG*: Lemke/Mosbacher, 2005: 329; Seitz, 2012: 364-365; Mitsch, 2014: 732-734; Bohnert 2006: 692-695. Sobre o regime alemão relativo à promoção de processos de contraordenação, também Bolina, 2020: *passim*, em especial 49-51 e 332-338.

[22] O enunciado de regimes constante deste ponto corresponde, no essencial, ao realizado na nossa tese de doutoramento (Bolina, 2020: 144-161), atualizado com o regime, entretanto publicado, de alteração do CódVM e as alterações à Lei da Concorrência introduzidas pela Lei nº 17/2022, de 17/08.

[23] Uma vez que, quanto a alternativas que atuam já com o processo instaurado, existem vários outros regimes que consagram soluções de diversão. Como, de resto, sucede no próprio processo penal com os regimes da suspensão provisória do processo do art. 281º e do arquivamento em caso de dispensa de pena do art. 282º.

cia (AdC) no que respeita à promoção do processo e que é a que consta do nº 2 do art. 7º da Lei da Concorrência (LdC).

Dispõe-se na primeira parte, do nº 2, daquele artigo que a "Autoridade da Concorrência exerce os seus poderes sancionatórios sempre que as razões de interesse público na perseguição e punição de violações de normas de defesa da concorrência determinem a abertura de processo de contraordenação no caso concreto". Enunciando a norma, seguidamente, os critérios que a AdC deve ponderar para decidir sobre a promoção do processo: as prioridades da política de concorrência e a gravidade da infração. Na versão inicial do diploma, agora alterado pela Lei nº 17/2022, de 17/08, a norma enunciava também como critérios a probabilidade da prova da existência da infração e a extensão das diligências necessárias.

No nº 1, do mesmo artigo, determina-se que a AdC pode atribuir graus de prioridade diferente às questões que é chamada a analisar, tendo em vista o interesse público de promoção e defesa da concorrência. Esta definição de prioridades parece reger, em geral, a atividade da AdC, não se projetando exclusivamente sobre a decisão quanto à promoção dos processos, mas é também incorporada nesta decisão, por via da referência, no nº 2 do preceito, às prioridades da política de concorrência como um dos critérios a ter em conta.

Em articulação com aquele preceito, o art. 8º do mesmo diploma, que rege a matéria das denúncias, determina também que haverá lugar à abertura de processo nos termos do artigo anterior e, portanto, de acordo com a mesma ponderação. Prevendo, ainda, no seu nº 4, a possibilidade de impugnação por parte do denunciante da decisão de não instauração de processo, para o Tribunal da Concorrência, Regulação e Supervisão (TCRS), tribunal que, no caso da AdC, é o competente para a apreciação dos recursos de impugnação das decisões em processo de contraordenação e também para conhecer da impugnação de atos administrativos praticados por aquela autoridade[24]. Para o efeito estabelece o nº 4, do art. 8º que a decisão de declaração da denúncia sem fundamento relevante ou não merecedora de tratamento prioritário seja expressa. Exigência da qual decorre que tal decisão seja fundamentada.

[24] Art. 92º da LdC. A Lei 17/2022 veio esclarecer expressamente, através da alteração introduzida na parte final do nº 4, do art, 8º, que tal impugnação é "tramitada como ação administrativa, nos termos dos artigos 91º a 93º".

A redação do número 2, do art. 7º da LdC carece de alguma atenção, na medida em que não se limita a atribuir à AdC uma faculdade de não promoção do processo verificados certos critérios, mas, pelo contrário, parece determinar que a AdC apenas promova o processo, caso "as razões de interesse público na perseguição e punição de violações de normas de defesa da concorrência determinem a abertura de processo de contraordenação no caso concreto". Resultando, inversamente, que a ausência de interesse público implicaria para a AdC um dever de não promoção[25].

A questão que se coloca é, assim, a de saber se a LdC confere à AdC margem de decisão quanto à promoção inicial do processo.

Sobre este regime afirmam José Cruz Vilaça e Maria João Melícias que "não se trata da consagração de um princípio de oportunidade propriamente dito", mas do reconhecimento "de uma lógica de eficiência organizativa *vinculada*"[26].

Em sentido diferente, Miguel Moura e Silva descreve o conteúdo do art. 7º como traduzindo "a aceitação de um princípio de oportunidade, ainda que mitigado"[27]. Também Carlos Botelho Moniz e Outros entendem que o regime introduzido pelo art. 7º corresponde à consagração de um princípio de oportunidade que veio substituir o princípio de legalidade estrita consagrado no art. 24º do anterior regime da Concorrência[28]. O mesmo entendimento é sustentado por Gonçalo Anastácio e Alberto Saavedra[29].

Na jurisprudência, também o STJ sustentou, no seu acórdão de 19.01.2017[30], que os artigos 7º e 8º da LdC consagram um princípio de oportunidade, em matéria processual quanto aos ilícitos contraordenacionais. O mesmo entendimento defendeu o TCA Sul, em acórdão de 30.08.2016[31].

O regime da Concorrência é particularmente elucidativo das várias formas possíveis de atribuição pelo legislador às autoridades responsáveis pelos processos de contraordenação de margem da decisão quanto

[25] Discordam Cruz Vilaça e Maria João Melícias que entendem não decorrer do regime que a AdC seja obrigada a não promover por falta de suficiente interesse público (Vilaça/Melícias, 2017: 162).

[26] Cruz Vilaça e Melícias, 2017: 154.

[27] Moura e Silva, 2018: 382.

[28] Botelho Moniz *et al.*, 2016: 59.

[29] Anastácio/Saavedra, 2013: 330.

[30] Ac. STJ, de 19/01/2017, Proc. 11/15.1YQSTR.S1, Rel. Helena Moniz .

[31] Ac. TCA Sul, de 30/08/2016, Proc. 12488/15, Rel. Cristina dos Santos .

à sua promoção. Com efeito, essa margem de decisão pode ser atribuída, autorizando a autoridade a decidir se, perante determinadas condições, promove ou não promove processo. A atribuição de uma faculdade de não promoção habilita também a autoridade a promover, mesmo que estejam verificadas as condições que lhe permitiriam não promover o processo[32]. Esta é uma margem de decisão que se projeta sobre a estatuição da norma que regula a promoção. A verificação das condições constantes da previsão abre a possibilidade de não promoção, mas não obriga à não promoção.

Existe, todavia, uma outra forma de atribuir margem de decisão às autoridades que não lhes confere (pelo menos, não formalmente) margem de decisão quanto ao ato de promoção de si, mas em que a promoção depende da verificação de certos critérios, cuja natureza implica uma margem de decisão das autoridades administrativas semelhante à que lhe seria atribuída pela consagração expressa de uma faculdade de não promover. Neste caso, a norma não confere expressamente uma faculdade, mas, na verdade, o pressuposto de que depende a promoção (ou a não promoção) mais não exprime do que a vinculação geral da Administração à prossecução do interesse público.

O regime da Concorrência constitui uma configuração legal em que aparentemente não é deferida à AdC a decisão sobre se promove ou não promove o processo, uma vez que o regime se traduz, existindo interesse público, numa obrigação de promover e num dever de não promover, caso o interesse público não esteja presente. Contudo, a avaliação da existência de interesse público é atribuída à AdC que deverá fazê-la *em função do caso concreto* e ponderando a relevância de critérios que comportam, em si, não só uma razoável margem de apreciação, como a consideração de aspetos que dependem no essencial de decisão da própria AdC, como seja a definição de prioridades. Esta avaliação deverá ser feita, nos termos do nº 1, do art. 17º do mesmo diploma, quando da decisão de abertura de inquérito e abrange, conforme resulta do preceito, quer as notícias de infração que tenham fonte em denúncia, quer aquelas que cheguem ao conhecimento da AdC por outra fonte[33].

[32] É o caso da *OWiG* e de todos os sistemas em que se atribui uma faculdade de não promover, verificadas que estejam determinadas condições.

[33] Diferentemente, parecem entender Cruz Vilaça e Maria João Melícias que a avaliação do interesse público determinada pelo artigo 7º abrange apenas as situações em que a notícia de infração resulte de uma denúncia (Vilaça/Melícias, 2017: 154).

O regime da Concorrência é, portanto, um caso de promoção seletiva e, na versão inicial do preceito, também um exemplo de vigência de um princípio de oportunidade, uma vez que, entre os critérios que a AdC podia ponderar, constavam razões de organização e funcionamento da própria AdC, como é o caso dos recursos disponíveis, que transcendem as ponderações estritamente ligadas ao caso (como a gravidade concreta da infração ou a intensidade da culpa). A ponderação daquele tipo de circunstâncias permitia que fossem tidas em consideração razões de conveniência da afetação de recursos a outros casos mais prioritários.

Esta parte da norma foi eliminada pela Lei nº 17/2022, de 17/08, que veio suprimir estes critérios, mantendo exclusivamente a referência às prioridades e à gravidade da infração. Dispõe agora o art. 7º nº 2 que a "AdC exerce os seus poderes sancionatórios sempre que as razões de interesse público na perseguição e punição de violações de normas de defesa da concorrência determinem a abertura de processo de contraordenação no caso concreto, tendo em conta, em particular, as prioridades da política de concorrência e a gravidade da eventual infração à luz dos elementos de facto e de direito que lhe sejam apresentados".

Na versão atual, o regime da Concorrência continua a ser um exemplo de promoção seletiva em que a AdC detém discricionariedade quanto à promoção dos processos sancionatórios, mas as finalidades que podem sustentar essa decisão passam a ser exclusivamente as que resultam dos dois critérios enunciados.

*b) As recomendações do Regime Jurídico da Supervisão de Auditoria (RJSA)*

No artigo 42º do RJSA (Lei nº 148/2015, de 09 de setembro), prevê-se que a CMVM[34], perante irregularidades sanáveis, em lugar de instaurar processo de contraordenação, possa emitir recomendações para adoção pelos destinatários de medidas "para a reposição da conformidade com as normas relativas a auditores aplicáveis" (nº 1). Nos casos em que as recomendações sejam devidamente adotadas a lei atribui à CMVM a faculdade de decidir a não aplicação de sanções (nº 4), o que corresponde a uma não promoção de processo de contraordenação, conforme resulta do nº 5, do preceito.

[34] Que, nos termos do art. 4º do RJSA, é a autoridade responsável pela supervisão e pela promoção dos processos de contraordenação no âmbito deste diploma.

O regime ganharia em clareza, caso detalhasse o conceito de irregularidade sanável. Todavia, para a questão que nos ocupa, do que se dispõe neste artigo, resulta evidente uma margem de decisão para a CMVM, uma vez que, perante tais irregularidades, esta pode decidir se emite recomendações ou se instaura imediatamente processo de contraordenação pelas infrações que tais irregularidades consubstanciam.

Este esquema, à semelhança de outros que veremos em seguida, tem uma particularidade em comparação com o regime previsto na LdC: a não promoção de processo depende da adoção de outro comportamento por parte da autoridade administrativa, o qual constitui uma reação à infração detetada e que se traduz na emissão das recomendações. Enquanto na LdC a não instauração de processo pode incorporar uma abstenção de reagir perante o comportamento detetado.

Diferentemente, a emissão de recomendações traduz uma reação, prevista na lei, à infração detetada, cujo objetivo é a indução da conformação do comportamento dos agentes com as normas reguladoras da atividade em que se inserem. Caso as recomendações não sejam adotadas, a instauração de processo de contraordenação mantém-se como garantia de repressão das infrações detetadas, ou seja, perante a inadequação ou ineficácia da solução legal alternativa.

No que respeita à promoção do processo de contraordenação, é efetivamente deferida uma margem de livre decisão à autoridade administrativa, de cujo exercício pode resultar que o processo de contraordenação não seja promovido, mesmo perante a verificação das infrações e, portanto, o regime constitui-se como uma exceção ao dever de promoção do processo.

O objetivo da norma é o de permitir à CMVM que adote uma solução processual que seja a mais consentânea com as finalidades prosseguidas pelo enquadramento contraordenacional da atividade de auditoria, ou seja, a conformação da atuação dos auditores com as regras aplicáveis à atividade que exercem. Tratando-se de uma irregularidade sanável, o futuro cumprimento ou a reposição desse cumprimento será provavelmente atingido com maior rapidez através da adoção imediata de comportamentos corretivos por parte dos auditores e a prevenção da prática de comportamentos futuros será conseguida mediante a simples ameaça da instauração de processo por novas infrações. Ou seja, finalidades que não têm coincidência com critérios de oportunidade, uma vez que têm em vista adotar a solução mais adequada às funções preventivas do enquadramento contraordenacional da atividade[35].

Pese embora seja deferida à autoridade administrativa a avaliação sobre qual o mecanismo mais adequado à consecução do seu objetivo de garantir que o exercício da atividade se desenvolve com respeito pelas normas aplicáveis, tal escolha é realizada entre dois comportamentos legalmente previstos, constituindo qualquer dos dois, uma reação regulatória à infração detetada: instaurar processo de contraordenação ou emitir recomendações que garantam a regularização da infração.

Trata-se de uma exceção ao dever de promoção de processos sancionatórios e constitui um caso de promoção seletiva, mas que não corresponde à vigência de um princípio de oportunidade.

*c) A promoção de processos de contraordenação pelo Banco de Portugal e pela Autoridade de Supervisão de Seguros e Fundos de Pensões*

O Regime Geral das Instituições de Crédito e Sociedades Financeiras (RGICSF) constante do DL nº 298/92, de 31 de dezembro, contém um conjunto de normas relativas à promoção de processos de contraordenação pelo Banco de Portugal (BdP) que atribuem uma margem de decisão a esta autoridade.

Em primeiro lugar, o artigo 76º do RGICSF que regula os poderes do BdP, contempla, no seu número 2, uma redação em que o processo de contraordenação surge como uma das alternativas de reação pelo BdP, destinadas a assegurar o cumprimento das normas. Dispõe-se, naquele preceito que "com vista a assegurar o cumprimento das regras de conduta previstas neste Regime Geral e em diplomas complementares, o BdP pode, nomeadamente, emitir recomendações e determinações específicas, bem como aplicar coimas e respetivas sanções acessórias".

Todos estes atos são incluídos na lista de procedimentos de supervisão constante do artigo 116º prevendo-se, ainda, no artigo 207º, nº 2, a figura da injunção. Ao longo do diploma várias normas identificam situações em que pode haver lugar à emissão de determinações específicas.

[35] Parece-nos, em conformidade que, caso o agente, não obstante a adoção das recomendações em relação às primeiras infrações detetadas, venha a praticar novas infrações do mesmo tipo, tal circunstância constituirá um critério de decisão no sentido da instauração imediata de processo de contraordenação.

Sendo, nos termos do art. 116º, um dos objetivos possíveis das determinações específicas a sanação da irregularidade detetada, nada dispõe o RGICSF quanto à possibilidade de instaurar processo de contraordenação, caso essa sanação ocorra. Ou seja, diferentemente do que sucede no RJSA, o regime não esclarece se a sanação preclude a possibilidade de instauração de processo[36].

Contudo, desse silêncio legal não resulta que o BdP esteja obrigado a instaurar processo pela infração detetada e que esteve na origem da emissão da determinação, atenta a redação acima transcrita do artigo 76º que define os poderes do BdP. Neste preceito, a aplicação de uma coima é apresentada como uma das alternativas que o BdP pode utilizar para garantir o cumprimento das normas. Nem é a única reação possível, nem a norma a apresenta como uma reação obrigatória perante a verificação de uma infração.

Do silêncio do diploma quanto à relação entre a sanação da irregularidade e a instauração de processo de contraordenação decorre, por outro lado, que o BdP também não está impedido de instaurar processo, ainda que a irregularidade seja sanada.

O facto de, no âmbito do RGICSF, o BdP deter uma margem de decisão quanto à instauração de processo de contraordenação – que pode concorrer ou não com a adoção de outras medidas de caráter administrativo – resulta também evidenciado no regime do tratamento das reclamações constante do artigo 77º-A.

Dispõe-se, neste artigo, quanto às reclamações, que o BdP "promove as diligências necessárias para a verificação do cumprimento das normas por cuja observância lhe caiba zelar e adota as medidas adequadas para obter a sanação dos incumprimentos detetados, *sem prejuízo da instauração de procedimento contraordenacional sempre que a conduta das entidades reclamadas, nomeadamente pela sua gravidade ou reiteração, o justifique*" (itálico nosso).

[36] A única disposição que trata a consequência da sanação de uma irregularidade é a relativa à suspensão do processo de contraordenação (art. 214º) mas, nesta norma, a notificação para a sanação da irregularidade é feita já no âmbito de um processo de contraordenação, num regime semelhante ao da suspensão provisória do processo previsto no art. 281º do CPP. Não se trata, neste caso, de um ato praticado no âmbito de um procedimento administrativo, como é o caso das determinações específicas, mas de um ato praticado já no âmbito de um processo de contraordenação e, que, portanto, não se configura como uma exceção ao dever de promoção inicial do processo, posto que este já está instaurado.

A redação deste artigo esclarece vários aspetos do enquadramento legal do posicionamento do BdP quando à promoção dos processos de contraordenação.

Em primeiro lugar, dele resulta claro que o BdP não está obrigado a instaurar processo de contraordenação quando verifica a existência de uma infração, mas apenas caso a conduta das entidades o justifique, considerando (nomeadamente) a gravidade da infração ou a sua reiteração. Apreciação que caberá ao BdP realizar e da qual resulta uma margem de decisão quanto à decisão de instaurar processo, até porque as ponderações identificadas na norma são exemplificativas, podendo o BdP considerar outras.

Em segundo lugar, resulta também do teor deste preceito que a sanação da irregularidade não exclui a possibilidade de instaurar processo de contraordenação, caso o BdP entenda que tal se justifica, perante a conduta da entidade reclamada.

O disposto no regime das reclamações vem, assim, confirmar o entendimento que resulta do texto do artigo 76º: perante uma notícia de infração, o BdP tem ao seu dispor várias possibilidades de reação que, nem são mutuamente exclusivas, nem têm de se cumular, não sendo, assim, obrigatória a promoção de processo de contraordenação perante todas as notícias de infração.

Por outro lado, resulta também do regime previsto para o tratamento das reclamações que lhe está subjacente a ideia de que, *perante a notícia de uma infração, o BdP tem de adotar alguma forma de reação* ("promove as diligências necessárias para a verificação do cumprimento das normas por cuja observância lhe caiba zelar"). Nesse sentido, também o art. 76º deverá ser interpretado como não abrangendo a alternativa de, perante a notícia de uma infração, não ser desencadeada qualquer reação. Esta poderá ter como objeto exclusivamente medidas de natureza administrativa, não dando lugar à instauração de processo. Nesta parte, o regime apresenta características análogas às da emissão de recomendações previstas no RJSA: perante a notícia de infração, o regulador terá de reagir, embora a lei lhe confira uma margem de escolha dos meios de reação. Margem essa que é mais ampla no caso do BdP, atento o facto de, no RJSA, a alternativa ser apenas entre promover processo e emitir recomendações. Esta escolha sempre deverá ter em vista a prossecução do interesse público, sendo que, no caso do regime previsto para as contraordenações da responsabilidade do BdP, tal decisão deverá servir o objetivo de assegurar o cumprimento das normas, conforme resulta do art. 76º, nº 2, do RGICSF.

A lei que regula o acesso e exercício da atividade seguradora e resseguradora (Lei 147/2015, de 9/09 – Lei dos Seguros) contém uma norma relativa a reclamações em tudo idêntica ao art. 77º-A, nº 3 do RGICSF. Com efeito, também no art. 157º da Lei dos Seguros se dispõe que, na sequência da apreciação das reclamações, a ASF pode instaurar processo de contraordenação "sempre que a conduta das entidades reclamadas, nomeadamente pela gravidade ou reiteração, o justifique". A Lei dos Seguros prevê, ainda, no art. 27º, nº 1, al. *e)*, que a ASF pode "exigir às empresas (...) sob sua supervisão que corrijam as deficiências ou irregularidades detetadas, designadamente através da emissão de instruções e recomendações". Valem, assim, para a ASF considerações idênticas às aplicáveis ao BdP.

O Regime Processual das Contraordenações da Responsabilidade da ASF (Anexo II, da Lei nº 147/2015, de 9 de setembro) contempla, ainda, uma outra modalidade que corresponde também a uma faculdade de, perante notícia de infração, não promover processo de contraordenação e que é a da advertência prevista no nº 1, do art. 11º. Nos casos de reduzida gravidade aí definidos, a lei estabelece que "pode a ASF limitar-se a advertir o agente de que o comportamento detetado é desconforme às normas aplicáveis, não devendo ser repetido". Esta advertência não envolve a aplicação de quaisquer medidas que devam ser cumpridas pelo visado, constituindo-se como uma verdadeira alternativa à instauração de processo, podendo ser aplicada em casos de reduzida gravidade[37]. Trata-se também de um exemplo de promoção seletiva contida dentro do âmbito dos casos menos graves.

Nos casos do BdP e da ASF, os critérios que presidem à escolha dos meios de reação perante a deteção de uma infração, não transcendem as finalidades da perseguição sancionatória no caso concreto, pelo que traduzem casos de promoção seletiva que não correspondem à vigência de um princípio de oportunidade, mas em que é atribuída à autoridade administrativa discricionariedade relativamente à instauração de processo.

[37] O que a distingue da admoestação prevista no art. 51º do RGIMOS, onde se exige também culpa reduzida.

*d) A recente alteração ao artigo 360º do Código dos Valores Mobiliários pela Lei 99-A/2021, de 31 de dezembro*

No caso do CódVM e em relação às infrações no âmbito do mercado de valores mobiliários[38], não havia, até recentemente, qualquer possibilidade de não instauração de processo de contraordenação, pelo que a regra aplicável à promoção era a que resultava do RGIMOS.

Em 31 de dezembro de 2021 foi publicada a Lei nº 99-A/2021 que veio alterar este panorama. Este diploma contém uma alteração ao art. 360º do CódVM, onde se prevê uma alternativa de reação do regulador perante a notícia de infração que já não corresponde a um estrito de dever de promoção. Dispõe a nova redação do nº 5 do referido artigo 360º que "sem prejuízo dos regimes especiais sobre a matéria e do exercício de poderes para pôr imediatamente fim a práticas ilícitas que identifique, a CMVM pode informar as entidades sujeitas à sua supervisão sobre a *possibilidade de corrigirem irregularidades sanáveis de pequena gravidade concreta*, em prazo e condições a fixar para o efeito, incluindo, se assim o entender, as medidas específicas a adotar pela entidade supervisionada" (itálico nosso).

Diferentemente do que sucede no RJSA, no art. 360º, nº 6, do CódVM ensaia-se um conceito de irregularidade sanável. A leitura das três alíneas deste número 6 é bastante ilustrativa da ideia subjacente à pirâmide regulatória e que é a de que a reação da autoridade pode revestir natureza bem menos agressiva, quando as circunstâncias do caso não suscitem a necessidade desse tipo de intervenção, pela reduzida gravidade e por outras manifestações de comportamento reveladoras de propensão para futuro cumprimento. Também diferentemente do que se prevê no RJSA e à semelhança do que sucede no regime do BdP, a CMVM não está obrigada a instaurar processo de contraordenação, mas também não está impedida de o fazer.

*e) Síntese*

A análise destes regimes setoriais em que se prevê margem de decisão das autoridades administrativas quanto à promoção de processos revela vários aspetos que têm subjacente uma perspetiva da intervenção sancionatória próxima daquela que enforma o esquema da pirâmide regulatória:

[38] Uma vez que, como referimos, a CMVM também tem competência para os processos que têm por objeto as infrações ao RJSA.

1. A intervenção sancionatória dos reguladores[39] está incluída no âmbito mais amplo da sua missão de regulação de uma determinada área de atividade, cujo objetivo é que as atividades de determinadas áreas se desenvolvam de acordo com padrões de competência, de segurança (para as poupanças das pessoas, para a sua saúde, entre outros) e que as regras sejam, portanto, cumpridas. Para esse efeito, a ameaça sancionatória tem de manter-se[40]. Ainda que possa haver alguma vantagem económica para os intervenientes numa determinada área de atividade numa reputação de cumprimento, a possibilidade de intervenção sancionatória constitui sempre um garante desse cumprimento. Contudo, em certos casos, os objetivos da intervenção regulatória, – nela incluídas as finalidades da própria intervenção sancionatória – podem, até, atingir-se mais facilmente (desde que a ameaça da sanção se mantenha na retaguarda) através de outro tipo de intervenção, designadamente, recomendações para introduzir alterações na organização e procedimentos ou determinações de ressarcimento de danos, que são aspetos que promovem o bom funcionamento da área de atividade e que poderiam ser mais difíceis de atingir através de uma intervenção sancionatória que não tem estes efeitos imediatos.
2. Em segundo lugar, verificamos que todos os regimes descritos partem de um pressuposto que é o da *reduzida gravidade do comportamento* em relação ao qual a lei atribui ao regulador a faculdade de não promover processo de contraordenação e que é indiciadora de uma menor necessidade de intervenção.

No ponto seguinte, procedemos à identificação das consequências a retirar destas ideias quanto aos critérios que condicionam os reguladores no exercício deste poder discricionário.

[39] Ao nível das contraordenações, uma vez que, em Portugal, os reguladores não são competentes para a ação penal, atento o disposto no art. 219º da Constituição que atribui ao Ministério Público o exclusivo da titularidade da ação penal.

[40] Conforme afirmam Ayres e Braithwaite: "*Regulatory agencies will be able to speak more softly when they are perceived as carrying big sticks*" (Ayres/Braithwaite, 1992: 6).

## III. A intervenção sancionatória e os objetivos da regulação: critérios de decisão dos reguladores

Decorre do que expusemos no ponto anterior que os critérios válidos para sustentar a decisão sobre a promoção de processo são os que decorrem da necessidade de intervenção sancionatória. O que consiste em determinar se, no caso concreto, os objetivos da intervenção sancionatória e, em geral, da regulação daquela área podem ser atingidos através de outros meios que não a intervenção sancionatória.

Entendemos que a abstenção de promoção do processo não cumpre os objetivos da regulação se ocorrer no domínio dos casos de elevada gravidade. Diferentemente, sustenta Paulo de Sousa Mendes que é "duvidoso que as situações que dispensam a promoção do processo de contraordenação por parte das autoridades administrativas sejam sempre casos de insignificância da infração descoberta ou noticiada. Muito pelo contrário, qualquer estratégia de intervenção baseada em pirâmide regulatória recomenda que as autoridades administrativas comecem por medidas persuasivas independentemente da gravidade da infração, embora, em última análise, as medidas devam ser escolhidas em função das circunstâncias do caso concreto"[41].

Em nossa opinião, a não perseguição de casos de elevada gravidade constitui uma intensa violação do princípio da igualdade em relação a casos de idêntica gravidade que são perseguidos e em relação à perseguição de casos menos graves[42]. Acresce que, mesmo perante o critério da necessidade de intervenção regulatória que serve os objetivos da regulação de obter o cumprimento mais generalizado possível das regras aplicáveis à atividade regulada, afigura-se difícil obter esse efeito preventivo geral, quando o regulador se abstém de perseguir precisamente os casos que mais colocam em causa os interesses protegidos pelas normas que tutelam aquela área de atividade[43].

[41] Sousa Mendes, 2021: 10.

[42] Conforme também defendemos em vários pontos da nossa dissertação de doutoramento (Bolina, 2020), em especial: 252, 314, 315 e 372.

[43] É verdade que não abundam os estudos empíricos que meçam o efeito concreto da ausência de perseguição de casos graves na propensão para o cumprimento dos restantes destinatários das normas, mas resulta de uma simples avaliação de senso comum que, no mínimo, a credibilidade do regulador pode ser posta em causa se a sua atuação revelar esse tratamento desigual. E a credibilidade do regulador é um aspeto absolutamente essencial para o bom funcionamento da atividade regulada.

Expressivo deste entendimento é o facto de, nos regimes acima descritos, o critério que o legislador reiteradamente adianta para permitir à autoridade administrativa alguma margem de decisão quanto à promoção do processo é o do nível de gravidade da conduta.

Em suma, entendemos que nos casos de elevada gravidade inexistem razões que possam concorrer para o afastamento da regra geral de obrigatoriedade de promoção inicial dos processos. Já no âmbito do processo instaurado deve evidentemente ser ponderado o comportamento do agente – designadamente no que respeita à existência de programas de conformidade normativa ou a ressarcimento de danos – na determinação da medida concreta da sanção ou no desencadeamento de soluções processuais alternativas à condenação.

Contudo, a abstenção total de promoção em relação a casos que representam um expoente de gravidade do comportamento definido na lei, constitui uma violação do princípio da igualdade que não é justificada pela reduzida necessidade de intervenção sancionatória e que defere às autoridades administrativas uma reavaliação da definição da infração pelo legislador que pode colocar em causa o princípio da separação de poderes.

Diferentemente, no contexto dos casos de menor gravidade a ponderação de alternativas de intervenção que dispensem a perseguição sancionatória pode revelar-se um meio adequado a prosseguir as finalidades da regulação que se traduzem, no essencial, em obter a conformação dos intervenientes numa determinada área de atividade com as normas aplicáveis. Na decisão quanto à abstenção de intervenção sancionatória, as autoridades administrativas têm de respeitar todos os princípios que as vinculam e que decorrem desde logo do art. 266º da Constituição e ter como finalidade exclusiva a prossecução do interesse público de que estão incumbidas e que é a de garantir o funcionamento regular de uma determinada área de atividade.

## Conclusão

O esquema da pirâmide regulatória traduz uma ideia muito elementar da intervenção sancionatória que é a da legitimação dessa intervenção através do princípio da necessidade e que pode justificar que as autoridades administrativas na prossecução dos seus objetivos regulatórios tenham outras formas de reagir que não necessariamente a da promoção de processos sancionatórios.

No caso do RGIMOS essa possibilidade está afastada, pelo que não será aplicável quando não existam normas especiais. Contudo, em vários domínios setoriais são previstos regimes em que a intervenção dos reguladores é pautada pela consecução dos objetivos da regulação e pela necessidade de intervenção sancionatória e, consequentemente, a existência de notícia de infração pode não determinar a instauração de processo de contraordenação.

Para além destes casos em que o processo não é promovido de todo em todo, é possível dar relevância ao comportamento dos agentes no âmbito de processo instaurado, quando da determinação da medida concreta da sanção: a existência de programas de conformidade normativa, a reparação dos danos, a não repetição dos factos são elementos relativos ao comportamento do agente que são tidos em conta na determinação da sanção ou que podem fundamentar a suspensão da sua execução nos casos em que tal possibilidade esteja prevista nos regimes setoriais.

Da ideia da necessidade de intervenção sancionatória, bem como dos princípios da igualdade e da separação de poderes, decorre que a possibilidade de abstenção da promoção de processo deverá conter-se no âmbito dos casos de menor gravidade.

Dentro dos parâmetros enunciados, a resposta à pergunta que enunciámos no início deste texto é positiva: no ordenamento jurídico português é possível que os reguladores, perante a verificação de infrações no âmbito das áreas que regulam, tenham uma intervenção mais ou menos intensa consoante a necessidade dessa intervenção que se revele no caso concreto. Essa possibilidade depende da consagração na lei de uma margem de decisão quanto à promoção de processos de contraordenação, o que, como vimos, é já hoje o caso nas áreas da Concorrência, Auditoria, Banca, Seguros e Mercado de Valores Mobiliários.

## Bibliografia Citada

ANASTÁCIO, Gonçalo / SAAVEDRA, Alberto,
(2013) "A nova lei da concorrência portuguesa: notas preliminares", *ROA* 73 (jan-mar), pp. 327-360.

ANDRADE, Manuel da COSTA,
(1988) "Consenso e oportunidade", in: CEJ (org.), *Jornadas de Direito Processual Penal. O Novo Código de Processo Penal*, Coimbra: Almedina, pp. 317-358.

ANTUNES, Maria João,
(2017) *Direito Processual Penal*, Coimbra: Almedina.

AYRES, Ian / BRAITHWAITE, John,
(1992) *Responsive Regulation – Transcending the Deregulation Debate*, New York e Oxford: Oxford University Press, 1992.

BELEZA, Teresa Pizarro / COSTA PINTO, Frederico de Lacerda da,
(1999) *O Regime Legal do Erro e as Normas Penais em Branco*, Coimbra: Almedina.

BIBBO, Sabrina Maria,
(2006) *Kriterien zur Konkretisierung des Opportunitätsprinzips im Bussgeldverfahren*, Tübingen: Köhler-Druck

BILHIM, João Abreu / CASTILHO DOS SANTOS, Gonçalo,
(2017) "A tensão entre independência e controle político: o caso das entidades portuguesas de regulação", *Quaestio Iuris* 10 (3), pp. 1736-1759.

BOHNERT, Joachim,
(2006) Anotação ao §47, in: Lothar Senge (org.), *Karlsruher Kommentar zum Gesetz über Ordnungswidrigkeiten*, 3ª ed., München: C. H. Beck.

BOLINA, Helena Magalhães,
(2020) *Dever de promoção e oportunidade na intervenção sancionatória contraordenacional*, dissertação de doutoramento (especialidade Direito Penal) apresentada à Faculdade de Direito da Universidade Nova de Lisboa, sob orientação da Professora Doutora Teresa Pizarro Beleza, Lisboa: FDUNL.

BOTELHO MONIZ, Carlos, *et al.*
(2016) *Lei da Concorrência anotada*, Coimbra: Almedina.

BRAITHWAITE, John,
(1982) "Enforced Self-Regulation: A New Strategy for Corporate Crime Control", *Mich. L. Rev.* 80, pp. 1466-1507.

BRANDÃO, Nuno,
(2016) *Crimes e Contra-Ordenações: da cisão à convergência material. Ensaio para uma recompreensão da relação entre o direito penal e o direito contra-ordenacional*, Coimbra: Coimbra Editora.

CAEIRO, Pedro,
(2000) "Legalidade e oportunidade: a perseguição penal entre o mito da "justiça absoluta" e o fetiche da 'gestão eficiente' do sistema", *RMP* 84, pp. 31-47.

CAVALEIRO DE FERREIRA, Manuel,
(1955) *Curso de Processo Penal*, vol. I, Lisboa: Gomes e Rodrigues (gráfica).

COSTA PINTO, Frederico de Lacerda da
(2019) "O modelo substantivo e processual da responsabilidade financeira sancionatória e reintegratória", in: Tribunal de Contas (org.), *Relevância e efetividade da jurisdição financeira no século XXI*, Tribunal de Contas, pp. 391-407.

FIGUEIREDO DIAS, Jorge de,
(1974) *Direito Processual Penal*, 1º vol., Coimbra: Coimbra Editora.

FREEDMAN, Judith
(2012) "Responsive Regulation, Risk, and Rules: Applying the Theory to Tax Practice", *UBC Law Review* 44 (3), pp. 627-662.

LEMKE, Michael / MOSBACHER, Andreas,
(2005) *Ordnungswidrigkeitengesetz Kommentar*, Heidelberg: C.F. Müller.

MAIAZZA, Robert,
(2003) *Das Opportunitätsprinzip im Bussgeldverfahren unter besonderer Berücksichtigung des Kartellrechts*, Herbolzheim: Centaurus Verlag.

MARQUES DA SILVA, Germano,
(2017) *Direito Processual Penal Português*, vol. I, 2ª ed., Lisboa: Universidade Católica Editora.

MITSCH, Wolfgang,
(2014) Anotação ao § 47, in: Lothar Senge (org.), *Karlsruher Kommentar zum Gesetz über Ordnungswidrigkeiten*, 4ª ed., München: C. H. Beck.

MOURA e SILVA, Miguel,
(2018) *Direito da Concorrência*, Lisboa: AAFDL.

PAZ FERREIRA, Eduardo,
(2010) "Em torno da regulação económica em tempos de mudança", *C&R* 1 (1), pp. 31-54.

PAZ FERREIRA, Eduardo / MORAIS, Luís Silva,
(2009) "A Regulação Sectorial da Economia – Introdução e Perspectiva Geral", in: Eduardo Paz Ferreira, Luís Silva Morais e Gonçalo Anastácio (coord.), *Regulação em Portugal: Novos Tempos, Novo Modelo?*, Coimbra: Almedina, pp. 7-38.

RODRÍGUEZ PONTÓN, Francisco José,
(2001) *Discrecionalidad y Derecho Administrativo Sancionador*, dissertação de doutoramento apresentada à Faculdade de Direito da Universidade de Barcelona, Depósito digital da Universidade de Barcelona, disponível em http://diposit.ub.edu/dspace/handle/2445/115184 (consultado a 07/02/2022).

SEITZ, Helmut,
(2012) Anotação ao §47, in: Erich Göhler (org.), *Gesetz über Ordnungswidrigkeiten*, 16ª ed., München: C. H. Beck.

SOUSA MENDES, Paulo de,
(2021) "Regulação responsiva, autorregulação regulada e responsabilidade empresarial", texto distribuído aos auditores do III Curso de Pós-Graduação sobre *Law Enforcement, Compliance* e Responsabilidade Empresarial, organizado pelo Centro de Investigação de Direito Privado (CIDP) da Faculdade de Direito da Universidade de Lisboa (25 de novembro 2021 – 2 de junho 2022).

VILAÇA, José Luís da Cruz / MELÍCIAS, Maria João
(2017) Anotação ao artigo 7º, in: Manuel Lopes Porto *et al.* (coord.), *Lei da Concorrência. Comentário Conimbricense*, 2ª ed., Coimbra: Almedina.

WEIGEND, Thomas,
(1978) *Anklagepflicht und ermessen: die stellung des staatsanwalts zwischen legalitäts- und opportunitätsprinzip nach deutschen und amerikanischem recht.* Baden-Baden: Nomos.

## Jurisprudência Citada

Ac. TC, nº 115/2008, de 20/02, Proc. 469/07, Rel. Carlos Fernandes Cadilha
Ac. TC, nº 41/2004, de 14/01, Proc. 375/2003, Rel. Maria Fernanda Palma
Ac. STJ, de 19.01.2017, Proc. 11/15.1YQSTR.S1, Rel. Helena Moniz
Ac. TCA Sul, de 30.08.2016, Proc. 12488/15, Rel. Cristina dos Santos

# II

# *LAW ENFORCEMENT E COMPLIANCE*

# Portas giratórias e captura regulativa

João Confraria*

**Sumário:** Introdução; I. Captura; II. Complexidade regulativa; III. Conhecimento e credibilidade; IV. O problema geral da mobilidade do setor público para o setor privado; Conclusão.

## Introdução

A expressão "portas giratórias" designa, num sentido restrito, o movimento de dirigentes e de quadros qualificados de empresas de uma indústria regulada para as suas entidades reguladoras, ou destas para as empresas que regulam.

A mesma pessoa pode estar envolvida em vários movimentos. Por exemplo pode sair de uma empresa regulada para o seu regulador, regressar à empresa regulada e, passado algum tempo, voltar de novo, ao regulador. No setor financeiro europeu, uma percentagem significativa das pessoas envolvidas em movimentos de "porta giratória" terá feito mais do que dois[1].

Num sentido mais alargado, a expressão "portas giratórias" também é utilizada para designar o movimento de políticos, dirigentes e quadros qualificados, do setor público para o setor privado, e do setor privado para o setor público, na mesma indústria ou noutras indústrias. Também aqui, cada pessoa pode estar envolvida em mais do que um movimento[2].

* Professor da Católica Lisbon School of Business and Economics. É Diretor académico do Mestrado em Direito e Gestão.

[1] Chalmers/et al (2021).

[2] Esta definição mais geral é adotada pela *Transparency International UK* (2011). A ideia de porta giratória pode ainda ser aplicada a outros casos de mobilidade em que possa

Neste trabalho são sintetizados os principais inconvenientes das "portas giratórias", as medidas que podem ser tomadas para os evitar, assim como as suas principais vantagens. Nas secções I a III tem-se como referência o conceito mais restrito, centrado nos movimentos entre uma entidade reguladora e a indústria regulada. Nas duas primeiras abordam-se os seus efeitos negativos: a captura do regulador e a complexidade da regulação. Na secção III discutem-se efeitos positivos, relacionados com o acesso das entidades reguladoras a conhecimento específico da indústria e, eventualmente, com a credibilidade da regulação dos investimentos. Na seção IV tem-se como referência um conceito mais geral de "portas giratórias", centrado na mobilidade entre o setor privado e o setor público. Em conclusão, sugere-se que na resolução de problemas causados por portas giratórias pode haver vantagem em focar a atenção no processo de decisão pública, na sua fundamentação e transparência, e não só, ou nem tanto, na imposição de restrições legais à mobilidade entre o sector público e o setor privado.

## I. Captura

Na perspetiva da sociedade, as "portas giratórias" entre entidades reguladoras e a indústria regulada podem criar problemas na medida em que às entidades reguladoras seja atribuído poder discricionário pelo legislador.

Quando uma entidade reguladora tem poder discricionário pode escolher entre as opções que existam para a identificação ou para a resolução de um problema a que considere como mais adequada, dadas as atribuições e competências que o legislador lhe tenha atribuído na matéria em causa.

É praticamente inevitável que uma entidade reguladora tenha poder discricionário. Se não fosse assim, estaria sujeita a regras de atuação muito rígidas, sem permitir a escolha entre diferentes medidas alternativas, o que poderia obrigar a entidade a tomar medidas que não seriam as mais adequadas, ou nem sequer adequadas, para resolver um determinado problema de mercado. Além disto, o legislador pode não conseguir definir a

haver conflitos de interesse entre as organizações de origem e as organizações de destino das pessoas envolvidas. Por exemplo, na mobilidade entre organizações privadas internacionais e organizações públicas internacionais, ou entre organizações públicas nacionais e organizações públicas internacionais ou ainda, fora da esfera pública, entre organizações não governamentais, como as ambientais, e empresas e associações empresariais privadas. Os principais inconvenientes e vantagens são semelhantes aos discutidos no texto. No entanto, cada um deles tem características próprias que não são aqui abordadas.

priori todos os objetivos e instrumentos a ser utilizados na regulação, nem todos os problemas a resolver[3].

Dada a existência de poder discricionário, as entidades reguladoras acabam por ter objetivos próprios, influenciados, designadamente, pelas perspetivas de carreira profissional dos seus dirigentes, no quadro dos objetivos gerais estabelecidos pelo legislador. Neste contexto, as "portas giratórias" são um problema para a sociedade na medida em que o movimento de dirigentes entre a indústria regulada e as entidades reguladoras induza estas últimas a utilizar o seu poder discricionário em benefício da indústria regulada, descurando outros interessados, designadamente os consumidores. Este processo é designado muitas vezes como captura regulativa e as "portas giratórias" contribuiriam para ele pelas seguintes vias[4]:

a. A perspetiva de um eventual emprego futuro na indústria regulada incentivaria os reguladores em cada momento a ter posições mais favoráveis à indústria que regulam[5];
b. Reguladores com experiência prévia de emprego na indústria regulada tenderiam a ser mais favoráveis à indústria regulada do que os reguladores sem experiência. Neste sentido, também se tem considerado que aqueles que vêm da indústria para as entidades reguladoras, trazendo consigo práticas e valores típicos da indústria regulada, podem criar uma forma de captura intelectual nas entidades reguladoras, na medida em que se crie uma cultura em que na análise dos problemas acabe por predominar a perspetiva da indústria. Este efeito seria acentuado porque a indústria regulada tem mais informação técnica do que o regulador e pode usar esta superioridade informacional para o condicionar.

[3] Para uma síntese sobre as origens do poder discricionário, por exemplo, CONFRARIA (2021). O problema do poder discricionário não se limita às autoridades reguladoras e tem a ver com a atividade do estado em geral.

[4] COHEN (1996), LUCCA/ET AL (2014) e VELTROP/DE HAAN (2014).

[5] Estas ideias são intuitivas, mas têm também algumas limitações. As empresas não são iguais em cada indústria regulada e assim a ideia de haver uma posição mais favorável à indústria regulada pode não fazer sentido prático se for grande a heterogeneidade entre as empresas reguladas e se estas tiverem interesses divergentes entre si. Nem sempre existirá uma posição unânime sobre os interesses da indústria regulada.

De acordo com a evidência disponível, a captura regulativa pode existir em mercados regulados. Nalguns dos primeiros trabalhos na área de economia da regulação, concluía-se que a regulação do setor de energia nos Estados Unidos não teria efeito significativo sobre os preços e que na regulação de empresas na indústria de transportes, também nos Estados Unidos, prevaleciam os interesses das empresas reguladas, presumivelmente com efeitos negativos nos consumidores e na eficiência de mercado[6].

Estes trabalhos estiveram na origem das teorias económicas da regulação e inspiraram muitos outros sobre o mesmo tema, de início relacionados com a regulação da entrada e com a regulação de monopólios, mas estendendo-se depois à generalidade da intervenção reguladora do Estado. Recentemente a possibilidade da captura regulativa foi apontada como uma das causas da crise financeira iniciada em 2008[7].

Aceitando-se a linha de argumentação segundo a qual as portas giratórias contribuem para a captura regulativa, e que esta é prejudicial para a sociedade, têm sido discutidos e impostos vários condicionamentos legais à mobilidade de pessoas que tenham exercido cargos de administração em entidades reguladoras para empresas na indústria regulada[8].

De forma radical, o problema poderia ser eliminado proibindo essa mobilidade. No entanto, numa perspetiva económica, uma proibição de saída para empresas reguladas das pessoas que exerceram funções de administração nas entidades reguladoras, que abrangesse toda a vida profissional subsequente ao fim dos seus mandatos, não seria uma medida eficiente. O motivo é simples. Em princípio, é de esperar dessas pessoas uma dedicação suficiente ao estudo dos problemas do setor regulado, para que tenham conhecimentos específicos da indústria, i.e., conhecimentos que não podem ser utilizados noutra indústria. Sendo assim, a proibição de mobilidade impediria a utilização de conhecimento específico durante toda a vida, depois de terminado o mandato. Não se vê o que é a sociedade poderia ganhar com isso, sendo provável que alguma coisa se perdesse por

[6] Stigler/Friedland (1962), Stigler (1971) e Moore (1970).

[7] Poulain (2018).

[8] Em muitas economias modernas há um crime se um regulador beneficiar uma empresa regulada em troca de uma vantagem futura oferecida por essa empresa. Não vamos aqui analisar o problema na perspetiva penal. De ora em diante, considera-se, exceto se mencionado em contrário, que os comportamentos de mobilidade em análise não constituem crime, nem contraordenação.

não estar a ser utilizado conhecimento existente. Além disso, reduzir-se-iam os incentivos à criação de conhecimento específico adicional. Em bom rigor estar-se-ia a criar ineficiência. Na mesma linha de raciocínio, estaria em causa a proporcionalidade da medida.

Argumentos deste tipo podem explicar o motivo pelo qual não são impostas a quem termine os seus mandatos na administração de entidades reguladoras proibições vitalícias ao exercício da atividade em empresas reguladas[9]. Regra geral as proibições são limitadas no tempo, ou somente a algumas atividades. Por exemplo, pode ser imposta a proibição de exercer funções numa empresa regulada, durante um período de alguns meses ou de alguns anos depois de terminado o mandato. Essa proibição pode incluir prestação de serviços. Em alternativa, pode ser permitido a um antigo administrador de uma entidade reguladora trabalhar numa empresa regulada logo a seguir ao fim do seu mandato, mas com a condição de não trabalhar em casos em que estivesse estado envolvido como regulador. Ou pode ser imposta somente uma proibição de representar a empresa nas relações com o governo ou com entidades reguladoras.

Pode-se ainda discutir se as restrições à mobilidade devem ser limitadas aos membros dos conselhos de administração das entidades reguladoras, ou se devem também ser impostas a outros dirigentes e a quadros superiores. Os membros dos conselhos de administração são os responsáveis últimos pelas decisões tomadas, tendo além disso muitas vezes a responsabilidade de coordenar os trabalhos da organização, podendo imprimir com isso alguma orientação na análise de cada processo regulativo. No entanto, nesta análise, os dirigentes de primeiro e segundo nível na hierarquia da organização podem ter um papel tão ou mais importante do que os membros dos conselhos de administração – e neste sentido também se tem defendido que a mobilidade destes dirigentes também deveria estar sujeita a algumas limitações. O mesmo se diria, de uma forma geral, sobre quadros altamente qualificados, ainda que sem funções dirigentes específicas, pois também podem ter um papel decisivo no sentido e no conteúdo das decisões finais.

A imposição de restrições à mobilidade pode ser combinada com um aumento de salários nas entidades reguladoras, para os cargos sujeitos a

[9] Haverá outras razões, não estritamente económicas, como a defesa da liberdade de exercício de atividade. Não são aqui discutidas.

essas restrições, para que se não perca, ou se consiga obter, a capacidade de atrair de pessoas qualificadas ou com potencial de aprendizagem.

Uma outra variável à disposição do governo, que complementa a anterior, é o nível salarial que pode ser assegurado pelo Estado a quem tenha exercido cargos sujeitos a restrições legais à mobilidade depois de terminado o mandato. É mais fácil fazer isto na função pública, para aqueles que tenham uma carreira na função pública. Em limite o governo poderia tentar tornar uma carreira pública mais atraente do que uma carreira no setor privado. Noutro sentido, sem mexer nas carreiras no setor público, o legislador pode assegurar um pagamento compensatório depois de terminado o mandato e durante o período em que estejam em vigor as restrições à mobilidade. Uma variante desta medida que também tem sido adotada é limitar este pagamento compensatório àqueles que não tenham nenhum outro rendimento do trabalho durante esse período. No entanto, esta variante distorce a natureza da medida. Passa a ser menos uma compensação pelas restrições à mobilidade e mais um apoio à reintegração no mercado de trabalho.

Estas ideias são interessantes, mas devem ser consideradas com uma pitada de sal. A abordagem do problema pelos salários baseia-se na ideia, partilhada por muitos, de que a remuneração pelo exercício de funções públicas é inferior à corrente no setor privado para funções equivalentes. E assim, admite-se que salários mais elevados nas entidades reguladoras e compensações depois de terminado o mandato vão permitir a contratação de pessoas mais qualificadas que, de outro modo, não seria possível contratar dadas as restrições impostas à mobilidade.

Aceitando este argumento para efeitos da nossa discussão, deve reconhecer-se que o resultado pretendido depende, evidentemente, do processo de contratação[10].

[10] O argumento é, no entanto, discutível. Aceitando-se que existe uma diferença salarial com vantagem para o setor privado, que deve ser comprovada em cada caso, também se pode considerar que há compensações não pecuniárias associadas ao exercício de funções públicas, como a utilidade que se retira de servir o interesse geral, relativamente a uma situação em que se trabalha somente em função de um ganho monetário, ou mesmo o prestígio que deve estar associado ao exercício de funções públicas e que naturalmente deve recair sobre quem as exerce, caso mereça. Para muitos o salário não será o principal motivo para o exercício de funções públicas. Não vamos aqui considerar estes argumentos, embora não devam ser omitidos numa discussão mais completa do assunto.

A nomeação dos conselhos de administração das entidades reguladoras é feita por decisão política. Não discutindo os méritos desta opção, interessam as consequências para o caso em análise. Se o processo de escolha política se basear no mérito técnico, eventualmente combinado com um certo grau de confiança política que pode ser necessário para o exercício do cargo, um aumento dos salários e das compensações depois de terminado o mandato, pode tornar realmente o cargo mais atrativo para pessoas mais qualificadas, com empregos bem remunerados noutros setores de atividade.

No entanto, caso se entenda que a nomeação para cargos públicos é uma recompensa da militância nos partidos em cada momento no governo, ou uma recompensa por outras formas de envolvimento político ou social, então um aumento dos salários na atividade reguladora pode gerar uma concorrência pelos cargos mais acentuada entre as pessoas mais envolvidas nas atividades políticas e sociais relevantes, ainda que sem grande conhecimento técnico dos assuntos. Sendo assim, um aumento dos salários e compensações dos membros dos conselhos de administração teria um efeito de seleção contrário aos objetivos que formalmente se pretenderiam com esses aumentos de salários. Aumenta a concorrência no sistema político para alcançar estes cargos públicos mais bem remunerados. Aumentará também, certamente, a probabilidade de os cargos serem preenchidos por pessoas menos qualificadas tecnicamente, e mais qualificadas politicamente – e, de forma paradoxal, menos suscetíveis de ser afetadas pelo problema de portas giratórias, na definição restritiva que se está a adotar até agora, pois estarão mais interessadas numa carreira política, ou noutras instituições, e menos numa carreira na indústria. Dá isto origem a um outro problema de portas giratórias, abordado na secção IV.

Os argumentos anteriores não têm de se limitar a membros do conselho de administração. Podem ser estendidos a cargos de direção, salvaguardando-se que, neste caso, uma eventual influência política sempre se verificaria por via indireta, através dos membros do conselho de administração,

Finalmente há a ter em conta a mobilidade em sentido inverso ao que temos vindo a discutir, ou seja, a mobilidade das empresas reguladas para o conselho de administração do regulador, que poderia estar na origem de algum processo de captura intelectual.

Este tipo de mobilidade parece contraintuitivo, caso se aceite a hipótese de que nas entidades reguladoras os salários são mais baixos do que em cargos equivalentes nas empresas reguladas. Sem discutir esta hipótese, que pode ou não ser confirmada empiricamente, é de notar que há razões materiais para que um cargo de administração numa entidade reguladora seja desejável para quem trabalhe ou tenha trabalhado numa empresa regulada, ainda que ganhando mais. Por exemplo, a mudança para a entidade reguladora pode traduzir uma subida de nível hierárquico, relativamente ao que se tinha na empresa regulada, o prestígio associado ao cargo pode compensar qualquer perda salarial ou o cargo pode abrir outras possibilidades de carreira, na política por exemplo. Pode também acontecer que as pessoas se tenham reformado relativamente cedo e aceitem trabalhar na entidade reguladora por um salário bastante inferior ao que tinham na empresa regulada[11].

De uma forma mais geral, considerando-se a mobilidade de quadros das empresas reguladas para o regulador, sem nos limitarmos ao conselho de administração, esta explicação mantém-se válida. E pode haver argumentos adicionais no mesmo sentido. Por exemplo, as pessoas em causa podem decidir que preferem trabalhar no setor público, por haver maior segurança de emprego ou menos pressões concorrenciais.

Nestes casos, a mobilidade em si mesma não tem problema nenhum e aumentará certamente a capacidade técnica do regulador. O problema que se põe é o da eventual captura intelectual acima referida.

Numa hipótese mais conspiratória, a mobilidade de quadros da indústria regulada para a administração do regulador poderia traduzir uma tentativa da indústria regulada, ou de empresas da indústria, para controlar o regulador. Terminado o seu mandato os quadros envolvidos seriam compensados no regresso à indústria. Restrições à mobilidade das entidades reguladoras para a indústria regulada como as que foram antes discutidas poderiam complicar a compensação, mas não a impediriam.

Seja por este motivo, seja para limitar a possibilidade de captura intelectual, tem-se discutido a imposição de restrições à entrada nos conselhos de administração das entidades reguladoras de quadros vindos de empresas reguladas. Em abstrato, essas restrições podem dizer respeito somente a pessoas que tenham tido funções de direção nas empresas reguladas ou podem incluir quaisquer outras funções, como a prestação de serviços de consultadoria a empresas reguladas.

[11] Podendo ainda considerar-se os benefícios não monetários, acima referidos.

Em síntese, o legislador tem à sua disposição várias alternativas para desincentivar ou proibir "portas giratórias" e as escolhas feitas têm consequências no nível de conhecimento específico sobre a regulação da indústria em causa que se pretenda assegurar nos cargos objeto de nomeação.

Foi sugerido que a escolha entre aumentos nos níveis salariais e a imposição de restrições à mobilidade será influenciada pelas preferências do legislador entre aumentar os impostos para pagar melhor aos reguladores (e eventualmente ao resto do setor público) e restringir as liberdades civis das pessoas que exercem cargos nas entidades reguladoras[12]. Será uma ideia excessivamente simplificada. Os argumentos anteriores sugerem que, pelo contrário, há complementaridades entre os dois tipos de medidas.

## II. Complexidade regulativa

Os efeitos negativos das portas giratórias podem não resultar de um processo de captura regulativa. Esta pode nem se verificar e, ainda assim, haver efeitos negativos da mobilidade do setor público para o setor privado. Em sentido contrário ao que antes se referiu, a perspetiva de um emprego futuro na indústria regulada pode não ter como resultado uma regulação menos exigente, mas, pelo contrário, pode muito bem dar origem a uma regulação mais complexa. E o motivo é simples: as empresas reguladas precisam de quadros especializados em regulação e, com uma regulação mais complexa, melhorariam substancialmente as perspetivas de emprego daqueles que trabalham nas entidades reguladoras e que estão na origem dessa regulação. Dito de outro modo, com uma regulação mais complexa aumenta o valor que as empresas reguladas estão dispostas a pagar pela contratação de quadros da entidade reguladora.

Se essa regulação se justificasse, do ponto de vista de um conjunto de objetivos sociais, daqui não viria mal ao mundo. No entanto, essa regulação adicional acabará por ser excessiva, criando ineficiência económica, suportada pelas empresas reguladas e, eventualmente, pelos consumidores[13].

Admitindo que a agenda regulativa é definida pelo conselho de administração, restrições à mobilidade dos administradores podem ser suficientes para evitar estes problemas de aumento da complexidade regulativa. No entanto, diretores e quadros das entidades reguladoras podem ter uma

[12] Breziz/Weiss (1997).
[13] Brezzis (2017).

grande influência na definição da agenda regulativa, caso em que a imposição de restrições a mudanças nas suas vidas profissionais também se pode justificar.

## III. Conhecimento e credibilidade

A mobilidade entre as entidades reguladoras e as empresas reguladas pode ter benefícios para a sociedade. Também aqui importa distinguir entre cada um dos seus sentidos: a mobilidade das empresas reguladas para o regulador e a mobilidade do regulador para as empresas reguladas. Neste caso, generalizamos a discussão para a mobilidade de todos os quadros, sem nos limitarmos a dirigentes.

No que à primeira diz respeito, parecem claros os seus benefícios. Muitas vezes, o conhecimento específico da indústria regulada só se obtém contratando pessoas que trabalharam, direta ou indiretamente, nas empresas reguladas – e as vantagens serão tanto maiores quanto maior a experiência profissional das pessoas envolvidas nessas empresas[14].

Quanto ao segundo tipo de mobilidade, aceitando-se a ideia de que nas entidades reguladoras, os salários são muitas vezes inferiores aos do setor privado, entre os benefícios que a mobilidade da entidade reguladora para a empresa regulada pode trazer tem-se apontado a possibilidade de atrair para as entidades reguladoras quadros qualificados, mesmo pagando um salário relativamente baixo, na medida em que esses quadros esperem vir a adquirir experiência e conhecimento regulativo que são depois valorizados através da sua contratação pelas empresas reguladas[15].

Para que esta hipótese faça sentido, e haja um benefício social com a mobilidade, é necessário que as empresas contratem pessoas vindas das entidades reguladoras com base no seu conhecimento técnico da indústria e da regulação, e não com base no seu eventual conhecimento do processo de decisão e de alguma influência residual que mantenham no setor público e, muito menos, como contrapartida de eventuais contribuições que essas pessoas tenham dado para uma regulação mais favorável à

[14] Em limite, por falta de pessoal qualificado, deve admitir-se que as entidades reguladoras promovam a requisição temporária, por motivos de interesse público, de quadros qualificados das empresas reguladas, para prestarem serviço durante algum tempo, por exemplo em atividades de formação ou funções especializadas.

[15] Jabotinsky (2021).

indústria[16]. Ou seja, o motivo pelo qual as empresas reguladas contratam quadros vindos das entidades reguladoras é essencial para sabermos se as portas giratórias comprometem ou, pelo contrário, favorecem, a regulação.

Temos assim três hipóteses alternativas sobre a contratação pelas empresas reguladas de quadros vindos das entidades reguladoras:

a. A contratação é uma compensação por regulação mais favorável quando exerciam funções no regulador.
b. A contratação visa reforçar a capacidade de lobby da empresa regulada.
c. A contratação visa recrutar quadros qualificados com conhecimento específico da regulação da indústria.

O comportamento esperado dos quadros envolvidos na porta giratória, enquanto quadros das entidades reguladoras, é muito diferente em cada uma destas hipóteses. Na primeira, seria de esperar uma atuação mais favorável à indústria regulada, na expetativa de uma compensação através de emprego no futuro. Na segunda e na terceira, seria de esperar que os quadros em causa investissem em conhecimento técnico e tivessem uma atuação mais agressiva na implementação da regulação, para sinalizarem a sua qualidade junto dos prospetivos empregadores[17].

Evidência empírica coerente com a terceira hipótese foi apresentada, por exemplo, num trabalho sobre a mobilidade de advogados da SEC entre esta Comissão e empresas reguladas, de 1990 a 2007, assim como numa análise sobre a mobilidade de uma amostra de dirigentes de entidades reguladoras do setor financeiro americano[18].

Resultados deste tipo sugerem que não será muito interessante tratar a captura como determinada estruturalmente, a partir das relações de emprego, e, além disso, que as restrições legais à mobilidade entre empresas reguladas e entidades reguladoras podem ter efeitos negativos[19].

Um outro tipo de argumento que sugere potenciais benefícios da mobilidade inerente às portas giratórias tem a ver com os efeitos da regula-

16 Como se disse antes, neste caso teríamos uma situação de captura, e possivelmente sancionável em termos penais.
17 Che (1995).
18 De Haan/et al (2015) e Shive/Forster (2016).
19 Makkai/Braithwaite (1992).

ção no investimento, quando a esse investimento estão associados custos afundados.

Neste caso, depois de realizados os investimentos, as entidades reguladoras podem preferir estabelecer preços que cobrem os custos variáveis, mas que não permitem cobrir os custos afundados, isto é, não permitem remunerar o capital investido. Com isso garantem preços mais baixos aos consumidores. Com os investimentos feitos, as empresas têm algum prejuízo, na medida em que não consigam remunerar o capital, sem que esse prejuízo seja suficientemente elevado para que terminem a sua atividade. Nestas circunstâncias, sabendo que correm este risco, as empresas podem optar por não investir, prejudicando, a prazo, os consumidores.

Para que o investimento se faça, a empresa irá procurar obter alguma garantia de que o investimento será remunerado. No entanto, o regulador pode não ter interesse em dar-lhe essa garantia, antes de realizar o investimento. O problema é, então, saber se a interação entre regulador e regulado leva, ou não, a empresa a investir e o regulador a viabilizar a remuneração do investimento. A existência de portas giratórias cria incentivos para que isto aconteça, com vantagens para a sociedade[20].

É claro que o legislador procura garantir a remuneração do investimento por outra via[21]. Em geral, obriga a que as entidades reguladoras, no estabelecimento de preços, tenham em conta a remuneração adequada do capital investido. No entanto, a regulação de preços é uma matéria em que o poder discricionário dos reguladores é significativo – e pode comprometer a recuperação do capital investido. Por exemplo, se se estiver a falar de regulação de qualidade de serviço, a imposição de mais obrigações à empresa regulada poderá ter de ser acompanhada por um ajustamento correspondente dos preços. Se isso não for feito a rendibilidade dos investimentos pode ser prejudicada, assim como os consumidores.

No entanto, a relação entre variações na qualidade de serviço e variações nos custos nem sempre é facilmente quantificável. Fazem-se muitas hipóteses para se chegar a um resultado quantitativo e muitas delas não serão mais do que estimativas mais ou menos bem informadas. No mesmo sentido, a estimativa do custo do capital é sempre feita recorrendo a múltiplas

[20] Salant (1995).

[21] Aliás, o argumento anterior é em boa medida teórico, na medida em que alguns dos comportamentos em causa sejam sancionáveis por lei.

hipóteses, e eventualmente, com modelos de cálculo diferentes. Estimativas feitas por entidades igualmente qualificadas podem dar origem a resultados diferentes. A entidade reguladora tem o poder discricionário de escolher entre alternativas e, assim, na perspetiva de um investidor pode aumentar o risco de não haver uma remuneração adequada do capital investido.

De forma mais geral, é de referir que a adoção, pelo legislador, de objetivos de eficiência económica na regulação de preços aumenta bastante o poder discricionário do regulador. Os preços passam a ser estabelecidos não de acordo com os custos das empresas, mas sim de acordo com o que a entidade reguladora entende que seriam os custos se a empresa fosse eficiente. Assim, por decisão da entidade reguladora os preços podem não cobrir os custos efetivamente suportados pelas empresas, e os investimentos podem ser desincentivados. Está em aberto saber se, por esta via, se não retoma o argumento de que as portas giratórias podem ter benefícios na presença de custos afundados.

## IV. O problema geral da mobilidade do setor público para o setor privado

O conceito até agora utilizado de "portas giratórias" é restritivo. A mobilidade entre o setor público e o setor privado não se verifica somente dentro da mesma indústria, entre a entidade reguladora e as empresas reguladas. Se nos limitarmos às entidades reguladoras, não é evidente que os membros dos conselhos de administração regressem às suas profissões originais. Podem ir para outros cargos, públicos ou privados – e podem utilizar os seus mandatos no regulador para aumentar a probabilidade de aceder a esses cargos.

Além disto, os cargos públicos em que pode haver problemas de "portas giratórias" não se limitam às entidades reguladoras. De forma mais geral, e talvez com maior relevo, há a considerar também a mobilidade entre cargos políticos e o setor privado e, em geral, a mobilidade entre quaisquer cargos públicos e o setor privado.

Pode ser muito vantajoso para as empresas privadas contratar ex-titulares de cargos públicos. Por exemplo, observou-se nos Estados Unidos que as empresas que tinham nos conselhos de administração políticos ligados ao partido vencedor das eleições tinham um aumento grande de encomendas com origem no setor público depois das eleições – e as que tinham políticos ligados ao partido derrotado tinham uma redução.[22] Na União Europeia notou-se que as empresas que contratavam ex-comissários europeus tinham rendibilidades anormais, sobretudo nos dois primeiros anos depois da saída da Comissão, período em que as ligações e os contactos acumulados durante o exercício de funções seriam ainda muito úteis[23].

Sendo vantajosas para as empresas privadas, estas contratações poderão ter efeitos sociais negativos?

Se aceitarmos que os ex-titulares de cargos públicos são a principal, ou uma das principais razões, pelas quais resultados das empresas que os contratam são superiores aos das que não os contratam, poderá haver efeito negativo se a sua contribuição para esses resultados se traduzir sobretudo por uma maior facilidade de acesso aos centros de decisão política. Os resultados económicos seriam então mais determinados pela influência política do que pela competitividade das empresas o que prejudicaria a criação de riqueza. Independentemente disto, a situação pode não ser aceite pela sociedade. Pode entender-se que está em causa um certo tipo de credibilidade da vida pública.

Aliás, entre nós, a perda de credibilidade da vida pública criada pela passagem de cargos públicos, incluindo cargos no governo, para empregos lucrativos no setor privado, terá sido a razão para os primeiros debates públicos sobre "portas giratórias", ainda antes da expressão entrar na linguagem política e regulativa. Raul Rego, em 1969, considerava que a vida pública portuguesa era então entendida por muitos como uma passagem para o setor privado. O problema principal nem seria a movimentação de pessoas entre as entidades reguladoras e as indústrias que regulavam; muitas vezes tratava-se da simples nomeação de pessoal político para empresas privadas, que pretendiam beneficiar dos seus conhecimentos sobre o funcionamento da administração pública e das suas ligações políticas, para mais num estado com intervenção tão forte na economia como era o Estado Novo. Seria só a sua influência política o que as empresas pretendiam. Muitas das pessoas envolvidas não teriam nenhum conhecimento das indústrias em que estavam as empresas que os contratavam[24].

[22] Goldman/Rocholl/So (2013).

[23] Luechinger/Moser (2020).

[24] Rego (1969). Raul Rego respondia também a Marcelo Caetano que antes tinha considerado que a Primeira República era caracterizada precisamente por essa mobilidade entre o sector privado o setor público, que seria fonte de enriquecimento e de falta de credibilidade pública.

Estes riscos de perda de credibilidade da vida pública associados à mobilidade entre o setor público e o setor privado são suficientemente importantes para serem objeto de recomendações de organizações internacionais e de intervenção legislativa, a nível nacional e de organizações internacionais[25].

## Conclusão

Na discussão das "portas giratórias" está sempre em causa a ponderação de dois tipos de argumentos. A favor da limitação da mobilidade que lhes é inerente temos a defesa da credibilidade da intervenção do estado e o próprio rigor dessa mesma intervenção. Do lado oposto, temos o argumento de que importa não desperdiçar o conhecimento específico existente, nem os incentivos à sua criação futura. Numa perspetiva meta económica temos o argumento de respeito pelas liberdades civis, designadamente a liberdade de exercício de profissão, que aqui não foi desenvolvido.

Destes dois tipos de argumentos pode deduzir-se a defesa de uma posição intermédia, segundo a qual a mobilidade deve ser regulada, mas não proibida, havendo naturalmente divergências quanto ao âmbito dessa regulação.

É esta a melhor forma de resolver os problemas de captura e de complexidade criados pelas portas giratórias?

É discutível. Podemo-nos perguntar se as consequências negativas das "portas giratórias" são um problema em si mesmo ou se são, sobretudo, a manifestação de um outro problema, a falta de transparência e de fundamentação das decisões públicas. Em cada decisão, o que é importante: o processo regulativo que foi seguido na sua adoção, o seu conteúdo, os seus fundamentos e as suas consequências – ou só as pessoas envolvidas? Ou seja, parafraseando o que se diz habitualmente noutras circunstâncias, interessa a mensagem, e a forma como é construída, ou interessa o mensageiro?

Parece evidente que distorções nos processos de decisão pública associadas às portas giratórias podem ser reduzidas, ou eliminadas, através da

Estimando o número de ex-membros do governo com assento nos conselhos de administração de algumas das principais empresas da época, Rego argumentava que na Primeira República o problema seria pontual, ao passo que no Estado Novo seria sistémico. Mais recentemente esta linha de ideias tem sido, em certa medida, retomada numa apreciação política de relações contemporâneas entre as empresas e o Estado (por exemplo, Costa/et al, 2010).

[25] Veja-se, entre outros, OECD (2014).

adoção de processos transparentes de decisão, da discussão pública das medidas a tomar e da fundamentação pública das opções feitas. É certo que muitas decisões são tecnicamente complexas, mas isso não é razão para que o decisor público não as possa discutir, explicar, e justificar tecnicamente, de forma compreensível pelo cidadão mediano. Dito de outro modo, se na origem do problema está o poder discricionário, então, para o resolver, uma abordagem alternativa é limitar e regular o exercício desse poder – e supervisionar o cumprimento do que para o efeito o legislador estabeleça.

Em síntese, tanto como regulamentar a mobilidade profissional, parece ser útil melhorar o processo de decisão pública, para garantir a participação de todos os interessados nas decisões, que as decisões são tomadas à luz de critérios legais bem definidos e bem conhecidos pelo público e que os seus fundamentos e as suas consequências são devidamente conhecidos e debatidos. É também uma forma de contrariar eventuais problemas de captura e de complexidade e de credibilizar a vida pública.

## Bibliografia citada


BREZIS, Elise S.,
(2017) "Legal conflicts of interest of the revolving door", *Journal of Macroeconomics* 52, pp. 175–188.

BREZZIS, Elise S. / WEISS, Avi,
(1997) "Conscientious regulation and post-regulatory employment restrictions", *European Journal of Political Economy* 13, pp. 517-536.

CHALMERS, Adam William, ET AL,
(2021) "In and out of revolving doors in European Union financial regulatory authorities", *Regulation and Governance*, pp. 1-17.

CHE, Yeon-Koo,
(1995) "Revolving doors and the optimal tolerance for agency collusion", *Rand Journal of Economics* 26 (3), pp. 378-397.

COHEN, Jeffrey E.,
(1986) "The Dynamics of the Revolving Door on the FCC", *American Journal of Political Science* 30 (4) 698-708.

CONFRARIA, João,
(2021) "Politicians, Regulators, Viceroys and 5G auctions", *European Review of Business and Economics* 1 (2), pp. 77-98.

COSTA, Jorge, *ET AL*,
(2010) *Os Donos de Portugal. Cem Anos de Poder Económico (1910-2010)*, 5ª ed., Porto: Edições Afrontamento.

DEHAAN, Ed, ET AL,
(2015) "The revolving door and the SEC's enforcement outcomes: Initial evidence from civil litigation", *Journal of Accounting and Economics* 60 (2-3), pp. 65-96.

Goldman, Eitan / Rocholl, Jörg / So, Jongil,
(2013) "Politically Connected Boards of Directors and The Allocation of Procurement Contracts", *Review of Finance* 17, pp. 1617–1648.
Jabotinsky, Hadar Yoana,
(2021) "Revolving Doors – We Got It Backwards", *University of Cincinnati Law Review*, 89 (2), pp. 432-454.
Lucca David / Serub, Amit / Trebbic, Francesco,
(2014) "The Revolving Door and Worker Flows in Banking Regulation", *Journal of Monetary Economics* 65, pp. 17-32.
Luechinger, Simon / Moser, Christoph,
(2020) "The European Commission and the revolving door", *European Economic Review* 127, pp. 1-17.
Makkai, Toni / Braithwaite, John,
(1992) "In and Out of the Revolving Door: Making Sense of Regulatory Capture", *Journal of Public Policy* 12 (01), pp. 61-78.
Moore, Thomas Gale,
(1970) "The Effectiveness of Regulation of Electric Utility Prices" *Southern Economic Journal* XXXVI (4), pp. 365-75.
OECD,
(2010) *Post-Public Employment. Good Practices for Preventing Conflicts of Interest*, Paris: OECD.
Poulain, Mathilde,
(2018) *The Political Economy of Financial Regulation*, dissertação de doutoramento apresentada à *l'Université Paris I Panthéon-Sorbonne*.
Rego, Raul,
(1969) *Os Políticos e o Poder Económico*, Lisboa: Edição do Autor.
Salant, David J.,
(1995) "Behind the Revolving Door: A New View of Public Utility Regulation", *The RAND Journal of Economics* 26 (3), pp. 362-377.
Shive, Sophie A. / Forster, Margaret M.,
(2016) "The Revolving Door for Financial Regulators", *Review of Finance* 21 (4), pp. 1445-1484.
Stigler, George J.,
(1971) "The Theory of Economic Regulation", *Bell Journal of Economics and Management Science* 2 (1), pp. 3-21.
Stigler, George J. / Friedland, Claire,
(1962) "What Can Regulators Regulate? The Case of Electricity", *Journal of Law and Economics* 5, pp. 1-16.
Transparency International UK,
(2011) *Cabs for Hire? Fixing the Revolving Door Between Government and Business*, London: Transparency International UK.
Veltrop, Dennis / de Haan, Jakob,
(2014) "I just cannot get you out of my head: Regulatory capture of financial sector supervisors", *DNP WP* 410.

# Certificação em *compliance*: bases e possibilidades para o exame da idoneidade do programa

GUSTAVO BRITTA SCANDELARI*/**

**Sumário:** Introdução; I. Premissas; 1. *Compliance*: noção e natureza; 2. Idoneidade como característica inata dos programas; II. A certificação em *compliance*; 1. Bases legais e literárias; 2. Exemplos da América Latina; 3. Possibilidades normativas de certificação; Conclusão.

## Introdução

A presente pesquisa gira em torno do que parece ser a principal questão em matéria de programas corporativos de prevenção de ilícitos: é possível saber se eles realmente funcionam? Em caso positivo, como se verificaria tal possibilidade? Propõem-se, aqui, as seguintes respostas: é possível sim; a certificação é uma das maneiras de se realizar tal verificação.

O enfrentamento adequado deste problema exige o estabelecimento de duas premissas: a natureza dos programas de prevenção (como é preferível chamar as normas de *compliance*); a idoneidade dos programas como característica preferível à efetividade. Após, torna-se viável o debate sobre a certificação como método de exame da idoneidade das normas de prevenção.

* Professor de Direito Penal na Graduação do UNICURITIBA. Vice-Presidente da Comissão de Estudos sobre Compliance e Anticorrupção Empresarial da OAB/PR e Advogado sócio na Dotti Advogados.

** Texto redigido conforme as normas do português do Brasil.

Para tal debate, exploram-se, inicialmente, várias bases legais e literárias indicativas de que, em teoria, é plenamente possível, do ponto de vista jurídico, que governos e organizações engajem-se – ambos compartilhando o mesmo objetivo de prevenção de ilícitos – na tarefa de apresentação e de análise dos mecanismos de integridade bem construídos e cultivados ao longo do tempo. Não será possível o estudo das vicissitudes de um ou de outro arcabouço jurídico-social específico. Indicam-se apenas alguns exemplos com a finalidade de se demonstrar, em tese, a viabilidade das respostas aqui veiculadas. Por praticidade, considerando-se a nacionalidade brasileira do autor, alguns dos exemplos que mais aproveitam à pesquisa provêm de países latino-americanos.

Ao fim, deverá ficar claro que a certificação pode e, por isso, deve ser adotada amplamente como instrumento para o exame e a constatação da alta ou da baixa qualidade de um programa de integridade, tendo como parâmetro a sua capacidade de rendimento no que se refere à prevenção de ilícitos.

## I. Premissas

Para que se possa justificar a escolha do método de certificação como válido para que se constate a idoneidade de programas de prevenção de ilícitos é indispensável, antes, a exposição de ideias que funcionam como premissas: a de que tais programas (de *compliance*) possuem natureza preventiva e a de que não se pode qualificá-los como efetivos/eficazes, mas sim, como idôneos. É o que se faz nos dois subitens a seguir.

### 1. *Compliance*: noção e natureza

É da noção corrente que a expressão *compliance*, quando utilizada para designar os programas de prevenção. Na realidade, não há, em português, uma tradução literal ideal para esse verbo ou para "*compliance*". Mas é possível compreender "*to comply*" como "cumprir". No sentido de "cumprir a lei" ("*to comply with the law*"), pode significar o atendimento de tudo o quanto seja juridicamente devido[1].

*Compliance* é um substantivo que significa "*agreement to do what is ordered*", ou "aceitar fazer o que é ordenado". Aquele que é "*compliant*" (algo

[1] Prittwitz, 2013: 208.

como "em concordância") está em conformidade com a ordem; quem é "*not compliant with*" (algo como "não conforme com") diverge dela. "*To comply*", portanto, é um possível sinônimo de "*to obey*"[2] (obedecer). O uso mais comum da palavra *compliance*, como se vê, não se refere aos programas corporativos de prevenção, mas à situação de conformidade ou desconformidade de uma pessoa física ou jurídica com dada exigência normativa.

Para designar os programas de cumprimento normativo, de integridade, de prevenção de ilícitos etc. que são utilizados nas corporações, a literatura especializada menciona a expressão "*compliance process*". Nesse sentido, "(...) *compliance* se refere às medidas que entidades estabelecem para garantir que certos deveres serão cumpridos com o objetivo de cumprir requerimentos específicos. (...) Os elementos desse processo podem ser educar, monitorar, elogiar, sancionar ou oferecer incentivos"[3]. Este é o uso que o presente texto aplica.

Tão complexo quanto tentar definir o sentido da palavra *compliance* em abstrato é decidir quando há *compliance* nos casos concretos. Ao tentar discernir a natureza do *compliance*, DIMENTO propôs-se a responder à pergunta "*what does it mean to comply?*" ("o que significa cumprir?"). Vejam-se trechos de sua resposta:

> Essa pergunta aparentemente simples pode ser respondida de diversas maneiras. Grupos de interesse promovem intepretações distintas por conta das relevantes implicações financeiras, ambientais e filosóficas que residem em decidir o que significa cumprir [*to comply*]. Eles podem fazer isso porque o sistema legal desenvolve um contexto tolerante. Legisladores frequentemente não especificam o significado de palavras e frases. Pessoas com perfis técnicos e disciplinares diferentes (...), então, leem e interpretam as leis e os regulamentos. Esses grupos utilizam diferentes significados para calibrar o conteúdo de cumprir [*compliance*]. (...) Deve a definição de cumprimento [*compliance*] ser exclusivamente legal? (...) Há uma dimensão ética de cumprimento [*compliance*] que precisa ser enfrentada?[4].

[2] COLLIN, 1993: 48-49.

[3] "(...) *compliance refers to the measures that entities put in place to make sure they undertake certain duties in order do comply with specific requirements. (...) Elements in such a process might be educating, monitoring, praising, applying penalties, or offering incentives*" (BRAITHWAITE, 2013: 92).

[4] "*This deceptively simple question is answered in several ways. Interest groups promote different interpretations because of the significant financial, environmental, and philosophical implications of*

Se pode haver dúvida sobre o significado do vocabulário empregado por determinada exigência normativa, por consequência poderá ser difícil identificar quando que a corporação está *compliant* (de acordo) com ela. Na realidade, então, é como se *compliance* também pudesse ser uma espécie de norma em branco, a ter seu sentido complementado, nos casos reais, por outras normas aplicáveis, pelas condutas realizadas ou omitidas e por interpretação dialética das autoridades e partes envolvidas. Afinal, trata-se de decidir quando que a lei ou a norma foi cumprida. Por conta disso, não convém que haja um conceito legal de *compliance*, tanto quanto não o há para uma série de outras noções em Direito, como "lícito", "ilícito", "jurídico", "antijurídico", "constitucional", "ilegal" etc. Obviamente que há uma dimensão ética – como em quase tudo quando se trata de cumprir a lei – em *compliance* cujo debate é sempre importante; mas tal empreitada não se realiza aqui, por parecer desnecessário ao objeto do texto.

Os programas de prevenção em corporações (*compliance programs*) não se resumem a códigos de ética e de fiscalizações periódicas: exigem, também, a adoção de "medidas positivas de formação, que podem não apenas neutralizar fatores culturais ou dinâmicas de grupo favorecedoras de fatos ilícitos, além de incentivar culturas de grupo de fidelidade ao Direito"[5]. Modo geral, trata-se de uma decisão firme pela condução dos negócios mediante a fidelidade pública ao Direito, pelo uso de uma estrutura de governança própria para garanti-la[6]. O fato de que determinada empresa se utiliza de um programa de prevenção de ilícitos aparentemente bem estruturado poderá ser visto como um indício de que ela emprega, no mínimo, boas práticas de governança corporativa[7].

A técnica dos programas de prevenção na seara criminal "orienta-se (...) pela finalidade preventiva, por meio da programação de uma série de condutas (condução de cumprimento) que estimulam a diminuição dos

*deciding what it means to comply. They can do so because the legal system develops a tolerant context. Lawmakers often do no specify the meaning of words and phrases. People with very different technical and disciplinary backgrounds (...) then read and interpret laws and regulations. These groups employ different means to calibrate compliance. (...) Should the definition of compliance be exclusively legal? (...) Is there an ethical dimension of compliance that must be addressed?"* (DIMENTO, 1986: 25-28).

[5] SILVA SÁNCHEZ, 2013: 100. No mesmo sentido: GARCÍA CAVERO, 2014: 113-114.

[6] BOCK, 2013: 114-115.

[7] GARCÍA CAVERO, 2014: p. 73; BENEDETTI, 2014: 83. Sobre a chamada "prática do governo democrático da empresa", *vide* a abrangente abordagem de WALD, 2002: 53.

riscos da atividade"[8]. Tal atividade é, especialmente, a das empresas e de seus diretores e funcionários.

Mas não se pode classificar como ilícito civil ou criminal um fato que nunca ocorreu. Sequer atos preventivos e investigativos se distinguem com facilidade. SOUSA MENDES nota que "são cada vez mais difíceis de traçar as fronteiras da prevenção criminal com a própria investigação criminal, como acontece diante do aparecimento na práxis de distintas modalidades de procedimentos administrativos, investigações preliminares, pré-inquéritos, investigações proativas ou o que se lhes queira chamar"[9].

Se o ilícito vier a ocorrer, o programa de prevenção pode vir a repercutir na(s) seara(s) jurídica(s) própria(s) daquela(s) em que tal fato se encaixe. Se for um crime, o programa pode constituir elemento de convicção pela condenação ou absolvição; pode ser utilizado como atenuante ou para exasperar a pena. Se for um ilícito civil, norma interna pode auxiliar o julgador a concluir pela má-fé ou para mensurar o dano a ser indenizado. Se for um ilícito trabalhista, eventual sanção ao empregado ou ao seu superior pode estar prevista como regra de *compliance* e assim por diante. Isso não significa que tais hipotéticos programas sempre tiveram ou terão naturezas jurídicas criminal, civil ou trabalhista, respectivamente. Mas somente que, em tais casos, essas foram as suas repercussões.

Como os programas de prevenção podem, em tese, contribuir para prevenir ilícitos de todas essas naturezas (e outras), eles parecem ter natureza jurídica. Mas essa natureza é cambiante (Direito penal, econômico, regulatório, administrativo, cível, isto é, variável conforme a espécie de fato que se propõem a evitar), múltipla (conforme se proponham a prevenir simultaneamente fatos de diversas espécies) e/ou ainda indefinida[10]. O que mais importa é que a finalidade precípua deles é a de controle preventivo de riscos e de danos a bem da coletividade, e, sendo assim, podem, em tese, impedir ilícitos sistematicamente localizáveis em qualquer esfera do direito. Mas não apenas isso: também podem contribuir para prevenir ilícitos de ordens não exclusivamente jurídicas – como a ética ou a disciplinar – conforme eles não correspondam a proibições legais, mas a veda-

[8] SILVEIRA, 2015: 255.

[9] SOUSA MENDES, 2017: 138.

[10] "Estamos a assistir porventura à emergência de um novo ramo de Direito, que congrega aspetos de direito administrativo e de direito sancionatório público, inclusive penal" (SOUSA MENDES, 2018: 18).

ções costumeiras ou previstas somente nos códigos internos e disciplinares das corporações.

É um mecanismo dotado de estrutura normativa regulatória que atende a fins preventivos[11] de natureza político-criminal, o que é, "sem dúvida, um lado positivo da absorção do *compliance* ao ambiente penal".[12] Portanto, não se pode dizer que o *compliance* que visa prevenir crimes é "não-penal" porque seu objetivo é repelir exatamente as mesmas condutas que o Direito penal quer evitar ao cominar e aplicar penas; mas a norma de *compliance* não tipifica condutas ou comina sanções penais. Naquilo que importa haver uma classificação de sua natureza jurídica quando se trata de prevenção real (isto é, *ex ante*) de crimes, justifica-se, assim, a nomenclatura *pré-penal*.

Então, o *compliance* criminal *ex ante* pode ser Direito penal (em um nível pré-penal) – e de caráter de controle criminal de forma realmente preventiva – na medida em que seu conteúdo seja pensado para evitar crimes, tornando desnecessária intervenção estatal punitiva[13]. Mas isso por simples organização didática quanto ao objeto de sua atuação preventiva, porque tal classificação não parecer ter outra utilidade neste ponto: o que importa mais é sua idoneidade para entregar uma prevenção real de ilícitos em geral (crimes incluídos), como uma nova alternativa político-social para o uso de uma intervenção penal que pode não precisar ser primariamente de natureza punitiva, embora ainda realize o controle de condutas.

## 2. Idoneidade como característica inata dos programas

Tanto os Estados que promulgam leis disciplinando programas de prevenção de ilícitos em empresas quanto os empresários que investem em tais programas provavelmente compartilham ao menos uma mesma preocupação: como saber se eles estão funcionando? A maior parte das leis[14] e das

[11] Pagotto/Nakahara, 2020: 231-233.

[12] Silveira/Saad-Diniz, 2015: 262.

[13] Deixa de ser pré-penal quando o *compliance* repercute *post facto*, como, p.ex., na dosimetria da pena. Mas segue apresentando natureza jurídica de controle social de crimes, isto é, de Direito penal.

[14] P. ex.: "*effective compliance and ethics program*" (EUA, *Sentencing Guidelines*, §8B2.1); "*con eficacia*" (Código Penal espanhol, art. 31 bis, item 2, 1ª); "*l'efficace attuazione del modello*" (Decreto Legislativo italiano 231/01, 7º, 4); "*evaluación continua de la efectividad del programa*" (Lei argentina 27.401/17, art. 23, VIII); "a aplicação efetiva de códigos de ética e de conduta no âmbito da pessoa jurídica" (Lei brasileira 12.846/13, art. 7º, VIII); "efetividade do gerenciamento dos riscos e dos processos de governança" (Lei brasileira 13.303/16, art. 9º, §3º, II); "demonstrar

pesquisas[15] sobre o assunto tem utilizado a ideia de "efetividade" (ou, com menor frequência, "eficácia") para qualificar tais programas. O problema é que esses vocábulos indicam a necessidade de verificabilidade empírica, ou seja, exigem que a prevenção seja provada como algo incontestável[16]. Se tal comprovação ocorrer, o programa será, então, efetivo. Seria algo como a avaliação de uma vestimenta balística: feito o teste, se ela repelir o projétil, será efetiva. Se não o repelir, será inefetiva e, consequentemente, inútil para seu desiderato.

O problema, no que diz respeito aos programas de prevenção, é uma questão de lógica: não importa quão bom seja o programa, assim que ocorrer algum ilícito cuja prevenção estava no seu escopo, ele será imediatamente considerado falho e, obviamente, inefetivo[17]. Se ilícitos não forem evitados para sempre naquela empresa, o programa inevitavelmente será classificado, em algum momento, como ineficaz. Como não parece que atos ilícitos serão completamente erradicados da realidade corporativa mundial a partir da implementação de ferramentas como os programas corporativos de prevenção, é só uma questão de tempo até que todo e qualquer programa seja considerado inefetivo (haja vista o significado do vocábulo). Por outro prisma, os ilícitos que tenham sido evitados também jamais são passíveis de registro, afinal, nunca ocorreram. Hipoteticamente, é possível que determinado programa de prevenção tenha repelido mais de 1.000 ilícitos em um período de 6 meses. Todavia, bastará a realização de apenas 1 ilícito para que ele sofra a pecha de falho.

Uma má consequência do uso da ideia de efetividade para descrever programas de *compliance* é a avaliação pessimista a respeito da sua utilidade para o fim a que se propõe. Afinal, se nunca prevenirá ilícitos de forma efetiva, por que investir tempo e dinheiro neles? Mas a verdade é que não

a efetividade de seu programa de governança" (Lei brasileira 13.709/18, art. 50, II); "*deberá establecer métodos para la aplicación efectiva del modelo de prevención*" (Lei chilena 20.393/09, art. 4º, item 4, *a*); "*el fiscal o el juez (...) verifican la efectiva implementación y funcionamiento del modelo de prevención*" (Lei peruana 30.424/16, art. 18).

[15] Klinkhammer, 2013: 191-208; Stucke, 2014; Morales Romero, 2013: 211-230; León Berini, 2013: 91-100; Porto/Cassini/Lima, 2019: 467-604; Hayashi, 2015: 183; Cardoso, 2015: 180; Mota Filho/Casagrande, 2019: 25-45.

[16] Pesquisa no verbete "efetividade" em Houaiss Eletrônico, versão monousuário 3.0, jun./09, Instituto Antônio Houaiss. Rio de Janeiro: Objetiva, 2009. O conteúdo do software corresponde à edição integral do Dicionário Houaiss da Língua Portuguesa.

[17] Ferraz, 2017: 138-143.

se pode avaliar programas de prevenção como se avaliam coletes à prova de balas. Estes são passíveis de verificação empírica de efetividade (projéteis são sempre uma realidade visível, assim como a eventual perfuração da veste de proteção), aqueles, não (ilícitos podem não ter repercussão natural alguma e são fenômenos dependentes de interpretação subjetiva). É impossível constatar materialmente ilícitos que foram evitados[18], assim como é impossível sustentar que algum programa de prevenção evitará ilícitos com 100% de sucesso, isto é, será infalível[19].

Então, é preciso alterar o foco da análise, adaptando-o à natureza do funcionamento dos programas de prevenção. Se não é possível medir a sua efetividade material, parece possível identificar fatores que apontem para a sua potencialidade de prevenção. Ou melhor: a sua *idoneidade*[20]. Tratando especificamente do quesito *idoneidade* de programas de prevenção, a lite-

[18] O problema, aqui, é similar ao da ação devida em crimes omissivos: consumado o crime, ele somente pode ser imputado ao autor por uma causalidade hipotética, haja vista que, como a ação devida não foi praticada (eis a omissão punível), nunca se sabe se ela realmente teria sido apta para evitar o resultado típico.

[19] Se não por essa abordagem lógica em programas de prevenção de ilícitos em empresas, pela conhecida análise sociológica segundo a qual uma certa porção de ilícitos é absolutamente natural em coletividades humanas e, por isso, não é passível de total eliminação: "o crime não é encontrado somente na maioria das sociedades desta ou daquela espécie, mas em todas as sociedades de todos os tipos. Não existe nenhuma em que não haja alguma forma de criminalidade. Esta muda de feitio, os atos qualificados de crimes não são os mesmos em toda a parte; mas sempre e em todo lugar houve homens que se conduziram de maneira a chamar sobre si a repressão penal. Se, pelo menos, a taxa de criminalidade, isto é, relação entre a quantidade anual de crimes e a quantidade de população tendesse a baixar (...) poder-se-ia acreditar que, embora permanecendo fenômeno normal, tendia, porém, o crime a perder esse caráter. Não temos, porém, nenhuma razão que nos permita crer na realidade desta regressão. Diversos fatos pareceriam antes demonstrar a existência de um movimento em sentido inverso. Desde o começo do século, a estatística nos fornece o meio de seguir a marcha da criminalidade; ora, ela aumentou em toda a parte. (...) Não existe, pois, fenômeno que apresente da maneira mais irrecusável todos os sintomas da normalidade, uma vez que aparece estreitamente ligado às condições de toda a vida coletiva" (DURKHEIM, Émile. *As regras do método sociológico.* 8.ed. São Paulo: Companhia Editora Nacional, 1977, p. 57). Vide, também, DURKHEIM, Émile. *O suicídio, estudo de sociologia.* São Paulo: Martins Fontes, 2000, pp. 438-496, em que o autor se referiu especialmente ao homicídio e sua relação com as espécies de suicídio que estudou.

[20] Vocábulo que pode ser sinônimo de "apto, capaz" e que significa a presença de "qualidades para desempenhar determinada atividade". Pesquisa no verbete "idôneo" em HOUAISS ELETRÔNICO, versão monousuário 3.0, jun./09, Instituto Antônio Houaiss. Rio de Janeiro: Objetiva, 2009.

ratura aponta que "a idoneidade refere-se a que o conjunto de medidas de gestão adotado seja adequado e suficientemente compreensivo e abrangente para *potencialmente ser efetivo*, de maneira que a pessoa jurídica adote todas as medidas recomendadas como boas práticas administrativas para o seu específico tipo de negócio ou atividade, considerando todas as suas características"[21]. GUTIÉRREZ PÉREZ já sinalizou, quanto a tais programas, que a sua "eficácia deve ser entendida desde um prisma da idoneidade genérica para evitar" a prática de ilícitos[22]. Isso é algo como dizer que eficácia, em tema de programas de *compliance*, significa idoneidade. Mas isso é uma proposição para que se altere o significado das palavras por mera convenção. E a rigor, é uma admissão de que se deve utilizar a noção de *idoneidade* em lugar de eficácia. O ideal seria adotar logo a palavra idoneidade, o que é mais simples e adequado do que lutar contra o significado das palavras "eficácia" ou "efetividade", defendendo que o programa continua efetivo mesmo não tendo prevenido o ilícito[23].

Qualquer programa será inefetivo quando deixar de evitar um ilícito, mas um programa inefetivo não necessariamente será inidôneo, porque a sua idoneidade se refere à sua capacidade de evitar o ilícito e não à evitação concreta dele. Embora hipotética, essa capacidade é mensurável segundo critérios objetivos passíveis de verificação[24], o que torna a idoneidade não somente um conceito adequado para descrever programas de prevenção, como também útil para avaliá-los objetivamente.

A rigor, é possível que haja controle dos riscos de ilícitos em empresas sem o emprego formal ou profissional de métodos de prevenção, por serem

[21] FERRAZ, 2017: 145. Itálicos não originais. Acolhendo-se a crítica de FERRAZ (*idem*, p. 146), não se defende, aqui, que o programa de *compliance* possa servir, por si só e com base legal expressa, como causa excludente de imputação ou de pena (as possibilidades negociais estão de fora dessa análise). Mas o fato de que existem leis que o permitam e autores que defendam o *compliance* como impeditivo de responsabilização criminal não significa que o qualificativo *idôneo* seja inadequado. O que FERRAZ parece ter criticado foi o uso da expressão citada como argumento para impedir a punição dos responsáveis e não a sua utilidade para, tão só, avaliar a qualidade dos programas. Afinal, "(...) é possível analisar a idoneidade e a cultura de cumprimento da pessoa jurídica para fins de influir na fixação da dosimetria da pena" (*idem*, p. 147).

[22] GUTIÉRREZ PÉREZ, 2015: 20-21.

[23] Como se vê, p. ex., em GOENA VIVES, 2017: 364.

[24] Como, p. ex., pela verificação de critérios passíveis de certificação, como se verá nos tópicos seguintes.

desnecessários em um ambiente no qual bons valores e as leis aplicáveis já são respeitados[25]. Porém, corporações de grande porte provavelmente não conseguirão criá-lo e mantê-lo com riscos controlados sem o uso de um programa de prevenção complexo, formal e materialmente implementado. Nesse caso, quando tal programa atende aos requisitos objetivos de idoneidade, torna-se *mais provável* que determinados crimes sejam realmente evitados. Assim, a idoneidade corresponde, na prática, a um grau determinável de probabilidade de evitar ilícitos apresentado pelos programas de prevenção.

## II. A certificação em *compliance*

Adota-se, portanto, a expressão *idoneidade* ao invés de *efetividade* porque, para que se possa concluir que determinado programa de prevenção é efetivo, deve ser possível testar sua capacidade de prevenção empiricamente a fim de se obter a prova material de que ele funciona. Mas isso é inviável, já que não há como garantir que um programa não falhará nunca. O que se pode buscar, na realidade, são apenas indicativos objetivos da *probabilidade* de que o programa poderá prevenir ilícitos; isto é, de que o programa é idôneo (ou não) para a finalidade preventiva a que se propõe. Com base nesse raciocínio é que se inicia, agora, a exposição do ponto principal deste texto, sobre a possibilidade de se examinar a idoneidade dos programas de prevenção com um método de certificação.

Tratando especificamente deste problema (quanto à prevenção da lavagem de dinheiro), CARDOSO admite que "medir a eficácia dos programas de *compliance* é uma tarefa complicada, senão impossível", diante da "falta de instrumentos hábeis a medir" os seus efeitos[26]. Independentemente disso, considera que "o que se deve buscar, diante da forçosa colaboração das instituições financeiras privadas com o Poder Público, na tarefa de prevenção e combate à lavagem de dinheiro, é a melhor forma de fazê-la (...)"[27]. Aqui, entende-se que essa forma é a previsão legal da obrigação de que as corporações observem condições mínimas em seus programas de modo a permitir uma avaliação minimamente objetiva da sua idoneidade.

[25] GARCÍA CAVERO, 2014: 99.
[26] CARDOSO, 2015: 180.
[27] *Idem*: 183.

## 1. Bases legais e literárias

A técnica de se aferir o grau de aptidão para prevenir ilícitos de programas mediante requisitos mínimos não é incomum em textos legais[28]. E a literatura majoritária não vê problemas pois, explicando em termos simples, se um programa de prevenção é "um controle interno específico que se deve adotar para cumprir as leis"[29], então, torna-se viável a adoção de "modelos certificáveis" de *compliance*[30], bastando o desenvolvimento de métodos adequados para a avaliação dos programas para o atendimento das exigências legais em questão. Cumpre, então, com o auxílio da literatura especializada, verificar os requisitos constantes de alguns atos normativos públicos para que os programas corporativos de prevenção de ilícitos sejam considerados adequados, bem como exemplos de métodos sugeridos para sua avaliação. Ao final deste item, deverá ser possível ponderar a respeito de uma possível disciplina legal sobre a matéria.

As *Sentencing Guidelines* dos EUA veiculam requisitos para um "programa de *compliance* e de ética efetivo". São eles: exercer a diligência devida para prevenir e detectar condutas criminosas; promover cultura corporativa que encoraje a ética e o comprometimento com o cumprimento da legislação[31]. Mais adiante, a norma explica que o Judiciário poderá se utilizar dos especialistas que forem necessários para avaliar o grau de efetividade do programa de *compliance* e que as corporações darão a eles total acesso a informações e materiais. Afirma, ainda, que se o programa parecer razoavelmente formulado para prever e detectar condutas ilícitos dentro do que recomendam as *Guidelines* e quaisquer normas especiais porventura aplicáveis, ele deverá ser considerado adequado pelo Estado[32].

O *Department of Justice* (DOJ) dos EUA publicou, em abril de 2019, um guia contendo orientações para a avaliação da qualidade dos programas

[28] P. ex.: EUA, *Sentencing Guidelines*, §8B2.1; Código Penal espanhol, art. 31 bis, item 2, 1ª; Decreto Legislativo italiano 231/01, 7º, 4; Lei argentina 27.401/17, art. 23, VIII; Lei chilena 20.393/09, art. 4º, item 4, *a*; Lei peruana 30.424/16, art. 18; Lei brasileira 12.846/13, art. 7º, VIII; Lei brasileira 13.303/16, art. 9º, §3º, II; Lei brasileira 13.709/18, art. 50, II.

[29] Nieto Martín, 2015a: 48. Na mesma obra, Nieto Martín, 2015b: 79-90, analisa os requisitos constantes do Código Penal espanhol, no art. 31 bis, para que a qualidade do programa possa isentar de pena ou servir como sua atenuante.

[30] Javier Carbayo, 2016.

[31] United States Sentencing Commission, 2018a: §8B2.1., letra *a*, itens 1 e 2. Há mais detalhes nos itens da letra *b*, mas essas são as recomendações gerais.

[32] United States Sentencing Commission, 2018b: §8D1.4.

de *compliance*. Ele é especialmente dirigido aos integrantes do Ministério Público, porém, é de grande utilidade às corporações e ao público em geral, já que permite conhecer, com alguma segurança, algumas das características consideradas fundamentais por operadores experientes na análise crítica de programas de *compliance* corporativo[33]. Convém uma explicação preliminar, feita pelo próprio DOJ: "(...) a Divisão Criminal não usa nenhuma fórmula rígida para avaliar a efetividade dos programas corporativos de *compliance*. Nós reconhecemos que o perfil de risco e as soluções para reduzi-lo demandam avaliações particularizadas. Por conta disso, faremos avaliações devidamente individualizadas em cada caso"[34]. Esse guia foi traduzido para o espanhol e publicado pela *Asociación Peruana de Compliance* (APC). Em sua apresentação, consta que "os guias são bastante conhecidos no âmbito do *compliance* (...) por sua praticidade e poder pedagógico e orientativo (...). Mas, como o próprio guia explica, não estamos diante de um *numerus clausus* de perguntas e respostas, nem diante de critérios rígidos para validar um programa de *compliance*. Essa análise deve ser mais complexa (...)"[35].

O cuidado do DOJ parece acertado: convém que a análise acerca do preenchimento dos requisitos tente considerar os aspectos próprios de cada corporação, procedendo a devida compatibilização sempre que isso não venha a desnaturar a razão de ser do requisito. A propósito, de acordo com o DOJ são 3 os requisitos gerais, formulados de forma interrogativa: o programa é bem redigido? O programa foi implementado de boa-fé?

[33] U.S. DEPARTMENT OF JUSTICE, 2019.

[34] "(...) *the Criminal Division does not use any rigid formula to assess the effectiveness of corporate compliance programs. We recognize that each company's risk profile and solutions to reduce its risks warrant particularized evaluation. Accordingly, we make an individualized determination in each case*" (U.S. DEPARTMENT OF JUSTICE, 2019: 1).

[35] A passagem na íntegra é esta: "*Las guías son bastante conocidas en el ámbito del compliance, aunque provienen del common law se han expandido rápidamente a los países de tradición romano germánica por su practicidad y poder pedagógico u orientativo, permiten de modo coloquial, en este caso con preguntas y sub preguntas, una aproximación a la efectividad del compliance. Pero como la propia Guía lo dice, no estamos ante un numerus clausus de preguntas y respuestas, ni ante criterios cerrados para validar un compliance program. Dicho análisis debe ser más complejo, se trata de evaluar si en el caso concreto el programa era idóneo o no para prevenir el delito imputado, la idoneidad no equivale a cumplir con un check list, por ejemplo el llamado test de idoneidad o de debido control de Nieto Martín no implica una evaluación de auditoría sino jurídica, se ponderan criterios de proporcionalidad y exigibilidad, ante los cuales cumplir o no con un check list es algo secundario, auxiliar o referencial*". ASOCIACIÓN PERUANA DE COMPLIANCE, 2019.

O programa funciona, na prática?[36] Para tentar responder a cada indagação, o guia recomenda o exame de todos os principais aspectos das normas internas, tais como: identificação de riscos, canais de denúncias, treinamentos, orientações, sanções, investigações, sindicâncias, compromisso, incentivos, auditorias etc.

O DOJ também editou um guia para a ideal aplicação da FCPA em matéria de programas corporativos de prevenção de ilícitos (dentre outros assuntos). O documento aponta que as normas devem ser feitas de modo individualizado para cada empresa, enfatizando que as autoridades estadunidenses não divulgam fórmulas padrão a serem seguidas. Em seguida, repete as mesmas 3 perguntas já vistas no parágrafo acima. Mas enfatiza: o compromisso da cúpula com os valores do programa; a necessidade de uma política clara contra práticas permeáveis à corrupção; código de conduta simples e acessível; autonomia e recursos próprios ao departamento de *compliance*; treinamento e aplicação de sanções; medidas de avaliação de riscos de relacionamento com terceiros (clientes, fornecedores, parceiros etc.); investigações internas com correção constante de erros.[37]

O *Serious Fraud Office* (SFO) é o órgão governamental do Reino Unido encarregado da persecução de casos complexos de fraudes e corrupções criminosas em geral. Em janeiro de 2020, o SFO atualizou seu *operational handbook* (uma espécie de manual prático) para inserir capítulo sobre a avaliação dos programas corporativos de *compliance*. De modo semelhante ao guia do DOJ, o *hanbdbook* registra que se presta ao uso interno dos servidores, não representa base para orientação jurídica vinculante e é divulgado apenas por questão de transparência com as corporações que venham a ser investigadas quanto aos critérios que poderão ser seguidos pelas autoridades. Basicamente, os critérios são: análise do passado, presente e futuro dos mecanismos de prevenção; adoção de procedimentos de prevenção proporcionais à magnitude dos riscos; comprometimento da cúpula com os valores de prevenção; avaliação profunda e constante dos riscos existentes; realização regular de diligências devidas (*due diligence*); comunicação fluída e treinamento; monitoramento e revisão[38].

36 U.S. Department of Justice, 2019: 2.

37 U.S. Department of Justice, 2020: 56-68.

38 *V.* o "*SFO Operational Handbook. Topic: Evaluating a Compliance Programme*", emitido pelo *Serious Fraud Office* (SFO) do Governo do Reino Unido, disponível em: https://www.sfo.gov.uk/publications/guidance-policy-and-protocols/sfo-operational-handbook/ (consultado a

O Código Penal da Espanha, em seu art. 31 bis, 2[39], prevê quatro condições que as empresas devem cumprir para que seus programas de *compliance* possam lhes render a isenção de pena criminal. Em resumo, elas são: a adoção, antes da prática do fato, de medidas idôneas de prevenção; a supervisão deve estar a cargo de pessoas ou órgão autônomos na corporação; os autores do fato devem ter violado fraudulentamente as normas do programa; os responsáveis por evitar o fato e gerir o programa devem ter realizado tudo o que lhes era exigível para tal desiderato. A *Fiscalía General del Estado* (órgão similar ao Ministério Público no Brasil), comentando tais condições, também recomenda que elas não sejam inflexíveis, mas sim, referências de avaliação dos programas[40]. Aponta que algumas dessas referências, na prática, devem ser que: os programas sejam escritos de forma clara e precisa; as normas não tenham sido copiadas ou readequadas a partir de modelos prontos ou de programas alheios; haja o emprego de técnicas contemporâneas de identificação de riscos e de gestão de informações; seja feita a contratação de auditores externos e independentes parta verificações regulares; haja normas de disciplina e de proteção aos *whistleblowers*; haja normas claras sobre sanções e a aplicação efetiva delas[41].

30/01/2020). O conteúdo foi desabilitado do site oficial do governo do Reino Unido, mas ainda é reproduzido em outros sites, tais como: https://www.jdsupra.com/legalnews/further-guidance-from-the-sfo-on-24832/, consultado a 10/10/2022. Esses critérios são quase idênticos aos seis princípios que o governo do Reino Unido já havia divulgado (em um guia para o cumprimento ideal da Seção 9 do *Bribery Act*) para a prevenção de corrupção envolvendo agentes públicos: 1) procedimentos proporcionais; 2) comprometimento da alta cúpula da organização empresarial; 3) permanente estudo dos riscos de existência de corrupção em determinada atividade; 4) governança corporativa e *due diligence*; 5) comunicação e treinamento; 6) monitoramento e revisão. *V.* o documento "*The Bribery Act 2010 – Guidance about procedures which relevant commercial organisations can put into place to prevent persons associated with them from bribing (section 9 of the Bribery Act 2010)*", emitido pelo *Ministry of Justice* britânico, disponível em: http://www.justice.gov.uk/downloads/legislation/bribery-act-2010-guidance.pdf (consultadno a 03/02/2022).

[39] *Agencia Estatal Boletín Oficial del Estado*, disponível em: https://www.boe.es/legislacion/codigos/codigo.php?modo=1&id=038_Codigo_Penal_y_legislacion_complementaria (consultado a 03//02/2022).

[40] Entendendo tais condições como "regras interpretativas", Aguilera Gordillo, 2018: 140.

[41] *Agencia Estatal Boletín Oficial del Estado. Doctrina de la Fiscalía General del Estado. Circular 1/2016, de 22 de enero, sobre la responsabilidad penal de las personas jurídicas conforme a la reforma del Código Penal efectuada por Ley Orgánica 1/2015*, p. 22-24, disponível em: https://www.boe.es/buscar/doc.php?id=FIS-C-2016-00001 (consultado a 03/02/2022).

A *Asociación Española de Normalización* (UNE) divulgou a norma UNE 19601, em 2017, veiculando requisitos dos programas corporativos de *compliance*. Seu objetivo é estabelecer diretrizes para a implementação e contínua melhoria dos programas corporativos de prevenção de ilícitos em empresas espanholas. Tal como ocorre com as regras acima, essa norma se considera aplicável a qualquer organização, independentemente de nicho de atuação, natureza jurídica e porte. Sua única especificidade é estar relacionada mais à prevenção de ilícitos penais[42], já que a norma partiu do disposto no constante do art. 31 bis do Código Penal espanhol, visando fornecer um modelo para a construção dos programas de prevenção corporativa[43]. Os itens de maior atenção dos programas são: entendimento das expectativas e interesses da corporação e das pessoas/empresas com que mantém negócios; liderança e compromisso; política institucional de prevenção; responsabilidades e deveres dos integrantes da corporação; avaliação de riscos; orientação e formação; implementação de controles em filiais; investigação e sanção; revisão regular e aprovação por órgão do governo[44].

Em 2014, foi publicada a norma internacional ISO 19600 (*Compliance management systems – Guidelines*)[45]. A norma se aplica a todo tipo de empresas, independentemente do porte ou nicho de atuação[46]. Longe de signi-

[42] *UNE Normalización Española*, disponível em: https://www.une.org/encuentra-tu-norma/busca-tu-norma/norma?c=N0058338 (consultado a 03/02/2022).

[43] Serrano de Nicolás/Conesa Alagarda/Albalá González, 2019: 18.

[44] Fernández Teruelo, 2019: RB-11.2.

[45] Organisation Internationale de Normalisat (International Organization for Standardization), *Compliance Management systems – Guidelines*, disponível em: https://www.iso.org/obp/ui/#iso:std:iso:19600:ed-1:v1:en (consultado a 03/02/2022).

[46] É o que se dessume da seguinte passagem: "Essa regra internacional não especifica requisitos, mas veicula orientações sobre programas de *compliance* e práticas mais recomendadas. As orientações aqui constantes devem ser adaptáveis e seu uso pode mudar a depender do tamanho e do nível de maturidade do programa corporativo de *compliance* e do contexto, natureza e complexidade das atividades da corporação, incluindo sua política de *compliance* e seus objetivos" (*"This International Standard does not specify requirements, but provides guidance on compliance management systems and recommended practices. The guidance in this International Standard is intended to be adaptable, and the use of this guidance can differ depending on the size and level of maturity of an organization's compliance management system and on the context, nature and complexity of the organization's activities, including its compliance policy and objectives"*). *Vide* Organisation Internationale de Normalisat (International Organization for Standardization), *Compliance Management systems – Guidelines*, disponível em: https://www.iso.org/obp/ui/#iso:std:iso:19600:ed-1:v1:en, (consultado a 03/02/2022).

ficar que ela é alheia às diferenças imanentes a cada negócio, ela busca, considerado tal aspecto, divulgar um padrão minimamente comum e que seja adaptável a distintas realidades empresariais, inclusive de diferentes países[47]. As recomendações abrangem distintas possibilidades para corporações conforme seus contextos e nichos de atuação, explora as noções de liderança e comprometimento, fortalecimento de cultura de cumprimento normativo, investimentos constantes no programa, monitoramento e melhorias contínuas[48]. Já a ISO 37001, de 2016, tem objetivos similares, mas voltados a prevenir especificamente crimes de corrupção e de prevaricação relacionados a empresas[49]. Com a mesma amplitude e maleabilidade de aplicação, esta norma parte da premissa de que a lei, por si só, não é suficiente para que haja o controle e a fiscalização devidos dentro da corporação[50].

É importante notar que a UNE é uma entidade privada espanhola, enquanto a ISO é uma organização internacional. As normas de ambas não têm força de lei, mas a adequação a elas é bem vista pelas autoridades reguladoras, além de transmitir maior segurança ao público em geral. Independentemente disso, tais normas são aqui declinadas apenas como

[47] No Brasil, não se trata de uma obrigação. Tampouco na Espanha: "*En España la Entidad que extrapola las exigencias ISO es AENOR (Asociación Española de Normalización y Certificación), y cumplir la norma ISO 19600 no es una obligación, estando exenta de la pertinente certificación de AENOR*" (Vegas Aguilar/Hernández sánchez/Izquierdo García, 2016: 2.

[48] Para comentários sobre a norma, confira: Javier Carbayo, 2016: 2-3.

[49] Sustentando a possibilidade e a necessidade de uso complementar das normas ISO 19600 e 37001: Reis/Morais, 2019: 555.

[50] "Contudo, a lei não é suficiente para resolver o problema. Corporações têm a responsabilidade de contribuir proativamente para o combate da corrupção. Isso pode ser feito por um sistema de gestão anticorrupção, o qual essa norma disciplina, e por meio de uma liderança comprometida com o estabelecimento de uma cultura de integridade, transparência, acessibilidade e *compliance*. A natureza da cultura da corporação é fundamental para o sucesso ou fracasso de um sistema de gestão anticorrupção" ("*However, the law alone is not sufficient to solve this problem. Organizations have a responsibility to proactively contribute to combating bribery. This can be achieved by an anti-bribery management system, which this document is intended to provide, and through leadership commitment to establishing a culture of integrity, transparency, openness and compliance. The nature of an organization's culture is critical to the success or failure of an anti-bribery management system*"). *Vide* Organisation Internationale de Normalisat (International Organization for Standardization), "*Anti-bribery management systems – Requirements with guidance for use*", disponível em: https://www.iso.org/obp/ui/#iso:std:iso:19600:ed-1:v1:en (consultado a 03/02/2022).

exemplos de conhecimentos técnicos disponíveis que podem ser aplicados na prática para o aumento da qualidade da prevenção de ilícitos.

## 2. Exemplos da América Latina

No Brasil, "terceiros podem certificar a conformidade de uma organização com a norma (...)" ISO. E mesmo que a certificação não possa garantir que o programa seja infalível, ela "pode auxiliar a implementar medidas robustas e proporcionais, que possam reduzir substancialmente o risco de subornos e tratar o suborno onde quer que ele ocorra"[51]. Ou seja, a certificação por entidades particulares já é uma maneira de se tentar promover a conquista da idoneidade dos programas corporativos de prevenção de ilícitos[52]. Resta que seja fomentada e melhor disciplinada em texto legal de ampla incidência, especialmente para os programas de prevenção[53].

Com o objetivo de promover o aperfeiçoamento dos programas de prevenção em todo o território nacional, o Governo Federal brasileiro, em parceria com o Instituto Ethos, criou a Empresa Pró-Ética[54]. É uma iniciativa que "consiste em fomentar a adoção voluntária de medidas de integridade pelas empresas, por meio do reconhecimento público daquelas que, independentemente do porte e do ramo de atuação, mostram-se comprometidas em implementar medidas voltadas para a prevenção, detecção e remediação de atos de corrupção e fraude". O programa se iniciou em 2017; das 375 empresas inscritas, somente 23 foram premiadas com o selo Pró-Ética[55]. Após submeterem-se ao processo de avaliação, em que serão

[51] Associação Brasileira de Normas Técnicas (ABNT), "ISO 37001 Sistemas de gestão antissuborno", p. 5, disponível em: http://www.abnt.org.br/publicacoes2/category/184-iso-37001 (consultado a 03/02/2022).

[52] "De uma forma geral, é preciso que se definam os papéis das organizações no combate à corrupção, inclusive de valorização desse ambiente de integridade e segurança, sendo, dessa forma, a publicação da ABNT NBR ISO 37001 um grande passo para a difusão desse tipo de sistema e procedimento" (Ramos, 2017: 137).

[53] Há notícia de que, na Colômbia, a promulgação da Lei 1.778/16, de normas pró-*compliance* e a crescente adoção, por empresas, da norma ISO 37001:2016 tem provocado efeitos positivos, no país, em termos de alastramento de hábitos e controles mais transparentes e éticos (Enciso Vanegas, 2019: 129).

[54] Ethos, "Empresa Pró-Ética", disponível em: https://www.ethos.org.br/conteudo/projetos/integridade/empresa_pro_etica/#.Xbh66ppKiWU (consultado a 29/10/2019).

[55] Governo Federal, Controladoria-Geral da União, "Empresa Pró-Ética", disponível em: https://www.cgu.gov.br/assuntos/etica-e-integridade/empresa-pro-etica (consultado a 03/02/2022).

atribuídos pontos a itens considerados essenciais ao programa de prevenção – comprometimento da alta cúpula e compromisso com a ética; políticas e procedimentos; comunicação e treinamento; canais de denúncia e remediação; análise de risco e monitoramento; transparência e responsabilidade social –, as corporações porventura reprovadas poderão aprimorar seus programas e se inscrever novamente no futuro. Já as aprovadas serão consideradas habilitadas e poderão eventualmente se beneficiar de publicidade positiva ligada ao fato de que são empresas limpas, seguras e íntegras.

O interessante dessa iniciativa é que se trata de uma "conjugação de esforços entre os setores público e privado para promover no país um ambiente corporativo mais íntegro, ético e transparente"[56]. E a literatura admite tal forma de atuação como típica da autorregulação regulada e válida para fins de prevenir ilícitos[57]. Além disso, o envolvimento da Controladoria-Geral da União confere a esse esforço maiores segurança e confiabilidade na outorga do concorrido selo de idoneidade Pró-Ética.

Outro documento produzido pelo Governo Federal do Brasil voltado aos programas corporativos de prevenção de ilícitos é um manual destinado a facilitar o atendimento das exigências da Lei 12.486/13 (Lei Anticorrupção). Uma de suas motivações é a seguinte:

> (...) a Lei Anticorrupção atribuiu a cada órgão e entidade dos Poderes Executivo, Legislativo e Judiciário competência para instaurar e julgar processo administrativo para apuração de responsabilidade de pessoa jurídica, o chamado PAR, e, consequentemente, para avaliar programas de integridade. Esse grande número de potenciais avaliadores, por si só, seria suficiente para ocasionar discrepâncias nas avaliações de programas de integridade[58].

Parece mesmo inevitável que uma pluralidade de agentes reguladores com competência para fiscalizar o cumprimento de uma única lei leve a "discrepâncias". Mas, além disso, é mais um indicativo de que é recomendável a utilização de guias, manuais e orientações para que programas de

[56] *Idem*.

[57] Gonçalves, 2008: 191-200.

[58] Governo Federal, Ministério da Transparência e Controladoria-Geral da União, "Manual Prático de Avaliação de Programa de Integridade em Processo Administrativo de Responsabilização", Brasília, setembro de 2018, p. 5, disponível em: https://www.cgu.gov.br/Publicacoes/etica-e-integridade/arquivos/manual-pratico-integridade-par.pdf (consultado a 03/02/2022).

prevenção possam ter a sua idoneidade avaliada de modo prático, objetivo e uniforme pelos entes fiscalizadores. Para tanto, o manual propõe metodologia própria, na forma de uma planilha, que pode ou não vir a ser seguida pelos avaliadores[59]. Os grandes temas de preocupação para serem examinados são: a cultura organizacional de integridade; os mecanismos, as políticas e os procedimentos de integridade; a atuação da pessoa jurídica em relação ao ato lesivo[60].

A certificação da idoneidade dos programas corporativos de prevenção de ilícitos já é disciplinada em lei ao menos em dois países da América Latina. No Peru, a Lei 30.424/16[61] regula a responsabilidade administrativa de pessoas jurídicas por corrupção ativa internacional. Em seu art. 17 e subitens, descreve as condições exigidas para que o programa corporativo corporativo seja considerado "efetivo": designação de um oficial de cumprimento ("*compliance officer*") que tenha meios para exercer sua função; identificação dos riscos da atividade empresarial; previsão de procedimentos que permitam aos funcionários da empresa impedir corrupção; existência de canal de denúncia e de proteção do denunciante; existência de previsão e de aplicação de sanções internas quando houver infração ao programa. O art. 19 trata da "certificação do modelo de prevenção", que pode ser feita por terceiros devidamente registrados e acreditados conforme todas as exigências do art. 17 da lei. Os detalhes a respeito da acreditação e certificação são estabelecidos no Decreto Supremo 002-2019-JUS[62], o qual determina que as empresas deverão incluir em seus fluxos comerciais os procedimentos de certificação e que tal inclusão poderá ser objeto de fiscalização por parte das autoridades competentes (arts. 37, 48 e 49)[63].

59 *Idem*, pp. 23-24.

60 *Idem*, pp. 25-27.

61 *El Peruano, Normas Legales*, 21 de abril de 2016, pp. 583798-583801, disponível em: http://www.leyes.congreso.gob.pe/Documentos/Leyes/30424.pdf (consultado a 03/02/2022).

62 *El Peruano, Normas Legales, Reglamento de la Ley N° 30424, Ley que regula la Responsabilidad Administrativa de las Personas Jurídicas, Decreto Supremo Nº 002-2019-JUS*, 9 de janeiro de 2019, disponível em: https://busquedas.elperuano.pe/normaslegales/reglamento-de-la-ley-n-30424-ley-que-regula-la-responsabil-decreto-supremo-n-002-2019-jus-1729768-3/ (consultado a 03/02/2022).

63 Detalhes adicionais – tais como a duração máxima de dois anos do certificado – constam da norma de caráter geral 302/11, emitida pela Superintendência de Valores e Seguros (SVS) chilena. *Vide Comisión para el Mercado Financiero, Legislación y normativa. Norma de Carácter General* (NCG) 302, 25 de janeiro de 2011, disponível em: http://www.cmfchile.cl/

No Chile, a Lei 20.393/09[64] prevê um modelo de programa de prevenção de ilícitos que deverá apresentar, no mínimo: a criação de meios e recursos para que ele possa desempenhar sua função de modo autônomo; o estabelecimento de um complexo sistema de prevenção, com regras e procedimentos voltados à identificação de riscos específicos, bem como sanções administrativas internas e mecanismos de denúncias (art. 4º, 1, 2 e 3). Disciplina a possibilidade de que empresas obtenham "a certificação da adoção e implementação de seu modelo de prevenção de delitos. No certificado constará que dito modelo contempla todos os requisitos" mínimos que a lei estabelece (art. 4º, 4, b). Os certificados poderão ser expedidos por "empresas de auditoria externa, sociedades classificadoras de risco e outras entidades registradas na Superintendência de Valores e Seguros que possam desempenhar essa atividade" (art. 4º, 4, b). O diploma declara que todas as pessoas naturais que venham a participar do processo de certificação serão classificados como servidores públicos para fins de eventual responsabilização criminal (art. 4º, 4, c).

Comentando especificamente a certificação tal como disposta na lei chilena, Matus Acuña observa que não se trata de uma obrigação, mas de algo que a lei encoraja. O autor nota que, desde a edição da lei (2009) até a publicação do seu artigo (2013), o sítio eletrônico da Superintendência de Valores e Seguros (SVS) ainda não registrava a acreditação de nenhuma empresa dedicada à tal atividade. Ele atribui isso à inexistência de previsão de sanção decorrente da ausência de certificação e à regra de impedimentos constante da norma 302/11 da SVS, que proíbe de atuar como certificadores pessoas que tenham atuado no setor de *compliance* da empresa candidata[65]. Para o autor, a certificação poderá contribuir, no mínimo, para que se comprove que, até a data da certificação, a empresa foi uma "boa cidadã corporativa" e, além de indicar a alta qualidade do seu programa de prevenção, isso poderá lhe render algum benefício legal em caso de condenação[66].

institucional/legislacion_normativa/normativa2.php?tiponorma=NCG&numero=302&dd=&mm=&aa=&dd2=&mm2=&aa2=&buscar=&entidad_web=ALL&materia=ALL&enviado=1&hidden_mercado=%25 (consultado a 03/02/2022).

[64] *Biblioteca del Congreso Nacional de Chile*/BCN, disponível em: https://www.leychile.cl/Navegar?idNorma=1008668 (consultado a 31/10/2019).

[65] Matus Acuña, 2013: 146-148.

[66] *Idem*: 151.

SOLTES realizou pesquisa voltada especialmente ao desenvolvimento de métodos para a aferição do que ele chama de "efetividade"[67] dos programas. Para ele, tais programas devem perseguir três objetivos: a prevenção de ilícitos, a detecção de ilícitos e o alinhamento das atividades da corporação com as normas reguladoras. A capacidade do programa de cumprir com tais objetivos está diretamente ligada às iniciativas que prevê e que a corporação executa para tanto. Assim como as recomendações vistas acima, o autor explica que não há uma fórmula genérica para que se possa aferir essa capacidade, porque se trata de um procedimento compreensivo e que deverá variar em relação a cada empresa; embora sem perder a consistência[68].

A recomendação para tanto é depender menos da intuição e mais de modelos práticos, decorrentes de experimentos com casos reais, tais como, em resumo: diferenciar programas "de papel" de programas "substantivos". O descompasso entre os manuais e a realidade das empresas normalmente se identifica mediante entrevistas e pesquisas em campo. SOLTES utiliza a expressão "métrica" como um instrumento de análise. A métrica pode ser "incompleta" (quando uma determinação de *compliance* tem sido cumprida parcialmente) ou "inválida" (quando ela nunca é cumprida) e deve corresponder à regulação pública mais atual; implica a avaliação individual de efetividade: requer exame do desempenho do programa ao longo de um período de tempo pré-definido, para a comparação de como a empresa e seus integrantes se comportaram em diferentes situações no passado em comparação com o que se esperava deles e as razões para tanto. É indispensável relacionar fatores como variações no empenho pessoal da cúpula e de outros integrantes, em ações e omissões praticadas e nos recursos investidos durante esse mesmo período. Os canais de denúncia

[67] Quanto ao uso dessa expressão, o autor se justifica, em um tópico destinado apenas a isso, argumentando que "a efetividade do *compliance* não é uma condição binária. Todos os programas têm falhas em potencial e (...) até programas efetivos podem falhar" ("*compliance effectiveness is not a binary condition. All programs have potential faults and the federal sentencing guidelines recognize that even effective programs can fail*"). Mas é claro que o autor está tentando simplesmente dizer que a palavra "efetividade" não tem o significado que ela tem, que é, sim, binário. Isso reforça a opção, aqui feita, pelo uso de outro vocábulo – idoneidade – para melhor definir a qualidade que se deve buscar em programas de *compliance* e, ao mesmo tempo, evitar críticas ligadas à frustração que a expectativa de "efetividade" dos programas pode produzir em operadores jurídicos e na sociedade (SOLTES, 2018: 1000).

[68] SOLTES, 2018: 974-975.

devem ser acessíveis, simples e funcionais. Os treinamentos devem ser humanizados, justos e racionais. Deve haver sancionamentos, desde que proporcionais aos fatos. A corporação deve utilizar *softwares* adequados de geração, interpretação, tratamento e armazenamento de dados sigilosos e de desempenho do programa como um todo[69].

O trabalho revela, ainda, uma preocupação especial com a dependência financeira do setor de *compliance*. A falta de investimentos adequados em prevenção e na manutenção do programa, tanto em seus aspectos formais quanto materiais, é uma forma de torná-lo inócuo por inviabilidade. Ademais, deixá-lo atrelado à receita de um setor específico da corporação (vendas de bens ou serviços, p.ex.) provavelmente produzirá conflitos de interesses entre os agentes de *compliance* e seus colegas do trabalho e a própria empresa, especificamente no que diz respeito a atividades que sejam lucrativas, mas que não sejam recomendáveis de um ponto de vista legal e/ou ético[70]. Por isso, os investimentos devem ser sempre suficientes para que o programa seja realizável e sua fonte de receita deve ser, tanto quanto possível, independente e protegida dentro da corporação.

Sieber e Engelhart, em suas pesquisas de campo com diversas corporações alemãs, também se dedicaram ao estudo dos itens que são considerados, pelos próprios empresários e colaboradores internos, os que mais contribuem para a prevenção de ilícitos. De todos os itens mais comuns (tais como auditoria interna, *compliance officers*, sanções, códigos etc.), os que foram eleitos mais importantes são a cultura de integridade e ética e comprometimento da cúpula com o programa[71]. Klinkhammer concluiu da mesma forma[72]. Mas é claro que esses fatores são todos interdependentes entre si, de modo que, p.ex., se não forem sancionadas condutas *non-compliant*, isso certamente prejudicará o fortalecimento de uma cultura de integridade. Outros itens dos programas de *compliance* sugeridos pelas corporações para serem incluídos ou aperfeiçoados em leis, são: o reconhecimento público positivo ("*white list*"); ranking de corporações

[69] *Idem*: 984-1000.

[70] *Idem*: 1004-1006.

[71] Sieber, 2014: 124-132. No mesmo sentido, e enfatizando a necessidade de que o programa seja permanentemente aprimorado para o atendimento das leis: García Cavero, 2014: 87-88.

[72] Klinkhammer, 2013: 205.

pelo nível de integridade; fomento de relacionamentos "saudáveis" entre as corporações[73].

## 3. Possibilidades normativas de certificação

De tudo o que se viu, nota-se que a ideia de certificação dos programas corporativos de prevenção de ilícitos é plenamente compatível com um modo heterorregulatório mais flexível adotado na grande maioria dos países em matéria de programas corporativos de prevenção de ilícitos[74]: ou seja, as autoridades regulatórias ditam as regras, dentro das quais os particulares detêm alguma (às vezes mais, às vezes menos) liberdade para se autorregularem. Então, o Estado, ao exercer sua potestade regulatória, pode, além de monitorar e sancionar, verificar a compatibilidade dos programas com as exigências legais já existentes para o fim de, periodicamente, reconhecer-lhes como idôneos (ou não)[75]. Essa atividade pode ser feita em parceria com entidades acreditadoras especializadas, a exemplo, no Brasil, do Instituto Ethos e do INMETRO (Instituto Nacional de Metrologia, Qualidade e Tecnologia)[76].

A certificação, assim como os licenciamentos, habilitações e credenciamentos em geral são formas de avaliações regulares comuns em muitos países. Inúmeras atividades, para serem exploradas legalmente, devem antes passar por procedimentos de revisão e de constatação do atendimento das normas aplicáveis. São alguns exemplos: instituições financeiras, companhias abertas, clubes de futebol, planos de saúde, entidades com fins filantrópicos, seguradoras, companhias fechadas dc grande porte, empresas que obtiveram apoio financeiro do instituições estatais, empresas do ramo da educação, do ramo alimentício, construtoras etc.[77].

[73] Sieber/Engelhart, 2014: 148.

[74] Não é possível, nos limites deste texto, explorar tal modelo teórico. Ao raciocínio aqui realizado basta afirmá-lo como comum, o que se pode constatar em Busato/Scandelari, 2019: 1231-1258.

[75] Darnaculleta i Gardella, 2005: 402-404.

[76] Epsztein/Murad, 2019: 195-230. Interessante projeto de lei visa transformar o INMETRO em órgão regulatório, transferindo as atividades de fiscalização para órgãos similares mantidos pelos estados e Distrito Federal (os institutos de pesos e medidas) (disponível no sítio eletrônico da Câmara dos Deputados em https://www.camara.leg.br/noticias/631764-projeto-transforma-inmetro-em-orgao-regulatorio-e-transfere-poder-de-policia-para-estados/ [consultado em 03/02/2022]).

[77] Antonik, 2016: 184-197.

Tem crescido bastante, também, a prática das certificações de sustentabilidade das empresas que pretendem ser consideradas ambientalmente éticas ou "verdes"[78], o que pode evitar o nocivo *greenwashing*. Não seria, logo, algo tão impactante para o dia a dia das empresas que a possibilidade de certificação pública da idoneidade dos programas de prevenção de ilícitos viesse disciplinada em lei[79]. Muito o contrário.

As leis peruana e chilena são um indicativo seguro de que a disciplina legal de procedimentos de certificação de idoneidade de programas de prevenção é algo institucional e socialmente viável também para o Brasil e outros países (guardadas as devidas diferenças de cada ordem social e jurídica, naturalmente). Os requisitos mínimos de tais programas são coincidentes em grande parte das legislações que tratam deles. Ademais, consoante a literatura especializada, a certificação é algo recomendável como meio objetivo de se avaliar a qualidade da prevenção que os programas entregam.

Uma forma de normatização que não poderia aproveitar à proposta aqui veiculada é a da certificação como isenção total de responsabilidades[80]. É de enorme importância prática a previsão de alguma circunstância que possa acarretar a total extinção das consequências jurídicas de um ato ilícito. Por isso mesmo que um dispositivo dessa natureza provavelmente atrairia interesses negativos, seja como norma legal, seja como um dado da realidade da atividade empresária. Em outras palavras: a classe empresarial passaria a implementar programas de prevenção e buscar sua certificação não por conta do seu significado ético, por assumir a prevenção como meta ou o compromisso com um ideal, mas pura e simplesmente para não sofrer consequência alguma se (ou quando) vier a praticar algum ilícito. O mercado de consultoria, assessoria e de serviços jurídicos esquentaria, porém, os clientes não estariam em busca da mitigação de riscos, mas da compra de uma blindagem. Não faltariam profissionais dispostos a vender tal produto. Como consequência a longo prazo, a essência do que se entende por *compliance* se perverteria na rasa noção de proteção do empresário em detrimento do Estado e da sociedade.

[78] Vasconcelos/Oliveira, 2019: 246-251.

[79] Dias/Constantino, 2019: 175-194.

[80] Nesse sentido: Matus Acuña, 2013: 152-154.

## Conclusão

O entendimento de que os programas têm como único objetivo a prevenção de ilícitos em geral, aliado à compreensão de que se deve avaliá-los por sua idoneidade e não por uma imaginada qualidade de eficácia permite endereçar mais claramente o assunto da certificação. Isso porque se torna possível vislumbrar aspectos objetivos de análise que podem contribuir (ou não) com o citado escopo.

Na linha dos exemplos de normas já existentes (os quais foram vistos), parece recomendável que a certificação da idoneidade de programas corporativos de prevenção de ilícitos seja disciplinada em lei amplamente. O incremento da participação de entidades certificadoras privadas – desde que mediante prévia acreditação e seus controles e cautelas de praxe – pode contribuir para o compartilhamento de custos, o que reduziria gastos públicos e manteria a maior legitimidade conferida pelo envolvimento do Estado. A previsão de consequências adequadas em caso de eventual fraude ou corrupção em procedimentos de certificação também deve ser endereçada, a exemplo do que fez a lei chilena ao equiparar os certificadores a funcionários públicos para fins criminais.

A certificação em *compliance* deve ser divulgada como método válido e seguro para o aprimoramento tanto das políticas internas de integridade de organizações em geral, quanto para a otimização das políticas públicas de prevenção de ilícitos.

## Bibliografia citada

ANTONIK, Luis Roberto,
(2016) *Compliance, ética, responsabilidade social e empresarial: uma visão prática*, Rio de Janeiro: Alta Books.

AGUILERA GORDILLO, Rafael,
(2018) *Compliance penal en España*, Navarra: Aranzadi/Thomson Reuters.

ASOCIACIÓN PERUANA DE COMPLIANCE,
(2019) *Evaluación de Programas de Cumplimiento Corporativo* (trad. María Alejandra Quintana Gallardo), Lima, disponível em: https://acompliancepe.com/lorem-ipsum-dolor-sit-amet-conset-2-2/ (consultado a 03/02/2022).

BENEDETTI, Carla Rahal,
(2014) *Criminal compliance: instrumento de prevenção criminal corporativa e transferência de responsabilidade penal*, São Paulo: Quartier Latin.

BOCK, Dennis,
(2013) "*Compliance* y deberes de vigilância en la empresa", in: Lothar Kuhlen, Juan Pablo Montiel e Íñigo Ortiz de Urbina Gimeno (ed.), *Compliance y teoría del Derecho Penal*, Madrid: Marcial Pons, 107-122.

Braithwaite, Valerie,
(2013) "Resistant and Dismissive Defiance Towards Tax Authorities", in: Adam Crawford e Anthea Hucklesby (ed.), *Legitimacy and Compliance in Criminal Justice*, Oxfordshire: Routledge, pp. 91-115.

Busato, Paulo César / Scandelari, Gustavo Britta,
(2019) "La incorporación de los programas de cumplimiento (*'criminal compliance'*) en la realidad jurídico-penal latino-americana", in: Juan-Luis Gómez Colomer (dir.) e Christa M. Madrid Boquín (coord.), *Tratado sobre compliance penal: Responsabilidad penal de las personas jurídicas y modelos de organización y gestión*, Valencia: Tirant lo Blanch, pp. 1231-1258.

Cardoso, Débora Motta,
(2015) *Criminal compliance na perspectiva da lei de lavagem de dinheiro*, São Paulo: LiberArs.

Collin, P. H.,
(1993) *Dictionary of Law*, 2ª edição, Middlesex: Peter Collin.

Darnaculleta i Gardella, Mª Mercé.
(2005) *Autorregulación y derecho público: La autorregulación regulada*. Madrid: Marcial Pons.

Dias, Paulo Roberto Vilela / Constantino, Marcelo Pessoa,
(2019) "O compliance e a norma brasileira ABNT NBR ISO/IEC 17024:2013 no IBEC certificador", in: Antonio Carlos de Azevedo Ritto e Marinilza Bruno de Carvalho (org.), *Compliance e ética – uma nova consciência em tempos de trabalho em redes*, Rio de Janeiro: Ciência Moderna, pp. 175-194.

Dimento, John F.,
(1986) *Environmental Law and American Business: Dilemmas of Compliance*, New York: Plenum Press.

Durkheim, Émile,
(1977) *As regras do método sociológico* (trad. de Eduardo Lúcio Nogueira), 8ª edição, São Paulo: Companhia Editora Nacional.
(2000) *O suicídio, estudo de sociologia* (trad. de Mónica Stahel), São Paulo: Martins Fontes.

Enciso Vanegas, Camilo Alberto,
(2019) "Alternative Investigation and Sanctioning Systems for Corporate and Corporate-Related Crime in Colombia", in: Ulrich Sieber (ed.), *Prevention, Investigation, and Sanctioning of Economic Crime: National Perspectives* (*International Review of Penal Law* 90), Antwerpen: Maklu, pp. 109-130.

Epsztein, Ruth / Murad, Karine,
(2019) "Inmetro: importância da conformidade", in: Antonio Carlos de Azevedo Ritto e Marinilza Bruno de Carvalho (org.), *Compliance e ética – uma nova consciência em tempos de trabalho em redes*, Rio de Janeiro: Ciência Moderna, pp. 195-230.

Fernández Teruelo, Javier Gustavo,
(2019) "Requisitos de configuración de los programas de prevención de delitos (art. 31 bis CP y Norma UNE 19601)", in: Frago Amada, Juan Antonio (dir.), *Actualidad compliance 2019*, Cizur Menor: Aranzadi.

Ferraz, Sérgio Valladão,
(2017) "Programas de compliance: é possível aferir sua efetividade para fins penais?", in: Aldacy Rachid Coutinho e Paulo César Busato (org.), *Aspectos jurídicos do compliance*, Florianópolis: Empório do Direito, 2017, pp. 123-150.

García Cavero, Percy,
(2014) *Criminal compliance,* Lima: Palestra Editores.

Goena Vives, Beatriz,
(2017) *Responsabilidad penal y atenuantes en la persona jurídica,* Madrid: Marcial Pons.

Gonçalves, Pedro Costa,
(2008) *Entidades privadas com poderes públicos: o exercício de poderes públicos de autoridade por entidades privadas com funções administrativas,* Coimbra: Almedina.

Gutiérrez Pérez, Elena,
(2015) "Los *compliance programs* como eximente o atenuante de la responsabilidad penal de las personas jurídicas. La 'eficacia e idoneidad' como principios rectores tras la reforma de 2015", in: *Revista General de Derecho Penal* 24 (novembro) p. 20-21, disponível em: https://www.iustel.com/v2/revistas/buscador.asp?id=8&autor=%22Mar%C3%ADa%20Guti%C3%A9rrez%20Rodr%C3%ADguez%22 (consultado em 03/02/2022).

Hayashi, Felipe Eduardo Hideo,
(2015) *Corrupção – combate transnacional, compliance e investigação criminal,* Rio de Janeiro: Lumen Juris.

Javier Carbayo, Francisco,
(2016) "Abogados, riesgos legales y Compliance", in: *Diario La Ley* 8701, Sección Tribuna (fevereiro), disponível em: https://dialnet.unirioja.es/servlet/articulo?codigo=5342496 (consultando a 03/02/2022).

Klinkhammer, Julian,
(2013) "On the Dark Side of the Code: Organizational Challenges to an Effective Anti--Corruption Strategy", *Crime, Law and Social Change* 60/2 (julho), pp. 191-208.

León Berini, Arturo González de,
(2013) "Autorregulación empresarial, ordenamento jurídico y derecho penal. Pasado, presente y futuro de los límites jurídico-penales al libre mercado y a la libertad de empresa", in: Jesús-María Silva Sánchez (dir.) e Raquel Montaner Fernández (coord.), *Criminalidad de empresa y Compliance – Prevención y reacciones corporativas,* Barcelona: Atelier, pp. 91-100.

Matus Acuña, Jean Pierre,
(2013) "La certificación de los programas de cumplimiento", in: Luis Arroyo Zapatero e Adán Nieto Martín (dir.), *El Derecho Penal Económico en la era Compliance,* Valencia: Tirant lo Blanch, pp. 145-154.

Morales Romero, Marta Muñoz de,
(2013) "Programa de cumplimiento 'efectivos' en la experiencia comparada", in: Luis Arroyo Zapatero e Adán Nieto Martín (direct.), *El Derecho Penal Económico em la era Compliance,* Valencia: Tirant lo Blanch, pp. 211-230.

Mota Filho, Humberto E. C. / Casagrande, Morgana Ana Daler,
(2019) "Desenvolvendo programas de integridade efetivos: como traduzir o compliance para as pequenas e médicas empresas?", in: Rafael Carvalho Rezende Oliveira e Jéssica Acocella (coord.), *Governança corporativa e compliance,* Salvador: Juspodivm, pp. 25-45.

Nieto Martín, Adán,
(2015a) "El cumplimiento normativo", in: Adán Nieto Martín (dir.), et al., *Manual de cumplimiento penal en la empresa,* Valencia: Tirant lo Blanch, pp. 25-49.

(2015b) "Cumplimiento normativo, criminología y responsabilidad penal de personas jurídicas", in: Adán Nieto Martín (dir.), et al., *Manual de cumplimiento penal en la empresa*, Valencia: Tirant lo Blanch, pp. 50-110.

Pagotto, Leopoldo / Nakahara, Eric Felipe Sabadini,
(2020) "O programa de *compliance* como mecanismo de prevenção de responsabilidade penal no ambiente corporativo", in: Luciano Anderson de Souza (coord.), *Compliance no Direito Penal*, São Paulo: Thomson Reuters Brasil, pp. 227-249.

Porto, Roberta Guasti / Cassini, Flavia Tiemi Oshiro / Lima, Mirela Clemente Pedrosa,
(2019) "Reflexões sobre a efetividade de programas de compliance", in: Luis Gustavo Miranda de Oliveira (org.), *Compliance e integridade: aspectos práticos e teóricos, Vol. 2*, Belo Horizonte: Editora D'Plácido, pp. 465-604.

Prittwitz, Cornelius,
(2013) "La posición jurídica (en especial, posición de garante) de los *compliance officers*", in: Lothar Kuhlen, Juan Pablo Montiel e Íñigo Ortiz de Urbina Gimeno (ed.), *Compliance y teoría del Derecho Penal*, Madrid: Marcial Pons, pp. 207-218.

Ramos, Raeclara Drummond,
(2017) "Norma ABNT NBR ISO 37001: Sistemas de gestão antissuborno", in: Vinicius Porto e Jader Marques (org.), *O compliance como instrumento de prevenção e combate à corrupção*, Porto Alegre: Livraria do Advogado, pp. 129-137.

Reis, Danielle Fernandes / Morais, Raquel Filgueiras Varoni,
(2019) "Compliance associado aos sistemas de gestão: ABNT NBR ISO 19600 (sistema de gestão de compliance) e ABNT NBR ISO 37001 (sistema de gestão antissuborno)", in: Fernanda Nunes Coelho Lana e Souza, et al. (org.), *Compliance em perspectiva: abrangência, especificidades, mecanismos de atuação e a salvaguarda das organizações*, Belo Horizonte: Editora D'Plácido, pp. 543-558.

Serrano de Nicolás, Yolanda / Conesa Alagarda, Mayrata / Albalá González, Augustín,
(2019) *Compliance penal para pymes según la Norma UNE 19601*, Madrid: Aenor.

Sieber, Ulrich / Engelhart, Marc,
(2014) *Compliance Programs for the Prevention of Economic Crimes – An Empirical Survey of German Companies*, Berlin: Duncker & Humblot.

Silva Sánchez, Jesús-María,
(2013) "Deberes de vigilancia y compliance empresarial", in: Lothar Kuhlen, Juan Pablo Montiel e Íñigo Ortiz de Urbina Gimeno (ed.), *Compliance y teoría del Derecho Penal*, Madrid: Marcial Pons, pp. 79-106.

Silveira, Renato de Mello Jorge / Saad-Diniz, Eduardo,
(2015) *Compliance, Direito Penal e lei anticorrupção*, São Paulo: Saraiva.

Soltes, Eugene,
(2018) "Evaluating the Effectiveness of Corporate Compliance Programs: Establishing a Model for Prosecutors, Courts, and Firms", *New York University Journal of Law & Business* 14/3, pp. 965-1011, disponível em: https://docs.wixstatic.com/ugd/716e9c_d2bbd781bef742ba8f74bd65206dd0b2.pdf (consultado a 03/02/2022).

SOUSA MENDES, Paulo de,
(2017) "A problemática da punição do autobranqueamento e as finalidades de prevenção e repressão do branqueamento de capitais no contexto da harmonização europeia", in: *Católica Law Review* I/3 (novembro), pp. 127-156.
(2018) "*Law Enforcement* & *Compliance*", in: Maria Fernanda Palma, Augusto Silva Dias e Paulo de Sousa Mendes (coord.), *Estudos sobre* Law Enforcement, Compliance *e Direito Penal*, Coimbra: Almedina, pp. 11-20.

STUCKE, Maurice E.,
(2014) "In Search of Effective Ethics & Compliance Programs", *Journal of Corporation Law* 39, pp. 769-832, disponível em: https://dx.doi.org/10.2139/ssrn.2366209 (consultado em 03/02/2022.

UNITED STATES SENTENCING COMISSION,
(2018a) "Effective Compliance and Ethics Program", disponível em: https://www.ussc.gov/guidelines/2018-guidelines-manual/2018-chapter-8#NaN (consultado a 03/02/2022).
(2018b) "Application Note 1", disponível em: https://www.ussc.gov/guidelines/2018-guidelines-manual/2018-chapter-8#NaN (consultado a 03/02/2022).

U.S. DEPARTMENT OF JUSTICE,
(2019) *Criminal Division. Evaluation of Corporate Compliance Programs. Guidance Document*, Updated: April 2019, disponível em: https://www.justice.gov/criminal-fraud/page/file/937501/download (consultado a 03/02/2022).
(2020) *A Resource Guide to the U.S. Foreign Corrupt Practices Act, Second Edition*, by the Criminal Division of the U.S. Department of Justice and the Enforcement Division of the U.S. Securities and Exchange Commission, disponível em: https://www.justice.gov/criminal-fraud/file/1292051/download (consultado a 02/02/2022).

VASCONCELOS, Priscila Elise Alves / OLIVEIRA, Rafael Carvalho Rezende,
(2019) "Compliance ambiental: A busca pela efetividade na aplicação das normas ambientais", in: Rafael Carvalho Rezende Oliveira e Jéssica Acocella (coord.), *Governança corporativa e compliancc*, Salvador: Juspodivm, pp. 246-251.

VEGAS AGUILAR, Juan Carlos / HERNÁNDEZ SÁNCHEZ, Francisco E. / IZQUIERDO GARCÍA, Fernando,
(2016) "La figura del '*Compliance Officer*' y los 'Programas de prevención de riesgos penales'", *Diario La Ley* 8689, Sección Tribuna (janeiro), pp. 1-9, disponível em: https://dialnet.unirioja.es/servlet/articulo?codigo=5311785 (consultado a 03//02/2022).

WALD, Arnoldo,
(2002) "O governo das empresas", *Revista de Direito Bancário, do mercado de capitais e da arbitragem* 15, pp. 53-78.

# A relevância processual dos relatórios de inteligência financeira

Adriano Teixeira*

**Sumário:** Introdução; I. O problema da transferência de dados entre órgãos de inteligência, polícia e Ministério Público: o princípio da separação informacional; II. UIF como serviço de inteligência?; 1. Características dos serviços de inteligência; 2. Natureza das UIFs; 3. Conclusão intermediária; III. A relevância processual dos relatórios de inteligência financeira; 1. Obtenção da prova; 2. Valoração da prova; Conclusão.

## Introdução

A prevenção e repressão de delitos, sobretudo no que se refere ao crime organizado e à criminalidade econômico-financeira, já há algum tempo deixou de ser prerrogativa e atribuição exclusivas dos clássicos órgãos de persecução penal – Órgãos de Polícia Criminal, Ministério Público – e do Poder Judicial. Outras agências ligadas direta ou indiretamente à Administração Pública – como a CMVM em Portugal, e a CVM no Brasil – não só desempenham as funções de repressão e prevenção de ilícitos no âmbito administrativo ou regulatório, mas também acabam por auxiliar os órgãos

* Doutor em Direito e mestre (LL.M) pela Ludwig-Maximilians-Universität, de Munique (Alemanha). Professor da Escola de Direito da Fundação Getúlio Vargas de São Paulo, Consultor e Advogado.

de persecução penal ao transferir informações obtidas no desempenho de suas atribuições precípuas[1]. Além disso, nesse contexto, particulares também são cada vez mais chamados – ou melhor, obrigados – a contribuir com o Estado na tarefa de prevenir e reprimir ilícitos penais.

Um dos principais exemplos dessa dupla tendência – "administrativização" e "privatização" da persecução penal[2] – é o chamado combate ao branqueamento de capitais e ao financiamento do terrorismo. Estimulados por documentos jurídicos internacionais[3] e principalmente pelas ações e recomendações do Grupo de Ação Financeira Internacional (doravante GAFI) – uma organização não baseada em tratado ou convenção internacional[4] – vários países implementaram um sistema de prevenção e repressão do branqueamento de capitais que se apoia, em outras medidas, no reporte de ações suspeitas por parte de pessoas e instituições privadas, que soem chamar-se "obrigadas". Essas informações são coletadas, processadas e analisadas pelas chamadas Unidades de Inteligência (no Brasil, ou Informação, em Portugal) Financeira (doravante UIF), as quais, na hipótese de constatarem a prática de algum ilícito penal, devem repassar essas informações – por exemplo, em forma de Relatórios de Inteligência Financeira (doravante RIF) – aos órgãos de persecução penal[5].

Nesse contexto, em que informações, dados pessoais possivelmente incriminadores, são obtidos e processados fora do conhecimento de seus titulares, de forma alheia à sistemática processual penal, com base em normas autorizativas diversas às do processo penal, coloca-se a questão – ainda pouco investigada – de como essas informações ou relatórios podem ser aproveitados no processo penal, em outra palavras, qual seria a *relevância processual dos relatórios de inteligência financeira*.

Antes de propriamente analisar essa questão (*infra* III), convém ter em vista o contexto mais geral e teórico em que ela se localiza: a da relação e comunicação entre agências administrativas e os órgãos de persecução. Mais concretamente, cumpre, sob o prisma da dogmática constitucional,

[1] A respeito SOUSA MENDES, 2018: 463; SILVA DIAS/SOARES PEREIRA, 2018: 7.

[2] Cf. STOFFER, 2016; LENK, 2020: 103.

[3] PIASKOSKI, 2020: 407.

[4] ALLDRIDGE, 2016: 11.

[5] Cf., na legislação portuguesa: art. 83º, c) e d), da Lei 83/2017, de 18 de agosto; na legislação brasileira: art. 15º, Lei 9.613/1998; na legislação alemã: § 32 II GwG (*Geldwäschegesetz*).

iluminar o problema da transferência de dados entre órgãos de inteligência, polícia criminal e Ministério Público, tematizando o princípio da separação informacional de poderes (*infra* I) e investigar a natureza do serviço de inteligência financeira no âmbito do combate ao branqueamento de capitais (*infra* II).

Previamente, porém, gostaria de realizar um esclarecimento de natureza metodológica. Mencionarei o direito positivo, jurisprudência e doutrina de alguns países, sobretudo de Portugal, Brasil e Alemanha, mas não pretendo que este breve estudo seja um mero exercício de direito comparado. Gostaria, antes, que essas reflexões se inserissem no âmbito de uma ciência penal universal[6] – ou ciência penal transnacional[7]. A universalidade das reflexões sobre os pressupostos de legitimidade e limites do exercício do poder punitivo não é exclusividade da teoria do delito ou do direito penal material, mas é também, como já afirmou e demonstrou Luís Greco[8], atributo da ciência processual penal. Esse desiderato mostra-se tão mais necessário, postas a relevância internacional e a relativa uniformização do combate ao branqueamento de capitais: sua implementação e eficácia não podem passar ao largo das balizas que devem orientar todo Estado de Direito.

## I. O problema da transferência de dados entre órgãos de inteligência e órgãos de persecução penal: o princípio da separação informacional de poderes

A questão central que ora se propõe analisar, a da relevância processual dos relatórios de inteligência financeira, envolve a transferência de dados entre órgãos distintos, cumpridores de sensíveis e diferentes funções, nomeadamente, entre (possivelmente, cf. *infra* II) serviço de inteligência e órgãos responsáveis pela persecução penal (órgãos de polícia criminal e Ministério Público). Essa transmissão de dados não pode ocorrer livre ou descontroladamente. É mérito da jurisprudência constitucional alemã tematizar e desenvolver soluções para esse problema.

Em 1983, o Tribunal Constitucional alemão (*Bundesverfassungsgericht*, doravante BVerfG), na seminal decisão do "Censo" (*Volkszählungsurteil*)[9],

[6] Schünemann, 2001: 1.
[7] Hörnle, 2016: 299.
[8] Greco, 2015: 41 e ss.
[9] BVerfGE 65, 1.

reconheceu o direito fundamental à *autodeterminação informacional* (*informationelles Selbstbestimmungsrecht*), derivado do direito geral da personalidade ( 2 I GG[10] c/c 1 Absatz 1 GG), que protege o cidadão da obtenção, armazenamento, utilização e transmissão de seus dados pessoais. Na ocasião, o Tribunal estabeleceu que esse direito fundamental só pode ser restringido para satisfazer a um fim de interesse geral e com claro fundamento legal. A utilização dos dados deve se restringir à finalidade estipulada.

A partir dessa decisão, ergueram-se vozes na doutrina constitucional a favor da aplicação dos mesmos pressupostos e restrições à troca de informações entre órgãos de segurança e persecução penal e serviço de inteligência, acendendo a discussão acerca de um *imperativo de separação* (*Trennungsgebot*)[11]. Alguns enxergam a origem do pleito de uma separação organizacional entre polícia e serviço de inteligência historicamente no curso da reorganização da polícia alemã após 1945, como reação direta ao terror policial do Terceiro *Reich*, em que se amalgamavam persecução penal, polícia preventiva e serviço de inteligência[12].

Finalmente, em 2013, o BVerfG, ao apreciar a constitucionalidade da "*Antiterrordateigesetz*", lei que, ao entrar em vigor em 2006, possibilitou a formação de banco de dados compartilhado pela polícia e pelo serviço de inteligência para o combate do terrorismo internacional, postulou o *princípio da separação informacional* (*informationelles Trennungsprinzip*)[13]. Esse princípio, derivado do direito à autodeterminação informacional, permite a troca de informações entre polícia e inteligência apenas de modo excecional e sob rígidos requisitos. O Tribunal ressaltou que os pressupostos para a obtenção, armazenamento e processamento de dados não podem ser subvertidos, o que ocorre quando órgãos que, devido às suas atribuições, submetem-se a exigências menos estritas, transmitem dados pessoais a órgãos que, por sua vez, estão submetidos a exigências mais estritas para a obtenção e o uso dessas informações[14]. Segundo o BVerfG, a necessária

[10] *Grundgesetz* = Constituição

[11] Com diversas referências UNTERREITMEIER, 2019: 254.

[12] SCHÜNEMANN, 2008: 306; céticos, FREMUTH, 2014: 256; UNTERREITMEIER, 2019: 275; COSTA ANDRADE, 2022: 344.

[13] Urteil des Ersten Senats vom 24. April 2013 – 1 BvR 1215/07. Sobre a decisão, criticamente, KASISKE, 2013: 312.

[14] Nesse ponto, tematiza-se a idea de obtenção hipotética de dados (hypothetische Datenerhebung), de que tratarei mais adiante.

separação informacional entre as agências estatais fundamenta-se na distinção estabelecida pela ordem jurídica entre as funções e bases legais da polícia e do serviço de inteligência. A primeira estrutura-se no sentido de desempenhar tarefas operacionalmente, ancorada em detalhada base jurídica, ao passo que o segundo, que fundamentalmente opera em sigilo, se restringe à observação e ao reconhecimento prévio de informações políticas e ao assessoramento do Executivo e, por isso, prescinde de previsão legal mais pormenorizada (nm. 122). A troca de informações entre Polícia e Inteligência demandaria, portanto, limiares para intervenção (*Eingriffschwellen*) concretos e qualificados, previstos por meio de regras legais claras (nm. 123).

Em uma decisão de 2020, tendo como objeto alterações da mesma *Antiterrordateigesetz*, o BVerfG reafirmou essas diretrizes, estabelecendo requisitos específicos e obrigatórios para o uso ampliado dos dados constantes do banco de dados comum, a depender da instituição que irá manejá-los e da finalidade da utilização desses dados. Assim, no âmbito da segurança pública (*Gefahrenabwehr*), o uso ampliado dos dados pressupõe a verificação de ao menos um *perigo* suficientemente concretizado, enquanto que para a persecução de um delito já praticado pressupõe-se uma *suspeita* (*Verdacht*) fundamentada por fatos determinados[15]. O § 6a II 1 da *Antiterrordateigesetz* foi considerado inconstitucional justamente por permitir aos órgãos de persecução penal acesso ampliado aos dados levantados pelo serviço de inteligência sem a exigência da constatação de uma suspeita concretamente determinada por fatos (nm. 127).

As balizas construídas pelo BVerfG que devem orientar o intercâmbio entre serviço de inteligência e órgãos de persecução penal, em que pese as críticas de parte da doutrina constitucionalista[16] e de até mesmo vozes dissidentes no Tribunal, deixa-se bem resumir nas palavras de Luís Greco: "[d]ados obtidos para fins de inteligência, de prevenção de perigos ou de persecução penal, respectivamente, não podem, sem mais, ter essa finalidade alterada: os dados de inteligência não podem ser usados pela polícia preventiva, os da polícia preventiva não podem ser usados repressivamente, e vice-versa, sem expressa previsão legal. A alteração / o desvio

[15] *Beschluss des Ersten Senats vom 10. November 2020* – 1 BvR 3214/15 (*Antiterrordateigesetz II*) – *Leitsatz*. Crítico UNTERREITMEIER, 2021: 179.

[16] Por todos, com diversas referências, UNTERREITMEIER, 2019: 247 ss.

de finalidade (*Zweckänderung / Zweckentfremdung* ou *Zweckverfremdung*) é, assim, uma intervenção adicional[17], que como tal tem de ser legalmente autorizada"[18].

Além disso, o que se mostra relevante nesse contexto é a ideia de que a transferência e o uso de dados devem respeitar os liames de intervenção e os princípios que governam cada instituição, cada atividade estatal específica. O que se deve evitar é que a proibição de certas intervenções em determinado âmbito (por exemplo, no processo penal) seja contornada por meio da realização de intervenção análoga em outro contexto (por exemplo, inteligência).

De volta ao nosso tema imediato, cabe verificar se esses mesmos princípios são aplicáveis ao intercâmbio de dados entre inteligência financeira e órgãos de persecução penal. Para tanto, será preciso analisar qual a natureza das atividades de inteligência financeira e verificar se realmente se trata de um serviço de inteligência em sentido clássico.

## II. UIF como serviço de inteligência?

### 1. Características dos serviços de inteligência

Não se dispõe, ao menos do ponto de vista jurídico, de um conceito canônico de serviço de inteligência[19]. Porém, é possível enumerar algumas de suas características essenciais. Para os fins de nossa inquirição, convém dividir essas características em *finalidade, pressupostos de atuação (ou limiar de intervenção)* e *modos de atuação*, para que, assim, na sequência, possamos analisar se as Unidades de Inteligência Financeira podem ser consideradas verdadeiros órgãos de inteligência.

a) É possível distinguir entre finalidades imediatas e mediatas da inteligência. As finalidades imediatas consistem em obtenção, processamento, análise e disseminação de informações, em geral dirigida ao Poder Executivo para o desempenho de suas tarefas[20]. A finalidade mediata ou objetivo final dos serviços de inteligência é a defesa da segurança nacional, a proteção contra ameaças internas

[17] Assim já anteriormente Wolter, 1995: 825.

[18] Greco, 2018: 45. Igualmente Gleizer, Montenegro, Viana, 2021: 50; Borges, 2021: 76; Estellita, 2022: 613.

[19] Sobre as dificuldades de definição desse conceito Lampe, 2015: 362-363.

[20] Fremuth, 2014: 36.

ou externas contra o regime democrático e suas instituições[21]. Em suma, a função da inteligência é reunir e analisar informações para dar suporte à atuação de outros órgãos estatais (em regra: Poder Executivo) com o objetivo da proteção de bens jurídicos coletivos ou universais, referentes à segurança do Estado e da coletividade[22].

b) Diversamente da atividade policial, que gravita em torno do conceito de *perigo*[23], e do processo penal, que se orienta pelo conceito de *suspeita*[24], a atividade de inteligência não pressupõe um limiar de intervenção determinado. Isso não significa a inexistência completa de regras pré-estabelecidas para o desempenho das funções de inteligência, como historicamente soía ser[25], mas antes que sua atuação localiza-se na *antessala do perigo e da suspeita*[26]. Em outras palavras, à inteligência permite-se uma atuação proativa, que pode se dar independentemente ou em etapa anterior à verificação de fatos que consubstanciem um perigo ou uma suspeita[27].

c) As finalidades dos serviços de inteligência, anteriormente expostas, já indicam seu modo de atuação e seu nível de intervenção. As atividades limitam-se à obtenção, análise e disseminação de informações, sendo inexistente qualquer poder operacional, no sentido de não poder determinar intervenções coativas perante o cidadão[28]. Além disso e sobretudo, o *sigilo* é uma característica

[21] Corte Constitucional da Colômbia. Sentencia C-913/10. Magistrado Ponente: Nilson Pinilla Pinilla, Bogotá, 16 de nov. 2010; LAMPE, 2015: 363.

[22] Sobre a evolução das finalidades do Serviço de Inteligência na Alemanha à luz da jurisprudência do BVerfG, UNTERREITMEIER, 2021: 176 s.

[23] Sobre a evolução do perigo como limiar de intervenção no direito policial alemão cf. POSCHER, 2008: 348.

[24] COSTA ANDRADE, 2022: 335.

[25] LAMPE, 2015: 362.

[26] FREMUTH, 2014: 71; BULNES, 2017: 173. Cf. art. 1.°, da Lei 31/2010, de 27 de Julho (Espanha), sobre sobre "*simplificación del intercambio de información e inteligencia entre los servicios de seguridad de los Estados miembros de la Unión Europea*": "*Operaciones de inteligencia criminal consistentes en la recogida, tratamiento y análisis de información por los servicios de seguridad competentes sobre delitos o actividades delictivas con carácter previo a la investigación criminal para establecer si se han cometido actos delictivos concretos o se pueden cometer en el futuro*".

[27] Um critério para se aferir a gravidade da intervenção em direito fundamental é a ausência de suspeita como fundamento da medida, cf. GRIESBAUM, 2019: Nm. 1a.

[28] BVerfG 1 BvR 1215/07, Nm. 117-118; LAMPE 2015: 363. Cf. ainda definição constante da Decisão Quadro 2006/960, art. 2.°, "d": "Qualquer tipo de dados ou informações na posse de

fundamental da atividade de inteligência, mais uma vez em contraposição à atividade policial e sobretudo ao processo penal. Uma ação de inteligência pública e transparente é um contrassenso[29]. Do ponto de vista da possível afetação de direitos fundamentais das pessoas atingidas pela atuação de inteligência, o que se tem, em suma, é uma obtenção sigilosa de informações, dentre as quais, dados pessoais, o que por si só já representa uma intervenção no direito à autodeterminação informacional[30]. A depender da espécie de dados obtidos, é possível vislumbrar ainda uma intervenção no direito ao sigilo das telecomunicações, aos sigilos postal, fiscal, etc.[31].

Na sequência, cumpre analisar se as atividades das UIFs podem ser consideradas "inteligência" em um sentido mais estrito, de acordo com as características que acabei de delinear, e se, consequentemente, a transmissão e valoração processual dos dados por elas obtidos submetem-se aos mesmos pressupostos restritivos de índole constitucional/processual penal.

## 2. Natureza das UIFs

A instituição e a estruturação das Unidades de Inteligência Financeira (em Portugal chamada de Unidade de Informação Financeira) motivam-se e ancoram-se sobretudo nas Recomendações do GAFI (Grupo de Ação Financeira Internacional). Embora cada país tenha a liberdade de escolher a forma mais adequada de implementação da respectiva UIF (independente, administrativa, policial, judicial[32]), a Recomendação 29 do GAFI[33] traz os caracteres mínimos e comuns das UIFs.

Segundo a Recomendação, a "UIF funciona como uma agência central de recebimento de informações das entidades comunicantes", as quais reportam operações suspeitas de seus clientes. Aspecto fundamental da

autoridades públicas ou entidades privadas a que as autoridades de aplicação da lei tenham acesso sem recorrer à aplicação das medidas de coacção a que se refere o nº 5 do artigo 1º".

29 Fremuth, 2014: 36, 73.

30 Lampe, 2015: 364.

31 Lampe, 2015: 366.

32 Mitsilegas, 1999: 147 ss.

33 https://www.fatf-gafi.org/media/fatf/documents/recommendations/pdfs/FATF-40-Rec-2012-Portuguese-GAFISUD.pdf.

atividade das UIFs é a *análise*[34], que "deverá acrescentar valor às informações recebidas e mantidas pela UIF" e se subdivide em análise operacional (detecção de ilícitos) e análise estratégica (estabelecimento de padrões para as autoridades competentes).

Importante função das UIFs – e fundamental para o nosso tema central – é a *disseminação* de informações: "[a] UIF deverá ser capaz de disseminar, espontaneamente ou a pedido, as informações e os resultados de suas análises para as autoridades competentes relevantes". A disseminação pode ser espontânea ("[a] UIF deverá ser capaz de disseminar as informações e resultados de suas análises para as autoridades competentes quando houver suspeita de lavagem de dinheiro, crimes antecedentes ou financiamento do terrorismo") ou a pedido ("[a] UIF deverá ser capaz de responder a pedidos de informações de autoridades competentes de acordo com a Recomendação 31. Quando a UIF receber um pedido de uma autoridade competente, a decisão de conduzir a análise e/ou disseminar as informações para as autoridades solicitantes será da própria UIF").

O GAFI estabelece ainda que, a fim de conduzir análises apropriadas, "a UIF deverá ter acesso à maior variedade possível de informações financeiras, administrativas e policiais. Isso deverá incluir informações de fontes públicas, além de informações relevantes coletadas e/ou mantidas por outras autoridades (ou em seu nome) e, quando apropriado, dados mantidos em registros comerciais".

Em face desses elementos básicos, é possível apreciar se as UIFs desempenham verdadeira função de inteligência, servindo como parâmetro os mesmos aspectos analisados na seção anterior: *finalidades, pressupostos de atuação ou limiar de intervenção, instrumentos ou modalidades de intervenção:*

a) As finalidades últimas da atuação das UIFs inserem-se ou confundem-se com os objetivos do sistema de prevenção e repressão ao branqueamento de capitais e do financiamento do terrorismo. Não é possível atribuir ao sistema antibranqueamento, da qual as UIFs fazem parte, uma função de exclusiva prevenção, tampouco de exclusiva repressão[35]. O próprio GAFI serve-se da expres-

[34] Meyer/Hachmann, 2022: 392.

[35] Nesse sentido Brodowski, 2021: 423. Sobre o limite cada vez mais tênue entre prevenção e repressão, de modo geral, Costa Andrade, 2022: 336.

são genérica "combate à lavagem de dinheiro"[36]. Mais que isso, o sistema atual não gravita exclusivamente em torno do crime de branqueamento ou mesmo do financiamento do terrorismo e da criminalidade organizada, como concebido originalmente. Nesse sentido, mostra-se oportuno reproduzir a acurada análise de Caeiro: "[a] teleologia do sistema de prevenção não visa apenas, nem tem talvez por principal finalidade, a prevenção do branqueamento-crime, enquanto manobra furtiva que ofende a administração da justiça, mas antes evitar que '[o]s fluxos de dinheiro ilícito [prejudiquem] a integridade, a estabilidade e a reputação do setor financeiro e [ameacem] o mercado interno da União e o desenvolvimento internacional'[...]. Neste contexto, não vemos problema algum em que certa situação active o sistema de prevenção mesmo que não integre uma conduta punível como crime de branqueamento, seja porque o facto gerador das vantagens não é elegível como facto precedente, seja porque a conduta, em si mesma considerada, não preenche o tipo do branqueamento: o caso paradigmático no direito português seria, p. ex., o depósito, pelo agente de um furto simples, do produto do crime na sua conta bancária. Assim sendo, tanto o *all-crimes approach* como uma delimitação muito ampla dos factos geradores de vantagens (v.g., ilícitos típicos puníveis com pena de prisão superior a um ano) se mostrarão pertinentes para fixar o âmbito de aplicabilidade do sistema de prevenção (até porque temos fundadas dúvidas de que uma e outra abordagens levem a resultados práticos verdadeiramente diferentes)"[37]. Caeiro demonstra ainda que o sistema antibranqueamento tem como alvo o *branqueamento punível* e o *branquemento proibido*[38].

Percebe-se, portanto, quanto à teleologia do sistema, uma diferença fundamental da inteligência financeira moderna para os serviços de inteligência clássicos. Estes visam precipuamente auxiliar na defesa do Estado, da segurança nacional, enfim, a proteção de bens

[36] *Vide* Recomendações do GAFI, acessível em: https://www.fatf-gafi.org/media/fatf/documents/recommendations/pdfs/FATF-40-Rec-2012-Portuguese-GAFISUD.pdf.

[37] Caeiro, 2018: 282-283. Em sentido similar, bastante crítico à artificialidade da expansão da indústria antilavagem Alldridge, 2016: 38.

[38] Caeiro, 2018: 272 ss.

jurídicos universais de alta relevância, ao passo que a "inteligência antilavagem" pode alcançar desde ações conectadas à grave e complexa criminalidade organizada até o simples manejo de valores provenientes de delitos patrimoniais ou até tributários de baixa gravidade e complexidade praticados por cidadãos comuns, podendo abranger até mesmo ações que não chegam a constituir crimes em sentido estrito[39].

b) Os objetivos mais "modestos" ou amplos do sistema antibranqueamento, cujo pilar é a atuação das UIFs, refletem diretamente em seus limiares de intervenção. O que dá ensejo ao trabalho das UIFs são as "operações suspeitas", detectadas pelos sujeitos obrigados (instituições financeiras, certos profissionais, etc.) e repassadas à unidade de informação. Além de a suspeita poder se referir a um ilícito leve (ou não penal), como posto anteriormente, é inerente ao sistema uma certa insegurança nos reportes, sobretudo pela indefinição ou abertura dos termos legais que compõem sua regulamentação[40]. Isso implica dizer que o limiar de intervenção do serviço de inteligência financeira é relativamente baixo[41], o que amplia o âmbito de atuação e intervenção nos direitos e interesses dos envolvidos[42].

c) O modo pelo qual as UIFs intervêm já foi referido anteriormente: recolhendo, analisando e disseminando informações. Também se pode dizer que a obtenção e transmissão desses dados, que encerram duas intervenções autônomas, ocorrem sigilosamente, ao menos do ponto de vista do titular dos dados[43]. Além disso, é possível que obtenção e transmissão consubstanciem intervenções qualificadas, quando os dados em questão tangenciarem sigilos constitucionalmente protegidos, como o sigilo bancário e o sigilo

[39] Em países como a Alemanha, por exemplo, que prevê a punição da lavagem de dinheiro imprudente ou culposa, um frívolo recebimento de uma barra de chocolate furtada pode ser proibido criminalmente, cf. BRODOWSKI, 2021: 417.

[40] ALLDRIDGE, 2016: 40; BARRETO DA ROSA, 2020: Nm. 10; PIASKOSKI, 2020: 433; BRODOWSKI, 2021: 418; SALDITT, 2022: 221.

[41] Nesse sentido, em relação à regulação alemã, BARRETO DA ROSA, 2020: Nm. 10.

[42] Nesse sentido VOGEL, 2020: 248.

[43] Cf. previsão expressa da Lei 83/2017, de 18 de agosto, art. 54º, que impõe aos sujeitos obrigados o dever de não divulgação a clientes ou a terceiros da transmissão das comunicações legalmente devidas. Sobre UIF alemã, cf. SALDITT, 2022: 224.

fiscal – esse ponto, que foi debatido recentemente pelo Supremo Tribunal Federal do Brasil, se mostrará importante e será retomado no próximo capítulo. Por fim, em geral, as UIFs não têm poder investigativo ou operacional como a polícia o tem, a exemplo dos serviços de inteligência tradicionais, como se viu (cf. o tópico anterior).

## 3. Conclusão intermediária

Tais quais os serviços de inteligência clássicos ou *stricto sensu*, as UIFs constituem essencialmente um serviço de informação, responsável por obter, analisar e disseminar dados a autoridades públicas diversas. Contudo, notam-se diferenças sensíveis entre a inteligência clássica e a inteligência financeira. Enquanto não faz parte da primeira o combate (nem mesmo indireto) da criminalidade leve ou média[44], a última pode se ocupar desde casos graves envolvendo a criminalidade organizada ou o financiamento do terrorismo até ilícitos (não-penais) do cidadão comum. Com a adoção, por vários países do *all-crimes approach*, e lembrando que o crime branqueamento de capitais necessariamente se refere a um (qualquer) crime antecedente tipificado, a UIF acaba por disseminar informações que fundamentam a suspeita não só de lavagem de dinheiro, mas qualquer tipo de crime[45]. Embora as UIFs não disponham de instrumentos sofisticados e intrusivos de obtenção de dados como certos serviços de inteligência, sua atuação envolve a coleta sigilosa (do ponto de vista do titular) de dados, dentre os quais potencialmente protegidos por sigilo legal ou constitucional.

Pode-se dizer, portanto, que a inteligência financeira, tal qual formatada pelo GAFI e implementada por vários países em consonância com essa formatação, é um *serviço de inteligência em sentido fraco ou sui generis*, que se ocupa da geração proativa e difusa de suspeitas[46]. Essa característica, porém, por si só, já sugere restrições e cuidados com o aproveitamento do produto da atividade das UIFs – os relatórios de inteligência – no processo penal[47]. Vejamos isso com mais deter na sequência.

[44] Unterreitmeier, 2019: 287.

[45] Brodowski, 2021: 422-423; Salditt, 2022: 222.

[46] Brodowski, 2021: 422, que, no entanto, classifica a UIF alemã (*Zentralstelle für Finanztransaktionsuntersuchungen*) como um órgão policial especial (*besonder Polizeibehörde*), com a prerrogativa de realizar análises operacionais no sentido de *pré-investigação*.

[47] Em sentido próximo Vogel, 2020: 249.

## III. A relevância processual dos relatórios de inteligência financeira

Nesta seção final, tratarei mais sobre a validade dos relatórios de inteligência enquanto prova do que de sua importância ou peso probatório, por exemplo, em comparação a outros meios provas. Aqui valho-me da distinção estabelecida por Beling entre regra de prova (ou regra probatória, ou *Beweisregel* em alemão) e proibição de prova (*Beweisverbot*)[48]. A primeira diz com a idoneidade, a confiabilidade da prova, que deverá ser apreciada pelo juiz no âmbito de seu livre convencimento (*freie Beweiswürdigung*). Por exemplo: uma condenação não pode se basear unicamente em confissão ou – modernamente – no depoimento de um colaborador no âmbito de um acordo de colaboração premiada[49], senão deve ancorar-se em outras provas que os complementem e corroborem. As proibições de prova, por outro lado, representam limites jurídicos à busca da verdade no processo penal, elas impedem um caminho probatório que poderia se mostrar promissor. Novamente usando as palavras de Beling: "a proibição de prova, portanto, não diz com a idoneidade ou inidoneidade da demonstração da prova, nem com a liberdade ou falta de liberdade da apreciação da prova, ela não retira tampouco confere força probatória ao meio de prova. Suas razões repousam em outro campo"[50].

Para tratar dos relatórios de inteligência financeira à luz das proibições de prova, valho-me de outra distinção – consolidada na dogmática alemã e já recepcionada em Portugal – que se dá entre as proibições de *produção da prova* e as proibições *de valoração da prova*[51]. Assim, tratarei da relevância processual dos relatórios de inteligência primeiramente sob a perspectiva da obtenção ou produção da prova (1) e, depois, sob o ponto de vista da valoração da prova (2).

[48] BELING, 1903: 4.

[49] Cf. previsão expressa da Lei 12.850/2013, de 2 de agosto, art. 4º, §16º, com redação dada pela Lei 13.964/2019, do Brasil: *"Nenhuma das seguintes medidas será decretada ou proferida com fundamento apenas nas declarações do colaborador: ... III – sentença condenatória"*. Nesse sentido, também BADARÓ, 2015: 452. É também o entendimento do Supremo Tribunal Federal, cf. Por todos: STF, Inq. 3994 ED-segundos, Rel. Min. Dias Toffoli, 2ª T, de 07/08/2018.

[50] BELING, 1903: 4: *"So hat also das Beweisverbot mit Tauglichkeit oder Untauglichkeit einer Beweiserbringung, mit Freiheit oder* Unfreiheit *der Beweiswürdigung gar nichts zu thun, es spricht dem Beweismittel nicht Beweiskraft ab oder zu. Seine Gründe liegen auf anderem Felde"*. Sobre a separação entre proibições de prova e busca da verdade AMELUNG, 1990: 15, 28.

[51] SOUSA MENDES, 2017: 177 e COSTA ANDRADE, 2006: 90. Cf. também, na doutrina alemã ROGALL, 1979: 2; GÖSSEL, 1991: 484; AMELUNG, 1990: 11.

## 1. Obtenção da prova

Em relação à constituição dos relatórios de inteligência enquanto prova, é possível diferenciar entre dois momentos: a obtenção primária de dados (a) e disseminação ou transmissão dos dados aos órgãos de persecução (b).

a) Como visto, as UIFs recebem as informações que irão eventualmente alimentar os relatórios de inteligência por meio dos reportes/comunicações das pessoas e entidades obrigadas. Embora esse processo seja estimulado pelo GAFI e suas recomendações, ou seja com base em *soft law*, as obrigações de reporte foram incorporadas legislativamente por várias países. Por exemplo, em Portugal, no art. 43º da Lei 83/2017, de 18 de agosto; no Brasil no art. 11º, da Lei 9613/1998; e na Alemanha no § 43 da *Geldwäschegesetz* (GwG). Prevê-se, ainda, a possibilidade de a UIF pedir informações complementares às entidades obrigadas para o cumprimento de suas finalidades precípuas (Art. 53º, Lei 83/2017, de 18 de agosto; § 31 GwG). Assim, pode-se dizer que, de modo geral, a obtenção primária de dados por parte das UIFs cumpre a necessidade de previsão legal para intervenção no direito à autodeterminação informacional de que tratei anteriormente.
Especial atenção, no entanto, merece a obtenção primária de dados pessoais protegidos por *sigilo*, como o sigilo bancário ou fiscal. A nosso ver, para tanto, seria necessário, no mínimo, expressa autorização legal, como ocorre na GwG alemã, que permite a "quebra" do sigilo fiscal previsto na *Abgabeordnung* (§§ 30 I, 31b AO) para a troca de dados entre a UIF e os órgãos financeiros (§ 31 V GWG), ou, de modo mais amplo, a lei portuguesa, que determina que as entidades obrigadas devem disponibilizar todas informações em cumprimento de seus deveres de comunicação, "ainda que sujeitos a qualquer dever de segredo, imposto por via legislativa, regulamentar ou contratual" (Art. 53º, 1, Lei 83/2017).

b) A disseminação espontânea de dados a outras autoridades, incluindo às de persecução penal, é, como se viu, uma das formas de atuação das UIFs e costuma lastrar-se em lei (art. 61º, 2, Lei 83/2017, de 18 de agosto; art. 15º, Lei 9613; § 32 II GwG). Essa questão foi objeto de importante decisão do Supremo Tribunal Federal do Brasil (doravante STF)[52], que declarou que é "consti-

[52] STF, RE 1055941, Rel. Min. Dias Toffoli, Tribunal Pleno, de 04/12/2019.

tucional o compartilhamento dos relatórios de inteligência financeira da UIF e da íntegra do procedimento fiscalizatório da Receita Federal do Brasil – em que se define o lançamento do tributo – com os órgãos de persecução penal para fins criminais sem prévia autorização judicial, devendo ser resguardado o sigilo das informações em procedimentos formalmente instaurados e sujeitos a posterior controle jurisdicional". Questão mais controversa – e não completamente esclarecida pelo STF[53] – diz respeito ao fluxo em sentido inverso, ou seja, a possibilidade de as autoridades policiais e judiciárias requererem informações e o repassse de dados às UIFs. O que parece ter se estabelecido na decisão é a ilegalidade dos chamados *relatórios por requisição*: a *produção* de relatórios de inteligência a pedido dos órgãos de persecução, sobretudo contra "cidadãos que não estejam sob investigação criminal de qualquer natureza ou em relação aos quais não haja alerta já emitido de ofício pela unidade de inteligência com fundamento na análise de informações contidas em sua base de dados" (as chamadas "*fishing expeditions*")[54]. Trata-se de verdadeira e correta *proibição de transformar a UIF em órgão auxiliar dos órgãos de persecução*, como corretamente perceberam Ademar Borges[55] e Heloisa Estellita[56]. Com efeito, isso significaria uma violação do princípio da separação informacional de poderes e forma de burlar as garantias do arguido submetendo-o a regime extra ou pré-processual – análogo aos questionáveis pré-inquéritos, que têm lugar antes da formação de uma suspeita inicial e não se destinam ao afastamento de perigos[57]. Esse aspecto será relevante para a análise da possibilidade de valoração da prova, de que tratarei logo a seguir.

53 Borges, 2021: 83; Estellita, 2022: 607 ss.

54 STF, RE 1055941, Rel. Min. Dias Toffoli, Tribunal Pleno, de 04/12/2019, Voto Dias Toffoli, pp. 43-44.

55 Borges, 2021: 96.

56 Estellita, 2022: 628.

57 A respeito Böse, 2007: 849. Pela inconstitucionalidade Silva Dias/Soares Pereira, 2018: 41, 75 (especificamente sobre o sistema antibranqueamento). Cf. também Sousa Mendes, 2018: 464; Wolter, 1995: 824; Stam, 2020, Nm. 28.

## 2. Valoração da prova

Para avaliar a possibilidade de os relatórios de inteligência serem valorados como prova penal, é preciso distinguir entre duas hipóteses, que se relacionam com o momento anterior, o da obtenção da prova: a) ilicitude da obtenção dos dados formadores do relatório de inteligência e de sua transmissão; b) licitude da obtenção e transmissão dos dados[58].

a) É altamente controversa a questão da possibilidade da valoração da prova obtida ilicitamente. Enquanto no direito alemão, reconhece-se, ao menos em tese e em determinados casos, essa possibilidade[59], no direito italiano e no direito brasileiro parece subsistir uma decorrência direta entre obtenção ilícita da prova e proibição de valoração da prova[60]. Na doutrina portuguesa, alguns autores já defendem a possibilidade de valoração da prova ilícita, mormente nos casos em que a ilicitude derive do desrespeito de regras formais e que não tangenciam direitos fundamentais do arguido[61]. Adotando-se a mais restrita, que corresponderia ao estado da arte na Itália e no Brasil, em aplicação ao nosso contexto, chegaríamos à conclusão de que, por exemplo, relatórios de inteligência produzidos não de modo espontâneo, mas sob requisição dos órgãos de persecução penal, não poderiam ser valorados diretamente enquanto prova.

b) À primeira vista, ou para algumas culturas jurídicas, indagar da possibilidade de valoração de uma prova obtida *licitamente* pode soar estranho. No entanto, existem proibições, para usar a formulação de Sousa Mendes, "alheias à existência de qualquer vício na anterior produção da prova"[62]. São as chamadas proibições de valoração da prova independentes ou autonômas (*selbstsändige Verwertungsverbote*), desenvolvidas na dogmática alemã[63]. Por exemplo, um dever de declaração, submetido a sanção, perante a uma autoridade administrativa (ex.: autoridade tributária), pode ser conside-

58 Reconhecendo essa distinção, de maneira geral, Sousa Mendes, 2017: 183.

59 Roxin/Schünemann, 2017: p. 172 ss.

60 Sousa Mendes, 2017: 183.

61 Com ulteriores referências, Sousa Mendes, 2017: 183.

62 Sousa Mendes, 2017: 183.

63 Por todos Küpper, 1990: 416; Amelung, 1990: 38; cf. também Beulke/Swoboda, 2020: p. 361.

rado legítimo e exigível, muito embora o conteúdo das declarações não possa ser valorado como prova em um processo penal contra o emissor, por força do princípio da não autoincriminação (*nemo tenetur se ipsum accusare*)[64]. Outra hipótese é a valoração probatória dos *conhecimentos fortuitos*[65], descobertos no âmbito de investigação de crime diverso que legitimou determinada intervenção. Por exemplo, informações descobertas no contexto de uma interceptação telefônica e que não dizem respeito ao crime que legitimou a interceptação só podem ser valoradas se o crime a que a informação fortuita se refere pertencer ao catálogo que permite esse tipo de medida[66]. O critério para a valoração do conhecimento fortuito é a chamada "obtenção hipotética de dados" (*hypothetische Datenerhebung*) ou "intervenção hipotética substitutiva" (*hypothetischer Ersatzeingriff*)[67], também utilizado no direito alemão para aferir a possibilidade ou impossibilidade da utilização no processo penal de dados pessoais obtidos com base em autorização legal diversa, com finalidades distintas do processo penal; é o caso, por exemplo, de dados obtidos pela polícia em sua atividade preventiva[68]. O objetivo é evitar que proibições de determinadas intervenções vigentes no processo penal, cujo produto é a obtenção de determinados dados pessoais, sejam burladas por meio da obtenção desses dados em um outro procedimento, destinado a outras finalidades e no qual não vigoram as mesmas proibições, e da posterior transferência dos mesmos para fins processuais-penais[69].

Não raro as UIFs obtêm e disseminam dados protegidos por sigilo (financeiro, bancário e outros)[70]. Embora se possa admitir que a transmissão desses dados aos órgãos de persecução, desde que previstas em lei, seja legítima[71] – momento de obtenção da prova –, deve-se observar se

64 BverfGE 56, 37= BverfG NJW 1981, 1431; Oliveira e Silva, 2020: 77; Sousa Mendes, 2010: 121.

65 Sobre o conceito Reinbacher/Werkmeister, 2018: 1107.

66 Sousa Mendes, 2017: 183.

67 Fundamentalmente Rogall, 1988: 385.

68 Cf. § 261 StPO.

69 Griesbaum, 2019: Nm. 35a.

70 Estellita, 2022: 609, 619.

71 Sobre essa questão, à luz do ordenamento jurídico brasileiro Estellita, 2022: 623.

o sigilo que eventualmente recai sobre os dados poderia ser levantado no processo penal. Não é possível dar uma resposta universal a essa indagação, eis que cada ordenamento jurídico prevê diferentes formas de sigilo, sob diversos fundamentos, e erige variados pressupostos para sua quebra (exigência ou não de catálogo, grau de suspeita, etc.). É necessário ainda considerar a hipótese de que o RIF tenha sido construído com base em dados obtidos por medidas secretas de outras autoridades que os transmitiram à UIF. Nesse caso, se tais medidas secretas não encontram previsão análoga na respectiva lei processual penal, as informações coletadas não poderiam ser usadas como prova[72].

O que se deve reter é a necessidade de observância do atendimento hipotético dos pressupostos da quebra de sigilo ou de outras medidas que venham a alimentar o RIF – e consequentemente da obtenção dos dados – para que as informações constantes do relatório de inteligência possam ser valoradas no processo penal, independentemente da licitude da obtenção dessa prova.

Nada impede, *a priori*, contudo, que o legislador proíba expressamente o uso das informações contidas nos relatórios de inteligência como prova, como faz a Espanha[73]. Em sentido oposto parece ter determinado o legislador português, ao determinar no art. 56º, nº 7, da Lei 83/2017, de 18 de agosto, que "[o]s elementos disponibilizados pelas entidades sujeitas ao abrigo do nº 1 podem ser utilizados em processo penal, nos inquéritos que tiveram origem em comunicações de operações suspeitas, bem como em quaisquer outros inquéritos, averiguações ou procedimentos legais conduzidos pelas autoridades judiciárias, policiais ou setoriais, no âmbito das respetivas atribuições legais e na medida em que os elementos disponibilizados se mostrem relevantes para efeitos probatórios". Não me parece, entretanto, que essa autorização da lei portuguesa seja a última palavra nessa questão, no sentido de sempre se permitir a valoração probatória dos relatórios de inteligência; questões de estatura constitucional, expressadas na ideia de intervenção substitutiva hipotética podem suplantar essa norma autorizativa geral no caso concreto.

[72] Vogel, 2020: 267.

[73] Art. 46º, Lei 10/2010: "*Los informes de inteligencia financiera no tendrán valor probatorio y no podrán ser incorporados directamente a las diligencias judiciales o administrativas*". Não há provavelmente, um efeito-a-distância, ou seja, as informações usadas na análise podem ser posteriormente utilizadas, cf. Maillart, 2020: 857.

## Conclusão

O difuso sistema de prevenção e repressão ao branqueamento de capitais serve-se de uma rede de mecanismos, dentre os quais se destaca uma espécie *sui generis* de serviço de inteligência: as unidades de inteligência (ou informação) financeira (UIFs). Embora difiram, em relação aos serviços de inteligência tradicionais, no que diz respeito às suas finalidades – mais amplas e, parcialmente, mais "modestas" – e *modus operandi*, as UIFs compartilham com as primeiras o mister de receber, analisar e disseminar informações de maneira sigilosa, sem a exigência de um limiar de intervenção claro. Isso já impõe a observância do princípio da separação informacional de poderes, desenvolvido pela jurisprudência constitucional alemã para regular a troca de informações entre Inteligência, Polícia e Ministério Público. A relevância das informações produto de análise das UIFs, consolidadas nos relatórios de inteligência, no processo penal irá depender basicamente da licitude do modo de obtenção e transmissão das informações aos órgãos de persecução[74]. Deverá ser observado ainda, a despeito da licitude da obtenção dos dados, se esta também poderia ser realizada de acordo com as normas do processo penal – critério da "obtenção hipotética de dados".

## Bibliografia Citada

Alldridge, Peter,

(2016) *What went wrong with money laudering law?*, Londres: Palgrave Macmillan.

Amelung, Knut,

(1990) *Informationsbeherrschungsrechte im Strafprozess – Dogmatische Grundlage individualrechtlicher Beweisverbote*, Berlin: Duncker & Humblot.

Badaró, Gustavo Henrique,

(2015) *Processo penal*. 3ª. ed. São Paulo: Revista dos Tribunais (1ª. ed., 2007).

Barreto da Rosa, Steffen,

(2020) "§32 Datenübermittlung an die Strafverfolgungsbehörden, den Bundesnachrichtendienst und das Bundesamt für Verfassungsschutz bei Verdacht auf Geldwäsche, Terrorismusfinanzierung oder eine sonstige Straftat", in: Felix Herzog, Olaf Christoph Achtelik (org.), *Geldwäschegesetz (GwG)*, 4ª ed., Munique: C.H. Beck, nm. 10-17.

Beling, Ernst,

(1903) *Die Beweisverbote als Grenzen der Wahrheitsforschung im Strafprozess*, Darmstadt: Wissenschaftliche Buchgesellschaft.

[74] Maillart, 2020: 857.

BEULKE, Werner/SWOBODA, Sabine,
(2020) *Strafprozessrecht*, 15ª ed., Heildelberg: C. F. Müller (1ª ed., 1994).

BORGES, Ademar,
(2021) "O relatório de inteligência financeira como meio de obtenção de prova no processo penal", *Revista Brasileira de Ciências Criminais 176*, pp. 69-105.

BÖSE, Martin,
(2007) "Aufsichtsrechtliche Vorermittlungen in der Grauzone zwischen Strafverfolgung und Gefahrenabwehr", *ZStW 119*, pp. 848-886.

BRODOWSKI, Dominik,
(2021) "Tue Böses und rede darüber – Geldwäscheverdachtsmeldungen und das Strafrecht", *Wistra*, pp. 417-424.

JIMENO-BULNES, Mar,
(2017) "The use of intelligence information in criminal procedure: A challenge to defence rights in the European and the Spanish panorama", *New Journal of European Criminal Law 8 (2)*, pp. 171-191.

CAEIRO, Pedro,
(2018) "Contra uma política criminal 'à flor da pele': a autonomia do branqueamento *punível* em face do branqueamento *proibido*", in: José de Faria Costa, Anabela Miranda Rodrigues, Maria João Antunes, Helena Moniz, Nuno Brandão e Sónia Fidalgo (org.), *Estudos em Homenagem ao Prof. Doutor Manuel da Costa Andrade*, Coimbra: Sersilito, pp. 267-301.

COSTA ANDRADE, Manuel da,
(2022), "Processo penal e polícia. Fenomenologia da metamorfose", *Revista de Legislação e Jurisprudência 4035*, pp. 334-352.

COSTA ANDRADE, Manuel da,
(2009), "Bruscamente no verão passado", *a reforma do Código de Processo Penal: Observações críticas sobre uma lei que podia e devia ter sido diferente*, Coimbra: Coimbra Editora.

COSTA ANDRADE, Manuel da,
(2006) *Sobre as proibições de prova em processo penal*, Coimbra: Coimbra Editora.

ESTELLITA, Heloisa,
(2022) "O RE 1.055.941: um Pretexto para Explorar Alguns limites à Transmissão, Distribuição, Comunicação, Transferência e Difusão de Dados Pessoais pelo COAF", *RDP 18, n. 100*, pp. 606-636.

FREMUTH, Michael Lysander,
(2014) "Wächs zusammen, was zusammengehört? Das Trennungsgebot zwischen Polizeibehörden und Nachrichtendiensten im Lichte der Reform der deutschen Sicherheitsarchtiektur", *Archiv des öffentlichen Rechts 139, n. 1*, pp. 32-79.

GLEIZER, Orlandino/MONTENEGRO, Lucas/ VIANA, Eduardo,
(2021) *O Direito de proteção de dados no processo penal e na segurança pública*, São Paulo: Marcial Pons.

GRECO, Luís,
(2018) "O inviolável e o intocável no direito processual penal: considerações introdutórias sobre o processo penal alemão (e suas relações com o direito constitucional, o direito de polícia e o direito dos serviços de inteligência)", in: Jürgen Wolter, *O inviolável e o intocável no direito processual penal: reflexões sobre dignidade humana, proibições de*

*prova, proteção de dados (e separação informacional de poderes) diante da persecução penal*, São Paulo: Marcial Pons, pp. 21-82.

GRECO, Luís,
(2015) *Strafprozesstheorie und materielle Rechtskraft. Grundlagen und Dogmatik des Tatbegriffs, des Strafklageverbrauchs und der Wiederaufnahme im Strafverfahrensrecht*, Berlin: Duncker & Humblot.

GRIESBAUM, Rainer,
(2019) "§ 161 Allgemeine Ermittlungsbefugnis der Staatsanwaltschaft", in: Rolf Hannich, *Karlsruher Kommentar zur Strafprozessordnung*, 8ª ed., Munique: C.H. Beck, nm. 1-42.

GÖSSEL, Karl Heinz,
(1991) "Die Beweisverbote im Strafverfahrensrecht der Bundesrepublik Deutschland", *Goltdammers Archiv*, pp. 483-510.

HÖRNLE, Tatjana,
(2016) "Plädoyer für eine transnationale Strafrechtswissenschaft", in: Klaus Tiedemann, Ulrich Sieber, Helmut Satzger, Christoph Burchard, Dominik Brodowski (org.), *Die Verfassung moderner Strafrechtspflege*, Baden-Baden: Nomos, pp. 289-306.

KASISKE, Peter,
(2013) "BVerfG erklärt Antiterrordatei für teilweise verfassungswidrig", *NJW-Spezial*, pp. 312-312.

KÜPPER, Georg,
(1990) "Tagebücher, Tonbände, Telefonate – Zur Lehre von den selbstständigen Beweiswervertungsverbote im Strafrverfahren", *Juristenzeitung*, pp. 416-423.

LAMPE, Joachim,
(2015) "Die Schwierigkeiten mit der Rechtfertigung nachrichtendienstlicher Tätigkeit", *NStZ*, pp. 361-372.

LENK, Maximilian,
(2020) "Sanktionsbewehrte Melde- und Anzeigepflichten – Zu den materiell-rechtlichen Problemen einer privatisierten Kriminalitätsbekämpfung", *Juristische Rundschau*, pp. 103-112.

MEYER, Frank/HACHMANN, Nick,
(2022) "Institutionelle Bedingungen effektiver Geldwäschebekämpfung. Zu den Funktionen und Potenzialen von Financial Intelligence Units", ZStW 134, pp. 391-455.

MITSILEGAS, Valsamis,
(1999) "New Forms of Transnational Policing: The emergence of Financial Intelligence Units in the European Union and the Challenges for Human Rights: Part 1", *Journal of Money Laudering Control 3, n. 2*, pp. 147-160.

OLIVEIRA E SILVA, Sandra,
(2020) "*Nemo Tenetur se Ipsum Accusare* e Deveres de Colaboração em Matéria Tributária", in: Paulo de Sousa Mendes, Rui Soares Pereira (org.), *Prova Penal Teórica e Prática*, Coimbra: Almedina, pp. 77-113.

PIASKOSKI, Cesar Augusto,
(2020) "Reporte de informações sobre operações suspeitas de branqueamento de capitais e a sua utilização como prova no processo penal", in: Paulo de Sousa Mendes, Rui Soares Pereira (org.), *Novos desafios da prova penal*, Coimbra: Almedina, pp. 405-450.

POSCHER, Ralf,
(2008), "Eingriffsschwellen im Recht der inneren Sicherheit. Ihr System im Licht der neueren Verfassungsrechtsprechung", *Die Verwaltung 41*, pp. 345-373.

REINBACHER, Tobias/WERKMEISTER, Andreas,
(2018) "Zufallsfunde im Strafverfahren – Zugleich ein Beitrag zur Lehre von den Verwendungs- und Verwertungsverboten", *ZStW*, pp. 1104-1146.

ROGALL, Klaus,
(1988) "Hypothetische Ermittlungsverläufe im Strafprozess. Ein Beitrag zur Lehre der Beweiserhebungs – und Beweisverwertungsverbote", *NStZ*, pp. 385-393.

ROGALL, Klaus,
(1979) "Gegenwärtiger Stand und Entwicklungstendenzen der Lehre von den strafprozessualen Beweisverboten", *Zeitschrift für die gesamte Strafrechtswissenschaft*, pp. 1-44.

ROXIN, Claus/SCHÜNEMANN, Bernd,
(2017) *Strafverfahrensrecht*, 29ª ed., München, C. H. Beck.

SALDITT, Franz,
(2022), "Die Besteuerung profitabler Straftaten und das Nemo-Tenetur-Prinzip: Über die Aufgabe der Finanzbehörden in einer neuen Sicherheitsstruktur", *Wistra*, pp. 221-227.

SCHÜNEMANN, Bernd,
(2008) "Die Liechtensteiner Steueraffäre als Menetekel des Rechtsstaats", *NStZ*, pp. 305-310.

SCHÜNEMANN, Bernd,
(2001) "Strafrechtsdogmatik als Wissenschaft", in: Bernd Schünemann, Hans Achenbach, Wilfried Bottke, Bernhard Haffke, Hans-Joachim Rudolphi (org.), *Festschrift für Claus Roxin zum 70. Geburtstag am 15. Mai 2001*, Berlin: De Gruyter, pp. 1 – 32.

SILVA DIAS, Augusto/SOARES PEREIRA, Rui,
(2018) *Sobre a validade de procedimentos administrativo prévios ao inquérito e de fases administrativas preliminares no processo penal*, Coimbra: Almedina.

SOUSA MENDES, Paulo de,
(2018) "A utilização em processo penal das informações obtidas pelos reguladores dos mercados financeiros", in: Maria Fernanda Palma, Augusto Silva Dias, Paulo de Sousa Mendes (org.), *Estudos sobre Law Enforcement, Compliance e Direito Penal*, Coimbra: Almedina, pp. 453-480.

SOUSA MENDES, Paulo de,
(2017a) "A problemática da punição do autobranqueamento e as finalidades de prevenção e repressão do branqueamento de capitais no contexto da harmonização europeia", *Católica Law Review 1 n. 3*, pp. 127-156.

SOUSA MENDES, Paulo de,
(2017b) *Lições de Direito Processual Penal*, Coimbra: Almedina (4° Reimpressão da edição de Setembro de 2013).

SOUSA MENDES, Paulo de,
(2010) "As garantias de defesa no processo sancionatório especial por práticas restritivas da concorrência confrontadas com a jurisprudência do Tribunal Europeu dos Direitos do Homem", *Revista de Concorrência e Regulação 1/2010*, pp. 121-144.

STAM, Fabian
(2020) "Zulässigkeit von Vorermittlungen", in: Eric Hilgendorf, Hans Kudlich, Brian Valerius, *Handbuch des Strafrechts Band 7*, Heidelberg: C.F. Müller, nm. 26-28.
STOFFER, Hannah,
(2016) *Wie viel Privatisierung »verträgt« das strafprozessuale Ermittlungsverfahren? Eine Untersuchung zur Zulässigkeit privater Beweisbeschaffung und zur Verwertbarkeit auf diese Weise erlangter Beweismittel im Strafverfahren*, Tübingen: Mohr-Siebeck
UNTERREITMEIER, Johannes,
(2021) "Funktion und Zweckbindung der Nachrichtendienste. Eine Rekonstruktion anlässlich der jüngsten Entscheidungen des BverfG", *Juristen Zeitung 4*, pp. 175-185.
UNTERREITMEIER, Johannes,
(2019) "Das informationelle Trennungsprinzip – eine historisch-kritische Relecture", *Archiv des öffentlichen Rechts* 144, pp. 234-298.
VOGEL, Benjamin/MAILLART, Jean-Baptiste (org.),
(2020) *National and International Anti-Money Laundering Law – Developing the Architecture of Criminal Justice, Regulation and Data Protection*, Cambridge: Intersentia.
WOLTER, Jürgen,
(1995) "Datenschutz und Strafprozess: Zum Verhältnis von Polizeirecht und Strafprozessrecht", *ZStW 107*, pp. 793-842.

## Documentos oficiais

CONSELHO DA UNIÃO EUROPEIA,
(2008) *Decisão relativa ao aprofundamento da cooperação transfronteiras, em particular no domínio da luta contra o terrorismo e a criminalidade transfronteiras*, DECISÃO 615/JAI DO CONSELHO, de 23 de Junho de 2008.
GRUPO DE AÇÃO FINANCEIRA CONTRA A LAVAGEM DE DINHEIRO E O FINANCIAMENTO DO TERRORISMO (GAFI/FATF),
(2012) *Recomendação 29 e 31.*

## Jurisprudência Citada

Alemanha
BVerfGE 56, 37, de 13/01/1981 (1 BvR 116/77)
BVerfGE 65, 1, de 15/12/1983 (1 BvR 209, 269, 362, 420, 440, 484/83)
BVerfG Urteil des Ersten Senats, de 24/04/2013 (1 BvR 1215/07)
BVerfG Beschluss des Ersten Senats, de 10/11/2020 ( 1 BvR 3214/15 )

Brasil
STF, Inq. 3994 ED-segundos, Rel. Min. Dias Toffoli, 2ª T, de 07/08/2018
STF, RE 1055941, Rel. Min. Dias Toffoli, Tribunal Pleno, de 04/12/2019

Colômbia
Corte Constitucional da Colômbia. Sentencia C-913/10. Magistrado Ponente: Nilson Pinilla Pinilla. Bogotá, 16 de nov. 2010

# III

# TENDÊNCIAS DO *COMPLIANCE* E SUA RELEVÂNCIA NA JURISPRUDÊNCIA

# Jurisprudência do Tribunal da Concorrência, Regulação e Supervisão e responsabilidade empresarial nos setores bancários e dos valores mobiliários

Marta Campos*

**Sumário:** Introdução; I. *Compliance*; 1. *Compliance* propriamente dito; 2. Atuação contra ordens ou instruções expressas; II. Responsabilidade empresarial nos setores bancário e dos valores mobiliários; 1. Responsabilidade das pessoas coletivas; 2. Responsabilidade das pessoas singulares; Conclusão.

## Introdução

O presente texto contém algumas referências a decisões proferidas pelo Tribunal da Concorrência, Regulação e Supervisão (TCRS) em matéria de *compliance* e de responsabilidade empresarial nos setores bancário e dos valores mobiliários, tendo um conteúdo essencialmente expositivo.

Não é, nem pretende ser uma enunciação exaustiva da jurisprudência do Tribunal sobre estas matérias, impossibilitada pelo facto de ainda não existir uma compilação sistematizada e organizada de todas as decisões do TCRS. Foi, por isso, com recurso ao generoso e inestimável contributo dos meus Colegas Senhores(as) Juízes(as) Alexandre Baptista, Mariana Gomes Machado, Sérgio Sousa e Vanda Miguel, em conjugação com a colaboração prestimosa do Senhor Escrivão do TCRS Paulo Nogueira que reuni o conjunto de decisões de que irei falar e a quem expresso aqui os meus sinceros agradecimentos e reconhecimento.

* Juíza no Tribunal da Concorrência, Regulação e Supervisão.

Começarei pelo tema do *compliance* e dentro deste irei abordar o *compliance* propriamente dito e uma matéria conexa, designadamente a atuação contra ordens ou instruções expressas.

Na segunda parte, dedicada à responsabilidade empresarial nos setores bancário e dos valores mobiliários, irei incidir, primeiro, sobre a responsabilidade coletiva e, neste âmbito, sobre os vários modelos de imputação de responsabilidade às pessoas coletivas. Seguidamente centrar-me-ei na responsabilidade das pessoas singulares, em particular dois pontos: o conceito extensivo de autor; e a responsabilidade no caso de delegação de poderes.

Terminarei com umas conclusões muito breves extraídas dos casos que irão ser relatados e cuja resolução certamente não irá colher o consenso geral. Contudo, o objetivo não é esse, mas contribuir para que a reflexão crítica da comunidade jurídica acerca destes temas se faça em confronto com pedaços da realidade da vida, cuja complexidade e heterogeneidade muitas vezes não permitem que a sua recondução às normas legais obedeça a uma mecânica de encaixe linear e perfeito.

## I. *Compliance*

### 1. *Compliance* propriamente dito

O tema do *compliance* foi abordado, pelo menos, em dois processos: o processo nº 61/20.6YUSTR e o processo nº 71/18.3YUSTR-M, ambos recursos de impugnação judicial de decisões condenatórias proferidas em processos de contraordenação.

O primeiro – **processo nº 61/20.6YUSTR** – teve por objeto uma decisão proferida pelo Banco de Portugal (BdP) que condenou uma instituição bancária e uma funcionária pela prática de uma contraordenação consubstanciada no exercício, pela instituição bancária arguida, de atividade não incluída no seu objeto legal, prevista na alínea b) do nº 1 do artigo 211º do Regime Geral das Instituições de Crédito e das Sociedades Financeiras (RGICSF).

Ficaram provados, com relevo para o tema que nos interessa, o seguinte conjunto de factos: o Banco arguido emitiu catorze "Declarações", nas quais atestou que detinha à sua guarda e em nome de determinada pessoa, títulos de ações de uma determinada sociedade; as declarações foram assinadas por uma funcionária do Banco arguido que trabalhava num balcão e, que invocou, primeiramente, fazê-lo "pelo coordenador de balcão" e, posteriormente, como coordenadora de um determinado balcão; o Banco arguido não está, nem nunca esteve, autorizado pelo BdP a exercer a atividade de registo e depósito de instrumentos financeiros, bem como os demais serviços relacionados com a sua custódia, designadamente, a atividade de consultoria, guarda, administração e gestão de carteiras de valores mobiliários.

Com base nesta sequência de eventos, o BdP condenou tanto a instituição bancária, como a funcionária que assinou as declarações.

Apenas o Banco arguido recorreu para o TCRS e em sua defesa alegou, entre o mais, que a responsabilidade contraordenacional devia, em exclusivo, ser assacada à funcionária que procedeu à emissão daquelas declarações, na qualidade de agente que atuou com domínio do facto.

O Tribunal não concordou, tendo considerado que a própria instituição bancária atuou de forma negligente e sustentou a sua convicção relativa à negligência entre o mais no facto do comportamento empreendido pela agência onde ocorreram os factos não ser, à data, objeto de vigilância e fiscalização por parte do Banco arguido, nomeadamente pelo departamento de *Compliance*. Departamento este que também mereceu um reparo especial, tendo o Tribunal considerado que o facto de o mesmo não estar sediado na agência em causa inculcava a "percepção de um mitigado empenho por parte da [Instituição Bancária] Recorrente na matéria".

Assim, neste caso, o tema do *compliance* surgiu não para afastar ou atenuar a responsabilidade do arguido, mas para a sustentar.

Por sua vez, o **processo nº 71/18.3YUSTR-M** incidiu sobre uma decisão proferida pela Autoridade da Concorrência (AdC) que condenou uma sociedade comercial, um dos seus administradores e um dos seus diretores pela prática de um contraordenação consubstanciada na fixação, por meios diretos e indiretos, de preços e outras condições aplicáveis à revenda por uma rede de distribuidores independentes durante um período de onze anos consecutivos, que se prolongou, pelo menos, até janeiro de 2017, punível nos termos e para os efeitos da alínea a) do nº 1 do artigo 9º da Lei da Concorrência (LdC), aprovada pela Lei nº19/2012 e da alínea a) do nº 1 do Tratado sobre o Funcionamento da União Europeia (TFUE).

Com relevo para o tema que nos ocupa, o TCRS deu como provado os seguintes factos: em data não concretamente apurada mas no ano 2018, a Recorrente adotou e fez circular internamente um manual de *compliance* de procedimentos tendentes a uma postura concorrencialmente de acordo com as diretrizes legais e regulamentares; após 2017, também tem vindo a promover diversas ações de formação junto dos seus colaboradores sobre o domínio do Direito da Concorrência, com o objetivo de consciencializar e fortificar uma cultura interna pró-concorrencial.

Estes factos foram dados como provados com base em prova documental comprovativa da existência de um manual de *compliance* sobre "Boas Práticas no Direito da Concorrência" e de ações de formação internas sobre temas de Direito da Concorrência, nas datas apuradas. Para além disso, o TCRS também sustentou a sua convicção nos depoimentos de duas testemunhas, colaboradoras da Recorrente, que descreveram de forma pormenorizada a política de *compliance* da sociedade arguida, fizeram-no de forma convicta e sem contradições e evidenciavam conhecimento direto dos factos, atentas as funções desempenhadas junto da Recorrente.

Estes factos foram considerados na determinação da medida da coima aplicada à sociedade visada, no âmbito do fator de ponderação previsto no artigo 69º, nº 1, alínea f), da LdC, ou seja, a propósito do comportamento dos visados no processo na eliminação das práticas restritivas e na reparação dos prejuízos causados à concorrência.

Neste plano, entendeu-se que a existência do programa de *compliance* e as formações efetuadas consubstanciavam um fator favorável à sociedade visada e que os mesmos eram de louvar. Contudo, em contrapartida, salientou-se que esse programa de *compliance* apenas surgiu após 11 anos de práticas anticoncorrenciais, o que denunciava que, durante a infração ou não existiu qualquer programa de *compliance* ou, se existiu (o que nem se mostrava provado), o mesmo não foi bem-sucedido. A conclusão foi no sentido de que o programa apenas favorecia a sociedade visada de forma mitigada porque aquele programa em nada alterava a realidade da infração que foi verificada. No final, o Tribunal, em função evidentemente também de outros fatores, manteve as coimas aplicadas. A sentença ainda não transitou em julgado.

Neste caso, o tema de *compliance* surgiu como fator de atenuação das sanções aplicáveis.

## 2. Atuação contra ordens ou instruções expressas

Conexos com o tema do *compliance* surgem com alguma frequência no TCRS casos em que as recorrentes, arguidas em processos de contraordenação, alegam que as pessoas singulares que praticaram a infração agiram contra ordens ou instruções expressas, por terem violado procedimentos internos que, pela sua natureza e ainda que não façam parte de um programa de *compliance* propriamente dito, se destinam a evitar ou minimizar o risco de erros que podem conduzir à prática de infrações.

Irei apresentar três exemplos: processo nº 227/15.0YUSTR, processo nº 64/20.0YUSTR e processo nº 91/20.8YUSTR. Mais uma vez todos os casos são recursos de impugnação judicial de decisões condenatórias proferidas em processos de contraordenação.

O **processo nº 227/15.0YUSTR** teve por objeto uma decisão proferida pela Entidade Reguladora dos Serviços Energéticos (ERSE) que condenou uma empresa comercializadora de gás natural pela prática de uma contraordenação consubstanciada na interrupção de fornecimento de gás natural, por comercializador de gás natural nos casos não excecionados ou permitidos por lei, o que constitui contraordenação muito grave no âmbito do Sistema Nacional de Gás Natural (SNGN), prevista e punida pelo artigo 37º, nº 5, do Decreto-Lei nº 30/2006, de 15 de Fevereiro, republicado, com alterações, em anexo ao Decreto-Lei nº 230/2012, de 26 de Outubro, e pelos artigos 54º a 59º do Regulamento das Relações Comerciais do Sector do Gás Natural (Regulamento nº 139-D/2013, publicado no Diário da República, 2ª série – Nº 74 – 16 de Abril de 2013).

O caso resume-se, no essencial, à seguinte sequência de eventos: a empresa arguida tinha duas clientes com o primeiro e o último nome iguais; uma das clientes pediu a cessação do contrato; este pedido de cessação do contrato foi recebido por uma empresa que não a sociedade arguida e a quem esta tinha contratado, em sistema de *outsorcing*, a prestação dos serviços de *front office* na gestão dos contratos dos clientes de gás natural; a funcionária dessa empresa que recebeu o pedido inseriu, por lapso, no sistema os dados da outra cliente com o primeiro e último nome iguais; este pedido foi recebido pelos serviços de *back office* da arguida/recorrente (não externalizados à data dos factos), que o encaminhou para o operador de rede, que procedeu ao corte de gás da cliente que não havia efetuado o pedido de cessação do contrato. Resultou ainda dos factos apurados que o registo informático de gestão de clientes onde constava o pedido de cessação continha um campo no qual se transcreveu o conteúdo da comunicação eletrónica enviada pela cliente, constando do mesmo várias referências ao seu nome completo e da mera análise do registo informático, era percetível para os serviços de *back office da* arguida a desconformidade entre o cliente declaratário e cliente visado.

Com especial relevância para o tema em análise ficou ainda provado, com base na alegação da recorrente no sentido de que teria existido uma atuação contra ordens ou instruções expressas suas, que a funcionária que recebeu o pedido e fez o registo incumpriu o procedimento interno da arguida/recorrente para a rescisão de contratos de fornecimento de gás natural e eletricidade, ao não ter confirmado os restantes elementos de identificação da cliente, designadamente o apelido completo, a morada, o CUI (Código Universal de Instalação), o NIF e o número do contrato.

Vejamos a análise efetuada pelo Tribunal. A decisão começou por esclarecer que considerava não existir "qualquer obstáculo jurídico à consideração dos procedimentos empresariais (corporizados em manuais de instruções) como *ordens e instruções expressas*", distanciando-se desta forma da jurisprudência no sentido de que uma ordem ou instrução expressa suscetíveis de afastar a responsabilidade têm de ser dadas caso a caso, não podendo ser ordens ou instruções gerais. A decisão afastou esta posição por entender que a "cultura empresarial e a gestão de empresas em áreas de massificação comercial não são compatíveis com esta exigência formalista". Em consequência, o Tribunal concluiu que, no caso, existiam ordens ou instruções expressas.

A decisão esclareceu ainda que "a capacidade eximente da culpa deve resultar do grau da sua vinculação para o trabalhador/colaborador. Aqui vale um **critério material de aptidão vinculativa**. Ou seja, o cumprimento desse procedimento tem de ser mandatório e adequado a prevenir riscos de lesão de bens jurídicos, como sejam, a interrupção ilícita do fornecimento". O Tribunal considerou que este requisito também estava verificado.

Em contrapartida, a decisão assinalou que "a exclusão da culpa da pessoa coletiva por inobservância de ordens e instruções expressas (procedimentos internos) depende da existência de uma relação de subordinação entre o agente incumpridor e a infratora imputável", que no caso não existia. Considerou-se este requisito necessário porque, "não obstante ocorrer a prestação de um serviço em nome e no interesse exclusivo da arguida/recorrente, a emissão da ordem e da instrução depende de uma outra vontade coletiva, sujeita apenas aos deveres de responsabilidade contratual" estabelecidos entre a arguida/recorrente e a empresa de *outsorcing* contratada. O Tribunal esclareceu ainda que esta posição "não fere com a imputação objetiva de atos praticados por agentes representantes da pessoa coletiva, como sejam as situações em que a infratora recorre, na totalidade, à externalização dos seus serviços de *front* e *back office* e em que estes atuam exclusivamente em nome e por conta da pessoa coletiva".

Por fim, de modo mais decisivo, o Tribunal esclareceu que o incumprimento da ordem/instrução expressa tinha de "esgotar a fonte de risco para a produção do resultado", ou, por outras palavras, a actuação do trabalhador/colaborador incumpridor tinha de "esgotar o domínio do facto". Neste caso, isso não sucedia porque o *back office* da arguida estava em condições de perceber que havia uma falha, uma vez que isso se depreendia do registo do pedido da cliente, falha essa que não percecionou por falta de cuidado[1].

Passemos para a análise do **processo nº 64/20.0YUSTR.** Este caso incidiu sobre uma decisão proferida pelo BdP que condenou uma instituição bancária pela prática de uma contraordenação consubstanciada na revelação de informação confidencial relativa aos seus clientes.

Aquilo que sucedeu foi o seguinte: a sociedade arguida é um Banco que tem como uma das suas principais atividades a concessão de crédito para a aquisição de automóvel; esse Banco tinha um departamento de cobrança que geria os créditos em situação de incumprimento; os funcionários desse departamento recebiam um vencimento, que em parte era fixo e em parte variável; a parte variável dependia dos créditos recuperados; no referido departamento trabalhava um funcionário que tinha uma lista de clientes difíceis e que era muito pressionado para atingir os seus objetivos; tal funcionário tinha uma cliente em situação de incumprimento e através de uma pesquisa num motor de busca descobriu que a mesma era vereadora numa determinada câmara municipal; decidiu então – e assim procedeu – enviar do fax do Banco para o número da câmara municipal em causa, uma cópia da carta de cobrança dirigida à cliente; o envio do fax foi feito sem que tivesse havido consentimento dos clientes para enviar informação que dissesse respeito às suas contas para aquele número.

O Banco arguido alegou que o seu funcionário não agiu em conformidade com as instruções e com a política operacional vigente no seio da organização da pessoa coletiva, conformando a sua atuação em sentido diverso ao que esta definiu previamente como sendo o comportamento a

[1] Esta sentença foi proferida pelo Senhor Juiz de Direito Dr. Alexandre Baptista que tem um texto publicado sobre *compliance*, cuja leitura se sugere: BAPTISTA, 2018: 345-384.

adotar em situações iguais aos dos autos. Em consequência, defendeu que não se podia imputar-lhe atos que não refletiam a sua vontade.

Sobre esta matéria provaram-se, com base na alegação do Banco arguido, os seguintes factos concretos: o funcionário que enviou o fax assistiu a uma ação de formação intitulada "Código de Conduta e Sigilo Bancário", que, entre outros temas, incidiu sobre a noção e finalidades do sigilo bancário, fornecendo exemplos práticos para esclarecimento dos formandos, em especial da área de cobranças e onde expressamente foi explicado que nenhuma informação poderia ser dada sem ser ao cliente, tendo isto também lhe sido dito novamente ao longo do tempo em que exerceu as suas funções; o "Manual de Procedimentos (Recuperação de Crédito)" vigente à data da prática dos factos, no Banco do arguido, não previa o envio de faxes a propósito dos contactos passíveis de serem utilizados e faz uma referência ao sigilo bancário, nos seguintes termos: *"Chamadas Outbond: 'É da responsabilidade de cada colaborador utilizar todos os contactos telefónicos disponíveis para tentar encontrar o cliente. Tendo sempre em consideração as boas práticas do sigilo bancário'"*; desse Manual consta como contacto preferencial o telefónico, sendo feitas referências ao envio de cartas, SMS, emails e até telegramas, estando igualmente previsto o conteúdo de cada comunicação, em função de cada situação e da forma de contacto.

Não obstante estes factos, o Tribunal considerou que não existiam ordens ou instruções expressas em sentido contrário, porque, para o efeito, o Banco arguido tinha de provar que havia dado um concreto comando dirigido ao funcionário que fosse contemporâneo dos factos que abrangesse a situação em causa. A decisão entendeu que o arguido não cumpriu com este ónus, desde logo porque uma ação de formação não se traduz numa ordem ou instrução concreta. Quanto às indicações que eram dadas ao funcionário durante o período de laboração no sentido de que nenhuma informação poderia ser dada sem ser ao cliente, o Tribunal salientou o facto de não constarem nos autos em que momentos concretos elas foram transmitidas e as circunstâncias em que o foram. No que respeita ao manual de formação, a decisão sublinhou ainda o seu caráter totalmente genérico na forma como abordava o tema do sigilo bancário e apenas fazia referência às chamadas *outbond*, nada se referindo quanto a outro tipo de contactos. Em conclusão, o Tribunal entendeu que aquilo que existia eram informações prestadas internamente ou através de formações e indicações genéricas no sentido de serem cumpridos escrupulosamente os preceitos legais que disciplinam determinada atividade, e não ordens ou instruções diretas, concretas, determinadas, relativamente à situação concreta nos autos e contemporâneas dos factos.

Adicionalmente, a decisão concluiu que o Banco arguido não agiu com o cuidado a que, segundo as circunstâncias, estava obrigado e de que era capaz, porque era o guardião e o protetor da informação bancária dos respetivos clientes e falhou no cumprimento destes deveres, porque não tinha controlos que impedissem ou validassem as comunicações que saíam do Banco, designadamente através de revisão ou mediante a criação de filtros que protegessem a informação confidencial dos clientes, que permitissem compatibilizar o envio dessa informação confidencial apenas para contactos constantes da ficha do cliente e por este previamente informado, existindo um bloqueio quando essa informação fosse tentada ser associada a outro contacto. O Tribunal concluiu que o Banco arguido era capaz de ter adotado estes mecanismos, tendo em conta a forma como protegia a sua documentação interna e a sua dimensão.

O Banco arguido interpôs recurso desta sentença para o Tribunal da Relação de Lisboa (TRL), que foi julgado improcedente. No essencial, o TRL subscreveu o entendimento perfilhado pelo TCRS, acrescentando-se duas notas específicas exaradas no acórdão. A primeira consiste no facto de se ter precisado que a instrução ou ordem expressa que deveria ter sido dada para excluir a responsabilidade do Banco arguido deveria ter sido "para que se não enviassem via fax e para os locais de trabalho dos clientes, elementos sujeitos a sigilo", acrescentando-se que "não era necessário que tal instrução fosse dada apenas ao colaborador em causa, ou que estivesse permanentemente um funcionário a fiscalizar a sua atuação, diversamente do alegado pelo Recorrente".

O TRL esclareceu ainda que o conhecimento pelo colaborador de que não podia proceder daquela forma não permitia afastar a responsabilidade do Banco arguido, "quer porque não decorria dos factos provados a origem de tal conhecimento ou se era prévio ao ato praticado e por outro não é a esse conhecimento que a lei atribui relevância excludente de responsabilidade, mas antes às referidas ordens ou instruções expressas do Banco, a quem incumbia diligenciar pela guarda dos elementos sujeitos a sigilo".

Vejamos, por fim, o **processo nº 91/20.8YUSTR**, que teve por objeto uma decisão proferida pela ANACOM que condenou uma empresa prestadora de serviços de comunicações eletrónicas por ter veiculado informações incompletas através dos seus operadores de *call center* relativamente aos tarifários de chamadas para determinados números da gama 18xy cuja utilização lhe foi atribuída.

Os factos relevantes são os seguintes: a sociedade arguida é uma empresa de prestação de serviços de comunicações eletrónicas a quem a ANACOM atribuiu o direito de utilização de dois números da gama 18xy, que nos termos do Plano Nacional de Numeração pertence à gama de numeração destinada a *serviços informativos – outras listas*; agentes de fiscalização da ANACOM realizaram chamadas-teste, destinadas aos serviços informativos prestados pela sociedade arguida através dos números referidos, tendo os operadores de *call center* que os atenderam, em dozes chamadas, prestado informações erradas quanto aos tarifários aplicáveis às chamadas efetuadas para os referidos serviços a partir da rede fixa; a sociedade arguida disponibilizava a todos os operadores de *call center* dos números referidos, no sistema informático de apoio ao atendimento as instruções relativas ao guião de conversação a seguir para responder às questões sobre o tarifário que fossem colocadas pelos utilizadores; tendo-se verificado dificuldades dos assistentes de *call center* na correta leitura do tarifário, a informação no referido sistema informático de apoio ao atendimento foi melhorada, mediante a introdução de instruções relativas ao guião de conversação a seguir para responder às questões sobre o tarifário que fossem colocadas pelos utilizadores; no sistema informático de apoio ao atendimento, para além de uma tabela com o tarifário correto e completo, constava um exemplo para, quando perguntados sobre o tarifário aplicável às chamadas a partir da Rede fixa, os operadores prestarem as informações completas.

O Tribunal considerou que, no caso, os operadores haviam agido contra ordens ou instruções expressas, tendo absolvido a arguida das contraordenações imputadas, porque aqueles tinham instruções concretas e expressas sobre a informação que deviam prestar aos consumidores quando questionados acerca dos custos dos serviços prestados através dos números em causa, designadamente toda a informação que constava no sistema informático de apoio ao atendimento. Tal comando era percetível, tinha sido transmitido pelas pessoas responsáveis por tais atos e era do conhecimento dos operadores.

Esclareceu-se ainda, face à alegação da ANACOM no sentido de que a atuação contra ordens ou instruções expressas apenas era suscetível de excluir a responsabilidade no caso de dolo, que a circunstância dos factos terem sido praticados com negligência era irrelevante.

Importa ainda notar que a imputação das violações em análise à Recorrente, na decisão impugnada, sustentava-se apenas e só na negligência dos operadores de *call center* e não na violação de qualquer outro dever de cuidado por parte da estrutura organizativa da recorrente responsável pela formação dos operadores.

A ANACOM recorreu para o TRL por entender que a responsabilidade das pessoas coletivas não pode ser afastada por violação de ordens ou instruções quando os factos são praticados por negligência, tendo TRL mantido a decisão do TCRS, aderindo aos seus fundamentos.

## II. Responsabilidade empresarial nos setores bancário e dos valores mobiliários

### 1. Responsabilidade das pessoas coletivas

Há dois grandes modelos de imputação da responsabilidade às pessoas coletiva: a responsabilidade direta e a responsabilidade indireta ou por representação.

A primeira – responsabilidade direta – caracteriza-se pela imputação do facto diretamente à pessoa coletiva, em termos de culpa, sem ser necessária a intermediação de pessoas físicas. Esta forma de responsabilidade suscita a questão de saber como é que se concretiza esta forma de imputação, ou seja, com base em que parâmetros é que se imputa o facto diretamente à pessoa coletiva. A esta questão têm sido dadas várias respostas, nomeadamente: há responsabilidade da pessoa coletiva quando a atuação se mostra conforme com a *corporate culture*, devendo ser excluída nos casos em que os atos se mostram desconformes com essa orientação dominante; outra resposta tem sido no sentido de considerar que há responsabilidade da pessoa coletiva quando o facto se mostra conforme com as rotinas e organização interna da sociedade; há quem proponha a presunção de culpabilidade da sociedade, sem prejuízo de prova em contrário, etc.[2].

Por sua vez, na responsabilidade indireta ou por representação a culpa é a da pessoa ou pessoas físicas que praticaram os factos, transferindo-se depois para a pessoa coletiva.

Assim, aquilo que distingue as duas formas de imputação não é o facto típico, que quer num caso, quer no outro, tem de ser praticado evidente-

[2] Cf. MARQUES DA SILVA, 2009: 174.

mente por pessoas singulares, mas a culpa. Na imputação direta, procura-se a culpa diretamente na sociedade, ou seja, é uma culpa no contexto da sociedade. Na imputação indireta, a culpa é a da pessoa singular que se transfere para a sociedade.

Para além destes conceitos, importa ainda ter presente que a responsabilidade indireta ou por representação pode assumir duas modalidades distintas: orgânica e funcional. Na primeira apenas os factos praticados pelos órgãos da entidade coletiva lhe podem ser imputados, ou seja, apenas esses órgãos exprimem a vontade juridicamente relevante desta. A segunda inclui os factos praticados pelas pessoas singulares que integram esses órgãos e outras pessoas singulares, como por exemplo os trabalhadores, funcionalmente vinculados à pessoa coletiva, no exercício das suas funções. Isso significa que essas pessoas singulares também exprimem a vontade da pessoa coletiva, desde que não haja contra ordens ou instruções expressas.

Estes conceitos foram objeto de discussão no **processo nº 178/20.7YUSTR**. Tratou-se de um recurso de impugnação judicial que tinha por objeto uma decisão proferida pela Comissão do Mercado de Valores Mobiliários (CMVM) que condenou uma sociedade comercial e várias pessoas singulares (ex-administradores da sociedade arguida) pela prática de várias contraordenações consubstanciadas na violação, a título doloso, do dever de divulgação de informação com qualidade, prevista e punida pelos artigos 7º, 389º, nº 1, alínea a) e 388º, nº 1, alínea a), todos do Código de Valores Mobiliários (CdVM).

Neste processo e a propósito da responsabilidade da pessoa coletiva colocou-se, em primeiro lugar, a questão de saber se o artigo 401º, nº 1, do CdVM, prevê a responsabilidade direta ou indireta das pessoas coletivas. De acordo com a CMVM o artigo 401º, nº 1, do CdVM prevê uma forma de imputação autónoma, que dispensa a mediação da intervenção de qualquer pessoa singular. O entendimento do Tribunal foi no sentido de que a norma não consagra uma forma de responsabilidade direta pela seguinte razão: para que uma norma consagre a responsabilidade direta não basta que determine ou estipule a responsabilidade das pessoas coletivas. É necessário que defina os critérios específicos de imputação que permitam configurar a culpa da pessoa coletiva independente da culpa da pessoa física que praticou o facto. O artigo 401º, nº 1, do CdVM não contém esses critérios de imputação. Por conseguinte, esta norma limita-se a prever a responsabilidade das pessoas coletivas, cuja concretização dos termos de imputação é efetuada nas normas seguintes do mesmo preceito, em particular o nº 2, que consagra claramente uma responsabilidade indireta.

No caso, esta divergência de entendimentos não teve consequências concretas no processo, porque apesar da CMVM ter adotado e aplicado aquele entendimento na imputação dos factos à pessoa coletiva, a decisão também foi proferida contra pessoas singulares que, à data, eram administradores da pessoa coletiva arguida, pelo que a imputação dos factos aos mesmos permitia depois a imputação de responsabilidade também à pessoa coletiva. Para além disso, mesmo que a decisão tivesse sido proferida apenas contra a pessoa coletiva ainda poderia ser possível imputar-lhe as infrações mesmo sem identificação das pessoas singulares que praticaram os factos caso se concluísse que dada a configuração e o contexto subjacentes não havia qualquer dúvida no sentido de que aqueles factos apenas poderiam ter sido praticados por uma das pessoas previstas no artigo 401º, nº 2, do CdVM e nas condições aí referidas. Contudo, esta forma de imputação autónoma, quando não há identificação de pessoa singular, não significa imputação direta.

Em contrapartida, caso não fosse possível sustentar essa forma de imputação autónoma então a falência da tese da CMVM conduziria à absolvição da pessoa coletiva por falta de factos suscetíveis de concretizar os fatores de conexão previstos no artigo 401º, nº 2, do CdVM. Factos esses que não poderiam ser aditados na fase de impugnação judicial na medida em que esse aditamento se traduziria numa alteração substancial.

Para além desta questão colocou-se também outra, mas agora relativa à responsabilidade orgânica *versus* responsabilidade funcional, suscitada pela pessoa coletiva arguida.

Assim, a mesma alegou, em sua defesa, que não podia ser condenada porque a esmagadora maioria do Conselho de Administração não tinha conhecimento de que a informação divulgada não era verdadeira, completa e lícita, tendo sido levada em erro.

Isto ficou efetivamente provado. Contudo, estes factos não eram suscetíveis de afastar a responsabilidade da pessoa coletiva justamente porque o modelo de imputação previsto no artigo 401º, nº 2, do CdVM, é funcional e não orgânico. Num modelo funcional basta um ato de um administrador para permitir a imputação do facto à pessoa coletiva, desde que não tenha atuado contra ordens ou instruções expressas do órgão.

Quanto ao setor bancário a responsabilidade das pessoas coletiva está prevista nos artigos 202º, nº 1, e 203º, ambos do RGICSF, e é também uma responsabilidade indireta e funcional.

## 2. Responsabilidade das pessoas singulares

Começando pelo **conceito extensivo de autor**, este parâmetro é aplicável no domínio das contraordenações no setor bancário por força de uma norma expressa do RGICSF, o artigo 202º, nº 2. Quanto ao setor dos valores mobiliários tal regra resulta do artigo 16º, nº 1, do RGCO, *ex vi* artigo 407º, do CdVM. De acordo com este conceito é autor de uma contraordenação todo aquele que tiver prestado um contributo co-causal para a verificação da infração para se afirmar a autoria.

Este parâmetro é quase sempre utilizado quando estamos perante infrações cometidas por pessoas coletivas para efeitos de imputação das mesmas a pessoas singulares porque, conforme o Tribunal Constitucional (TC) evidencia no acórdão nº 99/2009[3], em regra, nestes casos e nestes setores de atividade, os factos envolvem uma pluralidade de intervenientes, vários de circuitos de informação e de ordens dentro da estrutura organizacional da empresa e zonas de autonomia decisória e outras de responsabilidade funcional, ou seja, a contraordenação acaba por ser o produto de múltiplos contributos de várias pessoas.

O conceito extensivo de autor tem duas implicações práticas relevantes. A primeira consiste na desnecessidade de efetuar a distinção entre as concretas formas de autoria (autoria, coautoria e instigação). Impõe-se apenas diferenciar a cumplicidade, por força do artigo 16º, nº 3, do RGCO, uma vez que implica uma atenuação da coima. A segunda implicação consiste na equiparação da omissão à ação sem necessidade de uma norma legal específica de equiparação. Contudo, tem de existir sempre um dever de garante.

Pese embora a adoção do conceito não seja totalmente consensual por se considerar que o mesmo não é compatível com o princípio da tipicidade, a verdade é que está totalmente consolidado na jurisprudência e já foi também validado pelo TC.

Os quatro processos a seguir indicados são exemplos onde o conceito foi utilizado e debatido, com várias referências doutrinais e jurispruden-

[3] Ac. TC nº 99/2009, de 03/03, proc. 11/CPP, Rel. Carlos Fernandes Cadilha, disponível *online* em www.tribunalconstitucional.pt.

ciais sobre esta matéria: processo nº 177/14.8YUSTR (BdP), processo nº 51/15.0YUSTR (CMVM), processo nº 127/19.5YUSTR (BdP) e processo nº 178/20.7YUSTR (CMVM).

Por fim, quanto à responsabilidade no caso de **delegação de poderes** esta matéria foi tratada, pelo menos, em dois processos: o processo nº 280/18.5YUSTR e o processo nº 75/15.8YUSTR, ambos recursos de impugnação judicial de decisões condenatórias proferidas em processos de contraordenação.

O **processo nº 280/18.5YUSTR** teve por objeto uma decisão do BdP contra um Banco e várias pessoas singulares que, à data dos factos, eram administradores desse Banco pela prática de uma contraordenação consubstanciada, em termos simplificados, na inobservância das normas e procedimentos contabilísticos determinados por lei ou pelo BdP quando dela não resulte prejuízo grave para o conhecimento da situação patrimonial e financeira da entidade em causa.

A narrativa factual relevante resume-se, no essencial, ao seguinte: o Banco arguido concedeu um crédito a determinada sociedade; a partir de certa altura esta sociedade entrou em incumprimento e o Banco teve de constituir provisões; contudo, constituiu provisões inferiores àquelas a que estava obrigado, sendo que a partir de determinada altura procedeu nesses termos por causa de um penhor dado como garantia do crédito da sociedade que estava em incumprimento e que incidia sobre um depósito a prazo pertencente a acionistas dessa sociedade; o dinheiro desse depósito a prazo tinha sido concedido pelo próprio Banco mediante o desconto de livranças.

Um dos administradores condenados pelo BdP recorreu para o TCRS e alegou, em sua defesa e entre o mais, que não era responsável poque, à data dos factos, o Banco tinha repartido a sua gestão pelos vários administradores e não cabia ao arguido as funções relacionadas com a constituição de provisões.

O Tribunal entendeu, em termos gerais, que quando há delegação de poderes os administradores não responsáveis pelas funções relacionadas com a prática dos factos continuam a ter um dever geral de vigilância, que resulta do artigo 407º, nº 8, do Código das Sociedades Comerciais (CSC) ou, de acordo com outro entendimento possível, um dever de supervisão residual dos delegados, dependente da sua capacidade efetiva de atuar. Mais esclareceu que esse dever geral de vigilância não exigia que os administradores não delegados estivessem sempre a pedir informação pormenorizada sobre cada um dos atos praticados pelo administrador-delegado. Contudo, a diligência de um gestor criterioso e ordenado e uma atuação que dê garantias de uma gestão sã e prudente impõem que, perante elementos suspeitos e indiciadores de irregularidades, que podem nomeadamente conduzir à prática de infrações, o administrador não delegado aprofunde a sua averiguação, obtendo as informações que se mostrem necessárias para afastar ou comprovar essa possibilidade.

No caso concreto, não existiam elementos suspeitos até à constituição dos penhores e, nessa medida, considerou-se que o arguido não era responsável pela infração durante esse período.

Contudo, no período subsequente à constituição dos penhores a conclusão foi diferente, pois o arguido tinha conhecimento dos penhores, tinha conhecimento da proveniência do dinheiro do depósito a prazo e tinha conhecimento de que os penhores haviam sido constituídos por causa das provisões. Para além disso, os penhores eram operações altamente irregulares e suspeitas, porque o dinheiro objeto do penhor tinha sido emprestado pelo Banco, o que significa que a garantia que existia ali não era o penhor propriamente dito, mas o património geral dos acionistas e não existiam elementos de que o mesmo tivesse sido avaliado. Perante estas operações, o Tribunal entendeu que o arguido era responsável pela prática da contraordenação, porque e era uma pessoa capacitada, dispunha de elementos suficientes para suspeitar que existia ali uma irregularidade e tinha capacidade efetiva de agir, na medida em que, na qualidade de administrador, intervinha no órgão máximo da instituição, o Conselho de Administração, o que implicava necessariamente capacidade de atuar sobre esta matéria.

Os factos deste processo são anteriores à introdução do nº 3 do artigo 204º, do RGICSF, pelo DL nº 157/2014, de 24/10, que prevê a possibilidade de atenuação especial da coima para estes casos, não sendo de aplicação automática. Contudo, a aplicação desta norma foi ponderada ao abrigo do princípio da lei mais favorável e a conclusão foi no sentido de que, no caso, não se justificava a atenuação, entre o mais, pelas seguintes razões: a circunstância do impulso para a ação devida e omitida decorria de factos bastante suspeitos e frontalmente contrários a uma gestão sã e prudente; e a infração estava relacionada com um bem jurídico de relevo significativo, designadamente e conforme referia o BdP, na decisão impugnada, "a qualidade da informação financeira da instituição, cuja consulta importa desde logo ao supervisor, mas também a todos quantos releve o conhecimento da situação da instituição: acionistas, clientes e credores em geral".

Por sua vez, o **processo nº 75/15.8YUSTR** teve por objeto uma decisão da CMVM proferida contra um Banco e contra pessoas singulares que, à data, eram administradores da instituição bancária arguida pela prática de contraordenações consubstanciadas, por um lado, no exercício da atividade de intermediação financeira sem registo prévio e na não inclusão de elementos mínimos obrigatórios nos contratos.

Basicamente aquilo que aconteceu foi o seguinte: o Banco arguido disponibilizava um produto que se traduzia num contrato de gestão de carteiras por conta de outrem, sem registo prévio junto da CMVM e os contratos celebrados não tinham determinados elementos mínimos essenciais.

Apenas dois administradores recorreram para o TCRS.

Um dos recorrentes alegou, em síntese: que havia pelouros distribuídos por cada administrador; que este produto, na sua configuração e na relação com o supervisor não integrava o seu pelouro e que nas relações com os administradores os mesmos têm de se determinar pelo princípio da confiança.

Ficou provado quanto a este administrador que o mesmo tinha dúvidas em relação à qualificação e regularidade do produto em causa e que transmitiu essas dúvidas ao diretor do departamento jurídico.

O Tribunal começou por afastar o dolo por falta de prova. Quanto à negligência, aceitou, em síntese, a defesa apresentada pelo arguido e considerou que os administradores não delegados apenas podem ser responsabilizados (no caso de negligência) relativamente a "assuntos transversais à atividade de gestão da pessoa coletiva ou quando há reservas ou suspeitas devidamente fundadas", o que entendeu não ser o caso.

O outro administrador recorrente alegou que, enquanto diretor do departamento jurídico, transmitiu as suas dúvidas relativamente ao produto ao presidente da instituição bancária e que o mesmo lhe disse que "isso estava resolvido". Estes factos ficaram provados, assim como ficou provado que seis meses após a transmissão das suas dúvidas este arguido tornou-se no administrador com o pelouro dos assuntos jurídicos e contencioso da instituição.

O Tribunal começou por afastar o dolo por falta de prova. Quanto à negligência, considerou que o arguido não violou os seus deveres de diligência de um gestor criterioso e ordenado pelas seguintes razões:

porque "resultou provado que no seio do Banco, o presidente do conselho de administração, era visto como alguém assumidamente competente, cioso dos poderes que lhe estavam adstritos, exercendo-os com autoridade"; e que "o Arguido fez aquilo que o dever de cuidado objetivo impunha que fizesse: depois de abordar o assunto perante o presidente do conselho de administração, que lhe disse expressamente que o assunto estava resolvido, confiou que o assunto estivesse resolvido".

## Conclusão

Dos casos relatados conclui-se, em primeiro lugar, que o *compliance* é um tema que começa a surgir nos processos de contraordenação.

Em segundo lugar, em matéria de atuação contra ordens ou instruções expressas começa a despontar uma jurisprudência no sentido de que a ordem ou instrução pode consistir em procedimentos gerais, desde que esgotem a fonte de risco.

Em terceiro lugar, nos setores bancário e dos valores mobiliários a responsabilidade das pessoas coletivas segue o modelo de imputação indireta e de responsabilidade funcional, sem prejuízo da imputação autónoma no caso de não identificação da pessoa singular.

Em quarto lugar, o conceito extensivo de autor está consolidado na jurisprudência, sendo muito útil para sustentar a imputação dos factos às pessoas singulares no caso de contraordenações da responsabilidade de pessoas coletivas nos setores bancário e dos valores mobiliários.

Em quinto lugar, quando há delegação de poderes os demais administradores continuam a ter um dever geral de vigilância que lhes impõe o dever de agir quando há suspeitas ou indícios de infrações.

## Bibliografia Citada

Baptista, Alexandre,

(2018) "Compliance em processo contraordenacional: Da alegação à decisão através da prova", in: Maria Fernanda Palma, Augusto Silva Dias e Paulo de Sousa Mendes (coord.), *Estudos sobre Law Enforcement, Compliance e Direito Penal,* Coimbra: Almedina, pp. 345-384.

Marques da Silva, Germano,

(2009) *Responsabilidade Penal das Sociedades e dos Administradores e Representantes*, Lisboa: Verbo.

## Jurisprudência Citada

Ac. TC nº 99/2009, de 03/03, proc. 11/CPP, Rel. Carlos Fernandes Cadilha.
Ac. TCRS de 12/05/2015, proc. nº 177/14.8YUSTR.
Ac. TCRS de 22/07/2015, proc. nº 75/15.8YUSTR.
Ac. TCRS de 12/12/2015, proc. nº 51/15.0YUST.
Ac. TCRS de 05/01/2016, proc. nº 227/15.0YUSTR.
Ac. TCRS de 06/03/2019, proc. nº 280/18.5YUSTR.
Ac. TCRS de 01/07/2020, proc. nº 61/20.6YUSTR.
Ac. TCRS de 03/09/2020, proc. nº 91/20.8YUSTR.
Ac. TCRS de 18/09/2020, proc. nº 64/20.0YUSTR.
Ac. TCRS de 09/12/2020, proc. nº 178/20.7YUSTR.
Ac. TCRS de 09/04/2021, proc. nº 127/19.5YUSTR.
Ac. TCRS de 06/10/2021, proc. nº 71/18.3YUSTR-M.
Ac. TRL de 09/12/2020, proc. nº 91/20.8YUSTR.
Ac. TRL de 26/01/2021, proc. nº 64/20.0YUSTR

# Contexto, evolução e tendências do *compliance* em Portugal e na Europa, em especial a partir do Aviso nº 3/2020, de 15 de julho, do Banco de Portugal

Miguel da Câmara Machado*/**

**Sumário:** I. Preliminares; II. *Compliance* em Portugal e na Europa – notas iniciais; III. As principais preocupações do Aviso nº 3/2020 do Banco de Portugal e os seus antecedentes em matéria de governo e controlo interno; IV. A evolução e as perspetivas futuras dos regimes de prevenção do branqueamento de capitais associados aos de controlo interno; V. O Aviso nº 3/2020 do Banco de Portugal – uma análise dos seus traços mais relevantes; V.I. As responsabilidades do Conselho de Administração; V.II. As responsabilidades do Conselho Fiscal; VI. A Instrução nº 18/2020 do Banco de Portugal; VII. Conclusões – dicas e notas finais.

* Assistente Convidado na Faculdade de Direito da Universidade de Lisboa (FDUL). Investigador no Centro de Investigação de Direito Privado da FDUL. *Chief Legal Counsel* e Advogado no Banco de Investimento Global (BiG).

** Este texto corresponde às notas de suporte a uma conferência proferida no âmbito do Colóquio sobre *Proteção de Dados Pessoais e Compliance nos contextos do Brasil e Portugal*, organizado pelo Instituto dos Advogados de São Paulo (IASP), em que se abordou o tema relativo ao *Contexto, evolução e tendências do Compliance em Portugal e na Europa*, em setembro de 2021. São reflexões que pretenderam e pretendem dar a conhecer um regime relativamente recente, mas muito importante no dia-a-dia do setor bancário e financeiro e revelam muito do que podemos esperar nos próximos anos. Todas as posições expressas nesta apresentação são estritamente pessoais e nenhuma vincula ou representa a posição ou entendimento de qualquer entidade com as quais o autor tem vindo a colaborar.

Por fim, agradeço o valioso apoio da Catarina Vinagre, do Francisco Luna Vaz, da Mafalda Cordeiro e do Tomás Gomes da Silva na revisão deste texto, tendo sido essenciais para que o mesmo fosse preparado e atingido. Obrigado.

## I. Preliminares

Nestas notas pretende fazer-se uma análise geral do contexto e das tendências do *Compliance* em Portugal, a partir de um instrumento normativo específico: o Aviso nº 3/2020, de 15 de julho, do Banco de Portugal (doravante, o "BdP"), que veio regulamentar os sistemas de governo e controlo interno e definir os padrões mínimos em que deve assentar a "cultura organizacional" das entidades sujeitas à supervisão do BdP[1].

No entanto, antes de entrar nesse problema, gostaríamos de tratar de uma questão prévia quanto à diferente abordagem relativamente ao problema das denúncias anónimas (ou dos mecanismos de *whistleblowing*, que, tantas vezes, se cruzam com o controlo interno ou *Compliance*) em Portugal e na Europa continental, em comparação com os regimes jurídicos dos Estados Unidos da América (EUA) e Inglaterra, ordenamentos de *Common Law*.

A questão das denúncias anónimas na Europa assume sempre um cariz marcadamente filosófico e é, na nossa interpretação, muito marcada pela História das ditaduras no nosso continente. Os portugueses, os alemães, os franceses, e até os espanhóis são avessos às denúncias anónimas pelos "traumas" resultantes do período pré- e pós-Segunda Guerra Mundial e não aceitam bem a sua existência. Em sentido contrário, os regimes de *whistleblowing* dos EUA e de Inglaterra admitem, aceitam e fomentam denúncias anónimas (por exemplo, o caso *Enron*, nos EUA, veio reforçar a necessidade de mecanismos deste tipo, acreditando-se que só foi possível "desmontar" aquela estrutura criminosa com estas ferramentas que, hoje, queremos incluir nas empresas de maior dimensão).

A experiência europeia, se tivermos em conta os acontecimentos históricos que marcaram o século XX, aponta no sentido de as denúncias anónimas poderem ser usadas para denunciarmos os nossos vizinhos e familiares, e, como tal, em países que viveram ditaduras há relativamente pouco tempo, como aconteceu em vários países europeus, este tipo de mecanismos de denúncias ou *whistleblowing* não são vistos ou interpretados com bons olhos ou como algo positivo (no "instinto legislativo" ou no "espí-

[1] Ao longo deste texto, que consiste numa transcrição/adaptação de uma apresentação oral iremos utilizar, indiscriminadamente e sem grande preciosismo, diferentes termos para nos referirmos a estas entidades obrigadas e abrangidas pelo Aviso 3/2020, falando tanto de bancos, como de instituições, como de empresas, numa lógica até antecipatória do que acreditamos poder vir a ser o alargamento destas obrigações de controlo interno e governação. De igual forma, também faremos equivaler *compliance* e cumprimento normativo, ou até outras expressões, em diferentes partes do artigo.

rito do povo", recorrendo à feliz expressão de Savigny). Deste modo, há uma certa cultura europeia "continental" contra as denúncias anónimas que não deverá ser desvalorizada quando tratamos deste tema, porque, quando se olha para a cultura empresarial mais influenciada pelos *Common Lawyers*, encontramos relatos recentes de empresas nos EUA onde trabalhadores são sancionados por não terem denunciado colegas que estão a violar Códigos de Conduta na sua presença. Estes trabalhadores são sancionados pela sua conduta atentatória das normas internas, mas também os trabalhadores que presenciam a situação e não a denunciam acabam a ser sujeitos à aplicação de sanções. Ora, um ambiente onde os trabalhadores são os polícias uns dos outros não parece ser um bom ambiente para trabalhar...

Assim, a loucura do *whistleblowing*, o regime *Sarbanes-Oxley*, e os vários casos polémicos que foram surgindo ao longo do tempo fazem com que o Direito nestas matérias seja muito mais reativo do que proativo. Neste texto, pretendemos demonstrar como as várias áreas do *compliance* empresarial (e bancário, em especial) e dos regimes de combate ou prevenção do branqueamento de capitais, que têm sido marcadas por vários momentos históricos recentes, podem ir longe demais. Inclusivamente é engraçado ver como funciona o *compliance* da proteção de dados, que, de certa forma, é o último reduto, a força contra os regimes de *compliance* mais musculados de todos, os de *Anti-Money Laundering*, prevenção do branqueamento de capitais (ou de combate à "lavagem de dinheiro", como se escreve no Brasil). E não só é bom e recomendável que as empresas tenham um DPO (*i.e.*, *Data Protection Officer*, ou Encarregado de Proteção de Dados em português), que é a pessoa responsável pelos dados pessoais e pela sua proteção dentro de uma instituição que seja diferente do *Compliance Officer*, especificamente dedicado à prevenção do branqueamento de capitais (a pessoa da instituição responsável por assegurar e controlar o *compliance*, em inglês, muitas vezes referido como "AMLO", "*Anti-Money Laudering Officer*), uma vez que estes representam duas forças que se podem combater mutuamente[2]. Sendo dois agentes de *Compliance* com interesses conflituantes é, em alguns casos, obrigatório que haja titulares destas funções (consideradas essenciais nas "FAQs"[3] – *frequently asked questions* – apresentadas pelo Banco de Portugal a propósito da publicação e entrada em vigor

[2] Quanto a isto, v. Aguiar (2022), entre outros aí citados.

[3] Cfr. as "Respostas a questões colocadas sobre o Aviso do Banco de Portugal nº 3/2020 e sobre a instrução nº 18/2020, disponíveis *online* em https://www.bportugal.pt/sites/default/

do Aviso nº 3/2020, de 15 de julho (doravante, abreviadamente designado por "Aviso 3/2020"), que procuraremos analisar e detalhar neste texto.

## II. *Compliance* em Portugal e na Europa – notas iniciais

Tradicionalmente, as preocupações com *compliance* ou "conformidade normativa" (expressão também usada nestes Estudos), em Portugal, aparecem muito associadas à banca, aos mercados financeiros e aos seguros, o que se explica pelo impulso internacional do combate ao branqueamento de capitais e ao financiamento do terrorismo, mas não é um exclusivo destes setores. Atualmente, o *compliance* é, cada vez mais, uma preocupação que todas as empresas têm de ter, independentemente do setor em que atuem[4]. Desde logo, interessa a todas as atividades reguladas e supervisionadas (como as telecomunicações, energia, segurança alimentar, farmácia, ambiental, entre outras)[5].

Importa abrir um parêntesis para esclarecer que a expressão "branqueamento de capitais" e a expressão "lavagem de dinheiro" são dois termos que se referem à mesma situação e que são utilizados indiscriminadamente, pelo que é uma questão de "escolha" do vocábulo que preferimos usar. Contudo, na prática, há países que adotam na sua legislação uma destas expressões, que acaba por ser a mais utilizada em cada ordenamento jurídico.

O termo "branqueamento de capitais" provém da expressão francesa ("*blanchiment d'argent*"), e é o mais comummente utilizado em Portugal, desde logo na legislação, embora, também cá, já se tenha sido defendido que tem conotações racistas, porque equivale a afirmar que os capitais "bons" são os "brancos" e os capitais "maus" são os "não-brancos", pelo que há alguma discussão, mesmo na Europa Continental, sobre se deve ser adotada esta expressão[6].

Já a expressão "lavagem de dinheiro" é associada, desde logo, à imagem das "lavandarias de dinheiro" como lojas ou negócios, com lucros difíceis de verificar, em que é fácil "misturar" dinheiro proveniente da prática de crimes com os lucros da própria empresa. Os filmes e séries sobre máfia

files/perguntas_frequentes_sobre_o_aviso_n.o_3_2020_e_instrucao_n.o_18_2020.pdf. e o texto que quase serve de apresentação ao Aviso: FERREIRA/CUNHA (2019).

4 Como o setor da aviação, que foi especificamente tratado, de uma perspetiva brasileira, na primeira parte deste colóquio, referido na nota inicial, em 2020.

5 Especificamente com preocupações de "*compliance* fiscal", v. SÁNCHEZ LÓPEZ (2022), para o mundo desportivo, cfr. FERNÁNDEZ TORRES (2022) ou, no mercado de arte, v. POVEY (2022).

6 Neste sentido, v., desde logo, JÚNIOR (2019), p. 47, ou ALBERTO (2020), pp. 52 e 53.

ou tráfico de droga têm trazido excelentes personagens e casos para a "mitologia" associada a este tipo de crime. Por exemplo, a excelente série *Breaking Bad* tem uma cena muito didática em que o advogado fictício Saul Goodman explica a um dos criminosos porque deve adquirir um "salão de beleza", explicando, em termos básicos, o processo de branqueamento de capitais[7]. A ideia de "branqueamento" ou de "lavagem" é a mesma, ou seja, é dar uma aparência lícita aos vários capitais através de alguma atuação que permita "lavar" ou "branquear" o dinheiro "sujo" que resultou de uma atuação ilícita anterior.

As empresas têm de ser responsáveis pelo cumprimento das leis, das regras e dos regulamentos que sejam aplicáveis à sua atividade, o que deverá ser assegurado por pessoas que podem, ou não, ser juristas. Uma tendência que podemos apontar, e que poderá ser verificada numa consulta ao *Financial Times*[8] ou *The Economist*[9], é que, nos últimos anos, no Brasil, nos EUA, em Portugal e na União Europeia, existe um crescimento gigantesco dos custos das empresas (em diversos setores de atividade) com *compliance*. Este aumento significativo deve-se à complexificação dos sistemas internos de controlo, mas também à previsão de elevadas coimas que sancionam o incumprimento dos normativos aplicáveis. Assim, quando estamos a organizar uma empresa, temos de saber que vamos afetar recursos humanos e o tempo de alguns colaboradores, e os regimes de *compliance* mais recentes, que passaremos a analisar, vêm consagrar a ideia do *tone from the top*, *i.e.*, a imagem de que há uma responsabilidade da liderança empresarial, nomeadamente do *board of directors*. Com efeito, há responsabilidades diretamente imputáveis à Administração ou gestão da empresa que, atualmente, em Portugal e no setor bancário, já decorre da própria lei, tanto quanto a membros Conselho de Administração, como do Conselho Fiscal, como veremos melhor de seguida.

Nestes termos, os custos aumentaram para permitir a implementação de estruturas que acompanhem o controlo e o *compliance* exigidos às empresas e a tendência é a de que continuem a aumentar, de modo a acompanhar as exigências jurídicas cada vez maiores[10].

[7] Podemos ver essa cena, legendada, *online*, no *Youtube*, em https://www.youtube.com/watch?v=ez6xH-su2xI&t=6s.

[8] Cfr., por exemplo, https://www.ft.com/content/e1323e18-0478-11e5-95ad-00144feabdc0.

[9] V., entre outros, https://impact.economist.com/perspectives/sites/default/files/EIU_Opentext_Compliance%20and%20regulatory%20disruption.pdf.

[10] Quanto a este problema, cfr. MIHAELA (2013) ou CHIU (2018).

Destarte é importante analisar as consequências que surgem da adoção de diversos regimes de denúncias. Tipicamente, os americanos e os ingleses aceitavam que fossem reportados todos os dados dos clientes para combater a lavagem de dinheiro, enquanto os bancos alemães e franceses aceitavam apenas que fossem reportados os dados dos clientes que já tivessem sido sinalizados. Daqui se retira que a política adotada pelos bancos alemães e franceses é a que melhor salvaguarda a privacidade, mas implica que bancos como o BNP Paribas tenham verdadeiros exércitos de *compliance* que filtrem as várias operações que são feitas diariamente[11]. A esta realidade está associado um aumento dos custos por duas razões que já se apontaram previamente: aumentam as despesas de implementação das estruturas e aumentam as coimas previstas como consequência da violação das normas de *compliance*.

O *enforcement* do *compliance* nas várias instituições traduz-se em demonstrar aos supervisores que a empresa em causa cumpriu com o que lhe é exigido no que diz respeito às estruturas organizativas necessárias. Esta exigência revela-se cara, mas, se não for possível esta demonstração, poderão ser aplicadas sanções sucessivas que representam, muitas vezes, um encargo largamente superior. Neste sentido, basta atentar nos processos que resultaram em condenações de milhares de milhões de dólares que foram instaurados nos últimos anos, nomeadamente durante o ano de 2020, sendo que, em 2021, há relatórios, até junho, que apontam no mesmo sentido[12].

No decorrer deste texto tentaremos tecer algumas considerações sobre os regimes de lavagem de dinheiro em Portugal. Para além disso, serão referidas notas sobre os fatores ESG, sigla que, aqui, significa "*Environmental, Social and Governance*" (fatores ambientais, sociais e de governação societária, em português).

[11] Sobre este tema, cfr. as próprias afirmações do BNP em https://impact.economist.com/perspectives/sites/default/files/EIU_Opentext_Compliance%20and%20regulatory%20disruption.pdf, pp. 18 e ss.. Ou, o texto disponível aqui – https://www.businessbecause.com/news/mba-jobs/3174/mba-careers-compliance-staff-soar-at-banks – onde se afirma, ainda em 2015 que *«French lender BNP Paribas said last year that it had increased its compliance staff by 40% to 1,600 in five years, with further plans to increase the size of its audit and risk management teams»*.

[12] Cfr., entre outros, um dos relatórios da SEC (*Securities and Exchange Commission* dos EUA), recente, disponível em https://www.sec.gov/news/press-release/2022-206, ou, entre nós, os relatórios que o Departamento de Averiguação e Ação Sancionatória do Banco de Portugal tem divulgados no seu sítio de internet, em especial no separador https://www.bportugal.pt/pco, dedicado a informação, divulgação e sanções acessórias de publicação de decisões condenatórias deste supervisor.

Nestes domínios, podemos recorrer à ideia do sapo Cocas, dos Marretas de Jim Henson, quando cantava que *"It's not easy being green"*, lembrando-nos, hoje, que, no mundo financeiro, também não é fácil "ser verde", o que faz com que esta seja uma das áreas onde teremos de nos especializar para que haja um bom *compliance* ESG, e que se evite outro fenómeno, ainda difícil de traduzir, o chamado *"greenwashing"* (quando as empresas tentam manipular os dados relativos a estes fatores para dar uma falsa aparência de cumprimento e atrair investidores incautos)[13].

## III. As principais preocupações do Aviso nº 3/2020 do Banco de Portugal e os seus antecedentes em matéria de governo e de controlo interno

Em matéria de *compliance* para o setor bancário é importante ter em consideração o Aviso 3/2020, que foi publicado no verão de 2020 pelo BdP, o banco central e regulador português[14]. Este Aviso tem como objetivo consolidar as várias forças motrizes relevantes nestes domínios na União Europeia e em Portugal, o que torna essencial, para uma correta aplicação e interpretação, ter em consideração a legislação e regulamentação de ambos os ordenamentos.

Noutro parêntesis, note-se que, antes de 2020, previamos que a implementação de regimes *"ESG"* ia ser a moda e o "grande tema" do ano, caso o mundo não tivesse sido assolado pela pandemia de Covid-19. No entanto, a União Europeia acabou por se "esquecer" de avançar com a implementação de algumas regras que estavam previstas e que foram apenas implementadas em 2021, porque o mundo "parou" e mudou muito ao longo dos últimos dois anos, como todos temos conseguido verificar

No entanto, em matéria de controlo interno, não ficámos parados no setor bancário português, bem pelo contrário, tendo sido interpelados por este Aviso 3/2020 que sistematizou alterações em matérias como:

13 Sobre esta matéria, recomenda-se, para leigos e não-leigos, Carney (2021). Marc Carney, antigo Governador do Banco Central do Canadá e, mais tarde, Governador do Banco Central de Inglaterra, fala sobre o ESG de maneira muito fácil de ler (eu espero que o traduzam para português, tanto do Brasil, como de Portugal, nos próximos tempos). É um texto muito simples, ele é um bom orador (eu até o ouvia em *audio book* e recomendo) sobre estas matérias e, para ter uma visão das tendências e do contexto do *compliance*, em especial do ESG, é muito interessante. Recentemente também abordámos o tema em Machado (2022b).

14 Mais informação quando à missão e funções do BdP pode ser encontrada na sua página *online* oficial, disponível em https://www.bportugal.pt/page/missao-e-funcoes?mlid=808.

- Conduta e cultura organizacional dos bancos e das instituições de crédito[15];
- Governo dos bancos e das instituições de crédito;
- Sistema de controlo interno exigidos às instituições financeiras;
- Políticas e práticas remuneratórias – considerando a máxima "*the money rules*" e a maneira como as sociedades alocam as remunerações dos seus trabalhadores, percebemos onde é que tais instituições situam os seus fundos, onde é que é posto o dinheiro, e em que áreas se comprometem, o que possibilita a verificação do cumprimento, ou não, destes valores[16].

O Aviso 3/2020 articula-se com outros importantes normativos, designadamente com a Instrução nº 18/2020, também de 15 de julho, do BdP, que prevê vários deveres de reporte associados e sobre a qual contamos deixar algumas notas num dos próximos pontos; e com o Regime Geral das Instituições de Crédito e Sociedades Financeiras, aprovado pelo Decreto-Lei nº 298/92, de 31 de dezembro (doravante abreviadamente designado por "RGICSF").

A preocupação de acompanhar as alterações legislativas e o processo legislativo faz parte de ser um bom *Compliance Officer* e um bom jurista, significando que se está atento ao que aí vem. É uma tarefa muito difícil, tendo em conta os riscos de desatualização constante a que estamos expostos, por estarmos perante regimes jurídicos e leis que estão a mudar mesmo enquanto estão a ser feitas (considerando que muitos destes responsáveis jurídicos e de *compliance* participam até como assistentes em alguns processos e consultas públicas dos reguladores). No entanto, é uma maneira também de podermos participar, corrigir, e antecipar alguns problemas que o nosso setor vai ter de enfrentar.

O Aviso 3/2020 veio consolidar a principal lei que regula a atividade bancária nacional, o RGICSF (que é uma sigla "feia") e veio consagrar definitivamente, em Portugal, a ideia do sistema das três linhas de defesa, com base nas orientações da EBA sobre o governo interno, e que tem por base o modelo

[15] Temas que vêm sendo aprofundados, entre nós, por alguns dos Estudos que antecederam estes, AA.VV. (2018) e (2020b), mas também Câmara (2018), Duarte (2020 e 2021) ou Manuel (2020).

[16] Cfr. o art. 115º-C do RGICSF, os arts. 40º e seguintes do Aviso e as EBA/GL/2015/22, entretanto já atualizadas pelas EBA/GL/2021/04.

das três linhas de defesa interna do *Institute of Internal Auditors*. Depois de 2001, na banca e um pouco por todos os setores, foi possível averiguar que é aconselhável que as instituições mais complexas tenham uma segregação em três degraus, para além de haver um supervisor externo à instituição.

O referido sistema das três linhas de defesa assenta numa repartição de diferentes responsabilidades em matéria de governo e gestão dos riscos pelas diferentes funções, no âmbito de cada instituição, distinguindo três degraus de responsabilidade que devem existir internamente, repartidos do seguinte modo: (i) unidades de negócio, (ii) *compliance* e gestão de riscos; e (iii) auditoria interna[17].

Assim, quem é que é o primeiro responsável por proteger a empresa? São os próprios responsáveis das unidades geradoras de negócio e áreas conexas, que geram risco para a instituição, e que são, por isso, as primeiras responsáveis pela sua identificação, avaliação e acompanhamento dos vários riscos prévios na relação com os clientes. No fundo, são os *owners* de cada um dos temas e de cada um dos contratos em concreto.

Logo a seguir, temos o segundo degrau, que respeita às pessoas que desempenham funções de suporte e de controlo, no qual se incluem, normalmente, as funções de *compliance* (de conformidade normativa) e de gestão de riscos (as quais interagem com as funções do primeiro degrau), que devem ser separados, *i.e.*, não podem ser pessoas que trabalham na mesma função, e são os primeiros "chatos", a lidar com os "comerciais".

É normal que assim seja: ser um bom *Compliance Officer* é ser "chato" e ser um bom advogado é dizer que não várias vezes para as coisas serem bem feitas e, portanto, às vezes, temos de travar os grandes "espíritos do negócio" que vêm apresentar boas ideias, mas que podem "chocar" com instrumentos normativos em vigor[18].

O terceiro degrau que deverá existir é a função de auditoria interna, que deve realizar análises independentes e orientadas, com metodologia específica, e que deve testar o que é que pode funcionar mal e o que é que não funciona de todo. De certa forma, esta função controla o *compliance*. Atualmente, apenas para os bancos é verdadeiramente exigido que exista, internamente, este terceiro degrau (ainda não é assim para todas as empresas, mas podemos apontar esta tendência a evoluir no Direito comercial em geral).

[17] Sobre esta articulação, cfr. DUARTE/PASSARADAS (2018).

[18] Quanto a esta tensão, v. CARVALHO/PONTE (2021) ou SHARPE (2019), entre outros.

Só depois dos auditores internos é que temos os auditores externos e os supervisores. E são estas as três, quase quatro, linhas de defesa interna para termos uma empresa que se "porte bem".

Adicionalmente, o que é que o Aviso 3/2020 veio trazer de novo e quais as suas principais preocupações?

- Um reforço da conduta e cultura organizacional;
- Uma maior definição das responsabilidades dos órgãos de administração e de fiscalização: definir claramente as funções do Conselho Fiscal é essencial uma vez que pode funcionar como um "polícia interno" da instituição. Este órgão já existia no século XIX, nos nossos antigos Códigos Comerciais e das Sociedades Comerciais e o seu desenho e funções podem e vão seguramente ser redireccionadas nas próximas décadas do século XXI;
- Uma maior capacitação e responsabilização dos responsáveis das funções de controlo interno; ao abrigo da legislação em vigor, a escolha dos elementos do Conselho Fiscal, do Conselho de Administração, e dos principais colaboradores que exerçam as funções de controlo interno nos bancos baseia-se num processo de avaliação de adequação (ou de *fit and proper*), que consiste numa avaliação da adequação moral e profissional da pessoa para o cargo[19]. Por exemplo, quanto à posição de *Chief Global Compliance Officer* de uma instituição de crédito, temos de ver se as pessoas que vão exercer a função têm todas as qualidades morais e profissionais necessárias; no entanto, este critério de seleção pode afigurar-se de difícil aplicação, porque está em causa um juízo antecipatório (*i.e.*, "esta pessoa vai ser espetacular para a função!") e, às vezes, esta ideia de *fit and proper* é muito difícil de cumprir;
- Uma ideia de prevenção de conflitos de interesses nos vários níveis hierárquicos e na estrutura das empresas;
- Um reforço dos mecanismos de participação de irregularidades; a verdade é que, tanto em Espanha, como na Alemanha, como em França, como em Portugal, existem regimes de proteção dos denunciantes e regimes de participação de irregularidades; para alguns setores, como é o caso do setor bancário, onde é obrigató-

[19] Cfr. artigos 30º e ss. do RGICSF, mas também as EBA/GL/2017/12, entretanto já atualizadas pelas EBA/GL/2021/06.

rio haver canais que garantam o anonimato dos denunciantes, que podem ir desde um sistema físico de entrega de uma carta numa caixa de cartão colocada à porta do gabinete do *Compliance Officer*, à criação de um endereço de e-mail que permita a receção de emails anónimos, desde que existam e garantam o anonimato.

Curiosamente, resulta desta exigência uma proteção semelhante à que existe em relação às trabalhadoras grávidas no campo do Direito laboral. Se a entidade empregadora despedir alguma trabalhadora grávida opera uma inversão do ónus da prova em processo, que implica a presunção de que o motivo principal para o despedimento é a gravidez e cabe ao empregador provar que a motivação foi outra[20] e, portanto, há logo uma proteção da grávida; da mesma maneira, se se despedir alguém que fez uma denúncia interna, que participou uma irregularidade, o Estatuto de Proteção do Denunciante também exige que o empregador faça prova de que a denúncia não é a principal ou até única causa do despedimento. Estes mecanismos de participação de irregularidades já vêm detalhados nos artigos 35º e seguintes do Aviso 3/2020[21];

- Um reforço do processo de seleção e designação do Revisor Oficial de Contas (ROC/SROC). A escolha de auditores externos vem bastante regulamentada neste Aviso; aqui não é propriamente a "terceirização" (brasileira que é um termo que parece ser muito mais adequado do que o "*outsourcing*" que tem sido utilizado em Portugal, mas sim a seleção, pelos órgãos da empresa, das pessoas que estão a fazer a validação das contas das empresas e que são necessariamente externas;
- Um reforço da interação entre as funções de controlo interno da empresa-mãe e filiais. Existem algumas normas para as empresas que estão integradas em grupos empresariais quanto às interações das funções de controlo, porque o *compliance* pode ser feito tanto dentro da empresa, como para outras empresas, que têm elas pró-

20 Cfr. artigo 25º, nº 5 do Código do Trabalho, conforme aprovado pela Lei nº 7/2009, de 12 de fevereiro.

21 E foram, posteriormente, aprofundados e reforçados pela aprovação da Lei nº 93/2021, de 20 de dezembro, que veio estabelecer um regime geral de proteção de denunciantes de infrações, transpondo a Diretiva (UE) 2019/1937 do Parlamento Europeu e do Conselho, de 23 de outubro de 2019, relativa à proteção das pessoas que denunciam violações do Direito da União.

prias filiais e sucursais, o que justifica a preocupação de regular como tudo se vai articular;

- Uma autorreflexão sobre a conduta e a cultura organizacional e sobre os seus sistemas de governo e controlo interno. Assim, passa a prever-se uma obrigatoriedade de reporte, por parte das instituições de crédito, que têm de apresentar um relatório de autoavaliação sobre a sua própria cultura organizacional, que, na verdade, consiste em quatro reportes quanto à avaliação do cumprimento das regras em matéria de *compliance* e de controlo interno: dois do Conselho de Administração e dois do Conselho Fiscal, sendo um para a empresa abrangida e outro para o grupo.

As principais preocupações do Aviso 3/2020 traduzem, na generalidade dos casos, o que já decorre de Direito da União Europeia, de orientações do Banco Central Europeu, de *guidelines* da Autoridade Bancária Europeia (EBA) ou da Autoridade dos Valores Mobiliários Europeia (ESMA). Os regimes de *compliance* têm evoluído bastante e estão muito associados à crise financeira de 2008, momento em que se começou a sentir mais o desenvolvimento destes diplomas e enquadramentos normativos. Em matéria de governo e controlo interno, nos últimos doze anos, enquanto antecedentes do Aviso 3/2020, houve regras do BdP quanto ao Sistema de Controlo Interno, as regras de Basileia, várias orientações da EBA e da ESMA, que incidem sobre diversas áreas como *governance*, *outsourcing*, políticas de remuneração e terceirização que são feitas a pensar numa União Europeia cujos Estados-Membros são muito diferentes entre si. Estas tanto são aplicáveis na gigante Alemanha, como num país pequeno como Portugal. Assim, são regras que foram feitas (ou deviam ter sido feitas) a pensar numa ideia de proporcionalidade. Contudo, é fácil verificar que "*one size does not fit all*" e constatar que legisladores e reguladores têm dificuldade em aplicar o princípio da proporcionalidade adequadamente e países pequenos como Portugal acabam com maiores restrições do que gigantes como a Alemanha (assistindo-se a verdadeiros problemas de "*level-playing field*", criando-se dificuldades exageradas para instituições de países pequenos, agravadas, muitas vezes, quando há o chamado "*gold-platting*" – para recorrer a mais um estrangeirismo que significa o acrescento de exigências normativas adicionais que alguns Estados-Membros da UE, como Portugal, fazem quando transpõem diretivas comunitárias).

## IV. A evolução e as perspetivas futuras dos regimes de prevenção do branqueamento de capitais associados aos de controlo interno

Outro aspeto interessante é ver como as regras de controlo interno, tal como as de prevenção de lavagem de dinheiro têm evoluído de forma cíclica. Ao contrário do Direito a que estamos habituados, que é um Direito estável (os códigos são feitos para vigorarem "para sempre"), as leis da prevenção do branqueamento de capitais já vêm, nas diretivas da União Europeia, com um "prazo de validade". Deste modo, estes diplomas preveem a sua revisão periódica, porque as primeiras pessoas que vão ver as leis antilavagem de dinheiro são os "lavadores de dinheiro" – os criminosos – e, por isso, é um Direito que tem de estar sempre a evoluir, o que, por sua vez, implica uma alteração dos próprios sistemas internos e dos sistemas legislativos.

Podemos comparar, tentando ter algum sentido de humor, as leis antilavagem de dinheiro "AML"), em Portugal e na União Europeia, com as gerações dos telemóveis, hoje, *"smartphones"*.

Tivemos uma primeira geração ("1G", de telemóveis grandalhões), no caso dos regimes AML muito ligada aos anos 80/90, quando se intensificou o combate ao tráfico de droga, que vemos nos filmes dos mafiosos e dos *gangsters* norte-americanos, tendo sido impulsionada, nos EUA, a nível federal, a criação de regras que obrigaram os bancos a reportar determinados comportamentos dos seus clientes. Em termos muito simplistas, podemos explicar que os bancos americanos não "gostaram" de ser tratados de forma diferente (rapidamente havendo transferências de capitais para o estrangeiro) e, então, terá havido alguma pressão dos EUA para motivar a criação de uma unidade, para o mundo inteiro, ligada à Organização para a Cooperação e Desenvolvimento Económico (OCDE), denominada Grupo de Ação Financeira Internacional (GAFI), que atualmente vai fazendo avaliações periódicas aos vários países para garantir que têm todos regras antilavagem de dinheiro como as regras americanas[22]. Desde os anos 80/90, época em que surgiu esta primeira geração, há quarenta recomendações do GAFI que são o núcleo central do que é o controlo interno e de prevenção de lavagem de dinheiro nas instituições bancárias. Estas recomendações tiveram, mais tarde, influência em inúmeros setores, do imobiliário

[22] Assim, a "teoria da conspiração", ainda hoje, é a de que a criação do GAFI serviu para os bancos americanos obrigarem os bancos suíços a terem regras iguais às deles para o dinheiro não fugir todo para a Europa.

ao dos seguros, da consultoria ou aviação à hotelaria ou advocacia, o que resultou e resulta na elaboração de recomendações específicas para cada vez mais nichos que podemos acompanhar com atenção nas recomendações e relatórios apresentados periodicamente pelo GAFI.

A segunda geração ("2G", como aqueles telemóveis que já nos cabiam no bolso e davam para pequenos jogos em tons de cinzento) de regras antilavagem de dinheiro surgiu logo a seguir ao 11 de setembro de 2001. O GAFI reuniu em outubro de 2001 e apresentou recomendações especiais antilavagem de dinheiro que obrigaram as empresas e os bancos a terem muitos mais deveres de denúncia. Se, quando andamos de avião, já não podemos andar com o líquido das lentes de contacto, muito maior sacrifício da nossa liberdade é o sacrifício dos dados bancários que são usados e fornecidos para combater o terrorismo. Nesta época, no furor e pânico antiterrorista, na União Europeia, houve muitos países que apresentaram leis que vieram a ser consideradas inconstitucionais ou contrárias à própria Carta dos Direitos Fundamentais da União Europeia (estando em causa, por exemplo, direitos de privacidade), existindo inclusivamente regras que obrigavam os advogados a denunciar os seus clientes em algumas situações que tribunais superiores, europeus ou franceses (como aconteceu no Acórdão MICHAUD) consideraram contrariar os direitos mínimos de defesa e a ser assistido por advogado. Também nos parece que, no ordenamento jurídico português, a lei de 2004 terá ido longe demais na consagração de deveres de denúncia, o que, à época, gerou muitas críticas por parte da Ordem dos Advogados[23]. Note-se que, aqui, estamos perante exemplos de leis que foram redigidas "a quente", e, tendencialmente, todas a leis que são feitas rápido demais não funcionam bem (seja no Império Romano, seja em São Paulo, seja em Lisboa).

De seguida, houve uma terceira geração ("3G", como os telemóveis "smart" ou"espertos" como os apresentados por Steve Jobs), ligada à criminalidade inter ou transnacional que abrange as Diretivas de 2006, cuja transposição resultou na lei que esteve em vigor durante mais tempo em Portugal, a lei de 2008, que ainda está a ser aplicada em grandes casos mediáticos que envolvem antigos governantes e responsáveis por bancos portugueses, como a "Operação Marquês" ou a "Operação Monte

[23] Cfr., logo um dos primeiros comunicados da OA em https://portal.oa.pt/comunicacao/noticias/2004/03/30/entrou-em-vigor-a-lei-112004/.

Branco"[24]. Esta lei de 2008 ainda é a aplicável devido à não retroatividade da lei penal ou sancionatória desfavorável.

A geração seguinte (o "4G", dos telemóveis mais acelerados e rápidos), está muito ligada a estes casos judiciais e políticos que se verificaram em Portugal e na Europa, focando-se mais no combate à corrupção, à fraude fiscal, também no âmbito desportivo, à ideia das *politically exposed persons* (PEP) e aumentou o número de entidades obrigadas a adotar mecanismos antilavagem de dinheiro.

Ao abrigo da legislação em vigor, todas as empresas que recebem montantes superiores a 15.000 euros (como, por exemplo, lojas de roupa de luxo, lojas de joias, hotéis, *stands* de automóveis, casinos) são responsáveis.

A nova e atual geração (o "5G"), as leis que surgiram a partir de 2018, já está ligada a setores mais específicos, como o setor do futebol ou o setor da arte (há quem fale num termo bastante "expressivo" e ilustrativo que é o "*Monet Laudering*", inspirada e brincando com o nome do pintor Monet, e brinque com o conceito de "*Money laudering*") e também está ligada às criptomoedas e às *fintech*. Começa a regular-se, na área das criptomoedas, a lavagem de dinheiro e há uma série de regimes que já são o futuro que podemos antecipar, tentando apontar algumas tendências específicas do combate ao branqueamento de capitais nestes domínios[25].

Inclusivamente, a OFAC (Agência de Controlo de Ativos Estrangeiros, do inglês *Office of Foreign Assets Control*) tem sancionado diversas empresas que prestam serviços de criptomoedas nos Estados Unidos por violação de sanções e falhas na implementação de controlos adequados de *compliance*[26].

[24] Sobre estes casos, vejam-se os resumos jornalísticos sobre a evolução, ainda em curso, em https://www.jornaldenegocios.pt/empresas/banca---financas/detalhe/o_que_e_a_operacao_monte_branco ou https://observador.pt/seccao/justica/operacao-marques/, por exemplo.

[25] Seguir-se-á um "pacote europeu" 6G, apresentado em julho de 2021 , que consiste em quatro propostas legislativas: (i) um Regulamento que estabelece uma nova Autoridade Antilavagem de dinheiro (AMLA); (ii) um Regulamento sobre AML/BCFT que contém regras novas e diretamente aplicáveis, em matéria de RCBE e de "*Customer Due Diligence and Beneficial Ownership*" (KYC e KYT); (iii) uma nova e sexta diretiva sobre AML/BCFT ("AMLD6"), entrando-se verdadeiramente no "6G" da prevenção do branqueamento, contendo regras quanto aos supervisores nacionais e às unidades de informação financeira dos Estados-Membros; e (iv) uma revisão do Regulamento de 2015 sobre transferências de fundos para rastrear as transferências de criptoativos.

[26] Foi o caso da plataforma de negociação em criptomoedas Bittrex, que foi multada em 24 milhões de dólares em outubro de 2022: https://home.treasury.gov/policy-issues/financial-sanctions/recent-actions/20221011.

A evolução dos regimes de prevenção do branqueamento de capitais[27] traduz-se, assim, nas seguintes Diretivas da União Europeia e leis portuguesas (que transpõem para o direito interno português, o conteúdo de tais Diretivas):

- Diretiva nº 91/308/CEE (inspirada nas Recomendações do GAFI de 1990);
- Decretos-Leis nº 15/93 e nº 325/95;
- Diretiva nº 2001/97/CE do Parlamento Europeu e Conselho;
- Lei nº 11/2004;
- Diretiva nº 2005/60/CE e nº 2006/70/CE;
- Lei nº 25/2008;
- Diretiva nº 2015/849 e nº 2016/2258/UE;
- Lei nº 83/2017 (e o "pacote" de agosto de 2017);
- Diretiva nº 2018/843 do Parlamento Europeu e Conselho;
- Lei nº 58/2020, que introduziu as principais alterações às leis de 2017[28].

O "pacote de leis" anti lavagem de dinheiro de 2017 foi composto pelas seguintes leis:

- Lei nº 83/2017, de 18 de agosto (a nova Lei da Prevenção do Branqueamento de Capitais);
- Lei nº 89/2017, de 21 de agosto, que prevê a criação de um Registo Central do Beneficiário Efetivo (RCBE). As regras do beneficiário efetivo têm muita importância para o *compliance* português, *i.e.*, saber quem é o verdadeiro beneficiário da empresa – conhecer a estrutura da empresa é importante para se poder fazer *compliance*, de forma a perceber se alguma entidade se encontra a violar alguma norma ou a aproveitar-se do negócio, principalmente em cargos de chefia;
- Lei nº 92/2017, de 22 de agosto, de que decorre a obrigação de utilização de meio de pagamento específico em transações que envolvam montantes iguais ou superiores a mil, três e dez mil euros;

[27] Que tentámos comentar em Machado (2022a), com um texto dedicado aos regimes mais recentes.

[28] Entretanto, houve ainda pequenas alterações, não propriamente "5G", introduzidas através do Decreto-Lei nº 9/2021, de 29 de janeiro, do Decreto-Lei nº 56/2021, de 30 de junho e da Lei nº 99-A/2021, de 31 de dezembro.

- Lei nº 97/2017, de 23 de agosto, que regula a aplicação e a execução de medidas restritivas aprovadas pela Organização das Nações Unidas ou pela União Europeia e estabelece o regime sancionatório aplicável à violação destas medidas.

Esta última lei inclui regras que "duvidam" da proveniência de alguns capitais e existem em todos os países. O Ex-Presidente dos EUA, Donald Trump, foi muito criticado com as *travel bans*, mas existem regras que impedem a receção de certos pagamentos, que fazem com que, por exemplo, a *Latam Airlines* tenha mais cuidados com alguns passageiros do que com outros[29]. Todas estas circunstâncias acabam por ser muito delicadas, porque a discriminação às vezes acontece pelos padrões a que nós já estamos habituados nestas regras "AML" a nível mundial.

Depois, há muitas regras para vários setores: a Ordem dos Advogados portuguesa já tem regras específicas de prevenção de branqueamento de capitais ou de lavagem de dinheiro.

Para o setor bancário, temos hoje o Aviso nº 1/2022[30], de 6 de junho, do Banco de Portugal, especialmente aplicável às entidades que exercem atividades com ativos virtuais, entretanto atualizado pelo Aviso nº 1/2023, de 24 de Janeiro que veio estabelecer nosvos aspetos necessários a assegurar no cumprimento destes deveres.

Para outros setores, temos o Regulamento nº 2/2020, já atualizado pelo Regulamento nº 5/2022 da Comissão do Mercado de Valores Mobiliários (CMVM), para o mercado dos valores mobiliários, a Deliberação nº 822/2020, contendo o Regulamento da Ordem dos Advogados sobre a

[29] Apontamento específico para a sessão de setembro de 2020, dado ao Instituto dos Advogados de São Paulo (IASP).

[30] Note-se que este Aviso revogou o Aviso nº 2/2018, de 26 de setembro e a Instrução nº 2/2021, de 26 de fevereiro, que anteriormente já haviam revogado os antigos diplomas aplicáveis a esta matéria: (i) o Aviso nº 5/2013, que havido sido alterado pelo Aviso nº 3/2017, e terá inspirado a lei nº 83/2017; (ii) o Aviso nº 9/2012, que regulava os reportes anuais ao Banco de Portugal (o "RPB"); (iii) a Instrução nº 46/2012 relativa a outro reporte informativo (o "QAA", questionário de autoavaliação) sobre as práticas adotadas pelas entidades sujeitas à supervisão, com modelo regulado em anexo, também revogado; e a (iv) a Instrução nº 9/2017 relativa à abertura de contas com recurso a meios de comunicação à distância. Todas estas matérias passam agora a estar disciplinadas pelo Aviso nº 2/2018 que procurou simplificar e unificar reportes, e já incluir preocupações com as moedas virtuais e novas dificuldades na prevenção do financiamento do terrorismo.

prevenção e combate ao branqueamento de capitais e financiamento do terrorismo, o Regulamento nº 608/2021 do Instituto dos Mercados Públicos, do Imobiliário e da Construção (IMPIC), para o setor imobiliário, bem como a Deliberação nº 988/2017 do IMPIC, de 9 de novembro, relativa aos procedimentos atinentes ao cumprimento da obrigação de proceder à comunicação de início de atividade e das transações imobiliárias efetuadas, diplomas emitidos para disciplinar e concretizar as condições, mecanismos e procedimentos necessários ao efetivo cumprimento dos deveres preventivos do branqueamento de capitais e financiamento do terrorismo no âmbito da prestação de serviços financeiros sujeitos à sua supervisão.

Para o comércio em geral, em Portugal, para regulamentar a Lei nº 83/2017, a Autoridade de Segurança Alimentar e Económica ("ASAE") tem sido um supervisor particularmente atento a estas matérias, já tendo revogado o seu Regulamento nº 314/2018, de 25 de maio (o primeiro instrumento normativo complementar a entrar em vigor no nosso país), e publicado rapidamente o Regulamento nº 686/2019, de 2 de setembro, que fixa as condições e determina o conteúdo do exercício dos deveres por parte das entidades equiparadas a entidades obrigadas (entidades gestoras de plataformas de financiamento colaborativo por donativo ou com recompensa). Já em 2022, a ASAE publicou o Regulamento nº 656/2022, de 18 de julho, que fixa os elementos objeto do registo a realizar junto deste regulador, relativos aos prestadores de serviços, a sociedades, a outras pessoas coletivas ou a centros de interesses coletivos sem personalidade jurídica a que se refere o artigo 112º da Lei nº 83/2017, de 18 de agosto, bem como as respetivas obrigações de atualização e os termos necessários ao seu funcionamento.

Note-se que estes regimes estão a fazer com que a prevenção do branqueamento de capitais e as obrigações de *compliance*, em Portugal e na Europa, passem a ser uma preocupação que não é só de bancos, de seguradoras ou dos mercados financeiros, mas sim um problema de todas as empresas ou comerciantes. Lojistas ou comerciantes não sabem bem como aplicar estes regimes (que a ASAE não restringiu ou limitou) e têm de enfrentar pesadas coimas se não tiverem dados sobre a identificação dos clientes, se não tiverem nomeado pessoas para desempenhar o cargo de *Compliance Officer* e sobre as demais estruturas exigidas, aqui talvez ainda mais sem noção da vida prática ou de um princípio de proporcionalidade.

Para além dos diplomas referidos é ainda importante conhecer o Regime Jurídico do RCBE (aprovado pela Lei nº 89/2017, já alterada pela

Lei nº 58/2020, de 31 de agosto)[31] e a sua regulamentação (aprovada pela Portaria nº 233/2018) que será afetada, seguramente, pelo recente e importante Acórdão do Tribunal de Justiça da União Europeia (TJUE) nos processos C-37/20 | *Luxembourg Business Registers* e C-601/20 | *Sovim*[32], que considerou que a Diretiva AML transposta para o ordenamento jurídico português através da Lei nº 83/2017 e da Lei nº 89/2017 é, em parte, contrária à Carta dos Direitos Fundamentais da UE. O TJUE entendeu que a disposição que prevê que as informações sobre os beneficiários efetivos das entidades societárias constituídas no território dos Estados-Membros devem estar acessíveis, em todos os casos, a qualquer membro do público, em geral. Deste modo, é inválida por implicar uma ingerência desproporcional nos direitos garantidos pela Carta, não se limitando ao que é estritamente necessário e por se considerar desadequada aos objetivos prosseguidos por esta norma.

Esta decisão virá, com certeza, mudar os regimes RCBE europeus e portugueses brevemente. A Autoridade Europeia da Proteção de Dados ou a Comissão Nacional de Proteção de Dados não corporizaram as dúvidas que tiveram a propósito da legalidade deste regime, tendo sido o TJUE a defender a privacidade contra as imponderações e exageros dos legisladores comunitário ou nacional[33].

[31] Quanto a este tema, v., entre outros, Cordeiro (2017).

[32] Disponível em https://eur-lex.europa.eu/legal-content/en/TXT/?uri=CELEX:62020CJ0037.

[33] Já depois dessa recente decisão, o TJUE sentiu necessidade de emitir um novo comunicado para esclarecer algumas das interpretações mais extremas (e incorretas) quanto ao seu Acórdão sobre o Registo Central de Beneficiários Efetivos (RCBE). Em síntese, embora seja necessário haver um interesse legítimo para aceder ao RCBE, a imprensa e os grupos da sociedade civil serão, em princípio, titulares de tal interesse. Assim, "*para uma correcta compreensão dos efeitos do acórdão do Tribunal de Justiça de 22 de novembro de 2022 (...), consideramos útil fornecer alguns esclarecimentos. O acórdão do Tribunal declarou inválida uma alteração à Directiva Antibranqueamento de capitais, por se tratar de uma interferência desproporcional com os direitos fundamentais garantidos protegidos pela Carta. Esta alteração, introduzida em 2018, previa que as informações sobre o RCBE das empresas constituídas no território dos Estados-Membros fossem acessíveis em todos os casos a qualquer membro do público em geral. O efeito desta declaração de nulidade é que a alteração de 2018 deve ser considerada como nunca tendo tido lugar. Por conseguinte, é a antiga versão da disposição pertinente da Directiva, que data de 2015, que passa a ser agora aplicável. De acordo com esta versão, as informações sobre o RCBE devem continuar a ser acessíveis em todos os casos a qualquer pessoa ou organização capaz de demonstrar um interesse legítimo*". Mais informações em: https://lnkd.in/dvQgi-yD.

## V. O Aviso nº 3/2020 do Banco de Portugal – uma análise dos seus traços mais relevantes

O Aviso 3/2020 tem uma definição, no seu preâmbulo, dos conceitos de conduta e cultura organizacional, de acordo com a qual "*a conduta e a cultura organizacional resultam dos mecanismos internos que produzem os valores e os comportamentos que prevalecem na instituição e que conformam a conduta dos seus colaboradores, contribuindo para a criação de confiança nas instituições em geral e para que beneficiem de uma reputação positiva entre os diferentes grupos de interesses internos e externos*". Neste Aviso 3/2020, encontram-se reguladas as várias políticas que devem ser adotadas, bem como estão previstos os requisitos e riscos que o *compliance* das instituições de crédito (e as abrangidas por este diploma) deve contemplar.

### V.I. As responsabilidades do Conselho de Administração

Este Aviso ajuda-nos a responder a perguntas essenciais numa organização, como as que passamos a elencar de seguida. O que é que o Conselho de Administração tem de fazer, ou seja, quais as suas responsabilidades, quanto à referida "conduta e cultura organizacional"? Quanto às responsabilidades do Conselho de Administração, este tem, designadamente, de:

- Promover a existência, na instituição, de uma cultura organizacional assente em elevados padrões de exigência ética;
- Contribuir para a gestão sã e prudente da instituição;
- Assegurar que os prestadores de serviços com os quais a instituição se relaciona no contexto de qualquer atividade ou função que subcontrate promovem uma cultura organizacional assente em padrões de ética equiparáveis aos da própria instituição, *i.e.*, quando se realiza a escolha das empresas com que se vai trabalhar é necessário fazer um teste de *compliance* ao abrigo de *guidelines* da União Europeia. Desta forma, se a existência de padrões éticos considerados adequados é um critério de escolha, irá dar-se preferência a alguns parceiros em detrimento de outros, e os não-éticos ficarão excluídos do mercado (claro que é possível que o mecanismo não funcione exatamente como a lei o previu, mas a este subjaz esta preocupação);
- Promover a definição e a aprovação, após parecer prévio do Conselho Fiscal, do Código de Conduta, zelando pela sua aplicação.

Desta forma quando um trabalhador é contratado e começa a exercer funções numa instituição tem de tomar conhecimento deste Código e assinar uma declaração a dizer que leu e que se compromete a cumpri-lo, uma vez que procedimentos como estes vinculam as pessoas a padrões de ética cujo incumprimento constitui infração disciplinar (sem prejuízo de qualquer outra penalização prevista na lei e demais regulamentação aplicável);

- Discutir as matérias relacionadas com a conduta e a cultura organizacional, valorizando comportamentos alinhados com a mesma;
- Identificar as respetivas necessidades ao nível da sua composição e organização;
- Adotar uma política de sucessão que suporte a elaboração de uma lista atualizada de possíveis candidatos a membros dos órgãos de administração e de fiscalização. A sua elaboração promove, ainda, a continuidade na instituição, realidade que está muito ligada ao *compliance* e à gestão do risco, pois envolve planear o futuro próximo. Verificou-se uma grande preocupação com a continuidade dos negócios durante a pandemia, mas a verdade é que pode "cair" um *board* e as empresas têm de estar preparadas para lidar com essa situação. O BdP parece particularmente preocupado com as empresas, reforçando a necessidade de existirem lógicas de sucessão nos seus cargos de dirigentes. Isto porque é muito importante saber quem, perante um impedimento de qualquer ordem, irá assumir as funções daquele responsável cujas incumbências são essenciais para que a instituição em causa possa funcionar.

De acordo com o exposto, o Código de Conduta de cada instituição deve ser claro, compreensível e coerente com outros normativos internos em vigor na instituição (e/ou grupo) e cabe ao Conselho de Administração assegurar que todos os colaboradores têm conhecimento do mesmo. Isto significa que, se o BdP se dirigir a um banco com o objetivo de verificar se existem assinaturas de todos os colaboradores a atestar o conhecimento do Código de Conduta, e se tais assinaturas não existirem há responsabilidades a apurar.

Nestes casos, estas potenciais infrações podem ser imputadas a administradores que não tenham cumprido os seus deveres de vigilância, bem como sobre a instituição em geral, o que faz com que sobre todos recaiam obrigações de pagar coimas em caso de eventuais violações. Desta forma, a responsabilidade pelo cumprimento normativo, nas instituições, ganhou uma força e uma importância muito grande ao longo dos últimos anos.

Também passaram a existir regras específicas quanto à documentação (sua preparação, elaboração, arquivo, conservação e sistemas de acesso), devendo as instituições manter um adequado arquivo documental e assegurar que a documentação que o compõe permite conhecer inequivocamente a fundamentação das decisões tomadas, bem como os respetivos intervenientes em cada decisão.

O ordenamento jurídico português preocupa-se bastante com a fundamentação das diversas decisões, sendo que uma decisão pode ser nula se não fundamentada, consequência essa prevista expressamente no Direito processual[34]. Para além disso, também se exige a fundamentação ao Estado quanto às decisões administrativas[35]. Contudo, começa a ser cada vez mais necessária, a fundamentação das decisões empresariais que tem de ficar registada em ata, de forma a identificar quem, e de que forma, é que interveio na tomada de cada decisão. Mais do que uma questão criminal, é premente entender o racional económico para proteção dos vários *stakeholders* (os acionistas, os clientes, os credores ou outros participantes no mercado) que poderão ser afetados pelo conteúdo das decisões ilustradas nessas atas.

Assim, há algumas regras que parecem preocupadas com uma exagerada minúcia e pormenores, mas, por vezes, é nestes detalhes que se salva uma empresa ou se afastam as responsabilidades de alguém que não as tem/teve. O problema traduz-se na compreensão de que alguns destes detalhes, como os previstos na lei *Sarbanes-Oxley*, noutro ordenamento, estão associados a casos reais terríveis, que se verificaram nos EUA, mas também temos equivalentes em Portugal, que levaram muitos investidores a perderem as poupanças de uma vida, eventos que se pretendem agora prevenir.

Acresce que as instituições devem dar cumprimento ao disposto no Aviso 3/2020 de forma documentada e devem garantir que a documentação produzida é compreensível, clara e articulada entre si. A documentação deve

[34] Cfr., por exemplo a alínea b) do nº 1 do artigo 615º do Código de Processo Civil, conforme aprovado pela Lei nº 41/2013, de 26 de junho. Aliás, o dever de fundamentação das decisões judiciais constitui um imperativo de natureza constitucional, nos termos do disposto no artigo 205º, nº 1 da Constituição da República Portuguesa.

[35] V., neste sentido, a alínea d) do nº 1 do artigo 151º do Código do Procedimento Administrativo, conforme aprovado pelo Decreto-Lei nº 4/2015, de 7 de janeiro.

ser mantida devidamente atualizada e as alterações introduzidas ao longo do tempo devem ser adequadamente identificadas, datadas e justificadas.

Note-se que aqui estamos perante regimes que podem ser algo contraditórios com o que se verifica e exige no âmbito da proteção de dados, onde existe uma obrigação de destruir os dados passado determinado período de tempo, com óbvias preocupações de anonimato. No entanto, para estes efeitos (perante a prevalência da necessidade de proteção do sistema bancário e financeiro), devem identificar-se as pessoas e guardar os dados durante pelo menos sete anos depois da relação comercial. A relevância destes dados não se prende apenas com a prevenção do branqueamento de capitais, mas também para termos um arquivo da História da empresa e para percebermos como é que chegámos àquela decisão, quem é que influenciou a mesma e se houve, de alguma forma, captura de interesses do decisor.

Considerando o exposto, o arquivo documental de *compliance* tem de sistematizar de forma integrada e atualizada, informação, pelo menos, sobre a:

- Estrutura acionista da instituição, quem é que são os donos e quem é que tem as participações nas empresas;
- Estrutura organizativa do grupo, se aplicável;
- Composição e funcionamento dos órgãos de administração e fiscalização da instituição;
- Estrutura de governo e estrutura organizacional da instituição, tendo em atenção o grupo quando a instituição é a empresa-mãe;
- Titulares de funções essenciais da instituição;
- Sistema de controlo interno da instituição;
- Código de Conduta da instituição;
- Práticas e políticas remuneratórias;
- Tarefas subcontratadas e identificação do prestador de serviços (terceirização de serviços).

A compilação desta informação implica que o arquivo documental deverá ser uma "fotografia da orgânica da empresa". Por exemplo, quando estamos a estudar biologia, ou seja, quando estamos a estudar os organismos, as células, o corpo humano, podemos estudar os ossos, como é que um osso encaixa no outro, ou como é a anatomia do corpo humano. Ora, o trabalhador que está integrado numa empresa tem de saber explicar a anatomia da empresa em que trabalha com base no que consta deste arquivo documental, ou seja, tem de conseguir identificar onde é que está o cérebro, a barriga ou os pés que a suportam. Para tal, para conhecer o mapa da empresa, é extraordinariamente importante perceber o que é que está ou não "terceirizado" e justificar porque é que isso foi "terceirizado" (ou sujeito a "outsourcing" ou "subcontratação", no termo dubitativamente usado atualmente no Direito português).

No que concerne à existência de conflitos de interesses, os mesmos devem ser evitados ou mitigados, pois, mesmo que seja normal existirem tensões num local de trabalho, existem algumas que se devem prevenir com políticas elaboradas para o efeito. Para tal, é necessário compreender como se irá proceder perante um conflito de interesses no Conselho de Administração, nomeadamente tem de se saber como identificar a existência de um conflito de interesses e como o classificar, devendo as instituições de crédito, elaborar, aprovar e divulgar regras claras sobre estas matérias.

Desta forma, o Conselho de Administração também é responsável por aprovar uma política interna de prevenção, comunicação e sanação de conflitos de interesses. Esta política é aplicável aos membros dos órgãos de administração e de fiscalização, aos demais membros da direção de topo (o já referido "*tone from the top*"), a titulares de funções essenciais ("*key persons*") e aos restantes colaboradores da instituição após parecer prévio do órgão de fiscalização, o que significa que devem ser políticas generalizadas, ainda que possa haver políticas especiais para determinadas categorias de colaboradores.

Para além disso, esta política interna tem de estar associada ao Manual de Estrutura Orgânica que também tem de obrigatoriamente existir nas instituições. Embora conhecer a hierarquia de uma empresa pareça algo básico, a redação de um bom Manual de Estrutura Orgânica pode revelar-se uma tarefa bastante complicada, especialmente quando referentes a grandes empresas. No entanto, esta é uma circunstância que nos poderá passar despercebida a menos que tentemos por nós próprios realizar o exercício de compreender toda a estrutura organizativa das empresas em que laboramos.

Assim, o Conselho de Administração é responsável pela definição, aprovação e implementação da estrutura organizacional da instituição, que inclui regular o funcionamento dos seus órgãos sociais e respetivos comités, que tem de estar definida de forma integrada, objetiva, transparente e percetível num Manual de Estrutura Orgânica, de forma a suportar a atividade e implementar um sistema de controlo interno.

O Manual de Estrutura Orgânica deve, neste sentido:

- Conter uma definição coerente, clara e objetiva das linhas de reporte, competências e responsabilidades de cada órgão e unidade;
- Assegurar a adequada segregação de funções, tendo por base as três linhas de defesa desenvolvidas *supra*, que envolve a existência de diferentes patamares e funções que o Manual de Estrutura Orgânica deve traduzir (e o Aviso 3/2020 reflete esta preocupação);
- Assegurar a existência de recursos materiais, técnicos e humanos para a prossecução da estratégia.

Ou seja, o Manual de Estrutura Orgânica deve identificar quem são os responsáveis por cada unidade, a quem é que cada colaborador reporta, quem é o superior hierárquico de cada colaborador, porque uma empresa onde não é possível identificar quem é que "manda em quem", é uma empresa que já não está a funcionar bem, pelo que é importante, em termos de *compliance*, traçar um bom desenho da estrutura da empresa, conhecê-lo e dá-lo a conhecer aos colaboradores.

O Conselho de Administração tem ainda de assegurar que o sistema de controlo interno da instituição:

- Inclui funções de controlo interno permanentes e efetivas;
- Assenta num sistema de gestão de riscos que permita identificar, avaliar, acompanhar e controlar todos os riscos que possam influenciar a estratégia e os objetivos definidos para a instituição – nos bancos, há, entre outros, e como principais: (i) o risco do crédito (que é o mais importante quando se empresta dinheiro), (ii) riscos operacionais, (iii) riscos relacionados com a prevenção do branqueamento de capitais, (iv) riscos reputacionais (determinadas notícias fazem muito mal à imagem do banco e podem perder-se milhões com uma notícia que não foi bem antecipada ou bem controlada); (v) riscos ambientais, sociais e de governação societária ("ESG"), e todos estes temas devem implicar especiais cautelas e medidas a serem tomadas e preparadas pelo Conselho de Administração;
- Assenta num sistema de gestão de informação e comunicação – atualmente, é exigida, em Portugal, a existência de sistemas

informáticos com uma determinada dimensão e estrutura e com determinados meios que assegurem que possa ser feita a recolha, o tratamento, o arquivo e a troca de dados relevantes, abrangentes e consistentes, de maneira a considerar os diversos regimes, tanto os já referidos de AML, como o RGPD e a Lei nº 58/2019, de 8 de agosto[36], e ainda os de prevenção da corrupção ou de participação de irregularidades[37], mas sobretudo assegurar que há canais de comunicação e que aquela documentação da fundamentação das decisões fica registada;

- Assenta num processo de monitorização contínua que assegure a adequação e eficácia do sistema de controlo interno ao longo do tempo e que garanta, nomeadamente, a identificação, a monitorização e a correção tempestiva de eventuais deficiências. Este é um dos pilares essenciais e está também consagrado no Aviso 3/2020.

As funções de controlo interno têm de ter planos de atividades que devem ser aprovados pelo órgão de administração depois de obtido o parecer prévio do órgão de fiscalização. Ou seja, no início do ano, independentemente dos problemas, da chuva que vai cair, das inundações, das secas, dos imprevistos, têm de ser elaborados planos de atividades que têm de ser analisados pelo Conselho Fiscal. O Aviso 3/2020 veio obrigar os responsáveis de *compliance*, os responsáveis de risco e os responsáveis de auditoria a prepararem um plano anualmente (prevendo e programando as suas atividades a mais longo prazo, em períodos maiores, de, pelo menos, três anos). Nestes instrumentos é que se define o que estes profissionais vão fazer naquele período determinado para controlar as outras unidades, estabelecendo-se, assim, objetivos. Quando se verifica o cumprimento dos

[36] Lei que assegura a execução, na ordem jurídica portuguesa, do Regulamento (UE) 2016/679 do Parlamento e do Conselho, de 27 de abril de 2016, relativo à proteção das pessoas singulares no que diz respeito ao tratamento de dados pessoais e à livre circulação desses dados (RGPD).

[37] Previstos na Lei nº 93/2021, de 20 de dezembro, que veio estabelecer um regime geral de proteção de denunciantes de infrações, transpondo a Diretiva (UE) 2019/1937 do Parlamento Europeu e do Conselho, de 23 de outubro de 2019, relativa à proteção das pessoas que denunciam violações do Direito da União e no Decreto-Lei nº 109-E/2021, de 9 de dezembro, que aprovou o Regime Geral da Prevenção da Corrupção (o "RGPC") e criou o "Mecanismo Nacional de Combate à Corrupção" (MENAC) e cujas medidas não podemos deixar de questionar se serão suficientes ou satisfatórias, mas não iremos tratar neste texto (limitado a uma intervenção de 2020). Entretanto, já abordámos estes mecanismos em MACHADO (2023).

objetivos estabelecidos pode haver atribuição de prémios, que não resultam do sucesso comercial da empresa, mas sim do policiamento exercido pelos órgãos com essa competência.

Assim, as funções de controlo interno são estabelecidas em unidades de estrutura que devem ser organicamente segregadas das atividades que monitorizam e controlam (*i.e.*, não deve haver colaboradores da instituição a controlar os seus próprios pares), devendo, ainda, estas unidas ser autónomas entre si. Desta forma, tem de haver uma preocupação em desenhar a estrutura da instituição de maneira a prevenir conflitos de interesses, também a este nível.

Compete ainda ao Conselho de Administração definir, aprovar e rever com regularidade uma política global de riscos da instituição e assegurar que todas as funções de controlo interno têm regulamentos próprios para saber como é que cada uma funciona, porque não há nada como obrigar os responsáveis por estas funções a pensar quais é que são os problemas aprioristicamente, questionar e identificar quais é que são as várias exigências necessárias para assegurar o correto cumprimento de tais funções, pensando nos temas e riscos mais prováveis de se concretizarem e verificarem.

Para além disso, é o Conselho de Administração que nomeia, após um processo de verificação da adequação para o exercício das respetivas funções, os responsáveis pelas funções de gestão de riscos, conformidade e auditoria interna. Assim, temos de assegurar este processo de "*fit and proper*" internamente.

O BdP já faz um processo de *fit and proper* para a escolha dos candidatos a responsáveis pelos riscos, pela conformidade (ou *compliance*) e dos responsáveis pela auditoria interna. Não obstante, as instituições também têm de fazer um teste dos candidatos a estas funções. E esse processo de verificação da adequação é um processo que tem de ser contínuo. Sempre que se pretender substituir um *Compliance Officer* é necessário fazer uma seleção mais cuidada ao nível da adequação do candidato para o exercício das funções que lhe vão ser confiadas do que quando se contrata um outro funcionário que irá desempenhar funções em áreas menos escrutinadas. A escolha de um colaborador para estes cargos, em Portugal e na União Europeia, no caso da Administração, passa pelo BdP e implica um registo, o tal processo de *fit and proper*, que irá apurar se o candidato é adequado ao cargo, se assenta bem à instituição de crédito – um pouco à imagem do que aconteceria quando compramos um fato perfeitamente ajustado e feito "à medida".

Cada vez mais, estas nomeações passam por um processo de avaliação e autorização pela autoridade de supervisão competente, em momento anterior à sua entrada em funções, aproximando este regime do processo de *fit and proper* existente para os titulares dos órgãos sociais. Um *Chief Compliance Officer* não pode começar a exercer as suas funções sem estar autorizado antes, sob pena de a empresa pagar uma coima[38]. Este é também um dos fatores que confere tanta importância à política de sucessão, ou seja, se deixa de haver uma pessoa que desempenha a função *Chief Compliance Officer* é imperativo saber quem irá assumir a posição, uma vez que também o sucessor tem de ser previamente avaliado e autorizado.

Por um lado, em caso de substituição de um dos responsáveis destas três funções (recordando, as funções de gestão de riscos, de conformidade e de auditoria interna), o órgão de administração deve elaborar um relatório de avaliação do substituto e obter parecer prévio vinculativo do Conselho Fiscal sobre o mesmo. Após a receção do parecer e escolha do substituto, a opção deve ser, de imediato, comunicada ao BdP, bem como acompanhada da devida fundamentação, que esclareça porque foi necessário substituir aquele funcionário.

Por outro lado, as funções de controlo interno têm de dispor de acesso direto aos órgãos de administração e de fiscalização, e aos comités de apoio àqueles órgãos quando constituídos. De nada serve desenhar sistemas de controlo interno muito complexos e com grandes objetivos de policiamento se, depois, não for possível fazer chegar as preocupações subjacentes aos administradores, aos membros do *board*, porque apenas desta forma se pode considerar que existe um controlo efetivo e real.

Em relação aos auditores externos, têm sido apontadas as seguintes obrigatoriedades às instituições de crédito:

- De adotar políticas de seleção e designação de revisores oficiais de contas ou sociedades de revisores oficiais de contas, de modo a reforçar as condições de acesso aos auditores externos (estes procedimentos de aprovação têm de ser aprovados inclusivamente em Assembleia Geral das instituições de crédito);
- De manter um adequado arquivo documental, assegurando que a documentação permite conhecer inequivocamente a fundamentação das decisões tomadas e os respetivos intervenientes, designadamente através de Atas rubricadas por meros participantes.

[38] Cfr. o artigo 33º-A, nºs 2 e 3, do RGICSF.

O Conselho de Administração é responsável por aprovar uma política interna quanto às partes relacionadas, após parecer prévio do órgão de fiscalização, e assegurar que a instituição identifica, numa lista completa e atualizada pelo menos trimestralmente, as suas partes relacionadas, para que se evitem conflitos de interesses, mas não só. Estas regras relativas às partes relacionadas que as instituições têm de cumprir vêm detalhadas no Aviso 3/2020.

Com este objetivo, deve incluir-se a referência às empresas com as quais se estabeleçam relações comerciais, se existem sócios comuns em algumas dessas empresas, se algum dos administradores da empresa foi administrador de uma empresa com que agora pode vir a iniciar uma relação comercial e conhecer as relações familiares existentes. Assim, estas políticas têm de identificar quem é que são as contrapartes da instituição (as pessoas com que contrata) e que têm interesses que podem ser conflituantes com os seus. Tentaremos ilustrar um pouco melhor a situação descrita: se um administrador contrata com a empresa onde a esposa é administradora, isso tem de ficar ilustrado de alguma forma (e a decisão terá de ser mais fundamentada e escrutinada, como veremos abaixo); se celebrar um contrato com uma empresa onde está um familiar ou um antigo membro do Conselho Fiscal da instituição de crédito, tal terá de ficar identificado de alguma maneira.

A existência de uma política de partes relacionadas é fundamental para compreender e demonstrar que não se estão a celebrar aqueles contratos para prejudicar os acionistas e credores (ou outros "*stakeholders*") em nome das relações preexistentes entre as partes que intervêm no processo de contratação.

De acordo com estas preocupações de transparência, as transações que envolvam partes relacionadas estão sujeitas a critérios mais rigorosos e, por isso, devem ser celebradas em condições de mercado (o chamado "*arm's length basis*") e aprovadas por, pelo menos, dois terços do Conselho de Administração, *i.e.*, por uma maioria reforçada do Conselho de Administração. Em adição a estas exigências é necessário também que exista parecer prévio do Conselho Fiscal.

O Conselho de Administração é responsável por implementar uma política de participação de irregularidades (política de *whistleblowing*)[39].

[39] Exigências reforçadas após a entrada em vigor da já referida Lei nº 93/2021, de 20 de dezembro, com o regime geral de proteção de denunciantes de infrações vigente em Portugal. Sobre o tema das denúncias, já refletimos com maior detalhe em MACHADO (2014).

Deste modo, tem de se assegurar a existência de uma unidade de estrutura que, em articulação com o órgão de fiscalização, seja responsável pela monitorização das participações de irregularidades – um Comité próprio ou equipa de apoio que seja responsável por verificar as irregularidades. Estas exigências não são exclusivas do ordenamento jurídico português, uma vez que resultam da transposição de Direito da União Europeia.

A política de participação de irregularidades deve prever um procedimento interno e autónomo concebido e implementado de forma a garantir a confidencialidade da identidade dos denunciantes (para garantir que não sofrem qualquer tipo de pressão) e dos visados na irregularidade participada, o que tem ajudado muito o combate à corrupção dentro do setor privado[40].

Quanto ao controlo interno, relativamente a grupos financeiros, há regras específicas para quando uma instituição pretende constituir uma filial. Assim, o Conselho de Administração, sempre que se pretenda constituir uma filial, é responsável por:

- Proceder a uma análise de risco relativa ao estabelecimento dessa filial, que envolva as respetivas funções de controlo interno, de forma a aferir e controlar todos os riscos se possam gerar para o grupo. Em Portugal esta obrigação explica-se pelo facto de termos constituído filiais em alguns países africanos de língua portuguesa que não tinham os mesmos controlos de risco o que implicou o declínio do sistema de controlo interno de alguns bancos em resultado de operações que foram feitas nessas jurisdições[41];
- Assegurar que todas as filiais do grupo, incluindo as filiais em países terceiros e os estabelecimentos *offshore*, implementam sistemas de controlo interno coerentes entre si e em conformidade com os requisitos definidos no Aviso 3/2020;

[40] Estas exigências também foram reforçadas com as várias obrigações decorrentes do citado Decreto-Lei nº 109-E/2021, com o Regime Geral da Prevenção da Corrupção, verdadeiramente aplicável, no entanto, a poucas empresas, pelos requisitos que contém.

[41] Sobre alguns dos casos concretos que comprovam este fenómeno, a imprensa portuguesa resume-os bem em https://observador.pt/2015/03/17/auditoria-ao-bes-detetou-descontrolo-total-na-relacao-com-o-besa-em-angola/ ou em https://eco.sapo.pt/2021/05/25/compliance-do-bes-tinha-dificuldade-em-obter-informacoes-de-angola/.
Especificamente sobre estes problemas em Angola, v. AA.VV. (2016 ou 2020c), Alberto (2020) ou Manuel (2020).

- Garantir que as funções de controlo interno são adequadas à dimensão e à natureza das atividades do grupo; (embora, na prática, haja, naturalmente, uma tendência para que ninguém, nas instituições supervisionadas afirme que as suas funções de controlo são inadequadas. Contudo, todos estes sistemas são muito exigentes na realidade prática e são, quase sempre, necessários mais recursos técnicos e humanos porque todos estes processos implicam enormes esforços quatidianos);
- Prever e estabelecer linhas de reporte diretas entre as funções de controlo interno das filiais e as funções de controlo interno da empresa-mãe.

As instituições pertencentes a um mesmo grupo financeiro podem estabelecer serviços comuns para as responsabilidades atribuídas às funções de risco, conformidade e controlo interno.

O Aviso 3/2020 veio juntar também, a estas obrigações de controlo interno, regras quanto às políticas e práticas remuneratórias, algumas que já estavam consagradas em anteriores instrumentos normativos emitidos pelo BdP[42], mas foi realizado um complemento. Desde logo, é preciso assegurar que os colaboradores (principalmente os colaboradores identificados como importantes para as decisões de risco da instituição) têm uma parte da sua remuneração que é variável, uma parte que está diferida no tempo (para que uma pessoa não faça "asneiras" e se abandone a instituição sem consequências, ou continue, imune). A ideia é a de haver um alinhamento de incentivos. Assim, permite-se que a instituição recorra a dois mecanismos, "*malus*" e "*clawback*" que, basicamente, correspondem à redução ou reversão do pagamento da remuneração variável caso se verifique que o responsável por aquela unidade de controlo não cumpriu bem o seu trabalho e, em virtude desse incumprimento, a empresa incorreu em prejuízos[43].

Deste modo, renova-se o enquadramento aplicável às políticas e práticas remuneratórias das instituições, em linha com as orientações da EBA

[42] Desde logo o revogado Aviso nº 10/2011, de 9 de janeiro de 2012, que regulamentava os princípios e regras que deviam reger a política de remuneração dos membros das instituições, bem como os deveres de divulgação de informação da política de remuneração dos membros dos órgãos de administração, fiscalização e colaboradores.

[43] Mecanismos também previstos no artigo 115º-E, nº 9, do RGICSF, por exemplo.

relativas a políticas de remuneração sãs[44], considerando o enquadramento das normas já divulgadas através de Carta Circular do Banco de Portugal, e estabelecendo normas complementares às constantes do RGICSF.

Estas normas complementares são relevantes para a implementação prática do RGICSF pelas entidades supervisionadas, por preverem regras específicas quanto à remuneração dos membros não executivos do conselho de administração e dos membros do conselho fiscal. Por outro lado, os membros não executivos e os membros do órgão de fiscalização devem ter uma remuneração fixa, sem parte variável, uma vez que exercem funções de controlo e supervisão e não se pretende que tenham incentivos para escolherem opções perversas para o futuro da empresa.

O Conselho de Administração é também responsável por, no quadro das políticas de remuneração, definir e aprovar um processo de identificação dos colaboradores que têm impacto material no perfil de risco da instituição e implementar um processo de avaliação individual de desempenho, incluindo os critérios de natureza financeira e não financeira, quantitativos e qualitativos utilizados para verificar como é que esses colaboradores participam na assunção de riscos da instituição.

### V.II. As responsabilidades do Conselho Fiscal

Em primeiro lugar, sublinhe-se que o número de responsabilidades deste órgão foi substancialmente alargado, no domínio bancário, com a entrada em vigor do Aviso 3/2020. Assim, os conselhos fiscais são hoje responsáveis por definir e formalizar procedimentos que lhes permitam receber as informações necessárias para o exercício das suas funções. Por isso, podem solicitar, a todo o momento, qualquer documento, informação oral ou escrita que considerem necessária para o exercício das suas funções. A informação necessária pode ser recolhida através de pedidos realizados às unidades de estrutura ou a qualquer colaborador do banco ou acedendo diretamente a essa informação.

Para além disso, o Conselho Fiscal deve assegurar uma interação regular e efetiva com o Conselho de Administração através da realização de

[44] Cfr. Orientações da EBA relativas a políticas de remuneração sãs ao abrigo da Diretiva 2013/36/EU, nº EBA/GL/2021/04, de 2 de julho de 2021, disponíveis em https://www.eba.europa.eu/sites/default/documents/files/document_library/Publications/Guidelines/2021/EBA-GL-2021-04%20Guidelines%20on%20sound%20remuneration%20policies/Translations/1023120/GL%20on%20remuneration%20policies%20under%20CRD_PT.pdf

reuniões periódicas, que devem também ficar registadas, para que o Conselho de Administração forneça informação relevante sobre o funcionamento da empresa ao Conselho Fiscal (e é este "*compliance explained*", que se traduz em cumprir as regras e explicar quais as regras que estão a ser cumpridas e de que forma, o que é muito importante).

O Aviso 3/2020 tem sido criticado por obrigar o Conselho Fiscal a reunir com uma periodicidade muito recorrente, exigindo-se que emita demasiados pareceres, consulte e analise muita informação e tenha uma intervenção talvez demasiado intensa para um órgão de fiscalização (parece-nos que, eventualmente, o BdP terá ido, através de um mero "Aviso" longe demais, nestas regras, exigindo que o Conselho Fiscal tenham um domínio da empresa ou instituição que não é aquele a que estamos habituados e que decorre do desenho legal previsto no Código das Sociedades Comerciais português). Tradicionalmente, o Conselho Fiscal reúne periodicamente, mas, neste momento, passa a ser um dos polícias principais das instituições de crédito, sendo previstas responsabilidades quase de co-piloto.

Especificamente, em termos de conduta, o Conselho Fiscal tem de emitir um parecer prévio sobre o Código de Conduta do banco e as políticas e normativos internos que o desenvolvem e concretizam, mas também é responsável por promover avaliações periódicas e independentes, a realizar por entidade externa à instituição, sobre a conduta e valores do próprio órgão de fiscalização.

Ainda no âmbito da mesma matéria, tem de emitir parecer prévio vinculativo sobre o Manual de Estrutura Orgânica do banco e sobre outras matérias previstas em termos de estrutura organizacional, bem como prover pela realização de ações de controlo dentro das suas competências legais e regulamentares. Algumas das auditorias e dos auditores externos são escolhidos pelo Conselho Fiscal – portanto, há esta ideia de ter "*skin in the game*" nas várias responsabilidades -, mantendo um plano plurianual de atividades aprovado e atualizado (*i.e.*, a estratégia de atuação do Conselho Fiscal da instituição de crédito também deve pensar-se a longo prazo), que tem de ser disponibilizado às autoridades de supervisão competentes sempre que solicitado.

O Conselho Fiscal tem, assim, de emitir pareceres prévios sobre todas as matérias previamente enumeradas pelo que tem de ser envolvido em todos estes temas de forma a garantir que o Aviso 3/2020 é observado através dos relatórios anuais de autoavaliação da cultura das empresas. Nada compromete mais as pessoas com as soluções de controlo interno do que obrigá-las a fazer declarações ao supervisor a dizer que "está tudo bem", pretendendo-se, com estes procedimentos e "burocracia", robustecer as instituições de crédito e o seu funcionamento.

O Conselho Fiscal tem, ainda, a responsabilidade de estabelecer os comités de apoio necessários à eficiente prossecução das respetivas competências e aprovar regulamentos próprios para cada um. Estes regulamentos irão definir os seus termos de funcionamento e incluem a identificação do presidente e do secretário, se designado, os seus membros, as suas competências, a periodicidade das reuniões, bem como os procedimentos instituídos para efeitos de preparação e agendamento das reuniões, designadamente a documentação mínima de suporte, mecanismos e prazos de submissão. A *ratio* subjacente a isto é a de formalizar todas as regras, todos os procedimentos, o que se reflete numa preocupação de passar tudo a escrito.

O Conselho Fiscal tem responsabilidade direta sobre os seus membros, pelo que os membros do Conselho Fiscal podem ser eles próprios sancionados por não terem vigiado bem a instituição. Estas regras, apesar de tudo, em Portugal, ainda são recentes, e este Aviso 3/2020 mostra muito daquilo que se pode esperar na União Europeia na próxima década, mesmo fora dos domínios bancário e financeiro.

O Conselho Fiscal é ainda responsável por assegurar, no âmbito das respetivas competências, a fiabilidade, integridade, consistência, completude, validade, tempestividade, acessibilidade e granularidade de toda a informação produzida pela instituição, quer seja utilizada a nível interno, quer se destine a ser divulgada para o exterior, nomeadamente a constante dos reportes a efetuar às autoridades de supervisão respetivas. Também existem modelos para garantir isto, o que faz com que grandes consultoras (como, por exemplo, a KPMG, EY, PwC e Deloitte – as chamadas "*big four*"), venham apresentar complexas (e caras) propostas de trabalhos de auditoria aos Conselhos Fiscais para os "desresponsabilizarem" pelo controlo que estão a fazer.

O Conselho Fiscal tem de emitir muitos pareceres prévios (que são muito controlados), entre outros, sobre:

- As políticas e procedimentos necessários para o sistema de gestão de riscos;
- Os relatórios de gestão de riscos previstos no Aviso 3/2020;

- Os relatórios de auditoria interna, cujo funcionamento deve respeitar os princípios internacionais, e assegurar o acompanhamento das deficiências;
- As políticas relativas a partes relacionadas, conflitos de interesses ou participação de irregularidades (cujo procedimento monitoriza).

O Conselho Fiscal é responsável pelas novas políticas de seleção e designação de revisores oficiais de contas ou sociedades de revisores oficiais de contas, de modo a reforçar as condições de acesso aos auditores externos. O Conselho Fiscal tem de assegurar que estas políticas são implementadas de forma adequada na instituição e que são objeto de revisões periódicas.

O RGICSF, o tal principal regime da atividade bancária vigente em Portugal, já obriga as instituições a terem uma política de remuneração dos administradores e uma política de seleção de administradores, e este Aviso 3/2020 veio obrigar a que tenham uma política de seleção e designação dos auditores externos também para garantir que há um controlo da escolha destes vários auditores.

## VI. A Instrução nº 18/2020 do Banco de Portugal

Até agora, tentámos apresentar as responsabilidades do Conselho de Administração e do Conselho Fiscal (as que vêm do topo) e o *Regulatory Oversight* que está previsto em todo o Aviso 3/2020, procurando perceber e explicar quais é que são as políticas e os procedimentos que o referido Aviso obriga as instituições de crédito a implementar. Em síntesc, o Aviso 3/2020 obriga: a que os colaboradores tenham formação em relação a todos estes aspetos e que conheçam a estrutura interna da empresa; que conheçam o Código de Conduta; conheçam as regras de proteção de dados; conheçam as regras de prevenção do branqueamento de capitais e financiamento do terrorismo (exigindo documentos que comprovem todas estas comunicações); conheçam o próprio Aviso e depois as formas de monitoramento e, acima de tudo, o reporte.

A Instrução nº 18/2020, de 15 de julho do BdP (doravante, abreviadamente designada por Instrução 18/2020) é o diploma que regula a forma como as instituições têm de explicar ao BdP que estão, ou não, a cumprir o Aviso 3/2020 e que e como estão a solucionar as deficiências encontradas. Podemos verificar que houve uma série de regras de auditoria que foram padronizadas nesta Instrução e no Aviso.

A Instrução 18/2020 regulamenta, assim, os deveres relativos ao/à:

- Reporte dos relatórios de autoavaliação da adequação e eficácia da cultura organizacional (relatórios do CA, CF e FCIs) e dos sistemas de governo e de controlo interno, e respetivos anexos;
- Definição do tratamento das deficiências no relatório de autoavaliação;
- Conteúdo e reporte do relatório anual de participação de irregularidades (área onde são particularmente úteis os sistemas informáticos do BPnet associados ao BdP onde se podem prestar as várias informações);
- Conteúdo e reporte do universo de colaboradores que têm impacto material no perfil de risco da instituição que têm de ser identificados sempre em fevereiro;
- Reporte relativo ao processo de aprovação de um nível máximo mais elevado da componente variável da remuneração, previsto no nº 5 do artigo 115º-F do RGICSF.

Estes deveres de reporte servem, no fundo, para o supervisor controlar todo o funcionamento, a nível de controlo interno, da instituição. É necessário envolver todos os degraus, porque todos são responsáveis, desde a pessoa que está ao balcão do banco (que é a primeira linha de defesa) até ao *compliance*, à auditoria, ao supervisor. E se todos os patamares funcionarem bem talvez, mas só talvez, seja possível evitar a próxima crise financeira, a partir de cada instituição.

Também existem regras quanto ao tratamento das deficiências que têm alguns padrões. A tendência vai ser para *standardizar*, uniformizar a nível mundial, da mesma maneira que se fez com a lavagem de dinheiro, também o tratamento das deficiências e alguns padrões de auditoria, nestes domínios.

A Instrução 18/2020 prevê, quanto ao tratamento de deficiências nos relatórios de autoavaliação, uma nova metodologia de classificação de F1 (reduzida) a F4 (severa) que considera diferentes tipos de impacto. Estes relatórios são emitidos pelo responsável da função de auditoria interna com a validação da classificação das deficiências. A necessidade de uma validação dupla das pessoas que estão envolvidas tem como objetivo impedir que alguém enviese o controlo das várias deficiências. Por fim, prevê-se a existência de declarações expressas dos órgãos de administração e de fiscalização sobre a adequação da classificação atribuída às deficiências quando esta seja F3 (elevada) e F4 (severa). Adicionalmente, há um sistema de reporte consolidado de deficiências identificadas por funções de controlo interno ou entidades externas (entidades de supervisão, ROC), o que não prejudica a obrigação de evitar duplicações, pelo que a deficiência deve apenas ser reportada uma vez.

Conforme já aludido *supra*, a Instrução 18/2020 estabelece que têm de ser elaborados, pelas instituições de crédito, relatórios de autoavaliação (do CA e CF, sobre as instituições, individualmente, e sobre os grupos). Assim, a instituição avalia a adequação e eficácia da sua conduta e cultura organizacional e dos seus sistemas de governo e controlo interno e elabora relatórios anuais, contendo os resultados dessa avaliação. Alguns responsáveis do BdP[45], de maneira um pouco "ingénua" fizeram afirmações públicas de que estes relatórios têm de ser atualizados "diariamente" e apresentaram o Aviso 3/2020 com uma força que parece estar desligada da realidade prática da vida das instituições que não podem viver para a supervisão, mas devem estar orientadas para o negócio. Claro que acreditar que se vai atualizar diariamente relatórios de autoavaliação das instituições é irrealista, mas a ideia é estabelecer a necessidade de um controlo permanente e contínuo da vida das instituições de crédito.

O relatório de autoavaliação é constituído por diferentes elementos, nomeadamente, por: uma avaliação do órgão de fiscalização; uma avaliação do órgão de administração; e um relatório dos responsáveis pelas funções de gestão de riscos, *compliance* e auditoria interna sobre independência e deficiências próprias.

A ideia da inclusão destes elementos é obrigar todos os colaboradores com responsabilidades nestes domínios a comprometerem-se com a avaliação que é feita da instituição. Este compromisso é muito associado ao que se espera do *compliance*: é comprometer o maior número possível de colaboradores, de auditores, de partes envolvidas no sistema de *compliance* das várias instituições.

Nos relatórios de autoavaliação, a avaliação deve incluir uma opinião global, devidamente fundamentada, sobre a adequação e eficácia da cultura organizacional da instituição e dos seus sistemas de governo e controlo interno e sobre práticas e políticas remuneratórias, e demais matérias tratadas no Aviso 3/2020.

45 Leia-se, por exemplo, o texto de Ferreira/Cunha (2019).

A avaliação do órgão de administração deve incluir:

- Um resumo das ações que foram feitas (como por exemplo, ações de formação dos colaboradores) e das medidas implementadas para assegurar que foi feito o necessário *compliance*, e corrigir as deficiências detetadas no período de referência e, caso se mantenham em aberto, para sanar deficiências detetadas em períodos anteriores;
- Quando aplicável, os resultados das avaliações efetuadas (adequação dos processos de obtenção, produção e tratamento de informação implementados na instituição são objeto de avaliações periódicas independentes, a realizar por entidade externa à instituição);
- Quando aplicável, uma confirmação expressa de que é entendimento do órgão de administração que a terceirização (ou subcontratação, como utilizamos em Portugal) de tarefas operacionais das funções de controlo interno dá cumprimento ao disposto no Aviso 3/2020, fundamentando os referidos entendimentos.

As várias avaliações que as instituições fazem externamente vão dar implicar a intervenção de entidades terceiras às instituições e custos elevados, pelo que é fácil prever que os custos de *compliance* aumentarão brutalmente. A tendência já é, se for possível apontar só uma, a de que é caríssimo fazer *compliance* e vai tornar-se cada vez mais caro fazer *compliance*. E, tal como comprar uma roupa bonita é caro, comprar comida boa é caro também fazer bom *compliance* é caro e estes custos serão cada vez mais elevados (e o supervisor, principalmente numa lógica de proporcionalidade e de *level-playing field* entre as várias instituições dos diferentes Estados-Membros e com menor dimensão deveria considerar e adaptar mais estas exigências).

Os relatórios de autoavaliação de grupo devem incluir os três seguintes tipos de avaliação:

- Avaliação detalhada dos órgãos da empresa-mãe sobre a adequação e a eficácia do sistema de controlo interno do grupo;
- Avaliação quanto à coerência entre os sistemas de controlo interno das filiais e o sistema de controlo interno da empresa-mãe, podendo tal avaliação ser fundamentada nas avaliações elaboradas para o efeito pelos órgãos de fiscalização de cada uma das filiais;
- Avaliação individual para cada filial no estrangeiro.

## VII. Conclusões – dicas e notas finais

Como vimos, o enquadramento normativo do controlo interno (ou *compliance*) bancário imposto tanto em Portugal como na Europa (e por todo o mundo em geral) prevê vários deveres que vinculam cada uma das entidades supervisionadas. Manter o *compliance* de uma entidade tem-se revelado uma grande e demorada tarefa que tem de ser desempenhada pelos vários responsáveis dentro de cada empresa. Para além de todos os deveres decorrentes do *compliance* que abordámos na exposição, há ainda um conjunto de deveres de antilavagem de dinheiro (ou antibranqueamento de capitais), que não abordámos aqui[46], que também devem ser cumpridos por cada entidade.

Adicionalmente, devemos destacar a necessidade de garantir uma "sintonização" entre os DPOs (*Data Protection Officers*) e os *Compliance Officers* dentro de cada empresa, de modo a que a sua informação ou a informação relativa aos seus clientes seja controlada o melhor possível para, simultaneamente, proteger a privacidade dos dados e assegurar o reporte de informação exigida pelo *compliance* aos supervisores. Neste sentido, é necessário adaptar os sistemas de prevenção de branqueamento de capitais e do financiamento do terrorismo e de proteção de dados (abreviadamente designados por sistemas de PBCFT/PD) às realidades concretas de cada setor comercial. Assim, os sistemas de *compliance* têm características próprias para cada setor, como, por exemplo, nos setores da hotelaria, imobiliário, comércio em geral (sobretudo de bens que possam, pelo seu valor, ser considerados como de luxo), plataformas de financiamento colaborativo ("*crowdfunding*"), *start-ups* tecnológicas e *fintechs*.

De forma muito simplificada cabe ainda fazer uma referência a todo o mundo da *internet*, que é ótima para confirmar quais as *guidelines* específicas para cada um dos vários setores que existem em cada momento. Quando inseridos numa empresa é obrigatório "*googlarmos*" o que é que existe de orientações, de *best practices*/melhores práticas para o setor em que estamos a atuar e que têm de ser do nosso conhecimento. E, a todo o momento, estão a surgir novas aplicações e ferramentas que reconhecem a inteligência artificial ou "*machine learning*" para fazer melhor *compliance*[47].

[46] No entanto, já detalhámos e analisámos esses deveres em estudos anteriores, como em Machado (2020).

[47] Quanto ao tratamento que a União Europeia vem dando a estes temas e os grandes riscos de *compliance* que a inteligência artificial implica, v. De Cooman (2022) e, abordando já as

Em termos gerais, já há muita gente a pensar nisto por todo o mundo e as empresas estão a tentar cumprir (e a cumprir bem), o que contribui para a existência de padrões internacionais muito bons e muito desenvolvidos.

Por outro lado, podem (e devem) ser harmonizados os Códigos de Conduta internos para as várias áreas/os vários setores, considerando as suas especificidades, de modo a garantir que todas as empresas que atuam em determinado setor seguem as mesmas políticas de conduta.

Há algumas preocupações comuns e partilhadas entre a proteção de dados e a prevenção do branqueamento de capitais (ou lavagem de dinheiro), como as regras do segredo/sigilo bancário e profissional, e regras de garantia de não divulgação de informação, que são algumas das muitas regras que temos de conciliar, trabalhando juntos, os DPOs, os Encarregados da Proteção de Dados, os Responsáveis pelo Tratamento dos Dados e os *Compliance Officers*.

Quanto às preocupações ESG ou ASG (sigla em português para Ambiental, Social e Governança), estas estão ainda numa fase muito inicial e vamos assistir ao longo dos próximos anos a muitas regras novas e ao surgimento de novos padrões de investimento. De facto, uma das marcas do futuro do *compliance* vão ser estas preocupações com o ESG, ainda que seja verdade afirmar que "não é fácil ser verde"[48], mas é isto o que é pedido, de modo a sintonizar os valores das instituições de crédito, os valores dos investimentos e terão de ser criados gabinetes novos de conformidade normativa nas empresas, responsáveis por verificar o cumprimento das políticas de ESG, de cada instituição, que vão ser cada vez mais intensas e podem trazer muitos ganhos a todos os intervenientes nos mercados e à sociedade em geral.

De acordo com a complexidade da matéria devem ser promovidas ações de formação aos vários colaboradores, adaptadas à realidade efetiva das várias empresas, considerando a sua dimensão, estrutura e data de entrada no mercado.

Para o mundo académico, há muitas áreas que podemos explorar e que foram ainda pouco investigadas nestes domínios. Tal como a proteção de dados era um setor muito pouco tratado em Portugal e que teve um

preocupações mais recentes, relacionadas com o "ChatGPT", e a sua relação com os problemas de cumprimento normativo, leiam-se as ansiedades expressas em NICODEMUS (2023).

[48] Sobre isso, cf. o nosso MACHADO (2022b), ou, bem melhor, CARNEY (2021).

desenvolvimento enorme nos últimos anos pela necessidade de assegurar as novas regras que foram sendo implementadas nessa matéria, especialmente por via da União Europeia, também o mundo do cumprimento normativo, do controlo interno e do *compliance*, em geral, espera por mais investigação e divulgação.

Da análise dos vários deveres de *compliance* impostos às entidades, há uma ideia que se destaca: a ideia de que quaisquer decisões adotadas (empresariais, comerciais, etc.) dentro de cada empresa, devem ser decisões esclarecidas, informadas e debatidas internamente, pelo que deve ser promovida a comunicação dentro de cada empresa, entre os vários departamentos e responsáveis.

Deve ser, ainda, criado um ambiente interno que privilegie e incentive a comunicação de alertas para os problemas numa tentativa de os antecipar. De facto, consideramos que a "chave" para fazer um bom e correto *compliance* é estar sempre a pensar em tudo o que pode correr mal.

É fácil fazer um paralelismo destes responsáveis com a imagem dos pais atentos e cuidadosos, quando estão com os filhos na rua, que têm tendência para pensar em tudo o que pode correr mal naquele momento – imaginam que as crianças podem ser atropeladas, porque estão muito perto da estrada ou podem cair de um sítio, entre outros possíveis desastres ou acidentes. Também assim, podemos imaginar o papel de um *Compliance Officer* a olhar para a sua empresa como um pai que observa os seus filhos e imagina tudo o que pode correr mal e tenta prevenir e evitar. Desta forma, o bom *Compliance Officer* do futuro é aquele que esteja constantemente a olhar para a estrutura interna da entidade, à procura e a pensar por onde é que pode entrar "asneira" na empresa.

O *compliance* transcende o cumprimento das leis, e podemos recorrer a um ditado antigo commumente atribuido a Séneca – "barco sem rumo não sabe que ventos lhe são favoráveis" – que nos parece que ilustra muito bem o caso de uma empresa sem um programa de *compliance*. Ou seja, uma empresa (e de investimento, mais ainda) sem programa de *compliance*, não sabe quais são os ventos favoráveis. Assim, para saber identificar estes ventos, para colocar corretamente as velas do barco, tem de adotar um raciocínio antecipatório, numa lógica de discernimento.

Deste modo, deve ser implementado um programa de *compliance* em cada entidade que cumpra as regras específicas do setor em que atua. Em Portugal, as consequências de não implementar um programa de *com-*

*pliance* dependem dos setores. No setor bancário, há coimas elevadas que têm valores mínimos de 50.000 euros, mas que podem chegar aos milhões de euros, e a previsão é que sejam ainda mais severas no Código da Atividade Bancária, que está para ser instituído no nosso ordenamento jurídico[49]. Portanto, neste âmbito, existe responsabilidade contraordenacional e responsabilidade penal das pessoas coletivas. Também no âmbito dos setores dos valores mobiliários, da concorrência e dos seguros já existem coimas muito pesadas que se associam à lógica de *compliance* que, atualmente, é obrigatória. E há responsabilidades próprias do *Compliance Officer*, pelo que é um cargo cada vez mais importante.

Reconhecemos que garantir o bom e correto *compliance* de uma empresa pode sair caro (ou, melhor, muito caro), pode dispender muito tempo, e implica alocar uma grande parte (em exclusividade, em alguns cargos) do trabalho desenvolvido pelos colaboradores, mas é algo que é bom para as empresas garantirem a sua estabilidade comercial e reputacional e que deverá ser encarado como um valor positivo para a própria empresa, e não como um fardo a suportar.

Acreditamos que um bom cumprimento normativo, ou *compliance*, por parte das instituições, pode ser como aquelas velas que impeliam os barcos de antigamente, e um bom controlo interno pode levar os bancos e instituições a ter um novo rumo e a descobrir novos mundos e a inovar, em prol de todos os interessados: os seus acionistas, colaboradores, clientes, mercados financeiros, e a sociedade em geral.

[49] O anteprojeto do Código da Atividade Bancária foi submetido, em 20 de outubro de 2020, a consulta pública, mediante a Consulta pública do BdP nº 6/2020, e encontra-se disponível em https://www.bportugal.pt/consultapublica/consulta-publica-do-banco-de-portugal-no-62020-relativa-ao-anteprojeto-de-codigo-da.
No entanto, para já, o RGICSF foi apenas alterado pela Lei nº 23-A/2022, de 9 de dezembro, que finalmente transpôs a Diretiva (UE) 2019/878, relativa ao acesso à atividade bancária e supervisão prudencial, e a Diretiva (UE) 2019/879, relativa à recuperação e resolução de instituições de crédito e empresas de investimento, alterando também o Código dos Valores Mobiliários e outra legislação conexa. Esta alteração acabou por ser muito mais "minimalista" do que se esperava. Já analisámos as principais inovações em matéria sancionatória e contraordenacional em Machado (2022c).

## Bibliografia recomendada

AA.VV.

(2004) *A Comparative Guide to Anti-Money Laundering*, (ed. Mark Pieth and Gemma Aiolfi), Cheltenham: Edward Elgar.

(2012) *O novo direito bancário*, (coord. Paulo Câmara e Manuel Magalhães), Coimbra: Almedina.

(2014) *Il riciclaggio come fenomeno transnazionale: normative a confronto*, (a cura di Ranieri Razzante), Milano: Giuffrè Editore.

(2016) *A governação de bancos nos sistemas jurídicos lusófonos*, (org. Paulo Câmara, et al.), Coimbra: Almedina / Governance lab.

(2017) *Contextos de segurança – Análises e perspectivas*, (coord. António Rebelo de Sousa), Lisboa: OSCOT / TotalForce.

(2018) *Estudos sobre* Law Enforcement, *Compliance e Direito Penal*, (coord. Maria Fernanda Palma, Augusto Silva Dias e Paulo de Sousa Mendes), Coimbra: Almedina.

(2019a) *FinTech: Desafios sobre tecnologia financeira* (coord. António Menezes Cordeiro, Ana Perestrelo de Oliveira e Diogo Pereira Duarte), 2ª ed., Coimbra: Almedina, 2 vols.

(2019b) *The Cambridge handbook of surveillance law* (ed. by David Gray, Stephen E. Henderson), Cambridge: Cambridge University Press.

(2020a) *Research handbook on human rights and digital technology: global politics, law and international relations* (ed. Ben Agner, Matthias C. Ketteman e Kilian Vieth), Cheltenham: Edward Elgar.

(2020b) *Novos Estudos sobre* Law Enforcement, *Compliance e Direito Penal*, (coord. Maria Fernanda Palma, Augusto Silva Dias e Paulo de Sousa Mendes), Coimbra: Almedina.

(2020c) *O sistema financeiro angolano* (coord. Paulo Câmara), Coimbra: Almedina, 2020.

(2021a) *Corrupção em Portugal: avaliação legislativa e propostas de reforma* (org. Paulo Pinto de Albuquerque, Rui Cardoso e Sónia Moura, Lisboa: Universidade Católica Editora.

(2021b) *Administração e governação das sociedades* (coord. Paulo Câmara), Coimbra: Almedina.

Aguiar, Christiano,

(2022) "Os conflitos entre os princípios de proteção de dados e os deveres de AML no âmbito do tratamento de dados pelas instituições financeiras", in *Anuário da Proteção de Dados 2022*, Lisboa, pp. 37-67.

Alberto, Nália da Conceição,

(2020) *O combate ao branqueamento de capitais no Direito bancário – "O caso de Angola"*, disponível *online* em https://bit.ly/Nalia-Alberto-Combate-ao-BCFT.

Bullough, Oliver,

(2022), *Butler To The World: The Book The Oligarchs Don't Want You To Read – How Britain Helps The World's Worst People Launder Money, Commit Crimes, And Get Away With Anything*, Nova Iorque: St. Martin's Press.

Câmara, Paulo,

(2018) "O governo dos bancos", in: L. Miguel Pestana de Vasconcelos (coord.), *III Congresso de direito bancário*, Coimbra: Almedina, 2018, pp. 435-491.

Carney, Mark,

(2021) *Value(s) – Building a better world for all*, Glasgow: William Collins.

CARVALHO, Francisco Proença de / PONTE, Mafalda Fuzeta da,
(2021) "Investigações internas e *compliance*: um "pré-processo penal"?", *Actualidad Jurídica Uría Menéndez* 55, pp. 199-206.

CHIU, Iris H-Y,
(2018) *Regulating (from) the inside: the legal framework for internal control in banks and financial institutions*, Oxford: Hart Publishing.

CORDEIRO, A. Barreto Menezes,
(2017) "O beneficiário efetivo: a ponta do icebergue", in *Vida Judiciária* 203, p. 4.

DE COOMAN, Jêrome,
(2022) "Humpty Dumpty and High-Risk AI Systems: the *ratione materiae* Dimension of the Proposal for an EU Artificial Intelligence Act", *Market and Competition Law Review*, v. 6, n.1 (April 2022), pp. 49-88.

DUARTE, Diogo Pereira,
(2020) "A comissão executiva e as suas competências no governo interno das instituições bancárias", in: Paulo Câmara (coord.), *Administração e governação das sociedades*, Coimbra: Almedina, pp. 141-181.
(2021) "Notas sobre o governo interno das instituições bancárias em Portugal e Moçambique", in: Dário Moura Vicente, et al (org.), *Estudos comemorativos dos 30 anos de cooperação entre a Faculdade de Direito da Universidade de Lisboa e a Faculdade de Direito da Universidade Eduardo Mondlane*, Lisboa: AAFDL Editora, pp. 333-377.

DUARTE, Diogo Pereira / PASSARADAS, Francisco,
(2018) "Gestão de risco, *compliance* e auditoria interna", in: António Menezes Cordeiro (coord.), *Estudos de Direito Bancário I*, Coimbra: Almedina, pp. 193-227.

FERNÁNDEZ TORRES, Juan Manuel,
(2022) "La cultura del cumplimiento deportivo en la pandemia", *Revista Aranzadi de Derecho de Deporte y Entretenimiento*, nº 74 (enero-marzo), pp. 91-113.

FERRAZ, Duarte Oita/ADHIKARI, Manish,
(2021), *Manual of Corporate Governance: Theory and Practice for Scholars, Executive and Non--Executive Directors*, Lisbia: Ivens Advisors.

FERREIRA, Luís Costa / CUNHA, Benedita Magalhães da,
(2019) "Breve comentário sobre o Aviso do Banco de Portugal nº 3/2020 em matéria de conduta e cultura organizacional e sistemas de governo e controlo interno", *Revista de Direito das Sociedades* 11(3-4), pp. 737-749.

FLESCH, Esther / FLESCH, Sophia,
(2021) "*Compliance* e as start-ups", *Revista do Advogado* 41(152), pp. 13-18.

HOPE, Bradley / WRIGHT, Tom,
(2021), *Billion Dollar Whale*, Nova Iorque: Hachette Books.

KEBBELL, Sarah,
(2022) *Anti-Money Laundering Compliance And The Legal Profession*, Oxfordshire: Taylor & Francis.

JÚNIOR, James Corrêa,
(2019) O compliance *criminal como mecanismo de mitigação do branqueamento de capitais e do terrorismo transnacional*, disponível *online* em https://bit.ly/James-Correa-Junior--Compliance.

MAIA, Pedro,
(2021) "*Compliance* bancário na era da inteligência artificial: uma breve introdução", *Julgar* 45, pp. 159-191.

MACHADO, Miguel da Câmara,
(2014) "'Corrupção: Denuncie aqui' – Vale tudo no combate à corrupção?", *C&R – Revista de Concorrência e Regulação* 5(1), pp. 51-129
(2017a) "Novas regras sancionatórias (bancárias e financeiras) – A reforma do RGICSF em matéria contraordenacional ou o despertar de um Direito processual das contra-ordenações bancárias e financeiras", *Revista de Direito Civil*, II/2, pp. 359-385.
(2017b) "Entre um manual para branqueadores e um código sancionatório em branco", in: Miguel da Câmara Machado (org.), *Regimes da prevenção do branqueamento de capitais e compliance bancário*, Lisboa: AAFDL Editora, pp. 7-12.
(2018a) "4G na prevenção do branqueamento de capitais: problemas, paradoxos e principais deveres", in: António Menezes Cordeiro (coord.), *Estudos de Direito Bancário I*, Coimbra: Almedina, pp. 77-127.
(2018b) "Estes regimes vão autodestruir-se em 5 segundos", in: Miguel da Câmara Machado (org.), *Regimes da prevenção do branqueamento de capitais e compliance bancário*, 2ª ed., Lisboa: AAFDL Editora, pp. 9-19.
(2019) "(Un)reasonable searches and seizures? Algumas dúvidas, medos e ansiedades sobre a Lei nº 17/2019 e o dever de denunciar contas acima de cinquenta mil euros", *Revista de Direito Financeiro e dos Mercados de Capitais* 1(2), pp. 199-217.
(2020) "Deveres antibranqueamento de capitais: de onde vieram, quais são e como vão evoluir (do '4G' ao '5G')", in: Maria Fernanda Palma, Augusto Silva Dias e Paulo de Sousa Mendes (coord.), *Novos Estudos sobre* Law Enforcement, Compliance *e Direito Penal*, Coimbra: Almedina, pp. 259-351.
(2022a) "Como é que se diz 'branqueamento de capitais' em russo? (отмывание денег?) e 'rápido demais' em ucraniano? (занадто швидко?)", in: Miguel da Câmara Machado (org.), *Regimes da prevenção do branqueamento de capitais e compliance bancário*, 3ª edição, Lisboa: AAFDL Editora, pp. 9-24.
(2022b) "'*It's not easy being green*' – Algumas dúvidas, medos e ansiedades sobre as dificuldades em saber o que são e como se cumprem os deveres "ESG" nos mercados financeiros, no final de 2022", *Revista de Direito Financeiro e dos Mercados de Capitais* 14, pp. 617-634.
(2022c) "Um princípio que pode ser uma 'estrada de tijolos amarela' e quatro pequenas alterações – Notas sobre as regras sancionatórias decorrentes do quase secreto RGICSF'22", *Revista da Ordem dos Advogados*, nº 83, (III/IV), pp. 647-667.
(2023) "Do passado recente ao remoto, um ano depois do 'Mecanismo Nacional de Combate à Corrupção': Leis e mecanismos vazios ou quase vazios para combater a corrupção nas empresas e numas poucas sociedades comerciais", *Revista de Direito Comercial – Liber Amicorum Pedro Pais de Vasconcelos*, pp. 133-150.

MANUEL, Leonildo,
(2020) "Governance e sistema de controlo interno de bancos: o que haverá de novo?" in: Paulo Câmara (coord.), *O sistema financeiro angolano*, Coimbra: Almedina, pp. 169-200.

MEKPOR, Emmanuel Senanu / ABOAGYE, Anthony / WELBECK, Jonathan,
(2018) "The determinants of anti-money laundering *compliance* among the Financial Action Task Force (FATF) member states", *Journal of Financial Regulation and Compliance* 26(3), pp. 442-459.

MIHAELA, Sandulescu,
(2013) "Reconciling the anti-money laundering *compliance* duties and the commercial objectives of the bank", in: Petrus C. van Duyne (ed.), *Corruption, greed and crime money: sleaze and shady economy in Europe and beyond,* Oisterwijk: Wolf Legal Publishers, pp. 185-209.

NICODEMUS, Aaron,
(2023) "ChatGPT comes with compliance caveats, experts warn", *Compliance Week*, (Feb. 23), online em https://www.complianceweek.com/cybersecurity/chatgpt-comes-with-compliance-caveats-experts-warn/32715.article.

POVEY, David,
(2022) "The dangers of money laundering within the art market", *International Compliance Association*, (Apr. 21), disponível *onlinte* em https://www.int-comp.org/insight/2022/the-dangers-of-money-laundering-within-the-art-market/.

PATRÍCIO, Rui / MATOS, Nuno Igreja,
(2018) "Corrupção e Branqueamento: das relações incestuosas às (a)tipicidades", in: AA.VV., *Estudos Projeto Ethos – Corrupção e Criminalidade Económico-Financeira*, Coimbra: Almedina, pp. 51-80.

RODRIGUES, Anabela Miranda,
(2019) *Direito Penal Económico: Uma política criminal na era compliance*, Coimbra: Almedina.

RODRIGUES, André Alfar,
(2022) *Manual Teórico-Prático de Compliance*, 2ª ed., Coimbra: Almedina.

SÁNCHEZ LÓPEZ, María Esther,
(2022) "El principio de buena administración y el *compliance* fiscal: una relación necesaria", *Revista Española de Derecho Financiero*, n. 193, (enero-marzo), pp. 159-194.

SHARMAN, J. C.,
(2017), *The despot's guide to wealth management: on the international campaign against grand corruption*, Nova Iorque, Cornell University Press.

SHARPE, Nicola Faith,
(2019) "Prioritizing process: empowering the corporate ethics and *compliance* function", *University of Illinois Law Review* 4, pp. 1321-1351.

SOARES, José Iglésias,
(2020) "DSP2 *compliance* & TPP e a prevenção da fraude", in: António João Maia, et al (coord.), *Ética e integridade na vida pública*, Coimbra: Almedina, pp. 107-116.

VILLA SIEIRO, Sonia Victoria,
(2022) "La corrupción entre particulares como forma de corrupción en los negocios: su posible comisión por personas jurídicas y el papel de los planes de *compliance* (especial referencia a los sectores sanitario y farmacéutico)", *Revista de Derecho y Proceso Penal* 65, pp. 51-88.

VICARI, Andrea,
(2011) "Il sistema dei controlli interni nelle imprese di assicurazione", *Diritto ed Economia dell'Assicurazione* 1, pp. 31-50.

# IV
# *LAW ENFORCEMENT* E *COMPLIANCE* NO SETOR FINANCEIRO

# Liderança empresarial e *compliance*: sem liderança não há *compliance* e sem *compliance* não há liderança (por muito tempo)

Alexandre Lucena e Vale*

**Sumário:** Introdução; I. Primeiro eixo – algumas noções gerais sobre *compliance* e a sua razão de ser; A. O que é ou significa *compliance*; B) Porquê o *compliance*?; C) A intervenção pública no compliance/gestão da conformidade; II. Segundo eixo: a Liderança Empresarial e a sua relação com o *compliance* – sem Liderança não há *compliance*; III. Terceiro eixo: a Liderança Empresarial e a sua relação com o *compliance* – sem Liderança não há *compliance* (cont.): a situação no domínio bancário; IV. Quarto eixo – a responsabilidade da empresa pelos ilícitos penais e contraordenacionais: sem *compliance* não há Liderança; Conclusão.

## Introdução

O presente artigo corresponde, essencialmente, à exposição feita no *webinar* "Liderança Empresarial e *Compliance*" realizado no passado dia 8 de Fevereiro de 2022, no âmbito do Curso de Pós-graduação sobre *Law Enforcement, Compliance* e Liderança Empresarial, organizado pelo Centro de Investigação de Direito Privado da Faculdade de Direito de Lisboa[1].

* Advogado. Sócio da LVGS – Lucena e Vale, Gomes da Silva e Associados – Sociedade de Advogados, SP, RL.

[1] Tal como fiz no início do *webinar*, quero aqui deixar registado o gosto que tive em participar no *webinar* em apreço, ainda por cima realizado junto da minha *alma mater*. Quero também deixar um agradecimento ao Prof. Paulo de Sousa Mendes e à Prof. Teresa Quintela de Brito, bem como ao Mestre José Neves da Costa, da Comissão de Coordenação Científica do Curso e que dirigiram e participaram no referido *webinar*, e ao Dr. Miguel da Câmara Machado, membro da mesma Comissão e que teve a simpatia de me convidar para participar neste evento.

O tratamento deste tema da Liderança Empresarial e *Compliance* é aqui organizado em torno de quatro eixos, que a seguir são descritos e que se subordinam à linha de evidenciar que sem Liderança não há *compliance*, mas também que, inversamente, sem *compliance* não há Liderança empresarial, pelo menos Liderança que sobreviva muito tempo.

Os quatro eixos em torno dos quais se arruma o presente texto são os seguintes:

a) Um primeiro eixo em que são apresentadas algumas noções gerais sobre o *compliance* e a sua razão de ser;
b) Um segundo eixo em que se dá nota da articulação entre os temas da liderança empresarial e do *compliance*, articulação essa manifestada, entre outros, naquilo que hoje se apelida de *cultura da organização*; neste eixo, começa a revelar-se o modo como o *compliance* depende da Liderança empresarial;
c) Um terceiro eixo dedicado à evidenciação do papel que a lei atribui à liderança empresarial em matéria de *compliance*, com isso fechando a demonstração da dependência deste último face àquela;
d) Um quarto eixo através do qual, mediante algumas notas sobre a responsabilidade das pessoas colectivas pelos ilícitos cometidos no seu quadro, se mostrará a importância do *compliance* para a sobrevivência das lideranças.

O tema será abordado na perspectiva das empresas e, sobretudo, de um tipo particular de empresas[2]: os Bancos.

## I. Primeiro eixo – algumas noções gerais sobre *compliance* e a sua razão de ser

### A) O que é ou significa *compliance*

1.1. Numa primeira aproximação, esta expressão de língua inglesa, que, como muitas, assentou firmes amarras na nossa linguagem, significa conformidade, neste caso, conformidade com a norma jurídica. Ou seja, significa a escolha e adopção de uma conduta conforme com a norma jurídica aplicável, qualquer que seja a sua fonte.

[2] Sobre a noção de empresa, *vide* Gomes, 2022: 27-28 e os autores aí citados. Neste texto estamos essencialmente a pensar nas empresas de que sejam titulares pessoas colectivas.

Mas numa segunda aproximação, a noção de *compliance* reporta-se, não tanto ou não só a esse facto (a conformidade com a norma), mas, sobretudo, a um sistema dirigido a assegurar esse cumprimento.

Nesta segunda noção, *compliance* abrange ou refere-se a algo que está a montante do facto "conformidade com/cumprimento da norma". Reporta-se a um conjunto sistemático de políticas, procedimentos, práticas, códigos éticos, bem como a um conjunto de pessoas e meios materiais, dirigidos a prevenir e monitorizar os chamados riscos legais, ou seja, a assegurar que não há ou a mitigar a possibilidade de haver desconformidade/incumprimento normativo. Trata-se, portanto, de um sistema que visa prevenir o incumprimento, ou, ainda noutra perspectiva, de um sistema que visa neutralizar, matar no ovo, os factores ilicitogéneos[3].

Na parte restante deste texto, quando nos reportarmos a *compliance*, é a esta segunda noção que nos estaremos a referir.

1.2. Começamos por realçar, na noção acima referida de *compliance*, a ideia de sistema ou programa, ou seja, um todo estruturado de natureza preventiva de actos desconformes com as normas jurídicas: desde logo, actos criminais, mas outros de outra natureza, *v.g.* contraordenacionais.

Sublinha-se, em segundo lugar, que esse sistema/programa apresenta duas dimensões:

- uma dimensão que designaremos por **negativa**, que poderemos reconduzir de forma genérica ao que tem a ver com as várias etapas dirigidas à contenção do risco de incumprimento: **identificar** riscos de desconformidade inerentes à actividade da empresa, **avaliar** probabilidade de sua verificação, **prevenção** dos mesmos – isto é, instituição de procedimentos de controlo que se mostrem adequados à mitigação dos riscos específicos identificados e avaliados, **rever** periodicamente a actualidade desses riscos e **monitorizar**, também periodicamente, a adequação dos procedimentos de controlo/mitigação, e, finalmente, se eles se concretizarem, gestão desses mesmos riscos, se ocorrerem;

[3] Sobre a noção de *compliance*, ver, entre outros, Quintela de Brito, 2018: 59; Geraldo, 2018: 275-277, onde alude à função da neutralização do que chama os "factores criminógenos da organização"; Júnior/Medeiros, 2018: 123 e ss.; Vilela, 2018: p. 105; Rodrigues, 2022: 23 e ss..

– uma dimensão **positiva**, que passa pela promoção de uma cultura e valores de conformidade com a norma, que passa, portanto, por um esforço de modelação do comportamento dos colaboradores da organização.

1.3. Anote-se que, ao contrário de outras legislações, é discutível que se possa dizer que existe na legislação portuguesa uma noção e descrição geral e global do que se deva entender por sistema ou programa de *compliance, qual tale.*

No entanto, os principais elementos que atrás referi como caracterizando um sistema ou programa de *compliance* (aquelas duas dimensões que designei por negativa e positiva) e, portanto, se se quiser, o reconhecimento na lei portuguesa da necessidade de um determinado tipo de instituições, como são os Bancos, disporem de um sistema/programa de *compliance* pode extrair-se, a meu ver, de disciplina jurídica já existente, como veremos de seguida.

Esse reconhecimento extrai-se, em primeiro lugar, do regime do chamado sistema de controlo interno previsto e disciplinado pelo Aviso nº 3/2020, do Banco de Portugal[4]. De acordo com o respectivo regime jurídico, o sistema de controlo interno é composto por várias funções (umas das quais é a função de conformidade – a de *compliance*). Ora a regulação desta função de *compliance* no âmbito do sistema de controlo interno, pela sua forma compreensiva, parece-me poder ser vista não como a previsão de meras medidas avulsas de *compliance,* mas de um todo organizado e sistemático, ou seja, próximo do que se costuma entender por um sistema ou programa de *compliance*[5].

Extrai-se, em segundo lugar, de forma parcial, do regime de prevenção do branqueamento de capitais e do financiamento do terrorismo (Lei nº 83/2017, de 18 de Agosto), em cujo artigo 14º encontramos a previsão de um dever de controlo, bastante densificado, e a previsão que as entidades abrangidas devem dispor de um documento que descreva as práticas de

[4] O sistema de controlo interno é entendido como o conjunto de estratégias, políticas, processos, sistemas e procedimentos com o objetivo de garantir a sustentabilidade da instituição no médio e longo prazo e o exercício prudente da sua atividade (*vide* artigo 12º do Aviso nº 3/2020, do Banco de Portugal.

[5] Sobre a diferença entre medidas de *compliance* e programa de *compliance, vide* COSTA, 2018: p. 330.

gestão de risco (as referidas identificação, avaliação, controlo e mitigação e actualização/revisão periódica dos riscos e procedimentos).

Extrai-se, finalmente, do muito recente Regime Geral da Prevenção da Corrupção, aprovado pelo Decreto-Lei nº 109-E/2021, de 10 de Dezembro, regime onde encontramos a previsão da existência de um, aqui já assim chamado, "programa de cumprimento normativo", com as componentes que a doutrina normalmente enumera como fazendo parte de um sistema ou programa de *compliance*[6], e que são (artigo 5º):

(i) um plano de prevenção de riscos de corrupção e infrações conexas (PPR);
(ii) um código de conduta;
(iii) um programa de formação; e
(iv) um canal de denúncias,

componentes estas a que acresce o dever de designação de um responsável pelo cumprimento normativo, que garante e controla a aplicação do programa.

**B) Porquê o *compliance*?**

Há uma questão que interessa colocar neste momento e que é a seguinte: como é que se justifica a existência de *compliance*, no sentido que antes vimos e, sobretudo, a imposição da sua existência em determinado tipo de empresas, como as bancárias? Procuraremos responder a essa questão de seguida.

1.4. Comecemos "pelo princípio". Este princípio é o de relembrar que desconformidade com as normas jurídicas arrasta, tipicamente, a aplicação de sanções. Essa é a forma "normal" de reacção da ordem jurídica à referida desconformidade.

Num certo sentido, tudo poderia ficar por aqui: ou seja, existem normas, os sujeitos devem-se conformar com elas; se não o fizerem, são sancionados.

Nesta visão mais simples, não se vê qual o espaço para o que estamos a chamar *compliance*, sobretudo para a sua imposição e regulação por lei, como sucede no caso dos Bancos.

[6] Programa ou sistema que as entidades sujeitas a este novo regime devem adoptar, tendo em vista, de acordo com a norma citada no texto, "(...) prevenirem, detetarem e sancionarem atos de corrupção e infrações conexas, levados a cabo contra ou através (...)" dessas entidades.

Efectivamente, nesta perspectiva, dir-se-ia que uma pessoa colectiva, neste caso um Banco, tem, tal como as pessoas singulares, simplesmente de conhecer, interpretar e aplicar as normas relevantes. Não seria necessário ter um sistema/programa de *compliance*, tal como o caracterizámos, muito menos imposto por lei.

1.5. Sucede, porém, que a desconformidade com as normas pode ter consequências que se projectam para além da esfera do próprio infractor.

Arranca-se da ideia de que as empresas, diferentemente dos indivíduos, ao exercerem uma actividade económica criam fontes especiais de perigo (o perigo de geração de danos ligados à actividade por si desenvolvida)[7].

Isso é especialmente verdade em organizações ou entidades que, aproveitando um termo da ordem jurídica portuguesa, se podem designar por entidades de interesse público[8].

Trata-se de entidades cuja actividade, ainda que sendo privada, tem especial relevância pública, designadamente pelo interesse que apresenta para a comunidade em geral. Veja-se, por exemplo, o caso dos Bancos, que desempenham uma função essencial para a actividade económica de um país: a intermediação e circulação da poupança entre as famílias e as empresas[9] e a assunção do risco de transformação de maturidades, recebendo fundos de curto prazo (designadamente depósitos) e emprestando-os a longo prazo. Ou o caso das entidades que emitem e admitem à negociação em mercados regulamentados valores mobiliários, captando directamente poupanças.

Ora bem, as situações de desconformidade com o Direito que ocorram ao nível dessas entidades são não só causa de prejuízos para os seus accionistas (prejuízos económicos directos e prejuízos derivados da perda de reputação) mas também causa de danos colaterais relevantes para a sociedade. Estes danos colaterais podem ir desde os danos "directos" – os

[7] GERALDO, 2018: 278, alude à "potencialidade danosa (para terceiros)" associada à prossecução da actividade empresarial.

[8] São consideradas como entidades de interesse público, entre outras, os Bancos, as empresas de seguros e os emitentes de valores mobiliários admitidos à negociação em mercado regulamentado a funcionar em Portugal (artigo 3º do Regime Jurídico da Supervisão de Auditoria, aprovado pela Lei nº 148/2015, de 9 de Setembro).

[9] Famílias e empresas entendidas aqui no sentido "económico" do termo, enquanto acumuladores e utilizadores da poupança.

depositantes ou investidores que perdem as suas poupanças – até danos mais "indirectos" – a perda de confiança e perturbação ou ruptura do mercado bancário ou de capitais de um país, com todas as consequências daí decorrentes.

A estas situações que descrevi acresce uma outra, que tem a ver com um domínio específico: a situação das entidades que desenvolvem actividades que colocam um risco especial de poderem ser usadas para a promoção de actos de branqueamento de capitais ou de financiamento do terrorismo ou ainda de corrupção. Também aqui se entende que a ocorrência de situações de branqueamento, financiamento do terrorismo ou corrupção tem externalidades negativas particulares, circunstância que justifica, como explicaremos adiante, uma intervenção pública na gestão do incumprimento.

### C) A intervenção pública no compliance/na gestão da conformidade

1.6. O que disse atrás, sobre as consequências que a desconformidade normativa tem em determinadas organizações ou domínios, conduziu a que fosse dado um salto de que por vezes não nos apercebemos.

Que salto é este?

Normalmente, cabe a cada sujeito determinar o seu comportamento e organizar-se por forma cumprir a lei. Ou seja, e pensando agora em pessoas colectivas/empresas, cabe-lhes dotarem-se de uma organização e processos por forma a que cumpram as normas a que estão sujeitas. Como e em que termos se organizam para esse fim é só da sua conta e responsabilidade, sabendo naturalmente que, se não cumprirem, se verão sujeitas a sanções.

Ora bem, o que começou a acontecer (e aqui reporto-me sobretudo ao mundo financeiro), e este é o salto a que atrás me referi, foi que se começou a entender que a organização da empresa para a prevenção da existência de desconformidades normativas não podia ficar na sua livre disponibilidade. Ou seja, passou a entender-se que não podia estar totalmente na disponibilidade de cada entidade a forma como ela se organiza para assegurar a conformidade com a lei.

Efectivamente, *em alguns domínios, e isso, como mostrarei, é particularmente evidente nas instituições financeiras*, passou a ser obrigatória por lei a existência de um sistema ou programa de *compliance,* no sentido que atrás caracterizei, e passaram, também, a ser reguladas por lei largas dimensões desse programa/sistema. Ou seja, passou a haver uma intervenção pública/regulatória na organização destas entidades, impondo-lhes que possuam aquilo que aqui estamos a designar por sistema ou programa de *compliance*. Esse espaço deixou de ser de autonomia. Estas entidades deixaram, portanto, de ser livres quanto à forma como se organizam para cumprir a lei.

Pode-se discutir a natureza ou enquadramento deste fenómeno (*v.g.* se se trata ou não de uma limitação de uma privatização da prevenção de irregularidades previamente reconhecida[10]), mas parece-me indiscutível que, quando a lei impõe a uma empresa um sistema de *compliance* e o regula, temos uma intervenção regulatória na forma como as empresas se organizam para actuarem em conformidade com a lei, ou seja, uma limitação da sua autonomia organizativa e de actuação.

1.7. O salto a que me referi no ponto anterior – no sentido de passar a haver uma intervenção pública/regulatória na forma de determinadas entidades se organizarem para cumprir a lei – tem uma consequência relevante que é importante aqui assinalar. É que, repare-se, as entidades que estão, por lei, obrigadas a dispor de um sistema/programa de *compliance*,

[10] Há quem veja esta intervenção como regulação da autorregulação. Partem da ideia de que o *compliance* é uma forma de autorregulação, ou dito de outra forma, equivale ao reconhecimento de um espaço de autorregulação das empresas, no sentido em que consubstanciou a atribuição a seu favor pela lei da faculdade de gerir o incumprimento, de averiguar e decidir sobre o que fazer com irregularidades e definir, por si própria, a disciplina para lidar com essa função (*vide*, nesta linha, entre outros, Busato, 2018: 23, onde retrata impressivamente o compliance como "o lobo a cuidar do gado" e Costa, 2018: 322-325). Tomando por base essa ideia, vêem depois a intervenção pública que menciono no texto como uma correcção desse primeiro passo, como uma limitação da referida autorregulação.
Tenho algumas reservas a esta visão, essencialmente porque tenho dificuldade em aceitar o primeiro passo da mesma, que é, como acima referi, o de ver o *compliance* como uma forma de "privatização da prevenção de irregularidades" ou, no plano mais específico do *compliance* criminal, como uma "privatização do processo penal". É certo que, a partir do momento em que existe uma intervenção regulatória impondo a existência em determinadas empresas de sistemas e programas de *compliance*, as autoridades podem dirigir menos esforços à prevenção de irregularidades nessas empresas, confiando que essa prevenção será feita por elas, empresas. Mas o que é verdade é que as autoridades não se demitem nunca do poder-dever de investigar e punir tais irregularidades. Na minha perspectiva, portanto, a intervenção pública que se descreve no texto é, em primeira linha, regulação de algo que, à partida, está no âmbito da autonomia dos sujeitos: a forma como se organizam para cumprir a lei. Trata-se, portanto, de uma intervenção regulatória na forma como as empresas se organizam para actuarem em conformidade com a lei, ou seja, uma limitação da sua autonomia originária de organização e de actuação.

cuja configuração a lei também regula, ficam sujeitas ao que eu chamaria uma dupla camada regulatória.

Por um lado, as instituições têm de cumprir as normas que sempre lhes foram aplicáveis, as normas que regulam a sua actividade, *v.g.* as que proíbem determinadas condutas negativamente valoradas, como aquelas que constituem crime ou contraordenação. Vou-lhes aqui chamar, só por facilidade de exposição, normas primárias.

Por outro lado, essas mesmas instituições têm de cumprir as normas que impõem e regulam o sistema/programa de *compliance*, ou seja, sobre o sistema de prevenção do incumprimento, que aqui, mais uma vez por facilidade de expressão, designarei por normas secundárias.

1.8. Por causa deste salto a que nos temos vindo a referir, o programa/sistema de *compliance*, para além de visar a prevenção da violação das normas "primárias", passa a também ter de ter em conta a prevenção do incumprimento das "normas secundárias"[11], ou seja, das que regulam o próprio sistema de *compliance*, introduzindo aqui uma certa circularidade.

E, acrescente-se, a prevenção da violação destas normas secundárias assume uma importância crescente[12], designadamente à luz da relevância que lhes é dada pelas autoridades que supervisionam a sua aplicação.

É que a violação do que chamei normas secundárias tem associadas sanções muito pesadas e consequências reputacionais também pesadas. A prática tem mostrado, sobretudo no domínio da prevenção do bran-

[11] Esta prevenção da violação das normas secundárias é também, no quadro do sistema de controlo interno, objecto da atenção da chamada terceira linha de defesa (a função de auditoria – veja-se, no artigo 42º do Aviso nº 3/2020, a alusão ao dever de a função da auditoria examinar e avaliar a adequação e a eficácia, entre outras, da função de *compliance*). Mas isto, parece-me, não prejudica o que refiro no texto sobre a necessidade de também (e em primeira linha) o *compliance* prevenir a violação dessas regras, ou seja, de prevenir a violação de regras "que o regulam a ele próprio".

[12] Porventura, em determinadas situações, excessiva, quase dando a ideia de que a prevenção da desconformidade com estas normas secundárias é mais importante do que a prevenção da desconformidade com as normas primárias, quando são estas que devem constituir o "centro das atenções", por serem as que se reportam aos bens cuja protecção se busca e, nesse sentido, as normas "substantivas". Essa importância, em determinados casos, excessiva, traduz-se, também, por vezes, na não consideração, no juízo sobre o cumprimento das ditas normas secundárias, do princípio de proporcionalidade e de uma real admissão de um "*risk based approach*".

queamento de capitais, que bancos podem sofrer sanções pesadas e danos reputacionais elevados, não porque se determine que tenham intervindo em operação de branqueamento de capitais, mas unicamente porque se mostrou que não tinham os mecanismos de prevenção apropriados, ou seja, unicamente porque se mostra que não cumpriram adequadamente as referidas normas secundárias.

1.9. Antes de passar ao segundo eixo deste texto, vale a pena deixar uma nota sobre a dimensão que as "camadas regulatórias" a que acima me referi têm vindo a atingir, especialmente na área financeira.

De uma forma simplificada, e considerando tanto a *hard law* como a *soft law*, temos, actualmente, em termos de fontes, na área financeira:

- no Direito Europeu, pelo menos cinco níveis: Directivas, Regulamentos, Regulamentos de Execução, *Guidelines*, *Q&A* e aquilo que é por vezes designado por *Supervisor Expectations*, isto para além dos trabalhos preparatórios (consultas e respectivas respostas) relativos ao produto dessas cinco fontes;
- no Direito nacional, também cinco níveis: Lei/Decreto-lei, Portarias, Regulamentos da CMVM e Avisos do BdP, Orientações/Recomendações e *FAQs*.

Existem, muitas vezes, para a mesma matéria, regras e orientações emergentes de todas estas fontes[13]. A isto acresce que, embora sendo algumas destas fontes *soft law*, acontece muitas vezes que quer o regulador quer, por consequência, os regulados, as tratam mais como *hard law*.

Ora, e esse é o ponto que se pretende aqui assinalar, tudo isto representa um peso enorme sobre a função de *compliance*, que, por isso, tem vindo a assumir, de forma sempre crescente, uma dimensão e um peso muito significativos dentro das organizações.

Essa necessidade de a função de *compliance* assumir, nas instituições financeiras e, em particular, nos Bancos, um peso e uma dimensão cada vez mais significativos tem, por sua vez, uma consequência importante[14]: é que cria, na área financeira, um custo fixo de operação muito elevado,

[13] Que, diga-se de passagem, beneficiariam, muitas vezes, de alguma maior sistematização e síntese.

[14] Consequência esta que uns vêem como positiva, outros como negativa.

no sentido em que, seja a instituição pequena ou grande, tem de fazer face a um mínimo (que é elevado) de custos de *compliance* e demais funções de controlo interno. Ou seja, este fenómeno contribui para tornar mais acentuada a dependência da rentabilidade das instituições da respectiva dimensão. Isto, por um lado, pode, em determinadas situações, constituir uma barreira à entrada de novos incumbentes, por outro, dificulta a subsistência de instituições mais pequenas, ou, vistas as coisas numa outra perspectiva, representa um incentivo relevante à concentração.

## II. Segundo eixo: a Liderança Empresarial e a sua relação com o *compliance* – sem Liderança não há *compliance*

2.1. Importa agora analisar como é que o tema da Liderança Empresarial se relaciona com o *compliance*, tal como atrás caracterizado.

Toma-se aqui o termo "Liderança" no sentido de membros do órgão de administração da pessoa colectiva titular da empresa[15] e a expressão "Liderança", com maiúscula, utilizada daqui para a frente terá, salvo quando coisa diferente se depreenda do texto, esse sentido.

2.2. Vimos atrás que o *compliance*, como sistema/programa, é uma forma e um sentido da organização da empresa dirigida a prevenir o incumprimento/a desconformidade com o Direito.

Ora, nesta perspectiva, sendo o sistema/programa de *compliance* uma forma de organização da empresa, a sua existência e o seu grau de perfeição (*o se e o como do* compliance) não podem deixar de depender da Liderança (Administração) dessa empresa.

Isso resulta, desde logo, do facto de que é a Administração quem decide a escolha do responsável do *compliance*.

Resulta, em segundo lugar, do facto de que a alocação de recursos numa empresa é feita pela sua Administração. Como a existência e a "perfeição" de um sistema/programa de *compliance* dependem da alocação dos recur-

[15] Utiliza-se, portanto, aqui, um sentido de liderança mais estrito do que aquele com que a expressão é utilizada nos n.os 2, alínea a), e 4 do artigo 11º do Código Penal. Aí consideram-se como ocupando uma posição de liderança "os órgãos e representantes da pessoa colectiva e quem nela tiver autoridade para exercer o controlo da sua actividade." (*vide*, acerca do âmbito desta última parte, Costa, 2018: 315-317 e autores aí citados, designadamente Quintela de Brito). Apesar disso, o que se diz no texto valerá, tendencialmente, também para os esses outros líderes não integrantes do órgão de administração.

sos para o efeito necessários, facilmente se vê que, também por aqui, só pode existir um sistema de *compliance*, e um sistema que seja adequado, quando a Administração tome a decisão de o dotar dos meios humanos e materiais adequados.

Vê-se assim como, desde logo por estas razões, a Liderança da empresa é fundamental para a existência de um sistema ou programa de *compliance*.

2.3. A demonstração de que a Liderança é fundamental para a existência e perfeição de um sistema/programa de *compliance* não se fica, porém, apenas pelo que se referiu no ponto anterior. Há uma outra dimensão, muito relevante, que aponta no mesmo sentido.

Como se referiu anteriormente, podemos encontrar no *compliance* uma dupla dimensão: a que designei por "negativa" (as medidas de identificação e prevenção do risco) e a que designei por "positiva" (a da criação e manutenção de uma cultura de cumprimento.

O *compliance* é, portanto, também, ou a meu ver, sobretudo, uma cultura[16] ou filosofia da empresa e da organização que a mesma encerra[17].

Ora bem, a cultura empresarial/organizacional depende em muito dos valores e tipo de comportamento que são mostrados e impostos pelos líderes da organização, em particular pelo seu máximo responsável[18].

É por isso fundamental para o *compliance*, nesta dimensão de cultura, aquilo que na gíria se designa por "*tone at the top*"[19]. Dito de outra forma, não pode haver um sistema de *compliance* adequado e forte se não existir da parte da Liderança da empresa:

[16] Discute-se muito o que é a cultura de uma organização, mas hoje é uma discussão que já está intramuros do Direito. Efectivamente, temos no já referido Aviso nº 3/2020 do Banco de Portugal trinta e nove (!) referências à "cultura organizacional" e várias normas cuja previsão a inclui. Admito que se deva entender por cultura da empresa os valores e comportamentos que prevalecem na respectiva organização e que conformam a conduta dos seus colaboradores.

[17] Acentuando e/ou relevando esta dimensão do *compliance* como cultura de cumprimento, entre outros, Quintela de Brito, 2018: 85 e 89 e Baptista, 2018: 364.

[18] Nas sociedades de maior dimensão, este papel cimeiro está muitas vezes dividido entre o *Chairman* (presidente do Conselho de Administração) e o *CEO* (Presidente da Comissão Executiva).

[19] É verdade que o "*mood in the middle*" é também relevante, mas o fundamental é o referido "*tone at the top*".

a) A sinalização clara de que a conformidade e cumprimento da lei, nas suas várias dimensões (que num Banco passa, desde logo, pela prevalência do interesse dos clientes), é um valor supremo;
b) Uma definição do chamado apetite de risco, quanto a este risco de *compliance*, que seja consistente com aquela sinalização; está aqui em causa a definição da medida de risco que a instituição admite correr relacionada com factores como as jurisdições de que aceita clientes, o risco fiscal que aceita correr em transacções que realize, etc.;
c) O "*walk the talk*", ou seja, uma actuação da própria Liderança conforme e consistente com a sinalização referida na alínea a) supra; a actuação da Liderança é, efectivamente, um poderoso factor de sinalização para a organização; estamos a pensar em aspectos como:
   (i) que sanções são aplicadas quando há incumprimento por parte dos colaboradores: o que é que se sanciona e como;
   (ii) inversamente, o que é, na organização, premiado, *v.g.* como são definidas e de que dependem as remunerações variáveis;
   (iii) o "respeito"/estatuto interno conferido à função de *compliance*: os recursos que lhe são afectos, a independência que se lhe reconhece, etc.:

Tudo isto são sinais relevantíssimos das prioridades da organização.

Em suma, este segundo elemento (papel da Liderança na cultura empresarial) comprova, a meu ver de forma indiscutível, que sem Liderança não há *compliance*.

2.4. Ainda neste plano da relação entre a Liderança e o *compliance* e a dependência deste relativamente àquela, deixam-se duas notas sobre o ante-projecto do Código da Actividade Bancária, colocado em consulta pública pelo Banco de Portugal no ano de 2021[20]:

A primeira nota respeita à cultura organizacional, acima mencionada.

Tal como acima mencionado, essa é uma matéria já tratada pelo actual Aviso nº 3/2020, do Banco de Portugal. Efectivamente, refere-se no artigo

[20] À data em que este texto foi escrito (Fevereiro de 2022) o CAB estava ainda em fase de ante-projecto.

2º desse Aviso que *"[o]s órgãos de administração e de fiscalização são responsáveis por promover a existência, de uma cultura organizacional assente em elevados padrões de exigência ética, que, cumulativamente:*

*a) Promova uma cultura de risco;*
*b) Promova uma conduta profissional responsável e prudente, pautada por elevados padrões de exigência ética consagrados num código de conduta próprio da instituição;*
*c) Contribua para reforçar os níveis de confiança e reputação da instituição".*[21]

A matéria é retomada no referido ante-projecto (e, por isso, se este ante-projecto se converter em lei, passa a ser tratada a esse nível), mais concretamente no artigo 117º desse ante-projecto, onde se escreve o seguinte: *"[a]s instituições de crédito adotam uma cultura organizacional assente em normas internas*[22] *que imponham a todos os seus colaboradores:*

*a) A adoção de elevados padrões éticos e profissionais no âmbito da sua atuação, quer no seio da própria instituição de crédito, quer na relação que estabeleçam com terceiros;*
*b) O respeito por uma cultura de risco sólida, responsável e prudente.".*

A segunda nota visa referir que naquele ante-projecto se inclui uma norma que traduz bem a importância da cultura organizacional e a necessidade do *tone at the top* que acima mencionei: trata-se do artigo 120º do referido ante-projecto, em que se dispõe o seguinte, sob a epígrafe *"Conduta ética e prudente dos colaboradores"*:

> *"1 – As instituições de crédito incentivam ativamente os seus colaboradores a agir eticamente, assumindo uma conduta honesta e íntegra, e a gerir de forma responsável*

[21] Sinal da importância conferida a esta matéria é, ainda, a previsão de que as instituições devam realizar, nesta matéria, um exercício de autoavaliação anual. Com efeito, diz-nos o artigo 54º do Aviso nº 3/2020, do Banco de Portugal, que *"1 – Os órgãos de administração e de fiscalização são responsáveis, no âmbito das respetivas competências, por assegurar que a cultura organizacional da instituição (...) são adequados e eficazes e promovem uma gestão sã e prudente. 2 – Para efeitos do disposto no número anterior, os órgãos de administração e de fiscalização, no âmbito das respetivas competências, asseguram que a instituição avalia a adequação e eficácia da cultura* organizacional em vigor *na instituição (...) e elabora um relatório anual contendo os resultados dessa avaliação, com referência a 30 de novembro de cada ano."*.

[22] É discutível esta ideia de tentar encapsular a cultura organizacional em normas (ou só em normas). Admite-se que seja aspecto a rever nos trabalhos legislativos em curso.

*e prudente os riscos inerentes às suas funções e penalizam os comportamentos que violem as normas, os valores e os padrões de conduta ética e de gestão de risco internamente adotados.*

*2 – As instituições devem certificar-se do cumprimento das políticas relativas à conduta esperada dos colaboradores, devendo, para o efeito, definir o órgão responsável pelo controlo do cumprimento e pela análise de violações dessas mesmas políticas".*

## III. Terceiro eixo: a Liderança Empresarial e a sua relação com o *compliance* – sem Liderança não há compliance (cont.): a situação no domínio bancário

3.1. Como já se referiu anteriormente, tem-se assistido a uma progressiva ocupação pela lei da autonomia das empresas na organização da forma como cumprem as normas que lhes são aplicáveis.

Nos pontos seguintes procurará dar-se nota de como esse fenómeno se tem manifestado no plano da actividade bancária e no papel que, a esse respeito, é imposto às administrações dos Bancos. Para esse efeito, referirei, por um lado, um conjunto de requisitos impostos pela legislação em vigor relativos à função de *compliance* e, depois, o papel que a lei reserva à administração dos Bancos a esse respeito.

### 3.2. Requisitos legais impostos à função de *compliance*

**3.2.1.** *O regime do controlo interno (normas do Regime Geral das Instituições de Crédito e das Sociedades Financeiras)*[23]

Um dos requisitos para a autorização de um Banco, previsto nos artigos 14º, nº 1, alínea h), e 17º, n.os 1, alínea f), e 2 do RGIC, é a demonstração da existência de mecanismos sólidos em matéria de governo da sociedade.

Esses dispositivos sólidos em matéria de governo da sociedade devem incluir:

a) Uma estrutura organizativa clara, com linhas de responsabilidade bem definidas, transparentes e coerentes;
b) Processos eficazes de identificação, gestão, controlo e comunicação dos riscos a que está ou possa vir a estar exposta;
c) Mecanismos adequados de controlo interno, incluindo procedimentos administrativos e contabilísticos sólidos e políticas e prá-

[23] Aprovado pelo DL nº 298/92, de 31 de Dezembro, e adiante designado por RGIC.

ticas de remuneração que promovam e sejam coerentes com uma gestão sã e prudente dos riscos.

Como já foi acima referido, o *compliance* é uma das vertentes do controlo interno e, portanto, situa-se no âmbito de uma das condições para um Banco poder ser autorizado e manter essa autorização.

A existência de *compliance*, no sentido de função de conformidade, é, portanto, uma condição de autorização para a constituição de um Banco. É, assim, uma dimensão obrigatória da organização empresarial dos Bancos.

**3.2.2.** *O regime do controlo interno (normas do Aviso nº 3/2020)*

O Aviso nº 3/2020 do BdP contém a regulamentação dos sistemas de governo e controlo interno que os Bancos devem possuir.

O "controlo interno" é definido pelo Aviso como correspondendo ao "*conjunto de estratégias, políticas, processos, sistemas e procedimentos com o objetivo de garantir a sustentabilidade da instituição no médio e longo prazo e o exercício prudente da sua atividade*" (artigo 12º nº 1).

O Aviso consagra, para este efeito, o chamado modelo das 3 linhas de defesa[24]:

- Primeira linha, composta pelas unidades geradoras de negócio e áreas conexas, que geram risco para a instituição e que são as primeiras responsáveis pela identificação, avaliação, acompanhamento e controlo dos riscos em que incorrem, nos termos do disposto no artigo 26º do Aviso;
- Segunda linha, que integra as funções de suporte e de controlo que incluem, nomeadamente, as funções de gestão de riscos e de conformidade, as quais interagem com as funções da primeira linha com vista adequada identificação, avaliação, acompanhamento e controlo dos riscos inerentes à atividade desenvolvida pelas funções da primeira linha;

[24] Ver neste sentido o preâmbulo do Aviso, onde se escreve ainda o seguinte: "*[o] presente Aviso, tal como as orientações da EBA sobre governo interno (EBA/GL/2017/11), tem por base o modelo das três linhas de defesa do Institute of Internal Auditors, recentemente referidas pelo European Systemic Risk Board no relatório denominado "Macroprudential approaches to non performing loans", publicado em janeiro de 2019 e pelo G30 no relatório denominado "Banking Conduct and Culture – A Permanent Mindset Change", publicado em novembro de 2018.*".

- Terceira linha, que corresponde à função de auditoria interna, que realiza análises independentes e orientadas para o risco.

As funções que são consideradas como funções de controlo interno são as da segunda e da terceira linhas de defesa e, ainda, a função de controlo do cumprimento dos deveres consagrados no regime de prevenção do branqueamento de capitais e do financiamento do terrorismo[25]. Face à forma como o adiante referido novo Regime Geral de Prevenção da Corrupção (RGPC)[26] configura os deveres das instituições a ele sujeitas, parece-me que a função de prevenção que nele é consagrada deve ser, no caso das instituições sujeitas ao Aviso nº 3/2020, como integrante desse elenco de funções de controlo interno.

Encontramos, assim, neste modelo, a função de *compliance*[27], como elemento da segunda linha de defesa dos Bancos e, portanto, de controlo interno.

De acordo com o Aviso nº 3/2020, a função de *compliance*, tal como as demais funções de controlo (ou seja, das demais funções da segunda e ter-

[25] Ou seja, da "função de controlo do cumprimento do quadro normativo prevista no artigo 7º do Aviso do Banco de Portugal nº 2/2018, sempre que se encontre segregada da função de conformidade" – página 4 do preâmbulo do Aviso nº 3/2020. No sentido de que as referidas no texto são as funções que devem ser consideradas como de controlo interno, *vide* artigo 14º nºs 1 e 2 do mesmo Aviso.

[26] Regime aprovado pelo DL nº 109-E/2021, de 9 de Dezembro, e que no texto designaremos por RGPC. Este regime entra em vigor em 9 de Junho de 22, salvo quanto à parte sancionatória, que só entra em vigor 1 ano a contar dessa data (ou, no caso de médias empresas, dois anos a contar daquela data). Sublinhe-se que o regime é aplicável às pessoas coletivas com sede em Portugal que empreguem 50 ou mais trabalhadores e às sucursais em território nacional de pessoas coletivas com sede no estrangeiro que empreguem 50 ou mais trabalhadores. É, também, aplicável aos serviços e às pessoas coletivas da administração direta e indireta do Estado, das regiões autónomas, das autarquias locais e do setor público empresarial que empreguem 50 ou mais trabalhadores, e ainda às entidades administrativas independentes com funções de regulação da atividade económica dos setores privado, público e cooperativo e ainda ao Banco de Portugal (mas neste caso com a excepção das matérias referentes à sua participação no desempenho das atribuições cometidas ao Sistema Europeu de Bancos Centrais).

[27] Designada no aviso por "função de conformidade". Que a designação da função de controlo do cumprimento é, pela lei portuguesa, feita destas duas formas (*compliance* ou conformidade), resulta desde logo do nº 5 do artigo 115º-A do RGIC, quando refere o seguinte: "*Cabe, em especial, à direção de topo das instituições de crédito, com o apoio das funções de gestão de riscos e de controlo do cumprimento das obrigações legais e regulamentares (compliance)*".

ceira linhas de defesa – gestão de riscos e auditoria) deve ser segregada das demais. Nesse sentido aponta o artigo 15º, nº 1 do referido Aviso, do qual resulta o seguinte: "*[a]s funções de controlo interno são estabelecidas em unidades de estrutura organicamente segregadas das atividades que monitorizam e controlam*".

### 3.2.3. *A função de conformidade*

A função de conformidade/*compliance* que integra a segunda linha de defesa dos Bancos é extensamente regulada pelo Aviso nº 3/2020, mais concretamente pelo seu artigo 28º.

Transcreve-se, de seguida, essa longa disposição (ilustrando, através da extensão da transcrição, a afirmação anterior sobre a densidade da disciplina em causa), enfatizando a *bold* as partes mais relevantes para o tema aqui em apreço.

> "1. O órgão de administração da instituição estabelece e mantém uma função de conformidade responsável, nomeadamente[28], por:
>
> a) **Acompanhar e avaliar regularmente a adequação e a eficácia das medidas e procedimentos adotados para detetar qualquer risco de incumprimento das obrigações legais, regulamentares e outros deveres a que a instituição se encontra sujeita, bem como das medidas tomadas para corrigir eventuais deficiências detetadas;**
>
> b) Aconselhar os órgãos de administração e de fiscalização, para efeitos do cumprimento das obrigações legais, regulamentares e outros deveres a que a instituição está ou estará sujeita;
>
> c) **Promover a elaboração, a aprovação, a aplicação, a verificação do cumprimento e a atualização periódica do código de conduta previsto no artigo 4º;**
>
> d) Participar na definição das políticas e procedimentos adequados à implementação das regras contidas no código de conduta;
>
> e) **Analisar previamente, e aconselhar os órgãos de administração e de fiscalização antes da tomada de decisões que envolvam a assunção de riscos de conformidade relevantes;**

[28] Veja-se que, apesar de a lista conter 15 alíneas, uma delas desdobrada em cinco pontos, o aviso nem assim admite conter os requisitos nessa lista, usando este advérbio "nomeadamente". Seguramente que menos prolixidade e mais sistematização seriam possíveis.

f) Analisar previamente as operações com partes relacionadas, identificando e avaliando adequadamente os inerentes riscos de conformidade, reais ou potenciais, para a instituição;

g) Nos casos em que desempenhe funções em matéria de prevenção do branqueamento de capitais e do financiamento do terrorismo, participar na definição dos respetivos procedimentos de controlo interno, tanto pelo seu respetivo acompanhamento e avaliação, como pela centralização da informação de todas as áreas de negócio da instituição e pela realização das comunicações às autoridades competentes previstas na lei;

h) Prestar imediatamente aos órgãos de administração e de fiscalização toda a informação de que dispõe sobre quaisquer indícios de violação de obrigações legais e regulamentares a que a instituição se encontra sujeita, de regras de conduta e de relacionamento com clientes ou de outros deveres que possam fazer incorrer a instituição ou os seus colaboradores num ilícito de natureza contraordenacional ou causar impacto reputacional negativo;

i) Manter um registo dos incumprimentos e das medidas propostas e adotadas para os suprir, no seguimento da prestação da informação referida na alínea anterior, formalizado na base de dados referida no nº 14 do artigo 31º;

j) Manter um registo permanentemente atualizado e completo e proceder à gestão de reclamações apresentadas por clientes, elaborando e apresentando aos órgãos de administração e de fiscalização, com uma periodicidade adequada, relatórios detalhados quanto ao tipo e conteúdo das reclamações apresentadas, as medidas adotadas para as gerir, bem como as deficiências identificadas no sistema de controlo interno;

k) Participar na definição das políticas, procedimentos e dos normativos internos da instituição, nomeadamente em matéria de conflitos de interesses e transações com partes relacionadas e acompanhar a sua implementação e aplicação efetiva;

l) Participar no processo de aprovação de novos produtos e serviços, quer em momento prévio à sua aprovação, quer posteriormente à sua introdução de modo a assegurar que os mesmos cumprem com a legislação e regulamentação em vigor;

m) Acompanhar e monitorizar a aplicação dos procedimentos de governação sobre a comercialização de produtos, mediante o desenvolvimento de análises periódicas a esses procedimentos e a elaboração de propostas dirigidas ao órgão de administração e demais membros da direção de topo com vista à alteração de procedimentos instituídos, caso se verifiquem riscos atuais ou potenciais de incumprimentos legais ou regulamentares;

n) Efetuar testes de conformidade com as disposições legais e regulamentares, através de um programa próprio e estruturado de verificação do cumprimento, regularmente revisto e adaptado aos processos com maior risco de conformidade;

**o) Elaborar um relatório anual, em matéria de conformidade, que inclua:**

**i. Uma avaliação do perfil global de risco de conformidade da instituição, com detalhe relativo à exposição a que a instituição está ou pode vir a estar exposta;**

ii. Uma síntese das deficiências detetadas por qualquer unidade de estrutura, no âmbito dos processos e controlos implementados, que sejam classificadas como deficiências de nível F3 "elevada" ou de nível F4 "severa", atendendo à metodologia de classificação constante de anexo à Instrução do Banco de Portugal nº 18/2020;

iii. Uma síntese das demais deficiências detetadas, por qualquer unidade de estrutura, nas ações de controlo implementadas, incluindo deficiências isoladamente pouco relevantes, mas que possam, no seu conjunto, evidenciar uma deterioração da cultura organizacional da instituição e dos seus sistemas de governo e controlo interno;

iv. Uma síntese dos incumprimentos referidos na alínea i) do presente número;

v. Identificação das recomendações emitidas e das medidas propostas destinadas à correção das deficiências e incumprimentos referidos nos números anteriores, com indicação sobre se foram ou não adotadas.

p) Elaborar, com periodicidade anual e com referência a 30 de novembro de cada ano, um relatório, a subscrever pelo responsável pela função de conformidade, que inclua o disposto na alínea s) do nº 1 do artigo 27º, relativamente à função de conformidade.

2 – Os relatórios referidos nas alíneas o) e p) do número anterior são disponibilizados, diretamente pelo responsável da função de conformidade, aos órgãos de administração e de fiscalização e ao Comité de Riscos, quando constituído, bem como aos responsáveis pelas funções de gestão de riscos e de auditoria interna.

**3 – Quaisquer situações ou constrangimentos que comprometam ou possam vir a comprometer materialmente a independência da função**

**de conformidade são comunicados, de imediato, aos órgãos de administração e de fiscalização da instituição que devem analisar e documentar em ata as suas conclusões e as medidas determinadas para ultrapassar as situações identificadas.**

4 – O órgão de administração, após parecer do órgão de fiscalização, pronuncia-se atempada e expressamente sobre cada um dos relatórios referidos nas alíneas o) e p) do nº 1, nomeadamente sobre as recomendações para a adoção de medidas destinadas à correção de quaisquer deficiências detetadas e sobre as situações ou constrangimentos que afetem a independência da função de conformidade.

5 – O órgão de administração assegura a efetiva implementação das medidas destinadas à correção de quaisquer deficiências detetadas ou que visem a introdução de melhorias na cultura organizacional e nos sistemas de governo e controlo interno da instituição, bem como das medidas destinadas a corrigir as situações ou constrangimentos que afetam ou possam a vir afetar significativamente a independência da função de conformidade.

6 – A função de conformidade e a função de gestão de riscos interagem entre si de forma a assegurar que dispõem da informação necessária, completa e tempestiva para o desempenho efetivo das respetivas funções.

7 – A função de conformidade dispõe de um regulamento próprio que, para além da descrição das responsabilidades atribuídas à função, concretiza e detalha todas as atividades e operações da instituição que carecem de análise pela função de conformidade previamente à sua aprovação pelo órgão decisor competente".

### 3.2.4. *O responsável pela função de conformidade*

O Aviso nº 3/2020 do Banco de Portugal que temos vindo a citar, prevê que os Bancos designem uma pessoa como responsável pela acima mencionada função de conformidade e, ponto que nos parece ser aqui de sublinhar, estabelece, tal como faz para os responsáveis das demais funções de controlo, requisitos quanto ao estatuto que tal responsável deve ter dentro da organização (vide artigos 14º e 17º do Aviso)[29].

[29] Este requisito de independência coloca o responsável pela função de *compliance* (tal como os demais responsáveis pelas funções de controlo), numa posição especial dentro da organização. Por um lado, e como trabalhador da organização, está subordinado ao órgão de administração. Mas, por outro, esta independência que a lei lhe exige, poderá ser vista como limitando, em alguma medida, a aplicação plena daquela subordinação. A intervenção da lei

De acordo com esses requisitos (cuja formulação pelo Aviso sigo, aqui, de forma próxima), o responsável pela função de *compliance*:

a) **Enquadramento na organização**: deve pertencer à direção de topo do Banco, e não deve desempenha nele outras funções;
b) **Independência**: Deve exercer as suas funções de forma independente; deve ser-lhe assegurado um estatuto e autoridade suficientes para que esse exercício de funções de forma independente seja possível; adicionalmente, não podem os resultados dos exames ou análises que façam ser condicionados ou limitados, por exemplo, através da existência de disposições ou orientações internas quanto ao número máximo de deficiências identificadas ou do estabelecimento de qualquer relação, implícita ou explícita, entre as deficiências identificadas e a avaliação de desempenho dos colaboradores afetos às funções de controlo; por último, qualquer condicionamento ao exercício independente das suas funções deve ser por ele comunicada, de imediato, aos órgãos de administração e de fiscalização e à autoridade de supervisão competente;
c) **Limite a quem pode ter o pelouro do *compliance* na administração**: sem prejuízo do que decorre da responsabilidade geral dos membros do órgão de administração pela administração do Banco, não pode ser, no exercício das suas funções, subordinado ao membro executivo do órgão de administração que seja responsável pela gestão das atividades que a função de *compliance* monitoriza e controla[30];
d) **Selecção e designação**: está sujeito, no caso dos Bancos que sejam qualificadas como instituição de importância sistémica ou O-SII, a um processo de *fit and proper* e autorização por parte do regulador;

na forma como as instituições se organizam para cumprirem a lei, a que temos vindo a aludir no texto, está aqui próxima de um patamar ainda mais elevado: a da previsão da existência, dentro da organização, de colaboradores com um estatuto especial, desenhado pela lei, e funcionalmente dirigido a assegurar que aquele objectivo de cumprimento é prosseguido, e o é, pelo menos tendencialmente, com independência do que sejam as opções da restante organização da empresa.

[30] Esta ideia de que as funções de controlo, neste caso, a de *compliance,* devem estar autonomizadas das unidades que desenvolvem actividades que devem monitorizar e devem ser independentes face aos objectivos de negócio, é entendida pelo Aviso, com a nota de que tal não deve "impedir interações virtuosas entre as várias linhas de defesa "

e) **Substituição**: a sua substituição está sujeita a um processo que exige fundamentação, parecer do órgão de fiscalização do Banco e comunicação à autoridade de supervisão;

f) **Plano de actividades**: deve dispor de planos de atividades que são aprovados ao mais alto nível do Banco – devem ser aprovados pelo órgão de administração, depois de obtido parecer prévio do órgão de fiscalização;

g) **Meios**: Deve dispor de meios adequados para a sua função; isto significa dispor do número suficiente de colaboradores qualificados, bem como de suficientes recursos materiais e técnicos, incluindo sistemas de informação adequados, com acesso às informações internas do Banco e externas a ele que se revelem necessárias;

h) **Livre Acesso**: deve dispor de acesso total, livre e incondicionado a todas as funções desenvolvidas no Banco (incluindo as subcontratadas), a todas as instalações, bens e colaboradores, informações, registos contabilísticos, sistemas, ficheiros informáticos e dados da instituição; deve, ainda, ter acesso direto aos órgãos de administração e de fiscalização e aos comités de apoio àqueles órgãos.

Assinale-se que o responsável pela função de conformidade/*compliance* pode acumular essas funções com outras funções que são materialmente da mesma natureza, mas que se encontram especificamente previstas para assegurar um determinado regime jurídico. Reporto-me:

- ao chamado responsável pelo cumprimento normativo (*vide* artigo 16º da Lei nº 83/2017, de 18 de Agosto, artigo 7º nº 4 do Aviso 2/2018, do Banco de Portugal e, ainda, o artigo 28º nº 1 g) do Aviso nº 3/2020, também do Banco de Portugal[31];
- ao responsável pelo cumprimento normativo em sede de prevenção da corrupção, previsto pelos números 2 a 4 do artigo 5º do RGPC; nada se diz, neste regime, quanto à possibilidade de este responsável ser a mesma pessoa que desempenha as funções atrás men-

[31] Tal como sucede para o responsável pela função de conformidade, a lei exige que o responsável pelo cumprimento deste segmento normativo específico (branqueamento de capitais e prevenção do terrorismo) disponha de meios adequados, de acesso irrestrito a informação e aos órgãos de administração e fiscalização, não tenha conflitos funcionais e exerça "*as funções de modo independente, permanente, efetivo e com autonomia decisória necessária a tal exercício, qualquer que seja a natureza do seu vínculo com a entidade obrigada.*" (artigo 16º nº 1 a) da Lei nº 83/2017, de 18 de Agosto.

cionadas (função de conformidade no quadro do controlo interno e função de controlo do cumprimento do regime de prevenção do branqueamento de capitais e financiamento do terrorismo) mas parece-me que essa acumulação deve ser considerada possível e, até, desejável, atenta a idêntica natureza de tais funções e do estatuto que se exige aos respectivos responsáveis[32].

**3.2.5.** *A função de conformidade está, ela própria, sujeita a monitorização*
Pretendemos aqui assinalar que a função de conformidade é, ela própria, monitorizada, com vista a verificar se cumpre as normas que regulam a sua actividade.

Em primeiro lugar, a função de conformidade deve elaborar anualmente um relatório sobre o desempenho dessa função (*vide* alínea p) do nº 1 do artigo 28º do Aviso nº 3/2020, do Banco de Portugal), relatório esse que se integra no exercício de autoavaliação imposto pelo artigo 54º do mesmo aviso.

Em segundo lugar, e dentro da filosofia das três linhas de defesa[33], temos que o referido Aviso nº 3/2020, do Banco de Portugal, comete à função de auditoria (vejam-se as alíneas a) e c) do nº 1 do artigo 32º) a avaliação da adequação e eficácia da função de conformidade.

**3.2.6.** *O regime da Lei de Prevenção do Branqueamento de Capitais e o novo regime jurídico da prevenção da corrupção*
Como atrás já se assinalou, para além da função de conformidade/*compliance* prevista pelo Aviso nº 3/2020, temos, no nosso direito, pelo menos[34]

[32] Sublinho que é inclusivamente no nº 2 do artigo 5º do RGPC que encontramos a previsão mais completa, mas ao mesmo tempo, mais sintética, quanto a esta função de conformidade e o seu estatuto: "[o] *responsável pelo cumprimento normativo exerce as suas funções de modo independente, permanente e com autonomia decisória, devendo ser assegurado, pela respetiva entidade, que dispõe da informação interna e dos meios humanos e técnicos necessários ao bom desempenho da sua função*". Sublinho também que não vejo que exista, neste caso, ao contrário do que diremos adiante acerca do encarregado de protecção de dados, nenhuma incompatibilidade na acumulação das funções em causa.

[33] E do objectivo, nunca completamente conseguido, de resolver o dilema do "quem guarda os guardas".

[34] A tendência a que se assiste é a de essas áreas aumentarem. Menciono aqui o caso específico da disciplina da protecção de dados. Também aí a lei (neste caso, o Regulamento (UE) nº 679/2016, de 27 de Abril, habitualmente designado por RGPD) veio prever a existência nas

mais duas áreas específicas em que tal função é objecto de uma disciplina especial.

Trata-se do regime de prevenção do branqueamento de capitais e de financiamento do terrorismo, resultante, entre outras fontes, da Lei 83/2017, de 18 de Agosto e Aviso nº 2/2018, do Banco de Portugal, e do RGPC já antes mencionado.

Sublinho, no regime de prevenção do branqueamento de capitais e de financiamento do terrorismo, a particular densificação dos deveres que incumbem às instituições por ele abrangidas, todos finalisticamente dirigidos a assegurar o cumprimento das normas que proíbem aquele branqueamento e aquele tipo de financiamento. O artigo 11º da Lei nº 83/2017, de 18 de Agosto, enumera dez deveres específicos: (i) dever de controlo; (ii) dever de identificação e diligência; (iii) dever de comunicação; (iv) dever de abstenção; (v) dever de recusa; (vi) dever de conservação; (vii) dever de exame; (viii) dever de colaboração; (xix) dever de não divulgação; e (x) dever de formação[35].

O primeiro deste deveres é aquele que se apresenta como mais compreensivo, pois determina de forma genérica a obrigação de as instituições disporem das políticas e dos procedimentos e controlos que se mostrem adequados: "*a) à gestão eficaz dos riscos de branqueamento de capitais e de financiamento do terrorismo a que entidade obrigada esteja ou venha a estar exposta; e b) Ao cumprimento das normas legais e regulamentares em matéria de prevenção do branqueamento de capitais e do financiamento do terrorismo*", sendo que é ainda no âmbito deste dever que se insere a obrigação que atrás assinalámos de designação de um responsável pelo cumprimento normativo deste específico segmento normativo.

empresas de um colaborador especialmente encarregue do controlo da conformidade com as disposições desse regulamento (vide artigo 37º nº 1 b) do RGPD), colaborador esse designado por "encarregado da protecção de dados" (ou *Data Protection Officer* – DPO – em inglês) dotado de um estatuto especial (*vide* n.os 1 a 3 do artigo 38º do RGPD). Contrariamente ao que referi acerca dos responsáveis pelas funções de conformidade, cumprimento normativo (matéria de *AML/CFT*) e prevenção da corrupção, é discutível que o DPO possa ser a mesma pessoa que exerce aquelas funções. Há, pelo menos, uma posição em sentido contrário, adoptada pela autoridade de protecção de dados belga, em 28 de Abril de 2020, disponível em https://www.autoriteprotectiondonnees.be/publications/decision-quant-au-fond-n-18-2020.pdf (consultado em Fevereiro de 2022).

35 Sobre estes deveres e a sua evolução, ver, entre outros, Machado, 2019: 318 e ss..

Do RGPC saliento a obrigação de as instituições sujeitas a este regime (i) adoptarem e implementarem "*um programa de cumprimento normativo que inclua, pelo menos, um plano de prevenção de riscos de corrupção e infrações conexas (PPR), um código de conduta, um programa de formação e um canal de denúncias, a fim de prevenirem, detetarem e sancionarem atos de corrupção e infrações conexas, levados a cabo contra ou através da entidade*" (artigo 5º nº 1) e (ii) designarem um responsável pelo cumprimento normativo, "*que garante e controla a aplicação do programa de cumprimento normativo.*" (artigo 5º nº 2)[36].

### 3.3. O papel da Administração com respeito à função de conformidade

Vistos que foram, atrás, os requisitos impostos pela legislação em vigor relativos às várias dimensões da função de *compliance*, prosseguimos mostrando o papel fundamental que a esse respeito a lei reserva ao órgão de administração, ou seja, à Liderança, das entidades sujeitas àqueles requisitos.

Efectivamente, o cumprimento de todos os aspectos que se foram referindo ao longo do ponto 3.2. anterior é, antes de mais, responsabilidade desse órgão de administração.

Isso resulta de várias disposições, de que destacamos as seguintes:

a) Desde logo, do artigo 115º-A n.os 1 e 2, alínea a), do RGIC, na medida em que determina que o órgão de administração é (a par do órgão de fiscalização e no âmbito das respectivas competências) responsável pela aplicação de sistemas de governo que garantam a gestão sã e prudente dos bancos e, nesse âmbito, pela implementação de sistemas de governo interno adequados (onde se insere a função de conformidade);

b) O referido no ponto anterior é, depois, desenvolvido pelos artigos 12º a 14º do Aviso 3/2020, do Banco de Portugal, diploma que prevê também, como referimos, uma obrigação de autoavaliação

[36] Listaram-se, neste ponto 3.2., um vasto conjunto de intervenções legislativas em matéria de *compliance* e do respectivo responsável (temos, agora, pelo menos as três que referi – função de conformidade do controlo interno, função de conformidade no RJPC e função de responsável pelo cumprimento normativo em matéria de BC e FT). Parece-me que se justifica uma reflexão sobre se não seria tempo de introduzir na disciplina existente alguma coordenação e sistematização.
Chamando a atenção para uma outra dimensão desta questão (na vertente do branqueamento de capitais), a dos custos para os bancos, *vide* MACHADO, 2019: 304.

anual do sistema de controlo interno e, nesse âmbito, da função de conformidade;

c) O artigo 13º da Lei nº 83/2017, de 18 de Agosto: "*[o] órgão de administração das entidades obrigadas é responsável pela aplicação das políticas e dos procedimentos e controlos em matéria de prevenção do branqueamento de capitais e do financiamento do terrorismo*";

d) O artigo 11º do RJPC: "*[o] órgão de administração ou dirigente das entidades abrangidas é responsável pela adoção e implementação dos programas de cumprimento normativo previstos no presente regime, sem prejuízo da competência conferida por lei a outros órgãos, dirigentes ou trabalhadores.*"

Confirma-se, assim, também à luz destas disposições legais específicas, e face à responsabilidade que a lei lhe comete, o que já concluímos no ponto 2 deste texto, ou seja, que sem Liderança/Administração, não há *compliance*. Nos domínios que acima se analisaram, a existência de um sistema/programa de *compliance* constitui uma obrigação a cargo da Administração/Liderança da empresa.

## IV. Quarto eixo – a responsabilidade da empresa pelos ilícitos penais e contraordenacionais: sem *compliance* não há Liderança, pelo menos por muito tempo

Neste quarto e último eixo do presente texto, pretende-se deixar algumas notas sobre a responsabilidade das pessoas colectivas[37] pelos ilícitos cometidos no seu quadro, notas destinadas a ilustrar a importância do *compliance* para a sobrevivência das Lideranças e, nessa medida, a iluminar a afirmação de que sem *compliance* não há Liderança que sobreviva.

4.1. Começamos pelo quadro geral da responsabilidade penal e contraordenacional das pessoas colectivas.

No Direito português, e em grandes linhas:

a) As pessoas colectivas podem ser penalmente responsáveis relativamente ao conjunto de crimes listados no artigo 11º nº 2 do Código Penal[38], desde que eles sejam cometidos:

[37] Como referimos no princípio deste texto, estamos a pensar nas empresas de que sejam titulares pessoas colectivas.

[38] Entre os quais se inclui o crime de branqueamento de capitais.

- *"Em seu nome e no interesse colectivo por pessoas que nelas ocupem uma posição de liderança*[39]*"* (alínea a) do nº 2 do referido artigo 11º); *ou*
- *"Por quem aja sob a autoridade das pessoas referidas na alínea anterior em virtude de uma violação dos deveres de vigilância ou controlo que lhes incumbem."* (alínea b) do nº 2 do referido artigo 11º)[40].

b) Por outro lado, as pessoas colectivas podem também ser responsáveis contraordenacionalmente.

Existem, nesse sentido, várias previsões relevantes, com formulações não coincidentes[41], mas todas nesse mesmo sentido. Salientamos as seguintes (sendo nossos os sublinhados feitos nos textos citados):

- O artigo 7º, nº 2, do Regime Geral das Contraordenações, ou seja, do DL nº 433/82, de 27 de Outubro: *"[a]s pessoas colectivas ou equiparadas serão responsáveis pelas contra-ordenações praticadas pelos seus órgãos no exercício das suas funções"*;
- O artigo 203º, nº 1, do RGIC: *"[a]s pessoas coletivas e as entidades equiparadas referidas no artigo anterior são responsáveis pelas contraordenações cometidas pelos titulares dos respetivos cargos de administração, gerência, direção ou chefia, no exercício das suas funções, bem como pelas contraor-*

[39] Sendo que, de acordo com o nº 4 do mesmo artigo 11º do Código Penal, se entende que ocupam uma posição de liderança *"os órgãos e representantes da pessoa colectiva e quem nela tiver autoridade para exercer o controlo da sua actividade."*.

[40] Já depois de preparado este texto, entraram em vigor alterações às disposições citadas, aprovadas pela Lei nº 94/2021, de 21 de Dezembro. Assinalam-se a bold tais alterações:
"a) Em seu nome **e no interesse colectivo ou por sua conta e no seu interesse direto ou indireto** por pessoas que nelas ocupem uma posição de liderança; ou
b) Por quem aja **em seu nome ou por sua conta e no seu interesse direto ou indireto**, sob a autoridade das pessoas referidas na alínea anterior, em virtude de uma violação dos deveres de vigilância ou controlo que lhes incumbem.".

[41] Acerca destas diferentes formulações e âmbitos da previsão da responsabilidade contraordenacional das pessoas colectivas, designadamente da criticável estreiteza da previsão do artigo 7º nº 2 do regime geral das contraordenações e da excessiva abertura da previsão do artigo 401º nº 2 do Código dos Valores Mobiliários, *vide* VILELA, 2018: 114-118 e BAPTISTA, 2018: 347 e ss., que assinala a *"desconexão entre o regime geral e os regimes sectoriais especiais do DMOS"* e sinaliza a inexistência nesta matéria de *"um pensamento sistemático que venha introduzir alguma consolidação absolutamente vital para uma administração da justiça obediente aos superiores princípios da igualdade e da tutela jurisdicional efectiva"*.

*denações cometidas por mandatários, representantes ou trabalhadores do ente coletivo em atos praticados em nome e no interesse deste*";

- O artigo 401º, nº 2, do Código dos Valores Mobiliários: "*[a]s pessoas coletivas e as entidades que lhes são equiparadas no número anterior são responsáveis pelas contraordenações previstas neste Código quando os factos tiverem sido praticados, no exercício das respetivas funções ou em seu nome ou por sua conta, pelos titulares dos seus órgãos sociais, mandatários, representantes ou trabalhadores*";
- Artigo 162º, nº 1, da Lei nº 83/2017, de 18 de Agosto: "*[a]s pessoas coletivas e as entidades equiparadas a pessoas coletivas são responsáveis pelas contraordenações cometidas pelas pessoas singulares que sejam titulares de funções de administração, gerência, direção, chefia ou fiscalização, representantes, trabalhadores ou demais colaboradores, permanentes ou ocasionais, quando estas atuem no exercício das suas funções ou em nome e no interesse do ente coletivo*";
- Artigo 21º do novo RGPC[42]: "*[a]s pessoas coletivas ou entidades equiparadas são responsáveis pelas contraordenações previstas no presente decreto-lei quando os factos tiverem sido praticados pelos titulares dos seus órgãos, mandatários, representantes ou trabalhadores no exercício das respetivas funções ou em seu nome e por sua conta*".

4.2. O segundo passo que queremos aqui dar é o de assinalar que esta responsabilidade por ilícitos penais e contraordenacionais das pessoas colectivas está sujeita a algumas balizas.

Trata-se de uma matéria complexa e cuja análise de forma detalhada não se compadece com o propósito deste texto. Efectivamente, e desde logo, essas balizas e a forma como as mesmas são concebidas e abordadas, podem diferir consoante se esteja perante responsabilidade penal ou responsabilidade contraordenacional, bem como consoante o modelo de atribuição de responsabilidade à pessoa colectiva que esteja em causa[43].

Mas cremos que, numa perspectiva mais sintética e, necessariamente, mais simplificada, que depois pode carecer de ajustamentos em face do

[42] Como se referiu supra na nota 26, este regime entrou em vigor em 9.06.22. No entanto, o capítulo desse regime que contém o "regime sancionatório" e onde se insere a norma citada no texto, só entra em vigor um ano após essa data (ou dois, no caso das médias empresas).

[43] Sobre estes modelos e as suas implicações, vide, entre outros, Quintela de Brito, 2018: 71-72.

tipo específico de responsabilidade que esteja em causa, poderemos dizer que aquelas balizas (no sentido de requisitos para que possa haver responsabilidade da pessoa colectiva) são as seguintes:

a) Desde logo, seguramente *no que respeita ao plano penal*[44] *mas, parece-nos, também, no plano contraordenacional*[45], é preciso que o agente[46] actue no interesse da pessoa colectiva. E isso só parece acontecer quando a actuação é explicada e permitida pelo modo (deficiente) como está organizada e funciona a pessoa coletiva e em que, portanto, se pode dizer que essa actuação se insere, exprime e actua essa deficiente organização. *É isso que permite dizer que o acto é da pessoa colectiva*[47].

[44] Sobre o requisito da comissão do facto punível no interesse colectivo, seu significado e implicações, *vide* QUINTELA DE BRITO, 2018: 81 e ss. e COSTA, 2018: 320-325.

[45] A imputação às pessoas colectivas de responsabilidade contraordenacional não se pode fundar, sem mais, na qualidade do agente. Deve exigir-se a demonstração de uma conexão entre a actuação do agente e o modo como a pessoa colectiva se posicionou e organizou perante as normas jurídicas que disciplinam a sua actividade e o seu "papel social". Parece-nos, assim, que o que se refere no texto vale, também, para o plano contraordenacional. Nessa linha e sentido, *vide* BAPTISTA, 2018: 350-364. Defendendo que o artigo 11º, nº 2, do Código Penal contém um critério de imputação válido para todo o direito sancionatório, vide QUINTELA DE BRITO, 2013: 1254-1255.
Sendo verdade que no Direito Penal encontramos uma protecção de bens jurídicos com maior relevo ou ressonância ética face ao que sucede no direito contraordenacional, isso não nos pode conduzir a aceitar neste último uma compressão excessiva da natureza e grau de exigência dos critérios de imputação. Não só tal não é conforme com os princípios do Estado de Direito, como é preciso ter presente que o direito contraordenacional está muito longe de ser um direito sancionador de "meras bagatelas administrativas", antes tendo acolhido infracções de origem, natureza, ressonância/ significado e gravidade da sanção muito variados. Quando nos deparamos, como já hoje sucede em Portugal, com contraordenações sancionadas com coimas de dezenas de milhões de euros, ideias de compressão da exigência dos critérios de imputação, conducentes a uma espécie de presunção de responsabilidade da pessoa colectiva pelos actos dos seus agentes, torna-se particularmente inaceitável. Eventualmente, haverá que ponderar o estabelecimento de uma divisão dentro do universo contraordenacional, separando as contraordenacções que, pela sua natureza, ressonância social ou dimensão da sanção, se devem aproximar, em termos de requisitos materiais e processuais, do direito penal.

[46] *V.g.* quem ocupa posição de Liderança ou alguém que esteja sob a sua autoridade e que este não vigie adequadamente.

[47] Ou, noutras formulações, que o acto se deve à ausência de domínio ou predeterminação da organização da pessoa colectiva/empresa para a não comissão do ilícito. COSTA, 2018: 321, refere a este propósito que "(...) a pessoa colectiva deve ter o domínio do "se" e do "como" do facto, o qual só se poderá dizer praticado no seu interesse se a colectividade controlar

b) Depois, ou, para alguns, concretizando aquela primeira ideia[48], porque a responsabilidade é excluída, quando o agente actue contra ordens ou instruções expressas "de quem de direito" da pessoa colectiva[49].

Para além destas balizas, que, pelo menos no plano penal, actuam no plano do preenchimento do ilícito típico, é ainda preciso que exista, no caso, culpa da pessoa colectiva. Ora não haverá culpa quando a actuação em causa se revele, como alguns autores dizem, "um acidente de percurso", no sentido de uma actuação que se apresenta como estranha ao posicionamento/disposição da pessoa colectiva de cumprimento da ordem jurídica/cultura de respeito pela legalidade[50].

Finalmente, é ainda preciso ter em conta que na determinação da sanção (pena ou coima) e respectiva medida relevam circunstâncias como a

se o mesmo se verifica ou não.". QUINTELA DE BRITO, 2018: 81 refere-se ao domínio do "se" do crime, traduzido em "[*a*] *pessoa jurídica domina a realização do tipo se está ao seu alcance a adopção das medidas organizativas, de direcção, gestão e vigilância, necessárias e adequadas a obstar ao início e à prossecução da execução típica, que organizativa, operativa e/ou culturalmente, pré-cunhou.*". BAPTISTA, 2018: 359, refere-se ao "*domínio da organização para a execução do facto e o domínio da organização para a não comissão*".

48 *Vide*, neste sentido, QUINTELA DE BRITO, 2018: 91, bem como na obra de BAPTISTA, 2018: 239, 355. *Vide*, ainda, o referido por este último autor nessa mesma obra (p. 363): "[a] *ssim, arrematando este segmento de trabalho, trampolim argumentativo para o demais, o nº 6 do artigo 11º do CP, aplicável ao RGCO, e as demais normas dos regimes sectoriais de DMOS, ao excluírem a responsabilidade quando o agente tenha actuado contra ordens e instrucções de quem de direito, alicerçam a responsabilidade das pessoas jurídicas no facto do agente de conexão, consolidando o critério de imputação do facto de conexão à pessoa colectiva, por via do domínio da organização para a execução do facto típico (...)*".

49 O Código dos Valores Mobiliários vai, neste plano, um pouco mais longe ao exigir que a actuação tenha tido lugar "*contra ordens ou instruções concretas, individuais e expressas daquela, transmitidas ao agente, por escrito, antes da prática do facto*" (artigo 401º nº 3).

50 Segue-se aqui a distinção defendida por QUINTELA DE BRITO, 2018: 81-83, 89, 93-94, de que se citam, pela sua clareza, os seguintes três trechos:

- "[o] *crime diz-se perpetrado 'no interesse colectivo' se reflecte e se explica à luz do modo de organização e funcionamento da pessoa jurídica e/ou da sua política empresarial*".
- "*Se o facto punível que irrompe da pessoa colectiva nada tem a ver com o seu peculiar modo de organização, funcionamento e/ou actuação jurídico-económica, inexiste o próprio ilícito-típico colectivo, de modo que nem chega a suscitar-se um problema de culpa. A questão da organização da pessoa jurídica para a prática do crime respeita directamente ao ilícito-típico colectivo, não à culpa penal do ente (art. 11º nº 2 CP).*"
- "(...) *o ente não deverá ser censurado por um ilícito-típico colectivo que desde logo seja um "acidente de percurso" na sua efectiva cultura de cumprimento do Direito* (...)".

conduta da pessoa colectiva, seja anterior ao facto ou seja posterior a este, especialmente quando esta seja destinada a reparar as consequências do crime/contraordenação.

4.3. O terceiro passo deste eixo do nosso texto, visa assinalar que é precisamente para efeitos das balizas de responsabilidade enunciadas no ponto anterior que a existência de um sistema/programa de *compliance* pode ser relevante.

É verdade que, ao contrário do que sucede noutros direitos, não se pode dizer, no Direito português, que basta a existência de um programa de *compliance* para que essas balizas operem[51]/[52]. Ou seja, por exemplo, não se pode dizer que a simples existência de um programa de *compliance* valha como ordens ou instrucções em contrário à actuação do colaborador que cometeu o ilícito[53].

COSTA, 2018: 326 refere que a pessoa jurídica "(...) *só será culpabilizada quando o ilícito se caracterizar, na sua origem, por um defeito organizativo negligenciado pela pessoa colectiva ou por uma ética empresarial insuficiente*".

[51] Ao contrário do que parece suceder, por exemplo, no ordenamento espanhol. No sentido referido no texto, ver QUINTELA DE BRITO, 2018: 85, VILELA, 2018: 107-108 e COSTA, 2018: 328- 329, 331 a 337.

[52] Na linha de que o sistema de *compliance*, para relevar, ter de ser "sério" e efectivo, veja-se o que escreve SOUSA MENDES, 2018: 13: "[n]*ão há impacto automático da existência de programas de* compliance *na isenção de responsabilidade dos visados, nem sequer na determinação das medidas das coimas, das penas ou de quaisquer outras consequências jurídicas das infracções praticadas*", acrescentando mais adiante que "[a] *finalidade do* compliance *tem de ser a de evitar a prática de vários tipos de ilícitos, incluindo ilícitos criminais (...) e não obter isenção de responsabilidades (colectivas ou individuais) nem a atenuação de sanções. Caso contrário, os programas de compliance tornar-se-iam facilmente estratagemas de fuga à responsabilidade*". Como refere COSTA, 2018: 328, 333, não se pode tratar de uma "*espécie de maquilhagem da realidade corporativa*". Mas um sistema de *compliance* adequado não é, no entanto, indiferente e pode, como se defende adiante no texto, ser relevante como factor eximente de responsabilidade, seja no plano do preenchimento do tipo, seja no da culpa. Veja-se, por exemplo, neste sentido, Rui Patrício, citado em QUINTELA DE BRITO, 2018: 88, que afirma que "*actuações individuais não responsabilizam a pessoa colectiva se o agente tiver actuado contra ordens ou instrucções expressas de quem de direito – as quais podem, e devem, estar contidas num adequado sistema de compliance*".

A questão está em saber que condições devem estar preenchidas para se concluir por esse carácter adequado. Sobre esse ponto, para além do referido adiante no texto, vide, entre outros, BAPTISTA, 2018: 380, 368 e VILELA, 2018: 110-111.

[53] Ponto que nos parece manter a sua validade no quadro posterior às alterações legislativas introduzidas pela Lei nº 94/2021, de 21 de Dezembro. Ver, a este propósito, a Nota complementar inserida no fim do texto.

Exige-se uma apreciação em concreto. Pode efectivamente suceder que o sistema/programa esteja desactualizado, ou sobretudo que seja, em face do risco concreto, inadequado (por não cobrir a fonte de risco concreta e assim **não se poder dizer que se o colaborador tivesse cumprido o previsto no programa, o ilícito não teria ocorrido**)[54].

Pode, sobretudo, ser algo de formal e não revelador da existência de uma verdadeira cultura de cumprimento. Assinale-se, o próprio facto de ter ocorrido um ilícito indicia que o sistema/programa pode ter insuficiências/desactualizações, com o que essa eficácia eximente de responsabilidade não se poderia, naturalmente, verificar.

Para ser relevante, programa tem de ser efectivo, e permanentemente actualizado e auditado, permear a organização, tem de ser representativo da postura da empresa (de tal modo que ilícito possa ser visto como acidente de percurso), seja revelador de uma cultura de cumprimento, mostre que existe em toda a empresa uma "vontade de cumprimento"[55].

Porém, um sistema/programa de *compliance* efectivo e adequado (e, sobretudo, conforme com o que o regime legal impõe[56]) e uma cultura de cumprimento, poderão claramente relevar[57]:

- excluindo o ilícito típico, porque impedindo a verificação do requisito "actuação no interesse da pessoa colectiva" e/ou valendo como ordens ou instruções expressas contrárias à actuação do agente[58]

[54] Sobre este ponto, *vide* BAPTISTA, 2018: 370.

[55] É a expressão de COSTA, 2018: 335. QUINTELA DE BRITO, 2018: 85, refere-se, também, a este respeito, a uma "*cultura de legalidade*".

[56] A conformidade do sistema de *compliance* de uma determinada entidade com os requisitos que a lei (quando os regula) prevê acerca dos mesmos – vide supra eixo 3 deste texto – seguramente deverá ter uma "validade" e merecer um reconhecimento particular, quando se aprecie a responsabilidade dessa mesma entidade por uma infracção. Como refere QUINTELA DE BRITO, 2018: 63, "[a] *autorregulação estabelecida em conformidade com o Direito Administrativo pressupõe satisfeito o grau de controlo necessário para o cumprimento dos deveres da pessoa jurídica de prevenção de riscos penais, de modo que esta não poderá ser penalmente responsabilizada. A autorregulação conforme à regulamentação administrativa é directa e imediatamente integrada no e pelo Direito Penal como prevenção eficaz de riscos jurídico-penais*".

[57] Sobre o que se diz de seguida, ver, ainda, a Nota Complementar inserida no fim do texto, onde se abordam alguns aspectos decorrentes da alteração legislativa introduzida pela Lei nº 94/2021, de 21 de Dezembro.

[58] Neste sentido, *vide* nota 51 e, ainda, entre outros, ALEXANDRE LEITE BAPTISTA, ob. cit., pag2018: 368, onde afirma expressamente não ver obstáculos à consideração dos programas de *compliance* como "ordens ou instrucções expressas".

pois, nesse caso, não se pode dizer que o acto ilícito ocorrido foi possível ou foi tornado possível por causa da sua organização e modo de funcionamento deficientes; não se pode dizer que o acto ilícito representa, carreia e veicula a "actuação da organização deficiente";

- excluindo a culpa, porque se mostra, com base nesse sistema/programa de *compliance*, que o acto em causa representou um caso excepcional, no sentido de um acidente de percurso, desenquadrado da postura e cultura de cumprimento/de lealdade ao Direito, que permeia a organização e é tida em conta e está imbuída na filosofia de prossecução do interesse social (traduzida, como referi atrás, para além do programa, no modo como se premeia e sanciona) de cumprimento;
- relevando para atenuar a pena ou a coima.

A conclusão é, pois, a de que um sistema/programa adequado de *compliance* pode, no Direito português, em abstracto relevar para afastar a responsabilidade das pessoas colectivas/empresas.

4.4. O quarto e último passo desta breve e sintética digressão pelo tema da responsabilidade penal e contraordenacional da pessoa colectiva e da relevância nessa sede do *compliance*, fecha o círculo: é que para a existência de um *compliance* que possa ter a relevância eximente daquela responsabilidade, é essencial a Liderança., ou seja, o papel dos administradores. Com efeito, a actuação da Liderança da empresa é absolutamente decisiva:

- para conseguir que o sistema/programa de *compliance* seja efectivo (estamos aqui a pensar nos recursos que são afectos à função de *compliance*, no modo e grau com que é conferido *empowrement* ao responsável pela função de *compliance*, na constante vigilância da forma como o sistema funciona e na promoção da sua actualização, e, finalmente, no que a organização premeia ou sanciona, no que chamei o *walk the talk*)
  e
- para a existência de uma cultura empresarial de cumprimento, pois é o *tone at the top* que imprime uma marca decisiva na cultura que vigora na organização.

E o reverso desta afirmação é a de que se os líderes/administração não actuarem no sentido referido no parágrafo anterior, não assegurando que o sistema/programa de *compliance* é adequado (e com isso impedindo ou reduzindo o risco de a empresa ser sancionada por ilícitos) não serão, seguramente, líderes/administradores por muito tempo.

É por isso que, tal como afirmei que sem Liderança não há *compliance*, concluo também que sem *compliance* não há Liderança (pelo menos, que subsista por muito tempo).

**Conclusão**

O presente artigo aborda o *compliance* na perspectiva da sua articulação com a Liderança das empresas. Para além de assinalar a importância crescente que o *compliance* assume na vida das empresas e a crescente intervenção legislativa nesse domínio, o percurso realizado permitiu apreender a significativa interligação existente entre *compliance* e Liderança empresarial, que se alimentam reciprocamente. Efectivamente, se, por um lado, a Liderança das empresas tem um papel crucial na existência de um sistema ou programa de *compliance*, por outro, esse programa/sistema reforçam a posição daquela Liderança, na medida em que se revelam essenciais para a sua manutenção.

**Nota Complementar**

Já depois da preparação do texto anterior, entrou em vigor a alteração ao Código Penal aprovada pela Lei nº 94/2021, de 21 de Dezembro. Esta alteração coloca a questão de saber se a relevância de um sistema/programa de *compliance* (ou, noutros termos, programa de cumprimento normativo) pode continuar a ser aquela que se decreve no texto.

Isto porque através dessa lei foram alterados os artigos 90º-A e seguintes do Código Penal, alterações através das quais foi atribuída relevância (eu diria expressa) aos programas de cumprimento normativo, sendo tal relevância situada no plano da medida da pena e da possibilidade da sua atenuação em resultado da adopção daqueles programas (relevância que continua, a nosso ver, a não ser "automática, ou seja, a não se bastar com uma simples existência de um programa – vejam-se as alusões das novas disposições a que o programa tem de ser "adequado" ou "idóneo"). Citamos, a este propósito, o texto da exposição de motivos da proposta de lei (reportamo-nos aqui, à Nº 90/XIV/2, que esteve na base da referida lei):

*"Versa-se outrossim sobre o regime geral das penas aplicáveis a pessoas coletivas e entidades equiparadas, constante dos artigos 90º-A e seguintes do Código Penal.*

*As soluções propostas, mantendo o elenco de penas principais, acessórias e de substituição presentemente previstas, clarificam alguns aspetos da sua aplicação, e permitem atribuir relevância aos programas de cumprimento normativo, promovendo o compromisso do setor privado na prevenção, deteção e repressão da corrupção.*

*Assim, propõe-se que a adoção e implementação, antes da prática do crime, de programa de cumprimento normativo adequado a prevenir a prática do crime ou de crimes da mesma espécie seja causa de atenuação especial da pena aplicável à pessoa coletiva ou entidade equiparada.*

*A adoção e implementação desses programas depois da prática do crime e até à audiência de julgamento deve ser considerada na determinação da medida concreta dos dias de multa.*

*De outra banda, explicita-se o critério de aplicação de penas acessórias e a possibilidade de este tipo de penas ser aplicado juntamente com uma pena de substituição, nomeadamente nos casos em que a pessoa coletiva ou entidade equiparada não adotou ou não implementou um programa de cumprimento normativo. Explicita-se também o critério de escolha das penas de substituição, apontando a relevância dos programas de cumprimento normativo. Ao nível da pena de substituição de vigilância judiciária, prevê-se que a pessoa coletiva ou entidade equiparada possa ser acompanhada por um representante judicial, pelo prazo de um a cinco anos, de modo a que este controle a adoção ou implementação de programa de cumprimento normativo adequado a prevenir a prática do crime cometido e de crimes da mesma espécie.*

*É admissível que o tribunal condene a pessoa coletiva ou entidade equiparada em pena de vigilância judiciária, do mesmo passo que ordena a adoção e implementação de programa de cumprimento normativo adequado a prevenir a prática dos referidos crimes, atendendo à natureza acessória da pena de injunção judiciária. (...) O uso dos vocábulos «adoção» e «implementação» visa deixar claro que não basta conceber um programa, havendo que aplicá-lo na prática.".*

A questão que se pode colocar é, então, a seguinte: se a lei expressamente prevê a atribuição de relevância dos programas de cumprimento normativo em sede da medida da pena e da sua possível atenuação, será que se pode continuar a sustentar, como se fez no texto e é defendido por vários autores por referência à versão do Código Penal anterior à alteração em causa, que tais programas podem cobrar relevo como eximentes de responsabilidade (ou seja, ao nível do preenchimento do ilícito típico ou da culpa)?

Trata-se de uma questão difícil e que está ainda em aberto, requerendo, para ser bem correspondida, algum tempo e alguma consolidação das alterações realizadas. O que a seguir se adianta vale apenas como identificação e primeira e preliminar reflexão sobre o tema.

Compreende-se que se possa sustentar que, a partir destas alterações introduzidas pela Lei nº 94/2021, de 21 de Dezembro, a existência de um programa de *compliance* não valerá nunca, no sentido de não ser por si suficiente, para afastar o preenchimento do ilícito típico ou a culpa, não podendo ser considerado como "ordens ou instrucções expressas em contrário". A limitação das referências a tais programas aos artigos 90º-A e seguintes representaria uma opção legislativa no sentido de só dar relevância aos mesmos como elemento a ponderar na determinação da medida da pena e não no campo da exclusão da responsabilidade.

Em qualquer caso, apesar de se reconhecer a dificuldade da questão e sem prejuízo de uma reflexão mais aturada sobre ela, inclinamo-nos para pensar que o que é defendido no texto acerca da relevância dos programas de cumprimento normativo em sede de preenchimento do ilícito típico e da culpa poderá continuar, ainda que com ajustamentos, a valer.

Nesse sentido, poderão ser apontadas as seguintes razões, que se formulam de modo sintético:

a) O sentido da alteração legislativa não foi o de limitar a relevância dos programas de cumprimento normativo, antes, pelo contrário, foi o de lhe abrir a porta e atribuir uma relevância expressa; é, assim, discutível, que se possa extrair das alterações realizadas algo no sentido de que a lei quis que tais programas relevassem só e apenas em sede da medida da pena;

b) Também parece difícil descortinar na modificação legislativa em causa um propósito de alterar os princípios e dogmática geral relativos à responsabilidade penal das pessoas colectivas e à interpretação do artigo 11º do Código Penal, designadamente no que respeita ao que toca ao ilícito típico e à culpa;

c) O nº 6 do artigo 11º do Código Penal não foi modificado; fará sentido defender que as "ordens e instrucções" que o programa de cumprimento normativo consubstancie passaram a ter um valor inferior a outras, no sentido em que aquelas deixaram de poder relevar para efeitos desta disposição e, portanto, em termos de exclusão de responsabilidade? Não me parece que o faça;

d) A propósito do nº 6 do artigo 11º do Código Penal, vale a pena recordar que no âmbito do processo legislativo que conduziu à aprovação da Lei nº 94/2021, de 21 de Dezembro, foi apresentada pelo PSD a proposta 875/XIV/2 que previa uma modificação dessa disposição;

As razões invocadas para a modificação foram estas: "*É igualmente revisto o regime da responsabilidade criminal das pessoas coletivas, nomeadamente o nº 6 do artigo 11º, este último nos termos reiteradamente recomendados pelos relatórios do Working Group on Bribery da OCDE sobre a implementação da Convenção sobre a Luta conta a Corrupção de Agentes Públicos Estrangeiros nas Transações Comerciais em Portugal, de 14 de junho de 2013 e de 5 de novembro de 2015, consagrando em seu lugar regras de exoneração e atenuação de responsabilidade das pessoas coletivas e entidades equiparadas fundadas na exigência da satisfação de um programa de cumprimento normativo.*"

A alteração era no sentido de o nº 6 do artigo 11º do Código Penal passar a ter a seguinte redacção:

"*6. A responsabilidade das pessoas coletivas e entidades equiparadas pode ser excluída quando se verificarem cumulativamente as seguintes circunstâncias:*

*a) O órgão de administração tenha aprovado e executado, antes da comissão da infração, um programa de cumprimento normativo com medidas de controlo e vigilância idóneas para prevenir crimes da mesma natureza ou para diminuir significativamente o risco da sua ocorrência;*

*b) A supervisão da execução do programa referido na alínea a) tenha sido entregue a um órgão da pessoa coletiva com poderes de fiscalização ou a uma pessoa ou entidade terceira com poderes de fiscalização;*

*c) O agente da infração tenha atuado no seu exclusivo interesse e de modo a eludir o programa referido na alínea a).*

*7. A responsabilidade das pessoas coletivas e entidades equiparadas pode ser especialmente atenuada quando se verificarem parcialmente as circunstâncias do número anterior*".

Esta proposta, que, como se pode ver, previa a relevância dos programas de cumprimento normativo no plano da exclusão da responsabilidade e no da sua atenuação, não foi acolhida no texto final da lei.

Pergunta-se, por que razão.

Há quem possa querer ver nesse não acolhimento o propósito de acantonar a relevância dos programas de cumprimento normativo na zona da atenuação da responsabilidade/determinação da medida da pena.
Admitimos, antes, que o propósito tenha sido o de não romper com uma norma e a doutrina e jurisprudência que lhe estão associadas e que têm já alguma consolidação e, sobretudo, o de não limitar o campo das "ordens e instruções contrárias à actuação do agente" aos programas de cumprimento normativo. Mas isso não significa que estes últimos tenham deixado de valer no âmbito dessa norma. Antes pelo contrário: o sentido que nos parece extrair-se do não acolhimento da alteração que foi proposta é o de manter uma norma aberta de exclusão de responsabilidade, onde caibam aqueles programas e outro tipo de "ordens ou instruções".

Em suma, mais uma vez com a reserva de se tratar de uma questão nova e de matéria ainda pouco consolidada, inclinamo-nos no sentido de se poder continuar a sustentar, no novo quadro legislativo, o que no texto se refere sobre os programas de cumprimento normativo poderem cobrar relevância no juízo do preenchimento do ilícito típico e da culpa. Porventura, perante a previsão expressa da relevância desses programas em sede de atenuação da pena (artigos 90º-A e seguintes do Código Penal), o que se requererá, para tais programas cobrarem uma relevância excludente da responsabilidade, será uma maior exigência na demonstração de que os mesmos traduzem uma organização empresarial eficientemente dirigida para o cumprimento e uma cultura de cumprimento efectiva e que adequadamente permeie essa organização (eventualmente, passando a ser necessário demonstrar aquilo que constava da proposta do PSD acima citada – que o agente da infração tenha atuado no seu exclusivo interesse e de modo a eludir o programa de cumprimento normativo).

## Bibliografia Citada

BAPTISTA, Alexandre Leite,

(2018) "*Compliance* em processo contraordenacional: Da alegação à decisão através da prova", in: Maria Fernanda Palma, Augusto Silva Dias e Paulo de Sousa Mendes (coord.), *Estudos sobre* Law Enforcement, Compliance *e Direito Penal*, 2ª edição Coimbra: Almedina, pp. 345-384.

Quintela de Brito, Teresa,

(2013) "Questões de prova e modelos legais de responsabilidade contra-ordenacional e penal de entes colectivos" in: Manuel da Costa Andrade *et al.*, *Direito Penal – Fundamentos dogmáticos e político-criminais – Homenagem ao Prof. Peter Hünerfeld,* Coimbra: Coimbra Editora, pp. 1209-1264.

(2018) "*Compliance,* cultura corporativa e culpa penal da pessoa jurídica", in: Maria Fernanda Palma, Augusto Silva Dias e Paulo de Sousa Mendes (coord.), *Estudos sobre* Law Enforcement, Compliance *e Direito Penal,* 2ª edição Coimbra: Almedina, pp. 57-100.

Busato, Paulo César,

(2018) "O que não se diz sobre o *criminal compliance*", in: Maria Fernanda Palma, Augusto Silva Dias e Paulo de Sousa Mendes (coord.), *Estudos sobre* Law Enforcement, Compliance *e Direito Penal,* 2ª edição Coimbra: Almedina, pp. 21-56.

Costa, José Neves da,

(2018) "Responsabilidade penal das instituições de crédito e do *Chief Compliance* Officer no crime de branqueamento", in: Maria Fernanda Palma, Augusto Silva Dias e Paulo de Sousa Mendes (coord.), *Estudos sobre* Law Enforcement, Compliance *e Direito Penal,* 2ª edição Coimbra: Almedina, pp. 303-341.

Geraldo, Tiago,

(2018) "A responsabilidade penal do *compliance* officer: fundamento e limites do dever de auto-vigilância empresarial", in: Maria Fernanda Palma, Augusto Silva Dias e Paulo de Sousa Mendes (coord.), *Estudos sobre* Law Enforcement, Compliance *e Direito Penal,* 2ª edição Coimbra: Almedina, pp. 267-302.

Gomes, José Ferreira,

(2022) *M&A – Aquisição de Empresas e de Participações Sociais,* Coimbra: Almedina.

Júnior, Filipa / Medeiros, João,

"A elaboração de programas de *compliance*", in: Maria Fernanda Palma, Augusto Silva Dias e Paulo de Sousa Mendes (coord.), *Estudos sobre* Law Enforcement, Compliance *e Direito Penal,* 2ª edição Coimbra: Almedina, pp. 123-148.

Machado, Miguel da Câmara,

(2018) "Deveres antibranqueamento de capitais: De onde vieram, quais são e como vão evoluir (do "4G" ao "5G"), in: Maria Fernanda Palma, Augusto Silva Dias e Paulo de Sousa Mendes (coord.), *Novos Estudos sobre* Law Enforcement, Compliance *e Direito Penal,* Coimbra: Almedina, pp. 259-351.

Sousa Mendes, Paulo de, "*Law Enforcement* & *Compliance*", in: Maria Fernanda Palma, Augusto Silva Dias e Paulo de Sousa Mendes (coord.), *Estudos sobre* Law Enforcement, Compliance *e Direito Penal,* 2ª edição Coimbra: Almedina, pp. 11-20.

Rodrigues, André Alfar,

(2022) *Manual Teórico-Prático de* Compliance, Coimbra: Almedina.

# Segredo bancário e da supervisão no contexto do *compliance*

FILIPE MATIAS SANTOS*

**Sumário:** Introdução; I. Segredo Bancário e de Supervisão; II. Tutela dos Segredos Bancário e da Supervisão; III. A Compressão dos Segredos Bancário e da Supervisão; Conclusão.

## Introdução

A *sociedade de risco* (Ulrich Beck) e a retratada insegurança inerente ao projeto de sociedade industrial da pós-modernidade justificou, como é consabido, uma certa expansão do Direito Penal. Entretanto, este movimento conviveu com o reforço do Direito Contraordenacional sobretudo nas atividades reguladas. O tempo que vivemos e as perspetivas que hoje temos, reforçam aquelas tendências. Temas como o terrorismo, a criminalidade organizada, a disrupção do sistema económico-financeiro, o risco de crises energéticas e as alterações climáticas dominam boa parte da agenda contemporânea e fazem intervir o Direito Sancionatório.

Neste contexto, a *empresa* instrumentalizada é cada vez mais percecionada como um foco de perigo suscetível de propiciar o cometimento de crimes

* Advogado, Mestre em Direito pela *NOVA School of Law*. É Diretor Jurídico da ERSE – Entidade Reguladora dos Serviços Energéticos e membro do *Legal Affairs Committee* do Conselho Europeu de Reguladores da Energia (CEER).
As posições expressas são pessoais e não podem ser imputadas a terceiros.

que não estavam ao alcance de pessoas singulares. Assim, a pessoa coletiva aparece como instrumento do meio cultural, económico, organizacional e de influência que pode possibilitar e potenciar a prática de infrações, a sua dimensão e danosidade. De resto, a própria esfera de influência e a reputação de uma empresa podem, *per se*, contribuir com relevância para o ilícito. Por sua vez, dada a abrangência dos circuitos financeiros, as instituições de crédito acabam por ser instrumentos preferenciais para a criminalidade.

As tendências atuais, na procura de uma resposta apropriada àquele diagnóstico, são de maior responsabilização da pessoa coletiva (*vd.*, no caso português, a Lei nº 94/2021, de 21 de dezembro), de imposição crescente de transparência, com a consequente erosão dos segredos, e de uma maior aposta na autorregulação regulada (*corporate governance* e *compliance*)[1].

Neste âmbito, entende-se que a responsabilização da pessoa coletiva radicará no defeito da sua organização, que não exerceu o devido controlo. As manifestações podem ser pontuais (*bad apples*) ou transversais (*bad barrels*), mas as empresas têm de contrariar a potenciação dos riscos de lesão dos bens jurídicos protegidos que comportam e que, no que respeita ao efeito criminógeno, tantas vezes têm um quadro de incentivos nos benefícios percebidos pelos administradores, diretores e empregados (*v.g.* remunerações, renovação de mandatos, promoções, prémios). Também por isso, crescentemente é dada relevância à transparência e aos programas de cumprimento normativo, que inicialmente foram erigidos sobretudo no setor financeiro, mas que foram sendo estendidos a outros setores regulados[2] e mesmo não regulados[3].

É neste quadro que importa perspetivar o segredo bancário, enquanto segredo profissional, bem como o segredo da supervisão, tendo em conta

[1] Rodrigues, 2019.

[2] A título exemplificativo, no setor energético, os programas de conformidade dos operadores de redes de distribuição verticalmente integrados (artigo 35º, nº 2, al. d) da Diretiva UE nº 2019/944 do Parlamento Europeu e do Conselho de 5 de junho de 2019, relativa a regras comuns para o mercado interno da eletricidade, transposta pelo Decreto-Lei nº 15/2022, de 14 de janeiro).

[3] *V.g.* o Decreto-Lei nº 109-E/2021, de 9 de dezembro, bem como a Lei nº 94/2021, de 21 de dezembro. O primeiro, na parte em que estabelece o regime geral de prevenção da corrupção, aplicável às pessoas coletivas do setor público, mas também privadas com mais de 50 trabalhadores, impõe a adoção de programas de cumprimento normativo. A segunda, a Lei nº 94/2021, de 21 de dezembro, dá relevância aos programas de cumprimento normativo e permite a sua adoção e implementação.

não só a origem das imposições de *compliance*, mas também o relevo que a atividade financeira através da banca assume nestas matérias.

Neste percurso, evidenciaremos que o regime do segredo bancário, historicamente percecionado por alguns como um obstáculo à investigação e à descoberta da verdade, foi sofrendo uma enorme erosão, estando hoje particularmente comprimido. Paralelamente, numa certa inversão face ao ponto de partida, dar-se-á nota de que atualmente são, inclusivamente, impostos inúmeros deveres de comunicação de operações suspeitas em diferentes atividades reguladas, sem que seja tido como uma violação ao direito à não autoinculpação[4]. Por outro lado, daremos nota de que o segredo da supervisão ganhou uma certa autonomia, no quadro do Estado Regulador, atentos os valores adicionais em presença e que merecem tutela.

## I. Segredo Bancário e de Supervisão

Os deveres de segredo profissional traduzem-se, genericamente, numa proibição de revelar factos ou acontecimentos de que se tomou conhecimento, ou que foram confiados, em razão e no exercício de uma atividade profissional, que são confidenciais – no sentido de que não são públicos – e que o seu titular pretende e confia na sua não divulgação.

Neste quadro, a lei protege múltiplos segredos (religioso, bancário, da supervisão, fiscal, médico, de comunicações, de advogado, solicitador, notário, jornalista, funcionário), atentos os interesses públicos e privados em presença.

Atento o foco deste estudo, centremo-nos no dever de segredo bancário, previsto no artigo 78º do Regime Geral das Instituições de Crédito e Sociedades Financeiras (RGICSF), e no segredo da supervisão para as entidades reguladoras e para o Banco de Portugal, previsto nos artigos 14º da Lei-quadro das entidades reguladoras[5] e no 80º do RGICSF, respetivamente.

De acordo com os respetivos normativos aplicáveis, o segredo bancário abrange factos, elementos ou informações de natureza patrimonial, de natureza pessoal, respeitantes à vida interna das instituições bancárias, às relações com os clientes ou a ambas (mesmo depois da relação com o

[4] Sobre deveres de colaboração *vis a vis* o direito à não autoinculpação remetemos para o nosso estudo SANTOS, 2020: 471-497.

[5] Lei nº 67/2013, de 28 de agosto, na redação vigente.

cliente cessar), com as múltiplas exceções e compressões que adiante se especificarão.

Por sua vez, constituem segredo de supervisão os elementos relativos à vida das instituições (já cobertos pelo segredo bancário), os elementos relativos às relações entre as instituições e os seus clientes (também já coberto pelo segredo bancário) e os factos e elementos constantes das análises, processos e métodos do regulador (informações relativas a terceiros e/ou que comprometam a eficácia da supervisão). Esta última dimensão assume, portanto, autonomia e justifica que, em certas situações, o levantamento do segredo bancário não seja suficiente para tornar acessível a informação que se encontra na esfera dos reguladores.

## II. Tutela dos Segredos Bancário e da Supervisão

A proteção do segredo bancário vem de longe. Ancorado nos usos do comércio terá sido fortemente reforçado no centro da Europa pela ética puritana calvinista[6]. Em Portugal, embora antes da revolução democrática a tutela penal do segredo estivesse circunscrita ao Serviço de Centralização de Riscos de Crédito, o segredo bancário tinha uma forte base contratual e que decorria dos usos do comércio. Depois do 25 de Abril, após um período mais conturbado, o segredo bancário ficou protegido por lei e beneficiou, durante muito tempo, de uma proteção intensa que, como adiante se descreve, foi subsequentemente sofrendo forte erosão. Por sua vez, quer como proteção reflexa do segredo bancário, quer para proteção do Estado Regulador, foi instituído o segredo da supervisão.

A tutela do segredo bancário tem a sua razão de ser na necessidade de proteção de uma dupla ordem de interesses: (i) o regular funcionamento da atividade bancária e o clima generalizado de confiança de que este depende e (ii) a proteção dos interesses dos clientes da banca, para quem o segredo constitui a defesa da discrição da sua vida privada[7].

Neste sentido, o aprofundamento destes eixos permite identificar que, por um lado, estão em causa interesses públicos (i) dos clientes, no regular funcionamento da atividade bancária onde depositam o seu dinheiro e (ii) das instituições, no clima de confiança nas instituições bancárias e

[6] Seguimos, quando ao enquadramento histórico, Silva, 1998: 31-58.

[7] Neste sentido *vd.* Ac. STJ nº 2/2008 (fixação de Jurisprudência), de 13.2.2008, Proc. 894/07, Rel. Eduardo Maia Figueira da Costa.

eficácia da supervisão, que garante o interesse público e a sã concorrência. Por outro, estão em causa interesses privados quer (i) dos clientes, na confidencialidade sobre os dados e informações da esfera patrimonial, quer (ii) das próprias instituições financeiras e de supervisão, atento o direito ao bom-nome, reputação e liberdade de empresa. Uma última nota para acrescentar que, neste âmbito, a tutela de interesses privados é crescentemente perspetivada sobretudo como instrumental da tutela dos interesses públicos em presença.

Esta ordem de interesses e tutela funda-se, entre nós, geralmente, no direito à integridade (moral) pessoal, bem como no direito à reserva da intimidade da vida privada, consagrados nos artigos 25º e 26º Constituição da República Portuguesa (CRP), bem como na proteção do sistema financeiro, prevista no artigo 101º da CRP. Neste sentido veja-se a título exemplificativo o Acórdão do Tribunal Constitucional nº 278/95[8], que entendeu que a "*situação económica do cidadão, espelhada na sua conta bancária, incluindo as operações ativas e passivas nela registada, faz parte do âmbito de proteção do direito à reserva da intimidade da vida privada, condensado no artigo 26º nº1 da Constituição, surgindo o segredo bancário como um instrumento de garantia deste direito*" e, citando o acórdão nº 110/1984 do Tribunal Constitucional espanhol, estabeleceu paralelismo entre a conta bancária e uma "*biografia em números*". Mais tarde, o mesmo Tribunal português, no seu Acórdão nº 442/2007[9], indicando que o conteúdo do direito à reserva da intimidade da vida privada e familiar é fracionável em três manifestações, direito à solidão, direito ao anonimato e autodeterminação informativa, considerou que o segredo bancário integra esta terceira.

A tutela do segredo bancário é concretizada no plano da responsabilização do infrator em diferentes planos. Assim, o artigo 84º do RGICSF, sob a epígrafe "*violação do dever de segredo*", estabelece que, sem prejuízo de outras sanções aplicáveis, a sua violação é punível nos termos do Código Penal. Tal constitui uma remissão para os artigos 195º a 198º daquele Código que punem, a título de crime de mera atividade ou de dano (no caso do aproveitamento do segredo), a violação do segredo alheio que tenha fundamento em razão do estado, ofício, emprego, profissão ou arte. Estes crimes, que podem ser agravados em função de circunstâncias legais, dependem

[8] Ac. TC nº 278/95, de 31/05, Proc. 510/91, Rel. Alves Correia.

[9] Ac. TC nº 442/2007, de 14/08, Proc. 815/07, Rel. Joaquim Sousa Ribeiro.

de queixa ou participação (crimes particulares ou semipúblicos). Relativamente ao segredo da supervisão tem aplicação o crime de violação de segredo por funcionário, previsto e punido pelo artigo 383º do Código Penal.

Em cúmulo, a violação destes segredos é suscetível de gerar responsabilidade civil que pode ser configurada quer como extracontratual (cf. artigo 483º do Código Civil), quer como contratual (cf. artigo 798º e ss. do Código Civil). No primeiro caso por a quebra do dever de segredo bancário ou da supervisão constituir uma violação ilícita do direito de outrem (reserva da vida privada, consagrado no artigo 80º do Código Civil). No segundo, por o segredo bancário ser, além do mais, sempre um dever acessório de boa fé, resultante do contrato bancário. A violação do segredo pode gerar, ainda, responsabilidade disciplinar à luz do dever de lealdade perante a entidade empregadora bancária ou de supervisão (decorrente do artigo 121º, nº 1, al. g) do Código do Trabalho, a que tanto os trabalhadores bancários como os das autoridades reguladoras se encontram sujeitos, e mesmo do Acordo Coletivo de Trabalho do Sector Bancário).

Na perspetiva do ofendido a violação do segredo não só pode gerar direito indemnizatório, como pode ser invocada em sua defesa. Com efeito, o artigo 32º, nº 8 da CRP prevê que "[s]*ão nulas todas as provas obtidas mediante* (...) *abusiva intromissão na vida privada* (...)" e, a esta luz, o artigo 126º do Código do Processo Penal (CPP), sob a epígrafe "*métodos proibidos de prova*", determina a nulidade das provas obtidas mediante ofensa da integridade física ou moral das pessoas (nº 1) e, em sua concretização, que não podem ser utilizadas "*as provas obtidas mediante intromissão na vida privada, no domicílio, na correspondência ou nas telecomunicações sem o consentimento do respectivo titular*" (nº 3). Este regime de provas proibidas tem, pois, de ser conjugado com o sentido e alcance que, hoje, delimita o segredo bancário e da supervisão.

## III. A Compressão dos Segredos Bancário e da Supervisão

Os segredos bancário e da supervisão, beneficiando de tutela, não são, contudo, direitos absolutos (isso mesmo foi reconhecido no já citado Acórdão nº 442/2007). Longe disso, estes segredos estão, nos termos do artigo 18º, nº 2 da CRP, sujeitos às compressões necessárias para salvaguardar outros direitos e interesses constitucionalmente protegidos.

De resto, historicamente, a ordem jurídica, unitária e coerente, sempre admitiu limites imanentes e exceções ao regime do segredo, desde logo para efeitos de supervisão e de realizar da justiça sancionatória, incluindo criminal.

Com efeito, o sistema jurídico sempre consagrou preocupações com a realização da justiça material que têm manifestações, por exemplo, no procedimento de quebra de segredo (artigos 135º e 136º do CPP), no regime da apreensão e exame de documentos em estabelecimento bancário (artigos 181º e 182º do CPP), nas exceções ao regime de segredo previstas no RGIGSF, noutros diplomas designadamente relativos aos poderes da supervisão, nas denúncias impostas aos "funcionários" (artigo 242º do CPP) ou na punição da recusa em depor ou a apresentar relatório ou informação sem justa causa (artigo 360º, nº 2 do Código Penal).

Neste âmbito, pela sua relevância prática, recorde-se o regime clássico de quebra do segredo profissional previsto no processo penal. Os artigos 135º e 136º do CPP preveem o incidente de escusa dividido em duas fases: (i) da legitimidade; (ii) da justificação da escusa[10]. Para a primeira é competente o tribunal de primeira instância, que decide sobre uma questão formal: saber se está em causa segredo conhecido no exercício da profissão e se esta assume tal prerrogativa legal, o que pode implicar audição (não vinculativa) do organismo representativo da profissão. A justificação da escusa, para a qual é competente o tribunal superior, depende da apreciação do interesse preponderante segundo: (i) a imprescindibilidade para a descoberta da verdade (ausência de meios alternativos), (ii) a gravidade do crime e (iii) a necessidade de proteção de bens jurídicos (necessidade social premente). Para o regime do artigo 135º do CPP remete, ainda, o da apreensão e exame de documentos em estabelecimento bancário, regulado nos artigos 181º e 182º do CPP, que é possível quando existam fundadas razões para se crer que tais elementos estão relacionados com um crime e se revelarão de grande interesse para a descoberta da verdade ou para a prova.

Por outro lado, como se adiantou, hoje o regime do segredo é marcado pelo sucessivo alargamento das compressões e mesmo pelos (cada vez mais frequentes) deveres de comunicação (ativa) de operações suspeitas. Assim, importa ter presente que através de legislação avulsa foram proliferando, pelo menos desde os anos noventa do século passado, regimes especiais do segredo bancário no processo penal que, procurando conferir melhores

[10] ALBUQUERQUE, 2011: 376-394 e 514-518.

condições de investigação a casos de especial gravidade, com impacto social relevante, facilitaram a quebra do segredo, afastando a necessidade de recurso ao artigo 135º do CPP. É disso exemplo histórico o regime jurídico do cheque sem provisão (artigo 13º-A do Decreto-Lei nº 454/91, de 28 de dezembro), o regime do tráfico de droga, aprovado pelo Decreto-Lei nº 15/93, de 22 de janeiro (*vd.* o atual artigo 60º do Decreto-Lei nº 15/93, de 22 de janeiro), o artigo 2º da lei de combate à criminalidade organizada (Lei nº 5/2002, de 11 de janeiro) e o regime do combate ao branqueamento de capitais, aprovado pelo Decreto-Lei nº 313/93, de 15 de setembro (*vd.* a atual Lei nº 83/2017, de 18 de agosto, na redação vigente, que estabelece medidas de combate ao branqueamento de capitais e ao financiamento do terrorismo [BCFT]). Este último, aprofunde-se, atenta a relevância prática e o âmbito de aplicação[11], estabelece que as entidades obrigadas disponibilizam todas as informações, todos os documentos e os demais elementos necessários ao integral cumprimento dos deveres de comunicação, abstenção e colaboração, ainda que sujeitos a qualquer dever de segredo, imposto por via legislativa, regulamentar ou contratual. Tais elementos podem, consequentemente, ser utilizados em processo penal, nos inquéritos que tiveram origem em comunicações de operações suspeitas, bem como em quaisquer outros inquéritos, averiguações ou procedimentos legais conduzidos pelas autoridades judiciárias, policiais ou setoriais, no âmbito das respetivas atribuições legais e na medida em que os elementos disponibilizados se mostrem relevantes para efeitos probatórios.

Faz-se notar que cedo se procuraram levantaram objeções de ordem Constitucional a estas exceções legais que se afastavam da aplicação do artigo 135º do CPP. Todavia, segundo o Acórdão do Tribunal Constitucional nº 42/2007[12], reportando-se à aplicação da Lei nº 5/2002, de 11 de janeiro, que estabelece as medidas de combate à criminalidade organizada, foi entendido que não existia inconstitucionalidade material na dispensa da intervenção judicial para a quebra do segredo bancário, desde que fosse assegurada a ponderação e o enquadramento de interesses públicos considerados dominantes.

Posto isto, atente-se que, por via de diversas intervenções legislativas, as exceções ao segredo bancário consagradas na atual redação do próprio

[11] Artigo 56º da Lei nº 83/2017, 18 de agosto, na redação atual.

[12] Ac. TC nº 42/2007, de 23/01, Proc. 950/2006, Rel. Maria Fernanda Palma.

RGICSF são numerosas e muitas delas têm expressão no diploma[13]. Dispõe, assim, o seu artigo 79º, sob a epígrafe "*exceções ao dever de segredo*", que (ênfases nossas):

> "*1 – Os factos ou elementos das relações do cliente com a instituição podem ser revelados mediante **autorização do cliente**, transmitida à instituição.*
>
> *2 – Fora do caso previsto no número anterior, os factos e elementos cobertos pelo dever de segredo só podem ser revelados:*
>
> *a) Ao **Banco de Portugal**, no âmbito das suas atribuições;*
>
> *b) À **Comissão do Mercado de Valores Mobiliários**, no âmbito das suas atribuições;*
>
> *c) À **Autoridade de Supervisão de Seguros e Fundos de Pensões**, no âmbito das suas atribuições;*
>
> *d) Ao **Fundo de Garantia de Depósitos**, ao **Sistema de Indemnização aos Investidores** e ao **Fundo de Resolução**, no âmbito das respetivas atribuições;*
>
> *e) Às **autoridades judiciárias, no âmbito de um processo penal**;*
>
> *f) Às **comissões parlamentares de inquérito** da Assembleia da República, no estritamente necessário ao cumprimento do respetivo objeto, o qual inclua especificamente a investigação ou exame das ações das autoridades responsáveis pela supervisão das instituições de crédito ou pela legislação relativa a essa supervisão;*
>
> *g) À **administração tributária**, no âmbito das suas atribuições;*
>
> *h) Quando exista **outra disposição legal** que expressamente limite o dever de segredo.*
>
> *3 – (Revogado.)*".

Assim, o nº 1 consagra a dispensa pelo cliente ou autorização do interessado. Por sua vez, o nº 2 prevê quebras do sigilo bancário, independentes da vontade do titular do segredo, alicerçadas sobretudo em razões de interesse público, as quais, em resultado de uma ponderação levada a cabo pelo legislador, prevalecem sobre o dever de segredo e sobre os interesses por ele protegidos. Assim, são consagradas exceções ao segredo bancário por razões: (i) teleológico-institucionais, permitindo a revelação de segredos ao Banco de Portugal, à CMVM[14], ao Fundo de Garantia de Depósitos (FGD), ao Sistema de Indemnização aos Investidores (SII) e ao Fundo de Resolução (FR), (ii) de investigação ou exame das ações das autorida-

[13] Sobre o regime do segredo bancário e exceções *vd.* RODRIGUES, 2014.

[14] Neste mesmo sentido veja-se o artigo 361º, nº 1, alínea a) do Código dos Valores Mobiliários.

des de supervisão ou pela legislação relativa a essa supervisão em sede de Comissão Parlamentar de Inquérito (CPI), dentro do objeto definido, (iii) de investigação criminal, à autoridade judiciária (independentemente de decisão judicial), (iv) tributárias, à Autoridade Tributária e Aduaneira (ATA) e (v) outras exceções legais (v.g. cooperação com a justiça , como previsto no artigo 417º do Código do Processo Civil [CPC]) consoante o interesse preponderante[15].

As **exceções teleológico-institucionais** justificam-se em função da informação ser necessária ao exercido de competências legais das entidades de supervisão ou de garantia dos clientes (e da estabilidade do sistema). Com efeito, o objetivo destas identifica-se com os interesses públicos de bom funcionamento, equilíbrio e estabilidade do sistema financeiro, bem como da salvaguarda da confiança dos que recorrem a essas entidades. Caso existam indícios criminais, estas autoridades podem e devem participar ao Ministério Público (cf. artigo 242º do CPP e artigo 40º da Lei BCFT)

As **exceção relativas às CPI** ficam na dependência do estritamente necessário ao cumprimento do respetivo objeto, que inclua especificamente a investigação ou exame das ações das autoridades responsáveis pela supervisão das instituições de crédito ou pela legislação relativa a essa supervisão, atendendo também ao disposto no regime jurídico dos inquéritos parlamentares, aprovado pela Lei nº 5/93, de 1 de março, com as alterações introduzidas pela Lei nº 126/97, de 10 de dezembro, Lei nº 15/2007, de 3 de abril, e Lei nº 29/2019, de 23 de abril. Releva, neste âmbito, também o artigo 81º do RGICSF que prevê a cooperação do Banco de Portugal com as CPI e a Assembleia da República (nº 2, g) e h)). Tal traduz-se num regime legal especial de transparência e escrutínio de operações de capitalização, resolução, nacionalização ou liquidação de instituições de crédito com recurso, direto ou indireto, a fundos públicos. Esta exceção foi ampliada em função das várias CPI realizadas relativas à atuação de bancos, sendo de destacar a realizada à recapitalização da Caixa Geral de Depósitos e à gestão do banco, vindo a lei alterada a ter plena aplicação na Comissão Eventual de Inquérito Parlamentar às perdas registadas pelo Novo Banco e imputadas ao Fundo de Resolução.

A **exceção da investigação criminal** atende a razões de interesse público de investigação e punição criminal. A Lei nº 36/2010, de 2 de

[15] Cf. Ac. do STA, de 17/12/1997, Proc. 01807/13, Rel. Fonseca da Paz.

setembro, alterou redação da alínea d) do nº 2 do artigo 79º do RGICSF e, nessa medida, ao invés de a exceção se aplicar "*nos termos previstos na lei penal e de processo penal*" passou a ler-se que os elementos e factos cobertos pelo segredo passaram a poder ser revelados "*às autoridades judiciárias, no âmbito de um processo penal*". Assim, o sigilo bancário passou a poder ser levantado, num processo penal, não só pelo juiz, como também pelo Ministério Público, no decurso do inquérito. Deixou, portanto, de se operar a remissão para os mecanismos previstos no artigo 135º Código de Processo Penal. O que resultou, portanto, numa desjurisdicionalização da quebra do segredo bancário para todo e qualquer processo-crime, independentemente do tipo de ilícito.

Esta norma veio estabelecer, com plena autonomia face ao regime do artigo 135º do CPP e de forma desjurisdicionalizada, o acesso pelo Ministério Público a matérias sujeitas a segredo bancário no âmbito da investigação criminal. Neste sentido veja-se o Acórdão do Tribunal da Relação do Porto de 19/10/2011[16], que entende que "*a partir de 01.03.2011 (...) a quebra de sigilo bancário, quando esteja em causa a obtenção de elementos referidos no citado nº 3 do art. 79º, cabe ao [Ministério] Público ou ao Juiz de Instrução Criminal competente para a prática dos actos jurisdicionais no inquérito*". No mesmo sentido, designadamente, o Acórdão do Tribunal da Relação de Coimbra do mesmo dia 19/10/2011[17], que reafirma a desjurisdicionalização da quebra do segredo bancário após as alterações ao artigo 79º do RGICSF introduzidas pela Lei nº 36/2010, ou o Acórdão do Tribunal da Relação de Évora de 25/10/2011[18], que entendeu que não ser "*mais aplicável ao segredo bancário, no âmbito do processo penal, o regime estabelecido nos art. 135º e ss do CPP, ou seja, o incidente de quebra de segredo profissional*". Este entendimento surgiu reforçado no Acórdão do mesmo Tribunal superior de Évora, no âmbito de um outro seu Acórdão do mesmo dia 25/10/2011[19].

Esta exceção, com tal latitude, foi objeto de críticas de alguma doutrina. Menezes Cordeiro, a título exemplificativo, alertou para os riscos de banalização do levantamento do segredo a qualquer investigação, decidida apenas pelo Ministério Público, entendendo que o acesso a informação

[16] Ac. TRP, de 19/10/2011, Proc. 10228/08.0TDPRT-A.P1, Rel. Eduarda Lobo.

[17] Ac. TRC de 19/10/2011, Proc. 1688/09.2PBVIS-A.C1, Rel. Jorge Dias.

[18] Ac. TRE, de 25.10.2011, Proc. 824/10.0TAABF-A.E1, Rel. Fernando Ribeiro Cardoso.

[19] Ac. TRE, de 25.10.2011, Proc. 756/10. 2PBFAR-A.E1, Rel. João Gomes de Sousa.

coberta pelo segredo sem exigência de um pedido devidamente justificado e decidido por um juiz se afigurava excessivo[20]. Por seu turno, no plano da interpretação e aplicação equilibrada da lei, Paulo de Sousa Mendes defende a possibilidade desse controlo ser feito posteriormente, durante a instrução ou já na fase de julgamento: "*o acesso aos dados das contas bancárias constitui uma intromissão na vida privada*", pelo que argumenta que "*se for realizada à margem das ponderações impostas pela Constituição (art. 18º, nº 2 e 3 da CRP) essa intromissão viola uma proibição de prova (art. 126º, nº 3 CPP)*". O mesmo autor lembra que "*as proibições de prova são de conhecimento oficioso*", que "*a violação de proibições de prova leva à declaração de nulidade das provas assim obtidas e ao seu desentranhamento dos autos*" e que o arguido pode suscitar a questão da nulidade das provas, quer no requerimento para abertura de instrução quer na contestação[21].

A **exceção tributária**, atualmente consagrada no próprio RGICSF, remonta à Lei nº 30-G/2000, de 29 de dezembro, que alterou LGT e que conferiu, pela primeira vez, à administração tributária a possibilidade de aceder diretamente à informação bancária dos contribuintes, para fins administrativos, sem necessidade de prévia autorização judicial, salvo algumas exceções. Mais recentemente, a Lei nº 94/2009, de 1 de setembro, alterando o RGICSF, introduziu a citada alínea e), que prevê a revelação dos factos protegidos pelo sigilo à administração tributária. O acesso pela administração tributária a documentos e informações bancárias, por via desta remissão, passou então a estar materialmente previsto e regulado nos artigos 63º-A, 63º-B e 64º-C da LGT[22]. Assim, a derrogação do sigilo bancário pela administração tributária para fins meramente administrativos tornou-se na regra geral em matéria de acesso a documentos e informações bancárias[23]. Ainda assim, faz-se notar que é necessário proceder

20 Menezes Cordeiro, 2015: 372.

21 Mendes, 2011: 375-399.

22 Sobre esta exceção *vd.* Pais, 2016.

23 Alguns limites foram colocados ao legislador pela jurisprudência constitucional. Assim, o Acórdão do Tribunal Constitucional nº 442/2007, de 14 de agosto de 2007 (Proc. nº 815/07, Relator Conselheiro Joaquim de Sousa Ribeiro), em processo de fiscalização preventiva, pronunciou-se pela inconstitucionalidade da norma do diploma que previa a derrogação automática do sigilo bancário no âmbito do procedimento de apreciação de reclamação graciosa e do processo judicial de impugnação de ato tributário, por considerar que essa previsão não garante um procedimento e um processo justos. Nas palavras deste aresto "*fundamentalmente na medida em que coloca o cidadão contribuinte perante um dilema constitucionalmente inaceitável: ou*

a uma análise casuística da verificação (ou não verificação) das circunstâncias e fundamentos taxativamente previstos na lei tributária para a quebra do segredo e, caso a caso, verificar os direitos do contribuinte que poderão traduzir um verdadeiro limite aos poderes da ATA (artigos 63º-A, 63º-B e 64º-C da LGT).

Assim, o artigo 63º-A da LGT, sob a epígrafe "*informações relativas a operações financeiras*" prevê obrigações de informação automática relativas: (i) à abertura ou manutenção de contas por contribuintes cuja situação tributária não se encontre regularizada, inseridos em sectores de risco, bem como quanto às transferências transfronteiras que não sejam relativas a pagamentos de rendimentos sujeitos a algum dos regimes de comunicação para efeitos fiscais já previstos na lei; (ii) ao reporte mensal de transferências e envio de fundos que tenham como destinatário entidade localizada em país, território ou região com regime de tributação privilegiada mais favorável; (iii) obrigação de fornecer, a qualquer momento, a pedido do Diretor Geral da ATA, ou do Conselho Diretivo do Instituto de Gestão Financeira da Segurança Social (IGFSS), as informações respeitantes aos fluxos de pagamentos com cartões de crédito e de débito ou por outros meios de pagamento eletrónico.

Com maior relevância, o artigo 63º-B, nº 1 da LGT, sob a epígrafe "*acesso a informações e documentos bancários*", confere poder de acesso direto pela administração tributária a informações e documentos bancários do contribuinte, sem dependência do consentimento do titular dos elementos protegidos, perante um amplo catálogo de situações que vão desde indícios da prática de crimes em matéria tributária, da falta de veracidade do declarado ou esteja em falta declaração legalmente exigível, da existência de acréscimos de património não justificados, até à necessidade de verificação de conformidade de documentos de suporte de registos contabilísticos, ao controlo de regimes fiscais privilegiados, à comprovação e quantificação direta e exata da matéria tributável, existência comprovada de dívidas à administração fiscal ou à segurança social, bem como em casos de prestação de informação segundo acordos ou convenções internacionais em matéria fiscal e ainda em sede de procedimento administrativo de inspe-

*corre o risco forte de perder a reserva sobre a sua privacidade, ou perde um instrumento importante de defesa dos seus direitos e interesses. Em vez de uma limitação harmónica e equilibrada das duas posições, permitindo a preservação simultânea do essencial das vantagens que elas propiciam, aquelas alterações "forçam" o contribuinte a uma opção entre uma ou outra".*

ção tributária, a comunicação de operações suspeitas, remetidas à ATA, pelo Departamento Central de Investigação e Ação Penal da Procuradoria-Geral da República (DCIAP) e pela Unidade de Informação Financeira (UIF), no âmbito da legislação relativa à prevenção e repressão do branqueamento de capitais e financiamento do terrorismo. O artigo 63º-B, nº 2 da LGT prevê, ainda, que a administração tributária tem, ainda, o poder de aceder diretamente aos documentos bancários e aos documentos emitidos por outras entidades financeiras previstas como tal no artigo 3º da Lei nº 25/2008, de 5 de junho, nas situações de recusa da sua exibição ou de autorização para a sua consulta, quando se trate de familiares ou terceiros que se encontrem numa relação especial com o contribuinte. Esta disposição recorre, assim, a conceitos relativamente indeterminados (como familiares e terceiros com relação especial) que importará interpretar em função, possivelmente, de informações e declarações fiscais de rendimentos, bem com de outras normas como as relativas à disciplina legal de preços de transferência. A título exemplificativo, *vide* o Acórdão do Tribunal Central Administrativo do Sul de 06/11/2012[24] que se pronunciou no sentido de que "*os sócios e/ou administradores duma empresa que está a ser alvo de uma inspecção não podem deixar de considerar-se, para este efeito, terceiros que se encontram numa relação especial com aquela.*".

Por fim, o artigo 63º-C da LGT, sob a epígrafe, "*contas bancárias exclusivamente afetas à atividade empresarial*" permite à ATA aceder diretamente, sem a necessidade de consentimento ou audição prévia do sujeito passivo, nos mesmos termos e circunstâncias das do artigo 63º-B, à informação relativa às contas bancárias exclusivamente afetas à atividade empresarial. Estas contas são obrigatórias, sob pena de contraordenação, para determinados sujeitos passivos que disponham ou devam dispor de contabilidade organizada.

A exceção tributária caracteriza-se, portanto, pela desjudicialização, cabendo a decisão à administração tributária, sem a necessidade de consentimento ou audição prévia do contribuinte. Tal audição apenas está prevista para acesso a elementos de familiares ou terceiros que se encontrem numa relação especial com o contribuinte, mas já não para as entidades que se encontrem numa relação de domínio com o contribuinte, que não serão terceiros.

[24] Ac. TCA Sul, de 06/11/2012, Proc. 06028/12, Rel. Joaquim Condesso.

Existem, contudo, formalidades exigidas legalmente e alguns meios de defesa. Entre estes faz-se notar que nos termos do artigo 63º-B, nº 4, 5 e 6 da LGT a administração tributária só estará legitimada a aceder diretamente às informações e documentos bancários quando se verifique alguma das situações taxativamente previstas, às quais o legislador confere maior gravidade no que respeita ao risco de evasão fiscal. Por sua vez, os atos praticados são suscetíveis de recurso judicial com efeito meramente devolutivo. Nos casos de deferimento do recurso, os elementos de prova entretanto obtidos não podem ser utilizados para qualquer efeito em desfavor do contribuinte. O artigo 63º-B, nº 4, 5 e 6 da LGT exige o dever de fundamentação com expressa menção dos motivos concretos que justificam o acesso à informação, sendo regra a necessidade de notificação aos interessados no prazo de 30 dias após a sua emissão. Além disso, o ato é da competência do diretor-geral da Autoridade Tributária e Aduaneira, ou dos seus substitutos legais, sem possibilidade de delegação[25].

A jurisprudência assume, nesta sede, um importante papel de controlo da legalidade e dos putativos excessos da administração tributária. A título exemplificativo, o Acórdão do Tribunal Central Administrativo do Norte de 14/12/2006[26] pronunciou-se no sentido de que "[a] *falta de apresentação dos extractos bancários das contas onde foram creditados os empréstimos, a não entrega das cópias das transferências bancárias e a não autorização para o acesso da AT à informação bancária dos contribuintes, não são indiciadores da falta de veracidade do montante declarado na escritura de compra e venda, e muito menos se traduzem na existência de indícios da prática de crime fiscal*". Este acórdão remeteu ainda para a leitura do Acórdão do STA de 13/09/2006[27], quando este afirmou que "*a falta de colaboração do reclamante e a existência de dois empréstimos, contraídos no mesmo dia e sobre o mesmo imóvel, não constituem, por si só, indícios de crime fiscal.*".

A jurisprudência dos tribunais superiores já considerou, também, que a derrogação do sigilo bancário pela ATA não pode ocorrer senão em sede de procedimento de inspeção tributária (epígrafe do artigo 63º). Neste

[25] O levantamento sigilo é ato administrativo em matéria tributária (CASALTA NABAIS, 2019: 388) considerado lesivos de direitos ou interesses legalmente protegidos reconhecidos nas leis tributárias (Ac. STA, de 17/12/1997, Proc. 01807/13, Rel. Fonseca da Paz). Pelo que cabe recurso do ato (artigos 146º-A a 146º-D do Código de Procedimento e de Processo Tributário).

[26] Ac. TCA Norte, de 14/12/2006, Proc. 01302/06.8BEVIS, Rel. Moisés Rodrigues.

[27] Ac. STA, de 13/09/2006, Proc. 0866/06, Relator Lúcio Barbosa.

sentido veja-se o Acórdão do Tribunal Central Administrativo do Sul de 11/07/2006[28] ou os Acórdãos do Tribunal Central Administrativo do Norte de 27/09/2012[29] ou de 27/03/2014[30].

Por fim, o RGICSF consagra ainda, em cláusula aberta, **outras exceções legais** que expressamente limitam o dever de segredo. Recupera-se, nesta sede, o inicialmente exposto neste ponto relativo à legislação avulsa que comprime o segredo bancário (em especial o regime de prevenção do BCFT, mas não só) e que tem, por esta via, uma clausula de receção. Além disso, atenha-se que o artigo 417º do Código do Processo Civil, que consagra que todas as pessoas devem prestar a sua "*colaboração para a descoberta da verdade, respondendo ao que lhes for perguntado, submetendo-se às inspeções necessárias, facultando o que for requisitado e praticando os atos que forem determinados*". Porém, neste caso, nos termos dos n.os 3 e 4 da indicada norma, tal tem de ser coadunado com os limites do "*sigilo profissional ou de funcionários públicos, ou do segredo de Estado*", aplicando-se, com as adaptações impostas pela natureza dos interesses em causa, o disposto no processo penal acerca da verificação da legitimidade da escusa e da dispensa do dever de sigilo invocado (*i.e.* o artigo 135º do CPP). Outra norma relevante neste âmbito será o artigo 749º, nº 6 do CPC que determina que, para efeitos de penhora de depósitos bancários, o Banco de Portugal disponibiliza ao agente de execução informação acerca das instituições em que o executado detém contas ou depósitos bancários.

Além disso, atenda-se à existência do **regime de segredo, mais flexível, aplicável às bases de dados do Banco de Portugal**, concretamente ao regime jurídico relativo à Central de Responsabilidades de Crédito (cfr., designadamente, Decreto-Lei nº 204/2008, de 14 de outubro, e artigo 17º da Lei Orgânica do Banco de Portugal), ao regime referente à Listagem de Utilizadores de Cheque que Oferecem Risco (cfr., designadamente, Decreto-Lei nº454/91, de 28 de dezembro) e à Base das Contas Bancárias (introduzido pelo Lei nº 36/2010, de 2 de setembro, atualmente consagrado no artigo 81º-A do RGICSF).

Por seu turno, o **segredo da supervisão**, como se avançou, está comparativamente sujeito a uma menor compressão. É certo que existem limi-

[28] Ac. TCA Sul, de 11/07/2006, Proc. 1187/06, Rel. Lucas Martins.
[29] Ac. TCA Norte, de 27/09/2012, Proc 00380/12.5BEBRG, Rel. Anabela Russo.
[30] Ac. TCA Norte, de 27/03/2014, Proc. 493/13.6BEVIS, Rel. Nuno Teixeira Bastos.

tes imanentes (caso do dever de denúncia consagrado no artigo 242º do CPP) e que foi ressalvada a partilha de dados centralizados ou agregados e, bem assim, a (estatisticamente excecional) divulgação de informações no âmbito da aplicação de medida de intervenção corretiva ou de resolução, bem como de nomeação de administração provisória ou em processos de liquidação. Todavia, fora destas situações, o artigo 80º do RGICSF apenas permite ao Banco de Portugal a revelação de segredo mediante autorização do interessado, que lhe seja transmitida, ou nos termos previstos na lei penal e de processo penal. A primeira parte valerá, portanto, para o segredo da supervisão na parte em que este coincide com o segredo bancário, mas já não no que respeita a informações que comprometam a eficácia da supervisão. A segunda parte, respeitante ao processo penal, remete para o já descrito regime da quebra de segredo do artigo 135º (e artigo 182º) do CPP, que, portanto, contrariamente ao que se verifica no caso do segredo bancário, não permite o levantamento do segredo de forma desjurisdicionalizada. O que vale por dizer, portanto, que continua a depender de ponderação e decisão do juiz[31].

No caso dos demais reguladores, sujeitos à Lei-Quadro das Entidades Reguladoras, nem sequer estas exceções estão consagradas. Donde, fora dos casos previstos em legislação especial, e sem prejuízo do direito de acesso à informação administrativa[32], o segredo da supervisão apresenta um nível de proteção ainda mais intenso e, portanto, sujeito ao artigo 135º do CPP.

## Conclusão

O segredo bancário, que teve como ponto de partida uma posição de considerável tutela, vem sofrendo de forte erosão, primeiro em virtude de regimes excecionais e, depois, essencialmente por alteração do RGICSF.

[31] No plano do *enforcement*, comunicabilidade de elementos entre o processo criminal e processos de contraordenação, em ambos os sentidos, sem entrar na problemática do *ne bis in idem*, distinguindo nalguns casos entre a possibilidade de valoração (e não de nova produção da prova) e fazendo intervir o princípio da proporcionalidade *vd.* Oliveira Sousa, 2012: 275-292.

[32] Reportamo-nos à Lei nº 26/2016, de 22 de Agosto, que aprova o regime de acesso à informação administrativa e ambiental e de reutilização dos documentos administrativos, transpondo a Diretiva 2003/4/CE, do Parlamento Europeu e do Conselho, de 28 de janeiro, e a Diretiva 2003/98/CE, do Parlamento Europeu e do Conselho, de 17 de novembro.

Tal movimento correspondeu ao resultado de uma ponderação, nem sempre fácil, entre a necessidade de respeitar o direito à privacidade e os direitos de defesa, sem obstar a diligências de prova que sejam essenciais à descoberta da verdade material. Em todo o caso, hodiernamente, em diversas situações o segredo bancário está menos protegido do que outros segredos (*v.g.* do que o segredo de advogado ou da supervisão de entidades reguladoras[33], que por regra obrigam ao mecanismo da quebra do segredo do artigo 135º do CPP[34]).

Importa ter presente, além disso, que também se vêm impondo deveres de colaboração com autoridades e deveres de comunicação (proactiva) de situações suspeitas. Assim, para além do clássico dever participação dos "funcionários" (artigo 242º do CPP), emergem deveres de comunicação no regime de prevenção do BCFT (artigos 12º, 43º, 45º e 53º), no RGICSF (artigo 116º-Z), no Código dos Valores Mobiliários e no Regulamento do Abuso de Mercado[35] ou, noutro setor regulado, da energia, no Regulamento relativo à Integridade e à Transparência nos Mercados Grossistas da Energia (REMIT)[36]. O que corresponde a uma significativa inversão de posição face à situação inicial.

Os regimes que permitem o levantamento do segredo estabelecem formalidades e conferem meios de reação *ex post* ainda que limitados (v.g. a LGT, mas também o CPP). Assim, a celeridade na quebra do segredo tem por reverso algum risco de nulidade da prova, num tempo em que a cultura bancária dominante já não é a de acérrima oposição ao levantamento do segredo.

Por tudo isto é cada vez mais difícil que, em jurisdições como a portuguesa e a dos países europeus onde vigora designadamente um regime harmonizado de prevenção do BCFT, que a criminalidade se consiga "esconder" por detrás do segredo bancário, embora a utilização de ter-

[33] Catarino, 2019: 31-82.

[34] Não se olvida, porém, que o regime de prevenção do BCFT também veio comprimir o segredo dos advogados e obrigar, em derrogação do segredo profissional, a comunicar suspeitas. Nesse âmbito avulta o Ac. TEDH, *Michaud v. France*, nº 12323/11, de 06/03/2013, que entendeu que tal não constituiria interferência desproporcional atento o objetivo perseguido de prevenção ao branqueamento de capitais e a sua importância numa sociedade democrática.

[35] Regulamento (UE) nº 596/2014, do Parlamento Europeu e do Conselho, de 16 de abril de 2014.

[36] Regulamento (UE) nº 1227/2011 do Parlamento Europeu e do Conselho, de 25 de outubro de 2011.

ceiros ("homens de palha") e de jurisdições menos transparentes continue a permitir camuflar a prática de crimes ou a circulação do seu produto financeiro.

## Bibliografia Citada


ALBUQUERQUE, Paulo Pinto de,
(2011) *Comentário do Código do Processo Penal*, Lisboa, UCE, pp. 376-394 e 514-518.

CASALTA NABAIS,
(2019) *Direito Fiscal*, Coimbra, Almedina.

CATARINO, Luís Guilherme,
(2019) "Segredos da Administração: Segredos de Supervisão e de Sanção", *Revista da Concorrência e Regulação*, nº 38, Almedina Lisboa, Abril-junho de 2019, pp. 31-82.

MENEZES CORDEIRO, António
(2015), *Direito Bancário*, Coimbra, Almedina, 2015.

MENDES, Paulo de Sousa,
(2011) "A derrogação do segredo bancário no processo penal", *Revista de Concorrência e Regulação* 7-8, Almedina, Lisboa, junho-dezembro de 2011, pp. 375-399.

OLIVEIRA SOUSA, Ricardo,
(2012) "A Comunicabilidade da prova obtida em direito processual penal para o processo Contraordenacional", *Revista da Concorrência e Regulação*, Ano III, nº 9, Almedina, Lisboa, Janeiro-março 2012, pp. 275-292.

PAIS, Lília Marques,
(2016), Derrogação do Sigilo Bancário para Efeitos Tributários, Dissertação de Mestrado, Faculdade de Direito da Universidade de Lisboa, disponível em https://repositorio.ul.pt/bitstream/10451/34108/1/ulfd135385_tese.pdf (consultado em 03/06/2022).

RODRIGUES, Anabela Miranda,
(2019) *Direito Penal Económico* (Uma Política Criminal na Era do Compliance), Coimbra, Almedina, 2019.

RODRIGUES, Joana Amaral,
(2014) *Segredo Bancário e Segredo da Supervisão*, CEJ.

SANTOS, Filipe MATIAS
(2020), "Compatibilização dos deveres de informação e colaboração com o princípio da não autoinculpação", *Novos Estudos sobre* Law Enforcement, Compliance *e Direito Penal*, Lisboa, Coimbra, Almedina, 2020, pp. 471-497.

SILVA, Germano Marques da,
(1998) "Segredo bancário: da Tutela Penal no Direito Português", *Direito e Justiça*, vol. XII, tomo 2, Lisboa, UCE, pp. 31-58.


## Jurisprudência Citada

Ac. TC nº 278/95, de 31/05, Proc. 510/91, Rel. Alves Correia;
Ac. STA, de 17/12/1997, Proc. 01807/13, Rel. Fonseca da Paz;
Ac. TCA do Sul, de 11/07/2006, Proc. 1187/06, Rel. Lucas Martins;

Ac. TCA Norte, de 14.12.2006, Proc. 101302/06.8BEVIS, Rel. Moisés Rodrigues;
Ac. TC nº 442/2007, de 14/08, Proc. 815/07, Rel. Joaquim Sousa Ribeiro;
Ac. TC nº 42/2007, de 23/01, Proc. 950/2006, Rel. Maria Fernanda Palma;
Ac. STJ nº 2/2008 (fixação de Jurisprudência), de 13.2.2008, Proc. 894/07, Rel. Eduardo Maia Figueira da Costa;
Ac. TRP, de 19/10/2011, Proc. 10228/08.0TDPRT-A.P1, Rel. Eduarda Lobo;
Ac. TRC de 19/10/2011, Proc. 1688/09.2PBVIS-A.C1, Rel. Jorge Dias.
Ac. TRE, de 25.10.2011, Proc. 824/10.0TAABF-A.E1, Rel. Fernando Ribeiro Cardoso;
Ac. TRE, de 25.10.2011, Proc. 756/10. 2PBFAR-A.E1, Rel. João Gomes de Sousa.
Ac. TCA Sul de 06/11/2012, Proc. 06028/12, Rel. Joaquim Condesso;
Ac. TCA do Norte, de 27/09/2012, Proc 00380/12.5BEBRG, Rel. Anabela Russo;
Ac. TEDH, *Michaud v. France*, nº 12323/11, de 06/03/2013;
Ac. TCA Norte, de 27/03/2014, Proc. 493/13.6BEVIS, Rel. Nuno Teixeira Bastos.

# Defesa dos interesses patrimoniais da vítima em casos de utilização do sistema financeiro para dissipação dos proventos de fraudes transfronteiriças: em especial, a relevância dos mecanismos preventivos da Lei 83/2017, de 18.08

VÂNIA COSTA RAMOS*
DIOGO PEREIRA COELHO**/***

**Sumário:** Introdução; I. Enquadramento normativo: brevíssima referência; 1. Nações Unidas; 2. Conselho da Europa; 3. União Europeia; II. Principais dificuldades e obstáculos na prática; 1. A dissipação transnacional dos proventos da fraude; 2. A importância da reacção inicial da vítima; 3. Morosidade das investigações e problemas de articulação; 4. Complexidade dos mecanismos legais à disposição da vítima para efeitos de defesa dos seus interesses patrimoniais em contexto transfronteiriço e o papel do Advogado; III. Os mecanismos preventivos (Lei 83/2017, de 18.08) ao serviço dos interesses das vítimas de fraude transfronteiriça; 1. A suspensão de operações bancárias (SOB) ao abrigo da Lei 83/2017, de 18.08.; 2. A importância da SOB na salvaguarda dos interesses patrimoniais da vítima; 3. Perspectivas futuras; Conclusão.

* Mestre em Direito Penal pela FDUL, onde é Assistente-Convidada. Investigadora não integrada do Centro de Investigação em Direito Penal e Ciências Criminais/FDUL. Advogada na Carlos Pinto de Abreu e Associados e Vice-Presidente da *European Criminal Bar Association* (ECBA).

** Mestre em Direito da Empresa pela FDUL e Advogado.

## Introdução

Se o fenómeno da globalização e a consequente política de liberdade de circulação levou a um aumento exponencial do número de situações jurídico-penais transfronteiriças, os avanços tecnológicos, aliados à situação de pandemia global, tornaram esse aumento cada vez mais notório[1].

Dos avanços nas tecnologias de computação e comunicação, resultam cada vez maiores riscos relacionados com a *cibercriminalidade*. Aliás, uma enorme franja da população dispõe de uma identidade digital, acedendo às mais diversas plataformas digitais e para todo o tipo de fins (como, a título de exemplo, redes sociais, correio electrónico, contas bancárias, comércio *on-line*, etc.), o que as torna alvos potenciais de fraude e de fraude informática em particular.

Por seu turno, o confinamento levou, inevitavelmente a um incremento significativo da aquisição de produtos através da internet, com pagamentos efectuados através de plataformas digitais como o *MBWay* ou *homebanking*, potenciando aqueles riscos.

Em consequência, é cada vez mais usual um Advogado ou uma Advogada serem contactados por vítimas de burlas de dimensão internacional.

Tal contacto tem lugar, em regra, no momento em que aquelas constatam que foram ou ainda estão a ser vítimas da prática de crimes na sua jurisdição (frequentemente, de burlas informáticas ou mesmo tradicionais, mas perpetradas à distância), mas em que as vantagens[2] desses crimes foram ou ainda estão a ser transferidas para outras jurisdições com enorme celeridade.

[***] O artigo é escrito ao abrigo do antigo acordo ortográfico. Trata-se de um contributo baseado num primeiro estudo publicado em Junho de 2021 com o título "Cooperação judiciária para efeitos de defesa dos interesses patrimoniais da vítima", na obra colectiva *Cooperação Internacional para Efeitos de Recuperação de Ativos* (pp. 227-276), coordenada por M. R. Desterro Ferreira, E. L. Lopes Cardoso & J. Conde Correia, e posteriormente actualizado. Uma versão mais curta deste estudo foi igualmente publicada na revista *Miscellanea APAV*, nº 16, em Julho de 2022, com o título "Defesa dos interesses patrimoniais da vítima em fraudes transfronteiriças – Relevância dos mecanismos preventivos previstos na Lei 83/2017, de 18.08." (pp. 36-47).

[1] Ramos, 2013: 259.

[2] Sobre o conceito, cf. representativamente, Correia, 2015a: 516, 508-518, Caeiro, 2011: 271-273 e Dias, 2010: 30-32.

Procuraremos ilustrar neste artigo os desafios que se colocam para as vítimas e seus Advogados ou Advogadas da perspectiva da *law in action* a partir de dois casos-exemplo[3]:

**Caso-exemplo 1:** terceiro(s) não identificado(s) obtém (ou obtêm) ilicitamente, por meios informáticos, acesso às credenciais de correio electrónico do CEO de empresa localizada na Alemanha e, na posse da referida informação, faz(em)-se passar por aquele, ordenando a uma funcionária do departamento de contabilidade que tramita duas ordens de pagamento de valores superiores a € 1.000.000,00 com carácter de muita urgência, a título confidencial, para conta bancária titulada por empresa portuguesa junto de uma instituição de crédito portuguesa, o que a funcionária faz. É rapidamente ordenada transferência desses valores da conta em Portugal para contas fora da UE, através de serviços de *homebanking*. Entretanto, o departamento de contabilidade solicita ao CEO os documentos de suporte da operação, e este descobre a fraude.

**Caso-exemplo 2:** A, cidadão alemão, efectuou, a partir da sua conta bancária, um pagamento no valor total de € 600.000,00 a favor da conta "*fiduciária*" junto de instituição de crédito alemã, titulada por B, cidadão alemão, destinando-se tal valor a um investimento numa central hidroeléctrica, a construir pela empresa alemã C, da qual era gerente D, com quem tinha negociado o contrato. Porém, este último nunca teve intenção de construir tal central hidroeléctrica e, com essa conduta enganosa sobre factos que astuciosamente provocou, levou o A a realizar a transferência *supra* referenciada. Cerca de € 400.000,00 são transferidos da conta "fiduciária" para uma conta em Portugal, pertencente à empresa E, com sede em Portugal, com vista à sua dissipação e apropriação por parte de D e eventuais terceiros.

[3] Este texto é baseado sobretudo na experiência adquirida antes da aplicabilidade Regulamento (EU) 2018/1805 do Parlamento Europeu e do Conselho, de 14 de Novembro de 2018, relativo ao reconhecimento mútuo das decisões de apreensão e de perda (aplicável desde 19 de Dezembro de 2020 – cf. artigo 41º) e da Lei nº 54/2021, de 13 de Agosto, relativa às normas destinadas a facilitar a utilização de informações financeiras que transpõe a Directiva (UE) 2019/1153 do Parlamento Europeu e do Conselho, de 20 de Junho de 2019, que estabelece normas destinadas a facilitar a utilização de informações financeiras e de outro tipo para efeitos de prevenção, detecção, investigação ou repressão de determinadas infrações penais, e que revoga a Decisão 2000/642/JAI do Conselho.

## I. Enquadramento normativo: brevíssima referência

Na doutrina vem-se apontando que "*estas atividades criminosas transnacionais minam as bases da economia legítima, ameaçam a estabilidade, a segurança e a soberania dos próprios Estados e geram rendimentos e fortunas consideráveis que permitem às organizações criminosas invadir, contaminar e corromper aquelas estruturas, as atividades comerciais e financeiras legítimas e as sociedades a todos os seus níveis*"[4].

Deste modo, a estratégia a nível internacional é cada vez mais orientada para privar os autores deste tipo de crimes das vantagens económicas ou patrimoniais obtidas, alargando os mecanismos substantivos e processuais que permitem a perda de bens ou o "confisco"[5], de forma a colocar os autores do crime na situação patrimonial em que estavam antes da infracção.

Desenvolveram-se assim inúmeros instrumentos internacionais neste domínio[6], que visam a punição e prevenção da criminalidade através da promoção do confisco dos instrumentos, produtos e vantagens do crime. Mas também visam a salvaguarda os interesses patrimoniais das vítimas[7].

Para o objecto deste texto, interessa apenas dar nota das disposições desses instrumentos referentes à restituição ou indemnização das vítimas de crimes, no particular contexto dos nossos casos-exemplo *supra* expostos.

[4] *V.* Correia, 2015b: 180. Conforme melhor veremos *infra* a propósito do enquadramento legal, com vista a evitar esta situação, a UE procura a cooperação estreita entre os Estados--Membros e todas as entidades envolvidas, principalmente através da harmonização e uniformização do sistema legal. A este respeito, *v.* Silva, 2019: 57-67.

[5] Sobre o conceito de "perda" ou "confisco", cf. Caeiro, 2011: 269 – "*medidas jure imperii que instauram o domínio do Estado sobre certos bens ou valores, fazendo cessar os direitos reais e obrigacionais que sobre eles incidissem, bem como outras formas de tutela jurídica das posições fácticas que os tivessem por objecto (v.g. a posse)*". Dias, 2010: 37-39 parece preferir usar o conceito do "confisco" para designar o "confisco ampliado", distinguido da perda de bens, referindo no entanto que o confisco ampliado precedido de condenação criminal "*cumpre finalidades político-criminais idênticas à da perda de bens e vantagens relacionados com a prática do crime: reforçar na consciência colectiva o lema de que o crime não compensa e evitar que o património obtido de forma criminosa seja utilizado para cometer novos crimes ou para ser «investido» na economia legal*" tendo assim natureza "*eminentemente penal*", sendo "*efeito da pena*".

[6] Sobre a evolução, *v.* representativamente Correia, 2012: 23 e ss., com referências adicionais; Correia, 2018: 228-238; com foco nos desenvolvimentos na União Europeia, *v.* Simões, 2019: 59-64.

[7] Neste sentido Correia/Rodrigues, 2015: 8-9.

## 1. Nações Unidas

A nível das Nações Unidas, vários instrumentos merecem destaque. Desde logo, a "Declaração de Princípios Básicos de Justiça Relativos às Vítimas da Criminalidade e de Abuso de Poder", adoptada pela Assembleia Geral das Nações Unidas na sua Resolução 40/34, de 29 de Novembro de 1985, onde é estabelecido como princípio a reparação da vítima, através da restituição e indemnização por parte dos autores do crime. Nesta estabelece-se que "[o]*s autores de crimes ou os terceiros responsáveis pelo seu comportamento devem, se necessário, reparar de forma equitativa o prejuízo causado às vítimas, às suas famílias ou às pessoas a seu cargo. Tal reparação deve incluir a restituição de bens, uma indemnização pelo dano ou prejuízo sofrido, o reembolso das despesas realizadas em consequência da vitimização, a prestação de serviços e o restabelecimento de direitos*" (ponto 8). E ainda que "[o]*s Governos devem rever as respetivas práticas, regulamentos e leis, de modo a fazer da reparação uma alternativa possível nas sentenças penais, para além de outras sanções penais.*" (ponto 9).

A "Convenção contra a Criminalidade Organizada Transnacional" de 2000 (também conhecida por "UNTOC" ou Convenção de Palermo), estabelece a possibilidade de, no contexto da cooperação internacional para efeitos de perda de bens, os Estados acordarem a entrega de bens ao Estado requerente.

O seu artigo 14º, nº 2, prevê que "[q]*uando os Estados Partes agirem a pedido de outro Estado Parte em aplicação do artigo 13º da presente Convenção, deverão, na medida em que o seu Direito interno o permita e se tal lhes for solicitado, considerar prioritariamente a restituição do produto do crime ou dos bens perdidos ao Estado Parte requerente, para que este último possa indemnizar as vítimas da infracção ou restituir este produto do crime ou estes bens aos seus legítimos proprietários*". A "Convenção contra a Corrupção", adotada em 31 de outubro de 2003 (também conhecida por "UNCAC" ou Convenção de Mérida) apresenta disposições semelhantes[8].

## 2. Conselho da Europa

No Conselho da Europa, merece destaque a "Convenção do Conselho da Europa relativa ao Branqueamento, Detecção, Apreensão e Perda dos

[8] Nos termos do artigo 57º, nº 3, al. c), deve o Estado Parte considerar prioritária a restituição dos bens declarados perdidos "*aos seus anteriores legítimos proprietários ou a indemnização das vítimas do crime*".

Produtos do Crime e ao Financiamento do Terrorismo", adoptada em Varsóvia em 16 de Maio de 2005. Esta inclui normas semelhantes às *supra* referidas, indicando que, no contexto da cooperação internacional para efeitos de perda de bens, o Estado requerido deverá "*na medida em que o seu Direito interno o permita e se tal lhe for solicitado, procurar restituir à Parte requerente, com carácter prioritário, os bens declarados perdidos, por forma a que esta possa indemnizar as vítimas da infracção ou restituir tais bens ao seu legítimo proprietário*" (cf. art. 25º, nº 2)[9].

## 3. União Europeia

Na União Europeia, os direitos das vítimas tinham sido objecto das primeiras medidas de harmonização na Directiva 2004/80/CE relativa à indemnização das vítimas da criminalidade[10] e depois na Directiva (UE) 2012/29 que estabelece normas mínimas relativas aos direitos, ao apoio e à protecção das vítimas da criminalidade[11].

A Directiva relativa à indemnização não trata da indemnização das vítimas pelos infractores, mas apenas por parte do Estado em caso de crimes violentos, não sendo relevante para os nossos casos-exemplo.

A Directiva (UE) 2012/29 estabelece que as vítimas de crime têm "*direito a obter uma decisão*" sobre a indemnização por parte do infractor em prazo razoável no processo penal, a não ser que o Direito interno preveja que esta decisão seja objecto de processo judicial separado (art. 16º). Não estabelece, no entanto, um direito à indemnização harmonizado. Este instrumento estabelece ainda um direito à restituição, nos termos do qual os Estados-Membros (EM) "*devem assegurar que, na sequência da decisão de uma autoridade competente, os bens restituíveis apreendidos durante o processo*

[9] A "Convenção relativa ao Branqueamento, Detecção, Apreensão e Perda dos Produtos do Crime", de Estrasburgo de 1990, não mencionava as vítimas, no entanto, o relatório explicativo referia, a propósito da possibilidade prevista no artigo 15º de os Estados fazerem acordos quanto ao destino a dar aos bens declarados perdidos através de pedidos de cooperação internacional, a necessidade de ter em conta os interesses das vítimas de crime – *v.* comentário ao art. 15º em Conselho da Europa, 1990: 17. Sobre a recuperação de activos ao abrigo desta Convenção, cf. Correia, 2021: 397-426.

[10] Directiva 2004/80/CE do Conselho, de 29 de Abril de 2004, relativa à indemnização das vítimas da criminalidade.

[11] Directiva (UE) 2012/29 do Parlamento Europeu e do Conselho, de 25 de Outubro de 2012, que estabelece normas mínimas relativas aos direitos, ao apoio e à proteção das vítimas da criminalidade.

*penal sejam devolvidos às vítimas sem demora, salvo se forem necessários para efeitos de processo penal*". Todavia, "[a]*s condições e regras processuais que regem a restituição de bens às vítimas*" permanecem reguladas nos termos do Direito nacional (cf. art. 15º). Estas normas foram transpostas em Portugal pela Lei nº 130/2015, de 04.09 (Estatuto da Vítima), que reconhece a toda a vítima de crime, no âmbito do processo penal, "*o direito a obter uma decisão relativa a indemnização por parte do agente pelo crime, dentro de um prazo razoável*". E ainda prevê o imediato exame e restituição dos bens pertencentes à vítima que sejam alvo de apreensão, "*salvo quando assumam relevância probatória ou sejam suscetíveis de ser declarados perdidos a favor do Estado*". Parece-nos que esta última parte, tendo em conta que os direitos do ofendido prevalecem sobre a perda a favor do Estado (artigo 110º, nº 6, e 130º, nº 2, do CP), apenas terá aplicação no caso de bens cuja detenção seja proibida por lei. A norma do artigo 186º, nº 1, do CPP, vai no mesmo sentido.

Os instrumentos no domínio da apreensão e da perda de bens não previam qualquer disposição sobre os direitos patrimoniais das vítimas[12]. No domínio da harmonização, apenas a Directiva 2014/42/UE sobre o congelamento e a perda dos instrumentos e produtos do crime na União Europeia[13] veio expressamente introduzir na equação de forma expressa os interesses da vítima.

Esta Directiva obrigou os Estados-Membros, nos termos dos artigos 4º e 7º, a tomarem "*as medidas necessárias para permitir a perda, total ou parcial, dos instrumentos e produtos*" (no seu conceito internacional amplo[14]) ou dos bens cujo valor corresponda a tais instrumentos ou produtos, inclusive para permitir o congelamento desses bens, com vista à eventual decisão de perda subsequente. Assim sendo, tudo o que possa ser declarado perdido

[12] Cf. Decisão-Quadro 2001/500/JAI do Conselho, de 26 de Junho de 2001, relativa ao branqueamento de capitais, à identificação, detecção, congelamento, apreensão e perda dos instrumentos e produtos do crime; Decisão-Quadro 2005/212/JAI do Conselho, de 24 de Fevereiro de 2005 relativa à perda de produtos, instrumentos e bens relacionados com o crime; Decisão 2007/845/JAI do Conselho, de 6 de Dezembro de 2007, relativa à cooperação entre os gabinetes de recuperação de bens dos Estados-membros no domínio da detecção e identificação de produtos ou outros bens relacionados com o crime.

[13] Directiva (UE) 2014/42 do Parlamento Europeu e do Conselho, de 3 de Abril de 2014, sobre o congelamento e a perda dos instrumentos e produtos do crime na União Europeia. Sobre a Directiva, cf. a obra colectiva Ferreira/Cardoso/Correia, 2018.

[14] *V. supra* nota 2.

(o que inclui o património lícito ou, pelo menos, "*sem ligação conhecida com um qualquer crime*") pode (e deve) ser congelado.

Está em causa o congelamento de bens que consubstanciam as vantagens em espécie (património ilícito) e o congelamento de bens susceptíveis de garantir a perda do seu valor (património lícito)[15]. No artigo 8º, nº 5, estabelece que "[o]*s bens congelados que não venham a ser objeto de uma decisão de perda subsequente são restituídos imediatamente.*" Mais uma vez, "[a]*s condições ou as regras processuais que permitem restituir tais bens são determinadas no Direito nacional*". Nos termos do seu artigo 8º, nº 10, "*caso, em consequência de infração penal, as vítimas possam pedir uma reparação a pessoas sujeitas a medidas de perda previstas ao abrigo da presente diretiva, os Estados-Membros tomam as medidas necessárias para assegurar que as medidas de perda não impeçam que as vítimas reclamem uma indemnização*". Finalmente, o considerando preambular 29 ressalva que "*no âmbito de uma ação penal, os bens podem também ser congelados com vista a uma eventual restituição subsequente ou no intuito de salvaguardar a indemnização pelos danos causados por uma infração penal*".

No domínio da cooperação judiciária internacional, o Regulamento (UE) 2018/1805, relativo ao reconhecimento mútuo das decisões de apreensão e de perda, veio introduzir novidades significativas, já que consagrou expressamente normas para tutela dos interesses patrimoniais das vítimas, ao contrário dos instrumentos anteriores, como melhor veremos *infra*. A este respeito, em 2016, a Comissão Europeia, na avaliação de impacto que acompanhava a proposta de Regulamento do Parlamento Europeu e do Conselho relativo ao reconhecimento mútuo das decisões de congelamento e de confisco[16], identificava a "*protecção insuficiente dos direitos das vítimas à restituição e compensação nos casos transfronteiriços*" como um dos problemas gerais do reconhecimento mútuo nesta matéria.

A Comissão reconhecia que frequentemente as vítimas apenas conseguem ser ressarcidas através de valores objecto de perda. Considerava assim necessário fortalecer os direitos das vítimas neste contexto, visto que inexistia harmonização em matéria do reconhecimento mútuo de

[15] CORREIA, 2015a:531-532.

[16] COMISSÃO EUROPEIA, 2016: 15, 22-23 que identifica 5 fases: identificação/rastreio, congelamento, confisco, execução e devolução dos activos. Em idêntico sentido, o Comité Europeu sobre Problemas Criminais, publicou em 2016 um Plano de Acção para o Combate à Criminalidade Organizada Transnacional (2016-2020), prevendo como um dos pontos o fortalecimento dos direitos das vítimas neste contexto – CONSELHO DA EUROPA, 1990.

decisões de apreensão com vista à perda e de confisco no que se refere à salvaguarda dos direitos das vítimas, e apenas uma harmonização muito ténue em matéria de indemnização e restituição, como vimos. Nessa sequência foi aprovado o Regulamento (UE) 2018/1805 que veio consagrar regras específicas em favor das vítimas neste contexto.

## II. Principais dificuldades e obstáculos na prática

Entre as dificuldades e obstáculos sentidos, escolhemos destacar quatro áreas problemáticas. A primeira reside na celeridade e na facilidade de dissipação dos activos através da utilização de meios de pagamento electrónico internacionais e nacionais, principalmente quando estamos perante actividades de carácter muito bem estruturado e estruturas altamente organizadas montadas pelos autores para execução do ilícito, envolvendo várias jurisdições e aumentando assim o perigo e a velocidade de dissipação.

A segunda concretiza-se na necessidade de reacção imediata da vítima (em todas as jurisdições envolvidas) logo que tenha conhecimento de que foi ou está a ser alvo da prática de um crime, através da escolha dos mecanismos legais adequados ao caso concreto, que permitam a mais eficaz e eficiente salvaguarda dos seus interesses patrimoniais. Isto é, quando seja possível, aqueles que permitam a execução dos procedimentos de rastreamento, identificação, localização, congelamento, manutenção do congelamento e restituição dos activos. E, quando não seja possível, a localização e congelamento de activos que permitam a obtenção da devida compensação[17].

A terceira consiste na morosidade dos processos internos e da cooperação internacional e a falta de actuação transnacional articulada entre autoridades policiais e judiciárias, bem como de articulação com a própria vítima.

Por último, a quarta reside na dificuldade decorrente da circunstância de a satisfação dos direitos das vítimas estar localizada numa intersecção entre os meios processuais penais e civis, o que lhe confere complexidade jurídica e prática acrescida, mais ainda quando estamos numa dimensão transfronteiriça onde os mecanismos jurídicos existentes nem sempre são suficientes e em que o tratamento dos direitos das vítimas nos diferentes sistemas nem sempre é coincidente.

[17] *V.* a este respeito Fozzard/Steele, 2010: 14; Comissão Europeia, 2016: 8.

De seguida, apresentamos algumas reflexões baseadas na nossa prática processual em processos do tipo dos casos-exemplo *supra* referidos (e, por isso, certamente não exaustivas). As considerações são apresentadas sem qualquer pretensão dogmática, constituindo apenas mera reflexão a partir da prática que poderá constituir um ponto de partida para outros trabalhos com maior profundidade.

## 1. A dissipação transnacional dos proventos da fraude

O carácter transnacional do crime aumenta substancialmente os riscos de ocultação fraudulenta do património, uma vez que existem múltiplas vias para dissipar os bens antes de as autoridades (ou as próprias vítimas) detectarem a fraude e conseguirem reagir à mesma de modo apropriado[18]. As vantagens do crime podem vir a ser transferidas múltiplas vezes, num curto espaço de tempo após a prática do crime, para múltiplas instituições bancárias em múltiplas jurisdições, sem que isso implique sequer a presença física dos autores nas instituições bancárias, o que dificulta as pretensões da vítima e a investigação.

As manobras dos autores dos crimes utilizadas nos nossos casos-exemplo para deslocar os activos através de movimentos bancários a nível internacional apenas apresentam um objectivo: a rápida dissipação patrimonial por outras contas, instituições e jurisdições, nomeadamente para fora da União Europeia.

Com esse *modus operandi*, pretende impossibilitar ou dificultar muito a restituição à vítima das quantias ilicitamente obtidas através do esquema fraudulento, bem como qualquer compensação, tendo em conta a impossibilidade ou enorme dificuldade de identificar o beneficiário último e a inexistência de garantia patrimonial dos intermediários.

Este tipo de actuação é, por vezes, acompanhada de contacto permanente com a vítima, no qual fornece informações com vista a manter a vítima em erro, continuando a levá-la a fazer disposições patrimoniais, ou a ganhar o tempo suficiente para executar o plano de dissipação, através da pulverização, do gasto ou do branqueamento dos proventos obtidos, de forma a conseguir que a vítima apenas descubra que o é quando os proventos já se tenham esfumado. Neste quadro, os mecanismos de cooperação internacional e uma difernete cultura judiciária e actuação

[18] Correia, 2018: 241.

policial afiguram-se essenciais para mitigar o perigo de dissipação e atenuar as respectivas consequências.

## 2. Da importância da reacção inicial da vítima

Sempre que a vítima tome conhecimento que está a ser alvo de um esquema fraudulento transnacional e os activos tenham sido transferidos para múltiplas jurisdições, a reacção terá de ser imediata ou, pelo menos, o mais imediata possível. Este momento inicial é crucial. Na maioria das vezes, as autoridades acabam por ter apenas uma oportunidade para intervir de forma eficaz e eficiente.

Por isso, no momento em que a vítima toma conhecimento do crime, em situações como as dos nossos casos-exemplo, deve proceder imediata e urgentemente à denúncia do mesmo, tanto junto da Polícia Judiciária e do Ministério Público, em Portugal, como ainda das autoridades equivalentes de todas as jurisdições relevantes e de todas as instituições de crédito envolvidas. A denúncia junto destas entidades financeiras é susceptível de espoletar o uso de mecanismos de prevenção de branqueamento de capitais que podem revelar-se cruciais para não perder o rasto dos montantes indevidamente obtidos.

A este propósito, é importante recordar que a denúncia junto da instituição de crédito ordenante da transferência é imprescindível para que esta possa solicitar a anulação das operações por fraude informática arguindo que a vítima ordenou o pagamento para uma conta com o IBAN incorrecto, devido ao erro em que é colocado pela actuação do autor. Muito embora a instituição de pagamento ordenante não seja responsável, deve ainda assim, após comunicação da vítima, *"envidar esforços razoáveis para recuperar os fundos envolvidos na operação de pagamento com a colaboração do prestador de serviços de pagamento do beneficiário, o qual, para o efeito, lhe deve prestar todas as informações relevantes"* (cf. art. 129º, nº 3, do DL nº 91/2018, de 12 de Novembro, em Portugal).

Em alguns casos, poderá fazer sentido apresentar denúncia junto das próprias entidades de regulação e supervisão das instituições bancárias (como, por exemplo, o Banco de Portugal), ou outras, dependendo do tipo de fraude (como, por exemplo, a CMVM, no caso de se tratar de uma fraude internacional relacionada com instrumentos financeiros).

Neste ponto crucial, o papel da cooperação entre Advogados e Advogadas pode também ser essencial para garantir uma actuação imediata, concomitante e coordenada nas várias jurisdições, orientada para a defesa dos interesses da vítima. O que torna importantíssimo o estabelecimento de redes de cooperação[19].

É de sublinhar a importância do papel e a utilidade do Advogado ou da Advogada durante esta reacção inicial da vítima, uma vez que a denúncia deve ser apresentada de forma célere, mas deve ser elaborada com a máxima diligência e cuidado, de forma a que o resultado final apresente uma estrutura simples, clara, com factos concretos, e o mais completa, informativa e detalhada possível, com vista a contribuir para o impulso processual inicial, para a eficácia das investigações e, principalmente, para fundamentar eventuais pedidos de aplicação de medidas cautelares com vista a acautelar os aspectos patrimoniais.

Evidentemente, logo nesta fase inicial, surgem dificuldades significativas para a vítima, uma vez que, em regra, é muito difícil encontrar com a necessária rapidez um Advogado ou Advogada na jurisdição de destino dos fundos, desde logo, pela possível barreira linguística, mas também pela própria distância geográfica e social. É particularmente difícil a situação das vítimas que não têm meios económicos suficientes para suportar os elevados custos com uma defesa transfronteiriça, com deslocações, traduções e representação por equipas multi-nacionais de Advogados ou Advogadas, para não falar da contratação de empresas especializadas em localização de activos.

Por isso, em regra, aconselhamos as vítimas a, independentemente do destino dos fundos, imediatamente denunciarem os factos também na sua própria jurisdição, de forma activar com a maior celeridade os meios de cooperação policial que, por sua vez, poderão permitir uma rápida comunicação e susceptível de desencadear uma medida que permita evitar a dissipação de activos na jurisdição de destino (como, por exemplo, via Unidades de Informação Financeira).

Como acertadamente refere Paulo de Sousa Mendes, "*só conseguiremos combater eficazmente a criminalidade organizada se seguirmos a pista do dinheiro e assim descobrirmos os beneficiários económicos* (ultimate beneficial owners)*, os quais, como se imagina, não podem deixar de ser os mandantes dos crimes*"[20]. No entanto, na prática, pode ser difícil à vítima fornecer na

[19] Sobre o tema, cf. Ramos, 2013: 260.

[20] Mendes, 2010: 201.

denúncia dados completos sobre os receptores dos fundos, pois muitas vezes a identificação destes foi adulterada para cometer a fraude.

A propósito do nosso tipo de caso-exemplo 1, podemos sublinhar que, em Portugal, sempre que o IBAN da conta bancária para a qual foram transferidos os activos for conhecido (tendo sido, por exemplo, directamente disponibilizado pelo autor do crime na execução do seu plano ardiloso), é possível à própria vítima identificar o titular dessa conta, bastando, para o efeito, simular uma transferência multibanco para esse IBAN recorrendo a uma máquina ATM (vulgo, "máquina multibanco"), visto que, na confirmação dessa transferência, é disponibilizado o nome do titular[21]. Tal disponibilização devia, a nosso ver, ser obrigatória também nos serviços de *homebanking* – muitas fraudes se evitariam com esta simples "inovação". Essa informação pode ser importante, quer para identificação de suspeitos directos, quer de partes relacionadas e beneficiários económicos – alvos potenciais de actuação com vista à actuação para obtenção de garantia patrimonial.

Assim, caso se trate de uma empresa, através de uma pesquisa via canais públicos (como o motor de busca *Google*), a vítima pode facilmente obter o NIPC da mesma que, por sua vez, poderá ser utilizado para a recolha de informações sobre a sociedade e os respectivos detentores de capital e legais representantes, quer junto dos portais *on-line* gratuitos, quer de portais pagos. A solicitação de uma certidão permanente junto da Conservatória de Registo Comercial (que tem de ser paga) também é uma opção. Uma útil ferramenta acessível aos Advogados e Advogadas é o Registo Central do Beneficiário Efectivo[22].

Fora destas possibilidades, em regra, resta à vítima aguardar pelas investigações financeiras das autoridades para poder obter mais informações sobre o destino dos valores transferidos, visto que o sigilo bancário impede a obtenção de qualquer informação adicional (sem prejuízo de alguma informação limitada que possa ser obtida junto da instituição de crédito ordenante, usando o mecanismo previsto no artigo 129º, nº 4, do DL nº 91/2018, de 12 de Novembro – "*caso não seja possível a recuperação dos fundos nos termos do número anterior, o prestador de serviços de pagamento do ordenante*

[21] Isto, caso a conta ainda não tenha sido "congelada" – se foi, não será possível simular a transferência, uma vez que é apenas indicado que a conta bancária se encontra bloqueada.

[22] Lei nº 89/2017, de 21.08; Portaria nº 233/2018, de 21.08; Portaria nº 200/2019, de 28.06.

*fornece ao ordenante, mediante solicitação por escrito, todas as informações de que disponha, que sejam relevantes para o ordenante poder intentar a correspondente ação judicial*").

## 3. Morosidade das investigações e problemas de articulação

Sempre que determinado activo é transferido entre contas bancárias, deixa um rasto (*audit trail*), ou seja, um registo que permite reconstruir os fluxos e levar à identificação e localização de activos.

Para a investigação deste tipo de casos, têm especial relevância as Unidades de Informação Financeira (UIF). Para o efeito, a UIF da jurisidição em apreço pode recolher informação financeira, inclusivamente através de cooperação internacional com as entidades congéneres[23]. Esse conjunto de informações, para além de contribuir para o processo de localização dos activos, serve ainda para, em conjunto com aquelas recolhidas já a nível do Departamento Central de Investigação e Acção Penal (DCIAP), definir e criar o perfil financeiro do suspeito. Tal perfil, pode ser útil para a vítima obter conhecimento sobre o património do autor do crime, de forma que possa fazer o melhor uso das garantias processuais penais e cíveis[24].

As UIF não têm natureza idêntica nos diversos países, podendo ser entidades administrativas, policiais ou judiciárias. Em Portugal, a UIF não é uma entidade judiciária, não é sequer um OPC, é uma entidade policial destinada à recolha de *intelligence* financeira, concebida para a prevenção criminal, mas de cuja actividade resultam também informações utilizadas em processo penal[25].

Nesta perspectiva, pode ser problemática a limitação da utilização destas informações para fins judiciários, uma vez que a mesma é informação útil e, em regra, é de obtenção extremamente morosa quando são utilizadas as vias da cooperação judiciária. Sem prejuízo de uma melhor análise da questão, parece-nos que, de uma perspectiva de defesa dos direitos das vítimas, a mesma é essencial, e talvez pudesse ser sujeita a um procedimento de

[23] Cf. Nunes, 2018: 115-116, identificando a mais-valia da UIF na respectiva "*expertise*" técnica, e possibilidade de acesso a informações por via da cooperação internacional com as suas congéneres e nomeadamente através do *Egmont Group*.

[24] Dornbierer/Monteith, 2013: 53, 116.

[25] A UIF em Portugal foi incluída na orgânica da Polícia Judiciária com DL nº 304/2002, de 13.12, e encontra-se hoje prevista na Lei 37/2008, de 06.08. É um serviço da Direcção Nacional. Cf. Nunes, 2018: 93-140, 95, nota 2, e 108-116.

validação judiciária que permita a sua integração no processo, pelo menos quando se trata da informação recolhida em momento imediato ao da notícia do crime, prevendo-se concomitantemente mecanismos que evitem a utilização abusiva.

Com a Lei nº 83/2017, de 18.08, o legislador tornou claro que as informações retiradas a partir das acções preventivas abertas no âmbito da comunicação de operações suspeitas, onde se inclui o relatório da UIF, podem ser utilizadas em processo penal quer nos inquéritos abertos por via da comunicação, quer em outros, e ainda em processos de contra-ordenação ou de averiguações (art. 56º, nº 7)[26].

Recentemente, foi aprovada a Lei nº 54/2021, de 13.08, relativa às normas destinadas a facilitar a utilização de informações financeiras, que pretende agilizar o intercâmbio de informações entre as autoridades competentes nacionais (DCIAP, PJ, Gabinete de Recuperação de Activos e UIF) e europeias (Europol – Agência da União Europeia para a Cooperação Policial)[27]. Este diploma prevê que "[s]*em prejuízo das regras estabelecidas em matéria de provas admissíveis no Código de Processo Penal e na Lei nº 83/2017, de 18 de agosto, as autoridades referidas no nº 1 apenas podem utilizar as informações financeiras e as análises financeiras recebidas para os fins originalmente aprovados pela UIF, salvo se esta der o seu consentimento prévio para a utilização para outros fins*" (artigo 7º, nº 4).

Apesar de a cooperação entre UIF ser essencial, desde logo pela sua maior celeridade, apresenta limitações, pois para obtenção de provas e de determinado tipo de informações é, em regra, exigida intervenção judiciária, não só em Portugal como em outras jurisdições. Desta forma, aberto o inquérito, a coordenação entre as autoridades judiciárias competentes de cada jurisdição envolvida é fundamental, pelo que deve ser solicitado, pelo menos quando se trata de jurisdições da UE[28], o apoio da Eurojust (Agência da União Europeia para a Cooperação Judiciária Penal)[29].

26 Nunes, 2018: 117-118; Dente, 2020: 235. Contra, ainda que sem analisar expressamente o art. 56º, nº 7, cf. Piaskoski, 2020: 405-450. Cf., para maiores desenvolvimentos, Dias/Pereira, 2018; Mendes, 2017a, 587-611.

27 Cf. Arts. 2º, nº 1, al. a) e b), 7º, 8º 9º e 10º.

28 Existem vários Estados que têm agentes de ligação na Eurojust, tornando esta articulação também relevante também quando estejam envolvidos Estados terceiros.

29 Correia, 2018: 243; Trindade, 2021: 453-530.

Por outro lado, a articulação da cooperação judiciária com a cooperação entre os OPC envolvidos na investigação, bem como os Gabinetes de Recuperação de Activos (GRA) das várias jurisdições, também é importante[30].

A falta de coordenação por parte das autoridades de cada jurisdição envolvida torna o inquérito e as respectivas investigações num processo extremamente burocrático, obsoleto e demasiado moroso. Um exemplo desta problemática (real) é representado pelos casos em que inexiste coordenação efectiva entre as jurisdições do crime precedente da localização das vantagens, ou nenhuma das jurisdições investiga a fundo o caso, remetendo reciprocamente responsabilidades para a outra. Sem a referida articulação, pode mesmo tornar-se impossível investigar, tendo em conta as dificuldades probatórias com que se defronta a jurisdição da localização dos activos (documentação e comunicações todas em língua estrangeira, plurilocalização de vítimas e suspeitos, etc.).

Por vezes, nesta fase, existem problemas de articulação com a própria vítima. Logo a nível interno, em regra, não é fornecida à vítima informação em tempo real ou sem demora, e evolutiva (por exemplo, informação periódica dos desenvolvimentos e estratégia da investigação), que lhe permita trazer os seus argumentos e, assim, influir na estratégia de investigação que venha a ser traçada. Esta informação só é fornecida a pedido e por iniciativa da vítima, exigindo desta um esforço e proactividade acrescidos, nem sempre compreendidos ou atempadamente respondidos. As intervenções escritas, por requerimento, e a consulta *"avulsa"* do processo, não são verdadeiras formas de articulação, nem substituem uma ligação mais interactiva e proactiva das autoridades com a vítima.

A falta de articulação é mais flagrante quando o próprio acesso à informação do processo é obstaculizado pela aplicação de segredo de justiça, sem salvaguardar o acesso pela vítima aos dados essenciais para exercer os seus direitos. Visto que a dissipação de activos ocorre inúmeras vezes para fora da União Europeia e que a cooperação neste domínio é ainda mais difícil e extremamente morosa, para a vítima é *crucial* saber com a maior celeridade o destino dos fundos no exterior, com vista a encetar nessa jurisdição, autonomamente, diligências junto das autoridades respectivas

[30] Cf. Lei nº 45/2011, de 24.06 e a Decisão 2007/845/JAI do Conselho, de 6 de Dezembro de 2007, relativa à cooperação entre os gabinetes de recuperação de bens dos Estados-membros no domínio da detecção e identificação de produtos ou outros bens relacionados com o crime.

para acautelar os seus direitos. Por isso, a garantia efectiva e célere dos direitos à informação, participação e intervenção, é imprescindível para acautelar a sua posição.

Seria desejável uma total mudança de paradigma neste ponto. Mesmo quando há coordenação entre autoridades judiciárias, por exemplo através da Eurojust, a vítima fica numa espécie de "limbo", pois não tem verdadeiro direito de participação activa e pessoal (por exemplo, participação em reuniões de coordenação).

O caso-exemplo 2 é demonstrativo destes problemas de articulação entre autoridades a nível transfronteiriço e entre as autoridades e as vítimas. Apesar de uma célere cooperação inicial entre UIF que levou à suspensão de operações na conta de destino dos fundos em Portugal, e posterior apreensão de saldos, a investigação em Portugal pouco avançou durante vários anos, por falta de informações sobre o crime precedente, ao passo que na jurisdição alemã, apesar de avançar, durante vários anos não foram realizadas quaisquer actuações para obter a restituição dos activos à vítima. Durante vários anos as vítimas localizadas em outros Estados não chegaram sequer a ser informadas de que as vantagens do crime se encontravam "*congeladas*" na jurisdição da instituição de crédito de destino situada em Portugal (apesar estarem identificadas). É um reflexo de uma investigação que não está orientada para a recuperação de activos com vista à satisfação dos interesses patrimoniais das vítimas localizadas a montante do crime de branqueamento.

## 4. Complexidade dos mecanismos legais à disposição da vítima para efeitos de defesa dos seus interesses patrimoniais em contexto transfronteiriço e o Papel do Advogado

Rastreados, identificados e localizados os activos disponíveis, é necessário escolher quais as medidas processuais adequadas para garantir que não sejam dissipados e para que a vítima possa ser ressarcida. De salientar, desde logo, as dificuldades derivadas da circunstância de a satisfação dos direitos das vítimas estar localizada numa intersecção entre os meios processuais penais e civis. Esta particularidade traz consigo significativa complexidade e até entropia jurídica e prática[31].

[31] Sobre esta matéria, analisando, além dos mecanismos preventivos, as medidas cautelares em processo penal (apreensão, arresto preventivo e caução económica), a restituição no

Na dimensão transfronteiriça, essa complexidade agrava-se. As possibilidades de reacção e o próprio papel mais ou menos activo da vítima no âmbito das investigações e diligências iniciais depende do regime de processo penal de cada jurisdição, variando os direitos das vítimas consoante se enquadrem no sistema adversarial ou continental e, mesmo dentro destes, existindo vários modelos[32].

Nos primeiros, não é em regra admitida a participação das vítimas nos procedimentos penais a não ser enquanto testemunhas, uma vez que não são partes formais no processo. No entanto, em alguns destes sistemas, por exemplo em Inglaterra, há mecanismos no processo penal que permitem acautelar os interesses patrimoniais das vítimas dentro do próprio processo penal, designadamente condenando o arguido a pagar indemnização às vítimas, mesmo que não solicitado (e decretando que o produto da execução de declarações de perda de bens reverta a favor das vítimas). Além do mais, a abordagem por vezes menos formal das autoridades de investigação permite uma mais próxima coordenação entre estas, as vítimas e respectivos Advogados. Por outro lado, o regime de processo civil nestas jurisdições pode, por vezes, ser favorável para a intervenção neste tipo de casos, uma vez que permite à vítima obter, com rapidez, a maior parte da informação patrimonial que em Portugal tipicamente apenas logrará obter através de um processo penal, podendo, no entanto, intervir no processo enquanto parte, com todos os direitos que tal implica. A menor exigência probatória é outro factor favorável do processo civil. No entanto, os custos associados são muito elevados[33].

Já os segundos, concedem uma posição participativa às vítimas no processo penal (até porque, muitas vezes, são elas próprias que iniciam os processos), designadamente através da participação enquanto partes civis (ou mesmo enquanto assistentes, como acontece no sistema português). As vítimas têm, assim, um papel importante, podendo pedir a indemnização civil pelos danos sofridos no âmbito do próprio processo criminal, e dispondo de poderes processuais para apresentar os seus argumentos,

âmbito do processo penal, o pedido de indemnização civil deduzido no processo penal e os meios processuais civis, em articulação com o Regulamento 2018/1805, ver em maior detalhe Ramos/Coelho, 2021: 250-275.

[32] Escudeiro, 2013: 219-220.

[33] *V.* Escudeiro, 2013: 219-220; Brun, et al., 2021: 211-212, 275-276, 315-316.

assim como para questionar as testemunhas ou o próprio arguido (através de Advogado) e, ainda, fazer uso de diversas instâncias de recurso[34].

Em processos de dimensão transfronteiriça é essencial que os Estados cooperem para assegurar a satisfação dos interesses da vítima. Sucede que, não raras vezes, esta matéria é deixada no domínio da cooperação civil, o que resulta amiúde na não satisfação dos interesses das vítimas no contexto da criminalidade transfronteiriça, dados os custos e as dificuldades inerentes à justiciabilidade transfronteiriça de direitos de natureza civil.

A actuação do Advogado neste contexto requer uma abordagem multifacetada e nem sempre assenta no uso de mecanismos de cooperação judiciária internacional para "*recuperação*" de activos. Com efeito, não raras vezes, o juízo de custo-benefício leva a que seja preferível uma actuação directa da vítima na jurisdição onde se encontram os activos, e não na jurisdição onde a vítima se encontra. Por vezes, é este o caminho mais célere e com menor risco em termos de exequibilidade dos direitos da vítima. Muitas vezes, no entanto, é necessária acção cumulativa nas duas (ou mais) jurisdições envolvidas.

Demonstrativa desta circunstância é a nossa experiência prática em que, inúmeras vezes, somos contactados precisamente nessas constelações quando os activos estão em Portugal, actuando directamente aqui, mas coordenando com os Colegas as acções nas outras jurisdições. Nesta dimensão, estamos perante cooperação transnacional, mas é a *cooperação entre os Advogados ou Advogadas* da vítima que poderá não gerar necessariamente o uso de mecanismos de cooperação judiciária, embora seja comum que tal aconteça, com dificuldades várias e de monta.

Desta forma, uma das funções mais importantes dos Advogados e Advogadas envolvidos nesta fase é a definição da estratégia e a selecção da jurisdição adequada e dos meios de actuação mais eficazes no caso concreto, preventivos, penais e/ou civis, dependendo das circunstâncias do caso e das jurisdições envolvidas[35].

Nas palavras de Brun et al., a "*recuperação de activos bem sucedida requer um plano de acção abrangente que incorpore um número de passos e considerações importantes. Os profissionais envolvidos terão de se reunir e avaliar os factos para*

[34] *V.* Escudeiro, 2013: 219-220; Brun, et al., 2021: 211-212.

[35] Neste ponto, é muito útil o manual de Brun, et al., 2021: 36-38, 211-212, 275-276, 315-316.

*compreender o caso; identificar os recursos necessários (recursos humanos, tecnologia da informação [TI] e especialistas); abordar e comunicar com seus homólogos estrangeiros com vista à abertura de canais informais e formais de cooperação com as jurisdições afectadas o mais rápido possível; lidar com os desafios legais, práticos, e operacionais da recuperação internacional de activos; e assegurar uma gestão eficaz do caso. Cada uma destas dimensões ajudará os profissionais a seleccionar a via jurídica mais apropriada para a recuperação de activos*"[36].

## III. Os mecanismos preventivos (Lei 83/2017, de 18.08) ao serviço dos interesses das vítimas de fraude transfronteiriça

### 1. A suspensão de operações bancárias (SOB) ao abrigo da Lei 83/2017, de 18.08.

Nas constelações dos tipos dos casos-exemplo *supra* referidos, a restituição dos proventos da fraude geralmente apenas se torna possível numa fase mais adiantada do processo quando estes tenham sido imediatamente "congelados" por força destes mecanismos. Acções que, por vezes, têm lugar antes da própria vítima ter sequer conhecimento de que foi alvo da prática de um crime. Este "congelamento" pode suceder em função do exercício do dever de abstenção (ou de mera comunicação) por parte das instituições bancárias e do decretamento da suspensão temporária de operações bancárias ao abrigo da actual Lei 83/2017, de 18.08 – cf. artigos 47º e 48º[37].

Nos termos do artigo 47º, nº 1, as instituições de crédito "*abstêm-se de executar qualquer operação ou conjunto de operações, presentes ou futuras, que saibam ou que suspeitem poder estar associadas a fundos ou outros bens provenientes ou relacionados com a prática de atividades criminosas ou com o financiamento do terrorismo*" (realce nosso). Assim, perante uma denúncia da vítima, deverão abster-se de fazer operações que possam constituir dissipação do produto do crime obtido pela burla que lhes é denunciada, sob pena de responsabilidade da instituição financeira. A abstenção da realização de operações deve ser comunicada à UIF e ao DCIAP (cf. artigo 47º, nº 1,

[36] BRUN, ET AL., 2021: 29.

[37] Cf. COSTA/NEVES, 2020: 215-220. Os autores enquadram-no como uma excepção aos deveres gerais de conduta resultantes do artigo 74º do RGICSF, habilitando os bancos a um bloqueio preventivo de contas.

43º e 44º daquela Lei)[38], comunicação que protege a instituição de crédito face a pedidos de indemnização do ordenante (ou seja, quando o suspeito tenha ordenado operações a débito que não seja executada – cf. artigo 135º do DL nº 91/2018, de 12 de Novembro).

Esta comunicação deverá ser objecto de pronúncia por parte da UIF que enviará, no prazo de três dias úteis, a informação apurada ao DCIAP. Após esta informação, poderá dar origem a uma ordem de suspensão de operações bancárias (conhecida na gíria por "SOB") a débito na conta em causa (e eventuais contas associadas), impedindo assim a dissipação do produto da burla (a ordenar nos 4 dias úteis seguintes à recepção do relatório da UIF pelo DCIAP, e a confirmar pelo juiz de instrução nos dois dias seguintes a esta decisão – cf. artigos 47º, nº 4, 48º, nº 1, e 49º, nº 1, da Lei 83/2017, de 18 de Agosto). A suspensão poderá ainda ser ordenada pelo DCIAP a partir da denúncia da própria vítima (cf. artigo 48º, nº 2, Lei 83/2017, de 18 de Agosto).

Tendo em conta que, dentro da União Europeia, este tipo de mecanismos está presente nos vários Estados-Membros[39], em regra é possível desencadear a sua aplicação "transfronteiriça", no sentido de que os pedidos de restituição de transferências comunicados entre instituições bancárias com base em fraude podem dar origem a comunicações pela instituição de crédito de destino às respectivas UIF ou às autoridades judiciárias, com a consequente intervenção e prolação de decisões de suspensão de operações que permitam acautelar posteriores pedidos de apreensão proferidos na jurisdição da instituição ordenante. A comunicação pela instituição de crédito da jurisdição ordenante à respectiva UIF obriga-a a transmitir essa comunicação à UIF da jurisdição de destino[40].

No domínio da cooperação judiciária, pelo menos CONDE CORREIA defende que, ordenada uma SOB, nos termos do artigo 48º da Lei 83/2017, de 18.08, é possível lançar mão do Regulamento 2018/1805 para solicitar

[38] Sobre o dever de comunicação de operações suspeitas, cf. o trabalho de DENTE, 2020: 229-258.

[39] Apesar da semelhança das legislações, cf. o alerta de MENDES (2017b: 142), referindo que "[a]*pesar de os avanços em matéria de prevenção administrativa do branqueamento de capitais seguirem universalmente as mesmas recomendações de organizações internacionais e regionais (soft law), os exemplos nacionais estão ainda longe de apresentar soluções harmonizadas no que respeita à possibilidade de congelamento de ativos.*"

[40] Artigo 138º, nº 1, da Lei 83/2017, de 18.08; cf. DENTE, 2020: 239.

o congelamento de contas também em outros EM da UE, tendo em conta que os conceitos europeus de "congelamento"[41] ou de "apreensão"[42] são conceitos muito amplos[43]. O Regulamento permite obter uma decisão de apreensão em outro EM no prazo de 48h, executada nas 48h seguintes. No contexto dos meios de pagamento electrónicos é demasiado lento.

Em nossa opinião, deveria ser estabelecido claramente na lei um mecanismo de imediato "congelamento cautelar" dos valores constantes de conta bancária em caso de denúncia de fraude, por comunicação da vítima (ou do seu Advogado ou Advogada) ou do OPC, a validar pelo MP e pelo JIC. Com efeito, o prazo de 7 dias úteis previsto na Lei 83/2017, de 18.08, para intervenção do DCIAP, é demasiado longo face à velocidade com que são dissipados os proventos nos casos-tipo como aquele que aqui utilizamos. E o regime de apreensão cautelar do CPP visa apenas meios de prova e há doutrina que entende que sendo a apreensão de saldos bancários da exclusiva competência do JIC não pode em caso de perigo na demora ordenada cautelarmente a apreensão por OPC[44]. Poderá eventualmente sustentar-se que uma tal denúncia pela vítima (ou do seu Advogado ou Advogada), desde que devidamente concretizada, ou comunicação pelo OPC (ou UIF) obriga ao exercício do dever de abstenção previsto no artigo 47º, nº 1, da Lei 83/2017, de 18.08, posição que aqui expressamente defendemos[45]. No entanto, a Lei não é clara e pode deixar as instituições financeiras e as vítimas numa posição muito pouco satisfatória.

[41] Cf. art. 2º, nº 5, da Directiva (UE) 2014/42 ("*proibição temporária de transferir, destruir, converter, alienar ou movimentar um bem ou de exercer temporariamente a guarda ou o controlo do* mesmo").

[42] Cf. art. 2º, nº 2, do Regulamento 2018/1805 (*«Decisão de apreensão», uma decisão emitida ou validada por uma autoridade de emissão para impedir a destruição, transformação, retirada, transferência ou afetação de bens tendo em vista a perda*").

[43] Correia, 2019: 198.

[44] Cf. artigo 249º, nº 1, al. *c)*, do CPP. Albuquerque, 2011: artigo 249º.

[45] Muito embora o conceito de "operações suspeitas", para efeitos de activação do dever de comunicação, não esteja suficientemente definido na própria lei, conforme salientam Piaskoski (2020: 433) e Machado (2020: 299), cremos que perante a denúncia devidamente fundamentada terá de assumir-se que estamos perante operação dessa natureza, já que tal denúncia seria desde logo suficiente para gerar a abertura de inquérito criminal. A posição de Dente, 2020: 246-247, pronunciando-se sobre o significado de "*provêm de atividades criminosas*", parece permitir sustentar o sentido por nós defendido. Assim também a posição de Costa/Neves, 2020: 217-2018, com exemplos ilustrativos, sustentando que se do exame de uma operação resultarem suspeitas fundadas de origem ilícita dos fundos, a instituição poderá abster-se, devendo o bloqueio "*ocorrer nas estritas medida, necessidade e*

## 2. A importância da SOB na salvaguarda dos interesses patrimoniais da vítima

Sem aquela rápida intervenção, o mais certo é a vítima não conseguir localizar o produto da infracção, e, menos ainda, outros bens susceptíveis de ser alvo de medidas com vista à recuperação de montante equivalente ao dos activos defraudados. Pelo menos, nos casos-tipo que servem de base a este contributo, já que, em regra, estamos perante a utilização de complexos esquemas internacionais, com a utilização de "mulas", muitas sem qualquer relação com o nosso país (tendo-se apenas cá deslocado para abrir empresa e/ou conta bancária, ou mesmo tendo-o feito *online* e à distância). Os proventos são transferidos para jurisdições estrangeiras, nomeadamente para fora da UE, tornando muito difícil (normalmente impossível) identificar os beneficiários últimos do crime e recuperar o montante obtido com a fraude ou encontrar outros bens susceptíveis de execução para satisfação do interesse da vítima.

Olhemos para os nossos casos-exemplo, para ilustrar o que dizemos sobre a importância dos mecanismos preventivos no domínio da prevenção de branqueamento.

No caso-exemplo 1, à data em que a vítima se apercebeu da fraude e nos contacta, o valor em conta era de pouco mais de 1.000,00 EUR. No entanto, a rapidez da actuação da instituição financeira receptora da transferência em Portugal, no seguimento da denúncia circunstanciada e documentada apresentada pela vítima junto da mesma e das autoridades portuguesas (bem como das congéneres alemãs) permitiu que fossem anuladas várias operações de dissipação (transferências para contas fora do país), com o consequente retorno à conta em causa de um valor superior a 300.000,00 EUR. Tudo por utilização dos mecanismos preventivos. Foi este "congelamento" (com posterior apreensão dos saldos) o que permitiu que, ainda durante a fase de inquérito fosse conseguida restituição do saldo apreendido alguns meses mais tarde, após intervenção da vítima para documentar a fraude, prestando informações, facultando provas relevantes

*proporção dos indícios de ilicitude detetados, na medida em que (i) apenas em relação aos fundos sobre os quais recaem suspeitas de ilicitude há ausência de confiança relativamente à sua origem e (ii) sobre os demais valores não será legítima qualquer intervenção sem a presença de indícios que ditem que os mesmos poderão não ser lícitos*". Os autores definem, a p. 220, o grau de conhecimento exigível da ilicitude para este efeito – "*saibam ou (...) suspeitem*" – como "*ou certeza ou grau de suspeição sólido*". Sobre o bloqueio com base no dever de recusa, cf. os mesmos autores, a pp. 225-227.

para a descoberta da verdade e boa decisão da causa, bem como apresentando o respectivo pedido de restituição de activos (usando dos direitos de participação activa no processo e de colaboração com as autoridades policiais e judiciárias, previsto no artigo 67º-A, nº 1, al. a), do CPP).

No caso-exemplo 2, três anos depois de ser vítima de uma burla cometida em 2015, a vítima consegue apurar que os fundos teriam tido como destino parcialmente Portugal, onde teriam sido apreendidos. Não obstante o tempo decorrido, foi possível, após sermos contactados, apurar que os valores ainda se encontravam apreendidos, o que apenas tinha sido possível por, na altura da fraude, terem existido várias operações fraudulentas comunicadas pelas instituições financeiras alemã e portuguesa às UIF respectivas, originando inquérito-crime na Alemanha e em Portugal, tendo neste último sido decretada primeiramente uma SOB e posteriormente apreendido o saldo. Superadas as dificuldades probatórias relativamente à comprovação em Portugal do crime precedente (investigado na Alemanha), foi assim possível obter a restituição dos valores que nunca teria sido possível sem a actuação célere três anos antes ao abrigo dos mecanismos preventivos.

## 3. Perspectivas futuras

Deste modo, seria útil reflectir sobre a possibilidade de criação ou melhoramento dos mecanismos preventivos que, de uma forma mais eficaz e célere, possam desencadear o cumprimento das obrigações legais das instituições de crédito e das autoridades policiais e judiciárias perante a denúncia da prática de um crime.

Como refere Conde Correia, "*o congelamento do saldo de uma conta bancária sediada num determinado Estado deve acontecer ao mesmo tempo que o congelamento do saldo de outra conta bancária sediada noutro Estado*". Caso esse "congelamento" não suceda no mesmo instante, são criadas condições para que o autor do crime possa igualmente reagir logo que tenha conhecimento do primeiro "congelamento", procurando, pois, evitar novos "congelamentos" e, com isso, conseguir a dissipação através de outra via – o que torna a recuperação dos activos difícil ou mesmo impossível (especialmente quando se trate de uma rede criminosa bem organizada)[46].

[46] Correia, 2018: 242-243.

Seria porventura interessante explorar até que ponto poderão criar-se instrumentos ainda mais céleres que, aproveitando as redes de comunicação SWIFT e SEPA e de cooperação entre UIF, possam garantir bloqueios consecutivos que acompanhem o rasto dos valores produto da fraude através das várias jurisdições envolvidas. Ainda que possa considerar-se importante a intervenção ou validação judiciária (e judicial), tem de garantir-se que as autoridades operam com a mesma celeridade que os autores das fraudes. Tal implicaria que fossem criadas estruturas judiciárias "24/7" em todos os Estados envolvidos, o que parece difícil e porventura não suficiente do ponto de vista operacional, pelo que seria útil explorar-se a possibilidade de melhorar as vias de bloqueio cautelar através das comunicações das UIF e instituições de crédito[47]. Ou mesmo criar instrumentos que, desde logo, permitam às instituições financeiras congelar as vantagens derivadas da fraude, permitindo uma extensão transfronteiriça dessas medidas. A UE está, neste momento, a trabalhar em acções neste domínio, tendo sido aprovado um plano de acção que prevê, entre outros, a criação de mecanismos de coordenação ou suporte transfronteiriço para as UIF, bem como a instituição de mecanismos de supervisão a nível da União e a adopção de normativos jurídicos mais uniformes[48].

É verdade que os mecanismos preventivos *supra* referidos não foram concebidos a pensar na intervenção directa da vítima, ou numa interacção directa desta com as autoridades, mas podem perfeitamente ser utilizados pelo Advogado da vítima, desencadeando assim o cumprimento das obrigações legais das instituições de crédito e das autoridades policiais e judiciárias perante a denúncia da prática de crime (não raramente enquadrável na Lei 5/2002, de 11 de Janeiro: branqueamento de capitais,

[47] A este propósito, ver o interessante regime suíço referido por Mendes, 2010: 142-143, consagrando "*expressamente a possibilidade de os intermediários financeiros, especialmente os bancos, realizarem por sua própria iniciativa o congelamento de ativos*", o que, como refere o autor, "*é uma medida potencialmente bastante eficaz contra o branqueamento de capitais, se for corretamente aplicada por parte dos bancos, pois garante a posterior intervenção eficaz das autoridades judiciárias, através dos mecanismos do processo penal*", muito mais eficaz que o dever de abstenção consagrado em Portugal. Cf. no entanto, Costa/Neves (2020: 215-220), vendo no dever de abstenção uma excepção aos deveres gerais de conduta resultantes do artigo 74º do RGICSF, habilitando os bancos a um bloqueio preventivo de contas.

[48] Cf. as Conclusões do Conselho sobre a luta contra o branqueamento de capitais e o financiamento do terrorismo, de 05.11.2020 (12608/20), https://www.consilium.europa.eu/pt/meetings/ecofin/2020/11/04/ (consulta em: 08.05.2022).

acesso ilegítimo a sistema informático com dano de valor consideravelmente elevado – nos casos de interferência nas comunicações electrónicas – e, por vezes, associação criminosa). Também poderia reflectir-se sobre a pertinência de dar um lugar explícito à vítima nos normativos que regulam os mecanismos de prevenção do branqueamento, nomeadamente facilitando o acesso destas a canais de denúncia que permitam rapidamente activar os mecanismos em causa.

## Conclusão

As vítimas de crimes têm hoje ao seu dispor vários mecanismos que permitem acautelar a garantia dos seus interesses patrimoniais, quer no processo penal, quer pelos meios civis, inclusivamente a nível transfronteiriço. No entanto, a articulação e definição da estratégia para utilização destes meios revela-se de elevada complexidade, em particular em casos com dimensão transfronteiriça, tornando essencial a intervenção do Advogado.

Acresce que, no tipo de casos-exemplo na base do presente contributo (fraude seguida de transferência e posterior pulverização dos proventos utilizando o sistema bancário, de forma transfronteiriça), esses meios de nada servirão, caso não seja possível à vítima obter uma intervenção célere logo no momento inicial em que é detectada a fraude. Sem essa rápida intervenção e o "congelamento" das vantagens da fraude, torna-se como regra impossível à vítima conseguir a recuperação dos seus activos, seja pela restituição ou indeminização.

Não deixa, pois, de ser irónico que os mecanismos preventivos previstos na Lei 83/2017, de 18.08, cujo espírito da lei não abrange, sequer, a salvaguarda dos interesses patrimoniais das vítimas, sejam os mecanismos que, na *law in action*, parecem melhor favorecer esses interesses, conforme exposto ao longo do presente artigo e evidenciado nos casos-exemplo utilizados. Deve assim reflectir-se na possibilidade de optimizar a sua utilização para a garantia dos interesses patrimoniais das vítimas.

Na criminalidade com uma vertente patrimonial, como é o caso da fraude e do branqueamento dos seus proventos, a restituição dos activos e a indemnização das vítimas do crime são essenciais para a realização dos fins do processo e do próprio Direito Penal. Desta forma, é imperativa uma mudança de atitude na investigação criminal, não só orientando-a para a recuperação dos activos, mas também garantindo um efectivo e contínuo direito à informação e participação activa, criando formas de articulação mais efectivas das autoridades policiais e judiciárias com a vítima e seus Advogados ou Advogadas, quer a nível interno, quer no âmbito da cooperação transfronteiriça.

## Bibliografia Citada

ALBUQUERQUE, Paulo Pinto de,

(2011) *Comentário do Código de Processo Penal*, 4ª Ed., Lisboa: UCP, 2011.

BRUN, Jean-Pierre, ET AL.,

(2021) *Asset Recovery Handbook, A Guide for Practitioners*, Second Edition, The World Bank, UNODC, disponível em https://star.worldbank.org/sites/default/files/2020-12/Asset%20Recovery%20Handbook%20-%20Second%20Edition.pdf (consulta em: 13.07.2022).

CAEIRO, Pedro,

(2011) "Sentido e função do instituto da perda de vantagens relacionadas com o crime no confronto com outros meios de prevenção da criminalidade reditícia (em especial, os procedimentos de confisco *in rem* e a criminalização do enriquecimento 'ilícito')", *Revista Portuguesa de Ciência Criminal*, ano 21, nº 2, abril-junho, pp. 267-321.

COMISSÃO EUROPEIA,

(2016) *Commission Staff Working Document, Impact Assessment accompanying the document Proposal for a regulation of the European Parliament and of the Council on the mutual recognition of freezing and confiscation orders*, SWD/2016/0468 final – 2016/0412 (COD).

CONSELHO DA EUROPA,

(1990) *Explanatory Report to the Convention on Laundering, Search, Seizure and Confiscation of the Proceeds from Crime.*

CORREIA, João Conde,

(2012) *Da proibição do confisco à perda alargada*, Lisboa: INCM.

(2015a) "Apreensão ou arresto preventivo dos proventos do crime?", *Revista Portuguesa de Ciência Criminal*, ano 25, nº 1, janeiro-março, pp. 505-543.

(2015b) "*Ne bis in idem* internacional: anotação ao acórdão do Tribunal da Relação de Lisboa de 26 de março de 2015, processo nº 147/13.TELSBS-9 (Crime de branqueamento, Competência Internacional, Proventos do Crime, Confisco)», *Revista do Ministério Público*, nº 143, julho-setembro, pp. 179-194.

(2018) "Cooperação judiciária internacional em matéria de recuperação de ativos", *Anatomia do Crime*, nº 7, janeiro-junho, pp. 227-250.

(2021) "Cooperação judiciária para efeitos de recuperação de ativos no âmbito do Conselho da Europa", in: Maria Raquel Desterro Ferreira, Elina Lopes Cardoso e João Conde Correia (coord.), *Cooperação Internacional para Efeitos de Recuperação de Ativos*, Coimbra: Almedina, pp. 397-426.

(2019) "Reconhecimento mútuo de decisões de apreensão e de confisco: o regulamento (UE) 2018/1805 do Parlamento Europeu e do Conselho de 14 de novembro de 2018", *JULGAR*, nº 39, setembro-dezembro, pp. 183-201.

CORREIA, João Conde / RODRIGUES, Hélio Rigor,
(2015) "Anotação ao Acórdão do Tribunal da Relação de Guimarães de 01-12-2014, proferido no processo 218/11.0GACBC.G1", *JULGAR Online*, abril, disponível em http://julgar.pt/anotacao-ao-acordao-do-trg-de-01-12-2014-processo-21811-0gacbc-g1-pedido-de-indemnizacao-e-confisco/ (consulta em: 13.07.2022).

COSTA, José Neves da / NEVES, Mário,
(2020) "Dificuldades e impossibilidades: algumas notas práticas à aplicação da Lei nº 83/2017, de 18 de agosto, no contexto da atividade de *compliance*", in: Maria Fernanda Palma, Augusto Silva Dias e Paulo de Sousa Mendes (Coord.), *Novos Estudos sobre* Law Enforcement, Compliance *e Direito Penal*, Coimbra: Almedina, pp. 201-228.

DENTE, Joana Maria,
(2020) "O dever de comunicação de operações suspeitas ao abrigo da Lei nº 83/2017: breve anotação e comentário da perspetiva das instituições bancárias", in: Maria Fernanda Palma, Augusto Silva Dias e Paulo de Sousa Mendes (Coord.), *Novos Estudos sobre* Law Enforcement, Compliance *e Direito Penal*, Coimbra: Almedina, pp. 229-258.

DIAS, Augusto Silva,
(2010) "Criminalidade organizada e combate ao lucro ilícito", in: Maria Fernanda Palma, Augusto Silva Dias e Paulo de Sousa Mendes (Coord.), *2º Congresso de Investigação Criminal*, Coimbra: Almedina, pp. 24-47.

DIAS, Augusto Silva / PEREIRA, Rui Soares,
(2018) *Sobre a validade de procedimentos administrativos prévios ao inquérito e de fases administrativas preliminares no processo penal*, Coimbra: Almedina.

DORNBIERER, Andrew / MONTEITH, Charlie,
"*Tracking and Tracing Stolen Assets in Foreign Jurisdictions*", *EUCRIM* 2/2013, pp. 51-54, disponível em https://eucrim.eu/media/issue/pdf/eucrim_issue_2013-02.pdf#page=21 (consulta em: 13.07.2022).

ESCUDEIRO, Maria João Simões,
(2013) *Procedimentos Criminais Internacionais*, Dissertação apresentada à Universidade Católica Portuguesa para obtenção do Doutoramento em Ciências Jurídico-Criminais, Faculdade de Direito, Lisboa, disponível em https://repositorio.ucp.pt/handle/10400.14/14077 (consulta em: 13.07.2022).

FERREIRA, Maria Raquel Desterro / CARDOSO, Elina Lopes / CORREIA, João Conde (coord.),
(2018) *O novo regime de recuperação de ativos: à luz da Diretiva 2014/42/EU e da Lei que a transpôs*, Lisboa: INCM.

FOZZARD, Adrian / STEELE, Tim,
(2010) *Stolen Asset Recovery: Towards a global architecture for asset recovery, UNCAC Conference Edition*, The World Bank, disponível em https://www.unodc.org/unodc/en/corruption/StAR.html (consulta em: 13.07.2022)

MACHADO, Miguel da Câmara,
(2020) "Deveres antibranqueamento de capitais: de onde vieram, quais são e como vão evoluir (do '4G' ao '5G')", in: Maria Fernanda Palma, Augusto Silva Dias e Paulo de Sousa Mendes (Coord.), *Novos Estudos sobre* Law Enforcement, Compliance *e Direito Penal*, Coimbra: Almedina, pp. 259-351.

MENDES, Paulo de Sousa,
(2010) "A orientação da investigação para a descoberta dos beneficiários económicos e o sigilo bancário", in: Maria Fernanda Palma, Augusto Silva Dias e Paulo de Sousa Mendes (Coord.), *2º Congresso de Investigação Criminal*, Coimbra: Almedina, pp. 201-213.
(2017a) "A utilização em processo penal das informações obtidas pelos reguladores dos mercados financeiros", in: AA.VV., *Studia Ivridica* nº 109, *Estudos em homenagem ao Prof. Doutor Manuel da Costa Andrade*, vol. 2, Coimbra: Universidade de Coimbra, pp. 587-612.
(2017b) "A problemática da punição do autobranqueamento e as finalidades de prevenção e repressão do branqueamento de capitais no contexto da harmonização europeia", *CLR* 3/2017, pp. 127-156.
NUNES, Carlos Casimiro,
(2018) "O Ministério Público na prevenção do branqueamento e do financiamento do terrorismo", *Revista do Ministério Público*, nº 153, janeiro-março, pp. 93-140.
PIASKOSKI, Augusto César,
(2020) "Reporte de informações sobre operações suspeitas de branqueamento de capitais e a sua utilização como prova no processo penal", in: Paulo de Sousa Mendes e Rui Soares PEREIRA, *Novos Desafios da Prova Penal*, Coimbra: Almedina, pp. 405-450.
RAMOS, Vânia Costa,
(2013) "A importância das redes de cooperação judiciária europeia em matéria penal – qual o papel do advogado?", *JULGAR*, nº 21, setembro-dezembro, pp. 255-262.
RAMOS, Vânia Costa / COELHO, Diogo Pereira,
(2021) "Cooperação judiciária para efeitos de defesa dos interesses patrimoniais da vítima", in: Maria Raquel Desterro Ferreira, Elina Lopes Cardoso e João Conde Correia (coord.), *Cooperação Internacional para Efeitos de Recuperação de Ativos*, Coimbra: Almedina, pp. 227-276.
SILVA, Patrícia Godinho,
(2019) "Recent developments in EU legislation on anti-money laundering and terrorist financing", *New Journal of European Criminal Law*, vol. 10, nº 1, pp. 57-67.
SIMÕES, Rita,
(2019) "O Regulamento relativo ao reconhecimento e execução das decisões de apreensão e perda: inovações e continuidades", *Revista do CEJ*, 1º semestre, nº 1, pp. 59-84.
TRINDADE, José Luís,
(2021) "O papel da Eurojust na recuperação de ativos", in: Maria Raquel Desterro Ferreira, Elina Lopes Cardoso e João Conde Correia (coord.), *Cooperação Internacional para Efeitos de Recuperação de Ativos*, Coimbra: Almedina, pp. 453-500.

# V

# IMPUTAÇÃO DE RESPONSABILIDADES

# Imputação da responsabilidade penal e *compliance*

Germano Marques da Silva*

**Sumário**: Introdução; I. Modelos de imputação da responsabilidade penal às pessoas coletivas e entidades equiparadas; 1. Em geral; 2. Modalidades de imputação penal; II. Regime legal português de imputação da responsabilidade penal das pessoas coletivas; 1. As normas comuns sobre a imputação; 2. Os conceitos de "em nome ou por conta" e no "interesse direto ou indireto da pessoa coletiva"; 3. Pressupostos formais da imputação; III. Medidas de vigilância e de controlo: o *compliance* criminal; 1. Relevância criminal dos instrumentos de controlo e vigilância no âmbito das pessoas coletivas; 2. O *compliance criminal*; a) Conceito de *compliance* criminal; b) Importância do *compliance* relativamente à responsabilidade dos gestores e das sociedades; IV. Efeitos do *compliance* sobre a responsabilidade das pessoas coletivas e individual dos gestores; 1. Efeitos atenuantes da pena aplicável ou aplicada à pessoa coletiva; 2. Efeitos atenuantes da pena aplicável aos líderes. Conclusão.

## Introdução

Breves notas à guisa de introdução para preparar a exposição do tema que me cabe desenvolver, delimitando-o.

Não vou cuidar de espaço da responsabilidade penal dos dirigentes das empresas, mas tão só da responsabilidade dos titulares das empresas,

* Professor Catedrático da Escola de Lisboa da Faculdade de Direito da Universidade Católica Portuguesa, onde se doutorou em 1991.

sejam pessoas singulares ou pessoas coletivas e entidades equiparadas, para equacionar a problemática do *compliance* criminal como sistema de prevenção da criminalidade empresarial. Devo, porém, advertir que esta limitação da minha comunicação não significa que no domínio penal o *compliance* não tenha incidência também na responsabilidade das pessoas singulares, daquelas que, na expressão da lei, ocupem uma posição de liderança no ente coletivo.

Tratando-se de crime doloso dos líderes, está arredado, em princípio, qualquer efeito do *compliance* empresarial, mas não necessariamente assim quando se trate de crime negligente. A negligência pode ser afastada se o gestor cuidou de criar na empresa um sistema de *compliance* adequado e a sua ação ou omissão for motivada por uma eventual falha que lhe não seja imputável, designadamente uma falha dos serviços que o induzem ao comportamento negligente, desculpável por ter feito o que podia e devia para prevenir a ilegalidade.

O *compliance* criminal consiste na existência de procedimentos internos adequados a prevenir a prática de crimes pelos colaboradores da empresa, mecanismos de vigilância e controlo adequados a evitar a prática de crimes. A existência na empresa de um *compliance* adequado e eficaz evitará a prática de crimes, sendo por isso excludente da responsabilidade da entidade titular da empresa, mas não sendo eficaz na prevenção importará averiguar da razão e causa da ineficácia – ou porque não é adequado ou porque foi voluntariamente violado, casos em que a responsabilidade do titular se mantém, eventualmente atenuada, ou responsabilizará apenas o agente do facto, em termos que adiante analisaremos mais de espaço.

Cumpre destacar desde já uma nota importante. Os entes coletivos não praticam crimes, respondem por factos criminosos praticados por outrem. E a razão para que os crimes praticados pelos seus colaboradores lhe sejam imputados e pelos quais responde resulta de duas circunstâncias constitutivas essenciais: i) terem os crimes sido praticados em seu nome ou por sua conta e no seu interesse direto ou indireto e ii) terem sido praticados em virtude de uma violação dos deveres de vigilância ou controlo que incumbem aos líderes. Cumpridos os deveres de vigilância ou controlo por parte dos dirigentes fica afastada a responsabilidade da pessoa coletiva, ainda que o crime tenha sido praticado em seu nome ou por sua conta e no seu interesse. Falta uma das condições constitutivas da responsabilidade do ente. É esta vigilância ou controlo que constitui o *compliance*.

Uma terceira nota para me congratular com a alteração da redação da alínea *b*) do nº 2, do artigo 11º do Código Penal, introduzida pela Lei nº 94/2021, de 22 de dezembro. Fica agora claro que a responsabilização da pessoa coletiva não abrange quaisquer atos dos seus colaboradores, mas apenas os atos praticados em nome ou por conta e no interesse direto ou indireto da pessoa coletiva. Esta alteração foi muito importante porque na redação anterior poderia defender-se que a pessoa coletiva seria responsável por crimes que nada tinham a ver com o seu interesse, bastando que fossem praticados no âmbito funcional ou espacial da pessoa coletiva e fossem facilitados por falta de vigilância ou controlo dos seus líderes[1].

Ainda uma nota mais. Também face à nossa lei, ainda vigente, pode ser imputada à pessoa coletiva qualquer dos crimes p.p. pelos artigos 163º a 166º (crimes contra a liberdade sexual), sendo a vítima menor. Tive e tenho muita dificuldade em imaginar casos de coação sexual, violação e outros, sendo a vítima menor, praticados por colaboradores do ente coletivo no interesse deste, mas face ao teor da alínea *b*) do nº 2 do artigo 11º era possível essa imputação porque a lei não exigia o interesse da pessoa coletiva. Ao que julgo saber a interpretação judiciária foi restritiva, exigindo sempre o interesse da pessoa coletiva, o que agora está claramente consagrado na lei.

Uma nota final em termos de delimitação do objeto deste texto. Vou centrar a minha análise na responsabilidade penal das pessoas coletivas, simplesmente porque em se tratando de empresas tituladas por pessoas individuais não se suscitam especialidades no referente à imputação dos crimes. Isto não significa que o *compliance* seja alheio às empresas em que o titular é uma pessoa singular. Do mesmo modo que a existência de *compliance* empresarial pode afastar ou atenuar a responsabilidade da pessoa

[1] A propósito, um exemplo com que fui em tempos confrontado. Tratava-se da imputação a um Banco de um crime de assédio sexual praticado por colaborador responsável por um serviço, sendo vítima uma funcionária que dependia profissionalmente daquele. O facto ocorrera no Canadá. A acusação fundava-se em que as instalações do Banco nesse seu estabelecimento facilitavam a prática desse tipo de crimes porque todos os seus gabinetes eram fechados, não sendo possível do exterior controlar o que se passava no interior. Acrescia uma circunstância: o funcionário em causa era suspeito da prática de atos semelhantes quando tinha exercido a sua atividade em Portugal. Era manifesto que o crime não fora praticado no interesse do Banco, restava se estavam ou não criadas as condições de vigilância ou controlo para que tal facto não ocorresse nas instalações.

coletiva também pode afastar ou atenuar a responsabilidade do titular individual quando este instalou na empresa um sistema de *compliance*.

## I. Modelos de imputação da responsabilidade penal às pessoas coletivas e entidades equiparadas

### 1. Em geral

Não vou tecer considerações sobre a história da responsabilização penal das pessoas coletivas, até porque tal extravasa o objeto deste texto. Cumpre, sem prejuízo e por ser de interesse para o desenvolvimento do tema, recordar que até aos anos 80 do século passado a generalidade dos penalistas portugueses considerava que tal responsabilização era inadequada, sobretudo por entenderem que as pessoas coletivas eram incapazes de ação e insuscetíveis de culpa por falta de consciência ética. Defendia-se então que a responsabilidade penal era própria das pessoas singulares e que pelos crimes praticados no âmbito das pessoas coletivas para prossecução dos seus interesses ilícitos ou lícitos, mas sempre por meios ilícitos, respondiam os seus agentes materiais e morais. As pessoas coletivas apenas podiam ser responsabilizadas civilmente, mormente pelo pagamento de multas e indemnizações em que fossem condenados os seus dirigentes quando os crimes fossem praticados no seu âmbito.

Ainda agora, a lei portuguesa não responsabiliza todas as pessoas coletivas, estando excluído o Estado, as pessoas coletivas no exercício de prerrogativas de poder público e os organismos de Direito Internacional Público (art. 11º, nº 2, do CP). No caso destas exceções, sendo praticados crimes em seu nome ou por sua conta e no seu interesse respondem criminalmente as pessoas singulares que sejam agentes do crime, nos termos gerais do Direito Penal. Estas pessoas coletivas podem ainda responder civilmente, mas não são suscetíveis de responsabilidade penal.

Foi por influência do direito dos Estados Unidos da América, através do direito do Reino Unido, que a responsabilização penal das pessoas coletivas chegou à Europa continental nos anos 70 do século passado. E aí, com mais ou menos resistências, rapidamente foi consagrada nos sistemas jurídicos continentais, para o que foi necessário adaptar a teoria à necessidade pragmática da imputação penal das pessoas coletivas.

A razão da conveniência da imputação das pessoas coletivas resultou em grande parte do desenvolvimento económico que se verificou na Europa no pós-guerra, com o aparecimento de empresas de grandes dimensões e de natureza anónima, de capitais, o que deu aso ao surgimento dos chamados gestores de palha (testas de ferro ou verbos de encher), pessoas que assumiam os cargos de gestão prontos a arcar com os riscos penais na atividade da empresa em troca de benefícios patrimoniais avultados.

Estes gestores frequentemente não tinham efetivos poderes de gestão, limitando-se a executar o que era determinado pelos homens de trás, os acionistas ou gestores do capital acionista, que nunca apareciam a tomar decisões ou a praticar atos que os pudessem responsabilizar. Cometido um qualquer crime quem por eles respondia eram os tais gestores pintados que prontamente eram substituídos por outros de igual quilate, permitindo que a atividade criminosa prosseguisse sem beliscar os verdadeiros mandantes nem as entidades titulares das empresas. Foi sobretudo por razões pragmáticas, para pôr termo e prevenir estas práticas, que foi adotada, sobretudo no domínio da criminalidade empresarial, a responsabilização criminal das pessoas coletivas.

Esta muito sumária justificação da imputação penal das pessoas coletivas em ordem à repressão e prevenção da criminalidade empresarial é o antecedente relativamente próximo dos *programas de cumprimento normativo com medidas de controlo e vigilância para prevenir a prática de crimes empresariais*, geralmente designados por programas de *compliance*, sendo que estes programas têm por finalidade essencial a prevenção da criminalidade, como veremos de espaço mais adiante.

## 2. Modalidades de imputação penal

A imputação penal dos entes coletivos faz-se essencialmente através de dois sistemas: a imputação direta e a imputação por representação ou vicarial. Naquela, na imputação direta, os factos criminosos são imputados diretamente aos entes coletivos, em razão da deficiência da sua organização e/ou política empresarial, que foram condição causal do crime praticado no seu âmbito de atividade; nesta, na imputação por representação, a responsabilização do ente coletivo constitui como que um reflexo da responsabilidade do agente do crime, líder da entidade com capacidade para manifestar a sua vontade e prosseguir os seus interesses, donde que há agora, em regra mas quase sempre, a imputação do facto criminoso a uma pessoa que age em nome e no interesse do ente coletivo e por reflexo cumulativamente também ao ente, verificados certos pressupostos que constituem elementos constitutivos da responsabilidade das pessoas coletivas, como veremos adiante.

Abreviadamente: no sistema de imputação direta a responsabilidade da pessoa coletiva é efeito direto da sua atividade, resultante do deficiente funcionamento do ente, não sendo relevante determinar qualquer pessoa física que seja agente do crime, entendendo-se que o crime é praticado pela pessoa coletiva. Já na responsabilidade por representação importa imputar o facto criminoso a uma pessoa física que atue funcionalmente no interesse da pessoa coletiva e por reflexo, verificados determinados pressupostos, responsabiliza-se também, cumulativamente, a pessoa coletiva que não pratica crimes, mas responde por crimes praticados por outrem[2]. O sistema de responsabilidade direta predomina nos sistemas da *common law* e o da representação nos da *civil law*, entre os quais o português.

## II. Regime legal português de imputação da responsabilidade penal das pessoas coletivas

### 1. As normas comuns sobre a imputação

Vamos analisar o regime comum português de imputação da responsabilidade penal às pessoas coletivas que consta do artigo 11º do Código Penal. Na legislação avulsa[3] encontram-se algumas diferenças, mas em todos os casos de previsão legal domina, ao que cremos sem exceções, o modelo de representação.

Dispõe o artigo 11º, nº 2, do Código Penal, na redação que lhe foi dada pela Lei nº 94/2021, de 21.12, o seguinte:

> *"As pessoas coletivas e entidades equiparadas, com exceção do Estado, de pessoas coletivas no exercício de prerrogativas de poder público e de organizações de direito internacional público, são responsáveis pelos crimes previstos nos artigos (...), quando cometidos:*
>
> *a) Em seu nome ou por sua conta e no seu interesse direto ou indireto por pessoas que nelas ocupem uma posição de liderança; ou*
>
> *b) Por quem aja em seu nome ou por sua conta e no seu interesse direto ou indireto, sob a autoridade das pessoas referidas na alínea anterior, em virtude de uma violação dos deveres de vigilância ou controlo que lhes incumbem".*

[2] SILVA, 2009: 174 ss.

[3] Nomeadamente no DL nº 28/84, de 20 de janeiro, e no RGIT, aprovado pela Lei nº 15/2001, de 5 de junho. Não analisaremos estas diferenças, procurando, em cumprimento do escopo do presente texto, focar-nos no regime do Código Penal.

Por seu turno, dispõe o nº 4 do mesmo artigo 11º do Código Penal:

> *"Entende-se que ocupam uma posição de liderança os órgãos e representantes da pessoa coletiva e quem nela tiver autoridade para exercer o controlo da sua atividade, incluindo os membros não executivos do órgão de administração e os membros do órgão de fiscalização".*

Deve ter-se em especial atenção a nova redação do artigo 11º do Código Penal porque veio clarificar ou especificar as alíneas do nº 2, nomeadamente quanto ao interesse da pessoa coletiva, e alargando o nº 4 de modo a abranger nas pessoas que ocupam uma posição de liderança também "*os membros não executivos do órgão de administração e os membros do órgão de fiscalização*", clarificando uma possível interpretação da redação anterior[4].

Com relevância para este estudo deve referir-se ainda os n.os 3 e 5 a 11 do artigo 11º do Código Penal que não foram alterados pela Lei nº 94/2001, destacando-se o nº 6, que trata da exclusão da responsabilidade do ente coletivo quando o agente singular "*tiver atuado contra ordens ou instruções expressas de quem de direito*", o nº 7 que trata da responsabilidade cumulativa do agente do crime e do ente coletivo e o nº 8 que regula a imputação em caso de cisão e fusão da pessoa coletiva.

No que respeita à exclusão da responsabilidade do ente coletivo quando o agente do crime "tiver atuado contra ordens ou instruções expressas de quem de direito", importa apenas referir que a justificação da exclusão da responsabilidade significa que o facto ilícito não corresponde à vontade da pessoa coletiva, expresso por quem de direito, o que, nos parâmetros da teoria geral do crime impede a imputação porque o facto criminoso tem de ser voluntário[5]. O nº 7, relativo à responsabilidade cumulativa, significa que a responsabilidade dos entes coletivos "não exclui a responsabilidade individual dos agentes do crime nem depende da responsabilização destes", ou seja, pelo mesmo crime responde o respetivo agente e cumulativamente a pessoa coletiva. Se, porém, por qualquer razão, o agente do crime não for responsabilizado, nomeadamente em razão da prescrição do procedimento ou de causa pessoal de extinção da responsabilidade, nem por isso a pessoa coletiva deixa de ser responsabilizada[6].

[4] Silva, 2009: 230.

[5] *Idem*: 265 e ss..

[6] *Idem*: 274.

O nº 8 do artigo 11º do Código Penal que regula a imputação em caso de cisão e fusão da pessoa coletiva justifica uma referência mais aprofundada. Dispõe o preceito:

> *"A cisão e a fusão não determinam a extinção da responsabilidade criminal da pessoa coletiva ou entidade equiparada, respondendo pela prática do crime:*
>
> *a) A pessoa coletiva ou entidade equiparada em que a fusão se tiver efetivado; e*
>
> *b) As pessoas coletivas ou entidades equiparadas que resultaram da cisão".*

No que respeita à fusão da pessoa coletiva com outra, a quem seja imputado o crime compreende-se facilmente que a nova entidade resultante da fusão responda pelo crime da pessoa coletiva que incorpora. Já quanto à cisão a questão tem sido objeto de algumas reservas na doutrina, mas justifica-se a solução legal substantiva, ditada para evitar fraude à lei, por uma parte [art. 11º, nº 8, al. *b*)], mas também pela impossibilidade prática de separar da pessoa coletiva responsável pelo crime a parte que seria responsável da outra que o não seria. A responsabilização das duas ou mais pessoas coletivas que resultarem da cisão pode suscitar dificuldades em termos de penalização, exigindo especial ponderação na determinação da pena concreta para evitar mera duplicação em se tratando da pena de multa, mas já não assim relativamente às demais penas principais e acessórias que devem ser aplicadas por inteiro, tanto quanto nos parece para evitar a fraude à lei, fugindo à sanção aplicável em razão do crime praticado pela pessoa coletiva cindida.

A questão que pode suscitar alguma dificuldade de interpretação respeita às pessoas coletivas extintas. Segundo o nº 8 do artigo 57º do Código de Processo Penal, "*no caso de extinção e quando tenha sido declarada a insolvência e até ao encerramento da liquidação, mantém-se o representante à data da extinção ou da declaração de insolvência*".

Esta norma pode eventualmente ser interpretada no sentido de que com a liquidação se extingue a responsabilidade, dado que a lei não cura como será representada em juízo a pessoa coletiva já liquidada. Tem sido essa, aliás, ao que julgamos, a orientação jurisprudencial, embora não nos pareça que seja a solução mais ajustada, mas porventura a mais aconselhável em termos pragmáticos.

Digo em termos pragmáticos porque se a responsabilidade se mantiver mesmo após a liquidação terão de ser chamados ao processo todos as pessoas e entidades que tenham recebido bens liquidados, o que causará ou poderá causar graves perturbações no comércio jurídico, por uma parte, e na falta de bens distribuídos na liquidação não se justificará a prossecução do processo porque a execução da pena será impossível, por outra. Mas, ainda com muitas reservas, não me parece ser a solução legal.

Com efeito, os n.os 2 e 3 do artigo 127º do Código Penal, que não foram alterados, dispõem ainda: "2 – *No caso de extinção de pessoa coletiva ou entidade equiparada, o respetivo património responde pelas multas e indemnizações em que aquela for condenada*" e "3 – *A extinção da responsabilidade criminal pela morte do agente não impede o prosseguimento do processo para efeitos da declaração da perda de instrumentos, produtos e vantagens a favor do Estado*".

À extinção da pessoa coletiva segue-se a liquidação (art. 184º do Código Civil), do mesmo modo quanto à declaração de insolvência (art. 158º do CIRE). Julgamos que o nº 3 do artigo 127º do Código Penal é aplicável também à pessoa coletiva, numa interpretação extensiva, pois não faria sentido que com a liquidação o processo não prosseguisse para efeito não só "*da declaração da perda de instrumentos, produtos e vantagens a favor do Estado*", mas também para que o respetivo património responda "*pelas multas e indemnizações*" em que a pessoa coletiva for ou tiver sido condenada.

Acresce que, por força do disposto no nº 9 do artigo 11º do Código Penal, as pessoas que ocupem uma posição de liderança são subsidiariamente responsáveis pelo pagamento das multas e indemnizações em que a pessoa coletiva for condenada, ocorrendo as condições previstas nas suas alíneas, o que por si só justificará (ou justificaria) a prossecução do processo mesmo após a liquidação do ente coletivo. Creio, aliás, que esta solução se impõe (ou imporia), tendo em conta o disposto no nº 11 do artigo 11º do Código Penal relativo às entidades sem personalidade jurídica em que pode não haver sequer lugar a liquidação.

Julgo, com muitas dúvidas ainda, que a liquidação da pessoa coletiva não faz extinguir a sua responsabilidade[7], mas se assim for, como creio que é e deve ser, temos uma lacuna quanto à representação[8].

[7] Napoleoni,2020: 303 e ss.

[8] Julgamos que a lacuna há de ser suprida por recurso ao artigo 25º do Código de Processo Civil.

## 2. Os conceitos de "em nome ou por conta" e no "interesse direto ou indireto da pessoa coletiva"

Para que o facto seja imputado à pessoa coletiva é necessário que seja praticado em seu nome ou por sua conta e no seu interesse direto ou indireto.

Ser praticado em nome ou por conta da pessoa coletiva significa que o agente deve agir formalmente no exercício das suas funções, atuando no âmbito da sua competência. Não parece necessária a invocação expressa do nome da pessoa coletiva, bastando que a atribuição ao ente coletivo como ato seu resulte ao menos implicitamente[9].

O conceito de interesse do ente coletivo é mais controverso[10]. A fonte da expressão *interesse coletivo* foi o anteprojeto do Código Penal francês de 1976, mas foi depois abandonada por ser considerada ambígua e substituída pela expressão "*por sua conta*"[11]/[12]. A consideração de que o crime seja praticado no interesse coletivo como que reflete o motivo da pessoa jurídica, a razão para a sua prática[13] e também a justificação para a responsabilização da pessoa coletiva[14].

Deve considerar-se que age no interesse da pessoa coletiva o agente que pratica o facto em ordem à organização, ao funcionamento ou à realização dos seus fins, mesmo que desse facto não resulte para o ente coletivo qualquer proveito financeiro ou até lhe acarrete dano. Há de tratar-se sempre de ato funcional do agente[15].

No que releva para efeitos de responsabilização criminal das pessoas coletivas, o interesse coletivo é tudo o que importa para que a entidade coletiva realize os seus fins, ainda que se trate de atos meramente instrumentais. O interesse tutelado pela norma incriminadora e que foi violado pode não ser o interesse imediatamente prosseguido pelo agente para a pessoa coletiva, pois o que verdadeiramente releva é que o bem jurídico lesado ou posto em perigo o foi na prossecução de uma vantagem patri-

[9] Silva, 2009: 259 e ss.

[10] *Idem*: 260 e ss.

[11] O art.121-2 do Código Penal francês de 1974 emprega a expressão "*pour le compte*". Na Itália, o Decreto Legislativo nº 231/2001, de 8 de junho, refere-se expressamente ao interesse ou vantagem do ente coletivo e explicita que o ente coletivo não é responsável se as pessoas que agiram em seu nome o fizeram "*nell'interesse exclusivo próprio o di terzi*".

[12] Conte, 2018: 46-47.

[13] Planque, 2003: 282.

[14] Felice, 2002: 137.

[15] Conte/Chambon, 1999: 198-199.

monial ou não patrimonial para a pessoa coletiva, ou seja, visando beneficiar a atividade da pessoa coletiva, direta ou indiretamente[16].

O interesse do ente coletivo na realização do crime deve ser reconhecido objetivamente, não bastando uma mera valoração putativa por parte do agente. Se assim não fosse bastaria a simples qualidade pessoal do agente e a sua intenção para desencadear a responsabilidade de outro sujeito jurídico, a pessoa coletiva[17].

## 3. Pressupostos formais da imputação: as pessoas singulares agentes do crime

Conforme ao disposto nas alíneas *a*) e *b*) do nº 2 do artigo 11º do Código Penal, a responsabilização da pessoa coletiva tem como seus pressupostos: (i) ser o crime praticado por pessoa que ocupe no ente uma posição de liderança, ou (ii) ser praticado por colaborador subordinado em virtude de falta de vigilância ou controlo de quem ocupa posição de liderança. É interessante relevar deste já como a lei reporta sempre o facto a pessoa que ocupa uma posição de liderança na pessoa coletiva, que é quem "*tiver autoridade para exercer o controlo da sua atividade*", em termos gerais, quem tiver poder legal de determinar ou condicionar a atividade da pessoa coletiva e desse modo manifestar a vontade do ente coletivo.

Relativamente à alínea *a*) importa apenas destacar a alteração da nova redação, deixando agora claro que o facto ilícito imputável à pessoa coletiva não é exclusivamente do órgão de gestão executiva, mas também "*incluindo os membros não executivos do órgão de administração e os membros do órgão de fiscalização*", naturalmente relativamente aos atos que de acordo com os estatutos e a lei tenham poderes para exercer o controlo ou vigilância.

Relativamente à alínea *b*), a sua nova redação apenas veio clarificar que também agora é exigível que o facto ilícito seja praticado no interesse

[16] É interessante a redação da norma equivalente do Código Penal de Angola, positivada no art. 9º-2: "*As pessoas colectivas e equiparadas, ainda que irregularmente constituídas, são responsáveis pelas infracções cometidas em seu nome, por sua conta e no seu interesse, ou em seu benefício, a título individual ou no desempenho de funções, pelos seus órgãos, representantes, ou por pessoas que nela detenham uma posição de liderança*". Prossegue o preceito no nº 3: "*As pessoas colectivas referidas no número anterior são ainda responsáveis por crimes cometidos em seu nome, por sua conta e no seu interesse, ou em seu benefício, por pessoas singulares que actuem sob a autoridade das pessoas referidas no número anterior, sempre que o crime se tenha tornado possível em virtude de uma violação dolosa dos deveres de vigilância ou controlo que às últimas incumbem*".

[17] Fiordalisi, 2006: 77.

direto ou indireto da pessoa coletiva por qualquer colaborador que aja sob a autoridade das pessoas que ocupem posições de liderança. Importa aqui relevar que a falta de vigilância ou controlo não é a causa do crime, antes é essa falta de vigilância ou controlo que não impede a prática do crime.

Devemos relacionar a alínea *b*) do nº 2 do artigo 11º do Código Penal com o nº 2 do artigo 10º do Código Penal que trata da comissão por omissão. É hoje consensual que os líderes das empresas são responsáveis não só pelas suas ações e omissões próprias, mas também por comissão por omissão, ou seja, são responsáveis pelos crimes que tinham o poder e dever de impedir. É nesta perspetiva que ganha relevância a adoção de programas de cumprimento normativo com medidas de controlo e vigilância para prevenir a prática de crimes empresariais, geralmente designados por programas de *compliance*.

As pessoas coletivas são mera construção jurídica para facilitar o comércio jurídico em conformidade com a lei. Por isso que têm de se organizar para que na sua atividade não cometam crimes, sob pena de serem excluídas, dissolvidas. E a responsabilidade pela sua organização em ordem ao desenvolvimento da sua atividade em conformidade com as leis compete aos seus órgãos dirigentes e a todos os demais que têm no ente o poder e dever de controlar a sua atividade.

Como desde há muito venho insistindo, o nosso sistema de imputação da responsabilidade penal das pessoas coletivas não pressupõe que estas cometem crimes. A lei é claríssima: as pessoas coletivas "*são responsáveis por crimes cometidos*" por outrem [alíneas *a*) e *b*) do nº 2 do art. 11º) em seu nome ou por sua conta e no seu interesse direto ou indireto. Por isso que não seja relevante neste sistema a problemática da capacidade de ação e de culpa da pessoa coletiva. O que a lei dispõe é que essas entidades respondem por crimes cometidos por outrem, verificados certos pressupostos que, em última instância, têm como justificação para a imputação a deficiência de organização interna e de funcionamento da pessoa coletiva, porque não está estruturada ou não dispõe de instrumentos para evitar que em razão da sua atividade cometam crimes. A lei não tolera que instituições criadas para facilitar o comércio jurídico sejam causadoras, direta ou indiretamente, da prática de factos criminosos.

As pessoas coletivas devem organizar-se para que a pretexto da prossecução da sua atividade, que deve ser legal porque os seus fins têm de ser legais, não sejam cometidos crimes. É aqui que surge a problemática do *compliance*.

## III. Medidas de vigilância e de controlo: o *Compliance* Criminal

### 1. Relevância criminal dos instrumentos de controlo e vigilância no âmbito das pessoas coletivas

Quando, pela primeira vez, nos debruçámos sobre esta problemática adotámos um conceito muito simplista: a criação de instrumentos internos para prevenir e evitar a violação das normas, instrumentos que deveriam ser especialmente da responsabilidade de juristas porque se trata fundamentalmente de respeitar as normas que vinculam a sociedade na sua atividade, embora frequentemente seja necessário recorrer a outras competências sobretudo quando se trata de questões técnicas.

No documento submetido a consulta pública sobre "Estratégia Nacional de Combate à Corrupção /2020-2014" é referido o seguinte:

> *"Sem alterar o disposto o artigo 11º do Código Penal quanto ao modelo de imputação do facto à pessoa coletiva, deve ser dada relevância substantiva aos programas de cumprimento normativo ao nível da determinação da pena em sentido amplo, à semelhança do que sucede em diversos ordenamentos jurídicos (espanhol, francês, argentino e chileno, italiano e brasileiro, no âmbito da responsabilidade administrativa das pessoas coletivas). Este entendimento é já o da doutrina portuguesa, que na falta de normas expressas, sugere os artigos 70º, 71º e 72º do Código Penal para acolherem a relevância de tais programas na determinação da pena da pessoa coletiva e entidade equiparada".*

Este propósito veio a ser consagrado pela Lei nº 94/2021, de 21 de dezembro, nomeadamente nos artigos 90º-A, 90º-B e 90º-E do Código Penal e no nº 11 do artigo 281º do Código de Processo Penal.

Com efeito, a implementação de regras de vigilância e controlo sobre o cumprimento das normas a que a pessoa coletiva está sujeita na sua atividade e o seu efetivo cumprimento significam o propósito dos seus administradores no respeito da lei. E se mesmo com o estabelecimento e efetivo cumprimento de tais procedimentos de vigilância e controlo é possível ocorrerem acidentes e violações das normas, as violações serão imputadas a título de negligência leve com efeito nas sanções aplicáveis. Evidentemente que mesmo com processos de vigilância e controlo internos apertados é sempre possível desobedecer dolosamente à lei, mas esse é outro domínio a que não há prevenção que resista: é atividade criminosa pura.

A adoção de programas de cumprimento normativo, regras de vigilância e controlo em vista de prevenir e evitar a prática de ilícitos tem ainda o efeito de evitar a responsabilidade penal das pessoas coletivas, por falta de um dos pressupostos da imputação dos crimes praticados pelos colaboradores da pessoa coletiva consoante o disposto na alínea *b*) do nº 2 do artigo 11º do Código Penal.

## 2. O *compliance* criminal

### *a. Conceito de compliance criminal*

A etimologia da palavra *compliance* deriva do latim *complere* e o seu significado está ligado à vontade de fazer o que foi pedido ou de agir ou estar em concordância com regras, normas, condições que condicionam a atividade. Ainda que encontre correspondência em outros idiomas, foram os norte-americanos que pioneiramente utilizaram o termo – *to comply* – no âmbito das instituições financeiras para representar a necessidade de regulamentação nas relações comerciais. Em suma, o termo *compliance* significa cumprir, executar, atender a algo imposto e deve ser compreendido no sentido de conformidade ou de cumprimento de normas de prevenção.

Costuma distinguir-se *compliance*, governança corporativa, controles internos e auditoria interna[18]. Trata-se de conceitos cujas fronteiras não são rígidas de tal modo que o conceito de governança corporativa abrange todos os demais. Tomaremos o conceito de *compliance criminal* em termos amplos, no sentido de estabelecimento de regras internas de procedimento que visam prevenir a prática de crimes no seio das empresas. Importa ainda distinguir, porém, as normas que são impostas à empresa – *compliance* em sentido estrito – de outras normas adotadas voluntariamente pela empresa, consistentes em regras de controlo interno, todas englobadas no conceito de *compliance* criminal, em sentido amplo, que é o que nos importa na economia deste estudo[19].

A dimensão voluntária do *compliance* está hoje em grande parte ultrapassada pela multiplicidade de regras coativas. Este movimento de endurecimento do *compliance* é acompanhado pelo recurso a sanções pecuniárias para garantir a sua observância. Uma das primeiras manifestações deste fenómeno pode ser observada em matéria bancária e financeira, mas de pronto tem sido alargada a outras atividades.

As normas de *compliance* em sentido estrito são normas impostas às empresas e têm função preventiva, por isso de natureza administrativa.

[18] Cardoso, 2015:15 e ss.

[19] Sereni, 2016: 50 e ss. e 111 ss.

A sua violação acarreta sanções dessa natureza (administrativa e contraordenacional), sanções autónomas da violação das normas que protegem bens jurídico-penais, de natureza repressiva. O princípio da *ultima ratio* do Direito Penal é assim preservado por não intervir senão *a posteriori*, quando a lesão do bem jurídico ocorre efetivamente. Um equilíbrio parece assim instaurar-se entre a punição e a prevenção na luta contra os comportamentos atentatórios da probidade ou de certos bens essenciais e uma ausência de penalização excessiva da vida dos negócios. No entanto, este equilíbrio não deve encontrar-se senão com grande respeito do princípio da legalidade.

*b. Importância do compliance relativamente à responsabilidade dos gestores e das sociedades*

Fácil de entender a relevância da instituição de um bom serviço de *compliance* na responsabilidade penal dos gestores e das sociedades.

Como vimos já, nos termos da alínea *b*) do nº 2 do art. 11º, as sociedades podem ser responsabilizadas por crimes praticados por quem aja sob a autoridade das pessoas que ocupam uma posição de liderança em virtude de uma violação dos deveres de vigilância ou controlo destas e também os gestores podem ser responsabilizados precisamente pela falta de vigilância ou controlo que lhes incumbe enquanto gestores das sociedades, mas não só. Os gestores têm todo o interesse em que nas sociedades que gerem haja normas de comportamento que devem ser observadas por todos os colaboradores da empresa e pessoas ou serviços incumbidos do controlo das atividades para não incorrerem em responsabilidade e arrastarem as empresas para a prática de atos ilegais.

O desenvolvimento das obrigações de *compliance* é sob muitos aspetos positivo enquanto participa de um movimento de responsabilização da vida dos negócios. E que se desenvolva no âmbito administrativo apresenta a vantagem de marcar nitidamente a fronteira entre as obrigações de *compliance* que, preventivamente, relevam do Direito Administrativo e as infrações que aquelas são destinadas a prevenir e que, repressivas, relevam do Direito Penal propriamente dito.

É impossível definir uma cartografia de todos os riscos na atividade empresarial para estabelecer normas e procedimentos internos para prevenir que a empresa aja sempre em conformidade com a lei. Por isso que as normas de *compliance* em sentido estrito são estabelecidas para setores limitados da atividade e ditadas, em regra, pelas autoridades com competência de supervisão sobre esses setores. Mas essa constatação não impede, antes aconselha, que sejam estabelecidas voluntariamente regras internas de procedimento em ordem a prevenir os riscos da atividade empresarial suscetíveis de violarem as leis.

É neste contexto que são instituídos nas empresas os códigos de ética ou deontológicos. Trata-se de normas de ética aplicada para orientar os colaboradores sobre o que podem ou devem fazer perante situações que podem conduzir à responsabilização jurídica e social ou afetar a imagem da empresa.

## IV. Efeitos do *compliance* sobre a responsabilidade das pessoas coletivas e individual dos gestores

### 1. Efeitos atenuantes da pena aplicável ou aplicada à pessoa coletiva

Já antes referi que a existência de um sistema adequado de *compliance* afasta a responsabilidade das pessoas coletivas quando o crime é praticado por colaboradores em virtude de falta de vigilância ou controlo dos seus líderes [art. 11º, nº 2, al. *b*)]. Se o sistema for eficaz não chegam a ser cometidos crimes porque o sistema previne a sua prática, mas por muito bem estruturado e adequado há sempre o risco de não ser respeitado, especialmente por atuação negligente dos colaboradores.

Como também referi já, mesmo na ausência de lei expressa, já hoje se entende que a existência de programas de cumprimento normativo adequado a prevenir a prática de crimes tem o efeito atenuante da pena, nos termos do disposto no artigo 71º do Código Penal. Temos agora normas expressas a contemplar o efeito desses programas na determinação concreta da pena. É o caso dos n.os 4, 5 e 6 do artigo 90º-A e nº 4 do artigo 90º-B. Estas normas merecem análise especial em atenção à sua novidade.

Dispõe o artigo 90º-A, no seu nº 4, que o tribunal atenua especialmente a pena, "*considerando também a circunstância de a pessoa coletiva ou entidade equiparada ter adotado e implementado, antes da prática do crime, programa de cumprimento normativo adequado a prevenir a prática do crime ou de crimes da mesma espécie*".

Esta norma tem de ser interpretada com muito cuidado porque se o programa é adequado a prevenir a prática do crime faltará, em regra, o pressuposto da imputação do crime à pessoa coletiva. Só assim não será se, não obstante a adequação do programa, ocorrerem falhas no seu funcionamento imputáveis aos líderes por falta de vigilância ou controlo idóneos.

O nº 6 do mesmo artigo dispõe sobre a substituição da pena de multa por admoestação, caução de boa conduta ou vigilância judiciária, "*considerando a adoção ou implementação por parte da pessoa coletiva de programa de cumprimento normativo adequado a prevenir a prática do crime ou de crimes da mesma espécie*".

O nº 7, por sua vez, prevê a aplicação de pena acessória "*sempre que tal se revele adequado e necessário para a realização das finalidades da punição, nomeadamente por a pessoa coletiva não ter ainda adotado e implementado programa de cumprimento normativo adequado a prevenir a prática do crime ou de crimes da mesma espécie*".

Também os artigos 90º-B e 90º-E preveem a incidência na pena dos programas de cumprimento normativo e o art. 90º-G a aplicação da injunção judiciária de "*adoção e implementação de programas de cumprimento normativo com medidas de controlo e vigilância idóneas para prevenir crimes da mesma natureza ou para diminuir significativamente o risco da sua ocorrência*".

## 2. Efeitos atenuantes da pena aplicável aos líderes

Importa ainda, ainda que com alguma brevidade atento o espaço limitado do presente estudo, tratar da complexa questão da responsabilidade dos dirigentes da pessoa coletiva que não exercem adequadamente o controlo e vigilância dos seus colaboradores subordinados, sendo por isso causa da prática de crimes por parte destes [art 11º, nº 2, al. *b*)][20].

Tenho entendido que constitui dever dos dirigentes, aqueles que ocupam uma posição de liderança, adotarem medidas de controlo e vigilância para que não sejam cometidos crimes no âmbito da atividade da empresa. Considero que os líderes têm um dever de garante e por isso são responsáveis pelos crimes praticados pelos seus subordinados, por omissão, por força do disposto no nº 2 do artigo 10º do Código Penal[21].

A atividade empresarial constitui uma fonte de perigo para determinados bens jurídicos e os responsáveis pela empresa, em conformidade com o respetivo estatuto, têm o dever de agir para vigiar e controlar essa fonte de perigos para proteção dos bens jurídicos que esses perigos possam afe-

[20] Silva, 2009: 374 e ss.

[21] Cuadrado Ruiz, 1998: 210 e ss.

tar. Devem cuidar, nomeadamente e entre o muito mais, de que as instalações e equipamento cumpram as normas legais sobre segurança, alertar para a perigosidade das instalações e atividade desenvolvida, impedir ou condicionar a atividade dos trabalhadores que ponham em perigo os próprios ou terceiros, evitar o uso de substâncias venenosas e equipamentos e veículos contrariamente às normas e regulamentos prudenciais, impedir a realização de negócios não autorizados em nome da empresa.

Como cumprir estes deveres? Em regra mediante a implementação de programas de cumprimento normativo com medidas de controlo e vigilância idóneas para prevenir a prática de crimes. Implementado o sistema e as medidas de controlo idóneos ficará em regra excluída a sua responsabilidade, como, aliás, a da pessoa coletiva. Se faltar o controlo dos programas haverá, em regra, lugar à sua responsabilidade, ainda que eventualmente atenuada em termos semelhantes ao que se verifica com as pessoas coletivas.

## Conclusão

Cumpre concluir.

Gostava que ficasse uma ideia. A problemática da responsabilidade das pessoas coletivas não pode ser analisada simplesmente nos quadros da teoria geral do Direito Penal dominante até agora. São necessárias adaptações, desde logo porque as pessoas coletivas não têm verdadeiramente capacidade de ação e de culpa e respondem por factos de terceiros.

Outra ideia que gostaria que fosse retida prende-se com o seguinte: a atribuição de responsabilidade penal às pessoas coletivas tem uma justificação pragmática, de prevenção da criminalidade praticada por causa da sua atividade. Diversamente do que sucede com as pessoas físicas, a comunidade pode exigir que os entes coletivos só sejam admitidos a agir se se estruturarem de acordo com as exigências legais e as respeitarem. Por isso que a liberdade de organização é cada vez mais condicionada por lei e um desses condicionamentos modernos é que na sua estrutura e funcionamento implementem programas de cumprimento normativo e medidas de controlo idóneo para que na sua atividade respeitem a legalidade, pressuposto e condição da sua admissão e reconhecimento na vida comunitária.

Um apontamento final. Parece-me que a Lei nº 94/2021, de 22 de dezembro, ao regular as consequências penais dos programas de cumprimento normativo no âmbito da responsabilidade penal das pessoas coletivas, consagra uma opção de política criminal de natureza essencialmente preventiva bem mais eficaz na prevenção da criminalidade empresarial do que a sancionatória tradicional, o que merece o meu vivo aplauso.

## Bibliografia Citada

CARDOSO, Débora Motta,
(2015) *Criminal compliance na perspectiva da lei de lavagem de dinheiro*, São Paulo: LiberArs.

CONTE, Philippe / CHAMBON, Patrick Maistre du,
(1999) *Droit penal général*, 4ª ed., Paris: Sirey.

CUADRADO RUIZ, María Ángeles,
(1998) *La Responsabilidad por omisión de los deberes del empresário*, Barcelona: Bosch.

FELICE, Paolo,
(2002) *La responsabilità da reato degli enti collettivi*, Bari: Giappichelli.

FIORDALISI, Domenico,
(2006) *Il Damno Criminale*, Turim: Giappicelli.

NAPOLEONI, Valerio,
(2020) "Vicende Modificative dell'Ente", in: Giorgio Lattanzi e Paola Severino (org.), *Responsabilità da Reato degli Enti, vol. II – Diritto processuale*, Turim: Giappichelli, pp. 294-306.

PLANQUE, Jean-Claude,
(2003) *La Détermination de la Personne Morale Pénalement Responsable*, Paris: Harmattan.

SERENI, Andrea,
(2016) *L'ente Guardiano – L'autorganizzazione del controlo penale*, Turim: Giappichelli, 2016.

SILVA, Germano Marques da,
(2009) *Responsabilidade Penal das Sociedades e dos Seus Administradores e Representantes*, Lisboa: Verbo.

# Lei nº 94/2021: novos critérios de imputação de responsabilidade penal aos entes colectivos, responsabilização da sociedade-mãe e (ir)relevância dos programas de *compliance*[*]

Teresa Quintela de Brito[**/***]

**Sumário:** Introdução; I. Alteração do artigo 11º/2 do Código Penal pela Lei nº 94/2021; 1. Previsão de novos critérios gerais de imputação de responsabilidade penal a entes colectivos; 2. Fonte próxima: o Projecto de Lei nº 875/XIV/2ª (Grupo Parlamentar do PSD); 3. Os Relatórios de 2013 e 2022 do *Working Group on Bribery* da OCDE sobre a implementação por Portugal da *Anti-Bribery Convention*; II. Fontes de direito estrangeiro da fórmula legal "em nome ou por conta" e no "interesse directo ou indirecto" da pessoa colectiva; 1. O artigo 31-bis do Código Penal espanhol; a. Comissão do delito "em nome" ou "por conta" da pessoa jurídica; b. Exclusão da responsabilidade por actuações de pessoas físicas submetidas à direcção de outras pessoas colectivas; c. Em "benefício directo ou indirecto" da pessoa jurídica; 2. O artigo 121-2 do Código Penal francês; a. Modelo de imputação de responsabilidade penal à pessoa colectiva; b. Comissão da infracção por órgão

[*] Uma versão mais curta do presente texto será publicada no Número Especial 1/2023 da *Revista da Faculdade de Direito da Universidade de Lisboa* (*Lisbon Law Review*) de Homenagem ao Professor Doutor José de Oliveira Ascensão, que se encontra em preparação.

[**] Professora Auxiliar da Faculdade de Direito da Universidade de Lisboa, Jurisconsulta, Investigadora do Centro de Investigação em Direito Penal e Ciências Criminais/FDUL, do Centro de Investigação de Direito Privado/FDUL e do CEDIS/*Nova School of Law*.

[***] Por opção da autora o texto é escrito no português anterior ao Acordo Ortográfico de 1990. Só assim não será quando as fontes citadas usarem este último Acordo Ortográfico.

ou representante; c. Por conta da pessoa colectiva; d. Responsabilidade penal da pessoa colectiva e grupos societários; 3. O artigo 5º do Decreto-Legislativo italiano nº 231/2001; a. Responsabilidade administrativa ou, pelo menos, parapenal?; b. Comissão do crime "no interesse ou para vantagem" do ente colectivo; c. Responsabilidade penal do ente e grupos societários; 4. Síntese comparativa; 5. Conclusão comparativa quanto à responsabilização da sociedade-mãe; III. Conteúdo, alcance e utilidade das fórmulas "em nome ou por conta" e no "interesse directo ou indirecto" do ente colectivo no artigo 11º/2 do CP português; 1. As questões; 2. Actuação em nome ou em representação jurídico-penal da pessoa colectiva; 3. Actuação por conta vs. actuação no interesse do dono do negócio; 4. Sentido e utilidade da fórmula da actuação por conta da pessoa colectiva no âmbito do artigo 11º do CP; 5. Sentido e utilidade da fórmula da actuação no interesse directo ou indirecto da pessoa colectiva no âmbito do artigo 11º do CP; 6. Conclusões.

## Introdução

Neste texto reflecte-se sobre os novos critérios de imputação de responsabilidade às pessoas colectivas, resultantes das alterações introduzidas pela Lei nº 94/2021, de 21 de Dezembro, ao nº 2 do artigo 11º do CP. Tais critérios, constituídos pelas fórmulas "actuação em nome ou por conta" e no "interesse directo ou indirecto" do ente colectivo, tiveram um intuito claramente expansivo das hipóteses de imputação de responsabilidade à pessoa colectiva.

Esta passou a poder ser responsabilizada se um dos seus dirigentes praticou um dos crimes de catálogo por sua conta (*i.e.*, visando a produção de efeitos na esfera do ente), mas não em seu nome ou representação (*i.e.*, fora do quadro de exercício das competências, funções e tarefas que lhe foram cometidas pelo ente em vista da realização do seu fim e/ou da sua actividade), desde que o faça no seu interesse directo ou indirecto. Este último é conceito de todo não definido e passível de uma pluralidade de significados, todos incompatíveis com o modelo misto de hétero e auto-responsabilidade da pessoa colectiva, consagrado no artigo 11º do CP.

Em ordem a desvelar a origem, os significados, as finalidades e consequências dos novos critérios de atribuição de responsabilidade ao ente colectivo, começou por buscar-se as respectivas fontes (nacionais, internacionais e de direito estrangeiro). Assim, empreendeu-se um estudo comparativo do modelo e dos critérios de imputação de responsabilidade aos entes colectivos em vários países, com especial destaque para Espanha,

França e Itália, por as respectivas leis recorrem a fórmulas semelhantes às ora usadas pelo artigo 11º/2 do CP português.

A terceira parte do texto da lei é especificamente dedicada à análise do conteúdo, alcance e utilidade das fórmulas "em nome ou por conta" e no "interesse directo ou indirecto" do ente colectivo no artigo 11º/2 do CP português. Realiza-se tal análise sem perder de vista os ensinamentos e conclusões do estudo comparativo de direitos estrangeiros, mas tendo ainda em conta o significado jurídico-civil dos conceitos de actuação em nome, por conta e no interesse do representado ou do dono do negócio. Isto com o objectivo de aferir da sua operatividade na interpretação do actual artigo 11º/2, 4 e 6, do CP.

Duas são as principais conclusões a que se chega.

Primeira: nada se ganhou com a alternativa da actuação "por conta" da pessoa colectiva face à anterior exigência da prática do crime, pela pessoa singular, *maxime* dirigente, "em nome" colectivo. O artigo 11º/6 do CP obsta a uma interpretação da actuação "por conta" que vá além da actuação "em nome" da pessoa colectiva, tendo ainda em conta a definição dos representantes do ente para efeitos da sua responsabilidade penal (artigo 11º/4 do CP). Segunda: a alternativa da comissão do crime, pela pessoa física, no "interesse directo ou indirecto" carece de sentido no modelo misto de hétero e auto-responsabilidade vertido no artigo 11º/2, 4, 6 e 7, do CP. Modelo que pressupõe e exige – sempre – uma actuação no interesse directo e próprio do ente a responsabilizar. Além disso, tal alternativa é perigosa por poder dar guarida a dois conceitos discrepantes de actuação no interesse colectivo, permitindo um deles a imputação à pessoa colectiva do crime cometido por um dos seus dirigentes em gestão de negócios por ela não autorizada, nem sufragada pela respectiva cultura corporativa, somente porque a conduta daquele era, *ex ante,* objectivamente idónea a proporcionar-se, imediata ou mediatamente, um benefício, vantagem ou utilidade de qualquer natureza, maxime económica.

## I. Alteração do artigo 11º/2 do Código Penal pela Lei nº 94/2021

### 1. Previsão de novos critérios gerais de imputação de responsabilidade penal a entes colectivos

A Lei nº 94/2021, de 21 de Dezembro, alterou os critérios gerais de imputação de responsabilidade aos entes colectivos, consagrados no artigo 11º/2 do CP.

A anterior alínea *a)* apenas exigia que o crime fosse cometido por um líder da pessoa jurídica *em seu nome e interesse*. A actual alínea *a)* veio admitir, ao lado da actuação do líder *em nome da pessoa jurídica* (*i.e.*, em sua representação[1]), a mera actuação deste *por conta do ente*, parecendo prescindir da existência de poderes de representação por parte da pessoa singular com posição de liderança[2]. Além disso, a mesma alínea *a)* alude agora à prática do crime no *interesse directo ou indirecto do ente colectivo*. De novo, o conceito legal – fundamental – de actuação da pessoa física no interesse indirecto da pessoa colectiva fica por definir. Por seu turno, a nova alínea *b)* vem explicitar que o subalterno deve intervir na prática do facto colectivo agindo em nome ou por conta e no interesse directo ou indirecto do ente. Na anterior redacção do artigo 11º do CP, a exigência de que também nos casos previstos na alínea *b)* o subalterno devia intervir na realização do facto colectivo em nome e no interesse do ente retirava-se, *a contrario sensu*, do artigo 11º/6, que se reportava a todas as hipóteses previstas no nº 2[3].

[1] Antes da Lei nº 94/2021, porventura, representação não exactamente em sentido jurídico-civil, mas em sentido jurídico-penal, a extrair da definição de pessoas com posição de liderança dada pelo artigo 11º/4 do CP.

[2] Após a Lei nº 94/2021, pergunta-se: ausência de poderes de representação em sentido jurídico-civil? Mas, então, como é que uma pessoa com posição de liderança dentro da organização colectiva [representante em sentido jurídico-penal por poder vincular o ente à prática do crime (artigo 11º/4 do CP), sendo a posição de liderança determinada por referência ao concreto facto punível a imputar ao ente e não em abstracto] pode actuar por conta, mas não em nome da pessoa jurídica, ainda que em sentido jurídico-penal e para efeitos de responsabilização do ente? *Com a Lei nº 94/2021 passou a restringir-se a actuação em nome do ente ao conceito jurídico-civil de representação eficaz relativamente ao representado, com passagem ao requisito da actuação por conta em caso de ausência ou abuso de poderes de representação?* (cfr. artigos 258º, 268º e 269º, do Código Civil – CC)
Estará o mesmo preceito a convocar dois conceitos distintos de actuação "em nome"? O que deriva da conjugação do artigo 11º/2 com a definição de pessoa com posição de liderança pelo respectivo nº 4, na medida em que somente os líderes podem desencadear a responsabilidade do ente; e um outro, não definido (quiçá a importar do Direito Civil), resultante da contraposição da actuação "em nome" à actuação "por conta"? Na certeza de que o conceito de actuação "por conta" não é densificado pelo artigo 11º/2 e ss. do CP, apesar de este preceito operar como norma penal positiva, ao determinar os critérios de imputação de responsabilidade criminal aos entes colectivos.

[3] De outra opinião, Lamas Leite, 2022: 109-110, admitindo que, "numa hermenêutica mais literalista", a anterior al. *b)* do nº 2 do artigo 11º permitia responsabilizar o ente por qualquer crime praticado por um subalterno, somente com base numa "espécie de *culpa in vigilando*" do respectivo dirigente e num nexo de imputação objectiva entre a violação dos deveres de

Este nº 6 continua a determinar a exclusão da responsabilidade da pessoa jurídica quando o agente (pessoa singular) actuou contra ordens ou instruções expressas de quem de direito[4]. Hipótese em que o agente poderá não ter actuado em nome (se, dirigente ou subalterno, unilateralmente e sem consentimento da pessoa colectiva extravasou o quadro dos poderes, tarefas e funções em que esta o investiu), mas, ao menos e por certo, não actuou no interesse, e sim contra o interesse do ente.

## 2. Fonte próxima: o Projecto de Lei nº 875/XIV/2ª (Grupo Parlamentar do PSD)

Diferentemente da Proposta de Lei nº 90/XIV do Governo, que não apresentava qualquer alteração ao artigo 11º do CP, a Exposição de Motivos

supervisão, vigilância e controlo que sobre este recaem e a ocorrência do crime, ainda que este não guardasse qualquer relação com a prossecução do objecto social efectivo.

[4] Sobre as várias dúvidas de interpretação desta defesa da pessoa colectiva, veja-se o *Phase 3 report on implementing the OECD Anti-bribery Convention in Portugal* [§§50-51 e recomendação 3], de 14.06.2013, e *Implementing the OECD Anti-Bribery Convention. Phase 4 Report: Portugal* [§§184-186 e recomendação 14 (b)], de 14.11.2022, ambos elaborados pelo *OECD Working Group on Bribery*. Este grupo vem propondo reiteradamente a Portugal a eliminação de tal defesa do ente jurídico, sugerindo a sua desnecessidade ante o disposto no artigo 11º/2, al. *b)*, do CP. Preceito que, no entender do *Working Group on Bribery*, consagraria uma hipótese de *corporate liability due to management's breach of duties of surveillance or control, i.e.*, de responsabilidade directa do ente por uma falha de vigilância ou controlo do órgão de gestão, a qual possibilitou a prática da infracção por subalternos. *Interpretação que é, clara e correctamente, contrariada pelo texto dessa alínea que imputa a violação de um concreto dever de vigilância e controlo às pessoas físicas que ocupem posição de liderança na organização colectiva* por referência ao facto concreto a imputar ao ente, sem admitir uma presunção *ex post facto* da violação de um (abstracto) dever de vigilância ou controlo por parte do órgão de administração ou gestão da pessoa colectiva, como pretende o *Working Group on Bribery*.

Diferentemente, Lamas Leite, 2022: 108, conecta a posição de liderança com o objecto social efectivo [i.e., "as concretas actividades que a pessoa colectiva desempenha, mesmo em violação do princípio da especialidade do fim (artigo 160º do CC)"]. Contudo, o Autor não especifica os termos em que essa conexão deve estabelecer-se para que possa afirmar-se que o agente singular ocupa na pessoa colectiva uma posição de liderança, nem o ponto de referência para a determinação de tal posição: o objecto social efectivo no seu todo, ou somente aquele em cujo âmbito foi cometido o crime a imputar ao ente, nas suas concretas circunstâncias? Por outro lado, esta proposta parece fundir, confundindo-os, os critérios da qualidade funcional em que o agente singular intervém na prática do facto colectivo (em nome ou por conta do ente) e do interesse (esse sim, reportado ao objecto social concreto). Neste sentido, por exemplo, Vilela, 2022: 28, assimilando a actuação no interesse colectivo à prossecução dos fins da pessoa jurídica, e separando este requisito do da actuação em nome colectivo.

do Projecto de Lei nº 875/XIV/2ª (PSD) avançava para uma revisão do "regime da responsabilidade criminal das pessoas coletivas", escorando-se nos Relatórios do *Working Group on Bribery* da OCDE, respectivamente de 14 de junho de 2013[5] e de 5 de novembro de 2015[6], relativos à implementação, por Portugal, da Convenção sobre a Luta contra a Corrupção de Agentes Públicos Estrangeiros nas Transações Comerciais Internacionais[7].

Nessa sequência, o referido Projecto de Lei propunha as alterações aos nºs 2 e 4 do artigo 11º do CP, que vieram a ser consagradas pela Lei nº 94/2021, pretendia ainda alterar o nº 6 e inserir um novo nº 7 no artigo 11º do CP, nos seguintes termos:

> 6 – *A responsabilidade das pessoas coletivas e entidades equiparadas pode ser excluída quando se verificarem cumulativamente as seguintes circunstâncias:*
>
> *a) O órgão de administração tenha aprovado e executado, antes da comissão da infração, um programa de cumprimento normativo com medidas de controlo e vigilância idóneas para prevenir crimes da mesma natureza ou para diminuir significativamente o risco da sua ocorrência;*
>
> *b) A supervisão da execução do programa referido na alínea a) tenha sido entregue a um órgão da pessoa coletiva com poderes de fiscalização ou a uma pessoa ou entidade terceira com poderes de fiscalização;*
>
> *c) O agente da infração tenha atuado no seu exclusivo interesse e de modo a eludir o programa referido na alínea a).*
>
> 7 – *A responsabilidade das pessoas coletivas e entidades equiparadas pode ser especialmente atenuada quando se verificarem parcialmente as circunstâncias do número anterior.*

Estas *duas últimas propostas*, muito inspiradas no artigo 31-bis/2, 1ª, 2ª e 3ª, do CP espanhol – por sua vez quase decalcado do artigo 6º/1, do Decreto-

[5] *Phase 3 report on implementing the OECD Anti-bribery Convention in Portugal*, disponível *online* em: https://www.oecd.org/daf/anti-bribery/Portugalphase3reportEN.pdf (consultado em 27.11.2022).

[6] *Portugal: Follow-up to the Phase 3 Report & Recommendations*, disponível *online* em: https://www.oecd.org/daf/anti-bribery/Portugal-Phase-3-Written-Follow-Up-Report-ENG.pdf (consultado em 27.11.2022).

[7] Adoptada pela Organização de Cooperação e de Desenvolvimento Económico (OCDE/OECD), Paris, 17.12.1997, disponível *online* em: https://gddc.ministeriopublico.pt/sites/default/files/documentos/instrumentos/convencao_luta_contra_corrupcao_agentes_publi_estrang_transacoes_comerciais_internac.pdf (consultado em 28.11.2022).

-Legislativo italiano nº 231/2001[8] –, *não foram vertidas na Lei nº 94/2021.* Através delas, o Projecto de Lei nº 875/XIV/2ª (PSD) pretendia, por um lado, ir ao encontro da recomendação 3 (b) do *Phase 3 report on implementing the OECD Anti-bribery Convention in Portugal,* de 13 de Junho de 2013, no sentido da eliminação do artigo 11º/6 do CP português, que exclui a responsabilidade da pessoa colectiva quando o agente individual actuou contra ordens e instruções de quem de direito. No mesmo Relatório, o *Working Group on Bribery* manifestou preocupação ante a potencialidade de uma proibição geral de corrupção, por parte do ente colectivo, bastar para afastar a sua responsabilidade ao abrigo daquele preceito. No entender do mesmo Grupo, esta *defense* da pessoa colectiva está "vagamente definida", permitindo ainda que a mesma se libere de responsabilidade "emitindo uma proibição específica dirigida a uma transacção particular, independentemente do efectivo nível de supervisão, fiscalização e controlo do comportamento do funcionário ou intermediário". Por causa da possibilidade de uma interpretação do artigo 11º/6 do CP que destrua a efectividade do regime de responsabilidade penal das pessoas colectivas consagrado nessa norma, o *Working Group on Bribery* recomendou a eliminação de tal *defense*[9]. Por outro lado, o Projecto de Lei nº 875/XIV/2ª (PSD) visava corresponder ao nº 3 do *Summary and Conclusions* de *Portugal: Follow-up to the Phase 3 Report & Recommendations,* no qual o *Working Group on Bribery* considerava não implementada a mencionada recomendação 3 (b) do *Phase 3 report on implementing the OECD Anti-bribery Convention in Portugal,* já que este País não alterara o preceituado no artigo 11º/6, do CP, nem tomara qualquer outra medida; entenda-se, no sentido de delimitar e concretizar a *defense* em causa.

Neste contexto, o Projecto de Lei nº 875/XIV/2ª (PSD), segundo a respectiva Exposição de Motivos, pretendeu modificar o nº 6 do artigo 11º do CP e acrescentar um novo nº 7, "consagrando (...) regras de exoneração e atenuação de responsabilidade das pessoas colectivas e entidades equi-

[8] Note-se, porém, que o nº 6 do artigo 11º do Projecto de Lei nº 875/XIV/2ª (PSD) estendia a qualquer agente do facto colectivo (dirigente ou subalterno) o regime de elisão do programa de cumprimento normativo que o Decreto-Legislativo italiano nº 231/2001 (artigo 6º por confronto com o artigo 7º) e o artigo 31-bis do CP espanhol (n.os 3 e 4) reservam aos casos em que o facto individual de conexão seja protagonizado por dirigentes ou equiparados.

[9] *Phase 3 report on implementing the OECD Anti-bribery Convention in Portugal,* §51 e recomendação 3(b).

paradas fundadas na exigência da satisfação de um programa de cumprimento normativo".

Em virtude da sua conexão com a relevância dos programas de cumprimento normativo para a imputação, exclusão ou atenuação da responsabilidade criminal das pessoas colectivas, importa referir que o *Working Group on Bribery*[10] voltou a manifestar preocupações ante a subsistência do artigo 11º/6 do CP. O Grupo invoca a falta de *case Law* relevante em Portugal sobre este preceito e a disparidade de opiniões das entidades portuguesas ouvidas. Para umas, esclarece, teria de tratar-se de ordens ou instruções concretas, expressamente emitidas pela corporação quanto a actos específicos. Logo, uma ordem geral de não comissão de corrupção seria insuficiente para excluir a responsabilidade da pessoa colectiva[11]. Segundo outras, se a pessoa jurídica implementou uma cultura de *Compliance*, tal proibição geral, vertida no correspondente Código de Ética, bastaria para afastar a sua responsabilidade pela corrupção praticada por um funcionário. Ainda assim, o *Working Group on Bribery* insiste: diante do texto do artigo 11º/6, do CP, se a corporação emite uma ordem específica dirigida a uma concreta transacção, sem dúvida que aquela não poderá ser responsabilizada, independentemente do efectivo nível de supervisão, fiscalização e controlo que a mesma exerça sobre o comportamento do funcionário ou intermediário.

Neste ponto, o *Working Group on Bribery* está a enfatizar o carácter expresso (exigido pelo texto legal) e também o cariz específico (não legalmente imposto) da ordem ou instrução, isolando e dissociando o nº 6 do disposto nos n.os 2 e 4 do artigo 11º. Em particular, separa o nº 6 do significado da exigência de realização do facto punível, a imputar ao ente, no seu interesse; entenda-se: interesse finalístico, organizativo-operativo e/ou cultural, não estrita nem necessariamente económico[12]. A exigência

[10] *Implementing the OECD Anti-Bribery Convention. Phase 4 Report: Portugal*, adoptado a 14.10.2022, §§185-186, disponível *online* em: https://www.oecd.org/corruption/anti-bribery/portugal-phase-4-report.pdf (consultado em 27.11.2022).

[11] Neste sentido, por exemplo, o artigo 401º/3, do Código dos Valores Mobiliários (CVM), Decreto-Lei nº 486/99, de 13.11: "A responsabilidade da pessoa coletiva é excluída quando o agente atue contra ordens ou instruções concretas, individuais e expressas daquela, transmitidas ao agente, por escrito, antes da prática do facto".

[12] Assim, muito claramente, Marques da Silva, 2009: 260-265; e depois Quintela de Brito, 2012a: 378-385, 2012b: 240-241, 2013: 1251-1253, 2014: 76 e 82-83, e 2018: 80-81. Em texto posterior, Marques da Silva, 2022: 9, parece afastar-se de algum modo da

de realização do facto punível no interesse colectivo (na acepção referida) impõe que, ao carácter expresso (e, até, específico) da ordem ou instrução, se sobreponha a respectiva clareza, coerência, efectividade e eficácia ante o concreto modo de organização, prossecução do fim social ou institucionalizado, funcionamento, supervisão, fiscalização, formação e disciplina por parte do ente jurídico em causa[13].

Mais, no mesmo Relatório, o *Working Group on Bribery* sustenta a desnecessidade de tal cláusula para evitar a *strict liability* da pessoa jurídica (contrariamente à alegação de Portugal), por considerar que a responsabilidade objectiva já se encontra arredada pelo artigo 11º/2, al. *b)*, do CP, ao exigir uma violação de deveres de supervisão ou controlo, por parte do órgão de gestão, para imputar responsabilidade à pessoa jurídica[14]. Por ver no artigo 11º/6 um obstáculo adicional à repressão da corrupção, o *Working Group on Bribery* insiste em recomendar a revogação de tal *defense*[15].

## 3. Os Relatórios de 2013 e 2022 do *Working Group on Bribery* da OCDE sobre a implementação por Portugal da *Anti-Bribery Convention*

No seu *Phase 3 report on implementing the OECD Anti-bribery Convention in Portugal*, o *Working Group on Bribery* apontou como positiva a consagração, pela Lei nº 59/2007, do critério de imputação de responsabilidade criminal aos entes colectivos, previsto no artigo 11º/2, al. *b)*, do CP, por, em determinadas circunstâncias, permitir responsabilizar a corporação pela corrupção levada a cabo pelos seus agentes ou funcionários de escalão inferior (§49). Todavia, o mesmo Relatório colocou questões relativas à operatividade deste critério, porque a acusação precisaria de provar uma

sua tese inicial, conectando o conceito de interesse com o de benefício da pessoa colectiva: "qualquer vantagem, patrimonial ou não patrimonial, relacionada com a pessoa colectiva e a sua atividade".

13 Quintela de Brito, 2014: 83, e 2018: 89-91 e 93-95.

14 A verdade é que o artigo 11º/2, al. *b)*, do CP, na interpretação do *Working Group on Bribery*, corresponde efectivamente a uma *strict liability* da pessoa jurídica, assente na presunção *ex post facto* da violação de um (genérico, abstracto e indeterminado) dever de vigilância ou controlo por parte do órgão de gestão ou administração da pessoa colectiva. Presunção, ademais, tornada inilidível pela supressão do artigo 11º/6 do CP. O que redundaria num automatismo da responsabilidade do ente ante a prática de um crime de catálogo por um dos seus dirigentes, independentemente das respectivas circunstâncias, ou a mera possibilitação da sua realização, afirmada com base numa presumida falha de controlo ou vigilância da respectiva gestão.

15 *Implementing the OECD Anti-Bribery Convention. Phase 4 Report: Portugal*, recomendação 14 (b).

violação dos deveres de supervisão e controlo ao nível da gestão do ente[16]. O que pressupõe conhecer o respectivo modo de operar internamente; conhecimento nem sempre fácil de obter, sobretudo tendo em conta "as complexidades das estruturas corporativas modernas" e dos respectivos processos de tomada de decisão. Além disso, lê-se no Relatório, frequentemente, a previsão desta norma implicará, da parte da acusação, a prova de um facto negativo (a ausência de suficiente vigilância e controlo)[17]. Por isso, assinalou a necessidade de o próprio *Working Group on Bribery* acompanhar no futuro a aplicação prática deste critério[18].

Já quanto ao critério descrito no artigo 11º/2, al. *a)*, do CP, após a revisão operada pela Lei nº 59/2007, o mesmo Relatório manifestou preocupação pelo recurso à fórmula "em nome e no interesse" da pessoa colectiva. Isso, porque, no entender do *Working Group on Bribery*, *"o termo 'interesse colectivo' pode ser interpretado [no sentido de] excluir a corrupção para obter vantagens diversas do lucro directo (e.g. benefícios fiscais, desembaraço alfandegário)"*. No que concerne à exigência de que o dirigente actue em nome da pessoa colectiva, o Relatório apontou o caso de *o representante de uma filial corromper funcionário para benefício da sociedade-mãe. Hipótese em que não poderia sustentar-se que o representante da filial praticou corrupção em nome da sociedade-mãe, com a consequente impossibilidade de responsabilizar esta última*[19].

No Relatório respeitante à fase 4 de implementação por Portugal da Convenção Anticorrupção da OCDE[20], o *Working Group on Bribery* retomou a questão do *standard* português de responsabilização penal de entes colec-

[16] Contudo, como se disse, o artigo 11º/2, al. *b)*, do CP, apenas condiciona directamente a imputação de responsabilidade ao ente à violação dos deveres de vigilância ou controlo por parte do dirigente sob cuja autoridade os subalternos praticaram o facto a imputar àquele. O envolvimento do órgão de gestão apenas pode ser indirecta, mercê da dupla exigência de que a falha de vigilância ou controlo do dirigente directo (funcionalmente envolvido na prática do facto) seja realizada no interesse finalístico, organizativo-operativo e/ou cultural da pessoa jurídica (a fim de que esta não seja responsabilizada pela falha individual de um dos seus líderes) e de que o próprio crime de catálogo (a atribuir ao ente) haja sido realizado no interesse colectivo. A exigência de realização, em nome e no interesse colectivo, tanto do crime de catálogo a imputar ao ente como dos contributos prestados pelos agentes singulares resulta inequívoca do texto do nº 2 do artigo 11º do CP.

[17] Cfr. *Phase 3 report on implementing the OECD Anti-bribery Convention in Portugal*, §48.

[18] *Phase 3 report on implementing the OECD Anti-bribery Convention in Portugal*, Recomendação 13 (b).

[19] *Phase 3 report on implementing the OECD Anti-bribery Convention in Portugal*, §49.

[20] Adoptado a 14.10.2022, portanto, após a entrada em vigor das alterações ao artigo 11º introduzidas pela Lei nº 94/2021.

tivos. No §182 desse Relatório, o *Working Group on Bribery* notou que a Lei nº 94/2021 tinha "substituído" a fórmula usada na anterior versão do artigo 11º/2, al. *a)* ("em nome e no interesse da pessoa colectiva") pela expressão "em nome ou por conta" e "no interesse directo ou indirecto" do ente.

Na opinião do *Working Group on Bribery*, o termo '*interesse indirecto' parece incluir vantagens diferentes do lucro*[21] *e a possibilidade de responsabilização da sociedade-mãe por um acto [de corrupção de funcionário] praticado por uma filial ou por pessoa jurídica parceira (Joint venture)*. No entanto, lê-se no mesmo Relatório, não resulta claro se, ao abrigo dessa fórmula, é possível e em que circunstâncias responsabilizar uma sociedade-mãe pela corrupção de funcionário cometida por uma filial numa transacção internacional. Tanto mais que, assevera o *Working Group on Bribery*, os tribunais portugueses assumem posições divergentes sobre os casos e critérios de responsabilização da sociedade-mãe por infracções praticadas por sociedades-filhas[22]. Por isso, nesse Relatório[23], a recomendação nº 17 (j) assinala que o *Working Group on Bribery* acompanhará o desenvolvimento da legislação, da prática e da jurisprudência sobre a possibilidade e as circunstâncias em que a sociedade-mãe responde por corrupção de funcionário cometida por uma filial.

Especificamente quanto aos programas de cumprimento normativo, a recomendação nº 14 (d) do Relatório do *Working Group on Bribery*, sobre a quarta fase de implementação por Portugal da Convenção Anticorrupção da OCDE[24], insta o País a clarificar os *standards* que permitem aos juízes e procuradores avaliar "se o programa de *Compliance* é apropriado, considerando o risco de exposição [à corrupção] das pessoas colectivas envolvidas no caso concreto" e, ainda, a formá-los e treiná-los para esse fim.

Contudo, se bem se vê, esta clarificação poderia ser importante para efeitos de responsabilização da pessoa colectiva pela contra-ordenação prevista no artigo 20º/1, al. *a)*, do Decreto-Lei nº 109-E/2021 (não adopção ou não implementação de um plano de prevenção de riscos de corrupção e de infracções conexas (PPR), ou adopção ou implementação de um PPR a que

[21] O que, pelas razões apontadas no ponto anterior, pressupõe um entendimento incorrecto do conceito de actuação no interesse colectivo, como sendo aquela que se dirige à obtenção ou aquisição directa de um benefício (em última análise económico) por parte do ente.

[22] Sobre esta questão entre nós, por último, Sousa Mendes, 2022a: ponto 2.5, pp. 98-99; e 2022b, pp. 20-22.

[23] *Implementing the OECD Anti-Bribery Convention. Phase 4 Report: Portugal*, 14.10.2022.

[24] *Implementing the OECD Anti-Bribery Convention. Phase 4 Report: Portugal*, 14.10.2022.

falte algum ou alguns dos elementos referidos nos n.os 1 e 2 do artigo 6º), não fora esses mesmos *standards* estarem já pormenorizadamente definidos pelo artigo 6º/1 e 2, do Decreto-Lei nº 109-E/2021. Ao invés, em sede de responsabilidade penal das pessoas colectivas pelo catálogo de crimes previsto no artigo 11º/2 do CP (o qual inclui a corrupção e algumas das infracções conexas descritas no artigo 3º do Decreto-Lei nº 109-E/2021), não relevam, directa nem preponderantemente, os *standards gerais* de aferição da adopção e implementação eficazes de programas de *Compliance* destinados a prevenir a corrupção e infracções conexas, nos termos do Regime Geral de Prevenção da Corrupção. À luz do modelo consagrado no artigo 11º/2, 4, 6 e 7, do CP, o ente colectivo responde penalmente por aquilo que fez, pelo *out put* que dele irrompe, *i.e.*, um dos crimes do catálogo cometido em seu nome ou por sua conta e no seu interesse, atentas as concretas circunstâncias objectivas e subjectivas[25] de modo, tempo, lugar e contexto (finalístico, organizativo-operativo e/ou cultural) da respectiva ocorrência, e não pelo incumprimento da "obrigação [*ex ante*] de adoptar [um] programa de *Compliance* apropriado, considerando o risco de exposição [à corrupção] das pessoas colectivas", mesmo tratando-se das "envolvidas num caso concreto". O incumprimento de tal mera obrigação de *facere* (que penalmente corresponderia a um crime de mera inactividade e de violação de dever) poderá fundamentar responsabilidade da pessoa colectiva pela contra-ordenação prevista no artigo 20º/1, al. *a)*, do Decreto-Lei nº 109-E/2021, uma vez cumpridos os requisitos descritos no artigo 21º/2: realização dos factos constitutivos da contra-ordenação "pelos titulares dos seus órgãos, mandatários, representantes ou trabalhadores no exercício das respectivas funções ou em seu nome e por sua conta".

Tendo em conta as dúvidas apontadas no §182 deste último Relatório do *Working Group on Bribery Working*, quanto à possibilidade de a fórmula "actuação por conta" e no "interesse indirecto" da pessoa colectiva assegurar a responsabilização da sociedade-mãe por um crime de corrupção praticado por uma filial, através de pessoas físicas que nesta ocupam posição de liderança, importa averiguar:

(i) A origem e o significado nessa origem das fórmulas em nome ou por conta, em benefício directo ou indirecto, em benefício ou van-

[25] Incluindo a qualidade funcional dos respectivos agentes individuais.

tagem do ente, tendo em conta a lei, a doutrina e a jurisprudência (Capítulo II);

(ii) O seu uso nessa sede como critério único (*v.g.* artigo 121-2 do CP francês: "por conta") ou alternativo (artigo 11º do CP português: "em nome ou por conta e no interesse directo ou indirecto"; artigo 5º/1 do Decreto-Legislativo italiano: "interesse ou vantagem", e artigo 31-bis/1 do CP espanhol: "em nome ou por conta e em benefício directo ou indirecto") de imputação de responsabilidade a entes colectivos (Capítulo II);

(iii) A viabilidade de, em Portugal, alcançar tal desiderato (responsabilização da sociedade-mãe por crimes praticados por pessoas físicas ocupando posição de liderança na sociedade-filha) a partir da estrutura de atribuição de responsabilidade às pessoas colectivas, consagrada no artigo 11º/2, 4 e 6 do CP, mesmo com recurso às fórmulas de actuação "por conta" e no "interesse indirecto" do ente (Capítulo III);

(iv) Se a possibilidade de responsabilização do ente colectivo pelo crime cometido por pessoa física, agindo por sua conta (i.e., sem poderes para o efeito) e no seu interesse indirecto, esvaziará de conteúdo e sentido a obrigatoriedade de adopção e implementação, por pessoas colectivas ou sucursais que em Portugal empreguem 50 ou mais trabalhadores, de programas de cumprimento normativo orientados para a prevenção, detecção e repressão de actos de corrupção c infracções conexas (artigos 2º, 3º e 5º/1, do Decreto-Lei nº 109-E/2021, de 9.12)[26], impedindo, ademais, a relevância de tais programas na imputação, exclusão ou atenuação de responsabilidade penal aos entes colectivos – artigos 11º/2, 4 e 6, 90º-A/4 do CP (Capítulo III).

À tentativa de resposta a estas questões dedicar-se-á a exposição subsequente.

[26] Programas que apenas podem abranger a sua organização e actividade, mesmo incluindo áreas de administração, direcção, operacionais ou de suporte (cfr. artigo 6º/1 do mesmo diploma).

## II. Fontes de direito estrangeiro da fórmula legal "em nome ou por conta" e no "interesse directo ou indirecto" da pessoa colectiva

### 1. O artigo 31-bis do Código Penal espanhol

A nova redacção das alíneas *a)* e *b)* do nº 2 do artigo 11º parece ter sido influenciada pelo artigo 31-bis/1 do CP espanhol, que reza assim:

> *En los supuestos previstos en este Código, las personas jurídicas serán penalmente responsables:*
>
> *a) De los delitos cometidos en nombre o por cuenta de las mismas, y en su beneficio directo o indirecto, por sus representantes legales o por aquellos que actuando individualmente o como integrantes de un órgano de la persona jurídica, están autorizados para tomar decisiones en nombre de la persona jurídica u ostentan facultades de organización y control dentro de la misma.*
>
> *b) De los delitos cometidos, en el ejercicio de actividades sociales y por cuenta y en beneficio directo o indirecto de las mismas, por quienes, estando sometidos a la autoridad de las personas físicas mencionadas en el párrafo anterior, han podido realizar los hechos por haberse incumplido gravemente por aquéllos los deberes de supervisión, vigilancia y control de su actividad atendidas las concretas circunstancias del caso.*

#### a. *Comissão do delito "em nome ou por conta" da pessoa jurídica*

No artigo 31-bis/1, al. *a)*, do CP espanhol, a expressão "em nome" parece ser associada à qualidade de representante legal ou voluntário da pessoa jurídica e de titular de órgão com poderes de representação (*i.e.*, para tomar decisões em nome colectivo). Em contrapartida, nesta alínea, a actuação "por conta" surge conectada à ostentação de faculdades de organização e controlo da pessoa jurídica, mas sem poderes (formais) de representação desta[27]. Todavia, tanto num caso como noutro, o agente individual actua no quadro de exercício das competências, funções e tarefas em que foi investido pela pessoa jurídica, estando-se, nesse sentido, perante uma actuação

[27] Assim, expressamente, González Cussac, 2020: 137-138, concluindo: a exigência de actuação *em nome* "deve entender-se em sentido formal de acordo com a legislação comercial", logo, não basta que a pessoa física alegue actuar *em nome* da pessoa jurídica, importando que esteja munida do correspondente poder. Já o requisito de actuação *por conta* assume "carácter predominantemente material", relevando que o comportamento da pessoa física derive "de uma outorga de competências e funções" pela pessoa jurídica. Próximo, Gómez Tomillo, 2015: 113-115: às expressões actuação "em nome" ou "por conta" da pessoa jurídica correspondem requisitos distintos. A primeira pressupõe uma "habilitação formal para actuar pela pessoa jurídica", ao contrário da segunda.

funcional daquele[28]. Só nesta medida tais exigências seriam "funcionalmente equivalentes"[29], apesar de não constituírem sinónimos. Lapidar, neste sentido, José L. González Cussac[30]: o requisito da comissão do delito *por conta* da pessoa jurídica "aponta tanto para uma dimensão material como também formal", permitindo a última excluir os casos em que o sujeito excede a delegação de poderes. Segundo o Autor, estas exigências devem interpretar-se em sentido objectivo e não subjectivo (à luz da motivação do agente individual)[31]. Assim, age em nome ou por conta de uma pessoa jurídica quem o faça "como consequência de um acto objectivo, expresso ou tácito, pelo qual foi incumbido de determinadas funções". Decisivo para a atribuição de responsabilidade penal à pessoa jurídica é "o âmbito objectivo de actuação" da pessoa física, posto que em conformidade com as funções e competências atribuídas no âmbito societário.

Por seu turno, a alínea *b)* do nº 1 do artigo 31-bis do CP espanhol explicita que os subordinados devem cometer os delitos no exercício de actividades sociais[32], em "benefício directo ou indirecto" da pessoa jurídica e "por

[28] De outra opinião, Gómez Tomillo, 2015: 114-115, recorrendo, porém, já não ao critério do tipo de poderes (de representação formal ou não) conferidos pela pessoa jurídica, mas ao padrão do espectador objectivo que, perante a "actuação material do dirigente ou trabalhador, razoavelmente suporia que o agente possuía autorização da empresa". Graças a esta mudança de critério, o Autor pode sustentar que "os excessos do sujeito actuante ou omitente, a sua actuação contra a política social ou, até, contra ordens expressas, não excluem automaticamente a possibilidade de imputar objectivamente o facto à pessoa jurídica". Esta apenas poderia ficar isenta de pena "se no caso concreto não teve culpabilidade, por ausência de um defeito organizativo".

[29] Assim, Feijoo Sánchez, 2016: 77. Contudo, o Autor propõe uma interpretação ampla da exigência de actuação em nome ou por conta da pessoa jurídica, de forma a abranger tanto os casos de em que o delito tenha sido "cometido no âmbito das competências específicas assinaladas na organização", como aqueloutros em que o foi somente "por ocasião do exercício de tais competências", numa aproximação explicitamente assumida ao critério da responsabilidade civil subsidiária da pessoa jurídica pelos delitos (ainda que excessivos) perpetrados pelos "seus empregados ou dependentes, representantes ou gestores no desempenho das suas obrigações ou serviços" (artigo 120/4 do CP espanhol). Ao mesmo resultado chega, como se viu, Gómez Tomillo, 2015: 114-115.

[30] 2020: 138.

[31] No mesmo sentido, Gómez Tomillo, 2015: 119-120; Feijoo Sánchez, 2016: 83; entre nós, desde logo Marques da Silva: 2009, 265; posteriormente, Quintela de Brito, 2012a: 367-385 e 393-407.

[32] González Cussac, 2020: 136-137, explica que a mesma exigência não é feita pela al. *a)*, por causa da maior liberdade de decisão e de actuação dos representantes, administradores e directivos, se bem que "dentro das margens da actividade societária".

[sua]conta", *i.e.*, sem poderes de formais de representação, pois os representantes, mesmo destituídos de posição de liderança dentro da pessoa jurídica, parece integrarem-se na respectiva alínea *a)*, desde que habilitados para, em certo âmbito de actividade ou quanto a determinado assunto, tomarem decisões em nome colectivo[33].

*b. Exclusão da responsabilidade por actuações de pessoas físicas submetidas à direcção de outras pessoas colectivas*

Feijoo Sánchez[34] alerta para o significado e a relevância (limitativa) da exigência de que os subalternos pratiquem o delito, não só por conta e em benefício directo ou indirecto da pessoa jurídica, mas ainda "no exercício

Entre nós Germano Marques da Silva, 2009: 261 e 263-264, referindo-se embora à exigência de actuação dos titulares de órgãos e representantes no interesse colectivo, deixa claro que este conceito se prende com a realização do fim ou objecto imediato do ente colectivo, ou seja, com o escopo ou razão da respectiva existência e reconhecimento como entidade, e não apenas com o seu objecto mediato consubstanciado na actividade a desenvolver pelos titulares de órgãos para realização do fim imediato. Sobre a relevância do elemento teológico da pessoa colectiva, Menezes Cordeiro, 2020a: 436, e, mais pormenorizadamente, em 2020b: 255-257. O Autor explica que o exercício de certa actividade económica constitui o factor teleológico do ente societário, i.e., o seu objecto, escopo ou fim imediato e principal (cfr. artigo 980º do CC), sem prejuízo da eventual assunção pactícia de actividades secundárias ou subordinadas à principal e da realização necessária de actividades acessórias ou instrumentais (*v.g.* contratação de trabalhadores e operações de crédito). O fim ou objecto imediato é tecnicamente importante, porque, por exemplo, determina "a capacidade da sociedade" (artigo 160º do CC); "condiciona as deliberações dos sócios, sob pena de violação dos estatutos sociais"; e "baliza a atuação dos administradores" (Menezes Cordeiro, 2020b: 256). Também Oliveira Ascensão, 2000: 16, conecta o fim imediato da sociedade ao desempenho de certa actividade económica.
Diferentemente, no caso de imputação de responsabilidade à pessoa jurídica ao abrigo do artigo 31-bis/1, al. *b)*, do CP espanhol, seria necessária a existência de uma relação entre a actividade da pessoa jurídica (objecto ou fim mediato na terminologia de Germano Marques da Silva), certo "órgão/departamento/unidade" desta e "a concreta conduta delitiva cometida" (González Cussac, 2020: 145).

[33] Próximo, embora não coincidente, Feijoo Sánchez, 2016: 114: "os trabalhadores sem poder de decisão só podem actuar 'por conta' e não 'em nome' da pessoa jurídica, pois nunca cabe deduzir da sua posição que contam com autorização para comprometer a entidade". Também González Cussac, 2020: 145, sublinha que, estando as pessoas físicas referidas na al. *b)* do nº 1 do artigo 31-bis submetidas à autoridade de outras, carecem de faculdades de representação (*i.e.*, de vinculação) da pessoa jurídica, de forma que as "suas "actuações *ad extra*" não representam a pessoa jurídica.

[34] 2016: 80-81.

das actividades sociais". Com razão, o Autor sublinha: a alínea *b)* do nº 1 do artigo 31-bis não pode servir "para estender a responsabilidade penal [...] à conduta de pessoas submetidas a qualquer tipo de influência da pessoa jurídica, incluindo empregados ou pessoas dependentes das instruções de outras pessoas jurídicas (recursos humanos de outras pessoas jurídicas)". Em causa nesta alínea não está "uma mera questão fáctica de influência e interesse [de uma pessoa jurídica sobre outra], antes tem de existir uma vinculação [entre o agente individual e a pessoa jurídica a responsabilizar] que permita afirmar que [o agente] está a exercer actividades sociais e a actuar por conta [desta] pessoa jurídica". Assim o exige a "dimensão institucional [da] responsabilidade penal corporativa". Consequentemente, "uma empresa pode exigir dos seus *Business Partners* ou *Business Associates* o acatamento do seu Código de Conduta e que se lhe permita verificar [o cumprimento] de tal compromisso, mas nem por isso os empregados dos seus sócios comerciais actuam no exercício das suas actividades sociais, de modo que [aqueles] não podem gerar mais do que a responsabilidade da sua própria empresa". Em particular: a pessoa jurídica que, por exemplo, se dedique ao fabrico de automóveis não responde pelo crime de corrupção praticado em algum dos seus concessionários com personalidade jurídica própria, a menos que um dos funcionários da primeira tenha comparticipado na actuação delitiva com dirigentes ou subalternos do concessionário.

Esta conclusão é, de algum modo, corroborada entre nós pelo disposto nos artigos 6º/1 e 18º, do Decreto-Lei nº 109º-E/2021. O primeiro preceito limita a incidência do plano de prevenção de riscos de corrupção e infracções conexas à organização e actividade das entidades abrangidas pelo Regime Geral de Prevenção da Corrupção. O segundo preceito apenas impõe a estas entidades o dever de implementar procedimentos de *avaliação prévia do risco relativamente a terceiros (não incluídos na sua organização e actividade)* que actuem em seu nome[35], a fornecedores e a clientes, *sem as vincular a qualquer dever subsequente e permanente de vigilância, controlo e direcção da actuação desses terceiros*[36]. Dever, aliás, de cumprimento jurídica e facticamente impossível conside-

[35] Para usar alguns dos exemplos referidos por Feijoo Sánchez, 2016: 80: concessionários automóveis ou correctores de seguros.

[36] Tais procedimentos de avaliação prévia do risco devem adequar-se "ao perfil de risco da entidade" e permitir identificar: (i) "os beneficiários efetivos" da actuação dos representantes "externos", dos clientes e fornecedores; (ii) os "riscos em termos de imagem e reputação" para a entidade em causa do "envolvimento" com essas pessoas ou entidades; e (iii) as "relações

rando que se está perante pessoas estranhas à organização e actividade das entidades abrangidas. Mais: tanto quanto se alcança, a violação de tal dever nem sequer consubstancia a prática de alguma das contra-ordenações previstas no artigo 20º do Decreto-Lei nº 109º-E/2021.

*c. Em benefício directo ou indirecto da pessoa jurídica*

Tal como em Portugal sucedeu (apenas) com a Lei nº 94/2021, em Espanha, a Lei Orgânica nº 1/2015 alterou o artigo 31-bis do Código Penal, de modo a dar cumprimento às recomendações do *OECD Working Group on Bribery*, relativas à implementação, nesse País, da Fase 3 da Convenção da OCDE sobre Corrupção de Agentes Públicos Estrangeiros. Com efeito, no seu relatório, este Grupo advertira que a cumulação dos critérios "em nome" ou "por conta" e "em proveito" da pessoa jurídica, vertidos na redacção do artigo 31-bis dada pela Lei Orgânica nº 5/2010, conduzia à exclusão da responsabilidade colectiva em duas situações. Primeira: quando a pessoa física actuasse exclusivamente para seu benefício ou interesse. Segunda: quando a pessoa jurídica, através do facto da pessoa singular, obtivesse somente um benefício indirecto – *v.g.* uma vantagem competitiva[37].

A doutrina espanhola tende a considerar que a substituição da ideia de proveito pela de benefício não determinou uma ampliação da responsabilidade penal das pessoas jurídicas, pois trata-se de "conceitos muito próximos"[38], "praticamente sinónimos"[39] ou, até, "sinónimos"[40]. A ampliação resultaria antes da referência legal ao benefício directo ou indirecto[41]. Agora, além das situações de benefício directo – o qual não teria de constituir uma vantagem económica, podendo ser de qualquer outra índole "menos tangível", como, por exemplo, o prestígio social ou mercantil[42], ou nem sequer ser "economicamente mensurável"[43] – a pessoa jurídica res-

comerciais [das pessoas ou entidades referidas] com terceiros, a fim de identificar possíveis conflitos de interesses".

[37] Feijoo Sánchez, 2016: 82, n. 10.

[38] Gómez Tomillo, 2015: 115-116.

[39] Ragués i Vallès, 2017: 19-20, invocando ainda a ideia de utilidade.

[40] Feijoo Sánchez, 2016: 81-82.

[41] Feijoo Sánchez, 2016: 82; González Cussac, 2020: 139-140.

[42] Gómez Tomillo, 2015: 116.

[43] Feijoo Sánchez, 2016: 83, exemplificando com os benefícios para a imagem da pessoa jurídica, que obtém um prémio mediante corrupção de funcionário, ou que evita, pela mesma via, uma investigação.

ponderia criminalmente também quando, através do facto da pessoa singular, tenha evitado prejuízos, obtido vantagens competitivas "actuando delitivamente contra os concorrentes", poupado nos custos em prevenção da poluição ambiental[44], ou alcançado um benefício indirecto "através de terceiro interposto (cadeias de sociedades)"[45].

Segundo a doutrina espanhola maioritária, o benefício da pessoa jurídica traduzir-se-ia na facilitação do respectivo funcionamento, na realização do seu objecto ou na obtenção de qualquer outra utilidade aproveitável pela mesma[46]. A STS 154/2016, de 29 de Fevereiro[47], do Supremo Tribunal de Justiça espanhol, define benefício de forma muito ampla (13º Fundamento de Direito): *cualquier clase de ventaja, incluso de simple expectativa o referida a aspectos tales como la mejora de posición respecto de otros competidores, etc., provechosa para el lucro o para la mera subsistencia de la persona jurídica.*

Apesar da ampla interpretação doutrinária e jurisprudencial do conceito de benefício directo ou indirecto, "a estreita conexão entre este requisito e o da comissão do delito em nome ou por conta" da pessoa jurídica, exigida pelo artigo 31-bis/1 do CP espanhol, impede a responsabilização desta quando "o comportamento da pessoa física é alheio ao objecto social ou às tarefas que (...) lhe foram atribuídas"[48]. Dito de forma ainda mais clara: a idoneidade material, objectiva e *ex ante* da conduta da pessoa física para a produção de "alguma classe de benefício" colectivo implica que, "pelo menos a conduta [dos directivos, mandos intermédios ou operários] se enquadre no âmbito dos objectivos da organização (como pode uma

[44] FEIJOO SÁNCHEZ, 2016: 82-83, aludindo a uma "conexão de proveito" da actuação da pessoa física, a qual deve "ter o sentido ou tendência [objectiva] de alcançar algum benefício para a pessoa jurídica", irrelevando se a final o consiga ou não obter.

[45] GONZÁLEZ CUSSAC, 2020: 141. O Autor não esclarece se tem em vista os grupos societários "aparentes" ou "fictícios", nos quais a pluralidade de entidades dotadas de personalidade jurídica é somente formal, estando-se materialmente perante um único sujeito jurídico. Hipótese em que o benefício obtido pela sociedade absolutamente dominante, mediante a interposição fictícia de terceiros (as sociedades totalmente hetero-administradas e hetero-conduzidas), não poderá considerar-se indirecto, mas sim directo.

[46] RAGUÉS I VALLÈS, 2017: 105.

[47] Relator José Manuel Maza Martin, disponível *online* em: https://vlex.es/vid/599579023 (consultado em 8.01.2023). Para amplas referências de jurisprudência espanhola relativa à actuação em benefício directo ou indirecto da pessoa jurídica, veja-se VELASCO NÚÑEZ, Eloy, *10 años de responsabilidad penal de la persona jurídica (análisis de su jurisprudencia)*, Navarra: Thomson Reuters, 2020, pp. 93-95.

[48] GONZÁLEZ CUSSAC, 2020: 141-142.

acção ser idónea para benefici[ar a pessoa jurídica] se não se encontra no seu giro?)". Contudo, os objectivos relevantes para esse efeito não têm de coincidir "com os formalmente reflectidos nos [respectivos] estatutos", bastando que correspondam àqueles que, como instituição, "vá assumindo, progressiva e dinamicamente, de facto"[49]. Através do requisito do benefício para a entidade colectiva, a lei "requer que se trate de um facto de empresa que careça de sentido, que seja incompreensível de outra perspectiva"[50].

A doutrina espanhola tende a associar o benefício colectivo a qualquer vantagem, proveito ou utilidade (máxime económica) para a pessoa jurídica, somente delimitada/o pelo fim ou objecto imediato desta, pela respectiva actividade efectiva (objecto mediato) e pelo quadro de competências, funções e tarefas cometidas pelo ente ao agente singular. Assim sucede por a lei penal espanhola ter optado pelo conceito de benefício, em vez do de interesse da pessoa colectiva, habitualmente usado no Direito Civil e Societário[51] e também acolhido pelo artigo 11º/2 do CP português, na linha de uma longa tradição entre nós, iniciada pelo artigo 3º/1, do Decreto-Lei nº 28/84, de 20 de Janeiro (Infracções contra a Economia e a Saúde Pública).

## 2. O artigo 121-2 do Código Penal francês

O disposto neste preceito reveste-se de especial interesse quando se pergunta pela necessidade, utilidade e finalidade da inserção da fórmula *em nome ou por conta* da pessoa colectiva e no seu *interesse directo ou indirecto* na actual redacção do artigo 11º/2 do CP português, introduzida pela Lei nº 94/2021. Assim sucede porque o artigo 38º do Anteprojecto de 1978 do Código Penal francês condicionava a responsabilização das pessoas jurídicas à comissão de uma infracção "em seu nome e no interesse colectivo". Porém, o artigo 121-2,

[49] No mesmo sentido entre nós, muito claramente, LAMAS LEITE, 2022: 108, sublinhando que para o Direito Penal irreleva se a pessoa singular realiza uma acção ou omissão "que caiba no objecto social, desde que o ente colectivo por ela representado esteja, no dia-a-dia, a exercer essa atividade, ainda que (...) em violação da lei ou do pacto social. Esta vulneração é já matéria do Direito Civil ou do Direito das Sociedades Comerciais".

[50] GÓMEZ TOMILLO, 2015: 119-120. Também FEIJOO SÁNCHEZ, 2016: 78-79, sublinha que, através dos requisitos da actuação em nome ou por conta e em benefício do ente, se exige que se trate de uma situação de "'criminalidade de empresa' ou da pessoa jurídica, e não simplesmente de 'criminalidade na empresa' ou na pessoa jurídica".

[51] Chama a atenção para a diferença de terminologia entre a lei penal e o direito societário, GONZÁLEZ CUSSAC, 2020: 139, embora sem propor uma interpretação do conceito jurídico-penal de benefício no sentido de interesse da pessoa colectiva.

do Código Penal francês de 1994, substituiu ambas as expressões – que tanta influência tiveram e têm no modelo português de responsabilização das pessoas colectivas[52] – pela exigência da comissão de uma infracção, "por conta" da pessoa moral, "pelos seus órgãos ou representantes".

Em França, a expressão "interesse colectivo" foi considerada ambígua e "substituída por outra mais elíptica" ("por sua conta"), em ordem a evitar as respectivas dificuldades de interpretação, embora deixe subsistir "muitas das dificuldades anteriormente assinaladas"[53]. Face aos Anteprojectos de 1976 e de 1978 do Código Penal francês, o interesse colectivo foi prontamente assimilado a "interesse social" ou "interesse pessoal da colectividade". Não obstante, o requisito da prossecução do interesse colectivo começou logo por ser interpretado como exigência da prática de uma infracção "susceptível de gerar um proveito"[54] para a pessoa colectiva, assistindo-se a uma imediata e clara identificação entre *interesse* e *proveito*.

### *a. Modelo de imputação de responsabilidade penal à pessoa colectiva*

Vejamos de mais perto o modelo francês de imputação de responsabilidade penal ao ente, que depende da verificação de duas condições: (i) comissão da infracção por um órgão ou representante da pessoa colectiva; e (ii) por conta desta.

Trata-se de um modelo de "responsabilidade indirecta, por ricochete e representação", assente na teoria da ficção da pessoa jurídica, à luz da qual apenas uma pessoa física pode realizar uma infracção ("nos seus elementos material e moral"), sendo esta somente imputada àquela. Imputação justificada e respaldada: (a) na "realidade criminológica" da pessoa jurídica, que se converte numa "entidade própria" graças ao seu poder (*les membres de la personne morale se fondant dans une nouvelle entité*), (b) no facto de as pessoas colectivas, em virtude dos meios ao seu dispor, estarem frequentemente na origem de atentados graves à saúde pública, ao ambiente

[52] Marques da Silva, 2009: 261, vê no artigo 38º do Anteprojecto de 1978 de CP francês a fonte da expressão "interesse colectivo", usada por múltiplas leis portuguesas como critério de imputação de responsabilidade ao ente colectivo.

[53] Marques da Silva, 2009: 257.

[54] Bernardini, 2015: 535-536, considerando "mais técnica" a expressão "por conta" do que a fórmula no "interesse colectivo", sem especificar em que reside essa maior tecnicidade, mas, ainda assim, propondo uma interpretação em sentido amplo de uma fórmula que reconhece não ser, de todo, definida pelo artigo 121-2 do CP.

e à ordem económica, (c) sendo "a decisão que está na origem da infracção tomada pelos órgãos sociais, eles próprios"[55]. Apesar de a infracção ser apenas imputada à pessoa colectiva (e não realizada por esta), tratar-se-ia de uma responsabilidade penal pessoal[56], mercê da teoria orgânica ou do mecanismo jurídico-civil da representação.

Deste modo, o modelo da responsabilidade indirecta, por ricochete e representação, distinguir-se-ia tanto do modelo da responsabilidade penal da pessoa colectiva pelo facto de outrem (o autor material da infracção) – "o que na realidade não é completamente falso, mas [seria] monstruoso em Direito Penal" – quanto do modelo de responsabilidade directa da pessoa colectiva "sem referência e mesmo sem necessidade de um substrato humano"[57]. Justamente por se estar perante a imputação à pessoa jurídica da infracção realizada pelo seu titular de órgão ou representante, a infracção deve existir "sem ter de se estabelecer uma infracção distinta a cargo da pessoa moral"[58]. Assim, se o representante for absolvido por a infracção "não ter sido caracterizada" quanto a ele, também a pessoa jurídica não pode ser declarada penalmente responsável[59].

[55] Pradel, 2019: 515-516. A p. 521 o Autor aponta como vantagens do modelo da responsabilidade por ricochete e representação as seguintes: conformidade com a letra do artigo 121-2 do CP; prevenção de excessos punitivos ao subordinar a responsabilidade da pessoa colectiva a uma "falta (voluntária ou não) de uma pessoa física"; assim, "sublinha a falta desta última e incita-a a comportar-se bem"; e o seu carácter lógico, pois "uma entidade jurídica não pode ela própria cometer uma infracção sem intervenção de uma pessoa física". Em seu entender, só modificando o artigo 121-2 do CP se poderia afirmar a vigência em França de um modelo de responsabilidade directa da pessoa jurídica, o qual, então, deveria levar à submissão desta a medidas de segurança "à maneira da neutralização de um indivíduo perigoso", no caso de perseguição criminal somente dirigida contra o ente. Isto, em virtude da alegada incapacidade penal das pessoas colectivas.

[56] Pradel, 2019: 516.

[57] Pradel, 2019: 516. O Autor aponta como exemplos de consagração de um modelo de responsabilidade directa da pessoa colectiva o artigo 19º do CP romeno ("As pessoas colectivas (...) são penalmente responsáveis pelas infracções cometidas em realização do seu objecto social ou no [seu] interesse ou em [seu] nome") e o artigo 5º/1 do CP belga ("Qualquer pessoa colectiva é penalmente responsável pelas infracções intrinsecamente ligadas à realização do seu objecto ou à defesa dos seus interesses, ou por aquelas em que os factos concretos demonstrem que foram cometidas por sua conta").

[58] Dechenaud, 2020: 88.

[59] Bernardini, 2015: 534.

*b. Comissão da infracção por órgão ou representante*

À luz do artigo 121-2 do CP francês, a primeira condição de responsabilização da pessoa colectiva consiste na *comissão da infracção por um seu órgão ou representante*. Vejamos brevemente como têm sido interpretados os conceitos de órgão e representante do ente.

No *conceito de órgão* inclui-se tanto o órgão de direito, como o dirigente de facto, desde que os órgãos ou representantes legais da pessoa colectiva lhe tenham outorgado as respectivas prerrogativas. Para a responsabilização da pessoa colectiva irreleva se o órgão (singular ou colectivo)[60] actuou no âmbito das suas atribuições e competências ou, ao invés, excedendo-as, pois, o princípio da especialidade, visando delimitar a capacidade negocial do ente jurídico, não pode restringir a sua capacidade delitual[61].

Quanto ao conceito de representante, abrange:

(i) A pessoa com o poder de agir em nome do ente, por força da lei ou dos estatutos (*v.g.* gerente, administrador judiciário ou provisório, director de uma agência bancária);
(ii) A pessoa beneficiária de uma delegação de poderes por parte dos órgãos do ente ou de uma subdelegação do delegado, mesmo tratando-se de um preposto ou assalariado;
(iii) O mandatário especial exterior à pessoa colectiva, incumbido de a representar na realização de determinado acto[62].

Portanto, o representante é amplamente definido como aquele que dispõe: do poder de representação da pessoa colectiva, seja um poder geral de representação (próprio dos representantes legais – *v.g.* administradores, gerentes, directores gerais) ou antes específico de representação; de autoridade para tomar decisões em seu nome; ou para exercer um controlo no seu seio[63]. Ou, ainda, como a pessoa provida da competência, da autoridade e dos meios necessários, tendo recebido uma delegação de poderes dos órgãos sociais ou uma subdelegação do delegado assim designado[64].

[60] Pradel, 2019: 517; Dechenaud, 2020: 83-84.
[61] Bernardini, 2015: 532-533.
[62] Bernardini, 2015: 533-534.
[63] Pradel, 2019: 516-517.
[64] Dechenaud, 2020: 84

A expressão *comissão da infracção* também é interpretada de forma muito ampla, considerando suficiente a imputação individualizada, a um órgão ou representante da pessoa colectiva, das "falhas constitutivas do delito"[65] ou que estão na origem do mesmo. Imputação que pode, inclusive, alicerçar-se numa "presunção de falta" do órgão ou representante, cujos estatuto e atribuições devem ser específica e concretamente demonstrados. Presunção "logicamente deduzida do facto de que o órgão ou representante tinha a autoridade e os poderes para agir" por conta da pessoa colectiva, "e não o fez", omitindo tomar as medidas necessárias para evitar o delito, apesar de dispor do conhecimento necessário para o efeito[66].

Assim, a responsabilização penal da pessoa colectiva não depende da identificação do autor material da infracção – que pode revelar-se aleatória ou difícil no caso de entes de maior dimensão ou quando "a infracção tem origem num órgão colectivo" – mas somente da "determinação do [seu] delegado"[67] no caso em análise. Uma vez realizada a imputação do delito a uma falha (activa ou omissiva) de um órgão ou representante da pessoa colectiva, esta será penalmente responsabilizada. O que não pressupõe nem depende da responsabilização penal do seu titular de órgão ou representante[68]. Este apenas responderá se for autor ou cúmplice do mesmo facto, nos termos dos artigos 121-4 e 121-7, ou se realizar a previsão do artigo 121-3, 4º parágrafo[69], todos do CP francês.

Uma tão ampla interpretação da "comissão da infracção por órgão ou representante" para efeitos de responsabilização penal da pessoa colectiva é claramente franqueada pela invocada natureza fictícia das pessoas colectivas, apesar da sua "realidade criminológica". Natureza fictícia que,

[65] Bernardini, 2015: 534-535.

[66] Pradel, 2019: 520-521.

[67] Pradel, 2019: 518 e 521.

[68] Bernardini, 2015: 534: "a pessoa colectiva pode ser perseguida sozinha, o artigo 121-2, alínea 3, do CP, não impõe a cumulação de responsabilidades"; tanto mais que a pessoa física, autor ou cúmplice da infracção, pode ter falecido ou fugido e, ainda assim, o ente ser condenado. No mesmo sentido, Dechenaud, 2020: 89.

[69] Que estabelece: *Dans le cas prévu par l'alinéa qui précède* [infracção negligente], *les personnes physiques qui n'ont pas causé directement le dommage, mais qui ont créé ou contribué à créer la situation qui a permis la réalisation du dommage ou qui n'ont pas pris les mesures permettant de l'éviter, sont responsables pénalement s'il est établi qu'elles ont, soit violé de façon manifestement délibérée une obligation particulière de prudence ou de sécurité prévue par la loi ou le règlement, soit commis une faute caractérisée et qui exposait autrui à un risque d'une particulière gravité qu'elles ne pouvaient ignorer.*

impedindo-as de ser agentes da infracção, permite que a infracção lhes seja imputada logo que se comprove ou presuma uma falha (activa ou omissiva) de um seu órgão ou representante; falha que seja "constitutiva" dessa infracção, esteja na sua origem ou a pudesse ter evitado, considerando a autoridade, os meios e o conhecimento ao dispor daquele "para agir por conta" da pessoa jurídica[70]. Por seu turno, o recurso à teoria orgânica ou ao instituto jurídico-civil da representação assegura a transmutação, numa responsabilidade "penal pessoal" [71], desta inequívoca responsabilidade objectiva e por facto de outrem da pessoa colectiva.

*c. Por conta da pessoa colectiva*

Consideremos agora o conceito de actuação do órgão ou representante por conta da pessoa colectiva.

Se bem se vê, a actuação por conta deveria assumir um significado distinto da mera actuação (aquando da prática da infracção) na qualidade de órgão ou representante, à luz das competências, funções e tarefas cometidas pela pessoa jurídica. A esta exigência reporta-se, justamente, a primeira condição de imputação de responsabilidade ao ente colectivo (prática da infracção por órgão ou representante).

O requisito da actuação por conta da pessoa jurídica tem desde logo o efeito de excluir a responsabilidade desta se: (i) o órgão ou representante agiu no seu mero interesse, i.e., por sua conta, (ii) no interesse de terceiro estranho à pessoa jurídica que "representa", mesmo que dentro do quadro das suas funçõcs[72], ou (iii) contra o interesse colectivo (*v.g.* desvio de fundos ou valores para fins pessoais)[73].

Agir por conta da pessoa colectiva significa *actuar no seu interesse, benefício ou proveito*, quer se trate de um "benefício material ou moral, actual ou eventual, directo[74] ou indirecto" (*v.g.* o dirigente realiza publicidade falsa para prejudicar um concorrente)[75]. Atente-se na preponderante recondu-

[70] PRADEL, 2019: 520-521.
[71] PRADEL, 2019: 515-516.
[72] BERNARDINI, 2015: 536.
[73] BERNARDINI, 2015: 537. No mesmo sentido, PRADEL, 2019: 526.
[74] Exemplo dado por DECHENAUD, 2020: 90, o director geral de uma sociedade encarregue da realização de uma obra contrata os serviços de um empresário clandestino, a sociedade é condenada por recurso a trabalho clandestino.
[75] PRADEL, 2019: 526.

ção da actuação por conta à noção de interesse, embora entendido como benefício ou proveito[76].

Mas também age por conta da pessoa colectiva o órgão ou representante que actue "simplesmente em nome daquela por referência ao objecto social, sem buscar o menor benefício, ainda que moral ou eventual". O que acontece quando o director de uma sociedade negligencia assegurar que os trabalhadores usem capacetes nos estaleiros de construção, tendo-se verificado uma morte por acidente de trabalho, mesmo que a sociedade houvesse anteriormente adquirido um *stock* suficiente dos mesmos[77].

Note-se a assimilação da actuação por conta à dupla ideia de: (i) actuação para beneficiar, por qualquer modo (material, moral, intelectual, directa ou indirectamente) a pessoa colectiva; e de (ii) comissão da infracção no exercício da actividade colectiva. Ao invés a actuação por conta já não está condicionada à realização da infracção no desenvolvimento da finalidade ou objecto social imediato. Tome-se o caso da sociedade civil dedicada à venda de imóveis que foi declarada culpada de proxenetismo e branqueamento de capitais[78], porque a sua actividade incluía efectivamente a realização desses delitos, apesar de ser outro o fim declarado no respectivo acto constitutivo.

*d. Responsabilidade penal da pessoa colectiva e grupos societários*

Uma última nota para dar conta de alguma jurisprudência francesa relativa à responsabilidade penal em caso de grupos societários[79].

A decisão recorrida declarara a sociedade membro de um grupo responsável por ferimentos involuntários sofridos por um assalariado de outra sociedade do grupo, porque aquela, enquanto representante do grupo junto do chefe de obras, teria assumido um papel de especial relevo dentro do grupo. O Tribunal de Cassação, na sua decisão de 13 de Outubro de

[76] Também Bernardini, 2015: 536, associa a actuação por conta à que teve lugar "no interesse da pessoa moral", em ordem a "*obter um ganho ou proveito financeiro, realizar uma economia ou evitar uma perda*". O ganho para o ente pode ser "directo ou indirecto, material ou intelectual". Para agir por conta da pessoa colectiva, o órgão ou representante não precisa de agir em nome da pessoa colectiva e sem buscar qualquer benefício pessoal.

[77] Pradel, 2019: 526. Da mesma opinião Bernardini, 2015: 536.

[78] Exemplo de Dechenaud, 2020: 90.

[79] Dechenaud, 2020: 85.

2009[80], decidiu: em caso de acidente de trabalho e em aplicação do artigo 121-2 do CP, as infracções em matéria de higiene e segurança no trabalho cometidas pelo delegado designado por cada uma das sociedades integrantes do grupo, suscitam apenas responsabilidade da pessoa colectiva empregadora da vítima.

Em sentido próximo, decidiu o Tribunal de Cassação na sua decisão de 23 de Novembro de 2010[81]: em caso de acidente de trabalho, as falhas em matéria de higiene e segurança dos trabalhadores cometidas pelo delegado designado por cada uma das sociedades integrantes de um agrupamento de empresas, aquando da adjudicação de um contrato, geram a responsabilidade penal da pessoa colectiva, membro do agrupamento, que seja a empregadora da vítima; ou, em caso de recurso a mão de obra temporária, da pessoa colectiva que assuma a qualidade de empresa utilizadora no sentido das disposições do Código de Trabalho relativas ao trabalho temporário.

O Tribunal de Cassação, na sua decisão de 5 de Abril de 2018[82], rejeitou o recurso interposto contra a condenação da sociedade filial de uma multinacional, pelos delitos de uso de facturas falsas e de cumplicidade em trabalho clandestino, porque, apesar de estas infracções favorecerem a marca da multinacional, tendo sido cometidas pelo presidente-director geral da filial francesa, foram-no necessariamente e apenas por conta desta[83].

Em última análise, esta jurisprudência foi confirmada pela Lei nº 2017-399, de 27.03[84], relativa ao dever de vigilância das sociedades-mães e das empresas "dadoras de ordens". Esta Lei inseriu dois novos artigos no Código Comercial: o artigo 225-102-4 e o artigo 225-102-5. O primeiro impõe às sociedades, que empreguem pelo menos cinco mil trabalhadores no seu seio e nas suas filiais directas ou indirectas, o dever de adoptar um

[80] *Cour de Cassation – Chambre criminelle, 13 octobre 2009*, 09-80.857, disponível *online* em: https://www.legifrance.gouv.fr/juri/id/JURITEXT000021167437/ (consultado em 4.01.2023).

[81] *Cour de Cassation – Chambre criminelle, 23 novembre 2010*, 09-85.115, disponível *online* em: https://www.legifrance.gouv.fr/juri/id/JURITEXT000023296659/ (consultado em 4.01.2023).

[82] *Cour de cassation – Chambre criminelle, 5 avril 2018*, 16-87.669, disponível *online* em: https://www.legifrance.gouv.fr/juri/id/JURITEXT000036803132/ (consultado em 4.01.2023).

[83] Dechenaud, 2020: 90.

[84] *Loi nº 2017-399 du 27 mars 2017 relative au devoir de vigilance des sociétés mères et des entreprises donneuses d'ordre*, disponível *online* em: https://www.legifrance.gouv.fr/download/pdf?id=9aawcYcwvkntYs2UUCMWL4iX_erjixoTD_Jy3AVXRFk= (consultado em 4.01.2023).

plano de vigilância relativo à sua actividade e, ainda, do conjunto das filiais ou sociedades por elas controladas. O plano deve incluir medidas de vigilância razoáveis e adequadas a identificar os riscos e a prevenir atentados graves em matéria ambiental, de direitos humanos, liberdades fundamentais, saúde e segurança das pessoas. Riscos que emerjam das actividades da sociedade e das sociedades que ela controla, directa ou indirectamente, bem como da actividade dos subempreiteiros ou fornecedores, com os quais estabeleceu uma relação comercial, no que concerne às actividades respeitantes a tal relação. A sociedade faltosa, notificada para cumprir, se o não fizer no prazo de três meses, poderá ser judicialmente compelida a fazê-lo, sob pena de multa. O segundo preceito estabelece que o incumprimento das obrigações, relativas à adopção e implementação do plano de vigilância, sujeita a sociedade infractora a uma acção de responsabilidade no âmbito da qual será obrigada a reparar os prejuízos que teriam sido evitados mediante o cumprimento das obrigações impostas.

Em suma, em França, a sociedade-mãe do grupo não responde pelos delitos cometidos por filiais ou sociedades por ela controladas, ao abrigo do artigo 121-2 do CP francês, por se entender que tais delitos foram cometidos por conta da filial ou da sociedade controlada, mesmo que a sociedade-mãe ou a multinacional resulte beneficiada pela respectiva prática. A sociedade-mãe ou a multinacional apenas está obrigada a adoptar e implementar um plano de vigilância da sua actividade e do conjunto das filiais ou sociedades que controla, bem como da actividade de subempreiteiros ou fornecedores, abrangida pela relação comercial que com eles estabeleceu. Se o não fizer, poderá ser judicialmente compelida a cumprir, sob cominação de uma multa, ou ser alvo de uma acção de responsabilidade pelos prejuízos que teriam sido evitados caso houvesse satisfeito as obrigações impostas pelo artigo 225-102-4 do Código Comercial.

## 3. O artigo 5º do Decreto-Legislativo italiano nº 231/2001

Ao contrário do artigo 31-bis do CP espanhol, a nova versão do artigo 11º/2, do CP português, refere-se, não a benefício directo ou indirecto – expressão logo associada à ideia de proveito ou vantagem, máxime económica –, mas a um interesse directo ou indirecto do ente. Nesta medida, a nova redacção do artigo 11º/2 do CP parece aproximar-se do artigo 5º do Decreto-Legislativo italiano nº 231/2001, que responsabiliza o ente colectivo por crimes cometidos “no seu interesse ou para sua vantagem”.

*a. Responsabilidade administrativa ou, pelo menos, parapenal?*

Apesar de dependente da prática de um crime de catálogo por um círculo de pessoas físicas a ele funcionalmente ligadas (artigo 5º/1), o Decreto-Legislativo nº 231/2001 qualificou como administrativa a responsabilidade do ente (artigo 1º/1). A classificação legal desta responsabilidade como administrativa alicerça-se na pressuposição da incapacidade das pessoas colectivas para serem agentes de um crime[85]. Não obstante, a Exposição de Motivos do Projecto Preliminar de Reforma do Código Penal italiano, elaborado pela Comissão Ministerial presidida por GROSSO – Projecto que precedeu o Decreto-Legislativo nº 231/2001 – reconheceu que, no mundo jurídico contemporâneo, a pessoa jurídica pode ser considerada "um centro autónomo de interesses e de relações jurídicas, ponto de referência de preceitos de diversas naturezas e matriz de decisão e actividade dos sujeitos que actuam em nome, por conta ou de qualquer forma no interesse do ente"[86].

Não obstante a expressa e repetida qualificação legal como administrativa (*v.g.* arts. 1º, 2º, 3º, 56º, 59º e 71º, do Decreto-Legislativo nº 231/2001), a doutrina e a jurisprudência discutem a verdadeira natureza (penal, administrativa ou parapenal) da responsabilidade do ente dependente da prática de um crime, tendo em conta a estreita conexão *com* e dependência *da* realização de um crime, o seu apuramento no (mesmo) processo-crime, e a submissão, a título de direito subsidiário, às disposições compatíveis do Código de Processo Penal, incluindo as relativas ao estatuto de imputado (cfr. artigos 34º-38º/1, do Decreto-Legislativo nº 231/2001)[87].

Na jurisprudência italiana prepondera o entendimento de que se está perante um *tertium genus* de responsabilidade, face aos sistemas tradicionais de responsabilidade penal e de responsabilidade administrativa, prevendo-se uma responsabilidade autónoma do ente em caso de comissão um dos crimes de catálogo, no seu interesse ou benefício, por um sujeito em posição "apical", no pressuposto de que o facto penal constitui um facto da sociedade, pelo qual esta deve responder[88].

[85] Assim, BELTRANI, 2019: 155.

[86] BELTRANI, 2019: 156.

[87] Para mais desenvolvimentos quanto à doutrina, BELTRANI, 2019: 156-157.

[88] BELTRANI, 2019: 157. Assim, a Cassazione Penale, Sez. 6, nº 36083, de 17/11/2009 e a Cassazione Penale, Sez. 6, nº 27735, de 16/07/2010.

Em sentido próximo, a *Cassazione Penale*[89]: o Decreto-Legislativo nº 231/201 constitui um corpo normativo peculiar, um *tertium genus*, que conjuga características do ordenamento penal com as do ordenamento administrativo, na tentativa de equilibrar a eficiência preventiva-criminal da organização da pessoa colectiva[90] com a máxima garantia na imputação de responsabilidade ao ente e no procedimento contra ele. Este complexo normativo mantém relações de continuidade com o ordenamento penal, sobretudo através da conexão da responsabilidade do ente com a prática de um crime, que constitui o seu primeiro pressuposto; da severidade do aparato de sanções; e da modalidade processual da sua averiguação, não sendo assim puramente administrativa[91].

A *Cassazione Penale, Sez. 6, 16 luglio 2010*, n. 27735[92], reveste-se de especial interesse por ter afirmado a conformidade à Constituição do regime de responsabilidade do ente colectivo, vertido no Decreto-Legislativo nº 231/2001. Nesta decisão (§5), o Tribunal de Cassação afastou a inconstitucionalidade do artigo 5º deste Decreto, por violação do artigo 27º da Constituição, que proíbe a responsabilidade por facto de outrem. No entender do Tribunal, o ente não responde por facto de terceiro, mas por facto próprio, *pois o crime cometido no seu interesse ou para sua vantagem por sujeitos inseridos na estrutura da pessoa colectiva deve considerar-se um facto próprio desta, por força da "relação de imediatividade orgânica" que liga essas pessoas físicas ao ente.* Nas palavras do Tribunal: "A pessoa física que actua no âmbito das suas competências societárias, no interesse do ente, age como órgão e não como sujeito distinto da pessoa colectiva; nem sequer a degeneração da actuação funcional em ilícito penal obsta à imediação orgânica". Atente-se na afirmação de uma "relação de imediação orgânica" também relativamente aos sujeitos que praticam o crime, numa posição de sujeição à vigilância e direcção de dirigentes em posição "apical" (artigo 5º/1, als. *a)* e *b)*, do Decreto-Legislativo nº 231/2001)

Nesta decisão, o Tribunal de Cassação também afirmou que a responsabilidade "administrativa" do ente não desrespeitava os artigos 3º e 27º da Constituição, por se não tratar de responsabilidade objectiva pelos crimes

[89] Cassazione Penale, Sez. Unite, nº 38343, de 18/09/2014 (§62).

[90] Alicerçada na obrigatoriedade prática da adopção de programas de *Compliance* com certo conteúdo (cfr. artigos 6º e 7º), acrescenta-se.

[91] Beltrani, 2019: 159-160.

[92] Beltrani, 2019: 245-246.

cometidos no interesse ou para vantagem colectiva, antes se escorando na "culpa de organização da pessoa jurídica". Esta, explica, traduz-se em o ente não ter adoptado previamente um conjunto de medidas preventivas idóneas a evitar a prática de crimes da espécie ou tipo do cometido. A comprovação de tal défice organizativo permite uma "simples e fácil imputação ao ente do ilícito penal realizado no seu âmbito operativo"[93]. Segundo o Tribunal de Cassação, a acusação tem o ónus de provar a existência e determinação do ilícito penal perpetrado pela pessoa física inserida na estrutura organizativa do ente[94], que actuou no seu interesse. A verificação desta responsabilidade estende-se "por ricochete" do indivíduo[95] ao ente colectivo, graças à individuação de nexos concretos que conectam teleologicamente a acção de um ao interesse de outro e, indiciam-se, assim, os elementos constitutivos da "culpa de organização do ente que torna autónoma a sua responsabilidade". O Tribunal da Cassação assevera: inexiste qualquer inversão do ónus da prova no regime do Decreto-Lei nº 231/2001, já que a acusação deve demonstrar a comissão do crime por pessoa que revista alguma das qualidades referidas no artigo 5º desse Decreto[96] e a "carente regulamentação interna do ente"[97]. Em contrapartida, a pessoa

[93] Parece que, afinal, o ente não responde pelo crime em virtude da sua realização por certo círculo de pessoas a ele funcionalmente ligadas, no seu interesse ou para sua vantagem, mas antes por causa do seu "défice organizativo" na prevenção de crimes da espécie do cometido. O que suscita a seguinte dúvida: tal défice constitui o fundamento da imputação do crime à pessoa colectiva, sendo este o ilícito pelo qual responde o ente? Ou, afinal, o ilícito colectivo identifica-se com aquele défice organizativo-preventivo, funcionando o crime da pessoa física somente como ocasião ou motivo para o Estado perscrutar e avaliar a organização colectiva?

[94] Pergunta-se: como é possível determinar/precisar o ilícito penal-funcional da pessoa física, se para responsabilizar o ente se prescinde da identificação do autor singular daquele ilícito (art. 8º/1, al. *a)*, do Decreto-Legislativo nº 231/2001)?

[95] Que responsabilidade de que indivíduo, se não é necessário identificá-lo para responsabilizar o ente?

[96] Para suscitar a responsabilidade "administrativa" do ente, basta, afinal, a (presumida) actuação funcional de pessoa física inserida na estrutura organizativa-operativa do ente, uma vez que a sua identidade pode ser desconhecida.

[97] Note-se que a carência de regulamentação interna é construída e afirmada *a posteriori* por referência ao tipo de crime cometido. O que, além de violar a legalidade, tipicidade e prévia determinação do facto a imputar ao ente, aponta para uma prova relativamente fácil de fazer *ex post facto*, pois tudo se torna previsível e evitável depois de tudo ter acontecido e quando se toma como parâmetro exclusivo o confronto da organização colectiva com o ilícito penal acorrido. Neste modelo de imputação, o ente colectivo não responde por aquilo que fez (cunhagem dos elementos essenciais do facto penal que dele irrompe e domínio da respectiva execução),

colectiva "conserva ampla possibilidade de apresentar prova liberatória e contrariar os elementos da acusação".

A hesitação revelada pelo Tribunal da Cassação quanto ao verdadeiro objecto de imputação de responsabilidade ao ente (o crime da pessoa física ou, antes, o défice organizativo de prevenção de crimes da mesma espécie) é fruto do regime instituído pelo Decreto-Legislativo nº 231/2001. O respectivo artigo 5º/1 estabelece que o ente "é responsável pelos crimes cometidos no seu interesse ou para sua vantagem", seja qual for a categoria funcional do respectivo agente individual, sugerindo que tais crimes constituiriam o objecto da imputação de responsabilidade à pessoa colectiva. Esta conclusão, porém, é logo afastada pela desnecessidade de identificação do autor do delito para responsabilizar o ente [artigo 8º/1, al. *a)*] – o que, de algum modo, pressupõe presumir a prática de um crime por pessoa funcionalmente ligada ao ente[98] – e, sobretudo, pela relevância eximente de responsabilidade do ente atribuída à adopção, implementação e (idónea) vigilância, *ante factum*, de modelos de organização e gestão idóneos a prevenir crimes da espécie do verificado (artigos 6º e 7º). O que leva alguma doutrina a sustentar, com razão, que, em Itália, a responsabilização dos entes colectivos não visa principalmente prevenir o crime

mas por aquilo que deveria ter feito para evitar, não o crime concretamente acontecido, mas crimes da mesma espécie. Lapidar, neste sentido, RUGGIERO, 2016: 413: no caso de crime cometido por empregado, o ente responde somente se a acusação conseguir provar que o crime "é o resultado de uma omissão [de cumprimento] das obrigações da pessoa colectiva". Omissão que a lei afasta "quando adequados programas de *Compliance* foram efectivamente implementados *ante factum*" (cfr. artigo 7º do Decreto-Legislativo nº 231/2001).
Esta mesma asserção afigura-se valer para as situações em que o agente do crime é sujeito em posição "apical" [artigo 5º/1, al. *a)*]. Apesar de a isenção de responsabilidade do ente ser mais difícil neste caso (talvez por ser maior a identificação da pessoa colectiva com a pessoa física agente do crime), a mesma continua centrada na adopção, efectiva implementação e adequada vigilância do funcionamento e observância dos modelos de organização e gestão relativamente a crimes da espécie do cometido, acrescendo apenas a exigência de que o dirigente de topo haja cometido o crime "iludindo fraudulentamente o modelo de organização e gestão" cumpridor das exigências legais (artigo 6º/1).

[98] A Cassazione Penale, Sez. 6, nº 28299, 07/07/2016, fundamento de direito nº 9.3, deixou claro que a subsistência da responsabilidade do ente, nos casos de não identificação do agente individual do crime, apenas é possível se não afectar o critérios de imputação previstos no artigo 5º. Assim, é preciso: comprovar que o agente singular pertence (forçosamente) a uma das categorias indicadas no nº 1 deste preceito; e excluir que o mesmo tenha actuado no seu exclusivo interesse (artigo 5º/2). Se bem se vê, todas estas inferências são retiradas e afirmadas a partir da análise das circunstâncias objectivas de ocorrência do crime-pressuposto.

da pessoa física e neutralizar os seus efeitos danosos. Função de tal sancionamento é, sobretudo, prevenir "a patologia da actuação dos entes na prossecução dos seus interesses (socialmente apreciáveis e aprovados pelo ordenamento) e de os reeducar, promovendo o desenvolvimento interno de modelos organizativos", adoptando quanto a eles um paradigma criminológico muito diferente do que vale para a pessoa física, até por razões de garantia. Nestoutro paradigma, a reeducação não se concebe somente como ressocialização, "mas também como socialização antecipada num processo permanente de adequação do ente aos valores do ordenamento jurídico", assistindo-se a uma "espécie de prevenção antecipada". Em suma: o sancionamento das pessoas colectivas "não serve (ao menos principal e directamente) para reprimir com maior eficácia a pessoa física agente do crime, mas para prevenir (desencorajando-[as] de colocar em prática todas as condições que tornam [aquele sancionamento] possível) a comissão de determinados crimes no seu interesse e neutralizar as vantagens deles resultantes", sendo expressão disso a previsão do confisco como sanção principal (cfr. artigo 6º/5)[99].

*b. Comissão do crime no interesse ou para vantagem do ente colectivo*

O artigo 5º/1, do Decreto-Legislativo nº 231/2001, não condiciona expressamente a responsabilização do ente à realização do crime em seu nome (i.e., no exercício de funções jurídico-civis de representação) ou por sua conta (no desempenho de competências, funções ou tarefas outorgadas pelo ente). No entanto, tal requisito está implícito na exigência de certa qualidade funcional da pessoa física agente do crime, qualidade na qual esta haja sido investida pela pessoa colectiva, já que se trata de a responsabilizar.

O artigo 5º/1, al. *a)*, refere-se aos dirigentes de topo do ente, que assumam funções de representação (geral?), de administração ou direcção do mesmo, ou de uma sua unidade organizativa, dotada de autonomia financeira e funcional, ou que exerçam, ainda que apenas de facto, a gestão e controlo do mesmo. A al. *b)* do preceito reporta-se às pessoas submetidas à direcção ou vigilância de um dos sujeitos "apicais" mencionados na alínea anterior, porventura, ainda que dotadas de poderes de representação (específica) do ente. Neste último caso, o ente só é responsabilizado se a

[99] Preciozi, 2018: 87-88.

comissão do crime foi possibilitada pela inobservância das obrigações de direcção ou vigilância, por parte de dirigentes de topo [artigo 5º/1, al. *b)*] e da própria pessoa colectiva (cfr. artigo 7º/2).

No entanto, o artigo 5º do Decreto-Legislativo nº 231/2001 não se limitou a requerer a existência de uma "relação de imediação orgânica entre o sujeito actuante e a pessoa colectiva". Isso corresponderia a uma interpretação da "pessoalidade da responsabilidade penal absolutamente mínima". Ao invés, importa fazer relevar "momentos internos ao próprio ente" e "factos reconduzíveis ao [seu] poder geral de organização, como a lacuna organizativa ou a política de empresa". Portanto, *não basta que a pessoa física "tenha actuado 'por conta' da organização, pois a responsabilidade desta última não pode fundar-se na mera existência de uma compenetração orgânica entre pessoa singular e pessoa jurídica", desconsiderando "as consequências que o ente pode obter da conduta delituosa alheia"*. Pelo contrário, é a valoração de tais resultados que permite descortinar se a conduta da pessoa singular "vai referida à posição 'apical' que assume no interior da sociedade, ou se se está antes perante uma conduta absolutamente autónoma e até contrária às obrigações de gestão societária"[100]. Daí a exigência de que o crime haja sido realizado no interesse ou para vantagem do ente.

Vejamos então como tem sido interpretado e aplicado este requisito em Itália.

Em primeiro lugar, trata-se de requisitos alternativos, que a maioria da doutrina e da jurisprudência reconduz a "conceitos juridicamente distintos"[101], de modo que bastaria a presença de um só deles para suscitar a responsabilidade do ente. Segundo a *Cassazione Penale, Sez. Unite, 18 settembre 2014* (§63), ao critério do interesse corresponde uma valoração teleológica do crime, apreciável *ex ante*, no momento da sua realização e à luz de um padrão subjectivo, que atende à esfera volitiva do agente singular e ao conteúdo da sua vontade (*i.e.*, à projecção finalística da sua acção)[102]. Já o critério da vantagem ou utilidade (não necessariamente de carácter

[100] SANTORIELLO, 2018: 239-240.

[101] BELTRANI, 2019: 159; SANTORIELLO, 2018: 240-241.

[102] SANTORIELLO, 2018: 240-241. Apesar disso, esclarece o Autor (p. 240) que, para se considerar o crime cometido no interesse do ente, basta que a pessoa física não tenha actuado contra os interesses da sociedade. O que já aponta para uma certa objectivação do conceito de interesse do ente.

patrimonial[103]) assumiria conotação essencialmente objectiva, como tal avaliável *ex post*, tendo em conta os efeitos concretamente derivados da realização do ilícito. Assim, mesmo que a pessoa física tivesse agido exclusivamente no seu próprio interesse (cfr. artigo 5º/2), o ente responderia caso *ex post* tivesse retirado algum benefício, maxime patrimonial, da prática do crime[104]. O Tribunal da Cassação alude, porém, à existência de um entendimento unitário dos dois requisitos, sendo o critério de imputação constituído pelo interesse e desempenhando o critério da vantagem um papel instrumental, probatório, dirigido a demonstrar a existência de um interesse do ente na prática do crime.

A jurisprudência italiana gradualmente orientou-se para uma concepção objectiva, não apenas da vantagem, mas também do interesse colectivo[105]. O que se justifica, pois, o artigo 5º/1 não exige que o agente individual tenha querido realizar o crime para prosseguir o interesse colectivo ou, sequer, que esteja consciente dessa prossecução. Ao que acresce a dupla circunstância de o artigo 8º/1, al. *a)*, admitir a responsabilidade do ente sem identificação do agente do crime, e de, nos últimos anos, se prever a responsabilidade da pessoa colectiva por crimes negligentes. Assim, afirma-se a responsabilidade do ente mesmo que, perseguindo o agente individual um interesse próprio, a sua conduta ilícita surja *ex ante* como apta a realizar o interesse colectivo. Ou seja, basta que, *ex ante*, a actuação da pessoa física tenda objectiva e concretamente a realizar também o interesse do ente[106]. Em suma: a responsabilidade do ente não subsiste quando o crime foi cometido pela pessoa física no seu exclusivo e único interesse, para um fim pessoalíssimo ou de um terceiro, estando-se, portanto, diante

[103] Santoriello, 2018: 241.

[104] Ruggiero, 2016: 412-413, dá o exemplo do agente individual que pratica um crime de corrupção para seu próprio e exclusivo proveito (obter incentivos económicos dependentes da consecução de certos resultados), em consequência do qual a pessoa colectiva consegue a adjudicação de um contrato público, que de outra forma lhe teria sido negado ou adjudicado em diferentes e menos lucrativas condições. Santoriello, 2018: 240-241, dá conta de que o critério da vantagem também operaria quando, tendo o ente obtido uma vantagem com a prática do crime, não foi possível determinar, *ex ante* e previamente à consumação, o efectivo interesse da sua realização, nem, portanto, se foi cometido no interesse exclusivo do agente singular ou de um terceiro. O que faz da vantagem um mero critério subsidiário de imputação de responsabilidade do ente.

[105] Santoriello, 2018: 241-242.

[106] Cassazione Penale, Sez. 5, nº 40380, de 15/10/2012.

de condutas estranhas à política empresarial da pessoa colectiva. Por outras palavras: *praticadas no interesse do ente são as condutas criminosas que se inserem na política societária, encontrando uma causa e uma explicação na vida societária*[107].

Outra decisão relevante para o esclarecimento do conceito de pessoa estranha ao crime e dos critérios de interesse ou vantagem para o ente é a *Cassazione Penale, Sez. 5, 19 settembre 2017*, nº 42778[108]. À luz desta decisão, pessoa estranha ao crime é, não só a que não participou na sua prática, mas igualmente aqueloutra que dele não retirou qualquer vantagem, utilidade ou efeito económico positivo, na certeza de que não pode considerar-se beneficiária do crime a pessoa colectiva somente por causa de um efeito patrimonial favorável. É preciso que, através do crime da pessoa física, a colectiva possa prosseguir a sua actividade ou aumentar a sua concreta operatividade. Atente-se na aproximação do conceito de benefício ou vantagem ao de interesse colectivo.

Há uma corrente doutrinária que vai mais longe, rejeitando: (i) a autonomia e relevância do critério da vantagem, não obstante a alternatividade legal dos critérios objectivos de imputação de responsabilidade ao ente (corpo do nº 1 do artigo 5º); (ii) a limitação da exclusão da responsabilidade do ente aos casos em que o agente individual praticou o crime no seu interesse exclusivo ou de um terceiro (nº 2 do mesmo preceito); e (iii) o carácter objectivo e *ex post* determinável do conceito de vantagem.

Com efeito, este quadro legal parece sugerir duas conclusões. Primeira: existirá responsabilidade da entidade colectiva ainda que a pessoa física haja praticado o crime-pressuposto contra o interesse, mas para vantagem (ainda que não exclusiva) da entidade colectiva. Segunda: a entidade colectiva será também responsabilizada mesmo que a pessoa física haja praticado o crime-pressuposto contra o interesse, para vantagem exclusivamente própria ou de terceiro, desde que a pessoa colectiva ou entidade equiparada (cfr. artigo 1º/2 do Decreto-Legislativo nº 231/2001) tenha (*ex post*) acabado por obter alguma vantagem (mormente económica) com a comissão do mesmo[109].

107 Santoriello, 2018: 242.

108 *Apud* Santoriello, 2018: 242-243.

109 Andará próxima desta última solução a actual previsão do artigo 11º/2 do CP português, ao responsabilizar os entes colectivos pelos crimes de catálogo mesmo que somente cometidos por sua conta (já não em seu nome) e no seu interesse (económico) indirecto, ainda que contra o respectivo interesse directo (finalístico, organizativo-operativo e/ou cultural)?

Contra esta leitura manifesta-se por exemplo STEFANO PRECIOZI[110], para quem a fórmula no interesse ou vantagem do ente visa sempre retratar o crime da pessoa física como "inerente" à colectividade. Logo, o interesse prosseguido pelo agente singular "não pode ser totalmente estranho aos interesses reconhecidos pelo ordenamento" à pessoa jurídica, sociedade ou associação ainda que destituídas de personalidade jurídica e, assim, legitimamente alcançáveis por estas entidades. Se o crime do administrador prosseguir um interesse completamente estranho àqueles que podem ser legitimamente realizados por tais entidades, não existirá responsabilidade destas, sem prejuízo do confisco do proveito ou vantagem por elas eventualmente alcançado (artigo 6º/5). Neste caso, *a vantagem obtida pelo ente deverá considerar-se aparente, porque "desconectada dos interesses próprios da sociedade"*.

Explica o Autor: tendo em conta que sujeitas a responsabilidade ao abrigo do Decreto-Legislativo nº 231/2001 são pessoas jurídicas e entidades equiparadas, o interesse do ente deve circunscrever-se àquele "que pareça compatível com a finalidade própria de um ente que, assumindo a natureza de sociedade ou associação, persegue finalidades e interesses aprovados pelo ordenamento". Nesta perspectiva, será cometido no interesse do ente colectivo o crime perpetrado "para alargar a [sua] penetração no mercado ou para obter a adjudicação de um contrato (interesses *per se* legítimos e aprovados pelo ordenamento, também em função da finalidade tipicamente perseguida pelas sociedades comerciais)"[111]. Já a vantagem para a colectividade, emergente da prática de um crime por pessoa a ela funcionalmente ligada, só desencadeará responsabilidade do ente, se estiver associada à prossecução do interesse societário. Esta limitação, assevera STEFANO PRECIOZI[112], é imposta pelas finalidades político-criminais da responsabilidade das pessoas colectivas instituída pelo Decreto-Legislativo nº 231/2001. A primeira finalidade é a de "promover *Compliance*, ou seja, comportamentos conformes à legalidade da parte de sujeitos colectivos que têm como 'estatuto' próprio o de realizar interesses sociais relevantes e merecedores de tutela". A segunda é a disponibilizar um conjunto de sanções idóneas "a combater o desvio daqueles interesses", ou, melhor, a

[110] 2018: 85-89.
[111] PRECIOZI, 2018: 85-86.
[112] 2018: 87.

sua prossecução "patológica", através da manipulação das 'regras do jogo' em seu proveito "ou desrespeitando-as para conseguir vantagens" indevidas. Em suma, o interesse do ente, enquanto "facto de conexão entre o crime da pessoa física e a colectividade", deve ser interpretado "numa perspectiva de conexão com os interesses que o ordenamento reconhece como legitimamente perseguíveis mediante uma estrutura societária ou associativa"[113]. Não se tratando de consórcios criminosos ou de facto, as pessoas jurídicas, sociedades e associações "só podem perseguir interesses aprovados pelo ordenamento jurídico". Logo, "um comportamento que prossiga um interesse radicalmente ilícito não pode definir-se como realizado no interesse de tais entes". Tal interesse não permite considerar "o crime da pessoa física inerente ao ente", a menos que a responsabilidade dependente de crime das pessoas jurídicas seja colocada "no quadro de um contexto de base radicalmente ilícito". O que precisamente não faz o Decreto-Legislativo nº 231/2001[114].

A solução preconizada por Stefano Preciozi é particularmente interessante por reconduzir o conceito de vantagem capaz de gerar responsabilidade do ente à que se conecta com a realização do interesse, finalidade ou objecto imediato da pessoa colectiva. Peca, porém, por restringir o interesse ao fim ou objecto imediato constante dos estatutos ou do acto constitutivo da entidade colectiva, ignorando que esta, como instituição, pode assumir dinamicamente outros fins, incluindo a prática de crimes, os quais, então, poderão dizer-se cometidos no interesse do ente[115].

### c. *Responsabilidade penal do ente e grupos societários*

O Decreto-Legislativo italiano nº 231/2001 regula a responsabilidade dos entes colectivos "singularmente considerados", sem atender ao fenómeno dos grupos societários e sem disciplinar o concurso de pessoas na prática do mesmo ilícito[116]. Apesar disso, os tribunais italianos já se pronunciaram

[113] Preciozi, 2018: 88.

[114] Preciozi, 2018: 89.

[115] Cfr. o artigo 90º-F, do CP português, que sujeita à pena de dissolução a pessoa colectiva e entidade equiparada que tiver sido criada ou estiver a ser exclusiva ou preponderantemente utilizada para a prática de crimes por quem nela ocupe posição de liderança, evidenciando que também as pessoas colectivas criminosas estão submetidas ao regime geral de responsabilidade criminal – e não apenas as pessoas colectivas de "economia lícita".

[116] Beltrani, 2019: 591.

sobre a possibilidade de responsabilização da sociedade-mãe do grupo (ou de outra sociedade do grupo) por crimes cometidos no âmbito da actividade de sociedades controladas ou coligadas e pertencentes ao mesmo grupo[117], desde que verificadas duas condições. Primeira: o sujeito que actua por conta da *holding* ou de outra sociedade do grupo (como dirigente ou subalterno desta) comparticipe na prática do crime com o sujeito que o comete por conta da pessoa colectiva controlada ou coligada. Segunda: deve comprovar-se que a *holding* ou a outra sociedade do grupo obteve uma concreta vantagem ou perseguiu um efectivo interesse por via do crime realizado no âmbito da actividade da outra sociedade, sob a forma de "uma potencial e real utilidade, ainda que não necessariamente patrimonial", diversa daquela que resulta de ser parte do grupo[118].

Portanto, não basta a referência genérica ao grupo e ao interesse do grupo (associado ao crescimento da rentabilidade ou do valor do grupo[119]) para imputar responsabilidade à *holding* ou a outra sociedade do grupo, à revelia dos critérios de responsabilização fixados pelo Decreto-Legislativo nº 231/2001, pois "nada legitima a presunção de coincidência do interesse do grupo com o interesse imediato da singular sociedade controlada"[120]. Na falta de uma disposição legal expressa, não pode admitir-se qualquer "automatismo, em termos de inilidível referência à *holding*, [em caso] de crime-pressuposto cometido no interesse ou para vantagem imediata de

[117] Cassazione Penale, Sez. 5, nº 24583, de 20/06/2011, §11.3, e Cassazione Penale, Sez. 2, nº 52316, de 27/09/2016 – 9/12/2016 (resumo disponível em Amato, s/d). Amato esclarece (p. 2) que a questão da responsabilidade em grupos societários pode suscitar-se nos grupos "verticais", discutindo-se a responsabilização da sociedade-mãe ou dominante e/ou de outra sociedade do grupo pelo crime cometido no interesse ou para vantagem de uma sociedade coligada ou controlada; nos grupos "horizontais", nos quais participam várias sociedades em posição paritária; como ainda em situações contingentes de associações temporárias de pessoas jurídicas/empresas e de *Joint ventures*, nas quais se verifica uma coligação material de natureza económica.

[118] Amato, s/d: 1-2; Beltrani, 2019: 592, explicando ainda: no âmbito de um agrupamento de empresas, uma delas, através da consumação do crime, *pode perseguir um interesse próprio mesmo quando o resultado se traduza numa vantagem para outra componente do grupo, ou na imediata satisfação de um interesse particular desta última.* O interesse do grupo não constitui algo indistinto, mas um "mosaico de interesses", na certeza de que só pode falar-se de um autêntico interesse de grupo quando o mesmo "é referível inclusive à sociedade controlada e não ao exclusivo interesse da dominante ou de outra sociedade do grupo".

[119] Amato, s/d: 2.

[120] Santoriello, 2018: 250-251; Beltrani, 2019: 592-593.

uma sociedade controlada". A isso se opõem os princípios constitucionais penais, especialmente a inadmissibilidade de responsabilidade por facto de outrem. Também a pessoa colectiva não pode ser responsabilizada por facto alheio, somente por facto próprio: o *crime perpetrado* no seu interesse ou para sua vantagem *por sujeitos integrados na respectiva estrutura organizativa. O que pressupõe uma relação de imediação orgânica que conecta directamente os agentes singulares ao ente a responsabilizar*[121]. Daqui decorre que, para afirmar a responsabilidade de entes colectivos pertencentes a um grupo, não basta invocar a pertinência ao grupo e um genérico interesse de grupo, *havendo que demonstrar quanto a cada sociedade envolvida todas as condições previstas no artigo 5º do Decreto-Legislativo nº 231/2001*[122].

Sendo uma das questões a que procura responder-se neste texto a de saber se a nova fórmula vertida no artigo 11º/2 do CP português ("por conta" e no "interesse indirecto") permite responsabilizar a sociedade-mãe ou dominante do grupo pelo crime cometido por pessoas físicas funcionalmente ligadas à sociedade-filha ou dominada, interessa referir os esforços que em Itália têm sido desenvolvidos para integrar os grupos societários na disciplina do Decreto-Legislativo nº 231/2001.

Uma das tentativas consistiu em recorrer ao artigo 1º/2 deste Decreto, que sujeita ao respectivo regime as associações desprovidas de personalidade jurídica e tornar o grupo societário (enquanto ente sem personalidade jurídica) em sujeito activo dos ilícitos ("administrativos") dependentes da prática de um crime. Para isso, importaria ainda conectar o crime cometido no quadro de um grupo societário com a lógica empresarial deste e, ainda, reconstruir a noção de interesse de modo a fazer relevar o interesse de grupo, *i.e.*, aquele que "prescinde das particulares posições das diversas sociedades que compõem o grupo" identificando-se com um "interesse unitário", diretamente referido à *holding* ou ao agrupamento "complessivamente entendido"[123].

[121] BELTRANI, 2019: 593.

[122] AMATO, s/d: 2-3.

[123] SANTORIELLO, 2018: 251. O Autor alude a uma decisão do Tribunal de Milão, de 20.09.2004, segundo a qual "a *holding* exerce, de modo mediato, a mesma actividade de empresa que a controlada exerce de modo imediato e directo; objecto da *holding* neste caso não é a gestão das participações sociais, mas o exercício indirecto de actividade empresarial" (n. 22).

Contra esta tese objectou-se:

(i) O interesse que fundamenta a responsabilidade do ente dependente da prática de um crime tem de ser "imediato e directo e não fruto de generalizações precipitadas", ante o "mecanismo de imputação" consagrado no Decreto-Legislativo nº 231/2001, mecanismo que não considerou nem se adapta ao grupo societário;

(ii) Pretende ver o grupo societário como um único sujeito de direito, mas a isso opõe-se a autonomia da personalidade jurídica de cada uma das sociedades que o integram;

(iii) Responsabilizar a *holding* pelos crimes cometidos por sujeitos operando no interior de uma sociedade controlada destrói a "estrutura (objectiva e subjectiva)" de imputação de responsabilidade ao ente consagrada naquele Decreto. A punibilidade do ente depende da (não) adopção e/ou (não) implementação de um modelo que, além de disciplinar as actividades geradoras de riscos jurídico-penais, encerra uma "eficácia prescritiva (expressão do poder de auto-regulação do ente)", relativamente às pessoas que nele ocupam posição de liderança ou subalterna. Não dispondo a *holding* do poder jurídico de impor à controlada a adopção de um programa de *Compliance* eficaz, só seria possível responsabilizá-la pelo crime cometido por pessoas funcionalmente ligadas à sociedade controlada invocando um "genérico poder de vigilância", não obstante a "impossibilidade (jurídica) de adoptar as cautelas exigidas pelo ordenamento"[124].

Outra tentativa de integração do grupo societário no Decreto-Legislativo nº 231/2001 assentou na transmutação da *holding* e dos sujeitos que para esta operam em dirigentes/administradores de facto da/s sociedade/s controlada/s. Assim, a sociedade dominante responderia pelos delitos cometidos no seu interesse ou vantagem por pessoas que, enquanto representantes ou membros da sociedade controlada sujeita à direcção de grupo da controladora, estão, por sua vez, submetidas à direcção ou vigilância dos representantes ou membros da sociedade controladora que exerce a direcção do grupo[125], verificando-se quanto às pessoas singulares funcio-

124 Santoriello, 2018: 251.

125 Santoriello, 2018: 251-252.

nalmente ligadas à sociedade "infractora" a hipótese prevista no artigo 5º/1, al. b), do mesmo Decreto.

Contudo, esta tese não tem aplicação nas situações usuais de grupos societários, caracterizadas por uma substancial autonomia das sociedades que os integram. Tal tese só procede nas hipóteses (residuais) de "grupo aparente", em que é apenas formal a autonomia das pessoas colectivas, estando-se efectivamente perante um único sujeito jurídico, a quem pode imputar-se os efeitos das condutas materiais dos sujeitos que agem por conta da sociedade controlada. Para que isso possa suceder não basta o controlo accionista, ainda que significativo, da sociedade-filha. É preciso que haja "uma ingerência não episódica da sociedade-mãe na direcção e actividade concreta da controlada", de modo que aquela não apenas defina as estratégias gerais, mas também "as concretas e singulares condutas operativas" da/s controlada/s, a fim de "excluir qualquer margem significativa de autonomia das outras sociedades do grupo"[126].

A terceira tentativa de integração da sociedade-mãe no âmbito do Decreto-Legislativo nº 231/2001 assenta na afirmação de uma genérica obrigação de vigilância da actividade das sociedades controladas, apta a fundar uma posição jurídico-penal de garante da primeira e dos seus dirigentes de topo, permitindo responsabilizá-los pelos delitos cometidos pela controlada, no interesse ou para vantagem desta última. Agora, à sociedade-mãe imputa-se a conduta ilícita realizada por terceiro, a pessoa colectiva controlada, na prossecução do respectivo interesse ou para sua vantagem, simplesmente por se entender que sobre ela recai uma posição de garante da conduta da controlada, em ordem a impedir que esta possa realizar, através dos seus dirigentes, violações da lei penal[127].

Esta tese é insustentável, porque "o exercício de uma direcção unitária não determina (...) uma posição de supremacia hierárquica absoluta". Em regra, cada sociedade do grupo mantém a sua personalidade jurídica e autonomia operativa. Consequentemente, mesmo que os administradores da *holding* venham a tomar conhecimento de ilícitos cometidos na gestão das sociedades controladas, não têm o dever jurídico (ainda menos jurídico-penal) de os impedir, nem, aliás, dispõem de qualquer instrumento jurídico que lhes permita obrigar os administradores das outras sociedades a mudar o seu comportamento.

126 Santoriello, 2018: 252.

127 Santoriello, 2018: 252.

Diferentemente, se se estiver perante um "grupo aparente" ou uma "ficção de grupo", inexistindo uma pluralidade de pessoas jurídicas controladas por outra, mas um único sujeito jurídico, que exerce um domínio absoluto sobre a gestão das sociedades controladas. Então, "a suposta holding", que não se limita a gerir as participações sociais mas "de facto desenvolve directamente – através da interposição fictícia de outros sujeitos jurídicos – uma actividade empresarial" em cujo exercício pratica crimes, sujeita-se sem mais ao sistema sancionatório previsto no Decreto-Legislativo nº 231/2001. Neste caso, a responsabilidade da sociedade-mãe não decorre de uma presumida violação, pelos seus administradores, de um dever de garante de vigilância. Aquela é, antes, directamente sancionada ao abrigo daquele Decreto, pois os seus dirigentes (que pré-determinaram as decisões da controlada e os pormenores de cada operação desta) comparticiparam, na prática do crime, com os dirigentes da dominada[128].

## 4. Síntese comparativa

O artigo 31-bis do CP espanhol, ao referir-se à actuação em nome ou por conta, pretende qualificar funcionalmente os agentes singulares do crime, distinguindo os que o fazem no exercício de poderes de representação externa do ente, daqueloutros que, destituídos de tais poderes, praticam o crime, mas sempre no quadro de competências, poderes e funções que lhes foram outorgados pela pessoa jurídica. Portanto, até o requisito da comissão do delito *por conta* da pessoa jurídica encerra uma dimensão material e outra formal, de modo a afastar a responsabilidade do ente quando o agente individual excedeu a delegação de poderes de que beneficiou por parte daquele[129].

Por outro lado, entende-se que a "dimensão institucional [da] responsabilidade penal corporativa" exige uma vinculação directa entre o agente individual e a pessoa jurídica a responsabilizar, para que possa afirmar-se que aquele está a exercer actividades sociais e a actuar por conta da pessoa jurídica. Logo, exclui-se a responsabilidade desta por factos puníveis realizados por indivíduos actuando sob direcção de outro ente colectivo, ainda que facticamente se descortine uma influência ou interesse

[128] Santoriello, 2018: 253.

[129] González Cussac, 2020: 138.

de uma outra pessoa jurídica quanto à actividade (autodeterminada) da segunda[130].

Já o requisito do benefício directo ou indirecto da pessoa jurídica, no Código Penal espanhol, caracteriza o contexto e a orientação objectivas do crime-pressuposto da responsabilidade da pessoa jurídica. A doutrina e a jurisprudência espanhola reconduzem o benefício directo à mais-valia (de qualquer tipo, não necessariamente económica) imediatamente obtida ou alcançável com a prática do crime; e assimilam o benefício indirecto, tanto quanto se percebeu, não a um proveito imediato, mas à evitação de prejuízos, obtenção de vantagens competitivas "actuando delitivamente contra os concorrentes", poupança nos custos em prevenção da poluição ambiental, ou, simplesmente, ao asseguramento do funcionamento ou da subsistência da pessoa jurídica. Tudo isto, porque o critério do benefício aponta imediatamente para uma ideia de vantagem, utilidade ou proveito, maxime económico, centrando o olhar nos potenciais efeitos (utilitários) do crime para a pessoa colectiva.

Apesar da ampla interpretação doutrinária e jurisprudencial do conceito de benefício directo ou indirecto[131], a estreita conexão deste requisito com o da comissão do delito em nome ou por sua conta da pessoa jurídica[132], exigida pelo artigo 31-bis/1 do CP espanhol, impede a responsabilização desta quando "o comportamento da pessoa física é alheio ao objecto social ou às tarefas que (...) lhe foram atribuídas"[133]. Uma acção só pode ser idónea a beneficiar a pessoa jurídica, se se enquadrar no âmbito dos seus objectivos. Contudo, os objectivos relevantes para esse efeito não têm de coincidir – e bem – "com os formalmente reflectidos nos [respectivos] estatutos", bastando que correspondam àqueles que, como instituição, "vá assumindo, progressiva e dinamicamente, de facto". Através do requisito do benefício para a entidade colectiva, a lei "requer que se trate de um facto de empresa que careça de sentido, que seja incompreensível, de outra perspectiva"[134]. Tarefa que, contudo, se afigura difícil de cumprir

[130] Feijoo Sánchez, 2016: 80-81.

[131] Repete-se: centrado na consideração dos efeitos do crime-pressuposto para a pessoa jurídica a responsabilizar

[132] Este um requisito respeitante ao agente singular do crime-pressuposto.

[133] González Cussac, 2020: 141-142.

[134] Gómez Tomillo, 2015: 119-120.

tendo em conta que o conceito de benefício se centra na consideração dos efeitos colectivos do crime-pressuposto, em vez da verificação da natureza colectiva-institucional deste e, assim, na sua "inerência" finalística, organizativa-operativa e/ou cultural ao ente a responsabilizar.

Por a lei penal espanhola ter optado pelo conceito de benefício em vez do de interesse, a doutrina espanhola tende a associar o benefício a qualquer vantagem, máxime económica, imediata ou só mediatamente alcançável através da prática do crime; à evitação de um prejuízo (máxime económico); ou à poupança de custos para a pessoa jurídica. Vantagem económica, evitação de prejuízo ou poupança de custos que surge somente contextualizada pelo fim ou objecto imediato do ente, pela respectiva actividade efectiva (ou objecto mediato) e pelo quadro de competências, funções e tarefas cometidas ao agente singular. Deste modo, *o benefício da pessoa jurídica não se identificaria de imediato com a prossecução do interesse colectivo*, ainda que amplamente entendido. O interesse colectivo operaria antes como condição extrínseca (entorno ou contexto), determinante da relevância do benefício ou utilidade (potencial ou efectiva), para a imputação de responsabilidade ao ente. Certo é, porém, que *o benefício ou utilidade alcançado/a na realização do fim imediato e/ou da actividade efectiva do ente, através da actuação criminosa de pessoas físicas a ele funcionalmente ligadas, será sempre um benefício directo e jamais indirecto, i.e., obtido mediante interposição real de outra pessoa física ou colectiva*. Nestoutra perspectiva de "benefício indirecto", a referência pelo artigo 31-bis/1 do CP espanhol a um benefício indirecto perfilar-se-ia, não apenas incorrecta, mas verdadeiramente enganadora.

Segundo o artigo 121-2 do CP francês, a primeira condição de imputação de responsabilidade penal à pessoa colectiva reside na qualidade funcional do agente do crime (órgão ou representante), qualidade na qual este tenha sido investido por aquela. Daí que o CP francês não recorra à fórmula "em nome" da pessoa colectiva, apesar de a mesma estar implícita nesta condição. O que também se explica pelo facto de o conceito de órgão e representante ser muito amplamente definido, incluindo no primeiro os dirigentes de facto, e, no segundo, qualquer pessoa com autoridade para tomar decisões em nome da pessoa colectiva, para exercer um controlo no seu seio[135], ou, simplesmente, provida da competência, autoridade e dos

[135] PRADEL, 2019: 516-517.

meios necessários, tendo recebido uma delegação de poderes dos órgãos sociais ou uma subdelegação do delegado assim designado[136].

Ao contrário do que sucede no artigo 31-bis do CP espanhol, *no artigo 121-2 do CP francês o requisito da actuação por conta da pessoa colectiva nada tem directamente a ver com a qualidade funcional do agente singular, mas com o contexto e a orientação objectiva da prática do crime pela pessoa física*, assumindo assim *função similar à do critério do benefício directo ou indirecto da pessoa jurídica no Código Penal espanhol.*

Em França, a actuação por conta é assimilada à dupla ideia de: actuação para beneficiar, por qualquer modo (material, moral, intelectual, directa ou indirectamente[137]) a pessoa colectiva; e de comissão da infracção no exercício da actividade colectiva, mesmo que esta efectivamente não corresponda à finalidade ou objecto social imediato, declarado no acto constitutivo da pessoa colectiva. Entende-se que, se o agente singular praticou o crime no seu interesse pessoal ou de terceiro estranho ao ente colectivo em causa, ou contra o interesse deste, então, *não actuou por conta do mesmo, ainda que o tenha feito no quadro das respectivas funções*[138]. O que aponta para uma certa ideia de interpenetração interpretativa de ambos os requisitos de imputação de responsabilidade penal à pessoa jurídica.

Com efeito, o requisito da actuação por conta é também utilizado pelo Tribunal da Cassação para, no caso de grupos societários ou sociedades filiais de multinacionais, restringir a responsabilidade à pessoa jurídica empregadora da vítima de um acidente de trabalho ou utilizadora do trabalho temporário desta, graças às falhas (activas ou omissivas) cometidas em matéria de segurança e higiene no trabalho pelo respectivo delegado, ou à sociedade-filial cujo presidente-director geral cometeu os crimes em causa, não obstante o favorecimento que dos mesmos resultou para a marca da multinacional, entendendo que tais crimes tinham sido necessariamente e apenas perpetrados por conta da sociedade filial.

Por seu turno, a Lei nº 2017-399, de 27.03, relativa ao dever de vigilância das sociedades-mães e das empresas "dadoras de ordens", que inseriu dois novos preceitos no Código Comercial, apenas impõe à sociedade-mãe ou à multinacional a obrigação de adoptar e implementar um plano

[136] DECHENAUD, 2020: 84

[137] Isto é, apenas como consequência mediata da comissão do crime.

[138] BERNARDINI, 2015: 536-537; PRADEL, 2019: 526.

de vigilância da sua actividade e do conjunto das filiais ou sociedades que controla, bem como da actividade de subempreiteiros ou fornecedores, abrangida pela relação comercial que com eles estabeleceu. Se o não fizer, poderá ser judicialmente compelida a cumprir, sob cominação de uma multa, ou ser alvo de uma acção de responsabilidade pelos prejuízos que teriam sido evitados caso houvesse satisfeito as obrigações impostas pelo artigo 225-102-4 do Código Comercial. Porém, *a sociedade-mãe ou multinacional nunca responde pelos crimes perpetrados nas filiais ou nas sociedades que controla.*

À semelhança do que sucede no artigo 31-bis/1 do CP espanhol em virtude da estreita conexão dos requisitos da actuação em nome ou por conta e em benefício da pessoa jurídica, *é este o resultado da também estreita conexão, estabelecida pelo artigo 121-2 do CP francês, do requisito da actuação por conta com a qualidade funcional do agente singular capaz de suscitar responsabilidade penal da pessoa colectiva.* Tem de tratar-se de um órgão ou representante desta para, sequer, poder discutir-se a existência de uma actuação por sua conta, sem que, porém, baste essa qualidade funcional para determinar a responsabilidade do ente. Há ainda que atender ao contexto e orientação objectiva do crime cometido em ordem a apurar se o mesmo foi, afinal, também realizado no interesse colectivo. Nisto consiste a interpenetração interpretativa de ambos os requisitos a que antes se aludiu; interpenetração que, ao nível do artigo 121-2 do CP francês, permite assimilar a fórmula da comissão do crime por conta à da comissão do crime no interesse colectivo.

Ao contrário do artigo 31-bis/1, do CP espanhol, o artigo 5º/1, do Decreto-Legislativo italiano nº 231/2001, não condiciona expressamente a responsabilização do ente à realização do crime em seu nome (i.e., no exercício de funções jurídico-civis de representação) ou por sua conta (no desempenho de competências, tarefas ou poderes outorgados pelo ente). No entanto, tal requisito está implícito na exigência de certa qualidade funcional da pessoa física agente do crime, qualidade na qual esta haja sido investida pela pessoa colectiva. Essa qualidade funcional exprime a exigência de uma "compenetração orgânica entre pessoa singular e pessoa jurídica", que permite afirmar que a primeira actua por conta da segunda, mas corresponde a uma "pessoalidade da responsabilidade penal [do ente] absolutamente mínima"[139], logo insuficiente. Daí a necessidade de consi-

[139] Santoriello, 2018: 239-240.

derar o segundo requisito: comissão do crime "no interesse ou vantagem" da pessoa colectiva.

No conceito de interesse, como se viu, preponderaria a orientação teleológica do crime, objectivamente comprovável *ex ante*; no conceito de vantagem avultaria a consideração dos efeitos ou utilidades, *ex post* apuradas, do crime protagonizado pela pessoa física. Deste modo, atenta a alternatividade legal destes conceitos, aparentemente, o ente poderia ser responsabilizado em caso de prática de um crime contra o seu interesse, no interesse exclusivo do agente ou de terceiro a ele estranho, caso, *ex post*, viesse a obter alguma vantagem ou benefício com a sua realização[140]; ou se resultasse beneficiado com a comissão de um crime relativamente ao qual não fosse possível apurar *ex ante* o interesse com que fora perpetrado[141]. Contudo, há quem interprete a alternatividade legal dos conceitos de interesse ou vantagem como significando que o interesse seria o critério de imputação, funcionando a vantagem apenas como critério instrumental, probatório, destinado a demonstrar ou confirmar a pré-existência de um interesse do ente na prática do crime[142].

Quanto ao interesse, consolidou-se na doutrina e na jurisprudência italiana o entendimento de que o mesmo deve conectar-se, numa avaliação *ex ante*, com a política societária, encontrando o crime-pressuposto a sua causa e explicação na vida societária[143].

No que concerne ao critério da vantagem, assistiu-se a uma certa aproximação ao conceito de interesse, considerando-se que, para responsabilizar o ente colectivo, não bastaria que este beneficiasse *ex post* de um efeito patrimonial favorável; seria preciso que, através do crime da pessoa física, a pessoa colectiva pudesse prosseguir a sua actividade ou aumentar a sua concreta operatividade[144]. Alguma doutrina italiana vai mais longe, nega autonomia ao requisito da vantagem, sublinhando que as duas fórmulas vertidas no corpo do nº 1 do artigo 5º do Decreto-Legislativo visam retratar o crime da pessoa física como "inerente" à colectividade. Por isso, *o benefício para a colectividade, emergente da prática de um crime por pessoa a ela*

[140] Ruggiero, 2016: 412-413.

[141] Santoriello, 2018: 240-241.

[142] *Cassazione Penale, Sez. Unite, 18 settembre 2014*, §63.

[143] Santoriello, 2018: 242.

[144] Cassazione Penale, Sez. 5, nº 42778, 19/11/2017, *apud* Santoriello, 2018: 242-243.

*funcionalmente ligada, só desencadeará responsabilidade do ente, se estiver intrinsecamente associado à prossecução do interesse societário*[145].

O que está correcto, sob pena de a pessoa colectiva ser responsabilizada pelo acaso de *ex post* resultar economicamente beneficiada pela prática de um crime que não é "inerente" ao seu fim ou objecto imediato, à actividade por ela efectivamente realizada, ao seu modo de organização e funcionamento, e/ou à respectiva política ou estratégia empresarial. Em Espanha, o recurso ao critério do benefício transmuda o interesse colectivo em mera condição extrínseca relativa ao entorno ou contexto, que condiciona a relevância penal, para a responsabilização da pessoa jurídica, do benefício para que tende a comissão do crime pela pessoa física. Ao invés, em Itália, a interpretação que vem sendo feita do requisito da vantagem para o ente permite identificá-lo directa e imediatamente com o conceito de prossecução do interesse colectivo.

No que concerne à responsabilidade da sociedade-mãe ou de outra sociedade do grupo por crimes cometidos por pessoas físicas funcionalmente ligadas à sociedade-filha ou a outra sociedade do grupo, a doutrina e a jurisprudência italiana entendem que os critérios de imputação de responsabilidade previstos no artigo 5º do Decreto-Legislativo nº 231/2001 devem comprovar-se relativamente a cada sociedade do grupo, sob pena de responsabilidade do ente por facto alheio[146]. Ou seja, por crime praticado por pessoas físicas a ele não funcionalmente ligadas e no interesse ou vantagem directa de outra pessoa colectiva. Ora, o interesse que fundamenta a responsabilidade do ente dependente da prática de um crime tem de ser "imediato e directo", ante o "mecanismo de imputação" consagrado naquele Decreto. Mecanismo que pressupõe uma relação de imediação orgânica que conecta directamente os agentes singulares ao ente a responsabilizar[147]. Para afirmar a responsabilidade de entes colectivos pertencentes a um grupo, não basta invocar a pertinência ao grupo e um genérico interesse de grupo, pois "nada legitima a presunção de coincidência do interesse do grupo com o interesse imediato da singular sociedade controlada"[148], ou, acrescenta-se, do interesse directo da sociedade controlada com o interesse indirecto do grupo.

[145] PRECIOZI, 2018: 85-89.
[146] AMATO, s/d: 2-3.
[147] BELTRANI, 2019: 593.
[148] SANTORIELLO, 2018: 250-251; BELTRANI, 2019: 592-593.

Ademais, e isso reveste-se de especial interesse para a análise aqui empreendida, responsabilizar a *holding* ou a sociedade-mãe pelos crimes cometidos por sujeitos operando no interior de uma sociedade controlada destrói o modelo de imputação de responsabilidade ao ente consagrado no Decreto-Legislativo nº 231/2001. Modelo que se alicerça na não adopção e/ou implementação de um modelo que, além de disciplinar as actividades geradoras de riscos jurídico-penais, encerra uma "eficácia prescritiva (expressão do poder de auto-regulação do ente)", relativamente às pessoas que nele ocupam posição de liderança ou subalterna. Ora, não dispondo a *holding* do poder jurídico de impor à controlada a adopção de um programa de *Compliance* eficaz, só seria possível responsabilizá-la pelo crime cometido por pessoas funcionalmente ligadas à sociedade controlada invocando um "genérico poder de vigilância", não obstante a "impossibilidade (jurídica) de adoptar as cautelas exigidas" pelos artigos 6º e 7º do Decreto-Legislativo nº 231/2001[149] quanto às demais sociedades do grupo, e a indisponibilidade genérica de qualquer instrumento jurídico que lhe permita obrigar os administradores das outras sociedades a mudar o seu comportamento. O que implicaria postergar, relativamente à *holding* ou à sociedade-mãe do grupo, os critérios e o modelo de imputação de responsabilidade consagrados no referido Decreto.

Na responsabilização da sociedade-mãe (ou de outra sociedade do grupo) por crimes cometidos no âmbito da actividade de sociedades controladas ou coligadas e pertencentes ao mesmo grupo, a doutrina e a jurisprudência italiana distinguem duas situações.

Uma primeira, em que se *existe um verdadeiro grupo societário* com pluralidade real de pessoas colectivas e autonomia operativa destas. Então, é preciso que o sujeito que actua por conta da *holding* ou de outra sociedade do grupo (como dirigente ou subalterno desta) comparticipe na prática do crime com o sujeito que o comete por conta da pessoa colectiva controlada ou coligada. Além disso, para cumprir as exigências do artigo 5º do Decreto-Legislativo nº 231/2001, deve comprovar-se que a *holding* ou a outra sociedade do grupo obteve uma concreta vantagem ou perseguiu um efectivo interesse por via do crime realizado no âmbito da actividade da outra sociedade, sob a forma de "uma potencial e real utilidade, ainda que não necessariamente patrimonial", diversa daquela que resulta de ser parte do grupo[150].

[149] SANTORIELLO, 2018: 251.

[150] AMATO, s/d: 1-2; BELTRANI, 2019: 592.

A segunda situação reporta-se aos casos de *grupo aparente ou de ficção de grupo*, em que, por detrás da pluralidade formal de pessoas colectivas, existe um único sujeito jurídico (a sociedade absolutamente dominante), que interfere de forma "não episódica na direcção e actividade concreta da/s controlada/s", de modo que aquela não apenas define as estratégias gerais, mas também "as concretas e singulares condutas operativas" da/s controlada/s, inexistindo "qualquer margem significativa de autonomia das outras sociedades do grupo"[151]. Neste caso, a responsabilização da sociedade absolutamente dominante é assegurada pela sua transmutação e dos sujeitos que para ela operam em dirigentes/administradores de facto da/s sociedade/s controlada/s. A sociedade absolutamente dominante responde pelos delitos cometidos no seu interesse ou vantagem por pessoas que, enquanto representantes ou membros da/s sociedade/s controlada/s sujeita/s à direcção de grupo da controladora, estão, por sua vez, submetidas à direcção ou vigilância dos representantes ou membros da sociedade controladora que exerce a direcção do grupo[152], nos termos do artigo 5º/1, al. *b*), do Decreto-Legislativo nº 231/2001. Agora, "a suposta holding (...) de facto desenvolve directamente – através da interposição fictícia de outros sujeitos jurídicos – uma actividade empresarial" em cujo exercício pratica crimes, sujeitando-se sem mais ao sistema sancionatório previsto no Decreto-Legislativo nº 231/2001. A sociedade absolutamente dominante é directamente sancionada ao abrigo deste Decreto, pois os seus dirigentes (que pré-determinaram as decisões da controlada e os pormenores de cada operação desta) comparticiparam na prática do crime com os dirigentes da dominada[153].

## 5. Conclusão comparativa quanto à responsabilização da sociedade-mãe

A conclusão a retirar é a de que, independentemente da caracterização do modelo de imputação de responsabilidade ao ente consagrado nos diversos ordenamentos jurídicos analisados[154], sempre que este assenta na comissão do crime por pessoas físicas identificadas pela sua ligação funcional à

[151] Santoriello, 2018: 252.

[152] Santoriello, 2018: 251-252.

[153] Santoriello, 2018: 253.

[154] Em França, responsabilidade indirecta, por ricochete e representação, sem autonomia do facto imputado à pessoa colectiva; em Espanha e Itália, responsabilidade directa por facto próprio da pessoa jurídica ou do ente, consistente no défice organizativo-preventivo

pessoa jurídica a responsabilizar, revela-se impossível atribuir responsabilidade à sociedade-mãe, à multinacional ou à sociedade absolutamente dominante se os seus próprios dirigentes ou subalternos não intervieram na prática do crime, porventura em comparticipação com dirigentes ou subalternos da sociedade filha, da filial ou da sociedade absolutamente dominada.

Neste quadro de responsabilização do ente, a vantagem, o benefício ou interesse (directo ou indirecto) respeitará sempre (e necessariamente) à pessoa colectiva cujos dirigentes e/ou subalternos intervieram na prática do crime *pelo qual* ou a *pretexto* do qual se pretende responsabilizá-la. *Nunca poderá tratar-se de vantagem, benefício ou interesse de um ente sem uma relação de "imediação orgânica" com os agentes singulares do crime.* Isto abstraindo, por ora, do significado e verosimilhança da fórmula "interesse indirecto" quando referido à pessoa colectiva directamente envolvida na prática do crime, por este ter sido realizado pelos seus próprios dirigentes e/ou subalternos em condições que permitam responsabilizá-la pela sua ocorrência.

*A responsabilidade da sociedade-mãe ou de outra sociedade do grupo só será possível nos ordenamentos jurídicos que*, independentemente da caracterização do modelo de imputação de responsabilidade ao ente, *não identifiquem os agentes singulares do crime por via da sua ligação funcional à pessoa colectiva a responsabilizar.* Assim sucede, por exemplo, com o artigo 19º do CP romeno ("As pessoas colectivas (...) são penalmente responsáveis pelas infracções cometidas em realização do seu objecto social ou no [seu] interesse ou em [seu] nome"); e o artigo 5º/1 do CP belga ("Qualquer pessoa colectiva é penalmente responsável pelas infracções intrinsecamente ligadas à realização do seu objecto ou à defesa dos seus interesses, ou por aquelas em que os factos concretos demonstrem que foram cometidas por sua conta").

No caso do artigo 19º do CP romeno, a responsabilização da sociedade-mãe, de outra sociedade do grupo ou da multinacional dependerá da demonstração de que a infracção, cometida no âmbito da sociedade-filha ou da filial, o foi também "em realização do seu objecto social" (o que, se bem se vê, só sucederá se se estiver perante uma sociedade absolutamente dominante que substitui na direcção e gestão a/s dominada/s, ou numa situação em que duas ou mais pessoas colectivas prosseguem, em parce-

relativamente a crimes da espécie do cometido, o qual opera como crime-pressuposto para o escrutínio e avaliação estatal da organização colectiva.

ria, um objecto social idêntico ou parcialmente coincidente[155]) ou, mais verosimilmente, "no [seu] interesse". Na certeza de que nunca bastará a pertença ao mesmo grupo, a participação no capital social (ainda que significativa) ou a invocação de um genérico interesse de grupo (associado ao acréscimo da rentabilidade ou do valor deste[156]). Importa comprovar que a sociedade-mãe, a outra sociedade do grupo ou a multinacional perseguiu um efectivo interesse próprio por via do crime realizado no âmbito da actividade da outra sociedade, interesse diferente daquele que resulta da mera participação no mesmo grupo[157]. Neste último caso, parece ser possível prescindir da imediata ligação funcional dos agentes singulares do crime com a sociedade-mãe, a outra sociedade do grupo ou a multinacional a responsabilizar, simplesmente porque o facto punível foi (ao menos também) realizado para prosseguir um concreto, específico e especificamente identificado interesse próprio daquela. Porém, a responsabilização da sociedade-mãe, da outra sociedade do grupo ou da multinacional somente porque um interesse próprio da mesma foi prosseguido através da prática de um crime no âmbito de outra pessoa colectiva com autonomia operativa, por pessoas físicas a esta funcionalmente ligadas, destrói a ideia de um défice organizativo-preventivo como fundamento da imputação do crime ao ente, ou como o próprio facto colectivo pelo qual este é sancionado. Mais: então, ter-se-á substituído a responsabilidade "pessoal" do ente por um facto próprio (ainda que apenas organizativo), pela imputação de uma infracção alheia, somente porque esta (também) prossegue um interesse específico de outra pessoa colectiva, com a consequente (e inevitável) irrelevância dos programas de *Compliance* (referidos à organização e actividade de cada ente colectivo) na atribuição ou atenuação da responsabilidade ao ente somente "beneficiado" pela prática de um ilícito de terceiro.

Algo de semelhante acontece perante o artigo 5º/1 do CP belga. A sociedade-mãe, a outra sociedade do grupo ou a multinacional só poderão ser

[155] Mas, então, muito provavelmente dirigentes e/ou subalternos da sociedade absolutamente dominante ou da sociedade-parceira intervêm na prática do crime juntamente com dirigentes e/ou subalternos da sociedade absolutamente dominada ou da outra sociedade, de modo que se mantém a ligação funcional dos agentes singulares do crime com cada uma das pessoas colectivas a responsabilizar.

[156] Amato, s/d: 2.

[157] Amato, s/d: 1-2; Beltrani, 2019: 592.

responsabilizadas por infracções cometidas no âmbito da sociedade-filha, de outra sociedade do mesmo grupo ou de uma filial:

(i) Se as mesmas estiverem *intrínseca (e não ocasionalmente*[158]) *ligadas à realização do seu próprio objecto* (fim imediato ou actividade efectivos) *ou à defesa dos seus interesses,* por se estar perante sociedade absolutamente dominante que substitui na gestão a sociedade dominada ou a filial, verticalmente integrada na sua própria estrutura organizativa, ou diante de sociedades-parceiras que prosseguem em conjugação de esforços um objecto social idêntico ou parcialmente coincidente em cujo âmbito foi praticado o crime[159];

(ii) Ou se as circunstâncias concretas (contexto e orientação objectiva) evidenciarem que foram cometidas "por sua conta", *i.e.*, em seu concreto, específico e particular interesse, proveito e/ou vantagem (não obstante a real existência de um grupo societário com pluralidade de pessoas jurídicas dotadas de autonomia operativa). Situação em que a responsabilidade terá sido substituída pela automática e inevitável imputação de um ilícito (inclusive organizativo) alheio, por mais *compliant* que seja a pessoa colectiva cujo concreto e específico interesse foi prosseguido por outra através da prática de uma infracção autonomamente "decidida" pela última.

Já a técnica legislativa utilizada pelo artigo 102º/1 e 2 do CP suíço[160], pelo §30 (1) da *Gesetz über Ordnungswidrigkeiten* alemã (*OWiG*)[161], e pelo

[158] ROGGEN, Françoise, "La responsabilité pénale des personnes morales", in: *Actualité de Droit Pénal,* Bruxelles: Bruylant, 2005, p. 14, *apud* MARQUES DA SILVA, 2009: 257, n. 138.

[159] Hipóteses em que continuará a verificar-se uma ligação funcional directa dos agentes singulares da infracção com cada uma das entidades a responsabilizar.

[160] Disponível *online* em: https://www.fedlex.admin.ch/eli/cc/54/757_781_799/fr (consultado em 10.01.2023), cujo teor é o seguinte:

*[1] Un crime ou un délit qui est commis au sein d'une entreprise dans l'exercice d'activités commerciales conformes à ses buts est imputé à l'entreprise s'il ne peut être imputé à aucune personne physique déterminée en raison du manque d'organisation de l'entreprise. Dans ce cas, l'entreprise est punie d'une amende de cinq millions de francs au plus.*

*[2] En cas d'infraction prévue aux art. 260$^{ter}$, 260$^{quinquies}$, 305$^{bis}$, 322$^{ter}$, 322$^{quinquies}$, 322$^{septies}$, al. 1, ou 322$^{octies}$, l'entreprise est punie indépendamment de la punissabilité des personnes physiques s'il doit lui être reproché de ne pas avoir pris toutes les mesures d'organisation raisonnables et nécessaires pour empêcher une telle infraction.*

[161] Disponível *online* em: https://www.gesetze-im-internet.de/owig_1968/BJNR004810968.html (consultado em 10.01.2023), cujo teor é o seguinte:

§3 (1) a (3), da *Verbandsverantwortlichkeitsgesetz* austríaca (*VbVG*)[162], inviabiliza a responsabilização da sociedade-mãe, de outra sociedade do grupo ou da multinacional pelo mero facto de terem sido cometidas infracções no âmbito da sociedade-filha, de outra sociedade do mesmo grupo ou de uma filial. Nenhum destes preceitos prescinde de uma ligação funcional-organizativa da infracção a cada um dos entes a responsabilizar.

Assim acontece, no caso do artigo 102º/1 e 2 do CP suíço, por a responsabilidade das pessoas colectivas ou empresas se limitar a crimes ou delitos perpetrados "no seu seio", no exercício das suas actividades comerciais conformemente aos respectivos fins, alicerçando-se tal responsabilidade numa

*(1) Hat jemand*
*1. als vertretungsberechtigtes Organ einer juristischen Person oder als Mitglied eines solchen Organs,*
*2. als Vorstand eines nicht rechtsfähigen Vereins oder als Mitglied eines solchen Vorstandes,*
*3. als vertretungsberechtigter Gesellschafter einer rechtsfähigen Personengesellschaft,*
*4. als Generalbevollmächtigter oder in leitender Stellung als Prokurist oder Handlungsbevollmächtigter einer juristischen Person oder einer in Nummer 2 oder 3 genannten Personenvereinigung oder*
*5. als sonstige Person, die für die Leitung des Betriebs oder Unternehmens einer juristischen Person oder einer in Nummer 2 oder 3 genannten Personenvereinigung verantwortlich handelt, wozu auch die Überwachung der Geschäftsführung oder die sonstige Ausübung von Kontrollbefugnissen in leitender Stellung gehört,*
*eine Straftat oder Ordnungswidrigkeit begangen, durch die Pflichten, welche die juristische Person oder die Personenvereinigung treffen, verletzt worden sind oder die juristische Person oder die Personenvereinigung bereichert worden ist oder werden sollte, so kann gegen diese eine Geldbuße festgesetzt werden.*

162 Disponível *online* em: https://www.ris.bka.gv.at/GeltendeFassung/Bundesnormen/20004425/VbVG%2c%20Fassung%20vom%2010.01.2023.pdf (consultado em 10.01.2023), cujo teor é o seguinte:
*§ 3. (1) Ein Verband ist unter den weiteren Voraussetzungen des Abs. 2 oder des Abs. 3 für eine Straftat verantwortlich, wenn*
*1. die Tat zu seinen Gunsten begangen worden ist oder*
*2. durch die Tat Pflichten verletzt worden sind, die den Verband treffen.*
*(2) Für Straftaten eines Entscheidungsträgers ist der Verband verantwortlich, wenn der Entscheidungsträger als solcher die Tat rechtswidrig und schuldhaft begangen hat.*
*(3) Für Straftaten von Mitarbeitern ist der Verband verantwortlich, wenn*
*1. Mitarbeiter den Sachverhalt, der dem gesetzlichen Tatbild entspricht, rechtswidrig verwirklicht haben; der Verband ist für eine Straftat, die vorsätzliches Handeln voraussetzt, nur verantwortlich, wenn ein Mitarbeiter vorsätzlich gehandelt hat; für eine Straftat, die fahrlässiges Handeln voraussetzt, nur, wenn Mitarbeiter die nach den Umständen gebotene Sorgfalt außer acht gelassen haben; und*
*2. die Begehung der Tat dadurch ermöglicht oder wesentlich erleichtert wurde, dass Entscheidungsträger die nach den Umständen gebotene und zumutbare Sorgfalt außer acht gelassen haben, insbesondere indem sie wesentliche technische, organisatorische oder personelle Maßnahmen zur Verhinderung solcher Taten unterlassen haben.*

falta de organização que impede a identificação da pessoa física agente da infracção (nº 1), ou na omissão de "todas as medidas de organização razoáveis e necessárias para impedir" uma das infracções descritas no nº 2.

Por seu turno, o §30 (1) da *OWiG* condiciona a responsabilidade contra-ordenacional da pessoa jurídica, associação sem personalidade jurídica ou sociedade pessoal dotada de personalidade jurídica à comissão de um crime ou de uma contra-ordenação (que infringe deveres que recaem sobre a pessoa jurídica, associação ou sociedade pessoal, ou que a enriqueceu ou devia enriquecer), por titular de órgão de representação ou administração, associado com poderes de representação, representante geral, representante ou mandatário comercial em posição dirigente, pessoa responsável pela gestão de estabelecimento ou empresa de uma pessoa moral, associação ou sociedade pessoal, ou pessoa com poderes de vigilância ou controle em posição de direcção.

O §3 (1) a (3) da *Verbandsverantwortlichkeitsgesetz* austríaca faz depender a responsabilidade penal da pessoa colectiva da comissão de um crime em seu proveito ou através do qual foram violados deveres que a atingem, desde que os agentes singulares desse crime sejam:

(i) Titulares de poder de decisão [gerentes, membros do órgão de direcção, pessoas com poder orgânico ou jurídico de representação, membros do conselho de vigilância ou de administração, pessoas que exerçam poderes de controlo em posição de liderança, ou quem exerça influência determinante sobre a gestão da entidade[163] – §2 (1)], que devem praticar ilícita e culposamente o facto; ou

(ii) Colaboradores [§2 (2)], se a comissão da infracção foi tornada possível ou substancialmente facilitada por falha dos decisores em exercer a diligência devida e razoável nas circunstâncias, em particular não adoptando as medidas técnicas, organizacionais ou pessoais essenciais para evitar tais actos[164].

[163] Sendo como tal considerado titular de poder de decisão dentro do ente colectivo em causa, independentemente do respectivo estatuto jurídico (*v.g.* sócio, credor-financiador).

[164] Petsche / Krakow, s/d: ponto I, 4 dão conta de que, não sendo o grupo societário considerado no seu todo como uma pessoa colectiva pela *VbVG*, então, esta lei não contempla previsões específicas para os grupos societários. Uma vez que apenas as singulares pessoas jurídicas são contempladas, a responsabilidade criminal tem de ser verificada relativamente a cada uma delas. Contudo, no entender dos Autores, uma pessoa colectiva sediada na Áustria pode ser responsabilizada por crimes cometidos por uma filial no estrangeiro por

## III. Conteúdo, alcance e utilidade das fórmulas "em nome ou por conta" e no "interesse directo ou indirecto" do ente colectivo no artigo 11º/2 do CP português

### 1. As questões

As alterações ao artigo 11º/2, do CP português, introduzidas pela Lei nº 94/2021, suscitam uma multiplicidade de questões. O que significa intervir na prática do crime "por conta" da pessoa jurídica, mas não em nome desta? O que se ganhou (se algo se ganhou) com esta nova expressão? Qual o objectivo, o significado e a utilidade da expressão "interesse directo ou indirecto" da pessoa jurídica? Como articular a atribuição de responsabilidade ao ente por um crime cometido no seu interesse indirecto com: (i) o artigo 11º/2, que exige a intervenção no facto a imputar ao ente de pessoas físicas que nele ocupem posição de liderança (consideradas como seu *alter ego*); e com (ii) o artigo 11º/6, que exclui a responsabilidade da pessoa colectiva quando o agente singular actuou contra ordens ou instruções expressas de quem de direito dentro dela? Qualquer um destes preceitos não será apenas compatível com uma actuação no interesse directo (finalístico, organizativo-operativo e/ou cultural) da pessoa colectiva a responsabilizar?

Ou será que a referência à responsabilização da pessoa colectiva por um crime de catálogo, cometido por sua conta (embora não em seu nome) e no seu interesse indirecto (mormente económico), visa (embora porventura não só) assegurar a imputação de responsabilidade penal à sociedade-mãe de um grupo por infracções cometidas por pessoas físicas funcionalmente ligadas à sociedade-filha?[165] Então, que dizer desta eventual nova técnica,

via das regras da comparticipação criminosa, se um titular de decisão da sociedade-mãe ordena, auxilia ou encoraja um empregado da sociedade-filial a cometer o crime. PETSCHE e KRAKOW admitem, inclusive, uma participação por omissão em virtude da eventual posição de garante da sociedade-mãe relativamente à actuação da filial graças à sua influência sobre a administração desta.

A verdade, porém, é que se os decisores da sociedade-mãe exercerem influência determinante sobre a gestão da sociedade-filha, a sua actuação permitirá responsabilizar directa e plenamente a sociedade-mãe por crimes cometidos no âmbito da filial (e não apenas por participação por omissão), porventura em comparticipação daqueles com decisores e/ou colaboradores da sociedade-filha.

165 A LUZ DOS SANTOS, 2022: 93 e 96, parece que o recurso à fórmula "interesse directo ou indirecto" da pessoa colectiva tem "como escopo primacial" a "transferência da responsabilidade penal da sociedade-comercial-filha para a sociedade-comercial-mãe e vice-versa".

adoptada pelo artigo 11º/2 do CP, de imputação de responsabilidade penal à sociedade-mãe por um crime de catálogo cometido por uma sociedade--filha, simplesmente por ambas se considerarem uma única empresa, em virtude de integrarem a mesma unidade económica ou manterem entre si certos laços de interdependência, naquilo que parece ser uma aproximação ao conceito de empresa única vertido no artigo 3º/2 do Regime Jurídico da Concorrência (Lei nº 19/2012)?

Contudo, a análise da doutrina e jurisprudência espanhola, francesa e italiana já evidenciou que a pertença à mesma unidade económica ou a participação significativa no capital de outra sociedade não basta para afirmar que um crime, perpetrado por pessoas físicas funcionalmente ligadas a outra pessoa colectiva, o foi no interesse individual, concreto e peculiar de outra entidade, ainda que indirectamente[166]. Com as alterações introduzidas pela Lei nº 94/2021 ao nº 2 do artigo 11º do CP, ter-se-á pretendido transitar de um modelo de responsabilidade penal das pessoas colectivas organizativa e funcionalmente intervenientes na prática de um crime de catálogo, para um outro de imputação de responsabilidade (dita "penal") a outros entes colectivos, que não intervieram organizativa e funcionalmente na prática do mesmo, somente porque o intérprete-aplicador o considera praticado "por sua conta" e no seu "interesse indirecto"?

Em geral, o que dizer da constitucionalidade dos novos critérios de responsabilização de entes colectivos face à matriz de validade da intervenção penal e aos critérios jurídico-penais de imputação de responsabilidade aos sujeitos jurídico-penais colectivos? Pense-se no princípio da legalidade-tipicidade (determinativa) dos critérios de responsabilização criminal de entes colectivos e no princípio da pessoalidade da responsabilidade por um facto organizativamente próprio (materialmente ofensivo de bens jurídico-penais) e por uma culpa colectiva própria[167].

[166] Bem nota SOUSA MENDES, 2022a:102, e 2022b: 28, que "o controlo da subsidiária pela sociedade-mãe é, em si mesmo, um facto lícito e corrente no domínio do Direito Societário (quiçá até incentivado em certos casos) e, por isso mesmo, não vemos que possa ser base suficiente para a imputação à sociedade-mãe da infração praticada pela subsidiária. Pelo contrário, afigura-se-nos necessário juntar elementos de prova acerca da prática do facto ilícito que atestem o envolvimento pessoal da sociedade-mãe".

[167] VILELA, 2022: 29, sustenta que as alterações ao artigo 11º/2 do CP violam o princípio da culpa, "resvalando para uma responsabilidade objectiva", por se prescindir que "a pessoa singular que representa a colectiva atue cumulativamente em seu nome e no seu interesse". Em sentido contrário, pronuncia-se LAMAS LEITE, 2022: 108 e 110, para quem "o alargamento

Com este alargamento dos critérios de imputação de responsabilidade penal aos entes colectivos, que espaço resta – fica sequer algum? – para a relevância dos programas de *Compliance*, forçosamente orientados para a organização e a actividade de cada pessoa jurídica (cfr. artigo 6º/1 do Decreto-Lei nº 109-E/2021), se esta puder ser responsabilizada por quem simplesmente actuou por sua conta (i.e., sem poderes para o efeito) e/ou contra as suas ordens e instruções expressas (vertidas em programas de *Compliance* efectivos e adequados e, assim, presentes na respectiva cultura corporativa), apenas porque o intérprete-aplicador reputa que o crime em causa foi também cometido no seu interesse ou benefício indirecto (i.e., mediatizado pela interposição de outra pessoa física ou jurídica)?

Para responder em modo conclusivo às questões elencadas, agora de olhos postos no artigo 11º/2 do CP português saído da Lei nº 94/2021,

das modalidades típicas de imputação do facto criminoso" às pessoas singulares que ocupam posição de liderança, "e, através delas, ao ente colectivo", se justifica político-criminalmente por dever "exigir-se mais de quem tem o poder de vincular o ente colectivo", naquilo que se afigura ser uma identificação-confusão da pessoa jurídica (e da responsabilização desta) com os seus dirigentes e a respectiva responsabilidade individual.

Luz dos Santos, 2022: 96-97, considera que a pretensão, subjacente às novas fórmulas da actuação "por conta" e "no interesse directo indirecto", de transferir a responsabilidade penal da sociedade-final para a sociedade-mãe, e vice-versa, atenta contra o princípio da pessoalidade da responsabilidade penal (artigo 30º/3 da CRP), o princípio da culpa e o da proporcionalidade em sentido estrito (artigo 18º/2 da CRP).

Marques da Silva, 2022: 8, referindo-se somente à fórmula "no interesse directo ou indirecto", afirma que a mesma visou somente clarificar a lei, tendo em conta divergências na interpretação do conceito de actuação no interesse colectivo. Assim, explica, o interesse indirecto abrangeria situações de "benefício indirecto", que se não traduz "numa vantagem imediata relativa à actividade" da pessoa colectiva, e sim, por exemplo, para a sua reputação, mas, ainda, a "doação de vantagens indevidas [por pessoas físicas funcionalmente ligadas ao ente] na esperança de poder a pessoa colectiva vir a ter um tratamento de favor quando eventualmente se dirigir ao donatário, mesmo para obtenção de um ato lícito". Portanto, o Autor admite que a pessoa colectiva possa ser penalmente responsabilizada por ilícitos praticados *motu proprio* por pessoas físicas a ela funcionalmente ligadas, desde que dos mesmos possa resultar "qualquer vantagem, patrimonial ou não patrimonial, relacionada com a pessoa coletiva e a sua atividade". Significa isto que, então, a pessoa colectiva apenas ficará isenta de responsabilidade se, ao abrigo do artigo 11º/6 do CP, invocar e provar uma actuação do seu dirigente contra as suas ordens ou instruções expressas (numa autêntica presunção de culpa do ente, em razão do mero benefício expectável, com consequente inversão do ónus da prova)? Ou a Lei nº 94/2021 pretendeu afastar estoutras hipóteses de interesse/benefício indirecto do campo de aplicação desta cláusula de exclusão da responsabilidade organizativa-operativa, finalística e/ou cultural da pessoa colectiva, gizada para um outro conceito de interesse colectivo?

importa começar por definir os conceitos para que apontam os novos critérios de imputação de responsabilidade penal às pessoas colectivas: actuação em nome ou por conta e actuação no interesse directo ou indirecto. O objectivo é determinar com que conteúdo, sentido e alcance estão a ser – ou podem ser – usados no âmbito daquele preceito.

## 2. Actuação em nome ou em representação jurídico-penal da pessoa colectiva

À luz do Direito Civil[168], a representação tem como pressupostos: (i) uma actuação jurídica, (ii) em nome de outra pessoa *e por conta desta*, (iii) com poderes para o efeito. Para o Direito Civil, só se incluem na representação as actuações materiais que tenham projecções jurídicas. Portanto, "a representação existe em virtude da presença, na esfera do representante, de um poder, de natureza potestativa e funcional, de agir em nome *e por conta do representado*, imputando na esfera jurídica do *dominus* a actuação do primeiro"[169].

[168] Sobre o que se segue, Albuquerque, 2020: 759-761.

[169] Assim, já antes, Oliveira Ascensão, 2003: 240-242 e 244, apontando a representação como "manifestação do fenómeno da substituição de pessoas na actuação jurídica". O que pressupõe alguma autonomia na actuação do representante. Nas expressivas palavras de Domingues de Andrade, 1974: 302: "O representante não se limita a transmitir mecanicamente a vontade de outrem, mas *resolve*, quer por esse outrem". Oliveira Ascensão sustenta que "o tripé sobre o qual assenta toda a representação" é constituído por um pressuposto, um requisito e um efeito jurídico. O pressuposto positivo corresponde à relação e ao poder de representação que se estabelece entre representado e representante, conferindo a este "o poder concreto de interferir na esfera jurídica alheia", *i.e.*, do representado (pp. 241, 250 e 253); o requisito (negativo quanto ao representante-agente, para que os efeitos jurídicos da respectiva actuação não se produzam na sua própria esfera) consiste na actuação ostensiva em nome de outrem (expressa ou inequívoca nas circunstâncias), respeita à relação de execução, que se estabelece entre o representante e terceiro (2003: 240-241, 252-253 e 271-272); o efeito jurídico traduz-se na "imputação directa do acto ao representado", fazendo deste parte no acto, e reporta-se à relação entre o terceiro e representado (2003: 240-241 e 252-253). O Autor também insiste: "em sentido técnico a representação refere-se apenas à prática de actos jurídicos"; "a autorização de praticar actos materiais cria uma faculdade", já a "autorização de praticar actos jurídicos cria um poder potestativo (...) de praticar actos jurídicos que são automaticamente imputados na esfera jurídica do principal", o qual se encontra, portanto, numa posição de sujeição (2003: 241-242 e 251). Daí a relevância da "determinação da fonte do poder de representação", a qual reside na relação fundamental subjacente, pois "o poder de representação não é auto-suficiente", nem abstracto, nem auto-explicativo, estando ao serviço daquela relação que justifica a outorga de poderes representativos (2003: 250, 252 e 276).

A exigência de actuação em nome implica que o representante aja ostensivamente em nome de outra pessoa identificada; não há "representação anónima", sob pena de a actuação em causa se repercutir na esfera do representante e não na do representado[170]. Diferente é a exigência de *actuação por conta do representado*, retirada do mandato, significa que *o representante deve tratar dos negócios do representado e não dos seus próprios*. Ou seja, a representação tem natureza funcional e esta *funcionalidade remete para a relação de base existente entre representante e representado e que justificou a outorga de poderes de representação*[171].

No âmbito penal, sedimentou-se a ideia de que a representação não se afasta do correspondente conceito civil, apesar de estar em causa a prática de crimes e não a celebração de actos ou negócios jurídicos[172]. Em Direito

[170] Oliveira Ascensão, 2003: 272; Pais de Vasconcelos, 2005: 698.

[171] Também Oliveira Ascensão, 2003: 273 e 246-247, chama a atenção para a falta de sinonímia entre actuação em nome e por conta de outrem, inclusive a propósito da distinção entre representação e gestão de negócios. O mesmo faz Pais de Vasconcelos, 2005: 698-699, que, depois de sublinhar que o representante actua em nome e por conta do representando, adverte que nem sempre há coincidência entre as duas situações, sendo lícito actuar por conta de outrem sem poderes de representação, por exemplo, no mandato sem representação (artigos 1180º-1184º do CC) e na gestão de negócios (artigos 464º-472º do CC). E explica: "agir por conta de outrem é actuar sobre os bens ou interesses de outra pessoa que não os daquela que age". De igual modo, Sousa Mendes, 2022a: 101, n. 31, e 2022b: 25, n. 31, sublinha, na dogmática da representação, a diferença entre actuação "por conta" e actuação "em nome" de outrem. A primeira "parece exigir uma intenção específica, daquele que atua, em atuar para outrem, ou seja, tem de haver uma intenção de atribuir os efeitos ou o resultado da sua atuação ao representado. Já a atuação "em nome de" outrem pressupõe a invocação do nome do representado (*contemplatio domini*)". Por sua vez, a actuação em nome de outrem "não se confunde com uma atuação do representante no interesse do representado" (cfr. artigo 265º/3 do CC). Quanto a este último aspecto, em sentido não coincidente, Oliveira Ascensão, 2003: 242 e 274-277: "Paradigmaticamente, a representação exerce-se no interesse do representado". Porém, "a representação [é] um negócio incompleto", cujo "significado integral só se capta situando a procuração na relação fundamental de que emana". Ou seja: o "nexo de representação (...) é posto ao serviço da função do negócio global. É por esta razão, e não por qualquer valoração própria do vínculo de representação, que a representação em causa própria [ou de terceiro que não o representado] deve ser admitida"; porém, sempre dentro dos limites emergentes "da análise da relação fundamental". Concordante, Pais de Vasconcelos, 2005: 699-700.

[172] Marques da Silva, 2009: 241 e 243. Em sentido divergente, Quintela de Brito, 2012a: 234-236 e 345-353, sublinhando que, face à definição legal de pessoas com posição de liderança na organização colectiva para efeitos de responsabilização penal do ente (artigo 11º/4 do CP), o conceito jurídico-civil de representação peca por excesso (incluindo

Penal, a actuação em nome da pessoa jurídica pressupõe uma actuação funcional, por oposição a um acto pessoal[173]. Ou seja: a pessoa com posição de liderança, tal como os demais agentes referidos no artigo 11º/2, al. *b)*, do CP, devem intervir no facto colectivo no exercício de tarefas, poderes e funções em que expressa ou tacitamente foram investidos pelo ente colectivo e que os habilitaram especialmente para essa intervenção[174]. Só dessa forma o seu facto se pode considerar como tendo origem na pessoa jurídica a responsabilizar penalmente[175]. Em Direito Penal, não se exige a outorga eficaz de poderes jurídico-civis de representação para responsabilizar a pessoa colectiva, ou sequer para responsabilizar aquele que, nos crimes com elementos pessoais de autoria e/ou egoisticamente estruturados, actua em lugar da pessoa colectiva-*intraneus* (cfr. artigo 12º/2 do CP); basta que exista um título de representação, o qual não precisa de ser solene[176]. Aliás, em conformidade com o disposto no artigo 217º/1 do CC: *A declaração negocial pode ser expressa ou tácita: é expressa, quando feita por palavras, escrito ou qualquer outro meio directo de manifestação da vontade, e tácita, quando se deduz de factos que, com toda a probabilidade, a revelam*[177].

## 3. Actuação por conta vs. actuação no interesse do dono do negócio

Nuno Andrade Pissara[178] distingue a actuação por conta da actuação no interesse, a propósito do instituto (subsidiário) da gestão de negócios, como meio de intromissão na esfera jurídica alheia. Segundo o artigo 464º

os representantes não dirigentes, que, todavia, não podem desencadear responsabilidade colectiva) e por defeito (excluindo os órgãos sociais sem poderes de representação externa da pessoa jurídica e as pessoas físicas com autoridade para exercer o controlo da actividade colectiva em cujo âmbito foi cometido o crime a imputar àquele). Para mais desenvolvimentos sobre o conceito jurídico-penal de representante da pessoa colectiva (artigo 11º/4 do CP) como imputação de factos penais – não de actos ou negócios jurídicos – ao representado", Quintela de Brito, 2012a: 1657-1680.

173 Marques da Silva, 2009: 241 e 243; Quintela de Brito, 2012a: 361-366.

174 Assim já Pires de Lima / Antunes Varela, 1982: n. 3 ao artigo 500º.

175 Quintela de Brito, 2012a: 364 e 1805, "o requisito da actuação 'em nome colectivo' visa retratar o facto punível como 'facto do ente". Este "precisa de conectar-se etiológico-funcionalmente com a pessoa jurídica. Ou seja: deve ser perpetrado no exercício de poderes e tarefas que aquela efectivamente atribuiu ao agente, de forma expressa ou tácita. Poderes e tarefas que o habilitaram especial e funcionalmente para a prática desse facto".

176 Marques da Silva, 2009: 243.

177 Para mais desenvolvimentos, Quintela de Brito, 2012a: 1680-1686.

178 2021: 364-366.

do CC, *dá-se gestão de negócios quando uma pessoa assume a direcção de negócio alheio no interesse e por conta do respectivo dono, sem para tal estar autorizada.* Este esclarecimento é importante, porque as actuais alíneas do artigo 11º/2 do CP recorrem à alternativa da *actuação em nome e no interesse* ou *por conta e no interesse*, sugerindo que na segunda hipótese se estaria mais próximo de uma gestão de negócios de um ente colectivo, por uma pessoa física (àquele funcionalmente ligada ou não) ou por outra pessoa jurídica, sem autorização da primeira.

Explica Nuno Andrade Pissara: "o agir por conta de outrem refere-se ao destino dos efeitos da gestão", *i.e.*, "agir para outrem ou para produzir efeitos na esfera de outrem", não actuar exclusivamente para si. Por seu turno, "o interesse reporta-se à utilidade da gestão", tratando-se de um pressuposto objectivo da gestão, e não de uma mera intenção do gestor de "trazer utilidade ao dono". Ou seja: a utilidade integrante da gestão de negócios tem de existir *ab initio*, de ser "individual, objectiva, concreta e pode não ser pecuniária"[179]. Tanto que o dono do negócio só está obrigado a reembolsar o gestor das despesas que este fundadamente considerou indispensáveis, se o gestor, além de ter actuado por conta daquele, houver exercido a gestão em conformidade com o interesse e a vontade, real ou presumível, do dono do negócio (artigo 468º/1 do CC). José de Oliveira Ascensão[180] adverte: se o gestor de negócios agiu efectivamente

[179] Não inteiramente coincidente, Menezes Leitão, 2007: pp. 490-491, sustenta que a actuação por conta do dono do negócio implica "uma intenção específica do gestor de actuar para outrem, sem o que não se verificará gestão de negócios". O que, em seu entender, seria corroborado pelo artigo 472.º do CC, que, regulando a gestão de negócio alheio julgado próprio, não determina a aplicação imediata do regime da gestão de negócios. Explica o Autor: a actuação por conta do dono do negócio pressupõe apenas a intenção do gestor de "atribuir os efeitos do negócio a outrem, (...) de que os resultados da sua actuação (...) em termos de benefícios [ou] prejuízos, não se destinem a ele, mas ao dono do negócio". Porém, como se viu, para haver gestão de negócios, não basta a actuação por conta do dono do negócio, é ainda necessária a actuação no interesse deste. No que concerne ao momento da determinação da utilidade da gestão de negócio alheio, Menezes Leitão defende que a mesma deve ser determinada, tanto por referência ao momento da assunção da gestão, por se tratar de um "pressuposto inicial da gestão" (artigo 464º, do CC), então, utilizando o critério do consentimento do lesado (artigo 340º/3, do CC) exigindo-se a prossecução do interesse do dono do negócio de acordo com a sua vontade presumível, como por referência à execução da gestão, tendo em conta a exigência de que esta seja também exercida de acordo com o interesse ou a vontade, real ou presumível, do dono do negócio (artigos 466.º/2 e 468.º/1, do CC).

[180] 2003: 246-247.

de acordo com o interesse e a vontade, reais ou presumidos, do dono do negócio, "os efeitos dos seus actos repercutem-se imediatamente na esfera jurídica do dono do negócio", sendo este obrigado a reembolsar o gestor das despesas efectuadas. Porém, "o gestor de negócios não é um representante, porque lhe faltam poderes de representação. As obrigações do dono do negócio não têm fonte negocial", e sim legal. Mais: "nem a gestão que o dono do negócio ratificar se confunde com uma representação sem poderes, (...) ratificada pelo principal" (artigo 268º/1, do CC).

Admitindo-se a aplicabilidade do regime jurídico-civil da gestão de negócios à responsabilização penal do ente-dono-do-negócio, tal responsabilidade dependeria: (i) da prática de um crime através de actuação não autorizada, pela colectividade a responsabilizar, de pessoa física (porventura estranha à respectiva organização, mas, pelo menos, fora do quadro de competências, tarefas ou funções em que fora investida); (ii) actuação ainda assim orientada para a produção de efeitos na esfera do ente-dono-do-negócio; e (iii) da comprovada identificação *ex ante* e durante a respectiva execução de uma utilidade "individual, objectiva e concreta" para o ente-dono-do-negócio.

No entanto, NUNO ANDRADE PISSARA alerta: não deve recorrer-se ao instituto subsidiário da gestão de negócios, se existir legitimidade, ao abrigo da lei ou de um acto do beneficiado, para agir no interesse e por conta de outrem. O que, no seu entender, sucede, por força da lei, no caso do director, gerente ou administrador da pessoa colectiva; e, por força de contrato, no caso do mandato, da prestação de serviços ou do contrato de trabalho. Também LUÍS MENEZES LEITÃO[181] dá conta da não aplicação do instituto da gestão de negócios sempre que medeie entre o gestor e o *dominus* "alguma relação específica (...) que legitime a sua intervenção, com base num critério distinto da simples utilidade para o *dominus* da sua intervenção. Assim, o gestor não poderá recorrer à gestão de negócios se estiver autorizado ou vinculado por negócio jurídico a exercer a sua intervenção (exs: procuração, mandato ou prestação de serviços)". Neste caso último, só se aplicará o instituto da gestão de negócios, "se a actuação gestionária representar um excesso em relação ao objecto" do negócio jurídico[182].

[181] 2007: 491-492.

[182] Outra talvez fosse a solução defendida, para este caso, por OLIVEIRA ASCENSÃO, 2003: 245-247 e 288-294, ao contrapor gestão de negócios (em que os efeitos dos actos praticados

Ambas as advertências são de inegável relevância quando o que se discute é a responsabilização da pessoa colectiva ao abrigo *do* e no quadro definido *pelo* artigo 11º/2, 4 e 6, do CP português, depois das alterações introduzidas pela Lei nº 94/2021.

## 4. Sentido e utilidade da fórmula da actuação por conta da pessoa colectiva no âmbito do artigo 11º do CP

Depois do esclarecimento dos elementos do conceito de representação para efeitos de responsabilização penal da pessoa jurídica e do significado da referência autónoma à actuação por conta e no interesse (indirecto) do ente colectivo, como eventual remissão para o instituto da gestão de negócios (artigo 464º do CC) por inexistir autorização da pessoa jurídica para um agir funcional ou em seu nome, a conclusão que se impõe é a da inadmissibilidade e ausência de sentido de tal critério alternativo, assim entendido, de imputação de responsabilidade penal ao ente.

Num modelo misto de imputação de responsabilidade às pessoas jurídicas, como o consagrado no artigo 11º do CP (de hétero e auto-responsabilidade), em que o facto punível colectivo se alicerça em contributos prestados designadamente por pessoas que nelas ocupam posição de liderança (titulares de órgão, representantes-dirigentes, ou com autoridade para exercer o controlo da actividade coletiva em cujo desenvolvimento foi praticado o crime a atribuir ao ente), carece de sentido a referência alternativa a uma actuação por conta do ente, à luz da definição jurídico-civil deste conceito. Nesse âmbito, a actuação por conta só adquire relevância autónoma ou desconectada da actuação em nome ou representação no quadro do mandato sem representação e da gestão de negócios[183] não autorizada pelo dono do negócio. Ora, sucede que os agentes singulares, para serem pessoas com posição de liderança ante o concreto facto punível a atribuir ao ente, em cuja prática intervieram, necessariamente actuaram,

pelo gestor de acordo com o interesse e a vontade, reais ou presumidos, do dono do negócio se repercutem imediatamente na esfera jurídica deste), falta de poderes de representação para celebrar um acto ou negócio jurídico em nome de outrem (em que prevalece sempre o interesse do suposto representado, o qual nunca ficará vinculado pelo acto ou negócio realizado em seu nome sem poderes de representação), e abuso de poderes de representação (em que o risco da representação abusiva recai sobre o representado, vinculando-o ao acto ou negócio jurídico, em nome da tutela do "desconhecimento ético" do abuso por parte do terceiro).

[183] Pais de Vasconcelos, 2005: 698-699.

em sentido jurídico-penal, em nome deste, *i.e.*, no exercício de competências, poderes, funções e tarefas por ele cometidas e que os habilitaram especialmente para a prática de um acto daquela natureza, lançando mão dos meios e instrumentos que lhes foram confiados[184].

A menos que a alternativa da actuação por conta e no interesse indirecto da pessoa colectiva vise possibilitar a imputação de responsabilidade penal, com base em contributos prestados por quem se não encontra a ela funcionalmente ligado, por carecer da qualidade de pessoa com posição de liderança (por referência ao concreto ilícito típico a atribuir ao ente) e/ou de pessoa que aja sob a autoridade desta. Mas, então, o artigo 11º/2 saído da Lei nº 94/2021 deveria, em coerência e à semelhança do artigo 19º do CP romeno ou do artigo 5º/1 do CP belga, abandonar a simultânea exigência de que o agente singular do facto colectivo seja pessoa com posição de liderança e/ou pessoa que actua sob autoridade desta dentro da organização da pessoa colectiva a responsabilizar. Ao fazê-lo, tal preceito não pode senão prescindir da alternativa de actuação por conta, limitando-se a exigir uma actuação em nome, *i.e.*, uma actuação funcional.

A não ser que o objectivo último da nova redacção do artigo 11º/2 fosse, na linha das preocupações expressas pelo *Working Group on Bribery*, o de estender a responsabilização penal da pessoa jurídica (sociedade-mãe ou outra sociedade do mesmo grupo) a factos praticados por pessoa singular a ela não funcionalmente ligada (e sim à sociedade-filha ou a sociedade do mesmo grupo), mas agindo para ela, para produzir efeitos na sua esfera, e no seu "individual, concreto e objectivo" interesse, ainda que, porventura, indirecto. Porém, repete-se, tal objectivo esbarra com a exigência (não afastada pelo artigo 11º/2 do CP) de que o agente singular do facto colectivo ocupe posição de liderança ou actue sob autoridade deste último dentro da organização de cada ente a responsabilizar[185]. Além disso, o objectivo

[184] Assim Pires De Lima/Antunes Varela, 1982: 482, a propósito da responsabilidade do comitente pelos factos ilícitos do comissário, os quais devem manter uma relação de causalidade adequada com o exercício das funções cometidas ao comissário, tendo em conta a natureza dos actos de que foi incumbido e dos instrumentos ou meios que lhe foram confiados.

[185] Também Sousa Mendes, 2022a: 102, e 2022b: 27-28, sublinha a maior exigência e dificuldade de atribuição de responsabilidade penal ao ente colectivo num modelo de hetero-responsabilidade, assente na "imputação indireta da infração à pessoa coletiva por intermédio de um ato de uma pessoa singular que [nela] ocupe uma posição de liderança". O que "obriga à descrição de atos individuais e à subsequente demonstração de que foram realizados em nome e no interesse da pessoa coletiva".

em análise revelar-se-ia triplamente ilegítimo. Implicaria o abandono do modelo vicarial ou de responsabilidade do ente por factos materiais do "representante"; modelo necessário para dotar o facto punível colectivo da necessária materialidade, determinação e ofensividade para bens jurídico-penais. Transmudaria em objectiva e por facto de outrem a responsabilidade penal do ente, pois a mesma seria determinada pela actuação objectivamente útil de um qualquer terceiro, prescindindo do comprovado envolvimento na prática do crime da organização da pessoa colectiva a sancionar. Redundaria na inutilização prática de toda a cultura de *Compliance* e de quaisquer programas e medidas de *Compliance*, forçosamente referidos e limitados à respectiva organização e actividade (cfr. artigo 6º/1 do Decreto-Lei nº 109º-E), adoptados pela pessoa colectiva por cuja conta e em cujo interesse (indirecto) actuaram criminalmente agentes singulares, sem poderes para agir em seu nome, sequer em sentido jurídico-penal.

Como já se disse, um tal novo modelo de punição de entes colectivos substituiria a responsabilidade por um ilícito típico organizativo-operativo próprio pela mera imputação de uma infracção enquanto beneficiário, máxime económico, da respectiva prática. Um modelo de mera imputação da infracção (e da consequente sanção) que parece estar hoje consagrado no artigo 73º/2, al. *a)*, da Lei da Concorrência (LdC), após as alterações introduzidas pela Lei nº 17/2022, de 17.08. Segundo este preceito, "em aplicação do conceito de empresa, previsto no artigo 3º, pela prática das infracções previstas na presente lei[186], podem ser responsabilizadas, a título

[186] Esclarece o nº 1 do artigo 73º na nova redacção: apesar de "cometidas por empresas" (por serem destinatárias dos respectivos tipos sancionadores), pelas infracções em causa apenas podem ser "responsabilizadas pessoas singulares, pessoas colectivas, independentemente da regularidade da sua constituição, sociedades e associações sem personalidade jurídica", justamente por somente as últimas se configurarem como sujeitos jurídicos.
Sousa Mendes, 2022a: 93 e 95, e 2022b: 9-10 e 13-14, explica: assim sucede porque, à luz do Direito Europeu da Concorrência, a empresa (entidade que desenvolve uma actividade económica consistente na oferta de bens ou serviços em determinado mercado, independentemente do seu estatuto jurídico e da forma como é financiada) é a destinatária das normas e, assim, a autora das infracções anticoncorrenciais e aquela a quem se imputa a correspondente sanção. Todavia, como "nenhuma atribuição vinculativa a uma pessoa jurídica específica pode ser inferida a partir do próprio conceito de empresa, a questão de quem deve pagar (*i.e.*, ser sancionado) por uma violação das regras de concorrência" exige "determinação da(s) pessoa(s) jurídica(s) por trás da empresa responsável para efeitos de aplicação da coima, ou seja, a determinação do(s) titular(es) da empresa". É que, apesar de "as empresas, enquanto destinatárias das normas de conduta, não [terem] necessariamente

exclusivo [com afastamento do "verdadeiro" infractor[187]] ou solidário [com este], as pessoas que integravam a mesma unidade económica à data da prática da infracção e que exerciam influência determinante, directa ou indirectamente, sobre a pessoa[188] que praticou os factos constitutivos da infracção". Contudo, a influência determinante (directa ou indirecta) não precisa de ter sido efectivamente exercida quanto à prática da infracção em causa, pois presume-se ante a detenção de 90% ou mais do capital da pessoa colectiva (de novo, não a empresa) que praticou os factos constitutivos da infracção, salvo prova em contrário da pessoa (singular ou colectiva) à qual está a ser imputada a contra-ordenação em causa (artigo 73º/3 da LdC). A distinção entre responsabilidade pela prática da infracção e mera imputação da infracção resulta clara do confronto do nº 2, al. *a)*, com o nº 5 do mesmo artigo 73º[189]. Com efeito, este nº 5 reproduz o artigo 11º/2

de possuir personalidade jurídica, já os destinatários das notas de ilicitude (...) e das demais decisões tomadas no processo administrativo em que a Comissão averigua a violação dos artigos 101º e 102º do TFUE devem ter personalidade e capacidade jurídicas, uma vez que podem ser condenados no pagamento das coimas".

[187] "Verdadeiro" infractor que sempre tem de ser identificado e ao qual tem de começar por imputar-se a infracção, antes de poder accionar-se o disposto no artigo 73º/2, al. *a)*, 4 e 7, da LdC.

[188] Afinal também são as pessoas singulares, colectivas e equiparadas os agentes da infracção, e não (só) as empresas, ao contrário do que começa por proclamar o nº 1 do artigo 73º? Na verdade, se bem se vê, só depois de imputada a infracção a uma dada empresa, num primeiro passo singularmente considerada, graças à actuação material de pessoas físicas a ela funcionalmente ligadas que realizaram os factos constitutivos da contra-ordenação – e, porventura, também ao respectivo titular (pessoa singular ou colectiva), desde que respeitadas as correspondentes regras de atribuição de responsabilidade – se pode averiguar *a posteriori* se essa empresa faz parte de um "conjunto de entidades que, embora juridicamente distintas, constituem uma unidade económica ou mantêm entre si laços de interdependência" (artigo 3º/2 da LdC), a fim de, então sim, imputar a infracção em causa à pessoa (singular ou colectiva) que, dentro da unidade económica, exerceu uma influência determinante sobre a/s pessoa/s (físicas e/ou colectivas) que praticou/praticaram os factos constitutivos da infracção, ou à sociedade-mãe da filial que participou num cartel.

[189] O nº 2 al. *b)* do artigo 73º refere-se à fusão, cisão ou transformação da pessoa colectiva infractora, nos termos do nº 5, apenas acrescentando as pessoas (singulares ou colectivas) que sejam sucessoras da "empresa infractora", por terem adquirido ou recebido os activos associados ao desempenho da actividade económica em cujo âmbito foi realizada a contra-ordenação *e que prossigam essa mesma actividade económica* (artigo 73º/4). O que, se bem se vê, constitui situação materialmente análoga à da responsabilidade da entidade incorporante ou resultante da fusão da infractora, ou à da responsabilidade das entidades emergentes da cisão ou beneficiárias de incorporações do património da pessoa colectiva infractora, segundo os

do CP, antiga redacção, exigindo que a contra-ordenação a imputar à pessoa colectiva e equiparada seja praticada por pessoa física que nela ocupe posição de liderança ou por quem actue sob autoridade desta, em virtude de uma violação dos deveres de vigilância ou controlo que lhe incumbem.

Em suma, o artigo 73º/2, al. *a)*, da LdC, teve de recorrer ao mecanismo da mera imputação da infracção (não da responsabilização, apesar da terminologia legal utilizada) para sancionar a pessoa colectiva em cujo interesse se presume ter sido praticada a contra-ordenação, por se presumir ter exercido influência determinante sobre a pessoa (física ou colectiva) infractora. A imputação da infracção alicerça-se nas "relações organizacionais, económicas e jurídicas" que tais entidades mantêm entre si e que, efectiva ou presumidamente, permitem afirmar que a entidade dominante "teve uma intervenção causal na prática da infracção"[190]. Intervenção causal esta, que, mesmo equiparada à autoria (extensiva) da infracção, não se confunde com a inarredável e primeva autoria (restritiva) de quem materialmente praticou os factos constitutivos da contra-ordenação (autoria em sentido estrito). Ora, autores materiais em sentido restrito da contra-ordenação só podem ser as pessoas físicas que, agindo funcionalmente para a empresa infractora, praticaram os factos constitutivos da contra-ordenação e, eventualmente, os titulares (individuais ou colectivos) da empresa infractora, desde que satisfeitos os correspondentes critérios de imputação de responsabilidade individual e/ou colectiva.

Apesar de todas as críticas feitas à nova fórmula da comissão do crime em nome ou por conta do ente, por pessoa física a este funcionalmente ligada, o artigo 9º/3 do CC obriga-nos a buscar um conteúdo e sentido útil para o requisito da actuação por conta. Este requisito, alternativo à actuação em nome da pessoa colectiva, no artigo 11º/2 do CP português tal como no artigo 31-bis/1 do CP espanhol, respeita à qualidade funcional do agente, não à esfera à qual vão objectivamente e *ex ante* dirigidos os

critérios definidos no nº 5. Em qualquer uma das situações a responsabilidade pela infracção segue o substrato organizativo-finalístico envolvido na respectiva prática, o qual subsiste e continua na entidade incorporante ou resultante da fusão da infractora, nas entidades emergentes da cisão ou beneficiárias de incorporações do património da pessoa colectiva infractora, ou nas entidades sucessoras e continuadoras daquele substrato organizativo-finalístico. Sobre a responsabilidade penal em casos de fusão e cisão de sociedades, Quintela de Brito, 2012a: 630-636.

190 As expressões entre aspas são de Sousa Mendes, 2022a: 94 e 103, e 2022b: 11 e 30.

efeitos da conduta da pessoa física. O que sucede com o requisito da actuação por conta do representado, do mandante ou do dono do negócio no Direito Civil e, de algum modo, também no artigo 121-2 do CP francês, ao exigir a realização da infracção por órgão ou representante da pessoa colectiva e por sua conta.

Enquanto requisito referente à qualidade funcional do agente singular e tendo em conta que este tem de ocupar na organização do ente a responsabilizar uma posição de liderança ou de subalternidade, a alternativa da actuação em nome ou por conta só pode significar uma diferenciação (inexistente até à Lei nº 94/2021) entre titularidade de poderes jurídicos ou legais de representação externa da pessoa colectiva (embora sempre por referência ao concreto ilícito típico a imputar ao ente) ou ausência de tais poderes, por parte das pessoas físicas intervenientes na prática do facto colectivo, mas sempre no quadro das competências, funções ou tarefas cometidas pelo ente. A esta luz se tornam compreensíveis as fórmulas usadas nos artigos 401º/2, do Código do Valores Mobiliários, e 21º/2, do Decreto-Lei nº 109-E/2021: "factos praticados, no exercício das respectivas funções ou em seu nome ou por sua conta", por determinadas pessoas físicas.

Resta saber se tal distinção é necessária e útil à imputação de responsabilidade às pessoas colectivas, ou se pelo contrário a complexifica desnecessariamente, quando em causa está a responsabilização pela prática de um crime levada a cabo por pessoas funcionalmente ligadas ao ente, e não a realização por estas de actos ou negócios jurídicos em seu nome. A resposta afigura-se negativa, de modo que nada se ganhou em conteúdo, tempo e eficácia ao nível dos critérios de atribuição de responsabilidade à pessoa colectiva com a fórmula alternativa da actuação em nome ou por conta desta, que não estivesse já contido no anterior requisito da actuação em nome do ente, i.e., no quadro de exercício de competências, tarefas e funções que habilitaram especial e funcionalmente o agente singular para intervir no facto colectivo.

## 5. Sentido e utilidade da fórmula da actuação no interesse directo ou indirecto da pessoa colectiva no âmbito do artigo 11º do CP

Importa começar por recordar que, para responsabilizar o ente por um crime de catálogo, não basta que na execução do mesmo tenham intervindo pessoas singulares a ele funcionalmente ligadas e no quadro de exercício das competências, funções e tarefas que aquele lhes atribuiu. É ainda necessário comprovar que os agentes individuais o tenham feito no interesse directo ou indirecto da pessoa colectiva a sancionar.

A referência à actuação no interesse indirecto do ente nada tem de claro e auto-evidente, ao ponto de justificar a sua não definição legal, em desrespeito do princípio da legalidade-tipicidade dos critérios de imputação de responsabilidade penal às pessoas colectivas. Certo é que o interesse directo ou indirecto se reporta ao ente a responsabilizar, nos termos do artigo 11º/2, 4 e 6, do CP, e não a um outro, não envolvido na prática do crime segundo os critérios aí fixados. Logo, não pode estar em causa o interesse, benefício ou vantagem obtido por uma pessoa colectiva, através da interposição real de outras pessoas físicas e de uma pessoa colectiva distinta (aquela cujos dirigentes ou subalternos intervieram na prática do crime em causa).

Então, o que é uma actuação no interesse indirecto da pessoa colectiva, apesar de levada a cabo por pessoa que nela ocupa posição de liderança ou que agiu sob autoridade desta, no quadro de exercício das correspondentes competências, funções e tarefas? A intervenção na prática do crime de pessoas físicas que, no ente a responsabilizar, ocupam posição de liderança ou subordinada, não impõe que o interesse colectivo (organizativo-operativo, finalístico e/ou cultural) a prosseguir seja necessariamente directo? Mais: o ente não deixa de perseguir um interesse próprio (no sentido assinalado), mesmo quando a prática do crime no seu âmbito se traduza numa vantagem para outra pessoa colectiva (por exemplo, pertencente ao mesmo grupo), ou na imediata satisfação de um interesse particular desta última[191]. Por isso, é de rejeitar que a alusão a "interesse indirecto" da pessoa colectiva a responsabilizar, nos termos do artigo 11º/2, 4 e 6, do CP, possa significar prossecução de um interesse directo de outra não envolvida na prática do crime segundo os critérios aí fixados, e, portanto, propriamente indirecto. Além disso, recorde-se, actuação no interesse implica actuação dotada de utilidade para a pessoa jurídica; utilidade que tem de ser "individual, objectiva, concreta e pode não ser pecuniária". Ou seja: a utilidade, para ser individual, objectiva e concreta, precisa de ser directa; não pode nunca ser indirecta.

A menos que, ao aludir ao interesse directo ou indirecto, a Lei nº 94/2021 tivesse em vista não apenas o interesse organizativo-operativo, finalístico

[191] Assim, BELTRANI, 2019: 592.

e/ou cultural do ente a responsabilizar (sempre interesse directo), mas, ainda, outra acepção de interesse, em rigor reconduzível à ideia de benefício económico, directo ou indirecto, *ex ante* objectivamente alcançável com a prática do crime. Benefício directo ou indirecto, emergente da realização do crime, a que justamente alude o artigo 31-bis do CP espanhol, após a reforma de 2015, ditada pelas observações e recomendações do *Working Group on Bribery*. Recorde-se que o §49, do *Phase 3 report on implementing the OECD Anti-bribery Convention in Portugal*, alertava, face à anterior redacção do artigo 11º/2 do CP português, para o risco de "o termo 'interesse colectivo' pode[r] ser interpretado [no sentido de] excluir a corrupção para obter vantagens diversas do lucro directo (*e.g.* benefícios fiscais, desembaraço alfandegário)", e que o §182, do *Implementing the OECD Anti-Brubery Convention. Phase 4 Report: Portugal*, subsequente à Lei nº 94/2021, interpreta o termo interesse indirecto como incluindo "vantagens diferentes do lucro".

Nesta outra acepção de interesse colectivo, já se não trata de retratar e explicar o crime como um facto do ente pela sua imbricação com a respectiva actividade, modo de organização, funcionamento, prossecução da finalidade social ou institucionalizada e/ou com a sua cultura corporativa, mas de averiguar se, numa perspectiva objectiva *ex ante*, a comissão do crime se orienta para a obtenção, directa/imediata ou antes indirecta/mediata, de um lucro ou proveito económico para a pessoa colectiva.

O problema está em que a coexistência alternativa de dois conceitos de interesse colectivo tão discrepantes abre a porta à responsabilização penal do ente por um crime que, apesar de ter sido cometido por pessoa que nele ocupa posição de liderança, porventura lançando mão de meios e instrumentos colocados ao seu dispor, nada tem a ver com a actividade, o modo de organização, funcionamento, prossecução do objecto social e/ou com a cultura de cumprimento daquela pessoa jurídica, desde que objectivamente e *ex ante* tal crime se orientasse para a obtenção, directa ou indirecta, de um lucro, proveito ou vantagem económica para esse ente. De novo se assistiria a uma inadmissível substituição da responsabilidade organizativa-operativa, finalística e/ou cultural da pessoa colectiva pelo ilícito típico que dela irrompe, pela mera imputação de um crime apenas em razão do lucro, proveito ou vantagem económica que o mesmo tende a gerar, directa ou indirectamente, para o ente em causa. Substituição esta que do mesmo passo ditaria a inutilidade e irrelevância de toda a cultura de cumprimento normativo e dos programas e medidas de *Compliance* porventura adoptados pela entidade assim responsabilizada, já que os mesmos apenas podem reportar-se à respectiva actividade e organização.

Verdade que o artigo 6º/1, do Decreto-Lei nº 109-E/2021, impõe que o plano de prevenção da corrupção e infracções conexas (PPR) abranja toda a organização e actividade das entidades abrangidas, incluindo as áreas de administração e direcção. O que obriga estas entidades a controlar internamente os seus administradores e dirigentes (cfr. artigo 17º do mesmo Decreto). O artigo 6º também as vincula a identificar, analisar e classificar os riscos e as situações que possam expor a pessoa colectiva a actos de corrupção e infracções conexas, "incluindo os associados ao exercício de funções pelos titulares dos órgãos de administração e direcção". Porém, os riscos associados ao exercício de funções pelos titulares dos órgãos de administração e direcção são os previsivelmente relacionados com a realidade do sector e as áreas geográficas em que a entidade actua; e os procedimentos e mecanismos internos de controlo abrangem (e limitam-se) aos principais riscos (previsíveis) de corrupção identificados no PPR. O que por força exclui a prática de um crime de corrupção ou infracção conexa, por dirigente ou funcionário da entidade abrangida, em circunstâncias imprevisíveis e incontroláveis por esta, que por isso escaparam ao PPR, aos procedimentos e mecanismos internos de controlo. O que acontece quando o dirigente ou funcionário comete um crime de corrupção ou infracção conexa, por sua iniciativa e contrariamente à cultura de Compliance vigente na colectividade, por mais que tal crime seja, objectivamente e *ex ante*, idóneo a gerar um benefício ou proveito económico para a entidade.

Depois destas reflexões, as conclusões a retirar quanto à fórmula do interesse directo ou indirecto da pessoa colectiva a responsabilizar são as seguintes:

1ª) Tal fórmula carece totalmente de sentido, pois na prática do facto colectivo devem intervir agentes singulares funcionalmente ligados ao ente e no quadro de exercício das competências, funções e tarefas em que o mesmo os investiu. O que é dificilmente compatível com a prossecução de um interesse indirecto.

2ª) Mesmo quando, através da prática do crime nos termos do artigo 11º/2, 4 e 6, do CP, a pessoa colectiva pretende assegurar directamente uma vantagem para outra pessoa colectiva ou realizar imediatamente um interesse desta, não deixa de estar a agir no seu próprio e directo interesse organizativo-operativo, finalístico e/ou cultural.

3ª) A fórmula da actuação no interesse directo ou indirecto do ente colectivo a responsabilizar deve ser eliminada, por também ser susceptível de interpretação no sentido de benefício económico, directo ou indirecto, para que objectivamente e *ex ante* se orienta o crime perpetrado por um dos seus dirigentes, por sua iniciativa e à revelia da cultura de cumprimento normativo, dos programas e medidas de *Compliance* adoptados pela entidade em causa.

4ª) Desse modo, a fórmula do interesse directo ou indirecto do ente colectivo a responsabilizar abre a porta à coexistência alternativa de dois conceitos discrepantes de interesse colectivo: interesse organizativo-operativo, finalístico e/ou cultural, necessariamente directo; e interesse como lucro, vantagem ou proveito económico, directa ou só mediatamente alcançável com a realização do crime.

5ª) A coexistência alternativa de dois conceitos discrepantes de interesse colectivo permite substituir a responsabilidade do ente por um ilícito típico próprio, numa perspectiva organizativa-operativa, finalística e/ou cultural, pela mera imputação (económica) do crime cometido por agente singular, maxime dirigente, a ele funcionalmente ligado, mas contra a cultura de cumprimento, os programas e mecanismos de *Compliance* pelo mesmo adoptados.

6ª) A substituição da responsabilidade do ente pela mera imputação económica do crime através dele cometido não intenta ser barrada pelo disposto no artigo 11º/6 do CP. A coexistência alternativa de dois conceitos discrepantes de interesse colectivo permite restringir o âmbito de aplicação daquela cláusula ao conceito de interesse organizativo-operativo, finalístico e/ou cultural. Conceito que, na realidade, é o pressuposto pela cláusula de exclusão da responsabilidade do ente quando o agente (singular) actuou contra as suas ordens ou instruções expressas[192].

[192] O artigo 11º/6, do CP, também visa proteger a pessoa colectiva contra o "abuso de representação", no quadro de actuações funcionais dos seus dirigentes e/ou subalternos, em ordem a assegurar a pessoalidade da responsabilidade penal do ente. Nessa medida, aquele preceito consagra solução oposta à que vale no âmbito do artigo 269º do CC, que faz recair sobre o representado o risco de uma representação abusiva, em nome da tutela jurídica da confiança do terceiro, que não conhecia nem devia conhecer o abuso de poderes do representante

7ª) A operacionalidade do artigo 11º/6 do CP configura outro motivo para pugnar pela eliminação da fórmula do interesse directo ou indirecto do ente a responsabilizar. Através dela, decisivamente, o legislador não consagrou a solução mais acertada, ainda que tal fórmula seja adequada a exprimir um pensamento legislativo que pretendeu ir ao encontro da (incorrecta e penalmente inadmissível) acepção de interesse colectivo preconizada pelo *Working Group on Bribery* (lucro, proveito ou vantagem económica, directa ou indirectamente alcançável através da prática do crime), no quadro de um modelo de *strict liability* do ente colectivo.

## Conclusões

*a) Quanto à fórmula da actuação em nome ou por conta do ente*

O requisito da actuação da pessoa física em nome ou por conta da pessoa jurídica a responsabilizar respeita à qualidade funcional em que aquela interveio na comissão do crime a imputar ao ente. Logo, a alternativa da actuação em nome ou por conta só pode significar uma diferenciação (inexistente até à Lei nº 94/2021) entre titularidade de poderes jurídicos ou legais de representação externa da pessoa colectiva (embora sempre por referência ao concreto ilícito típico a imputar ao ente) ou ausência de tais poderes, por parte das pessoas físicas intervenientes na prática do facto colectivo, mas sempre no quadro das competências, funções ou tarefas cometidas pelo ente.

Nada se ganhou em conteúdo, tempo e eficácia ao nível dos critérios de atribuição de responsabilidade à pessoa colectiva com a fórmula alternativa da actuação em nome ou por conta desta, que não estivesse já contido no anterior requisito da actuação em nome do ente, i.e., no quadro de exercício de competências, tarefas e funções que habilitaram especial e funcionalmente o agente singular a intervir no facto colectivo. Até porque o artigo 11º/6 do CP, ao excluir a responsabilidade do ente quando o agente singular actuou contra ordens ou instruções expressas deste, sempre obstará à imputação à pessoa colectiva do facto do seu dirigente ou subalterno que, unilateralmente, exceda as competências, funções e tarefas em que aquela o investiu, por mais que um ou outro, através da prática

("desconhecimento ético" de tal abuso). Sobre a distinção entre falta e abuso de poderes de representação, Oliveira Ascensão, 2003: 288-294.

do crime, pretenda alcançar um benefício directo/imediato ou indirecto/mediato para a entidade em causa.

*b) Quanto à actuação no interesse directo ou indirecto do ente*

O interesse directo ou indirecto respeita ao próprio ente colectivo a responsabilizar nos termos do artigo 11º/2, 4 e 6. Neste quadro, a fórmula do interesse directo ou indirecto carece de sentido, já que na prática do facto colectivo devem intervir agentes singulares funcionalmente ligados ao ente e no quadro de exercício das competências, funções e tarefas em que o mesmo os investiu para a realização do respectivo objecto (imediato ou mediato). Este modelo de imputação de responsabilidade (misto de hétero e auto-responsabilidade) é dificilmente compatível com a prossecução de um outro interesse, que não o próprio e directo, do ente colectivo a responsabilizar.

A fórmula da actuação no interesse directo ou indirecto do ente colectivo a responsabilizar é susceptível de ser interpretada no sentido de benefício económico, directo ou indirecto, para que objectivamente e *ex ante* se orienta o crime perpetrado por um dos seus dirigentes, por sua iniciativa e à revelia da cultura de cumprimento normativo, dos programas e medidas de *Compliance* adoptados pela entidade em causa.

Desse modo, tal fórmula abre a porta à coexistência alternativa de dois conceitos discrepantes de interesse colectivo: interesse organizativo-operativo, finalístico e/ou cultural, necessariamente directo; e interesse como lucro, vantagem ou proveito económico, directa ou só mediatamente alcançável com a realização do crime.

A coexistência alternativa de dois conceitos discrepantes de interesse colectivo permite restringir o âmbito de aplicação do artigo 11º/6 do CP ao conceito de interesse organizativo-operativo, finalístico e/ou cultural. Conceito que, na realidade, é o pressuposto pela cláusula de exclusão da responsabilidade do ente quando o agente (singular) actuou contra as suas ordens ou instruções expressas. Logo, a própria intangibilidade do artigo 11º/6 do CP – fundamental para a afirmação de uma responsabilidade por facto próprio da pessoa colectiva – impõe a eliminação da fórmula do interesse directo ou indirecto do ente a responsabilizar. Fórmula francamente perigosa por possibilitar a mera imputação económica à pessoa colectiva do crime cometido por um dos seus dirigentes em gestão de negócios por ela não autorizada.

## Bibliografia Citada

ALBUQUERQUE, Pedro de,
(2020) "Introdução e anotações aos artigos 258º-269", in: António Menezes Cordeiro (coord.), *Código Civil Anotado, I – Parte Geral*, Lisboa: CIDP/Coimbra: Almedina.

AMATO, Giuseppe,
(s/d) "La responsabilità amministrativa nel 'gruppo' di imprese. Corte di Cassazione, Sezione II, 27 settembre 2016 – 9 dicembre 2016, n. 52316", disponível *online* em: https://www.procura.bologna.giustizia.it/allegatinews/A_12908.pdf (consultado em 7.01.2023).

BELTRANI, Sergio,
(2019) *Manuale di Diritto Penale. Parte Generale*, II Edizione, Milano: Giuffrè Francis Lefebvre.

BERNARDINI, Roger,
(2015) *Droit Criminel. Volume II – L'infraction et la responsabilité*, 2.ª edição, Bruxelles: Éditions Larcier.

DECHENAUD, David,
(2020) *Code Pénal*, 30ª edição, LexisNexis.

DOMINGUES DE ANDRADE, Manuel A.
(1974) *Teoria geral da relação jurídica. Vol. II. Facto jurídico, em especial negócio jurídico*, 4ª reimpressão, Coimbra: Almedina.

FEIJOO SÁNCHEZ, Bernardo José,
(2016) "Los requisitos del art. 31 Bis 1", in: Miguel Bajo Fernández, Bernardo José Feijoo Sánchez e Carlos Gómez-Jara Díez (org.), *Tratado de la responsabilidad penal de las personas jurídicas*, 2ª edição, Navarra: Aranzadi, Civitas, Thomson Reuters, pp. 75-88.

GÓMEZ TOMILLO, Manuel,
(2015) *Introducción a la responsabilidad penal de las personas jurídicas*, 2ª edição, Navarra: Thomson Reuters/Aranzadi.

GONZÁLEZ CUSSAC, José L.,
(2020) *Responsabilidad penal de las personas jurídicas y programas de cumplimiento*, Valencia: tirant lo blanch.

LAMAS LEITE, André,
(2022) "O regime sancionatório criminal das pessoas colectivas e entes equiparados, em especial após a Lei nº 94/2021, de 22 de Dezembro", *A Revista* 1, Janeiro-Julho, disponível *online* em: https://arevista.stj.pt/?page_id=18 (consultado em 13.01.2023), (pp. 101-131).

LUZ DOS SANTOS, Hugo,
(2022) *A responsabilidade penal dos entes colectivos na esfera do Compliance. E depois da Lei nº 94/2021, de 21 de dezembro?*, Braga: Nova Causa Edições Jurídicas.

MARQUES DA SILVA, Germano,
(2009) *Responsabilidade penal das sociedades e dos seus administradores e representantes*, Lisboa / São Paulo: Editorial Verbo;
(2022) "Entrevista", *Vida Judiciária* 225, Março-Abril, *Edição Especial: A responsabilidade das empresas e dos seus dirigentes*, pp. 6-10.

MENEZES CORDEIRO, António,
(2020a) "Introdução (artigos 157º a 194º)", in: António Menezes Cordeiro (coord.), *Código Civil Comentado I – Parte Geral*, Lisboa: CIDP/Coimbra: Almedina, pp. 409-446;
(2020b) *Direito das Sociedades – I Parte Geral*, 4ª edição, com a colaboração de A. Barreto Menezes Cordeiro, Coimbra: Almedina.

MENEZES LEITÃO, Luis Manuel Teles de
(2007) *Direito das Obrigações. Volume I. Introdução. Da constituição das obrigações*, 6.ª ed., Coimbra: Almedina.

OECD WORKING GROUP ON BRIBERY,
(2013) *Phase 3 report on implementing the OECD Anti-bribery Convention in Portugal*, disponível *online* em: https://www.oecd.org/daf/anti-bribery/Portugalphase3reportEN.pdf (consultado em 27.11.2022);
(2015) *Portugal*: Follow-up to the Phase 3 Report & Recommendations, 5 November, disponível *online* em: https://www.oecd.org/daf/anti-bribery/Portugal-Phase-3-Written-Follow-Up-Report-ENG.pdf (consultado em 27.11.2022);
(2022) *Implementing the OECD Anti-Bribery Convention. Phase 4 Report: Portugal*, disponível *online* em: https://www.oecd.org/corruption/anti-bribery/portugal-phase-4-report.pdf (consultado em 27.11.2022).

OLIVEIRA ASCENSÃO, José de,
(2000) *Direito Comercial – Vol. IV. Sociedades Comerciais. Parte Geral*, Lisboa;
(2003) *Direito Civil. Teoria Geral. Volume II. Acções e factos jurídicos*, 2.ª ed., Coimbra: Coimbra Editora.

PAIS DE VASCONCELOS, Pedro
(2005) *Teoria Geral do Direito Civil*, 3.ª ed., Coimbra: Almedina.

PETSCHE, Alexander / KRAKOW, Georg,
(s/d) "Corporate liability in Austria", disponível *online* em: https://www.globalcompliancenews.com/white-collar-crime/corporate-liability-in-austria/ (consultado em 10.01.2023).

PIRES DE LIMA, Fernando / ANTUNES VARELA, João,
(1982) *Código Civil Anotado*, Vol. I, *(artigos 1º a 761º)*, 3ª edição, Coimbra: Coimbra Editora.

PISSARA, Nuno Andrade,
(2021) "Introdução e Anotações aos artigos 464º a 474º", in: António Menezes Cordeiro (coord.), *Código Civil Comentado. II – Das obrigações em geral*, Lisboa: CIDP / Coimbra: Almedina.

PRADEL, Jean,
(2019) *Droit Pénal Général*, 22.ᵉ ed., Paris: Éditions Cujas.

PRECIOZI, Stefano,
(2018) "Criteri di imputazione e struttura dell'illecito dell'ente", in: Antonio Fiorella, Alfredo Gaito e Anna Salvina Valenzano (coord.), *La responsabilità dell'ente da reato nel sistema generale degli illeciti e delle sanzioni. In memoria di Giuliano Vassalli*, Roma: Sapienza Università Editrice, pp. 83-92.

QUINTELA DE BRITO, Teresa,
(2102a) *Domínio da organização para a execução do facto: responsabilidade penal de entes colectivos, dos seus dirigentes e "actuação em lugar de outrem"*, Volumes I e II, Tese de Doutoramento, Faculdade de Direito da Universidade de Lisboa (em vias de publicação);

(2012b) "Responsabilidade criminal de entes colectivos. Algumas questões em torno da interpretação do artigo 11º do Código Penal", in: Maria Fernanda Palma, Augusto Silva Dias e Paulo de Sousa Mendes (coord.), *Direito Penal Económico e Financeiro*, Coimbra: Coimbra Editora, pp. 227-253;

(2013) "Questões de prova e modelos legais de responsabilidade contra-ordenacional e penal de entes colectivos", in: Manuel da Costa Andrade, et al. (org.), *Direito Penal. Fundamentos dogmáticos e político-criminais. Homenagem ao Prof.* PETER HÜNERFELD, Coimbra: Coimbra Editora, pp. 1209-1264;

(2014) "A relevância dos mecanismos de *Compliance* na responsabilização penal das pessoas colectivas e dos seus dirigentes", *Anatomia do Crime. Revista de Ciências Jurídico--Criminais* 0, Julho-Dezembro, pp. 75-91;

(2018) "*Compliance*, cultura corporativa e culpa penal da pessoa jurídica", in: Maria Fernanda Palma, Augusto Silva Dias e Paulo de Sousa Mendes (coord.), *Estudos sobre* Law Enforcement, Compliance *e Direito Penal,* 2ª edição, Coimbra: Almedina, pp. 57-100.

RAGUÉS I VALLÈS, Ramon,

(2017) *La actuación en beneficio de la persona jurídica como presupuesto de su responsabilidad pen*al, Madrid/Barcelona/Buenos Aires/São Paulo: Marcial Pons.

ROGGEN, Françoise,

(2005) "La responsabilité pénale des personnes morales", in: *Actualité de Droit Pénal,* Bruxelles: Bruylant.

RUGGIERO, Rosa Anna,

(2016) "Cracking down on Corporate Crime in Italy", *Washington University Global Studies Law Review* 15(15), pp. 403-445, disponível *online* em: https://openscholarship.wustl.edu/cgi/viewcontent.cgi?article=1581&context=law_globalstudies (consultado em 5.01.2023).

SANTORIELLO, Ciro,

(2018) "Vent'anni di giurisprudenza in tema di responsabilità da reato degli enti collettivi. Le pronunce più importanti, i dubbi risolti e le questioni ancora aperte", *Rivista 231. La responsabilità amministrativa delle società e degli enti. Le Riviste*, nº 4, ottobre-dicembre, pp. 235-267, disponível *online* em: https://www.rivista231.it/Rivista/2018/4/ (consultado em 6.01.2023).

SOUSA MENDES, Paulo de,

(2022a) "A influência do Direito da União Europeia no Direito das Contraordenações, em especial no domínio do sancionamento das práticas restritivas da concorrência", *III Jornadas do Tribunal da Concorrência, Regulação e Supervisão. Direito das Contraordenações nos tempos actuais*, Caderno Especial, Lisboa: Centro de Estudos Judiciários, disponível *online* em: https://cej.justica.gov.pt/LinkClick.aspx?fileticket=Aw--eX5CdN_w%3D&portalid=30 (consultado em 13.01.2023), pp. 91-139;

(2022b) *O sancionamento das práticas restritivas da concorrência*, Coimbra: Almedina, 2022.

VELASCO NÚÑEZ, Eloy,

(2020) *10 años de responsabilidad penal de la persona jurídica (análisis de su jurisprudencia)*, Navarra: Thomson Reuters.

VILELA, Alexandra,

(2022) "Responsabilidade das empresas e dos seus dirigentes", *Vida Judiciária* 225, Março-Abril, *Edição Especial: A responsabilidade das empresas e dos seus dirigentes*, pp. 28-29.

## Jurisprudência citada

Espanha

STS nº 154/2016, de 29/02, Rel. José Manuel Maza Martin

França

Cour de Cassation, Chambre criminelle, 13/10/2009 (09-80.857)
Cour de Cassation, Chambre criminelle, 23/11/2010 (09-85.115)
Cour de cassation, Chambre criminelle, 5/04/2018 (16-87.669)

Itália

Cassazione Penale, Sez. 6, nº 36083, de 17/11/2009
Cassazione Penale, Sez. 6, nº 27735, de 16/07/2010
Cassazione Penale, Sez. 5, nº 24583, de 20/06/2011
Cassazione Penale, Sez. 5, nº 40380, de 15/10/2012
Cassazione Penale, Sez. Unite, nº 38343, de 18/09/2014
Cassazione Penale, Sez. 6, nº 28299, de 07/07/2016
Cassazione Penale, Sez. 2, nº 52316, de 27/09/2016 – 09/12/2016, resumo disponível em AMATO, s/d.

# Sobre o levantamento da personalidade coletiva no domínio penal*

Rui Soares Pereira**
Daniela Rodrigues de Sousa***

**Sumário:** Introdução; I. Os ilícitos de natureza coletiva e os ilícitos de natureza individual; II. A responsabilidade penal cumulativa ou concorrente das pessoas coletivas ou entidades equiparadas no CP; III. A "criminalidade através da empresa"; 1. A instrumentalização da pessoa coletiva para a prática de crimes; 2. A consequência da dissolução da pessoa coletiva; IV. O problema do recurso ao levantamento da personalidade coletiva no domínio penal; 1. As origens e o desenvolvimento da figura do levantamento da personalidade coletiva; 2. A ausência de uma norma que preveja a possibilidade de levantamento da personalidade coletiva em penal; 3. Os desenvolvimentos doutrinários em penal; 4. Um necessário olhar sobre o Direito Privado para se poder operar o levantamento da personalidade coletiva em penal?; a) A falta de razões que justifi-

* O presente artigo foi igualmente destinado ao número especial da Revista da Faculdade de Direito da Universidade de Lisboa, dedicado a homenagear o Professor Doutor José de Oliveira Ascensão.

** Doutor em Direito. Professor Auxiliar da Faculdade de Direito da Universidade de Lisboa. Investigador do Centro de Investigação de Direito Privado e do Centro de Investigação de Direito Penal e Ciências Criminais.

*** Assistente Convidada da Faculdade de Direito da Universidade de Lisboa. Investigadora do Centro de Investigação de Direito Privado.

quem menor exigência para o levantamento da personalidade coletiva em penal; b) A subsidiariedade e a excecionalidade do levantamento da personalidade coletiva no Direito Privado; c) As exigências e os requisitos de que depende a aplicação do levantamento da personalidade coletiva no Direito Privado; d) Os grupos de casos típicos de levantamento da personalidade coletiva no Direito Privado; e) O caráter parcial do levantamento da personalidade coletiva e as suas consequências na imputação de responsabilidade penal; Conclusão.

## Introdução

**I.** O tema do levantamento da personalidade coletiva (ou da desconsideração da personalidade jurídica)[1] tem conhecido bastantes desenvolvimentos no Direito Privado, sendo possível hoje detetar várias discussões na doutrina e na jurisprudência.

No Direito Penal, esse tema tem sido analisado, ainda que não *ex professo*, pela doutrina portuguesa.

**II.** O presente artigo pretende dar uma contribuição para o estudo do tema do levantamento da personalidade coletiva no domínio penal.

Partindo de uma contraposição entre ilícitos de natureza coletiva e ilícitos de natureza individual (I.), procura-se, por um lado, explorar as semelhanças e as diferenças entre o instituto do levantamento e outros regimes e fenómenos conhecidos do Direito Penal, tais como o regime da responsabilidade penal cumulativa ou concorrente das pessoas coletivas ou entidades equiparadas do CP (II.), e o fenómeno da "criminalidade através da empresa" (III.), e, por outro lado, suscitar o problema do recurso ao levantamento da personalidade coletiva no domínio penal (IV.).

[1] A terminologia varia no Direito Privado consoante os autores, sendo utilizadas as expressões "levantamento", "desconsideração" ou até "superação". Em Portugal, parecem pontificar os termos "desconsideração" ou "levantamento", não raras vezes usados de forma indistinta pela doutrina e pela jurisprudência – Costa Gonçalves, 2015: 959 e 2021: 339, nota 22. Ainda sobre os termos utilizados, na doutrina nacional e estrangeira, cf. Terrível, 2012: 975-976. Doravante, serão utilizados indistintamente ambos os termos, embora com maior frequência recorrendo ao termo "levantamento".

## I. Os ilícitos de natureza coletiva e os ilícitos de natureza individual

**I.** No âmbito da problemática da responsabilidade penal das pessoas coletivas, surge a dúvida de saber se em todos os casos podem os factos ser qualificados como ilícitos coletivos (ou de natureza coletiva).

A qualificação de factos como ilícitos coletivos costuma ser favorecida quando os factos tenham ocorrido no seio de pessoas coletivas ou com intervenção de pessoas coletivas. Caso tal não suceda, serão os factos em causa havidos como ilícitos individuais.

Porém, admite-se que se poderá ainda dar o caso de os crimes terem sido praticados por pessoas singulares servindo-se de ou utilizando para o efeito pessoas coletivas (por exemplo, fazendo uso dos meios colocados à disposição pelas pessoas coletivas) ou, apesar de cometidos por pessoas singulares ligadas às pessoas coletivas, nada tendo esses crimes que ver com as pessoas coletivas ou até a sua prática ser contra o interesse dessas pessoas coletivas. Ainda assim, a circunstância de o cometimento dos crimes poder prosseguir também interesses das pessoas singulares que os praticam não conduz sem mais à qualificação dos factos como ilícitos individuais.

**II.** Uma outra dúvida que emerge da problemática da responsabilidade penal das pessoas coletivas respeita à chamada "responsabilidade penal cumulativa ou concorrente" das pessoas coletivas ou entidades equiparadas[2].

[2] Nos termos do nº 5 do artigo 11º do CP são consideradas entidades equiparadas a pessoas coletivas, para efeitos de responsabilidade criminal, as sociedades civis e as associações de facto. Estas duas figuras costumam ser colocadas numa zona intermédia entre as pessoas singulares e as pessoas coletivas, tendo em comum ambas as figuras o facto de existir alguma vinculação pessoal entre os membros do seu substrato, a circunstância de ocorrer uma separação de patrimónios (ainda que imperfeita) entre os membros e a coletividade e por fim o facto de lhes faltar a personalidade jurídica face ao direito privado – Hörster/Moreira da Silva, 2019: 451. Outros autores referem-se às associações sem personalidade jurídica e às comissões especiais como substratos personificáveis, mas não personificados, que recebem por isso a designação de "quase-pessoas" – Castro Mendes, 1995: 455. Uma outra expressão é usada por Menezes Cordeiro, que se refere, seguindo a tradição de Paulo Cunha, às chamadas "pessoas rudimentares" – assim, Menezes Cordeiro, 2022: 19-20 – *"Estas correspondem à regulação de situações em modo coletivo, mas apenas para certos efeitos. Distinguem-se das pessoas "comuns", às quais o modo coletivo se aplica plenamente. Assim, enquanto a pessoa rudimentar apenas tem personalidade para os específicos efeitos indicados na lei, a pessoa comum tem-na para tudo quanto, por lei, não seja excluído"* – categoria através da qual se poderia repensar a situação das sociedades

Em Portugal, à primeira vista, do regime previsto no artigo 11º, nº 7 do CP, por exemplo[3], parece decorrer que, caso um ilícito-típico tenha sido praticado no seio de (ou envolvendo) uma pessoa coletiva, a responsabilidade penal poderá ser assacada à pessoa coletiva, desde que verificados os elementos de conexão legalmente exigidos, e/ou ser atribuída às pessoas singulares que (investidas em posição de liderança ou por quem aja sob a autoridade dessas pessoas em virtude de uma violação dos deveres de vigilância ou controlo que lhe incumbem) tenham atuado em nome (ou por conta) e no interesse (direto ou indireto)[4] da pessoa coletiva.

Vale por dizer que a responsabilidade penal das pessoas coletivas não fica dependente do sucesso da responsabilidade penal das pessoas singulares (isto é, não depende da responsabilização individual dos respetivos

civis puras. Sobre as entidades (necessariamente instituições) que podem ser penalmente responsáveis, cfr. Quintela de Brito, 2012c: 231-238. Embora subsistam dúvidas sobre o sentido a atribuir a "entidades equiparadas" e se as sociedades civis puras (não constituídas sob a forma comercial) gozam ou não de personalidade jurídica, em Portugal terá sido adotado um conceito de pessoa coletiva particularmente abrangente em comparação com outros ordenamentos jurídicos, como sublinha Vaz de Sequeira, 2022: 361.

[3] Cuja redação e sentido normativo poderão não coincidir com os de outros regimes penais e/ou contraordenacionais, nomeadamente: do RGIT – Lei nº 15/2001, de 5 de junho (artigo 7º, nºs 3 e 4, prevendo apenas no nº 3 que *"A responsabilidade criminal das entidades referidas no nº 1 não exclui a responsabilidade individual dos respectivos agentes"*, mas já não o contrário, ou seja, que não depende da responsabilização destes como se refere no nº 7 do artigo 11º do CP, e no nº 4 dizendo o oposto – que *"A responsabilidade contra-ordenacional das entidades referidas no nº 1 exclui a responsabilidade individual dos respectivos agentes"*); do CVM – Decreto-Lei nº 486/99, de 13 de novembro (artigo 401º, nº 5, que se limita a referir que *"A responsabilidade das pessoas coletivas e entidades equiparadas não exclui a responsabilidade individual dos respetivos agentes"*); e, pese embora a direta inspiração no regime do CP que emergiu da Lei nº 59/2007, de 4 de setembro, do Regime Jurídico da Concorrência – Lei nº 19/2012, de 8 de maio (artigo 73º, nº 10, ao referir *"A responsabilidade das pessoas coletivas e entidades equiparadas não exclui a responsabilidade individual* de quaisquer pessoas singulares, *nem depende da responsabilização destas*, nos casos de violação de deveres de colaboração", do qual não consta, como no CP, no RGIT e no CVM, a expressão "agentes" mas a de "pessoas singulares" e, ao contrário dos outros regimes, inclui ainda um acrescento que pode suscitar dúvidas interpretativas [Lobo Moutinho/Garcia Marques, 2017: 879-880 e 885] sobre o respetivo alcance relativo à "violação de deveres de colaboração" que constava do anterior nº 7 e agora nº 10 do artigo 73º).

[4] As alíneas *a)* e *b)* do nº 2 do artigo 11º do CP foram alteradas pela Lei nº 94/2021, de 21 de dezembro (que alterou também a redação de outros números) passando a incluir as expressões "ou sua por conta" e "no seu interesse direto ou indireto". Também foi alterada a redação do nº 4 do mesmo artigo, clarificando que estão também investidos em posições de liderança *"os membros não executivos do órgão de administração e os membros do órgão de fiscalização"*.

agentes), nem vice-versa (ou seja, a sua responsabilidade penal não exclui a responsabilidade individual dos respetivos agentes).

Coloca-se então a questão de saber: será que no âmbito da chamada "responsabilidade cumulativa ou concorrente" do CP quando a responsabilidade penal pode ser (e é) imputada às referidas pessoas singulares (em conjunto ou não com a pessoa coletiva ou entidade equiparada) os factos mantêm sempre a natureza de factos coletivos ou será antes de admitir que venham a adquirir (e, em caso afirmativo, de que modo) a natureza de factos ilícitos individuais?

## II. A responsabilidade penal cumulativa ou concorrente das pessoas coletivas ou entidades equiparadas no CP

**I.** Do nº 7 do artigo 11º do CP decorre, como já se referiu, que a responsabilidade penal da pessoa coletiva ou entidade equiparada não exclui a responsabilidade dos seus agentes (isto é, das pessoas singulares funcionalmente ligadas que praticaram o facto de conexão), nem está dependente desta.

Com apoio na referida norma, diz-se por vezes que, através dela, a lei sublinha a autonomia da responsabilidade coletiva e da responsabilidade individual[5], tendo em conta o seguinte: por um lado, permite afirmar que a responsabilidade criminal do ente coletivo não afasta a responsabilidade individual das pessoas singulares que tenham cometido o facto e estejam investidas numa posição de liderança ou tenham agido sob a autoridade de quem ocupa esta posição, mas apenas desde que essas pessoas singulares sejam comprovadamente agentes de condutas ilícitas, culposas e puníveis; por outro lado, não se exige que as pessoas singulares sejam punidas para que possa ser afirmada a responsabilidade criminal do ente coletivo[6].

Numa frase: a responsabilidade penal da pessoa coletiva parece não estar dependente (nem pressupor) a responsabilização individual das pessoas singulares que praticaram o facto de conexão[7].

Tal significa, na leitura de alguma doutrina, que um crime, abrangido pelo catálogo do nº 2 do artigo 11º do CP, poderá (i) ser imputado à pessoa coletiva ou entidade equiparada e aos respetivos agentes, (ii) ser imputado

[5] Referindo que o nº 7 do artigo 11º do CP consagra a *"autonomia jurídica e judiciária da imputabilidade da pessoa jurídica"*, cf. Reis Bravo, 2008: 190.

[6] Aires de Sousa, 2019: 108.

[7] Quintela de Brito, 2012b: 206.

só à pessoa coletiva ou entidade equiparada ou (iii) ainda ser imputado só aos respetivos agentes[8]. Na primeira hipótese poderia falar-se em responsabilidade cumulativa ou concorrente[9], ao passo que, na segunda hipótese, seria preferível falar em responsabilidade do ente coletivo sem responsabilidade do agente individual, e, na terceira hipótese, melhor seria falar em responsabilidade individual sem responsabilidade do ente coletivo.

**II.** Apesar desta arrumação tripartida das possíveis situações de responsabilidade envolvendo pessoas coletivas ou entidades equiparadas e/ou pessoas singulares, a imputação de factos a pessoas singulares com base no regime da responsabilidade penal cumulativa ou concorrente não parece ser admissível fora do quadro da caracterização dos factos cometidos como sendo ilícitos coletivos.

De facto, as hipóteses em que a imputação do crime pode ser feita como responsabilidade cumulativa ou concorrente, nos termos do nº 7 do artigo 11º do CP, aos agentes da pessoa coletiva ou entidade equiparada, fazem supor que está ainda assim em causa um facto coletivo (isto é, que foi por aqueles agentes praticado um facto de conexão) e não um facto individual das pessoas singulares, respondendo então os agentes da pessoa coletiva ou entidade equiparada enquanto ligados funcionalmente a esta[10]. Só assim se pode ainda entender que o crime tenha sido praticado pelas referidas pessoas singulares em nome (ou por conta)[11] e no interesse (direto ou indireto) da pessoa coletiva[12].

[8] G. Marques da Silva, 2018: 117.

[9] São ainda utilizadas na doutrina as expressões de "responsabilidade concomitante" (Reis Bravo, 2008: 195) e de "responsabilidade paralela" (G. Marques da Silva, 2009: 196).

[10] A este respeito, refere G. Marques da Silva, 2018: 117, que *"[a] responsabilidade cumulativa é um instituto específico da responsabilidade por atuação funcional no âmbito das pessoas coletivas"*.

[11] Ao contrário do que se possa pensar, não há propriamente fungibilidade entre as expressões legais agora incluídas na alínea *a)* do nº 2 artigo 11º do CP. Na dogmática da representação, a atuação "por conta" não se confunde com uma atuação "em nome de", pois aquela parece exigir uma intenção específica, daquele que atua, em atuar para outrem, ou seja, tem de haver uma intenção de atribuir os efeitos ou o resultado da sua atuação ao representado. Já a atuação "em nome" de outrem, pressupõe a invocação do nome do representado (*contemplatio domini*). A *contemplatio domini* não se confunde com uma atuação do representante no interesse do representado, mas significa que o representante deve revelar que realiza o ato em nome do representado. Esta revelação deve ser conhecida pelos terceiros que contactam com o representante. Assim caraterizando a *contemplatio domini*, ainda que a respeito da representação, cf. Pais de Vasconcelos/ Leitão Pais de Vasconcelos, 2019: 328-329.

Ou seja, o facto (de conexão) não deixa nessas hipóteses de ter sido praticado no quadro da pessoa coletiva ou entidade equiparada, dispondo apenas a lei que a circunstância de ser viável a imputação às pessoas coletivas ou equiparadas não implica que as pessoas singulares àquelas funcionalmente ligadas e que tenham praticado o facto deixem de responder pelos crimes. Poderá, por isso, falar-se um concurso de responsabilidades pelo mesmo facto[13].

**III.** Essa caraterização dos factos como ilícitos coletivos subsiste também nos casos em que, tendo existido atuação por parte de algum dos membros de um órgão plural da pessoa coletiva, se conclua pela falta de culpa desse membro na atuação.

Em tais situações, dado que no nº 7 do artigo 11º do CP se prevê que a responsabilidade das pessoas coletivas não depende da responsabilidade do agente individual[14], existirá responsabilidade criminal do ente coletivo sem responsabilidade do agente individual[15]. Tal justifica-se porque a pessoa coletiva responde por facto próprio e por culpa própria[16].

**IV.** Daqui decorre que a imputação de crimes a pessoas singulares só parece poder ser feita a título exclusivamente individual (ou seja, desligada totalmente da pessoa coletiva ou entidade equiparada) se o facto não puder ser qualificado como um ilícito coletivo.

Porém, para que tal suceda no âmbito de um processo penal terão de ser carreados factos nesse sentido, nomeadamente que a atuação das pessoas singulares não foi em nome (ou por conta) e no interesse (direto ou indireto) de uma pessoa coletiva e, nesse caso, demonstrada também a culpa individual das pessoas singulares em causa.

12 Com esta caracterização em relação à responsabilidade cumulativa das sociedades e dos gestores, cf. G. Marques da Silva, 2021: 57.

13 G. Marques da Silva, 2009: 197.

14 O que não sucede noutros diplomas, como por exemplo, no artigo 7º do RGIT, razão pela qual alguma doutrina admite que a falta de culpa do agente se comunica à pessoa coletiva – I. Marques da Silva, 2000: 76.

15 G. Marques da Silva, 2018: 117.

16 Neste sentido, G. Marques da Silva, 2009: 275, e Rodrigues Nunes, 2021: 195.

## III. A "criminalidade através da empresa"

### 1. A "criminalidade na empresa", a "criminalidade da empresa" e a "criminalidade através da empresa"

**I.** Ao discutir os problemas da responsabilidade penal da pessoa coletiva e entidades equiparadas, a doutrina portuguesa costuma centrar a sua atenção no chamado "Direito Penal da Empresa", omitindo-se, não raras vezes, deliberada ou inconscientemente, quaisquer referências ao chamado "Direito Penal na Empresa"[17].

Tal contraposição retoma uma distinção cara à teorização de BERND SCHÜNEMANN[18], para quem haveria uma diferença entre, por um lado, a "criminalidade na empresa" (*Betriebskriminalität*)[19], correspondente à criminalidade desenvolvida à margem da empresa ou relativa a crimes cometidos dentro da empresa contra a própria empresa ou contra os seus membros, e, por outro lado, a "criminalidade de empresa" (*Unternehmenskriminalität*), que parte do interior da empresa e se projeta para o exterior[20]. Embora não seja dispensável uma legitimação para o sancionamento e incorporação também da *Unternehmenskriminalität* no sistema de imputação jurídico-penal[21], só esta interessaria para a ponderação da empresa como possível centro de imputação penal[22] e só essa valeria a pena ser objeto de estudo no Direito Penal[23].

Todavia, uma outra realidade criminológica terá emergido, que corresponde, na expressão de FERNANDO TORRÃO, à chamada "criminalidade através da empresa", e relativamente à qual se constata que, embora também parta do interior da empresa e se projete para o seu exterior (como

[17] Assim, deliberadamente procedendo a uma delimitação conceptual, cf. AIRES DE SOUSA, 2019: 19 e ss.

[18] MOROZINIS, 2010: 23-24, reconhece a importância da investigação de Schünemann realizada logo em 1979, invocando dois motivos: o facto de ter trazido para a discussão dogmática a responsabilidade penal das empresas e, por outro lado, de ter colocado o problema da imputação numa organização (jurídica) formal, em especial em relação aos níveis/camadas de gestão (*Führungsschichten*).

[19] Sobre a *Betriebskriminalität* e a *Betriebsstrafe*, cf. já o artigo de KIENAPFEL, 1965.

[20] SCHÜNEMANN, 1979, e 1988: 529-558.

[21] Assim, cf. SCHÜNEMANN/GRECO, 2021: vor. § 25/24 e ss. Porém, com uma proposta de recurso a outras vias que não passem pelo sistema penal, mas sim por um sistema para-criminal, cf. SCHMITT-LEONARDY, 2013.

[22] FARIA COSTA, 1992: 544 e nota 19.

[23] TORRÃO, 2010: 136.

na *Unternehmenskriminalität*), se vai de alguma forma mais longe. Na prática a empresa terá sido criada com a intenção exclusiva ou predominante de cometer crimes ou os crimes são cometidos de forma tão reiterada no seu seio que se pode concluir que é utilizada, exclusiva ou predominantemente, para cometer crimes[24].

**II.** Estas distinções, que assumem uma clara natureza conceptual, parecem, não apenas ter reflexo na doutrina portuguesa, como encontrar também suporte na legislação penal relevante.

À partida, o artigo 11º do CP apenas diria respeito aos problemas da chamada "criminalidade de empresa", ao passo que para a chamada criminalidade através da empresa" valeria o disposto em matéria de dissolução da pessoa coletiva (artigos 90º-A e 90º-F do CP), pois, segundo alguma doutrina, aqui não se colocaria (tal como sucede com a perda de instrumentos, produtos e vantagens a favor do Estado ou com a responsabilidade solidária pelo pagamento de multas) um problema de punibilidade das pessoas coletivas, mas antes uma questão distinta (a de uma providência sancionatória em razão da utilização de uma putativa pessoa jurídica como instrumento do crime) que dispensaria a imputação jurídico-penal à pessoa coletiva, uma vez que esta não poderia ser encarada como sujeito a punir[25].

Porém, a distinção entre as duas realidades torna-se bastante difícil de fazer na prática, não podendo também ser adotada uma metodologia de reconduzir de forma forçada à "criminalidade através da empresa" quaisquer situações em que se detete que as pessoas singulares não atuaram motivadas apenas pela prossecução dos fins da pessoa coletiva e procuraram também satisfazer interesses seus ou de terceiros[26].

**III.** Podem então distinguir-se as situações de "criminalidade de empresa" das situações de "criminalidade através da empresa" da seguinte forma:

Nas primeiras o ente coletivo aparece como sujeito de crimes (autor), enquanto nas últimas o ente coletivo surge como instrumento de crimes

[24] Torrão, 2010: 136-137.

[25] Assim, Torrão, 2010: 422-431, em especial 429 e 430.

[26] Essa parece, no entanto, ser a premissa adotada por alguma literatura alemã, para quem o Direito Penal económico corresponderá aos crimes cometidos a partir de uma empresa e que a beneficiam – Werner, 2014: 11 e ss.

(e não sujeito), na medida em que o escopo da atividade ilícita que preside ao seu ato constitutivo, ou a reiterada prática criminosa posterior à sua constituição, lhe retiram a qualidade de sujeito.

**IV.** Os fundamentos materiais que presidem à existência de um ente coletivo implicam que o mesmo seja constituído para a prossecução de fins lícitos.

Assim, se no desenvolvimento da sua atividade são esporadicamente praticados atos ilícitos, a pessoa coletiva ou entidade equiparada ainda assim deve ser responsabilizada.

Todavia, se a prática de atos ilícitos constituir a atividade principal da pessoa coletiva ou entidade equiparada, pode entender-se que desaparecem os fundamentos que legitimam a sua existência, limitando-se a mesma apenas a funcionar como instrumento e não como uma união legítima de pessoas singulares destinada a funcionar como um sujeito de direito, apto a prosseguir fins coletivos e legítimos[27].

**V.** À "criminalidade através da empresa" surgem por isso associadas consequências bastante gravosas para a pessoa coletiva ou entidade equiparada[28].

Porém, verifica-se um aspeto curioso: não parece ser de prescindir ainda assim da imputação jurídico penal à pessoa coletiva ou entidade equiparada. Apesar de a doutrina portuguesa discutir a natureza jurídica dessas consequências (punibilidade da pessoa coletiva[29] ou providências sancionatórias de natureza análoga à das medidas de segurança[30]), a verdade é

[27] Torrão, 2010: 422-423.

[28] Em Portugal, num estudo recente Lamas Leite, 2020: 219, refere estar em causa na dissolução uma consequência de *ultima ratio*, sendo essa a razão pela qual *"apresenta esta um valor estatisticamente desprezível"*. Apesar de o CP não distinguir, alguma doutrina discute se a dissolução deveria aplicar-se também a entes coletivos desprovidos de personalidade jurídica e equaciona se não deveriam ser previstos mecanismos na lei para a dissolução de facto nestes casos, o que significaria a previsão de sanções específicas em função da realidade coletiva em causa – assim, cf. Seixas Meireles, 2006: 75-76. Contra também a aplicação da dissolução a entes coletivos desprovidos de personalidade jurídica, cf. Reis Bravo, 2008: 230.

[29] Enquadrando-a numa pena principal e usando a expressão "pena de dissolução", cf. Reis Bravo, 2008: 229 e ss.; Brandão, 2009: 463 e 471; Seixas Meireles, 2006: 75 e ss.

[30] Torrão, 2010: 422-431, em especial 429. Referindo tratar-se, contudo, de uma posição de *iure condendo*, cfr. Pinto de Albuquerque, 2021: 446. Contra expressamente a posição

que elas costumam surgir configuradas como verdadeiras penas (assim, no caso português, nos artigos 90º-A, nº 1 e 90º-F do CP) e na sequência da imputação de crimes à pessoa coletiva ou entidade equiparada. Como defendeu TERESA QUINTELA DE BRITO: *"de pena só é legítimo falar quando exista responsabilidade criminal por um concreto ilícito típico. Logo, as pessoas colectivas e entidades equiparadas às quais alude o artigo 90º-F deverão poder ser penalmente censuradas pelo facto punível que se lhes imputa. Isso, não obstante terem sido criadas com a intenção exclusiva ou predominante de praticar os crimes indicados no artigo 11º, nº 2, ou apesar de a prática reiterada de tais crimes mostrar que estão a ser usadas, exclusiva ou predominantemente, para esse efeito por quem nelas ocupe uma posição de liderança"*[31].

## 2. A instrumentalização da pessoa coletiva

A instrumentalização da pessoa coletiva ou de entidade equiparada para a prática de crimes pode resultar de dois cenários distintos.

Num primeiro cenário, pode equacionar-se a possibilidade de a pessoa coletiva ou entidade equiparada ter sido criada apenas com a intenção de levar a cabo propósitos criminosos. Em tais casos, a pessoa coletiva ou entidade equiparada nem terá um verdadeiro objeto social, servindo o fim estatutário apenas para efeitos formais. Para que tal suceda, porém, a vontade de praticar atos ilícitos terá de estar subjacente à própria criação da pessoa coletiva ou entidade equiparada, sendo, por isso, no caso das sociedades entendida como uma vontade dos próprios sócios[32].

Num segundo cenário, pode equacionar-se a possibilidade de a pessoa coletiva ou entidade equiparada ser usada por quem nela ocupa uma posição de liderança para praticar crimes, embora não existisse qualquer intenção nesse sentido no momento da sua criação. Nestes casos, a pessoa coletiva ou entidade equiparada terá um objeto definido e será até capaz de levar a cabo uma atividade económica em conformidade com os fins lícitos que presidiram à sua criação, mas acaba por ser instrumentalizada

de Torrão, cf. QUINTELA DE BRITO, 2012a: 31, nota 12, 393-407 e 639 e ss.

[31] QUINTELA DE BRITO, 2012a: 659. A autora acrescenta mais à frente (p. 669 e na conclusão 55ª da sua investigação na p. 1809): *"o disposto no artigo 90º-F do CP evidencia que as "empresas criminosas" estão submetidas ao regime jurídico-penal das "empresas de economia legal". São sujeitos jurídico-penais activos, cuja culpa poderá ser excluída, mas que não tem forçosamente de o ser"*.

[32] PINTO DE ALBUQUERQUE, 2021: 446: *"A intenção relevante é das pessoas singulares que tenham «criado» a pessoa coletiva ou entidade equiparada"*.

por alguém que nela ocupa uma posição de liderança[33], nos termos que são definidos pelo artigo 11º, nº 4 do CP.

### 3. A consequência da dissolução da pessoa coletiva

**I.** As situações de "criminalidade através da empresa" podem justificar a dissolução da pessoa coletiva ou entidade equiparada[34], por se entender que a mesma não estará afinal apta a prosseguir uma regular atividade económica.

A dissolução da pessoa coletiva ou entidade equiparada, que é uma medida de especial gravidade e, por isso, reservada para situações extremas de instrumentalização[35], poderá ter lugar quando esta tenha sido criada com a intenção exclusiva ou predominante de praticar crimes, ou que através da prática reiterada de crimes fique demonstrado que uma sociedade está a ser utilizada exclusiva ou predominantemente com essa finalidade[36].

**II.** Contudo, a mera possibilidade de dissolução de uma pessoa coletiva ou entidade equiparada nos termos dos artigos 90º-A e 90º-F do CP não será suficiente para justificar a falta de imputação de crimes à pessoa coletiva ou entidade equiparada.

A dissolução por decisão judicial ou administrativa em razão de uma atividade predominantemente contrária à lei aproxima-se das (mas, como se verá, não coincide com as) hipóteses em que o ordenamento jurídico desconsidera a personalidade coletiva ou procede ao seu levantamento, em virtude de a pessoa coletiva servir apenas como instrumento de ocultação à prática de atos ilícitos por parte de pessoas físicas[37]. Tal solução de dissolução alicerça-se na inexistência de fundamentos materiais que dão consistência ao ente coletivo enquanto sujeito de direito. Porém, a dissolução não se limita a operar um levantamento da personalidade coletiva: na esteira de FERNANDO TORRÃO poderá dizer-se que se verifica, por força

[33] Sendo irrelevante o aproveitamento da pessoa coletiva para fins criminosos pelos membros da pessoa coletiva que não se encontrem em posição de liderança – ALBUQUERQUE, 2021: 446.

[34] TORRÃO, 2010: 422. Contra, no entanto, referindo que é de aplicação rara em todo o mundo e que está em causa uma medida desproporcionada, cf. MELO BANDEIRA, 2004: 462 e 464.

[35] BRANDÃO, 2009: 471.

[36] TORRÃO, 2010: 422.

[37] TORRÃO, 2010: 427.

dela, uma destruição da personalidade coletiva, que ocorre em virtude da sua utilização para fins predominantemente ilícitos. Não se verifica, portanto, com a dissolução uma "mera" desconsideração da pessoa coletiva enquanto centro de imputação, tanto mais que a dissolução poderá visar até finalidades relacionadas com a eliminação dos resquícios do crime, o perigo de utilização futura das estruturas e a perda de vantagens em relação a bens obtidos de forma ilícita[38].

A destruição que decorre da dissolução não é, por isso, compatível com uma ("mera") desvalorização da pessoa coletiva como sujeito jurídico-penal. Antes pelo contrário: à partida estará em causa a aplicação de uma pena em consequência da prática atribuída à pessoa coletiva de um ou mais dos crimes elencados no artigo 11º, nº 2 do CP[39].

## IV. O problema do recurso ao levantamento da personalidade coletiva no domínio penal

### 1. As origens e o desenvolvimento da figura do levantamento da personalidade coletiva[40]

**I.** A origem da figura do levantamento da personalidade coletiva remonta à experiência norte-americana em relação a um conhecido caso do século XIX, que conheceu depois desenvolvimentos noutras decisões, tendo tido uma transposição e penetração mais tardia na Alemanha[41], onde surgiu historicamente ligado ao êxito das sociedades por quotas, criadas pela intervenção do legislador em 1892[42/43] e é visto hoje como uma exceção ao princípio da separação (*Trennungsprinzip*) vigente no Direito das Sociedades alemão[44] – por força do qual só a sociedade é sujeito de direitos e

[38] Torrão, 2010: 429.

[39] Quintela de Brito, 2012a: 659, 669 e 1809.

[40] Acerca do levantamento, com referências ainda relevantes, cf. Serick, 1955. Numa perspetiva comparada, cf., por exemplo, Vandekerckhove, 2007: 25 e ss. Entre nós, sobre a origem da figura do levantamento, sua consolidação na dogmática continental e a experiência portuguesa, cf., por exemplo, Costa Gonçalves, 2015: 954 e ss.; Menezes Cordeiro, 2011: 422-423; Pais de Vasconcelos, 2015: 166.

[41] Confirma este entendimento, por exemplo, Ho-Young Song, 1999: 160.

[42] Ainda sobre o instituto do levantamento no ordenamento jurídico norte-americano, cf. Torrão, 2010: 423-425.

[43] Menezes Cordeiro, 2011: 421.

[44] Em relação a este princípio, cf. Grigoleit, 2020: § 1/14-15. O princípio terá conhecido desenvolvimentos no espaço alemão, surgindo recentemente propostas para um sistema

obrigações e não há coincidência entre as esferas jurídicas da sociedade e as dos seus acionistas e órgãos sociais[45].

A criação de sociedades por quotas na Alemanha modificou o panorama, permitindo a "democratização" da responsabilidade limitada, e potenciou o surgimento de problemas de tutela dos credores sociais. Estes problemas relacionavam-se primordialmente com a possibilidade de estas sociedades serem unipessoais, sendo difícil distinguir os direitos da sociedade e do sócio único, havendo uma confusão de esferas jurídicas. O Tribunal Supremo Alemão (*Reichsgericht*), numa decisão datada de 22.06.1922, entendeu que poderia ser responsabilizado o sócio único[46]. Esta decisão marcou o surgimento do instituto do levantamento da personalidade coletiva no Direito europeu, tendo a jurisprudência posterior começado a admitir a consagração desta figura[47]. Entre 1920 e 1955 terão sido os casos relativos à unipessoalidade que cativaram a atenção da doutrina e da jurisprudência alemãs[48], mas a evolução as investigações doutrinárias sobre a chamada *Durchgriffslehre*, bem como o trabalho posterior da jurisprudência, vieram a permitir a construção de constelações[49] e de grupos de casos[50].

**II.** Em Portugal, o instituto do levantamento da personalidade coletiva também foi acolhido por via doutrinária, surgindo as primeiras referên-

multinível, baseado na ideia de a imputação poder ser um instrumento de regulação e mensurável de acordo com critérios de legitimidade – assim, cf. Denga, 2023.

45 Franz, 2022: § 1/18.

46 Menezes Cordeiro, 2011: 421-422.

47 Sobre a evolução do levantamento da personalidade coletiva na jurisprudência alemã, entre nós, cf. Costa Gonçalves, 2015: 955-957.

48 Terrível, 2012: 977.

49 Referindo-se às constelações (*Haftungs- und Zurechnungsdurchgriff*) e à metodologia de levantamento usada no Direito alemão, cf., *inter alia*, Grigoleit, 2020: § 1/35 e ss.

50 Tradicionalmente existiriam casos de levantamento em sentido próprio (*echte Durchgriffshaftung*) e casos de levantamento em sentido impróprio com aplicação do princípio da separação (*unechte Durchgriffshaftung – Anwendung des Trennungsprinzips*), sendo que estes últimos incluiriam *Sphärenvermischung* e *materielle Unterkapitalisierung* – assim, cf. Zessel, 2008: 77 e ss. Terá ocorrido uma expansão no Direito alemão para outros domínios: autores há (Siebert, 2004: 105 e ss.) que se referem a outras possibilidades, tais como a *Vermögensvermischung* e a *Beherrschungslage*. Para uma referência e explicação sucintas dos grupos de casos na Alemanha (referindo as seguintes possibilidades: *Vermögensvermischung*; *materielle Unterkapitalisierung*; *existenzvernichtender Eingriff*), cf. Franz, 2022: § 1/22-26.

cias na obra de ANTÓNIO FERRER CORREIA[51], que publicou um estudo sobre o problema da unipessoalidade, evidenciando em termos gerais o problema do levantamento, ainda que sem nominar o instituto[52].

Mais tarde, a doutrina nacional começou a estudar o instituto, seguindo a linha da doutrina alemã, constando-se múltiplas referências nas obras de ORLANDO CARVALHO[53], JORGE COUTINHO DE ABREU[54] e ANTÓNIO MENEZES CORDEIRO[55]. A utilização do termo levantamento da personalidade coletiva também já havia sido proposta por INOCÊNCIO GALVÃO TELLES[56], divulgada por JOSÉ OLIVEIRA ASCENSÃO[57] e objeto de uma dissertação de mestrado da autoria de PEDRO CORDEIRO[58]. Na doutrina mais recente destacam-se ainda as obras de DIOGO PEREIRA DUARTE[59], de MARIA DE FÁTIMA RIBEIRO[60] e de DIOGO COSTA GONÇALVES[61].

Na jurisprudência destaca-se o acórdão do STJ de 06.01.1976[62], sendo que uma receção formal do instituto apenas terá ocorrido com o acórdão do Tribunal da Relação do Porto de 13.05.1993[63], como sublinha MENEZES CORDEIRO[64].

**III.** O tema do levantamento conheceu desenvolvimentos também no domínio dos grupos de sociedades ou dos grupos de empresas[65].

Particular atenção foi dada, por exemplo, às questões envolvendo a imputação de responsabilidade a grupos de empresas transnacionais[66]

[51] FERRER CORREIA, 1948.
[52] MENEZES CORDEIRO, 2011: 426.
[53] CARVALHO, 2021.
[54] COUTINHO DE ABREU, 1999: 105-106, sem denominar expressamente o instituto.
[55] MENEZES CORDEIRO, 2013 e 2011b.
[56] GALVÃO TELLES, 1979: 537-555.
[57] OLIVEIRA ASCENSÃO, 1993: 57 e ss.
[58] CORDEIRO, 2008.
[59] PEREIRA DUARTE, 2007.
[60] RIBEIRO, 2009a: 76 e ss.
[61] COSTA GONÇALVES, 2015: 951 e ss., e COSTA GONÇALVES, 2019: 47-53.
[62] Ac. STJ, de 6/01/1976, Proc. 065484, Rel. Acácio Carvalho, disponível em BMJ 253, 1976: 150-156.
[63] Ac. TRP, de 13/05/1993, Proc. 9250992, Rel. Fernandes Magalhães.
[64] MENEZES CORDEIRO, 2011: 428.
[65] Sobre o tema, cf. AA.VV., 2014.
[66] Numa perspetiva comparada entre a Alemanha, a Inglaterra e a França sobre a imputação de responsabilidades à sociedade-mãe, cf. SALM, 2021.

– que suscitam dúvidas relevantes em matéria de Direito Internacional Privado[67] – e à passagem de uma teorização assente na doutrina do levantamento da personalidade coletiva para uma perspetiva assente na empresa[68].

## 2. A ausência de uma norma que preveja a possibilidade de levantamento da personalidade coletiva em penal

Apesar de constituir um tópico obrigatório do Direito Privado e de estar documentado um incremento de decisões jurisprudenciais que o referem e aplicam nesse domínio, não é evidente a relevância que o instituto do levantamento possa assumir num outro âmbito: em matéria penal.

Desde logo, atenta a falta de uma norma que preveja expressamente possibilidades de aplicação do instituto no domínio penal, ou seja, aquilo que poderia ser designado como uma concreta norma com uma "solução desconsiderante"[69]. Além disso, em virtude da escassez de estudos doutrinários que desenvolvam hipóteses em que a convocação da figura se poderia justificar para o domínio penal.

Falta um tratamento *ex professo* e desenvolvido acerca do tema. Porém, em alguns trabalhos e nalguns estudos sobre a responsabilidade penal das pessoas coletivas surgem referências à figura do levantamento ou da desconsideração da personalidade coletiva. Resta saber se os mesmos se mostram suficientes para poder justificar uma decisão de levantamento no Direito Penal.

## 3. Os desenvolvimentos doutrinários em penal

**I.** FERNANDO TORRÃO alude na sua investigação de doutoramento ao instituto da desconsideração da personalidade jurídica quando analisa se a dissolução da pessoa coletiva ou entidade equiparada em razão da "criminalidade através da empresa" pode ser entendida como uma forma de punibilidade (de responsabilidade penal) das pessoas coletivas[70].

[67] Com elementos, embora ponderando-os sobretudo no quadro do sistema norte-americano, cf. MEIER, 2000.

[68] Já não apenas de empresa como *single economic unit*, mas também como entidade única em sentido jurídico – cf. TRAUTMANN, 2020. Entre nós, acerca do conceito económico de empresa e o seu duplo propósito jurídico no Direito (Sancionatório – Nacional e Europeu) da Concorrência, cf. SOUSA MENDES, 2022: 9 e ss.

[69] Toma-se aqui de empréstimo a expressão usada por RAMOS ALVES, 2022: 221.

[70] TORRÃO, 2010: 422 e ss.

Trata-se de uma alusão inovadora no domínio penal em Portugal. Não obstante, não parece ser possível encontrar na investigação realizada pelo autor uma fundamentação dogmática adequada para o recurso ao instituto. Aliás, num primeiro momento, parece que se confundem as hipóteses em que se justifica dissolver uma pessoa coletiva ou entidade equiparada, com as hipóteses em que, apesar de tal dissolução não poder ocorrer, se poderia ainda assim justificar o levantamento da personalidade coletiva. No final da obra, contudo, é o próprio autor que contrapõe o levantamento propriamente dito (que qualifica de temporário) à destruição da pessoa coletiva ou entidade equiparada (que seria um levantamento definitivo) que é consequência da dissolução e conclui que são outros os propósitos político-criminais desta última figura quando comparada com a do levantamento (dito temporário)[71].

**II.** Em vários estudos de Teresa Quintela de Brito sobre os entes coletivos e a sua responsabilidade ou dos seus dirigentes ou por quem atue em seu nome, incluindo a sua incontornável dissertação de doutoramento acerca destes temas, é possível também encontrar referências importantes ao instituto do levantamento da personalidade coletiva.

Tais referências surgem quando a autora procura sublinhar que os entes coletivos criminalmente responsáveis terão de revestir uma certa densidade institucional, que permita distingui-los das pessoas singulares ou coletivas que os constituem, que os lideram ou que lhes fornecem capital, o que não sucederá em alguns casos[72].

Para Teresa Quintela de Brito, quando não disponham da necessária densidade institucional deverão os entes coletivos ser excluídos como centros de imputação criminal (embora possam ser contraordenacionalmente responsáveis), o que admite que possa suceder em relação a: (i) entes coletivos destituídos de organização (embora com existência jurídico-formal); (ii) entes coletivos a que falte uma organização suficientemente estável e complexa (para que se possa falar de um novo ator social) e sobre cuja personalidade coletiva se escudam pessoas singulares; (iii) entes coletivos que, embora estejam dotados de uma organização suficientemente estável e complexa, sejam destituídos de autonomia (por serem controlados

71 Torrão, 2010: 428-429.

72 Quintela de Brito, 2012a: 660 e ss., 2012b: 233-235 e 2014: 159-161.

totalmente ou estarem ao serviço de pessoas singulares ou coletivas – caso dos entes coletivos "espantalho" ou dos "*corporate vehicles*"). Nestas 3 (três) situações, Teresa Quintela de Brito considera que poderá justificar-se o levantamento da personalidade coletiva (por não ser possível descortinar uma realidade social distinta das pessoas singulares ou pelo facto de a atividade social da pessoa coletiva ser totalmente determinada por outrem), mas, no entender da autora, a atribuição de responsabilidade às pessoas singulares ou coletivas, consoante os casos, dependerá sempre da comprovação dos critérios de atribuição de responsabilidade individual (autoria ou participação) ou coletiva. Em particular, para a atribuição de responsabilidade individual não bastará que detenham a qualidade de acionistas ou de beneficiários económicos da personificação coletiva.

**III.** A posição de Teresa Quintela de Brito apresenta o mérito de não reconduzir as hipóteses de exclusão dos entes coletivos como centros de imputação criminal aos casos em que poderá vir a ser determinada a dissolução da pessoa coletiva ou entidade equiparada.

Todavia, julga-se que também não permitirá fundamentar – sem mais – o levantamento da personalidade coletiva no domínio penal. A exclusão dos entes coletivos como centros de imputação penal surge baseada, se bem interpretámos o pensamento da autora, na falta de uma organização suficientemente estável e complexa para permitir a identificação de um centro autónomo de imputação de interesses que possa possibilitar a sua responsabilização criminal. Não obstante, considera a autora que mesmo o facto de uma pessoa coletiva não dispor da organização necessária para a responsabilização criminal não deve conduzir à irrelevância de um ente coletivo, isto é, não terá de significar que o ente coletivo é desprovido de fatores de personificação e que não pode ser considerado sujeito jurídico para outros fins, incluindo penais[73]. Uma tal conclusão seria aliás contrária à ressalva que a própria autora apresenta em relação à possibilidade de os entes coletivos excluídos da imputação penal serem ainda assim responsáveis do ponto de vista contraordenacional[74].

Se bem vemos, o que a proposta de Teresa Quintela de Brito permite sublinhar é somente a "*vinculação da qualidade de sujeito jurídico-penal à*

[73] Sobre a natureza e a autonomia dos fatores ou elementos relevantes para a personificação, cf. Costa Gonçalves, 2015: 951 e ss.

[74] Quintela de Brito, 2014: 160.

*imputabilidade jurídico-penal, entendida como capacidade de culpa e possibilidade de imposição de uma pena"* e, consequentemente, que *"a capacidade de agir de modo jurídico-criminalmente relevante* [para efeitos de responsabilidade criminal da pessoa coletiva ou entidade equiparada] *depende da capacidade de culpa penal da organização empresarial"*[75]. Por outras palavras, segundo a autora, que a qualidade de sujeitos jurídico-penais para efeitos de responsabilidade penal será negada aos entes coletivos destituídos de organização e àqueles aos quais falta complexidade suficiente para se afirmarem como atores corporativos, em virtude de se relacionarem com o ordenamento jurídico-criminal através da sua organização: de forma mais simples, sem uma organização interna com certas características, os entes coletivos não se constituem em centros autónomos de imputação jurídico-penal[76].

## 4. Um necessário olhar sobre o Direito Privado para se poder operar o levantamento da personalidade coletiva em penal?

### *a. A falta de razões que justifiquem menor exigência para o levantamento da personalidade coletiva em penal*

**I.** A recondução aos casos doutrinários de exclusão dos entes coletivos como centros de imputação penal não será – por si só – suficiente para poder justificar o levantamento da personalidade coletiva em penal.

Desde logo, não faria sentido que a aplicação da figura do levantamento em Direito Penal fosse mais fácil do que no âmbito do Direito Privado. De facto, suportando-se o instituto do levantamento (e a resposta do ordenamento jurídico de afastamento do véu da personalidade coletiva) na falta de observância dos ditames do regime da pessoa coletiva (e das imposições do mesmo ordenamento jurídico para que possa ser entendida como sujeito jurídico), mais concretamente na utilização da pessoa coletiva torneando os comandos legais, desvirtuando-a[77], não parece existir razão para tornar menos exigente o levantamento ou a desconsideração da personalidade coletiva no domínio penal. Ainda que tenham sido contornados comandos penais pela pessoa coletiva ou entidade equiparada não se justifica facilitar – somente em razão da natureza penal dos comandos jurídicos em causa – a desconsideração da personalidade.

[75] Quintela de Brito, 2012a: 663.

[76] Quintela de Brito, 2012a: 666-667.

[77] Assim, Ramos Alves, 2021: 622.

**II.** É verdade que alguma doutrina penal acentua – como já foi referido – que se um ente coletivo não possuir uma organização interna com certas características não pode ser considerado um centro autónomo para efeitos de imputação de responsabilidade criminal[78].

No entanto, daí não se pode extrair que não possa e não deva ser havido como sujeito jurídico. Aliás, as pessoas coletivas e entidades equiparadas já eram consideradas sujeitos jurídicos (mesmo para o Direito Penal) antes da generalização da responsabilidade penal das pessoas coletivas ou entidades equiparadas no CP. Mesmo quando não existia uma previsão geral de responsabilidade penal das pessoas coletivas, a personificação destas era reconhecida para outros efeitos que não os da imputação de responsabilidade, sendo então a imputação realizada contra quem atuasse em nome da pessoa coletiva ou entidade equiparada ao abrigo do artigo 12º do CP, que consagra o mecanismo da atuação em nome de outrem.

O artigo 12º do CP surgiu antes da responsabilidade penal das pessoas coletivas estar consagrada no Direito Penal nuclear, sendo à data considerada uma figura apta a permitir a mitigação dos efeitos da irresponsabilidade das pessoas coletivas, através da responsabilização individual dos agentes[79]. A atuação em nome de outrem permitia então a imputação da responsabilidade pela prática das infrações, aos representantes das sociedades, mesmo agindo estes em representação da mesma e as qualidades exigidas pelo tipo de crime para o autor da conduta punível não se verificarem no agente, mas sim nas sociedades representadas[80].

O instituto denota, porém, hoje uma valência geral, não se destinando apenas a evitar – como no passado – eventuais lacunas de punibilidade emergentes de uma irresponsabilidade penal das pessoas coletivas[81].

[78] Quintela de Brito, 2012: 667.

[79] Cf. o Ponto 15 do preâmbulo do Código Penal, onde se escreve: *"No sentido de um maior alargamento da responsabilidade penal admite-se a punibilidade pela actuação em nome de outrem quando o agente actuou voluntariamente como titular dos órgãos de uma pessoa colectiva, sociedades ou mera associação de facto, ou em representação legal ou voluntária de outrem, mesmo quando o respectivo tipo de crime exija (artigo 12º, nº 1) certos elementos que a lei seguidamente descreve"*. E ainda: *"em termos de política criminal consegue-se, assim, uma infiltração consequente do direito penal em áreas extremamente sensíveis e cuja criminalidade cai normalmente na zona das "cifras negras""*.

[80] Saragoça da Matta, 2001: 24.

[81] Note-se que o preceito se manteve inalterado, mesmo após a reforma de 2007 que veio consagrar a responsabilidade penal das pessoas coletivas no Direito Penal nuclear, operada pela Lei nº 59/2007 de 4 de setembro. Cf. ainda, Saragoça da Matta, 2001: 45, sublinhando

**III.** Contra o recurso aos quadros do Direito Privado, para encontrar apoio para se poder justificar uma decisão de levantamento da personalidade coletiva no domínio penal, não parece ser válido invocar que se estará a fazer uso de teorizações e conceitos estranhos ao Direito Penal.

Com a convocação do Direito Privado não se visa promover uma perspetiva extrema acerca do princípio da unidade do sistema jurídico que ponha em causa a autonomia do Direito Penal[82]. A autonomia do Direito Penal – que não é também absoluta nem ilimitada (cada vez menos mesmo em relação ao Direito das Sociedades)[83] – não sai beliscada neste contexto, atenta a influência recíproca que ambos os ramos do Direito acabam por exercer entre si e sem que tal tenha de implicar a desvalorização das particularidades de cada um deles.

Tão-pouco valem contra a convocação do Direito Privado importantes argumentos esgrimidos em Direito Penal (não restritos à problemática das normas em branco)[84] e até no Direito Penal económico[85] contra a ideia de acessoriedade, há muito reconhecida em vários domínios[86], em especial estando em causa a chamada "acessoriedade assimétrica"[87]. Neste caso, como noutros, não se está sequer a usar o Direito Privado como ponto de partida para uma sua transposição para o Direito Penal[88]. Aliás, o que

que as atuações em nome de outrem surgem como um instrumento técnico dotado de plena autonomia, não assentando a sua legitimidade noutros mecanismos previamente existentes no Direito Penal.

[82] Sobre a questão da unidade da ordem jurídica e o problema da autonomia do Direito Penal, cf. Tzouma, 2017: 94 e ss.

[83] Especificamente sobre as relações entre o Direito Penal e o Direito das Sociedades, cf. Mezari, 2021: 32 e ss.

[84] Embora sobre a distinção entre normas em branco e acessoriedade bastante se tenha discutido na Alemanha – cf. Hohmann, 2007.

[85] Acerca do tema da acessoriedade do Direito Penal económico, com desenvolvimento na Alemanha, cf. Hüls, 2019: 85 e ss., e Wagner, 2016: 87 e ss.

[86] Não sem críticas e com chamadas de atenção relevantes para os riscos da acessoriedade, cf. Greco: 2019.

[87] Entre nós, sobre o tema da acessoriedade (que não se restringe à ideia de acessoriedade administrativa), cf. Silva Dias, 2008a: 212 e ss., 2008b: 140 e ss., 2018: 37 e ss. (defendendo a existência de uma situação de acessoriedade do Direito Penal em relação ao Direito Civil e ao Direito das Sociedades na acção de infidelidade a respeito do crime de infidelidade), e Silva Dias/Soares Pereira, 2022: 123 e ss. (no Direito das Contraordenações).

[88] Criticando o procedimento de partir do Direito Civil em relação ao crime previsto no § 266 do StGB, cf. Schünemann, 2014, § 266/94 e ss.

deporá contra a ideia de acessoriedade é essencialmente, fazendo nossas as palavras de ALAOR LEITE, *"uma fundação do Direito Penal sobre as bases de uma proteção de normas acessórias cambiantes, pensadas para atender aos interesses do ramo jurídico em questão, e não às especificidades inequívocas de um ramo que conhece a pena criminal como sanção por excelência"*, de tal modo que conduza a uma *"acessoriedade cega do Direito Penal, escravo de outros senhores"*[89].

*b. A subsidiariedade e a excecionalidade do levantamento da personalidade coletiva no Direito Privado*

**I.** O levantamento da personalidade coletiva é visto no Direito Privado como tendo uma natureza residual ou subsidiária e como sendo de aplicação excecional ou pontual.

Com efeito, entende-se que só poderá fazer-se uso do levantamento quando não exista qualquer outro fundamento legal[90] ou não sejam aplicáveis outros institutos e figuras jurídicas.

A natureza subsidiária do levantamento é considerada unanimemente na doutrina e na jurisprudência nacionais[91].

Por exemplo[92], MARIA DE FÁTIMA RIBEIRO refere que: quando o resultado possa ser alcançado através da aplicação do direito positivo ou de normas jurídicas especificamente formuladas para obviar aos efeitos não pretendidos *"não se levanta nenhum problema de desconsideração da personalidade jurídica"*; uma vez reconhecida pelo ordenamento jurídico a realidade que representa o levantamento *"não pode ser posta em causa a cada passo, em nome da busca do caso concreto"*; e que mesmo tendo o propósito de assegurar a tutela de credores sociais *"não deve recorrer-se a uma solução que passe pela desconsideração do instituto quando um resultado justo seja possível*

[89] LEITE, 2022: 176.

[90] No Direito Norte-Americano é considerado, não obstante, somente como *remedy* e não como uma *separate cause of action* – LIDSTONE, 2020.

[91] Na doutrina estrangeira, referindo-se à tendência dos tribunais de entenderem a desconsideração como último de recurso, cf., *inter alia*, MUJIH, 2016.

[92] A este respeito, entre muitos outros, veja-se na doutrina: OLIVEIRA ASCENSÃO, 1993: 66 – *"À desconsideração só haverá que recorrer, como cláusula de reserva, quando um outro concreto instituto não esteja positivamente demarcado, pois quando o estiver preferirá a solução deste"* e 2000: 320 – referindo-se à perda de autonomia se o efeito da desconsideração puder ser atingido pelos institutos já existentes; SERRA, 2009: 118; LEMOS TRIUNFANTE/LEMOS TRIUNFANTE, 2009: 134.

*através do recurso a soluções que resultam da lei (da aplicação de norma interpretada) ou do contrato"*[93].

Os tribunais nacionais têm de forma consistente dado apoio a esta visão, ao afirmarem que só poderá recorrer-se ao levantamento na falta de outro instituto, figura jurídica ou norma capaz de resolver a situação[94].

**II.** Outras decisões (e doutrina)[95] preferem acentuar o caráter excecional ou pontual do levantamento da personalidade coletiva, ou seja, como sendo uma forma de derrogar o princípio da separação e da responsabilidade limitada consagrado pelo legislador[96].

[93] Cf., *inter alia*, RIBEIRO, 2009a: 73 e 125. Cf. também, RIBEIRO, 2009b: 46, nota 1 e nota 50 – mesmo que a aplicação de outros regimes coloque dificuldades probatórias – 2015: 84-91, 2013: 15-16 e 2011a: 35, explicando que, se assim não fosse, seriam violadas as mais elementares regras do direito: recurso a institutos sem estar demonstrada a existência de uma lacuna que careça de solução e utilização de quadros de pensamento mais fluidos quando existem outros mais precisos e rigorosos. Particularmente significativas são também as palavras de CORDEIRO, 2008: 56: "2. *É de facto problemática a justificação deste instituto. Na verdade, a necessidade de criação de um novo instituto precisa de ser demonstrada. Tal criação será ilegítima quando o novo instituto represente apenas um aglomerado de decisões de equidade que permita, a quem aplica o direito, encontrar, dentro do sistema, soluções mais justas – baseadas na "consciência popular dominante", na "força das coisas", nas "realidades da vida" ou na "proeminência da realidade sobre a forma". De igual modo, a desconsideração só deverá ser reconhecida enquanto instituto autónomo se os problemas a que ela pretende dar resposta não puderem ser resolvidos através da mera aplicação de normas*".

[94] Na jurisprudência, entre tantos outros: Ac. STJ, de 03/02/2009, Proc. 08A3991, Rel. Paulo Sá; Ac. STJ de 10/01/2012, Proc. 434/1999.L1.S1, Rel. Salazar Casanova; Ac. TRL, de 22/01/2004, Proc. 9061/2003-2, Rel. Ezaguy Martins; Ac. TRL, de 16/01/2008, Proc. 3722/2007-4, Rel. Maria João Romba; Ac. TRL, de 05/04/2011, Proc. 1387/08.2TBAMD.L1-7, Rel. Luís Espírito Santo; Ac. TRL, de 31/05/2011, Proc. 7857/06.0TBCSC.L1-7, Rel. Maria João Areias; Ac. TRL, de 30/06/2011, Proc. 1410/06.5TTLSB.L1-4, Rel. Albertina Pereira; Ac. TRP de, 07/07/2016, Proc. 113/15.4T8MCN.P1, Rel. Aristides Rodrigues de Almeida; Ac. TRG, de 21/01/2016, Proc. 2217/10.0TBGMR.G1, Rel. Maria Luísa Ramos.

[95] TERRÍVEL, 2012: 984. Expressivas, a esse respeito, são as palavras de BRITO CORREIA, 1989: 240: "*Todos entendem que a desconsideração significa uma derrogação do princípio legal da separação, que só pode admitir-se a título excecional, para certos casos concretos. A desconsideração consiste, na verdade, numa correção das consequências jurídicas da imputação à sociedade, segundo as regras gerais, de certos actos que, pelo seu caráter abusivo ou pela sua finalidade extra-societária, se entende que, excecionalmente, devem obrigar outras pessoas (ou outros patrimónios)*".

[96] Aliás, segundo RIBEIRO, 2009a: 76, nota 12, a referência à desconsideração como tendo caráter excecional é consensual mesmo entre os autores que admitem sem reserva o recurso ao levantamento.

Refere-se então que em certas situações muito particulares (ou referidas até como sendo de rara aplicação[97] ou patológicas[98]) o direito terá de abdicar *"da autonomia da personalidade jurídica coletiva, em ordem a tutelar uma situação sem a violentar face à realidade prática"*, procedendo dessa forma a uma aproximação *"da vida tal como ela é"*[99].

De resto, a circunstância de o levantamento ser entendido como uma figura de *ultima ratio* (ou uma solução drástica – *drastic remedy*)[100], que implica a derrogação das regras normalmente aplicáveis ao caso e introduz uma acentuada entorse no sistema motivado pela necessidade de alcançar um resultado materialmente justo, terá de implicar um reforço material do ónus de fundamentação das decisões que a apliquem.

**III.** Esta visão de subsidiariedade e excecionalidade do levantamento (muitas vezes referida em conjunto)[101] não deve constituir qualquer surpresa (ainda mais em ordenamentos jurídicos, como o português, que não consagram uma norma genérica ou um princípio geral – sequer no Direito Privado – a esse respeito)[102].

É aliás a única solução compatível com o grau de incerteza jurídica que a aplicação do levantamento na verdade ainda possui e com a falta de uma definição precisa da sua matriz e fronteiras[103].

[97] SERRA, 2009: 116.

[98] VALE, 2015: 407.

[99] Ac. STJ, de 24/05/2011, Proc. 475/04.9TBLLE.E1.S1, Rel. João Bernardo. Também cf. Ac. TRL, de 16/01/2008, Proc. 3722/2007-4, Rel. Maria João Romba (o levantamento só deve ser utilizado em situações excecionais).

[100] LIDSTONE, 2020.

[101] Ac. TRL, de 04/10/2011, Proc. 646/11.1TVLSB-B.L1-1, Rel. Manuel Marques.

[102] Assim, alguns autores esclarecem que: as hipóteses de desconsideração deveriam decorrer necessariamente da lei – CARVALHO FERNANDES, 2012: 537-541; a intervenção legislativa em geral limita-se a aspetos pontuais por razões variadas, sendo possível referir vários outros ordenamentos jurídicos (como o alemão e o italiano) onde não existe norma genérica apesar de algumas tentativas nesse sentido (tal como em Portugal por parte de Pedro Cordeiro) e que a exceção será constituída por ordenamentos como o brasileiro e o argentino – RIBEIRO, 2009a: 74-75, nota 10. Sobre o levantamento no ordenamento jurídico brasileiro e os vários problemas que aí se suscitam apesar da consagração de uma norma genérica, cf. COSTA GONÇALVES, 2016: 103-118 e 2015: 297-324; RIBEIRO, 2016: 29-57 e 2015b: 45-65; FRAZÃO, 2012: 479-514; RIBEIRO, 2012: 515-555.

[103] ENGRÁCIA ANTUNES, 2002: 152.

Portanto, a figura do levantamento tem sido admitida no Direito Privado com carácter subsidiário e residual, e serve, fundamentalmente, de acordo com o entendimento da generalidade da doutrina e da jurisprudência, o interesse jurídico em cercear condutas abusivas para as quais o sistema não forneça outro remédio.

De resto, o recurso à figura pressupõe, em geral, um modo ilícito ou abusivo de utilização da personalidade coletiva, contrário a normas ou princípios gerais, visando prejudicar terceiros.

*c. As exigências e os requisitos de que depende a aplicação do levantamento da personalidade coletiva no Direito Privado*

**I.** Para além de referirem a natureza residual ou subsidiária e o caráter excecional ou pontual do levantamento da personalidade coletiva, no Direito Privado a doutrina e a jurisprudência nacionais fazem depender o recurso ao levantamento (em especial, estando em causa sociedades comerciais) de um conjunto de exigências e requisitos.

Não sendo observadas essas exigências ou não sendo cumpridos esses requisitos, o recurso ao levantamento da personalidade coletiva é habitualmente vedado.

**II.** Em primeiro lugar, a doutrina assinala que quaisquer restrições à autonomia das sociedades e à limitação da responsabilidade dos sócios terão de encontrar uma forte justificação.

Tal sucede, de acordo com certa doutrina, porque: (i) uma sociedade comercial representa um instrumento legítimo de destaque patrimonial (serve fins humanos) e (ii) a limitação da responsabilidade dos sócios constitui um instrumento igualmente legítimo de viabilização da atividade económica (dá segurança ao investimento)[104].

**III.** Em segundo lugar, não raras vezes invoca-se que terá de existir uma atuação ilícita e fraudulenta ou uma violação das regras de boa fé na vertente do abuso de direito para que possa ocorrer a desconsideração.

[104] Pais de Vasconcelos/Leitão Pais de Vasconcelos, 2019: 187-188. Referindo também a importância da separação entre a sociedade e os sócios do ponto de vista patrimonial, mais concretamente como permitindo colocar a sociedade como instrumento jurídico ao serviço da vida económica, cf. Brito Correia, 1989: 237.

Qualquer ordenamento jurídico está longe de admitir que a desconsideração da personalidade jurídica se possa fazer em qualquer circunstância, antes impondo, pelo menos, a invocação e demonstração de uma atuação ilícita e de uma exigência do sistema jurídico nesse sentido ou o recurso à figura do abuso de direito ou à interpretação teleológica das disposições legais e contratuais relevantes[105].

Como fundamento maioritariamente adotado na doutrina e na jurisprudência nacionais surge a proibição de abuso ou de combate à utilização abusiva da personalidade coletiva[106], mas com cautelas[107] e frequentes chamadas de atenção para a reflexão cuidada que terá de implicar o recurso à figura do abuso do direito[108] (terá de estar em causa uma utilização objetivamente ilícita da pessoa coletiva e a eficácia preclusiva ou impeditiva da norma do abuso de direito coloca fundadas dúvidas sobre os termos em que poderá operar a responsabilização dos sócios)[109] e para a circunstância de tal recurso ao abuso se justificar apenas em situações limite.

Assim, a doutrina e a jurisprudência vêm defendendo que terá de estar em causa, pelo menos[110], uma utilização contrária a normas ou princípios gerais[111],

[105] Sobre a construção do levantamento da personalidade coletiva como exigência do sistema, veja-se, na doutrina portuguesa, por exemplo, Menezes Cordeiro, 2007: 402-404, e legitimando-se mediante o recurso a operadores jurídicos como a interpretação teleológica de disposições legais e negociais e o abuso do direito, Coutinho de Abreu, 2010: 55. Na jurisprudência, considerando que o ponto de partida para o levantamento terá de ser a existência de uma exigência do sistema jurídico (e não a fraude à lei), cf. entre outros: Ac. STJ, de 26/06/2007, Proc. 07A1274, Rel. Afonso Correia; Ac. STJ, de 09/09/2009, Proc. 08S4021, Rel. Sousa Grandão.

[106] Sobre outras possíveis fundamentações dogmáticas ou teorias explicativas (incluindo as que fazem depender da conceção adotada quanto à personalidade coletiva), cf. Pereira Duarte, 2007: 196-200.

[107] Ribeiro, 2009a: 76.

[108] Assim, por exemplo, Cordeiro, 2008: 72 e ss.

[109] Ribeiro, 2015: 87-91, 2013: 17-21 e 2011b: 181-189.

[110] Cordeiro, 2008: 110, considera que, para além da ocorrência de dano, a desconsideração para fins de responsabilidade pressupõe a ocorrência de um abuso institucional de responsabilidade limitada (ou da limitação de responsabilidade), sendo que este abuso pressupõe, por seu turno (tal como as situações de mera aplicação de normas), uma posição de domínio ou de controlo (jurídico e não de facto) daquele ou daqueles que o cometem.

[111] Menezes Cordeiro, 2004: 633: *"não basta uma ocorrência de prejuízo, causada a terceiros através da pessoa colectiva: para haver levantamento será antes necessário que se assista a uma utilização contrária a normas ou princípios gerais, incluindo a ética dos negócios"*. Noutros termos refere Pais de Vasconcelos/Leitão Pais de Vasconcelos, 2019: 189, que a necessidade de

uma atuação abusiva que ponha em risco o sistema jurídico[112] ou então uma conduta de recurso à separação entre a sociedade e os sócios censurável[113]. Apenas nessas circunstâncias limite se poderá falar de um desvio à função para que foi criada a sociedade (ou limitação funcional intrínseca da personificação)[114] e que poderá carecer de ser corrigido para se repor o direito e a justiça[115].

Os tribunais optam, consequentemente e de forma reiterada, por não conceder o levantamento quando a factualidade não permita preencher de forma inequívoca os respetivos pressupostos (atuação ilícita e fraudulenta e violação das regras de boa fé na vertente do abuso de direito) e as partes invoquem o levantamento num plano puramente conceptual e abstrato[116].

Mesmo nas situações (raras) em que se admite prescindir da violação de normas jurídicas[117], a jurisprudência assume uma visão restritiva e prudente em relação ao levantamento da personalidade coletiva, exigindo a demonstração de uma instrumentalização de mecanismos jurídicos tendo em vista conseguir uma separação de patrimónios fictícia[118].

desconsideração da personalidade coletiva surge *"quando ocorre o aproveitamento ilícito desta autonomia para obter a fuga à imputação pessoal e à responsabilidade patrimonial por parte dos sócios de sociedades comerciais de responsabilidade limitada"*.

112 Ac. TRG, de 17/11/2011, Proc. 798/08.8TBEPS.G1, Rel. Manuel Bragado. Referindo também como fundamentação o risco da harmonia e credibilidade do sistema, cf. Ac. TRP, de 22/06/2009, Proc. 1201/09.1TBMAI.P1, Rel. Maria de Deus Correia.

113 Ac. STJ, de 10/01/2012, Proc. 434/1999.L1.S1, Rel. Salazar Casanova.

114 Oliveira Ascensão, 1993: 70-71. Noutra obra, Oliveira Ascensão, 2000: 321, esclarece o mesmo autor que a questão será saber até que ponto poderá ocorrer desfuncionalização da sociedade sem que quem a tenha provocado possa ser responsabilizado. Optando também por se referir a uma desfuncionalização da responsabilidade limitada, em virtude de restringir a utilidade e autonomia da desconsideração às situações que não são de mera aplicação de normas, cf. Cordeiro, 2008: 72.

115 De forma lapidar, o Ac. STJ, de 10/05/2016, Proc. 136/14.0TBNZR.C1.S1, Rel. Fonseca Ramos.

116 Ac. STJ, de 05/02/2015, Proc. 474/14.2T8PNF.S1, Rel. Lopes do Rego. Cf. Ac. TRG, de 21/01/2016, Proc. 2217/10.0TBGMR.G1, Rel. Maria Luísa Ramos; Ac. STJ, de 01/10/2002, Proc. 02A1978, Rel. Pinto Monteiro.

117 Em causa poderão estar normas proibitivas, normas impositivas ou vinculações emergentes do estatuto de sócio ou de titular de órgão social, sendo certo que na falta de positivação as normas terão de ser construídas mediante a indagação da intenção e das valorações da ordem jurídica na sua globalidade – Carneiro da Frada, 2004: 169-170, nota 121.

118 Ac. TRC, de 15/11/2016, Proc. 970/14.1TBCLD.C1, Rel. Luís Cravo.

*d. Os grupos de casos típicos de levantamento da personalidade coletiva no Direito Privado*

**I.** O levantamento da personalidade coletiva é também frequentemente tratado como um instituto de enquadramento no Direito Privado, evidenciando assim aquilo que pode ser visto como representando o seu carácter aberto e dinâmico[119].

A origem marcadamente jurisprudencial e pendor casuístico deste instituto têm dificultado a sua construção dogmática[120], mas observa-se (dentro de Portugal e no estrangeiro)[121] um esforço de sistematização em torno de constelações típicas ou de grupos de casos em que se suscitou a aplicação da figura do levantamento.

**II.** A formação de grupos de casos, assente numa ordenação casuística, obedece a critérios que não são coincidentes em todos os autores.

Observam-se assim diferentes classificações e arrumações, existindo, não obstante, semelhanças entre os vários grupos de casos típicos propostos[122].

Este carácter casuístico está presente também na doutrina nacional, surgindo, apesar disso, uma certa estabilização dos grupos de casos, com largo acolhimento na jurisprudência.

**III.** Tipicamente, as situações de levantamento da personalidade coletiva são reconduzidas a três grupos distintos: (i) a confusão de esferas jurídicas, (ii) a subcapitalização e (iii) o atentado a terceiros e o abuso da personalidade[123].

A confusão de esferas jurídicas corresponde às hipóteses em que, por inobservância de certas regras societárias, ou mesmo por decorrências puramente objetivas, não surja clara a separação entre o património da

[119] Menezes Cordeiro, 2011: 448.

[120] Costa Gonçalves, 2015: 959.

[121] Recordem-se as constelações e os grupos de casos na Alemanha já referidos, em Grigoleit, 2020: § 1/35 e ss. e Franz, 2022: § 1/22-26, e nos EUA, por exemplo, em Lidstone, 2020.

[122] Terrível, 2012: 980 e ss.; Costa Gonçalves, 2015: 960-961, sublinha que é difícil encontrar nos autores uma unidade de critério, mas que há dois grupos de casos que adquirem especial consenso: a confusão de esferas e a subcapitalização.

[123] Encontramos esta proposta de grupos de casos típicos – largamente difundida na doutrina e na jurisprudência portuguesas – em Menezes Cordeiro, 2011: 428.

sociedade e do(s) sócio(s). Este grupo de casos sucede, primordialmente, quando estamos perante sociedades unipessoais[124].

O segundo grupo de casos corresponde às hipóteses de subcapitalização: verificam-se situações de subcapitalização revelantes sempre que a sociedade tenha sido constituída com um capital insuficiente. A insuficiência deve ser aferida em função do próprio objeto ou atuação da sociedade, surgindo como tecnicamente abusiva[125]. Pode distinguir-se a subcapitalização nominal e material: na primeira a sociedade tem um capital considerado formalmente insuficiente, para o objeto ou para os atos que se destina, sendo ainda possível o recurso a capitais alheios, enquanto na segunda há uma efetiva insuficiência de fundos próprios ou alheios. Para efeitos do levantamento, apenas a última modalidade se apresenta relevante[126]. Nesta modalidade podem ser considerados os casos em que os administradores, por inobservância das normas societárias, provocam insolvências evitáveis, com prejuízos, ou quando a insuficiência de património social serve para prejudicar os credores[127].

O terceiro grupo de casos corresponde ao atentado a terceiros. Verifica-se sempre que a personalidade coletiva seja utilizada, de modo ilícito ou abusivo, para prejudicar terceiros. Esta utilização tem de ser contrária a normas ou princípios gerais, incluindo a ética dos negócios[128]. O abuso do instituto da personalidade coletiva corresponde a uma situação de abuso de direito ou exercício inadmissível das posições jurídicas perpetrado através de uma pessoa coletiva, podendo atentar contra a confiança legítima ou defrontar a regra da primazia da materialidade subjacente.

**IV.** De modo ligeiramente distinto, Diogo Pereira Duarte entende que a tipificação de casos pode dizer respeito ao aspeto pessoal ou patrimonial do princípio da separação, sendo que a questão pode então ser relativa (i) à subjetividade implicada pela personalidade coletiva ou (ii) à responsabilidade limitada[129].

No primeiro grupo de casos incluem-se duas hipóteses: (i) determinação de autoria de ações e determinação externa ou coletiva e (ii) âmbito

[124] Menezes Cordeiro, 2011: 430.

[125] Menezes Cordeiro, 2011: 430.

[126] Menezes Cordeiro, 2011: 430-431.

[127] Terrível, 2012: 980-981.

[128] Menezes Cordeiro, 2011: 434.

[129] Pereira Duarte, 2007: 238.

pessoal de aplicação de normas e disposições contratuais[130]. No segundo grupo de casos incluem-se as hipóteses de (iii) subcapitalização originária, (iv) interesse social patrimonial e direção externa (abuso de controlo) e (v) confusão de patrimónios[131].

**V.** Uma proposta diferente no que se refere ao agrupamento dos casos típicos surgiu mais recentementee nas investigações de Diogo Costa Gonçalves[132].

Propõe este autor a ordenação das decisões jurisprudenciais sobre o levantamento através de um critério distinto, assente nos diversos núcleos problemáticos que constituem os elementos do tipo pessoa coletiva. Deste modo, entende ser possível identificar 4 (quatro) constelações diferentes de levantamento da personalidade coletiva.

Na primeira constelação de casos, o levantamento opera através de uma imputação diversa. Os efeitos jurídicos que seriam assacados à pessoa coletiva serão, por força do levantamento, imputados a outros sujeitos[133], nomeadamente pessoas singulares.

[130] Pereira Duarte, 2007: 239-244.

[131] Pereira Duarte, 2007: 244-250.

[132] Costa Gonçalves, 2015: 970-978.

[133] Costa Gonçalves, 2015: 970, referindo que também será de admitir a situação inversa (que recebe a designação de "desconsideração inversa" ou de "levantamento invertido"). Sobre esta possibilidade, que conhece noutros ordenamentos jurídicos as designações de "reverse piercing" ou "backward piercing" e as subcategorias de "insider reverse piercing" e "outsider reverse piercing" (esta última hipótese mais discutida e discutível), cf. Crespi, 1990, Cabrelli, 2010, Allen, 2011, e Zeng, 2022: 239 e ss. Na jurisprudência portuguesa a teoria da desconsideração inversa da personalidade jurídica terá sido relembrada no Ac. TRC de, 3/11/2015, Proc. 136/14.0TBNZR.C1, Rel. Alexandre Reis: *"Merece também registo o facto de, actualmente, ter já algum estágio de amadurecimento a teoria da desconsideração inversa da personalidade jurídica, mediante a quebra da autonomia patrimonial, com que se busca responsabilizar a sociedade no tocante a dívidas ou actos praticados pelos sócios, sempre que for apurado o uso abusivo, simulado ou fraudulento da pessoa jurídica, isto é, que estejam suficientemente caracterizados nos factos o desvio de bens, a fraude ou abuso de direito por parte dos que detêm o controlo da sociedade, que se utilizam da personalidade jurídica para transferir ou esconder bens, prejudicando assim os credores ou terceiros. [...] Como exposto na doutrina e jurisprudência, a desconsideração inversa da personalidade jurídica possui como um de seus efeitos o efectivo alcance dos bens patrimoniais da sociedade, quando esta for utilizada como "esconderijo" de bens que eram antes de propriedade do sócio e sua família e também nos casos, onde o sócio em questão detém o absoluto controle da sociedade. Isto ocorre, contudo, em decorrência de manobras fraudulentas, visando assim, acobertar o seu património pessoal, transferindo-o para uma pessoa jurídica, maculando o princípio da autonomia patrimonial."* Nos EUA, há muito

Numa segunda constelação de decisões, o levantamento ocorre quanto à segregação patrimonial facultada pela pessoa coletiva, sendo que nestes casos os bens que integram o património de outra individualidade jurídica são abrangidos pela massa patrimonial destinada a satisfazer a pretensão creditícia[134]. Nestas hipóteses a aplicação do instituto permite afetar diretamente o património dos sócios ou até de outros sujeitos para a satisfação das dívidas da sociedade.

Uma terceira constelação de casos respeita ao núcleo jurídico-problemático pessoa-organização e estão em causa decisões que afastam os efeitos da personificação quanto a aspetos estruturantes da organização orgânica da sociedade, fazendo ressurgir o instituto geral da representação[135].

Uma última constelação de casos corresponde às decisões em que o núcleo jurídico-problemático não é claro, mas onde sobressai a consideração da materialidade da pessoa coletiva como critério da decisão ou da configuração do pedido[136].

**VI.** Apesar de alguma estabilização dos casos típicos e dos desenvolvimentos dogmáticos que o levantamento conheceu nos últimos anos no Direito Privado (mesmo no domínio das sociedades comerciais e dos próprios grupos de sociedades), continua a verificar-se alguma dificuldade de aplicação prática deste instituto.

Como explica Diogo Costa Gonçalves, tal ficará a dever-se essencialmente à novidade relativa do instituto e também à ausência de uma consagração normativa expressa[137]. A isto, acrescem, no entender do autor, algumas dificuldades observadas pelo intérprete-aplicador que tem de formular, a partir de uma constelação de casos, uma regra geral universalmente aplicável que garanta a justificação metodológica da decisão[138].

que se discute a aplicabilidade da figura da desconsideração inversa em hipóteses em que tenha ocorrido a transferência de bens pelo devedor para uma *Limited Liability Corporation* para proteger esses bens, para evitar que o credor tenha de recorrer à via da insolvência para ter acesso diretamente aos bens da LLC havendo atuação abusiva do devedor – cf. Bishop, 2009: 230-231.

[134] Costa Gonçalves, 2015: 972-973.

[135] Com exemplos ilustrativos destes casos, cf. Costa Gonçalves, 2015: 974-975, referindo em especial a eficácia jurídica dos acordos parassociais omnilaterais.

[136] Costa Gonçalves, 2015: 975.

[137] Costa Gonçalves, 2015: 965.

[138] Costa Gonçalves, 2015: 965.

Para o mesmo autor, esta formulação revela-se difícil na medida em que é complicado identificar uma recondução a um padrão argumentativo dogmático que fundamente a decisão, atendendo à pluralidade de hipóteses de levantamento e à sua heterogeneidade[139]. Esta dificuldade é geralmente ultrapassada, de acordo com o diagnóstico de Diogo Costa Gonçalves, pelo recurso a institutos gerais como o abuso de direito – surgindo os casos de levantamento como hipóteses de densificação normativa da figura geral do abuso da responsabilidade limitada[140].

*e. O caráter parcial do levantamento da personalidade coletiva e as suas consequências na imputação de responsabilidade penal*

O recurso ao levantamento da personalidade coletiva obriga também a ponderar um aspeto adicional: é que ainda que seja admissível proceder ao levantamento da personalidade de um ente coletivo mostra-se sempre necessário avaliar os efeitos da desconsideração.

Na verdade, como explica certa doutrina de Direito Privado, os efeitos do levantamento tendem a circunscrever-se a algum dos núcleos problemáticos da personificação coletiva ou a alguns fatores de personificação. Por essa razão, deve concluir-se, na esteira dos mesmos autores, que o levantamento da personalidade coletiva é sempre parcial, podendo equacionar-se a possibilidade de existir um levantamento-imputação, um levantamento-limitação da responsabilidade e um levantamento-organização[141], mas não um levantamento total.

Daqui parece decorrer uma importante implicação também para o domínio penal. Embora se possa dizer que, caso existam factos puníveis cometidos através de pessoas coletivas que não podem constituir centros autónomos de imputação jurídico-penal, a imputação terá então de recair noutras pessoas (singulares ou coletivas), tal não implica que esta imputação deva ser em qualquer dos casos feita a título individual. Sempre que a pessoa coletiva disponha de outros fatores ou elementos de personificação relevantes, a imputação deverá ser feita às pessoas funcionalmente

[139] Costa Gonçalves, 2015: 966.

[140] Costa Gonçalves, 2015: 966-967. Sobre a articulação com a figura do abuso de direito, cf. ainda Torrão, 2010: 426-427.

[141] Costa Gonçalves, 2015: 976-977, este é o entendimento proposto pelo autor, considerando o acervo jurisprudencial e os grupos de casos típicos.

ligadas que praticaram o facto de conexão. Atenta a conexão funcional, a imputação a estas pessoas não ocorrerá a título individual.

## Conclusão

Em Portugal, o tema do levantamento da personalidade coletiva (ou da desconsideração da personalidade jurídica) não tem conhecido um tratamento no Direito Penal equiparável ao verificado no Direito Privado.

Não obstante, no Direito Penal também será de admitir que possam existir situações em que se torne justificável proceder ao levantamento da personalidade coletiva.

À partida, essas situações de levantamento não se reconduzem a hipóteses de imputação de responsabilidade às pessoas singulares ao abrigo do regime da responsabilidade cumulativa ou concorrente do CP: nestas hipóteses o facto (de conexão) não deixa de ter sido praticado no quadro da pessoa coletiva ou entidade equiparada, dispondo apenas a lei que a circunstância de ser viável a imputação às pessoas coletivas ou equiparadas não impede que as pessoas singulares àquelas funcionalmente ligadas respondam pelos crimes.

Não devem também ser confundidas as situações de levantamento com as hipóteses de "criminalidade através da empresa", em especial com casos de instrumentalização extrema da pessoa coletiva ou entidade equiparada que podem ter como consequência a respetiva dissolução: nestes casos, a decisão de dissolução, ao invés de se limitar a proceder a uma desconsideração da personalidade coletiva, determina a destruição da personalidade jurídica da pessoa coletiva ou entidade equiparada.

A inexistência de uma norma que preveja o levantamento da personalidade coletiva em penal não depõe contra a possibilidade de tal vir a ser determinado. O tema tem, de resto, sido analisado, ainda que não *ex professo*, pela doutrina portuguesa. Porém, as referências da doutrina à figura do levantamento em penal e os casos apresentados de exclusão dos entes coletivos como centros de imputação penal não se mostram – por si só – suficientes para poder justificar uma decisão de levantamento no Direito Penal. Não parecem existir razões para justificar que o recurso à figura do levantamento seja mais facilitado em penal. Por essa razão, impõe-se atentar na forma como no âmbito do Direito Privado o tema do levantamento da personalidade coletiva tem sido trabalhado. Para além da subsidiariedade e da excecionalidade da figura, relevam as exigências e os requisitos de que se faz depender no Direito Privado a aplicação do levantamento da personalidade coletiva, bem como os grupos de casos típicos desenvolvidos pela doutrina e pela jurisprudência. Por outro lado, importará não esquecer, tal como se defende no Direito Privado, que os efeitos de uma decisão de levantamento tendem a circunscrever-se a certos núcleos problemáticos da personificação coletiva ou a alguns fatores de personificação, ou seja, o levantamento da personalidade coletiva nunca é total. Por assim ser, quando seja admissível o levantamento da personalidade coletiva em penal, a decisão de levantamento não terá de implicar que a imputação do facto à pessoa singular que tenha praticado o facto punível seja feita a título individual. Dispondo a pessoa coletiva de outros fatores ou elementos de personificação relevantes e que não são atingidos pela decisão de levantamento (por exemplo, a sua organização), a imputação deverá ocorrer em relação às pessoas singulares funcionalmente ligadas que praticaram o facto de conexão, mas não será feita a título individual.

## Bibliografia citada

AA.VV.,

(2014) *Der Sanktionsdurchgriff im Unternehmensverbund* (Hrsg. Jörg Eisele, Jens Koch und Hans Theile), Tübingen: Mohr Siebeck.

Aires de Sousa, Susana,

(2019) *Questões Fundamentais de Direito Penal da Empresa*, Coimbra: Almedina.

Allen, Nicholas B.,

(2011) "Reverse Piercing of the Corporate Veil: A Straightforward Path to Justice", *St. Joh's Law Review* 85(3), pp. 1147-1188.

Bishop, Carter G.,

(2009) "Reverse Piercing: A Single Member LLC Paradox", *South Dakota Law Review* 54(2), pp. 199-232.

Brandão, Nuno,

(2009) "O regime sancionatório das pessoas colectivas na revisão do Código Penal", in: AA.VV., *Direito penal económico e europeu: textos doutrinários*, 3º vol., Coimbra: Coimbra Editora, pp. 461-472.

Brito Correia, Luís,

(1989) *Direito Comercial*, 2º vol., Lisboa: AAFDL, 1989.

Cabrelli, David,

(2010) "The Case Against "Outsider Reverse" Veil Piercing", *Journal of Corporate Law Studies* 10(2), pp. 343-366.

Carneiro da Frada, Manuel,

(2004) *Teoria da Confiança e Responsabilidade Civil*, Coimbra: Almedina.

CARVALHO FERNANDES, Luís,
(2012) *Teoria Geral do Direito Civil*, vol. I, 6ª ed., Lisboa: UCE.
CARVALHO, Orlando de,
(2021) *Teoria Geral do Direito Civil*, 4ª ed., Coimbra: Coimbra Editora.
CASTRO MENDES, João de,
(1995) *Teoria Geral do Direito Civil*, I, Lisboa: AAFDL.
CORDEIRO, Pedro,
(2008) *A desconsideração da personalidade jurídica das sociedades comerciais*, 3ª ed., Lisboa: Universidade Lusíada Editora.
COSTA GONÇALVES, Diogo,
(2015) *Pessoa coletiva e sociedades comerciais: dimensão problemática e coordenadas sistemáticas da personificação jurídico-privada*, Coimbra: Almedina.
(2016) "Dogmáticas de transição e o seu lugar na evolução dos sistemas", *Revista de Direito Civil* 1(1), pp. 153-18.
(2019) *Personalidade e Capacidade das Sociedades Comerciais*, Cascais: Principia.
COUTINHO DE ABREU, Jorge,
(1999) *Do abuso de Direito*, Coimbra: Almedina.
(2010) "Diálogos com a jurisprudência, II – Responsabilidade dos administradores para com credores sociais e desconsideração da personalidade jurídica", in *Direito das Sociedades em Revista* 2(3), pp. 49-64.
CRESPI, Gregory S.,
(1990) "The Reverse Pierce Doctrine: Applying Appropriate Standards", *Journal of Corporate Law* 16, pp. 33-69.
DENGA, Michael,
(2023) *Zurechnung: Vom Trennungsprinzip zum Mehrebenensystem*, Tübingen: Mohr Siebeck.
ENGRÁCIA ANTUNES, José,
(2002) *Os Grupos de Sociedades: estrutura e organização jurídica da empresa plurissocietária*, 2ª ed., Coimbra: Almedina.
FARIA COSTA, José de,
(1992) "A responsabilidade jurídico-penal da empresa e dos seus órgãos: ou uma reflexão sobre a alteridade nas pessoas colectivas, à luz do direito penal", *RPCC* 2, pp. 537-559.
FERRER CORREIA, António,
(1948) *Sociedades fictícias e unipessoais*, Coimbra: Atlântida.
FRANZ, Alexander,
(2022) *AktG: Kommentar zum Aktiengesetz* (Hrsg. Thomas Wachte), 4. Auflage, Berlin: Walter de Gruyter, § 1.
FRAZÃO, Ana,
(2012) "Desconsideração da personalidade jurídica e tutela de credores", in: Fábio Ulhoa Coelho e Maria de Fátima Ribeiro (coord.), *Questões de direito societário em Portugal e no Brasil*, Coimbra: Almedina, pp. 479-514.
GALVÃO TELLES, Inocêncio,
(1979) "Venda a descendentes e o problema da superação da personalidade jurídica das sociedades", *ROA* 39, pp. 513-562.

GRECO, Luís,

(2019) "Die Befreiung des Strafrechts vom Pflichtverletzungsdenken – Zur Kritik an der (nicht nur asymmetrischen) Akzessorietät", *GA* 166(11), pp. 684-704.

GRIGOLEIT, Hans Christoph,

(2020) *Aktiengesetz: Kommentar* (Hrsg. Hans Christoph Grigoleit), 2. Auflage, München: C.H. Beck, § 1.

HOHMANN, Olaf,

(2007) "Gedanken zur Akzessorietät des Strafrechts", *ZIS* 1/2007, pp. 38-48.

HÖRSTER, Heinrich Ewald/SILVA, Eva Moreira da,

(2019) *A Parte Geral do Código Civil Português*, 2ª ed., Coimbra: Almedina.

HÜLS, Silke,

(2019) *Grenzen des Wirtschaftsstrafrechts? – Die Ausdehnung strafrechtlicher Normen und die Schwierigkeiten ihrer Begrenzung*, Tübingen: Mohr Siebeck.

KIENAPFEL, Diethelm,

(1965) "Betriebskriminalität und Betriebsstrafe", *JuristenZeitung* 19(1), pp. 599-605.

LAMAS LEITE, André,

(2020) "Fundamentos político-criminais da responsabilidade penal das pessoas colectivas em Direito Criminal clássico, penas de substituição aplicáveis e compliance – breves notas", *RMP* 161, pp. 203- 234.

LEITE, Alaor,

(2022) "Imputação objetiva, diminuição do risco e decisões empresariais arriscadas: capacidade de rendimento da teoria da diminuição de risco no direito penal econômico- patrimonial", *Prof. Doutor Augusto Silva Dias In Memoriam*, vol. I, Lisboa: AAFDL, pp. 165-182.

LEMOS TRIUNFANTE, Armando/LEMOS TRIUNFANTE, Luís de,

(2009) "Desconsideração da personalidade jurídica, sinopse doutrinária e jurisprudencial", *Julgar* 9, pp. 131-146.

LIDSTONE, Herrick K.,

(2020) "Piercing the Corporate and LLC Veil (December 18, 2020)", disponível em SSRN: https://ssrn.com/abstract=2207735 or http://dx.doi.org/10.2139/ssrn.2207735

LOBO MOUTINHO, José/GARCIA MARQUES, Pedro,

(2017) Anot. art. 73º, in: Manuel Lopes Porto, et al (coord.), *Lei da Concorrência: Comentário Conimbricense*, 2ª ed., Coimbra: Almedina, pp. 861-886.

MARQUES DA SILVA, Germano,

(2009) *Responsabilidade penal das sociedades e dos seus administradores e representantes*, Lisboa: Verbo.

(2018) *Direito Penal Tributário*, 2ª ed., Lisboa: UCE.

(2021) *Responsabilidade Penal dos Dirigentes da Sociedades*, Lisboa: UCE.

MARQUES DA SILVA, Isabel,

(2000) *Responsabilidade fiscal penal cumulativa – Das sociedades e dos seus administradores e representantes*, Lisboa: UCE.

MEIER, Werner,

(2000) *Grenzüberschreitender Durchgriff in der Unternehmensgruppe nach US-amerikanischem Recht – Jurisdiktions- und Prozeßrecht, Kollisionsrecht, materielles Recht*, Frankfurt am Main; Berlin; Bern; Wien: Lang.

Melo Bandeira, Gonçalo,
(2004) *"Responsabilidade" Penal Económica e Fiscal dos Entes Colectivos*, Coimbra: Almedina.
Menezes Cordeiro, António,
(2004) *Tratado de Direito Civil Português*, I (Parte Geral), Tomo III, Coimbra: Almedina.
(2007) *Manual do Direito Das Sociedades*, vol. I, 2ª ed., Coimbra: Almedina.
(2011) *Direito das Sociedades I, Parte Geral*, 3ª ed., Coimbra: Almedina.
(2013) *Da boa fé no Direito Civil*, Coimbra: Almedina.
Mezari, Alexander,
(2021) *Die strafrechtliche Verantwortlichkeit der Organmitglieder mit Kontrollbefugnissen einer Aktiengesellschaft – Eine Untersuchung des deutschen und griechischen Rechts*, Baden-Baden: Nomos.
Morozinis, Ioannis,
(2010) *Dogmatik der Organisationsdelikte: eine kritische Darstellung der täterschaftlichen Zurechnungslehre in legalen und illegalen Organisationsstrukturen aus strafrechtsdogmatischer und rechtstheoretischer Sicht sowie ein Beitrag zur Lehre vom Tatbestand*, Berlin: Duncker & Humblot.
Mujih, Edwin,
(2016) "Piercing the Corporate Veil as a Remedy of Last Resort after Prest v Petrodel Resources Ltd: Inching towards Abolition?", *Company Lawyer* 37(2), pp. 39-71.
Oliveira Ascensão, José de,
(1993) *Direito Comercial*, vol. IV, Lisboa: AAFDL.
(2000) *Direito Civil. Teoria Geral*, vol. I, 2ª ed., Coimbra: Coimbra Editora.
Pais de Vasconcelos, Pedro,
(2015) *Teoria Geral do Direito Civil*, 8ª ed., Coimbra: Almedina.
Pais de Vasconcelos, Pedro / Leitão Pais de Vasconcelos, Pedro,
(2019) *Teoria Geral do Direito Civil*, 9ª ed., Coimbra: Almedina.
Pereira Duarte, Diogo,
(2007) *Aspectos do levantamento da personalidade colectiva nas sociedades em relação de domínio*, Coimbra: Almedina.
Pinto de Albuquerque, Paulo,
(2021) *Comentário do Código Penal à luz da Constituição da República e da Convenção Europeia dos Direitos do Homem*, 4ª ed., Lisboa: UCE.
Quintela de Brito, Teresa,
(2012a) *Domínio da organização para a execução do facto: responsabilidade penal de entes coletivos, dos seus dirigentes e "atuação em lugar de outrem"*, Dissertação de doutoramento, Faculdade de Direito da Universidade de Lisboa.
(2012b) "Fundamentos da responsabilidade criminal de entes colectivos: articulação com a responsabilidade individual", in: Maria Fernanda Palma *et al.* (coord.), *Direito Penal Económico e Financeiro*, Coimbra: Coimbra Editora, pp. 201-225.
(2014) "Questões de prova e modelos legais de responsabilidade contra-ordenacional e penal de entes coletivos", in: Maria Fernanda Palma *et al.* (coord.), *Direito da Investigação Criminal e da Prova*, Coimbra: Almedina, pp. 131-182.
Ramos Alves, Hugo,
(2021) "A pessoa coletiva entre a ficção e o realismo", *Revista de Direito Comercial* 4, pp. 571-624.

(2022) "Desconsideração da personalidade coletiva *ex lege*?", in: Luís Vasconcelos Abreu (org.), *Estudos em Homenagem ao Professor Doutor Manuel Pita*, Coimbra: Almedina, pp. 219-249.

Reis Bravo, Jorge dos,

(2008) *Direito Penal de Entes Coletivos*, Coimbra: Coimbra Editora.

Ribeiro, Maria de Fátima,

(2009a) *A tutela dos credores das sociedades por quotas e a "desconsideração da personalidade jurídica"*, Coimbra: Almedina.

(2009b) "Da Pertinência do Recurso à Desconsideração da Personalidade Jurídica para Tutela dos Credores Sociais: anotação do Ac. TRL de 29.04.2008", *Cadernos de Direito Privado* 27, pp. 35-56.

(2011a) "Contrato de franquia (franchising): o recurso à "desconsideração da personalidade jurídica" para tutela dos interesses do franquiador: acórdão do Tribunal da Relação do Porto de 22.06.2009, processo 1201/09", *Cadernos de Direito Privado* 35, pp. 22-40.

(2011b) "Desconsideração da personalidade jurídica e descapitalização de sociedade", *Revista de Direito e Estudos Sociais*, ano LII, nºs 3-4 (Jul.-Dez.), pp. 173-212.

(2012) "Desconsideração da personalidade jurídica e tutela de credores", in: Fábio Ulhoa Coelho e Maria de Fátima Ribeiro (coord.), *Questões de direito societário em Portugal e no Brasil*, Coimbra: Almedina, pp. 515-555.

(2013) "Desconsideração da personalidade jurídica e tutela dos credores", in *Estudos dedicados ao Professor Doutor Nuno José Espinosa Gomes da Silva*, vol. 2, Lisboa: Universidade Católica Portuguesa, pp. 11-50.

(2015) *Sociedades Comerciais (Responsabilidade)*, Lisboa: UCE.

(2016) "A desconsideração da personalidade jurídica: as realidades brasileira e portuguesa", *Direito das Sociedades em Revista* 8(15), pp. 29-57.

Rodrigues Nunes, Duarte,

(2021) *Curso de Direito Penal*, I, Coimbra: Gestlegal.

Salm, Christopher,

(2021) *Die Haftung der Muttergesellschaft im grenzüberschreitenden Konzern: Deutschland, England, Frankreich im Rechtsvergleich*, Berlin: Peter Lang.

Saragoça da Matta, Paulo,

(2001) *O Artigo 12º do Código Penal e a Responsabilidade dos "Quadros" das "Instituições"*, Coimbra: Coimbra Editora.

Schmitt-Leonardy, Charlotte,

(2013) *Unternehmenskriminalität ohne Strafrecht?*, Heidelberg: Müller.

Schünemann, Bernd,

(1979) *Unternehmenskriminalität und Strafrecht*, Köln: Heymanns.

(1988) "Cuestiones básicas de dogmática jurídico penal y de política criminal acerca de la criminalidad de empresa", *ADPCP* 2, pp. 529-558.

(1996) *Unternehmenskriminalität*, Köln: Heymanns.

(2014) *Leipziger Kommentar StGB Online durchsuchen*, § 266.

Schünemann, Bernd/Greco, Luís,

(2021) *Leipziger Kommentar StGB Online durchsuchen*, vor. § 25.

Seixas Meireles, Mário,
(2006) *Pessoas Colectivas e Sanções Criminais – Juízos de Adequação (Contributo para um Sistema Sancionatório Penal das Pessoas Colectivas)*, Coimbra: Coimbra Editora.

Serick, Rolf,
(1955) *Rechtsform und Realität juristischer Personen – Ein rechts-vergleichender Beitrag zur Frage des Durchgriffs auf die Personen oder Gegenstände hinter der juristischen Person*, Berlin: De Gruyter; Mohr: Tübingen.

Serra, Catarina,
(2009) "Desdramatizando o afastamento da personalidade jurídica: e da autonomia patrimonial", *Julgar* 9, pp. 111-130.

Serra, Teresa,
(2003) "Actuação em nome de outrem no âmbito empresarial, em especial no exercício de funções parciais – observações breves", in: AA.VV., *Liber Discipulorum para Jorge de Figueiredo Dias*, Coimbra: Coimbra Editora, pp. 597-613.

Siebert, Oliver,
(2004) *Die Durchgriffshaftung im englischen und deutschen Recht: das Konzept der juristischen Person und seine Grenzen*, Frankfurt am Main; Berlin; Bern; Wien: Lang.

Silva Dias, Augusto,
(2008a) «Delicta in se» *e* «delicta mere prohibita»: *uma análise das descontinuidades do ilícito penal moderno à luz da reconstrução de uma distinção clássica*, Coimbra: Coimbra Editora.
(2008b) *Ramos emergentes do Direito Penal relacionados com a protecção do futuro (ambiente, consumo e genética humana)*, Coimbra: Coimbra Editora.
(2018) *Imputação objectiva de negócios de risco à acção de infidelidade (Art. 224º, nº 1, do Código Penal) – O Direito Penal no mar revolto da crise económico-financeira*, Coimbra: Almedina.

Silva Dias, Augusto / Soares Pereira, Rui,
(2022) *Direito das Contra-Ordenações*, Coimbra: Almedina.

Song, Ho-Young,
(1999) *Die Verselbständigung der juristischen Person im deutschen und koreanischen Recht*, Universitätsverlag Rasch, Osnabrück.

Sousa Mendes, Paulo de,
(2022) *O Sancionamento das Práticas Restritivas da Concorrência*, Coimbra: Almedina.

Terrível, Rita,
(2012) "O levantamento da personalidade coletiva nos grupos de sociedades, *RDS* IV(4), pp. 935-1007.

Torrão, Fernando,
(2010) *Societas Delinquere Potest? Da Responsabilidade Individual e Colectiva nos "Crimes de Empresa"*, Coimbra: Almedina.

Trautmann, Theresa N.,
(2020) *Die Legitimation der beschränkten Haftung im Konzern*, Baden-Baden: Nomos.

Tzouma, Aikaterini,
(2017) *Die Strafbarkeit des "faktischen Organs" im Unternehmensstrafrecht de lege lata et ferenda: zugleich ein Beitrag zur Lehre vom Garantensonderdelikt*, Baden-Baden: Nomos.

VALE, Sofia,
(2015) *As empresas no direito angolano*, Luanda.
VANDEKERCKHOVE, Karen,
(2007) *Piercing the corporate veil*, Alphen aan den Rijn: Kluwer Law.
WAGNER, Markus,
(2016) *Die Akzessorietät des Wirtschaftsstrafrechts: zugleich ein Beitrag zu Begriff und Wesen des Wirtschaftsstrafrechts*, Heidelberg: C.F. Müller.
WERNER, Stefanie,
(2014) *Unternehmenskriminalität in der Bundesrepublik Deutschland: Umfang, Merkmale und warum sie sich lohnt*, Ostfildern: Thorbecke.
ZENG, James Si,
(2022) "The Case for Disregarding Entity Shielding", *Berkeley Business Law Journal* 19(2), pp. 216-257.
ZESSEL, Marco,
(2008) *Durchgriffshaftung gegenüber einer in Deutschland ansässigen Limited?*, Baden-Baden: Nomos.

## Jurisprudência citada

Portugal

Ac. STJ, de 6/01/1976, Proc. 065484, Rel. Acácio Carvalho.
Ac. TRP de 13/05/1993, Proc. 9250992, Rel. Fernandes Magalhães.
Ac. STJ, de 03/02/2009, Proc. 08A3991, Rel. Paulo Sá.
Ac. STJ, de 10/01/2012, Proc. 434/1999.L1.S1, Rel. Salazar Casanova.
Ac. TRL, de 22/01/2004, Proc. 9061/2003-2, Rel. Ezaguy Martins.
Ac. TRL, de 16/01/2008, Proc. 3722/2007-4, Rel. Maria João Romba.
Ac. TRL, de 05/04/2011, Proc. 1387/08.2TBAMD.L1-7, Rel. Luís Espírito Santo.
Ac. TRL, de 31/05/2011, Proc. 7857/06.0TBCSC.L1-7, Rel. Maria João Areias;
Ac. TRL, de 30/06/2011, Proc. 1410/06.5TTLSB.L1-4, Rel. Albertina Pereira.
Ac. TRP de 07/07/2016, Proc. 113/15.4T8MCN.P1, Rel. Aristides Rodrigues de Almeida.
Ac. TRG, de 21/01/2016, Proc. 2217/10.0TBGMR.G1, Rel. Maria Luísa Ramos.
Ac. STJ, de 24/05/2011, Proc. 475/04.9TBLLE.E1.S1, Rel. João Bernardo.
Ac. TRL, de 04/10/2011, Proc. 646/11.1TVLSB-B.L1-1, Rel. Manuel Marques.
Ac. STJ, de 26/06/2007, Proc. 07A1274, Rel. Afonso Correia.
Ac. STJ, de 09/09/2009, Proc. 08S4021, Rel. Sousa Grandão.
Ac. TRG, de 17/11/2011, Proc. 798/08.8TBEPS.G1, Rel. Manuel Bragado.
Ac. TRP, de 22/06/2009, Proc. 1201/09.1TBMAI.P1, Rel. Maria de Deus Correia.
Ac. STJ, de 10/05/2016, Proc. 136/14.0TBNZR.C1.S1, Rel. Fonseca Ramos.
Ac. STJ, de 05/02/2015, Proc. 474/14.2T8PNF.S1, Rel. Lopes do Rego.
Ac. STJ, de 01/10/2002, Proc. 02A1978, Rel. Pinto Monteiro.
Ac. TRC, de 15/11/2016, Proc. 970/14.1TBCLD.C1, Rel. Luís Cravo.
Ac. TRC de, 3/11/2015, Proc. 136/14.0TBNZR.C1, Rel. Alexandre Reis.

# "O saber..." isenta de responsabilidade? Relevância do dever de formação na responsabilidade contraordenacional das entidades obrigadas por violação de deveres de *compliance* anti-branqueamento

José Neves da Costa*

**Sumário:** Introdução; I. O dever de formação; 1. A obrigação de ministração de formação; 2. Ações específicas e regulares de formação *vs.* meras ações de formação regulares; a) Interpretação da Lei conforme à Diretiva; b) Programas de formação ou ações de formação?; c) Os requisitos de continuidade e de regularidade; d) Os requisitos de especialidade e de especificidade; e) Um requisito de suficiência; 3. Os colaboradores sujeitos a formação obrigatória; 4. A aprovação dos programas de formação e das ações de formação; 5. O programa de formação como parte integrante do programa de *compliance*; a. O dever de formação no Regime Geral de Prevenção da Corrupção (que é também de prevenção do branqueamento); b. O enquadramento do programa de formação no programa de cumprimento normativo; II. A preparação e o conteúdo dos programas de formação anti-Branqueamento; III. A relevância do dever de formação na responsabilidade contraordenacional da entidade obrigada; 1. Breve: A responsabilidade contraordenacional das pessoas coletivas; 2. A responsabilidade contraordenacional das pessoas coletivas na Lei nº 83/2017, de 18 de agosto; 3. O programa e as ações de formação como "ordens ou instruções expressas" da pessoa cole-

* Mestre em Ciências Jurídico-Criminais pela FDUL, onde é Assistente-Convidado, e LL.M. em *International Business Law* pela *Católica Global School of Law*.

tiva; a) As ordens ou instruções expressas da pessoa coletiva (ou o *enforcement* de uma cultura corporativa de lealdade do Direito); b) O programa de (socialização, orientação e) formação como "ordens ou instruções expressas" emitidas pela pessoa coletiva; Conclusão.

## Introdução

Não se diga que, no sistema de combate ao branqueamento de capitais[1] e ao financiamento do terrorismo[2], há deveres preventivos mais importantes ou relevantes que outros. Pode, porém, identificar-se alguns deveres que, não sendo mais relevantes que os demais, assumem uma posição central na construção e manutenção da rede AML das entidades obrigadas e nas garantias de *compliance*, ou de cumprimento normativo, tradução em língua portuguesa da expressão anglo-saxónica, agora com dignidade legal na ordem jurídica portuguesa pela sua positivação decorrente do Decreto-Lei n.º 109-E/2021, de 9 de dezembro, que criou o Mecanismo Nacional Anticorrupção e estabeleceu o Regime Geral de Prevenção da Corrupção.

Um dos deveres de que falamos, cremos, é o dever de formação, previsto no artigo 55º da Lei nº 83/2017, de 18 de agosto (doravante, a "Lei" ou "Lei nº 83/2017"). Trata-se de um dever de absoluta centralidade para garantir um funcionamento da entidade obrigada o mais próximo do perfeito pos-

[1] Cumpre deixar uma nota de (in)consistência, não se compreendendo a insistente opção do legislador português em legislar – atualmente no contexto da Lei nº 83/2017, de 18 de agosto – pelo estabelecimento de "medidas de combate ao branqueamento de capitais e ao financiamento do terrorismo". A consistência sistemática imporia "medidas de combate ao branqueamento" (e ao financiamento do terrorismo), face ao tipo previsto no artigo 368º-A do CP, que tipifica o crime de "branqueamento". Em bom rigor, o tipo penal "branqueamento de capitais" não existe no ordenamento jurídico-penal português, antes existindo apenas o de "branqueamento" que está preenchido com a "lavagem" de vantagens, de várias naturezas e na aceção que a este conceito é dada pelos nºs 1 e 2 do supramencionado artigo 368º-A, alargando-se aquelas a muito mais que apenas "capitais". Mais: isto é tanto verdade quanto o artigo 2º, nº 1, alínea *j)*, remete a definição de "branqueamento de capitais" para as práticas tipificadas no artigo 368º-A do CP, inovando ainda ampliando a definição de modo a que, para efeitos da aplicação da Lei nº 83/2017, se considere como branqueamento também a participação num dos atos previstos no 368º-A do CP, bem como a associação para praticar os referidos atos, a tentativa e a cumplicidade na sua prática e o facto de facilitar a sua execução ou de aconselhar alguém a praticá-lo.

[2] Doravante utilizaremos o acrónimo anglo-saxónico "AML" (*Anti-Money Laundering*) para nos referirmos à "prevenção do branqueamento de capitais e do financiamento do terrorismo".

sível, prevenindo falhas evitáveis no cumprimento dos deveres AML. Por outro lado, como procuraremos demonstrar no presente estudo, o dever de formação tem relevância a outros níveis, relevando apreciar se poderá ter impacto ao nível da responsabilidade da pessoa coletiva por violações dos deveres de *compliance*, mitigando-a ou, até mesmo, excluindo-a.

Assim, ao longo das próximas páginas, caracterizaremos o dever de formação, procurando, entre o mais, clarificar a redação da Lei em conciliação com a redação da Diretiva (UE) 2015/849, cuja transposição aquele primeiro diploma assegura, elencaremos alguns conteúdos mínimos que cremos dever ser incluídos nos programas de formação anti-Branqueamento de Capitais e, por fim, analisaremos o enquadramento destes programas no regime de responsabilidade contraordenacional decorrente da Lei nº 83/2017, avaliando, em particular, o seu eventual cabimento na cláusula de exclusão de responsabilidade contraordenacional das pessoas coletivas.

## I. O dever de formação

O dever de formação resulta do artigo 55º da Lei, o qual assegura a transposição para a ordem jurídica nacional do previsto no artigo 46º da Diretiva (EU) 2015/849[3] (doravante, "Diretiva" ou "Diretiva AML"). É ainda um dever que emerge no contexto do dever de controlo, sendo a definição de "programas adequados de formação contínua" uma das componentes das políticas e dos procedimentos e controlos a definir no âmbito daquele dever, conforme previsto na alínea *c)* do nº 2 do artigo 12º da Lei[4].

A interpretação conjugada destas três normas – artigos 12º, nº 2, al. *c)*, e 55º da Lei e 46º da Diretiva – afigura-se-nos mais complexa do que à primeira vista pareceria, como melhor se compreenderá ao longo do presente estudo. Isto porque, por um lado, sem tomar em linha de conta o previsto no artigo 12º, nº 2, alínea *c)*, da Lei, o referido artigo 55º redun-

[3] Diretiva (UE) 2015/849 do Parlamento Europeu e do Conselho, de 20 de maio de 2015, relativa à prevenção da utilização do sistema financeiro para efeitos de branqueamento de capitais ou de financiamento do terrorismo, que altera o Regulamento (UE) nº 648/2012 do Parlamento Europeu e do Conselho, e que revoga a Diretiva 2005/60/CE do Parlamento Europeu e do Conselho e a Diretiva 2006/70/CE da Comissão.

[4] O mesmo resulta do parágrafo 1(b) da Nota Interpretativa da Recomendação 18 das Recomendações do GAFI. Cf. *International Standards on Combating Money Laundering and the Financing of Terrorism & Proliferation: The FATF Recommendations*, conforme atualizados em março de 2022, disponíveis *online* em https://www.fatf-gafi.org/publications/fatfrecommendations/documents/fatf-recommendations.html.

daria numa incorreta e insuficiente transposição do disposto na Diretiva sobre o dever de formação. E porque, por outro lado, mesmo o artigo 12º, nº 2, alínea *c)*, falha na transposição plena do exigido pela Diretiva no seu artigo 46º. Neste sentido, cumpre apreciar com alguma cautela este dever, compreendendo a plenitude do que resulta regulado da Lei nacional e a sua interpretação conforme à Diretiva.

## 1. A obrigação de ministração de formação

O dever de formação materializa-se, desde logo e nos termos do nº 1 do artigo 55º da Lei, na necessidade de as entidades obrigadas adotarem medidas para assegurar que todos os seus colaboradores – na expressão da Lei, os seus "dirigentes, trabalhadores e demais colaboradores" – com funções relevantes ao nível da prevenção AML tenham um conhecimento adequado das obrigações decorrentes da Lei e da regulamentação que a concretiza, inclusive em matéria de proteção de dados pessoais.

A extensão deste dever, nos termos conjugados do nº 2 do artigo 11º e do nº 1 do artigo 55º, ambos da Lei, e em tributo à *risk-based approach* que está subjacente a todo o sistema preventivo do branqueamento de capitais e do financiamento do terrorismo, terá de ser proporcional à natureza, dimensão e complexidade das entidades obrigadas e das atividades por estas prosseguidas, adotando-se medidas proporcionais também aos concretos riscos a que se encontrem expostas, conforme identificados e avaliados no âmbito do cumprimento do dever de controlo (cf. artigos 12º e seguintes da Lei).

Quanto ao que deva entender-se por um "conhecimento adequado" das obrigações AML decorrentes da Lei e da regulamentação sectorial, trata-se de um requisito que só estará cumprido onde os colaboradores, em virtude das formações ministradas, forem detentores de um conhecimento dos deveres preventivos e demais obrigações que lhes permita, no exercício das suas funções, mitigar ao máximo possível os riscos AML a que a entidade obrigada está exposta, não só conhecendo os deveres preventivos, mas sabendo e compreendendo o seu papel como agentes de *compliance* e de defesa da entidade obrigada, sendo, entre o mais, capazes de prevenir situações de incumprimento e de identificar situações suspeitas e sabendo o que fazer, como e quando.

A natureza das medidas a adotar pelas entidades obrigadas para garantir que os seus colaboradores têm um conhecimento adequado dos seus deveres de *compliance* é, pela Lei – assim como pela Diretiva –, deixada ao seu livre critério. A Lei impõe, porém, no nº 2 do seu artigo 55º, uma medida de observância obrigatória: a participação pelos colaboradores em ações de formação sobre prevenção do branqueamento de capitais e do financiamento do terrorismo. Daquele preceito decorre que as entidades obrigadas devem assegurar que aos seus colaboradores com funções relevantes para efeitos da prevenção do branqueamento de capitais e do financiamento do terrorismo são ministradas "ações específicas e regulares de formação". Mais nota que estas ações devem ser "adequadas a cada setor de atividade", habilitando aqueles colaboradores "a reconhecer operações que possam estar relacionadas com o branqueamento de capitais e o financiamento do terrorismo e a atuar em tais casos" de acordo com as disposições da Lei e das normas regulamentares que a concretizam.

A segunda parte deste requisito será de compreensão menos problemática. A obrigação prende-se com a necessidade de adaptar os conteúdos das formações a ministrar às funções exercidas pelos diferentes colaboradores, de modo que sejam cobertos os diferentes riscos AML enfrentados pelas diferentes áreas das entidades obrigadas. A título de exemplo, note-se que numa entidade bancária as necessidades formativas específicas dos colaboradores que atendem ao público nas diferentes agências são diferentes daquelas dos colaboradores que trabalham nos departamentos de crédito ou nos departamentos de risco. Muito diferentes serão também das necessidades formativas dos colaboradores que desempenham funções nos departamentos de *compliance*. O mesmo se diga de uma entidade obrigada que atue no setor retalhista ou no setor dos jogos de sorte e azar. Sem prejuízo, e como veremos melhor *infra*, há, nesta matéria, componentes formativas transversais que são da maior relevância.

A primeira parte do nº 2 do artigo 55º da Lei, por seu turno, parece-nos mais problemática e carente de uma mais cautelosa interpretação.

## 2. Ações específicas e regulares de formação *vs.* meras ações de formação regulares

Vimos resultar do artigo 55º, nº 2, da Lei, que é obrigatório figurar entre as medidas para assegurar que os colaboradores têm um conhecimento adequado das suas obrigações de prevenção AML a ministração de "ações específicas e regulares de formação".

Porém, esta primeira parte do nº 2 do artigo 55º da Lei carece de conjugação com o previsto no artigo 12º, nº 2, alínea c), da Lei, sob pena de a Lei, no respeitante ao dever de formação, redundar numa incorreta e insuficiente transposição da Diretiva, cujas consequências não são sem significância.

A Diretiva, no seu artigo 46º, nº 1, requer das entidades obrigadas a adoção de medidas proporcionais aos respetivos riscos, natureza e dimensão que assegurem que os seus colaboradores tenham conhecimento e consciência das medidas de combate AML adotadas no seu seio. Seguidamente, determina que aquelas medidas devem incluir a participação dos colaboradores em "*special ongoing training programmes*" que os ajudem a reconhecer operações relacionadas com o branqueamento de capitais ou com o financiamento do terrorismo e os instruam sobre como proceder em tais casos. A versão portuguesa da Diretiva reporta-se a "programas especiais de formação contínua", ao passo que a versão francesa se reporta a "*programmes spéciaux de formation continue*" e a alemã a "*besonderen fortlaufenden Fortbildungsprogrammen*" ("programas especiais de formação contínua").

Na Lei portuguesa, porém, o nº 2 do artigo 55º, ao invés de se reportar a "programas especiais de formação contínua", exige das entidades obrigadas a ministração aos colaboradores de "ações específicas e regulares de formação". Assim, neste preceito, perde-se a exigência de aprovação e implementação de efetivos "programas especiais de formação contínua", a qual se encontra antes materializada – ainda que imperfeitamente, como veremos – na imposição prevista no artigo 12º, nº 2, al. c), que segue no sentido da "definição de programas adequados de formação contínua dos colaboradores da entidade obrigada, aplicáveis desde o ato de admissão daqueles colaboradores, qualquer que seja a natureza do respetivo vínculo", medida que emerge, notámo-lo já *supra*, como uma das componentes das políticas e dos procedimentos e controlos a definir no âmbito do dever de controlo.

Na redação do artigo 12º, nº 2, o legislador português parece ter-se inspirado, entre outras fontes, nas Recomendações do GAFI. A atual alínea *c)* do nº 2 do artigo 12º da Lei resulta da original Proposta de Lei nº 72/XIII[5] que, após aprovação na Assembleia da República, se materializou na atual Lei nº 83/2017, de 18 de agosto. É da Nota Interpretativa da Reco-

[5] Proposta original e detalhes sobre o processo legislativo disponível *online* em https://www.parlamento.pt/ActividadeParlamentar/Paginas/DetalheIniciativa.aspx?BID=41257.

mendação 18 das Recomendações do GAFI[6], porém, que resulta a aprovação e manutenção de um "programa de formação contínua" como um dos mecanismos do dever de controlo. E ao passo que o legislador europeu optou por inserir este requisito no contexto do dever de formação, o legislador nacional acabou por fazer duas exigências distintas – um programa de formação no âmbito do dever de controlo e ações de formação no dever de formação.

Importa, neste sentido, à uma, compreender que estas duas exigências não são redundantes nem alternativas, antes sendo complementares e consequentes, cientes de que de outra forma não faria sentido o legislador nacional recorrer, no nº 2 do artigo 55º da Lei, a terminologia diferente daquela do artigo 46º da Diretiva, criando até uma divergência interna na sistemática da própria Lei e, à outra, procurar retirar o sentido útil do previsto na Lei portuguesa, apreciando a melhor conjugação entre os seus artigos 12º, nº 2, alínea *c)*, e 55º, nº 2, e o artigo 46º da Diretiva, assegurando inclusivamente uma interpretação da Lei conforme à Diretiva.

### *a. Interpretação da Lei conforme à Diretiva*

É fundamental que nunca se perca de vista que o regime preventivo do Branqueamento de Capitais e do Financiamento do Terrorismo é Direito Europeu. Como tal, na sua interpretação prevalece o Princípio da Interpretação Conforme, também chamado de Princípio Von Colson[7], em tributo à jurisprudência do caso *Von Colson and Elisabeth Kamann v. Land Nordrhein-Westfalen*[8] que foi fundamental na sua definição e fixação.

Alicerçando este princípio no Princípio da Cooperação Leal, previsto no (atual) artigo 4º, nº 3, do Tratado da União Europeia e do qual decorre que os Estados-Membros, em respeito e assistência mútuos, devem tomar todas as medidas para garantir a "execução das obrigações decorrentes dos Tratados ou resultantes dos atos das instituições da União", é jurisprudência do Tribunal de Justiça da União Europeia que os Estados-Membros têm a obrigação de assegurar que o objetivo pretendido pelas diretivas europeias é atingido. Assim, na aplicação do Direito nacional, particularmente (mas não só), das provisões de Direito nacional introduzidas para transposição de uma diretiva europeia, deve aquele interpretar-se "à luz

[6] *V. supra* n. 4.

[7] Schütze, 2021: 178-181; Craig/de Búrca, 2020: 244-245.

[8] Caso 14/83, *Von Colson and Elisabeth Kamann v Land Nordrhein-Westfalen* [1984] ECR 1891.

do texto e do propósito da Diretiva de modo a atingir-se o resultado previsto no terceiro parágrafo do artigo [288º do Tratado sobre o Funcionamento da União Europeia]"[9].

O princípio da interpretação conforme, decorrente do princípio do Primado do Direito Europeu[10], é de particular relevância no que respeita à interpretação do Direito nacional resultante das diretivas, permitindo alcançar o chamado efeito indireto[11]. Ao passo que as diretivas não têm efeito direto horizontal, influenciam as ordens jurídicas nacionais dos Estados-Membros indiretamente, impactando de forma muito relevante na interpretação do Direito nacional. Assim, o princípio vem sendo fortalecido ao longo das décadas, sendo atualmente jurisprudência estabelecida e considerada pelo Tribunal de Justiça da União Europeia como "inerente ao sistema do Tratado"[12]. Mais se note ainda que resulta claro da jurisprudência deste Tribunal Europeu que o princípio da interpretação conforme "vincula todas as autoridades dos Estados-Membros" e não apenas os tribunais[13], entre as quais se incluem, designadamente, as autoridades setoriais e reguladores como o Banco de Portugal, a CMVM ou a ASAE.

Neste sentido, no contexto do dever de formação previsto na Lei, é necessário que aquando da interpretação e aplicação do previsto no artigo 55º, particularmente no seu nº 2, este seja conjugado com o preceituado na alínea *c)* do nº 2 do artigo 12º, levando em linha de conta o texto da Diretiva Europeia que lhe deu origem, observando-se o seu efeito indireto e assegurando-se o cumprimento do objetivo por si pretendido. É, como tal, imperativo que as entidades obrigadas, no seu seio, assegurem o cumprimento do requisito de ministração de "ações específicas e regulares de formação", ao mesmo tempo que, sem prejuízo, garantem a aprovação e aplicação efetiva de "programas especiais de formação contínua".

[9] *Idem*, par. 26.

[10] Lenaerts/Corthaut, 2006: 293-297; Farinhas, 2018: 76-77.

[11] Neste sentido veja-se, nomeadamente, o acórdão do Supremo Tribunal de Justiça de 27/11/2018, Proc. 46/13.9TBGLG.E1.S1, Rel. Cabral Tavares.

[12] Cf. os processos apensos C-397-01 a C-403/01, *Pfeiffer et al. v. Deutsches Rotes Kreuz, Kreisverband Waldshut eV*, [2004] ECR-I-8835, par. 114.

[13] Cf., para além de *Von Colson*, o caso C-131/97, *Annalisa Carbonari and Others v Università degli studi di Bologna, Ministero della Sanità, Ministero dell'Università e della Ricerca Scientifica and Ministero del Tesoro* [1999] ECR I-1103, par. 48. *V.* também o caso C-160/01, *Karen Mau v. Bundesanstalt für Arbeit* [2003] ECR I-4791, par. 35.

Chegados aqui, vejamos então, no essencial, a diferença entre "ações específicas e regulares de formação" e "programas especiais de formação contínua", bem como a forma como estes se conjugam e complementam.

*b. Programas de formação ou ações de formação?*

A primeira diferença que enfatizamos é aquela entre programas e ações. Os artigos 46º da Diretiva e 12º, nº 2, alínea *c)*, da Lei, ao exigirem que as entidades obrigadas apliquem programas de formação parecem remeter para a estruturação documentada das medidas formativas relativas à prevenção do branqueamento de capitais e do financiamento do terrorismo, com ordenação e princípios orientadores que guiam os vários momentos pedagógicos, estes últimos então traduzidos em ações de formação e outras atividades formativas com relevância no contexto AML. Esta exigência parece assim mais ambiciosa que aquela da mera ministração de ações de formação que resulta do artigo 55º, nº 2, da Lei, antes exigindo uma estruturação de medidas formativas que deverão, de facto, incluir a ministração de ações de formação, mas que também deverão ir mais além destas.

O Regulamento nº 314/2018 da ASAE, relativo aos deveres gerais e específicos de prevenção e combate ao branqueamento de capitais e ao financiamento do terrorismo[14], no seu artigo 10º, nº 1, replica o artigo 55º, nº 2, da Lei, reportando-se também à ministração de ações de formação, concretizando que estas podem assumir a forma de ações ou cursos de formação, conferências, seminários ou eventos similares ou ainda a frequência de cursos pós-graduados ou superiores. Porém, em parte alguma o Regulamento da ASAE prevê uma concretização do previsto no artigo 12º, nº 2, alínea *c)*, da Lei.

O mesmo resulta do Aviso nº 5816/2022 da ASAE[15], que colocou em consulta pública a proposta de novo regulamento daquela entidade reguladora relativo aos deveres gerais e específicos de prevenção e combate ao branqueamento de capitais e ao financiamento do terrorismo que, após a sua entrada em vigor, revogará o Regulamento nº 314/2018, de 25 de maio[16]. Do artigo 17º desta proposta de novo regulamento resulta repli-

[14] *Diário da República*, 2ª Série, nº 101, de 25 de maio de 2018, e retificado pela Declaração de Retificação nº 535/2018, publicada em *Diário da República*, 2ª série, nº 147, de 1 de agosto de 2018.

[15] Publicado em *Diário da República*, 2ª série, nº 56, de 21 de março de 2022.

[16] Esta proposta de novo regulamento substituiu a proposta colocada originalmente em consulta pública através do Aviso nº 3240/2022 e publicada em *Diário da República* a 17 de fevereiro de 2022 (2ª série, nº 34), por esta ter sido publicada com inexatidão.

cado que, em cumprimento do dever de formação, as entidades obrigadas devem assegurar que são ministradas "ações específicas de formação", que podem assumir a forma de ações de formação, de natureza interna ou externa, conferências, seminários ou eventos similares, ou de frequência, com aproveitamento, de unidades curriculares de cursos de pós-graduação ou de cursos de ensino superior. Porém, também esta proposta de novo Regulamento não prevê uma obrigação de aprovação de um efetivo programa de formação.

Mais feliz nos parece ter sido o Banco de Portugal que, no artigo 43º do seu Aviso nº 2/2018, bem como no artigo 53º do mais recente Aviso nº 1/2022[17], requer que as entidades financeiras sujeitas à sua supervisão definam e apliquem "uma política formativa adequada às finalidades previstas nos nºs 1 e 2 do artigo 55º da Lei", concretizando de seguida uma série de aspetos sobre os quais aquelas políticas formativas devem versar, de forma a assegurar que os colaboradores têm sobre elas um "conhecimento pleno, permanente e atualizado".

Neste sentido, pese embora em parte alguma os avisos do Banco de Portugal prevejam uma obrigação de aprovação de programas de formação contínua, ao optarem por se reportar a políticas formativas vão ao encontro da teologia da Diretiva e dão cabimento regulamentar à exigência da alínea *c)* do nº 2 do artigo 12º da Lei, exigindo das entidades financeiras uma política formativa estruturada alinhada com a exigência de programas de formação.

### c. *Os requisitos de continuidade e de regularidade*

Outra diferença de grande relevância prende-se com o requisito de continuidade da formação, que resulta dos artigos 46º da Diretiva e 12º, nº 2, alínea *c)*, da Lei, que não encontra reflexo no nº 2 do artigo 55º da Lei, tendo aqui o legislador optado por um requisito de regularidade das ações de formação. No fundo, trata-se aqui da diferença entre "ações de formação regulares", por um lado, e "formação contínua", por outro.

A Diretiva AML, a par da alínea *c)* do nº 2 do artigo 12º da Lei, faz uma importante exigência no sentido de as entidades obrigadas terem programas de formação contínua, isto é, programas que perpetuem no tempo,

[17] O Aviso do Banco de Portugal nº 1/2022, com entrada em vigor a 5 de agosto de 2022, revoga pelo seu artigo 88º o Aviso do Banco de Portugal nº 2/2018, de 26 de setembro

de forma mais ou menos ininterrupta, a formação dos colaboradores em matéria AML, assegurando que esta acompanha a empresa na sua vida e nos seus diferentes momentos e que aqueles programas e os conteúdos da formação vão sendo revistos, atualizados e ajustados regularmente, de modo a acompanhar as evoluções do enquadramento legal e regulatório aplicável e da realidade da entidade obrigada e a preparar em permanência os colaboradores para dar resposta a esta evolução, refletindo, entre o mais, mudanças relevantes no contexto do combate ao branqueamento de capitais e ao financiamento do terrorismo no setor de atuação da entidade obrigada, do crescimento em dimensão desta última ou da evolução dos riscos a que a entidade se encontra exposta.

Este importante requisito de continuidade não encontra reflexo no artigo 55º, nº 2, da Lei. O legislador nacional positivou neste último preceito um requisito de regularidade que não existe isolado e acaba por se somar àquele primeiro, reportando-se às ações de formação em si e não à formação dos colaboradores, que é regulada a partir de políticas de formação.

Resulta daqui que, neste aspeto e no que ao dever de formação respeita, ao passo que da Diretiva apenas emerge um requisito de continuidade, da Lei portuguesa resulta também um requisito de regularidade das ações de formação a ministrar na execução daquele programa de formação contínua.

Em rigor, um requisito de continuidade só tem sentido onde exijamos a existência de um efetivo programa de formação. Pouco sentido teria exigir continuidade nas ações de formação. Uma ação de formação é estanque no tempo, isto é, começa numa determinada data e acaba numa outra mais à frente, podendo repetir-se várias vezes de forma regular. Neste sentido, e como melhor se verá *infra*, para dar cumprimento às exigências da Lei portuguesa, é necessário que as entidades obrigadas garantam a formalização de um programa de formação contínua, a qual será assegurada por via de, entre outras atividades pedagógicas, ações de formação regulares.

Assim, uma entidade obrigada que, não assegurando uma formação contínua regulada por um programa de formação, ministre ações de formação uma vez por ano sobre matérias de prevenção do branqueamento de capitais e do financiamento do terrorismo, estará em pleno cumprimento do artigo 55º, nº 2, da Lei. Estará, porém, a falhar na preparação dos seus colaboradores em matéria AML e em direta violação da alínea *c)* do nº 2 do artigo 12º da Lei e do artigo 46º da Diretiva.

Nem os regulamentos da ASAE – aquele em proposta e aqueloutro em vigor –, nem os Avisos nºs 2/2018 e nº 1/2022, do Banco de Portugal, se reportam ao requisito de continuidade nos moldes delineados *supra*. Este resulta apenas da alínea *c)* do nº 2 do artigo 12º da Lei.

O requisito de regularidade resulta, inclusive com mais flagrância que da Lei, desde logo do nº 1 do artigo 10º do Regulamento nº 314/2018 da ASAE, por via do qual este regulador exige que as ações de formação sejam ministradas anualmente. Por seu turno, no artigo 20º do Regulamento em proposta por via do Aviso nº 5816/2022, epigrafado "frequência da formação", a ASAE requer que as entidades obrigadas sujeitas à sua supervisão e que empreguem até 249 trabalhadores ministrem "uma ação de formação a cada dois anos civis" sobre matérias AML. Já as entidades obrigadas que empreguem 250 ou mais trabalhadores deverão assegurar "uma ação de formação a cada ano civil". Resulta, assim, inequívoco e concretizado em específicos intervalos temporais, um requisito de regularidade no dever de formação.

Por seu turno, no que aos Avisos do Banco de Portugal respeita, pese embora não se reportem, referimo-lo já, ao requisito de continuidade, também aqui estes parecem ter ido mais ao encontro da teleologia da Diretiva AML e do artigo 12º, nº 2, alínea *c)* da Lei, ao requerer que a "política formativa" a aplicar pelas entidades financeiras assegure um conhecimento "pleno, permanente e atualizado" sobre aspetos relativos à prevenção do branqueamento de capitais e do financiamento do terrorismo. Se esta formulação adotada pelo Banco de Portugal – presente nos artigos no artigo 43º, nº 1, do Aviso nº 2/2018, e 53º, nº 1, do Aviso nº 1/2022 – não traduz na plenitude o requisito de continuidade da Diretiva, potencia, bem interpretada em conformidade com a Lei, o resultado prático pretendido. No fundo, a adoção de uma política formativa que assegure que os colaboradores da entidade obrigada (financeira, *in casu*) têm conhecimentos "permanentes e atualizados" sobre matérias AML, implica uma formação em permanência, com atividades formativas diversas e regulares e prolongada no tempo de forma mais ou menos ininterrupta, assegurando o ajuste e a atualização dos conteúdos em função das evoluções verificadas na entidade obrigada, no setor de atuação e nas conjunturas nacional e internacional relevantes.

*d. Os requisitos de especialidade e de especificidade*

Um terceiro requisito dos programas de formação, conforme previstos na Diretiva Europeia, é um de especialidade, o qual o legislador português falhou em transpor da Diretiva para o ordenamento jurídico nacional.

Nos termos do artigo 46º da Diretiva, os programas de formação contínua têm de ser especiais, traduzindo este requisito a exigência de que os programas de formação versem especificamente sobre matérias de prevenção do branqueamento de capitais e do financiamento do terrorismo. Deste modo, não basta que as entidades obrigadas tenham um programa de formação multidisciplinar que regule e se aplique a todas as atividades formativas, independentemente do respetivo tema. Tem de existir no seio das entidades obrigadas uma estruturação programática da formação dos seus colaboradores especificamente sobre a temática da prevenção do branqueamento de capitais e do financiamento do terrorismo adaptada às necessidades e exigências de cada sector atividade em que tal prevenção se suscite, a qual tem de estar autonomizada dos demais programas formativos.

Pese embora esta exigência da Diretiva, o artigo 12º, nº 2, alínea *c)*, da Lei reporta-se a programas de formação "adequados", ao invés de programas de formação "especiais". Assim, é necessário assegurar aqui um exercício de interpretação da Lei conforme à Diretiva, nos termos expostos atrás, compreendendo que um programa de formação adequado em matéria de prevenção do branqueamento de capitais e do financiamento do terrorismo será aquele que, com propriedade, cumpra os efeitos e objetivos pretendidos pela Diretiva ao nível da luta AML.

Não significa este requisito de especialidade, entenda-se e segundo cremos, que o programa de formação sobre AML tenha de estar autonomizado num documento próprio. As entidades obrigadas podem ter documentado um programa de formação geral que autonomize, em capítulos e títulos próprios, a regulamentação e tratamento das atividades formativas em matéria de prevenção do branqueamento de capitais e do financiamento do terrorismo, adaptadas a cada sector de atividade em que tal prevenção se imponha. Este capítulo, porém, tem de cumprir os requisitos materiais e formais daquilo que seja realmente um programa de formação contínua relativo àquela temática. Não basta, assim, que se inscreva no documento, por exemplo, que serão ministradas ações de formação anuais sobre prevenção do branqueamento de capitais. É fundamental construir material e formalmente um programa de formação que dê cumprimento a este requisito de especialidade.

Mais se note ainda que este requisito de especialidade se estende, igualmente, às próprias atividades formativas a levar a cabo em execução do programa de formação. Nada obsta que uma entidade obrigada organize ou envie os seus colaboradores a uma conferência que aborde vários temas, entre os quais se encontre a prevenção do branqueamento de capitais e do financiamento do terrorismo. Porém, as atividades formativas que concretizam a formação dos colaboradores sobre estas matérias têm de ser especializadas sobre as mesmas.

Isto resulta claro da Lei ao nível das ações de formação. No nº 2 do artigo 55º da Lei, exige-se que as ações de formação em execução dos programas de formação sejam específicas. Pese embora a diferente terminologia, passando-se de um requisito de especialidade (dos programas de formação) para um requisito de especificidade (das ações de formação), ambas as expressões traduzem, cremos, a mesma ideia. Como tal, onde a Lei impõe a ministração de ações de formação para concretizar os programas de formação, fá-lo requerendo que aquelas abordem especificamente o tema do *compliance* AML, não se tratando de ações de formação multidisciplinares que também incluam informação sobre esta matéria.

Cumpre ainda notar que, nos termos da alínea *a)* do nº 4 do artigo 55º da Lei, estas ações de formação, independentemente de serem de natureza interna ou externa, têm de ser asseguradas por pessoas ou entidades de reconhecida competência e com experiência no domínio da prevenção e combate ao branqueamento de capitais e ao financiamento do terrorismo.

*e. Um requisito de suficiência*

Um último requisito que identificamos ao nível do dever de formação é aquele que designamos como de suficiência, o qual extraímos da própria formulação "programas especiais [ou adequados] de formação contínua", bem como da conjugação entre a alínea *c)* do nº 2 do artigo 12º e o nº 2 do artigo 55º, podendo ainda ser identificado na exigência feita pelos artigos 43º, nº 1, e 53º, nº 1, respetivamente dos Avisos do Banco de Portugal nºs 2/2018 e 1/2022, quanto à definição e aplicação de políticas formativas que assegurem um "conhecimento pleno, permanente e atualizado".

A exigência de que as entidades obrigadas assegurem "programas especiais de formação contínua" tem em si implícita, segundo nos parece, um requisito no sentido de que os programas de formação sejam sérios, eficientes e envolventes. Por outras palavras, na preparação e manutenção dos programas de formação, as entidades obrigadas têm de prever e preparar vários momentos formativos (de outro modo não há formação contínua, mas, apenas e em princípio, regular) consistentes com a estruturação e os princípios do próprio programa. E têm de ir ajustando esses momentos aos resultados que vão obtendo – positivos e negativos – e ao *feedback* que vão recebendo. Consequentemente, estes programas têm de prever e assegurar várias atividades e vários momentos formativos, de que as ações de formação específicas e regulares, conforme exigidas pelo nº 2 do artigo 55º da Lei, são apenas um exemplo. E aquelas atividades e aqueles momentos formativos devem ser de diferentes naturezas, assegurando inclusive uma forte componente de formação síncrona e presencial, não se devendo bastar com, por exemplo, meros vídeos ou apresentações *online* com momentos avaliativos finais.

Voltaremos a este tema *infra*.

## 3. Os colaboradores sujeitos a formação obrigatória

Como já se compreende, do dever de formação emerge uma obrigação para as entidades obrigadas no sentido de assegurarem a aprovação e aplicação efetiva de programas especiais de formação contínua no contexto dos quais assegurem, entre o mais, a ministração de ações de formação específicas e regulares aos seus colaboradores sobre matérias de *compliance* para a prevenção do branqueamento de capitais e do financiamento do terrorismo, incluindo a matéria de proteção de dados pessoais. E neste campo, cumpre notar que, ao passo que é recomendável que todos os colaboradores, independentemente das suas funções, tenham alguma formação nestas matérias, estas ações de formação são obrigatórias para as categorias de colaboradores "com funções relevantes" e com funções "diretamente" relevantes, sendo, para estes últimos, inclusivamente obrigatória no momento da admissão. Vejamos melhor.

A alínea *c)* do nº 2 do artigo 12º da Lei, ao positivar a obrigação de definição de programas de formação, nada diz – e bem, cremos – sobre categorias específicas de colaboradores a que aqueles se tenham de aplicar. Ao invés, apenas determina a Lei que aqueles programas de formação devem assegurar a formação dos colaboradores desde o ato da sua admissão e independentemente da natureza do respetivo vínculo, depreendendo-se daqui a sua aplicabilidade à generalidade dos colaboradores das entidades obrigadas. Cumpre aqui enfatizar a expressa determinação da Lei de que, para este efeito, a natureza do vínculo estabelecido entre a entidade obrigada e o colaborador é irrelevante, afirmando-se este último conceito como um de sentido lato e aplicando-se os programas de formação aos colaboradores com contrato de trabalho, aos estagiários e até aos prestadores de serviço na empresa, em permanência e com funções similares aos contratados, de que serão exemplo, nomeadamente, os *outsourcers*[18].

Nada obsta que as entidades obrigadas, no contexto das suas políticas de formação contínua, determinem que também as ações específicas e regulares de formação previstas no artigo 55º da Lei sejam para ministração a todos os seus colaboradores. Porém, do nº 1 do mesmo artigo 55º, para o qual inclusive remete o nº 2, resulta que as referidas ações de formação são obrigatórias para os "dirigentes, trabalhadores e demais colaboradores" – ou seja, são obrigatórias para todos os colaboradores – com funções relevantes para efeitos da prevenção do branqueamento de capitais e do financiamento do terrorismo.

Competirá à entidade obrigada, aquando dos exercícios de análise dos riscos AML a que se encontra exposta e de preparação e aprovação do programa de formação contínua, a determinação de quais são, na sua estrutura, as funções relevantes ao nível da prevenção do branqueamento de capitais e do financiamento do terrorismo. É, porém, fundamental que se compreenda a distinção entre "funções relevantes" e "funções diretamente relevantes". E esta diferença resulta expressamente, desde logo, do próprio artigo 55º da Lei que, se no nº 1 se reporta aos colaboradores com "funções relevantes", no nº 3 reporta-se aos "colaboradores (...) cujas funções relevem diretamente no âmbito da prevenção do branqueamento de capitais e do financiamento do terrorismo".

Na categoria dos colaboradores com "funções diretamente relevantes" encontram-se incluídos, naturalmente, os colaboradores que desempenham funções nos departamentos de *compliance* das entidades obrigadas. Não serão, porém, apenas estes, importando aqui densificar um critério de relevância e um outro de imediaticidade.

Em nossa opinião, serão funções relevantes neste contexto aquelas que, pelo seu desempenho, permitam aumentar ou mitigar a exposição da enti-

[18] No mesmo sentido, Cox, 2014: 189.

dade obrigada ao risco de branqueamento de capitais ou de financiamento do terrorismo. Assim, deve a entidade obrigada avaliar quais as funções que, no seu seio, direta ou indiretamente, mediata ou imediatamente, interferem no seu nível de exposição ao risco AML. A título de exemplo, veja-se que o departamento de *marketing* de uma entidade obrigada, em princípio, em nada aumentará ou mitigará o nível de exposição da empresa a práticas de branqueamento de capitais ou de financiamento do terrorismo. Porém, os colaboradores do departamento de criação e desenvolvimento de novos produtos a comercializar pela entidade obrigada já impactam na exposição da empresa, podendo desenvolver e criar produtos que potenciem ou facilitem o branqueamento de capitais ou o financiamento do terrorismo. Assim, estes colaboradores desempenharão funções relevantes para efeitos da prevenção destes ilícitos.

Por seu turno, serão funções diretamente relevantes aquelas que preencham um critério de imediaticidade. Isto é, aquelas funções cuja execução tem um impacto imediato no nível de exposição da empresa ao risco AML/CFT. A título de exemplo, um colaborador que desempenhe funções na caixa de uma entidade obrigada do setor do comércio retalhista desempenha funções diretamente relevantes, pois, ao aceitar ou recusar a venda de produtos, imediatamente aumenta ou mitiga a exposição da entidade obrigada ao risco de branqueamento de capitais ou de financiamento do terrorismo. O mesmo se diga de colaboradores que desempenham funções no atendimento ao público de um balcão de um banco ou de uma seguradora, assim como daqueles que desempenham funções de administração ou direção nas entidades obrigadas.

Assentes na diferença estabelecida entre estas duas categorias de colaboradores – com funções relevantes e com funções diretamente relevantes –, cumpre concluir. Ao passo que, ao abrigo do nº 1 do artigo 55º da Lei, as ações de formação aí previstas são obrigatórias para os todos os colaboradores com funções relevantes, do nº 3 daquele mesmo artigo 55º decorre que, aquando da contratação de colaboradores com funções diretamente relevantes, as entidades obrigadas devem, imediatamente após a respetiva admissão, assegurar a ministração de formação adequada (e, como tal, também adaptada ao respetivo sector de atividade) sobre as políticas, procedimentos e controlos internamente definidos em matéria de prevenção do branqueamento de capitais e do financiamento do terrorismo. Nunca é demais, porém, sublinhar que esta obrigação legal é uma obrigação *de minimis*, nada obstando e sendo antes recomendável que todos os colaboradores da estrutura do ente coletivo tenham, pelo menos, alguma formação na matéria.

## 4. A aprovação dos programas de formação e das ações de formação

Questão diferente da que vimos tratando é aquela que se prende com a matéria da aprovação, por um lado, dos programas de formação contínua e, por outro lado, das ações específicas e regulares de formação.

Aqueles primeiros são responsabilidade do órgão de administração das entidades obrigadas. Tal resulta expressa e claramente do artigo 13º, nº 1 e nº 2, alínea *a)*, da Lei, que, responsabilizando aquele órgão pelo cumprimento do dever de controlo, incumbindo-lhe velar pela aplicação das políticas e dos procedimentos e controlos em matéria AML/CFT, determina expressamente que, entre o mais, compete ao órgão de administração das entidades obrigadas a aprovação e atualização das políticas e dos procedimentos e controlos referidos no artigo 12º da Lei, entre os quais se encontram, sabemo-lo já, os programas de formação contínua.

Já no que concretamente concerne às ações de formação, nada resulta expressamente da Lei sobre a respetiva aprovação. Sem prejuízo, nos termos do nº 4 do artigo 55º da Lei, estas ações de formação, independentemente da respetiva natureza interna ou externa, devem ser, à uma, asseguradas por pessoas ou entidades de reconhecida competência e com experiência no domínio da prevenção e combate ao branqueamento de capitais e ao financiamento do terrorismo e, à outra, precedidas de parecer favorável do responsável pelo cumprimento normativo, quando designado nos termos do nº 1 do artigo 16º da Lei.

Deste modo, uma vez aprovado o programa de formação contínua pelo órgão de administração das entidades obrigadas, as ações formativas destinadas a concretizar na prática esse programa serão aprovadas em conformidade com os processos internos da entidade obrigada. Ou seja, serão aprovadas pelo órgão da entidade obrigada responsável pelas atividades de formação, que deve assegurar a idoneidade do formador ou da entidade formadora quanto à matéria e que o parecer favorável do responsável pelo cumprimento normativo (quando aplicável) foi recolhido.

Como vimos *supra*, aquando da admissão de colaboradores para o exercício de funções "diretamente relevantes" no âmbito da prevenção do branqueamento de capitais e do financiamento do terrorismo, as entidades obrigadas têm de assegurar que lhes é imediatamente ministrada formação adequada sobre esta matéria. Da Lei resulta igualmente, vimo-lo, que as ações de formação em matéria AML carecem de parecer prévio e favorável do responsável pelo cumprimento normativo. Confrontado com este enquadramento, André Alfar Rodrigues problematiza a questão de saber quem emite o parecer prévio quando o colaborador com funções diretamente relevantes recém-admitido seja o próprio responsável pelo cumprimento normativo, defendendo que aquele parecer deverá ser emitido pelo órgão de administração[19].

Não acolhemos este entendimento, pois, por um lado, no contexto da construção que temos vindo a propor, a formação a ser ministrada aquando da sucessão de responsáveis pelo cumprimento normativo deverá encontrar-se prevista e preparada no âmbito da política de formação da entidade obrigada, regendo-se pela normatividade resultante da Lei. E, por outro lado, porque nada obsta, cremos, a que o parecer prévio seja dado pelo responsável pelo cumprimento normativo anterior ou cessante. Tal será, inclusivamente, desejável, considerando que o responsável cessante será quem se encontra na posição mais adequada para assegurar que a formação cobre os conteúdos fundamentais e indispensáveis ao bom desempenho da função.

## 5. O programa de formação como parte integrante do programa de *compliance*

### a. *O dever de formação no Regime Geral de Prevenção da Corrupção (que é também de prevenção do branqueamento)*

O Decreto-Lei nº 109-E/2021, de 9 de dezembro, criou o Mecanismo Nacional Anticorrupção e estabeleceu o Regime Geral de Prevenção da Corrupção (doravante, RGPC), tratando este último da primeira peça legislativa em Portugal que, nos termos do seu artigo 5º, impõe às pessoas coletivas enquadradas no seu âmbito de aplicação subjetiva[20] a aprovação de um programa de *compliance* ou, na terminologia da lei, de um programa de cumprimento normativo. Ou seja, se até aqui o programa de *compliance* se enquadrava no espírito de voluntarismo do próprio *compliance*, corres-

[19] Rodrigues, 2022: 206.

[20] O RGPC é aplicável, nos termos do nº 1 do seu artigo 2º, às pessoas coletivas com sede em Portugal que empreguem 50 ou mais trabalhadores e às sucursais em território nacional de pessoas coletivas com sede no estrangeiro que empreguem 50 ou mais trabalhadores.

pondendo não a um dever ou a uma obrigação das pessoas coletivas, mas antes e tão-só a uma sua escolha voluntária de adoção[21], agora aquele programa trata de um imperativo legal a que as pessoas jurídicas com sede em Portugal que empreguem 50 ou mais trabalhadores têm obrigatoriamente de responder, adotando e implementando um programa de cumprimento normativo.

Dir-se-ia, desta forma, que as entidades abrangidas pelo Decreto-Lei nº 109-E/2021 têm de adotar e implementar um programa de *compliance* no âmbito da prevenção e combate da corrupção. Porém, a questão é mais complexa e abrangente. Assim é porque o RGPC não é de prevenção da corrupção, mas antes de prevenção da corrupção e infrações conexas, decorrendo do seu artigo 3º uma definição de corrupção e infrações conexas que abrange os "crimes de corrupção, recebimento e oferta indevidos de vantagem, peculato, participação económica em negócio, concussão, abuso de poder, prevaricação, tráfico de influência, branqueamento ou fraude na obtenção ou desvio de subsídio, subvenção ou crédito".

Ao incluir o crime de branqueamento no leque de infrações conexas, o RGPC alarga as obrigações em matéria de prevenção do branqueamento, regulando inclusive matérias já abrangidas pela Lei nº 83/2017, criando agora sobreposição nalguns conteúdos. Um dos conteúdos em que esta sobreposição se faz notar é precisamente na matéria dos programas de *compliance* ou de cumprimento normativo e de formação.

Como notámos atrás, da conjugação dos artigos 12º, nº 2, al. *c)*, e 55º da Lei nº 83/2017 resulta uma obrigação de formalização, na estrutura das entidades obrigadas, de programas adequados de formação contínua dos colaboradores que assegurem que são ministradas aos colaboradores ações específicas e regulares de formação sobre a matéria da prevenção do branqueamento de capitais e do financiamento do terrorismo. Sucede também que, do artigo 12º, nº 1, da Lei nº 83/2017 resulta que no contexto do dever de controlo – o primeiro dos deveres AML – cabe às entidades obrigadas definir e assegurar "a aplicação efetiva das políticas e os procedimentos e controlos que se mostrem adequados: a) à gestão eficaz dos riscos de branqueamento de capitais e de financiamento do terrorismo a que entidade obrigada esteja ou venha a estar exposta; b) ao cumprimento, pela entidade obrigada, das normas legais e regulamentares em matéria de prevenção

[21] No mesmo sentido, *v.* Quintela de Brito, 2018: 63.

do branqueamento de capitais e do financiamento do terrorismo". A este nº 1, o nº 2 do mesmo artigo 12º acrescenta que estas políticas e estes procedimentos e controlos "devem ser proporcionais à natureza, dimensão e complexidade da entidade obrigada e da atividade por esta prosseguida", devendo, pelo menos e no mínimo, compreender os instrumentos elencados nas alíneas *a)* a *l)* deste último preceito. Entre estes instrumentos não figura a aplicação de um programa de *compliance*.

Deste artigo 12º da Lei resulta clara a natureza voluntária do programa de *compliance* no contexto da Lei nº 83/2017. Para efeitos desta Lei, ao passo que o programa de formação não é voluntário, o programa de *compliance* é. Enquadrado no dever de controlo, resulta determinado, em suma, que compete às entidades obrigadas: i) identificar, avaliar e mitigar os concretos riscos de branqueamento de capitais e de financiamento do terrorismo existentes no contexto da sua realidade operativa específica (artigos 14º e 15º da Lei); e ii) definir e assegurar a aplicação efetiva das políticas e os procedimentos e controlos que entendam como adequados à gestão eficaz dos riscos identificados (presentes e futuros) e ao cumprimento das normas aplicáveis em matéria de prevenção do branqueamento de capitais e do financiamento do terrorismo (artigo 12º, nºs 1 e 2 da Lei). E, se é certo que do nº 2 do artigo 12º resulta um elenco mínimo de instrumentos que as entidades obrigadas têm de garantir, a regra geral não deixa de ser, por um lado, a aplicação das políticas e dos procedimentos e controlos que sejam tidos como adequados à gestão eficaz dos riscos AML e, por outro lado, nada obsta a que sejam aplicados – voluntariamente – outros instrumentos, designadamente um programa de *compliance*. Assim, no contexto da Lei nº 83/2017, o programa de *compliance* é estritamente voluntário.

O programa de *compliance*, porém e como referido *supra*, não é, de todo, voluntário no contexto do RGPC que, como vimos também, se aplica à prevenção do branqueamento de capitais, o qual surge agora, neste contexto, como infração conexa do crime de corrupção. Há, assim, uma derrogação da natureza voluntária do programa de *compliance*, conforme previsto na Lei nº 83/2017, pelo RGPC, que agora o torna obrigatório no contexto do *compliance* AML. Assim, o artigo 12º da Lei tem de ser lido e interpretado em conformidade, integrando-se os programas de cumprimento normativo – com todas as suas componentes obrigatórias – no leque mínimo de políticas cuja aplicação efetiva é obrigatória para a gestão dos riscos AML identificados pelas entidades obrigadas.

*b. O enquadramento do programa de formação no programa de cumprimento normativo*

Os programas de *compliance* (ou de cumprimento normativo) não são *one size fits all*. Aliás, como bem apontam Filipa Marques Júnior e João Medeiros, são "'fatos feitos à medida'"[22] – são produtos desenhados especificamente para aquela empresa, naquele específico setor de atividade e naquela realidade e mercados concretos[23].

Sem prejuízo, com a entrada em vigor no ordenamento jurídico nacional do RGPC, encontra-se agora positivado no Decreto-Lei nº 109-E/2021, aplicável naturalmente às entidades por este abrangidas, um conteúdo mínimo que os programas de *compliance* têm de ter em matéria de prevenção da corrupção e infrações conexas – consequentemente, sabemo-lo já, também em matéria de prevenção do branqueamento de capitais.

Assim, nos termos do artigo 5º, nº 1, do RGPC, as entidades obrigadas têm agora de adotar e implementar um programa de cumprimento normativo que tem de incluir, pelo menos: *i)* um plano de prevenção de riscos de corrupção e infrações conexas (PPR); *ii)* um código de conduta (que, tradicionalmente, traduz a parte central do programa de *compliance*); *iii)* um programa de formação; e *iv)* um canal de denúncias.

Resulta, deste modo, do nº 1 do artigo 5º do RGPC que, no ordenamento jurídico português, o programa de formação em matéria de prevenção da corrupção e das infrações conexas, entre as quais encontramos o crime de Branqueamento, é parte integrante, por imperativo legal, do programa de cumprimento normativo.

O artigo 9º do RGPC regula alguns aspetos concretos no que à formação diz respeito, prevendo, designadamente, no seu nº 2 e num modelo que vai ao encontro de quanto vimos *supra*, que "o conteúdo e a frequência da formação dos dirigentes e trabalhadores têm em conta a diferente exposição dos dirigentes e trabalhadores aos riscos identificados".

## II. A preparação e o conteúdo dos programas de formação anti-Branqueamento

Como referido, os programas de *compliance* não são *one size fits all*. Similarmente, também os programas de formação variarão de entidade para

[22] MARQUES JÚNIOR/MEDEIROS, 2018: 137.

[23] Sobre a elaboração dos programas de *compliance*, cf. MARQUES JÚNIOR/MEDEIROS, 2018: 123-148.

entidade, dependendo em grande medida de fatores como a natureza da entidade obrigada, a sua dimensão e o seu setor de atividade[24].

Não obstante, ao nível AML, pode identificar-se um leque mínimo de conteúdos nucleares que o programa de formação deve cobrir[25].

Neste sentido, importa desde logo destacar que os regulamentos setoriais que temos vindo a apreciar tipificam um leque de conteúdos mínimos que as atividades formativas das entidades obrigadas devem cobrir. Veja-se desde logo que o Regulamento nº 314/2018 da ASAE, no nº 2 do seu artigo 10º, exige que as entidades obrigadas sujeitas à supervisão daquela entidade reguladora assegurem que os conteúdos programáticos das formações ministradas ao abrigo do dever de formação incidam sobre "disposições legais e regulamentares vigentes relativas à prevenção e repressão do branqueamento de capitais e do financiamento do terrorismo", exemplificando de seguida com os seguintes conteúdos: a) "deveres estabelecidos na Lei nº 83/2017, de 18 de agosto"; b) "diretivas, normas regulamentares ou outras, bem como orientações nacionais, internacionais e comunitárias", aplicáveis ao sector; c) "tipos de operações relacionadas com a prática de crimes de branqueamento de capitais e de financiamento do terrorismo"; e d) as políticas e os procedimentos internos adotados em cumprimento do dever de controlo.

O Regulamento da ASAE em proposta, e colocado em consulta pública pelo Aviso nº 5816/2022, autonomiza os conteúdos programáticos mínimos no seu artigo 18º, amplificando o leque de exemplos visto atrás e prevendo, então, que os conteúdos programáticos da formação devem incidir, para além do já previsto no Regulamento atualmente em vigor e, entre o mais, também sobre: i) "políticas e procedimentos internos adotados para a identificação, avaliação e mitigação da exposição ao risco de branqueamento de capitais e de financiamento do terrorismo" (esta alínea, a d) do regulamento em proposta, substitui a alínea d) do regulamento atualmente em vigor); ii) "tratamento e livre circulação de dados pessoais, no contexto das disposições legais e regulamentares aplicáveis em matéria de branqueamento de capitais e do financiamento do terrorismo"; e iii) "guias de orientação ou recomendações emitidas pela ASAE".

[24] Sobre o *design* de programas de formação, cf., entre os mais, Chan, 2009 e Moore, 2017.

[25] Cox, 2014: 181 e ss.

Também o Banco de Portugal assegura, nos seus Avisos aqui relevantes, um leque de conteúdos programáticos mínimos a integrar a "política formativa" das entidades obrigadas. Assim, do nº 1 do artigo 43º do Aviso nº 2/2018 e do nº 1 do artigo 53º do Aviso nº 1/2022 – que, como vimos já, revoga e substitui aquele primeiro Aviso de 2018 –, resulta o seguinte leque de matérias: i) "o quadro normativo aplicável em matéria de prevenção do branqueamento de capitais e do financiamento do terrorismo"; ii) "as políticas e os procedimentos e controlos em matéria de prevenção do branqueamento de capitais e do financiamento do terrorismo definidos e implementados pela entidade financeira"; iii) as orientações, recomendações e informações emitidas pelas autoridades judiciárias, autoridades policiais, autoridades de supervisão ou associações representativas do setor"; iv) "os riscos, tipologias e métodos associados a fundos ou outros bens provenientes ou relacionados com a prática de atividades criminosas ou com o financiamento do terrorismo"; v) as vulnerabilidades das áreas de negócio desenvolvidas, bem como dos produtos, serviços e operações disponibilizados pela entidade, assim como dos canais de distribuição desses produtos e serviços e dos meios de comunicação utilizados com os clientes"; vi) "os riscos reputacionais e as consequências de natureza contraordenacional decorrentes da inobservância dos deveres preventivos do branqueamento de capitais e do financiamento do terrorismo"; vii) "as responsabilidades profissionais específicas em matéria de prevenção do branqueamento de capitais e do financiamento do terrorismo e, em especial, as políticas e os procedimentos e controlos associados ao cumprimento dos deveres preventivos".

De notar que o novo Aviso do Banco de Portugal nº 1/2022 introduz uma novidade: para efeitos do nº 3 do artigo 55º da Lei, "a formação ministrada a colaboradores recém-admitidos", com funções diretamente relevantes, deve ser adequada à respetiva experiência e qualificações profissionais (e académicas, introduzimos nós), versando obrigatoriamente, pelo menos, sobre os seguintes aspetos: i) "os princípios e conceitos básicos em matéria de prevenção do branqueamento de capitais e do financiamento do terrorismo"; ii) "os princípios fundamentais do sistema de controlo interno da entidade financeira e as políticas e os procedimentos e controlos instrumentais para a sua execução"; e iii) os "principais riscos e elementos caracterizadores de suspeição associados a cada área de negócio da entidade financeira, em termos que permitam, desde o início de funções, o reconhecimento de quaisquer condutas, atividades ou operações cujos elementos caracterizadores as tornem suscetíveis de poderem estar relacionadas com fundos ou outros bens que provenham de atividades criminosas ou que estejam relacionados com o financiamento do terrorismo".

Neste contexto, é importante que as entidades obrigadas assegurem atividades formativas que, desde logo, garantam o conhecimento pelos colaboradores dos riscos AML a que a entidade obrigada se encontra exposta, da legislação e regulamentação relevantes para os combater, como operacionalizar a abordagem baseada no risco e as obrigações a que todos se encontram vinculados, sensibilizando-os para a imperatividade do cumprimento e para as consequências do incumprimento. Em paralelo, devem os colaboradores ser treinados nos procedimentos a adotar conforme vigoram na entidade obrigada aquando da identificação de atividade potencialmente relacionada com atividades criminosas ou com o financiamento do terrorismo.

Um outro tópico nuclear que os programas de formação deverão assegurar trata dos padrões de branqueamento de capitais e de financiamento do terrorismo, formando os colaboradores ao nível da caracterização destes fenómenos criminosos bem como de outras atividades criminosas relevantes ao nível da prevenção e repressão no contexto da entidade obrigada. Neste contexto, é fundamental que se assegure formação para que os colaboradores conheçam não só, de um modo geral, a factualidade suscetível de preencher o conceito típico das atividades criminosas em causa, mas também, de um modo mais específico, onde é que se encontram os principais riscos concretos na atividade da entidade obrigada, como é que agentes criminosos podem instrumentalizar a atividade da entidade obrigada para servir os seus propósitos criminosos e que produtos ou serviços comercializados pela entidade obrigada se encontram mais vulneráveis e em que medida.

De notar ainda que o programa de formação deve assegurar que a todos os colaboradores é ministrada formação que identifique o responsável pelo cumprimento normativo e os respetivos contactos – nos casos em que este haja sido nomeado –, bem como os contactos do departamento de *compliance*.

Deve ser propósito dos programas de formação contínua assegurar uma matriz orientadora que assegure que os colaboradores têm, em todos os momentos, conhecimentos atualizados e adequados ao combate ao crime financeiro e ao financiamento do terrorismo no contexto do desempenho das suas funções.

Como guião orientador, relevam também as recomendações que a *Financial Crime Authority* britânica faz no seu *Financial Crime Guide: A Firm's Guide to Countering Financial Crime Risks*[26], onde, entre o mais, elenca diversas perguntas de autoavaliação que as entidades obrigadas devem colocar para avaliar a qualidade das suas práticas de formativas e o seu nível de *compliance* com o dever de formação. Assim, recomenda a FCA que as entidades obrigadas se questionem sobre como é que asseguram "que os seus colaboradores estão cientes dos riscos de crime financeiro e das suas obrigações relativamente a esses riscos", se os seus colaboradores têm acesso a formação sobre "um leque apropriado de riscos de crime financeiro", como é que asseguram que a formação é de "qualidade consistente e se mantém atualizada", se a sua formação é "personalizada para determinadas funções", como medem o "nível de eficácia das suas formações sobre tópicos relacionados com a criminalidade financeira" ou se as atividades e materiais formativos são "relevantes e atuais" e "quando foram revistos pela última vez"[27].

Para além destas questões de autoavaliação, a FCA elenca ainda alguns exemplos de boas e más práticas neste campo, encontrando-se entre aqueles primeiros, por exemplo, a personalização das formações para assegurar a adequação do conhecimento ou a formação dos colaboradores recém-admitidos a assumir funções de atendimento ao cliente. Como exemplos de más práticas elenca a FCA, por exemplo, a falta de atualidade das atividades formativas ou o fracasso na identificação de necessidades formativas.

Estas questões e exemplos de boas e más práticas levantados pela FCA são da maior pertinência e devem ser aproveitadas e utilizadas por todas as entidades obrigadas no desenvolvimento e na manutenção dos seus programas de formação. E, sem prejuízo da sua relevância na totalidade, enfatizamos a importância da personalização da formação para determinadas funções.

Como vimos *supra*, a formação sobre matéria AML não é obrigatória para todas as funções, embora seja recomendável que todos os colaboradores tenham algum tipo de formação na matéria, podendo a formação

[26] FCA, 2022.
[27] FCA, 2022: 2/8.

destinada a colaboradores com funções menos relevantes em matéria de prevenção AML ser de cariz mais genérico. Há, sem prejuízo, benefícios notórios na personalização das atividades formativas para determinadas funções – designadamente para as funções tidas como "relevantes" e "diretamente relevantes".

As atividades formativas personalizadas – ou com momentos personalizados – são mais dispendiosas, particularmente ao nível do tempo necessário para a sua preparação[28]. São, não obstante, mais facilitadoras da aprendizagem, envolvendo mais os colaboradores que se identificam de imediato com os temas, trocam experiências e opiniões e apreendem com clareza a relevância dos tópicos no seu quotidiano profissional.

Um outro aspeto que cremos dever ser acautelado nos programas de formação contínua relaciona-se com aquele que identificamos atrás como um requisito de suficiência, ou seja, a exigência de que os programas de formação sejam sérios, eficientes e envolventes. Em tributo a este requisito, de modo a assegurar que os colaboradores têm – na terminologia dos Avisos do Banco de Portugal – um "conhecimento pleno, permanente e atualizado" sobre as matérias AML, é fundamental, em nossa opinião, que as entidades obrigadas refreiem a utilização da formação assíncrona, com recurso a vídeos ou a apresentações *online*, devendo antes assegurar através dos seus programas de formação atividades pedagógicas em diversas modalidades mas privilegiando uma componente de formação síncrona forte e sólida.

A formação à distância em ambientes profissionais, particularmente na modalidade assíncrona, face à realidade do quotidiano laboral, é de eficácia limitada[29]. As múltiplas solicitações do dia-a-dia no local de trabalho facilmente se erguem como obstáculos ao foco e à concentração na formação, cujo proveito se vê, consequentemente, reduzido. É, como tal, benéfico que nos programas de formação contínua seja assegurado o privilegiamento das formações síncronas e, preferencialmente, em modalidade presencial.

[28] No mesmo sentido, cf. Cox, 2014: 184.

[29] No mesmo sentido, Cox, 2014: 184.

## III. A relevância do dever de formação na responsabilidade contraordenacional da entidade obrigada

### 1. Breve: A responsabilidade contraordenacional das pessoas coletivas

O Decreto-Lei nº 232/79, de 24 de julho, que instituiu o ilícito de mera ordenação social pela primeira vez em Portugal, estabelecia já no seu artigo 7º o princípio geral da responsabilidade contraordenacional das pessoas coletivas, prevendo no seu nº 1 que as coimas tanto se podem aplicar "às pessoas singulares como às pessoas coletivas, bem como às associações sem personalidade jurídica"[30]. A este nº 1 seguia-se um nº 2 que, estabelecendo o critério de responsabilização das "pessoas coletivas ou equiparadas", previa que estas seriam responsáveis pelas "contraordenações praticadas pelos seus órgãos no exercício das suas funções".

O Decreto-Lei nº 232/79, de 24 de julho, foi revogado pelo artigo 96º do Decreto-Lei nº 433/82, de 27 de outubro, que lhe sucedeu e vigora atualmente como Regime Geral das Contraordenações (RGCO), tendo, sem prejuízo, mantido inalterado o artigo 7º, o qual surge integralmente replicado.

Pese embora o nº 1 consagre um princípio geral de responsabilidade contraordenacional da pessoa coletiva, o nº 2 do artigo 7º, agora do RGCO, contraria esta responsabilização geral ao restringir a imputação da responsabilidade das pessoas coletivas às contraordenações praticadas "pelos seus órgãos no exercício das suas funções"[31]. Em função deste critério de imputação restritivo, há um leque muito significativo de pessoas que não vincula a pessoa coletiva, não respondendo esta contraordenacionalmente pelos seus atos ou omissões. Por outro lado, o mesmo nº 2 do artigo 7º do RGCO não exige, como exige o Código Penal (doravante, CP) no seu artigo 11º, nº 2, que o ilícito haja sido praticado em nome e no interesse da pessoa coletiva, culminando num modelo de responsabilidade do ente coletivo mais amplo que o do próprio CP. Trataremos melhor esta questão *infra*.

[30] Sobre o que se deva entender pela aplicabilidade das coimas às "pessoas coletivas, bem como às associações sem personalidade jurídica", cf. Vilela, 2020: 399; Albuquerque, 2022: 64; Pereira, 2022: 48; Silva Dias/Soares Pereira, 2022: 107-108.

[31] Bastante críticas do nº 2 do artigo 7º do RGCO, denunciando a sua inconstitucionalidade em diversas frentes, cf. Serra, 1999: 189 e ss. e Quintela de Brito, 2013: 1228 e ss. Também críticos, *v.* Vilela, 2020: 400-402 e Silva Dias/Soares Pereira, 2022: 110-117.

Procurando ultrapassar aquela limitação restritiva, uma interpretação extensiva (ou "evolutiva"[32] ou "atualista"[33], noutras terminologias) do nº 2 do artigo 7º do RGCO emergiu na jurisprudência[34], tendo o modelo restritivo de imputação orgânica evoluído jurisprudencialmente para um modelo funcional de imputação, entendendo-se a expressão "órgão no exercício das funções" como incluindo "os trabalhadores ao serviço da pessoa coletiva ou equiparada, desde que atuem no exercício das suas funções ou por causa delas, exceto quando atuem contra ordens expressas ou em seu interesse exclusivo"[35].

Pese embora esta interpretação esteja longe de ser unânime[36], cumpre destacar o tratamento dado à questão por Teresa Quintela de Brito[37] ao apreciar a possibilidade de interpretar o nº 2 do artigo 7º do RGCO no sentido de incluir, para além dos órgãos, as pessoas que ocupem posições de liderança ou os colaboradores. Defende a Autora que não só tal é uma possibilidade, como parece ser mesmo uma inevitabilidade, atenta a inadmissibilidade constitucional de se ver consagrado no RGCO um critério de atribuição de responsabilidade a entes coletivos muito mais restritivo que o que vigora para o Direito Penal, arguindo Teresa Quintela de Brito com os princípios constitucionais da intervenção mínima do Direito Penal e não do Direito das Contraordenações (artigo 18º, nºs 2 e 3 da CRP), da universalidade dos direitos e deveres das pessoas coletivas com idêntica densidade social-organizativa (artigo 12º, nº 2, da CRP) e da proibição de privilegiamento sancionatório materialmente injustificado dos entes

[32] Terminologia utilizada no Parecer do Conselho Consultivo da Procuradoria-Geral da República nº 11/2013, nº convencional PGRP00003254, Rel. Alexandra Leitão.

[33] Terminologia utilizada no acórdão do TRP de 06/06/2012, Proc. 4679/11.0TBMAI.P1, Rel. Artur Oliveira.

[34] Cf., entre outros, os acórdãos seguintes: Ac. TRC de 29/11/2000, Proc. 452/2000, Rel. João Trindade; Ac. TRL de 26/10/2010, Proc. 402/10.4TAPDL.L1-5, Rel. Agostinho Torres; Ac. TRP de 06/06/2012, Proc. 4679/11.0TBMAI.P1, Rel. Artur Oliveira; Ac. TRP de 21/03/2013, Proc. 6334/11.1TBMAI.P1, Rel. Castela Rio; Ac. TRP de 24/02/2021, Proc. 4701/17.6T9AVR.P2, Rel. Jorge Langweg.

[35] Parecer do Conselho Consultivo da PGR nº 11/2013.

[36] Críticos desta interpretação, *v.* Silva, 2015: 77 e Vilela, 2020: 404-405. Na jurisprudência, veja-se Ac. TRP de 24/01/2007, Proc. 0643899, Rel. Isabel Pais Martins; Ac. TRP de 23/05/2012, Proc. 3497/07.4EAPRT.P1, Rel. Lígia Figueiredo; Ac. TRC de 18/03/2015, Proc. 304/14.5TBCVL.C1, Rel. Alcina da Costa Ribeiro e Ac. TRG de 24/09/2018, Proc. 722/18.0T8BRG.G1, Rel. Armando Azevedo.

[37] Quintela de Brito, 2013: 1244 e ss., particularmente 1254 e ss.

coletivos contraordenacionalmente responsáveis face aos suscetíveis de responsabilidade penal (artigo 13º da CRP).

Neste sentido, defende a Autora não haver razão que materialmente justifique a exclusão da responsabilidade contraordenacional das pessoas coletivas pelas infrações cometidas pelas pessoas em posição de liderança com autoridade para controlar a atividade coletiva, pelo que o alargamento dos agentes que vinculam a pessoa coletiva aos seus atos e a responsabilizam não viola o princípio da legalidade das contraordenações (artigo 2º do RGCO) não constituindo analogia proibida. Como tal, o que resulta do artigo 11º, nºs 2 e 4 do CP tem de valer para o RGCO, sob pena de inconstitucionalidade material do nº 2 do artigo 7º do RGCO e considerando (i) a subsidiariedade do CP na fixação do regime substantivo das contraordenações (artigo 32º do RGCO); (ii) a necessidade de ampliação dos pressupostos da responsabilidade contraordenacional das pessoas coletivas exigida pelas naturezas distintas dos ilícitos penal e contraordenacional e das respetivas sanções, assim como pela diversidade de densidades socio-organizativas entre as várias pessoas coletivas passíveis de responsabilidade contraordenacional e (iii) que os próprios princípios constitucionais *supra* referidos impõem o alargamento das pessoas capazes de vincular a pessoa coletiva aos seus atos e responsabilizá-la pelos mesmos.

Sem prejuízo de quanto fica exposto, que se mantém relevante e não constitui "letra morta", como bem ilustra Alexandra Vilela[38], verdade é que o RGCO vem sendo afastado por inúmeros diplomas legais que vêm implementando regimes especiais que, inclusive, se distanciam significativamente do regime geral no que à responsabilidade contraordenacional da pessoa coletiva diz respeito. É o caso, designadamente, da Lei nº 83/2017, de 18 de agosto.

## 2. A responsabilidade contraordenacional das pessoas coletivas na Lei nº 83/2017, de 18 de agosto

No que à responsabilidade contraordenacional diz respeito, a Lei nº 83/2017 emerge como um regime especial face ao RGCO, prevendo no seu artigo 161º que pela prática das contraordenações nela previstas (artigos 169º e seguintes) são responsabilizáveis "conjuntamente ou não, pessoas singulares, pessoas coletivas, ainda que irregularmente constituídas,

[38] VILELA, 2020: 403.

e associações sem personalidade jurídica", sendo "responsável como autor (...) todo aquele que, por ação ou omissão, contribuir causalmente para a sua produção".

O artigo 162º da Lei estabelece, então, no seu nº 1, o critério de responsabilidade das pessoas coletivas e das entidades equiparadas, afastando-se significativamente daquele mais restritivo previsto no RGCO e definindo, de forma ampla, que as pessoas coletivas e entidades equiparadas "são responsáveis pelas contraordenações cometidas pelas pessoas singulares que sejam titulares de funções de administração, gerência, direção, chefia ou fiscalização, representantes, trabalhadores ou demais colaboradores, permanentes ou ocasionais, quando estas atuem no exercício das suas funções ou em nome e no interesse do ente coletivo". Esta responsabilidade contraordenacional da pessoa coletiva cessa, porém e nos termos do nº 2 do artigo 162º da Lei, "quando o agente atue contra ordens ou instruções expressas daquela".

Relevante ainda o nº 3 do artigo 162º da Lei, do qual resulta expresso que a "invalidade e a ineficácia jurídicas dos atos em que se funde a relação entre o agente individual e a pessoa coletiva ou entidade equiparada a pessoa coletiva não obstam à responsabilidade de nenhum deles". O que se nos afigura correto, considerando que o que releva não pode deixar de ser a assunção e o exercício efectivo de funções que permitam vincular a pessoa jurídica.

Extrai-se, assim, do regime contraordenacional da Lei uma responsabilidade ampla da pessoa coletiva que será responsabilizável pelas ações ou omissões praticadas por um amplo leque de indivíduos, num critério de responsabilidade da pessoa coletiva que se afasta significativamente, não apenas daquele do RGCO (que, como visto, responsabiliza as pessoas coletivas apenas pelas contraordenações praticadas "pelos seus órgãos no exercício das suas funções"), mas também do modelo previsto no Código Penal para efeitos de responsabilidade penal, prevendo-se no artigo 11º, nº 2, alíneas *a)* e *b)*, do CP[39] que as pessoas coletivas serão responsáveis quando os crimes do leque aí tipificado forem cometidos "em seu nome ou por sua conta e no seu interesse direto ou indireto" mas apenas por "pessoas que nelas ocupem uma posição de liderança" ou, alternativamente, "por quem

[39] Muito crítica da redação que ao artigo 11.º do CP foi dada pela Lei n.º 94/2021, de 21 de dezembro, que aprovou várias medidas previstas na Estratégia Nacional Anticorrupção, veja-se o texto de Teresa Quintela de Brito nestes *Estudos*.

aja em seu nome ou por sua conta e no seu interesse direto ou indireto", mas sob a autoridade daquelas pessoas em posição de liderança e "em virtude de uma violação dos deveres de vigilância ou controlo que lhes incumbem".

Em matéria de branqueamento de capitais e de financiamento do terrorismo, a pessoa coletiva será responsável pelos ilícitos contraordenacionais praticados virtualmente por qualquer pessoa singular que desempenhe funções no seu seio – dos estagiários e *outsourcers* aos diretores e administradores –, desde que os factos em causa hajam sido praticados no exercício das suas funções ou, alternativamente (e – veremos *infra* – desta alternatividade emerge um problema sério), em nome e no interesse da pessoa coletiva ou entidade equiparada e o agente singular não se encontre a atuar contra ordens ou instruções expressas daquela.

Relevante aqui notar que o legislador português se afastou também do previsto na Diretiva AML. O nº 5 do artigo 60º da Diretiva requer que se garanta que as pessoas coletivas são responsabilizáveis pelas infrações tipificadas que sejam "cometidas em seu benefício por qualquer pessoa, agindo quer a título individual quer como membro de um órgão dessa pessoa coletiva, e nela ocupando um cargo de direção", elencando de seguida os critérios para se considerar que uma pessoa ocupa um cargo de direção: i) poder para representar a pessoa coletiva; ii) autoridade para tomar decisões em nome da pessoa coletiva; ou iii) autoridade para exercer o controlo a nível da pessoa coletiva.

Por seu turno, o nº 6 do mesmo artigo 60º prevê que as pessoas coletivas serão também responsabilizadas quando haja sido possível praticar, em benefício da pessoa coletiva, a infração em causa em resultado de "falta de supervisão ou de controlo" por parte de uma pessoa que enquadre no previsto no nº 5 – ou seja, por uma pessoa em posição de direção – e o ilícito haja sido cometido por uma pessoa sob a sua autoridade.

O desvio do legislador português do previsto na Diretiva AML é significativo, como se compreende. A Diretiva responsabiliza a pessoa coletiva pelos ilícitos cometidos "em seu benefício" por pessoas que nela ocupem uma posição de direção ou por pessoas sob a direção destas, igualmente em benefício da pessoa coletiva e em virtude da violação de deveres de vigilância e controlo. Já o legislador nacional, na Lei nº 83/2017, responsabiliza as pessoas coletivas pelos atos praticados por qualquer pessoa que nela desempenhe funções, atuando no exercício destas suas funções ou em nome e no interesse do ente coletivo.

Esta opção do legislador português levanta um problema da maior relevância. Não podemos perder de vista que a comissão do facto no mero exercício das funções de colaborador é muito diferente da comissão do facto "nome e no interesse do ente coletivo". E, neste enquadramento, cumpre também recuperar o que vimos há pouco relativamente ao tipificado no RGCO por contraposição com o CP. Como notámos, o RGCO, no nº 2 do seu artigo 7º, não exige que o ilícito cometido o haja sido em nome e no interesse da pessoa coletiva para que esta seja responsabilizada. Basta-se – à semelhança da Lei nº 83/2017 – com a comissão das contraordenações no exercício de funções. Notámos igualmente *supra* que há aqui um afastamento relevante da exigência feita nos artigos 11º, nºs 2 e 6 do CP (este último, *a contrario*) do qual resulta exigência de que o ilícito haja sido praticado em nome e no interesse da pessoa coletiva.

Ao nos bastarmos com a comissão do facto por qualquer pessoa no mero exercício das suas funções para responsabilizar o ente coletivo, estamos – parece-nos – numa situação de presunção da sua responsabilidade por um facto que lhe pode ser alheio, que não queria e que pode, inclusivamente, censurar e repudiar. A atuação em nome e no interesse coletivo significa – como resulta, desde logo, de uma interpretação *a contrario* do nº 6 do artigo 11º do CP e como melhor compreenderemos *infra* aquando da apreciação do que seja a atuação "contra ordens ou instruções expressas de quem de direito" – que o facto foi um facto da pessoa coletiva, que esta se apropriou dele e o fez seu, pois os elementos essenciais da infração foram moldados e determinados pela sua cultura corporativa[40]. Onde se abdique deste requisito de identificação do ente coletivo com a infração praticada, cai-se numa presunção de responsabilidade, presumindo-se que a infração cometida por uma pessoa singular no exercício das suas funções é uma infração da pessoa jurídica, impondo-se sobre esta o ónus de ilidir a presunção e excluir a sua responsabilidade comprovando não ter cometido o ilícito típico culposo.

Considerando a subsidiariedade do CP em relação ao RGCO (artigo 32º deste último), nada obsta a que se importe interpretativamente a exigência de comissão do facto em nome e no interesse da pessoa coletiva do artigo 11º, nº 2, do CP para o artigo 7º, nº 2, do RGCO[41], uma interpretação que em nada contraria o disposto e regulado neste último diploma.

[40] Quintela de Brito, 2013: 1251 e ss.

[41] Quintela de Brito, 2013: 1251 e ss.

Porém, essa não é exatamente a questão que aqui se coloca. A Lei nº 83/2017 prevê, alternativamente, uma responsabilidade da pessoa coletiva por factos praticados em seu nome e no seu interesse – entenda-se, por atos do próprio ente coletivo – e uma responsabilidade presumida por atos cometidos pelos colaboradores (independentemente da uma qualquer posição de liderança) no exercício das suas funções – ou seja, notámo-lo já, uma responsabilidade por factos que podem não ser da pessoa coletiva mas exclusivos da pessoa que os cometeu, pendendo sobre o ente coletivo um ónus de ilidir tal presunção.

Esta alternatividade não é exclusiva do regime contraordenacional da Lei anti-branqueamento. Podemos encontrar paralelos – mais ou menos esdrúxulos – em outros regimes. Será o caso, designadamente, do artigo 401º, nº 2, do Código dos Valores Mobiliários (doravante, CVM) ou do artigo 203º, nº 1, do Regime Geral das Instituições de Crédito e Sociedades Financeiras (doravante, RGIC). O Regime Geral das Infrações Tributárias (doravante, RGIT), porém, no seu artigo 7º, nº 1, já exclui essa alternatividade responsabilizando apenas a pessoa coletiva pelas infrações cometidas em seu nome e no interesse coletivo. Já o recente Regime Jurídico das Contraordenações Económicas, mais criativo, no nº 2 do seu artigo 7º, adota um modelo híbrido em função da pessoa que tiver cometido o facto, prevendo que o ente coletivo será responsável "pelas infrações cometidas em atos praticados, em seu nome ou por sua conta, pelos titulares dos seus órgãos sociais, pelos titulares dos cargos de direção e chefia e pelos seus trabalhadores, desde que atuem no exercício das suas funções ou por causa delas, bem como pelas infrações cometidas por mandatários e representantes, em atos praticados em seu nome ou por sua conta". Este último preceito inova também pois, ao invés de tipificar que o ato seja praticado, cumulativamente, em nome e no interesse da pessoa coletiva, tipifica uma responsabilização pelo ato que, alternativamente, haja sido cometido em nome ou "por conta" da pessoa coletiva.

Como se compreende, há aqui uma tremenda heterogeneidade nos regimes – geral e especiais – de imputação de responsabilidade contraordenacional às pessoas coletivas. É urgente que o legislador promova uma harmonização dos regimes de responsabilidade contraordenacional e reestabeleça alguma autoridade ao RGCO, a bem da estabilidade, credibilidade, consistência e coerência intrassistemáticas da ordem jurídica. Foquemo-nos, porém, na questão originalmente problematizada: a alternatividade entre, à uma, responsabilizar a pessoa coletiva por factos praticados em seu nome e no seu interesse e, à outra, presumir a responsabilidade daquela por atos cometidos pelos seus colaboradores no exercício das suas funções.

As pessoas coletivas não são meros centros de imputação de responsabilidade, sendo fundamental respeitar a sua personalidade e identidade – quando muito social. É inaceitável e de constitucionalidade duvidosa, designadamente por violação do princípio da culpa, que se responsabilize a pessoa coletiva por um facto a que ela é alheia, não o tendo ordenado ou querido, não tendo havido violação de deveres de vigilância e controlo, não se tendo apropriado dele. Se um facto não é praticado em nome da pessoa coletiva, nem tão-pouco a beneficia, não é um facto seu, sendo-o apenas da pessoa individual que o praticou. E se é verdade, digamo-lo ainda e como melhor apreciaremos *infra*, que a responsabilidade da pessoa coletiva será excluída onde esta haja emitido ordens ou instrução contrárias à prática do facto, não menos verdade será que a inexistência de tais ordens da pessoa coletiva na prática do facto não pode redundar automática e objetivamente na responsabilidade da mesma. Não compreendemos, como tal, a opção do legislador em positivar uma responsabilidade da pessoa coletiva por factos de terceiros – ainda que seus colaboradores – nem tão-pouco como se pode conciliar este modelo de responsabilidade com o princípio constitucional da culpa própria.

## 3. O programa e as ações de formação como "ordens ou instruções expressas" da pessoa coletiva

Vimos resultar do nº 2 do artigo 162º da Lei uma cláusula de exclusão da responsabilidade contraordenacional das pessoas coletivas que as desresponsabiliza nas situações em que o agente haja atuado contra as suas "ordens ou instruções expressas".

Esta cláusula de exclusão da responsabilidade contraordenacional das pessoas coletivas aproxima-se, assim, daqueloutra prevista no nº 6 do artigo 11º do CP, encontrando-se ainda cláusulas similares, com redações mais ou menos próximas e a mero título de exemplo, nos artigos 7º, nº 2, do RGIT, 203º, nº 2 do RGIC[42] ou 401º, nº 3, do CVM[43].

[42] Este preceito é replicado no artigo 648º, nº 2 do Anteprojeto de Código da Atividade Bancária, colocado em consulta pública pelo Banco de Portugal através da Consulta Pública

*a. As ordens ou instruções expressas da pessoa coletiva (ou o* enforcement *de uma cultura corporativa de lealdade do Direito)*

Como aflorado atrás, encontramos no ordenamento jurídico português várias cláusulas de exclusão da responsabilidade da pessoa coletiva nas circunstâncias em que o agente tenha atuado contra ordens ou instruções expressas. Porém, as redações das várias cláusulas não são uniformes, gerando dificuldades interpretativas e de consistência.

Do nº 6 do artigo 11º do CP, assim como do nº 2 do artigo 7º do RGIT resulta que a pessoa coletiva não será responsável quando "o agente tiver atuado contra ordens ou instruções expressas de quem de direito". Por seu turno, o artigo 401º, nº 3, do CVM, muito mais exigente, dispõe que a responsabilidade da pessoa coletiva é excluída quando "o agente atue contra ordens ou instruções concretas, individuais e expressas daquela, transmitidas ao agente, por escrito, antes da prática do facto". Já no RGIC, no artigo 203º, nº 2, encontramos uma redação muito próxima daquela do artigo 162º, nº 2, da Lei nº 83/2017, excluindo a responsabilidade da pessoa coletiva "quando o agente atue contra ordens ou instruções expressas daquela".

No que às ordens ou instruções expressas respeita, continuamos a ladear Teresa Quintela de Brito[44] no entendimento de que o caráter expresso da ordem ou da instrução não depende tanto da emissão de um comando explícito e avulso no sentido da contrariedade à comissão do facto ilícito em causa, antes sendo condicionado pela clareza, efetividade e eficácia das ditas ordens ou instruções em relação ao modo de organização, funcionamento e atuação da pessoa coletiva e ao concreto ilícito em causa. Isto porque, estando em causa a responsabilidade penal ou contraordenacional da própria instituição, uma ordem avulsa por si só nada diz sobre a postura de lealdade ou deslealdade da pessoa jurídica ao Direito, a qual depende antes da cultura corporativa do ente coletivo, que emerge aqui como o aspeto realmente preponderante. Por outras palavras, a pessoa

nº 6/2020, cujo relatório foi publicado a 16 de abril de 2021, encontrando-se disponível *online* em https://www.bportugal.pt/comunicado/banco-de-portugal-publica-relatorio-da-consulta-publica-do-anteprojeto-de-codigo-da-0).

[43] De notar que não encontramos no RGCO uma cláusula que exclua a responsabilidade contraordenacional das pessoas coletivas quando o agente haja atuado contra ordens ou instruções expressas de quem de direito. Em virtude da natureza subsidiária do CP ante o RGCO (artigo 32º), terá aplicabilidade o nº 6 do artigo 11º do CP.

[44] Quintela de Brito, 2014: 82-83; 2018: 88-89. No mesmo sentido nos pronunciamos já em Costa, 2018: 331-332.

coletiva será responsabilizada pelo facto praticado pelo agente quando, relativamente à matéria concreta em causa, aquele refletir um modo de organização coletivo pautado pela deslealdade ao Direito.

E é partindo desta linha de raciocínio que inferimos que as expressões "de quem de direito" e aqueloutra que referencia a autoria das ordens ou instruções expressas à própria pessoa coletiva, não se diferenciam materialmente. Estamos, assim, segundo cremos, perante duas redações que, embora distintas, traduzem o mesmo significado, sendo a própria pessoa coletiva o "quem de direito".

Diverge deste entendimento, por exemplo, Paulo Pinto de Albuquerque[45] que entende que a responsabilidade penal da pessoa coletiva estará excluída quando o agente subordinado atue contra "ordens ou instruções expressas (isto é, que exprimam comandos explícitos e específicos) de quem de direito, isto é, de pessoa que ocupa uma posição de liderança".

Não concordamos que assim seja. Em linha com o que defendemos *supra*, a responsabilidade da pessoa coletiva implica que se estabeleça uma identificação entre a pessoa coletiva e o facto praticado, isto é, o facto praticado pelo indivíduo tem de refletir uma postura de deslealdade ao Direito por parte da pessoa jurídica, traduzida numa cultura corporativa que, quanto à matéria concreta em causa, terá de ser uma de desconsideração pela norma jurídica. Uma ordem avulsa e concreta de um superior hierárquico não desresponsabiliza a pessoa coletiva, do mesmo modo que, inversamente, não a responsabilizará quando, existindo no seio da pessoa coletiva uma cultura de cumprimento do Direito, a dita ordem for no sentido da comissão de um ilícito penal ou contraordenacional. Já o dissemos e cumpre ora enfatizar: as pessoas coletivas não são meros centros de imputação de uma responsabilidade objetiva. São pessoas, ainda que jurídicas, com personalidade e identidade social que importa respeitar e que clamam um estrito cumprimento dos princípios penais e contraordenacionais, designadamente o princípio da culpa[46].

[45] ALBUQUERQUE, 2021: 149.

[46] Sobre esta matéria, cumpre deixar uma nota de rejeição do critério de exclusão da responsabilidade da pessoa coletiva previsto no Código dos Valores Mobiliários. Como referido *supra*, prevê o artigo 401º, nº 3, do CVM, que a responsabilidade da pessoa coletiva é excluída quando "o agente atue contra ordens ou instruções concretas, individuais e expressas daquela, transmitidas ao agente, por escrito, antes da prática do facto". Por um lado, este critério afirma uma responsabilidade da pessoa coletiva próxima da objetiva, por via de um

Deste modo, em suma, somos do entendimento que, não havendo na ordem jurídico-constitucional portuguesa lugar a responsabilidade objetiva, em conformidade com o princípio da culpa, a responsabilidade da pessoa coletiva pela comissão dos ilícitos contraordenacionais previstos na Lei nº 83/2017 será excluída onde o agente tiver atuado "contra ordens ou instruções expressas daquela", as quais se traduzem na existência, quanto à matéria e ao facto concreto praticado, de uma cultura corporativa séria e efetiva de lealdade ao Direito. Por outras palavras, onde a pessoa coletiva assegure a aplicação efetiva (o *enforcement*) de uma cultura corporativa que repudie e rejeite a prática de ilícitos como o que teve lugar no seu seio, haverá "ordens ou instruções expressas" por si emitidas no sentido da não prática do facto, atuando o agente à revelia das mesmas e praticando um facto que é seu e não do ente coletivo.

*b. O programa de (socialização, orientação e) formação como "ordens ou instruções expressas" emitidas pela pessoa coletiva*

Concordamos com Germano Marques da Silva[47] quando o Autor afirma ser irrelevante a forma que as ordens ou instruções expressas emitidas pela entidade coletiva assumem. Ressalvado o caso do previsto no artigo 401º, nº 3, do CVM, conforme visto e criticado atrás[48], não cremos estar em causa uma questão de forma. Releva, sim, que o agente do facto conheça as ordens ou instruções expressas emitidas pela pessoa coletiva e que aquelas tenham sido transmitidas de forma concreta e inequívoca e se assumam como comandos com um *enforcement* efetivo e não meras recomendações.

Neste sentido, é, em nosso entender, penal e contraordenacionalmente irrelevante, para efeitos de exclusão da responsabilidade da pessoa cole-

muito significativo (embora apenas formal) aperto das circunstâncias excludentes da sua responsabilidade, reduzindo-se a pessoa coletiva a ações individualizadas e avulsas dos seus colaboradores e dirigentes. Como tal, pode no seio da pessoa coletiva estar enraizada uma cultura corporativa de estrito cumprimento do Direito, mas, ainda assim, acabar a pessoa jurídica por ser responsabilizada por um ilícito isolado cometido por um agente individual que o ente coletivo repudia e ao qual, inclusive, é alheio na sua identidade coletiva. E, por outro lado, este é um critério que, inclusivamente, se nos afigura perigoso e propenso à fraude, permitindo a instrumentalização da pessoa coletiva para a comissão de ilícitos isentando-se a mesma de responsabilidades pela formalização por escrito de instruções concretas, individuais e expressas, que acabam por operar como uma fachada de lealdade ao Direito.

[47] Marques da Silva, 2008: 85

[48] *V. supra* n. 46.

tiva, a forma por via da qual a cultura corporativa de lealdade ao Direito – a cultura de *compliance* – é transmitida aos colaboradores. Fundamental é que esta cultura seja efetiva e que permeie toda a empresa, moldando o modo de atuação de todos os colaboradores.

Emergem aqui como relevantes, neste contexto, diversos conceitos[49]. Desde logo o conceito de socialização organizativa, que respeita ao processo pelo qual os colaboradores recém-contratados passam de *outsiders* a *insiders*, apreendendo, entre o mais, as normas, os modos de funcionamento e os padrões comportamentais que vigoram na empresa. Pese embora se reporte, habitualmente, aos recém-contratados, os colaboradores das organizações podem passar por vários momentos de socialização e ressocialização, por exemplo, quando mudam de funções ou de departamentos, quando se transferem para outras geografias onde a empresa está presente, ou mesmo quando ocorrem alterações significativas na cultura ou no clima organizativos.

Também a noção de orientação aqui releva, dado tratar do processo pelo qual os colaboradores do ente coletivo, particularmente os recém-contratados, aprendem, por via de um orientador em representação da empresa, as regras, políticas e procedimentos da organização. Trata-se, por conseguinte, de um processo intimamente ligado à cultura e ao clima corporativos. Os programas de orientação asseguram que aos colaboradores é transmitida informação sobre as manifestações exteriorizadas da cultura e dos valores da empresa permitindo, consequente e inclusivamente, que aqueles possam detetar e compreender as situações de discrepância entre os valores defendidos pela pessoa coletiva e a prática quotidiana[50].

Por seu turno, e com particular relevância aqui, a noção de formação num contexto corporativo, que se centra na transmissão aos colaboradores dos específicos conhecimentos necessários ao desempenho bem sucedido e competente das funções e tarefas que os seus trabalhos requerem.

Perante o que fica exposto, compreende-se que, entre estes conceitos, a socialização organizativa será talvez a mais intimamente ligada com a cultura corporativa e a respetiva permeação nos colaboradores – recém-contratados ou não. Não quer isto dizer, de todo o modo, que a formação *per se* seja irrelevante no que respeita à cultura da entidade. Antes pelo

[49] *Ex professo* sobre estes conceitos e a sua relação com a transmissão da cultura corporativa aos colaboradores, cf. Feldman/O'Neill, 2014.

[50] *Idem*: 47-48.

contrário, o contexto formativo transmite informação muito importante sobre a cultura e o clima corporativos da empresa. Porém, por um lado, a cultura corporativa estará muito mais presente e será muito mais sentida onde, ao invés de um programa de formação, estejam em aplicação efetiva programas que cubram a formação mas também a socialização e a orientação dos colaboradores. E, por outro lado, é fundamental que se assegure a sintonia entre aquilo que é transmitido nas atividades formativas e aquilo que é, na realidade, a cultura da empresa.

Como vimos, a Lei nº 83/2017, o RGPC e a Diretiva AML carregam consigo a obrigatoriedade de implementação e manutenção de programas de formação sobre as matérias relativas à prevenção do Branqueamento de Capitais e do Financiamento do Terrorismo. Vimos também ser nosso entendimento que o ente coletivo não será responsável por um ilícito (penal ou) contraordenacional cometido por um agente individual quando no seio daquele haja uma verdadeira, séria e efetiva cultura de *compliance* relativamente à matéria sobre a qual o ilícito versou. Aquela cultura de lealdade ao Direito será, sabemo-lo já, a verdadeira "ordem ou instrução expressa" à revelia da qual o agente atuou.

Estamos em crer que ambas estas ideias estão intimamente ligadas. Sem prejuízo, o programa de formação *a se* pode estar em dissonância com aquilo que é, na realidade, a cultura corporativa predominante na entidade coletiva. Por outras palavras, os programas de formação, ao traduzirem, entre o mais, as prioridades formativas e os conteúdos a cobrir pelas atividades formativas – *in casu*, em matéria AML/CFT –, podem prever que seja transmitido aos colaboradores que não podem ignorar determinados comportamentos de risco por parte dos clientes, ao passo que, na realidade, a cultura corporativa em vigor na empresa é uma de venda agressiva e de priorização do lucro sobre o risco AML.

É, deste modo, absolutamente fundamental que se garanta que os programas de formação e os conteúdos ministrados encontram reflexo *na* e exprimam *a* cultura corporativa em vigor, enfatizando a inaceitabilidade de práticas proibidas, os riscos do incumprimento e uma política de tolerância zero com esse mesmo incumprimento.

Os programas de formação, por si só, não mais são que garantes de que aos colaboradores são transmitidos os conhecimentos necessários ao bom e competente desempenho das funções e tarefas que lhes estão acometidas. Assim, só por existirem, não terão impacto na responsabilidade contraordenacional da pessoa coletiva pela prática de ilícitos contraordenacionais por violação de deveres de *compliance* AML.

Porém, onde haja uma aplicação efetiva e séria de um programa de formação que, enquadrado num programa de cumprimento normativo, cumpra o duplo imperativo de reflexo e implementação de uma cultura corporativa de *compliance*, associado a uma socialização dos colaboradores que assegure o seu enquadramento na empresa como cidadãos corporativos e leais ao Direito, cremos que a prática de um ilícito contraordenacional pela violação de obrigações de prevenção do branqueamento de capitais e do financiamento do terrorismo não será um ilícito da pessoa coletiva, mas antes um ilícito do agente individual, havendo ordens ou instruções expressas, clara e inequivocamente transmitidas ao agente, no sentido da não comissão do ilícito, o qual será da responsabilidade daquele.

## Conclusão

Resulta da Lei nº 83/2017, de 18 de agosto, no contexto dos deveres de controlo e de formação aí previstos, uma obrigação para as entidades obrigadas no sentido da aplicação efetiva (do *enforcement*) de um programa de formação que estruture de forma sistemática a formação sobre prevenção do Branqueamento de Capitais e do Financiamento do Terrorismo a ministrar no seio da empresa.

Como vimos, esta exigência, numa interpretação conforme ao Direito Europeu e conjunta dos artigos 55º e 12º, da Lei nº 83/2017, e 46º, da Directiva (UE) 2015/849, requer que os programas de formação: (i) sejam especiais, dedicando-se especificamente à matéria da prevenção do Branqueamento de Capitais e do Financiamento do Terrorismo; (ii) assegurem – entre outras atividades formativas – ações de formação específicas sobre o tema, e (iii) garantam que a formação é contínua, prolongando-se no tempo e acompanhando a vida da empresa, e que as ações de formação são regulares. Requer ainda que os programas de formação sejam suficientes, isto é, que assegurem uma formação séria, eficiente e envolvente, que se atualizem e melhorem constantemente com base no *feedback* e nos resultados e assegurem atividades pedagógicas e formativas com uma sólida componente em formação presencial e síncrona.

Os programas de formação, porém, servem unicamente o propósito de assegurar que aos colaboradores são transmitidos os conhecimentos necessários ao bom e competente desempenho das funções e tarefas que os seus trabalhos requerem. Por si só, não parece que possam ter qualquer impacto na responsabilidade contraordenacional da pessoa coletiva pela prática de ilícitos contraordenacionais por violação de deveres de prevenção do branqueamento de capitais e do financiamento do terrorismo.

Como vimos, a responsabilidade da pessoa coletiva por estas violações estará excluída apenas e exclusivamente onde o agente individual tiver atuado contra ordens ou instruções expressas daquela. Como vimos também, estas ordens ou instruções expressas só existirão onde se puder afirmar que no seio da pessoa coletiva existe e é nutrida uma cultura corporativa de lealdade ao Direito por referência à matéria a que o facto cometido respeita.

Assim, onde esta cultura corporativa de *compliance* existir no seio da entidade obrigada, sendo aplicada (*enforced*) com seriedade e efetividade e transmitida de forma clara, concreta e inequívoca aos colaboradores, permeando a sua socialização na empresa e, consequentemente, a sua atuação laboral quotidiana, poderá afirmar-se que o ilícito cometido pelo agente individual não é um ilícito coletivo mas antes da pessoa singular que o praticou e o fez seu.

Resulta, deste modo, que se é verdade que um programa de formação por si só não parece poder ter impacto na responsabilidade contraordenacional (ou penal, seguindo o mesmo raciocínio) da pessoa coletiva, não é menos verdade que é um instrumento de transmissão de instruções como reflexo e implementação dessa mesma cultura. Assim, quando associado a um efetivo programa de socialização dos colaboradores, que os inclua como *insiders* da entidade coletiva permeados pela cultura corporativa de lealdade ao Direito, operarão como excludentes da responsabilidade contraordenacional daquela primeira, que terá transmitido aos seus colaboradores "ordens ou instruções expressas" contrárias à comissão do facto ilícito.

## Bibliografia Citada


ALBUQUERQUE, Paulo Pinto de,

(2021) *Comentário do Código Penal à luz da Constituição da República e da Convenção Europeia dos Direitos do Homem*, 4ª ed., Lisboa: Universidade Católica Editora.

(2022) *Comentário do Regime Geral das Contraordenações à luz da Constituição da República, da Convenção Europeia dos Direitos Humanos e da Carta dos Direitos Fundamentais da União Europeia*, com a colaboração de Gabriel Mateus de Albuquerque, 2ª ed., Lisboa: Universidade Católica Editora.

CHAN, Janis Fisher,
(2009) *Designing and Developing Training Programs: Pfeiffer Essential Guides to Training Basics*, San Francisco: Wiley.
CRAIG, Paul / DE BÚRCA, Gráinne,
(2020) *EU Law: Text, Cases, and Materials*, 7ª ed., New York: Oxford University Press.
COSTA, José Neves da,
(2018) "Responsabilidade penal das instituições de crédito e do *Chief Compliance Officer* no crime de Branqueamento de Capitais", in: Maria Fernanda Palma, Augusto Silva Dias e Paulo de Sousa Mendes (coord.), *Estudos sobre* Law Enforcement, Compliance *e Direito Penal*, Coimbra: Almedina, pp. 303-341:
COX, Dennis,
(2014) *Handbook of Anti Money Laundering*, Chichester: Wiley.
FARINHAS, Carla,
(2018) "O princípio do primado do direito da união sobre o direito nacional e as suas implicações para os órgãos jurisdicionais nacionais", *Julgar* 35, pp. 71-89.
FCA,
(2022) *Financial Crime Guide: A Firm's Guide to Countering Financial Crime Risks*, Release 19, May 2022, disponível *online* in: https://www.handbook.fca.org.uk/handbook/FCG.pdf.
FELDMAN, Daniel C. / O'NEILL, Olivia Amanda,
(2014) "The Role of Socialization, Orientation, and Training Programs in Transmitting Culture and Climate and Enhancing Performance", in: Benjamin Schneider e Karen M. Barbera (ed.), *The Oxford Handbook of Organizational Climate and Culture*, Oxford: Oxford University Press, pp. 44-64
LENAERTS, Koen / CORTHAUT, Tim,
(2006) "Of birds and hedges: the role of the primacy in invoking norms of EU law', *European Law Review* 31, pp. 287-315.
MARQUES DA SILVA, Germano,
(2008) "Responsabilidade penal das pessoas colectivas: Alterações ao Código Penal introduzidas pela Lei nº 59/2007, de 4 de Setembro", *Revista do CEJ* 8 (especial), pp. 69-97.
MARQUES JÚNIOR, Filipa / MEDEIROS, João
(2018) "A elaboração de programas de *compliance*", in: Maria Fernanda Palma, Augusto Silva Dias e Paulo de Sousa Mendes (coord.), *Estudos sobre* Law Enforcement, Compliance *e Direito Penal*, Coimbra: Almedina, pp. 123-148.
MOORE, Cathy,
(2017) *Map It: The Hands-on Guide to Strategic Training Design*, n.p.: Montesa Press.
PEREIRA, António Beça,
(2022) *Regime Geral das Contraordenações e Coimas: Anotações ao Decreto-Lei nº 433/82, de 27 de outubro*, 13ª ed., Coimbra: Almedina.
QUINTELA DE BRITO, Teresa,
(2013) "Questões de prova e modelos legais de responsabilidade contra-ordenacional e penal de entes colectivos" in: Manuel da Costa Andrade *et al.*, *Direito Penal – Fundamentos dogmáticos e político-criminais – Homenagem ao Prof. Peter Hünerfeld*, Coimbra: Coimbra Editora, pp. 1209-1264.
(2014) "Relevância dos mecanismos de '*Compliance*' na responsabilização penal das pessoas coletivas e dos seus dirigentes", *Anatomia do crime* 0 (jul.-dez.), pp. 75-91.

(2018) "*Compliance*, cultura corporativa e culpa penal da pessoa jurídica", in: Maria Fernanda Palma, Augusto Silva Dias e Paulo de Sousa Mendes (coord.), *Estudos sobre* Law Enforcement, Compliance *e Direito Penal*, Coimbra: Almedina, pp. 57-100.

RODRIGUES, André Alfar,
(2022) *Manual Teórico-Prático de* Compliance, Coimbra: Almedina.

SERRA, Teresa,
(1999) "Contra-ordenações: responsabilidade de entidades colectivas", *Revista Portuguesa de Ciência Criminal* 9, nº 2 (abril-junho), pp. 187-212.

SILVA, Isabel Marques da,
(2015) *Regime Geral das Infracções Tributárias – Cadernos IDEFF3ª – nº 5*, 3ª ed. (reimp.), Coimbra: Almedina.

SILVA DIAS, Augusto / SOARES PEREIRA, Rui,
(2022) *Direito das Contra-Ordenações*, 2ª ed., Coimbra: Almedina.

SCHÜTZE, ROBERT,
(2021) *European Constitutional Law*, 3ª ed., New York: Oxford University Press

VILELA, Alexandra,
(2020) "Responsabilidade Contra-ordenacional da Pessoa Colectiva", in: Maria Fernanda Palma, Augusto Silva Dias e Paulo de Sousa Mendes (coord.), *Novos Estudos sobre* Law Enforcement, Compliance *e Direito Penal*, Coimbra: Almedina, pp. 395-416.

## Jurisprudência Citada

Portugal

Ac. STJ, de 27/11/2018, Proc. 46/13.9TBGLG.E1.S1, Rel. Cabral Tavares.
Ac. TRC, de 29/11/2000, Proc. 452/2000, Rel. João Trindade;
Ac. TRC, de 18/03/2015, Proc. 304/14.5TBCVL.C1, Rel. Alcina da Costa Ribeiro;
Ac. TRG, de 24/09/2018, Proc. 722/18.0T8BRG.G1, Rel. Armando Azevedo;
Ac. TRL, de 26/10/2010, Proc. 402/10.4TAPDL.L1-5, Rel. Agostinho Torres;
Ac. TRP, de 24/01/2007, Proc. 0643899, Rel. Isabel Pais Martins;
Ac. TRP, de 23/05/2012, Proc. 3497/07.4EAPRT.P1, Rel. Lígia Figueiredo;
Ac. TRP, de 06/06/2012, Proc. 4679/11.0TBMAI.P1, Rel. Artur Oliveira;
Ac. TRP, de 21/03/2013, Proc. 6334/11.1TBMAI.P1, Rel. Castela Rio;
Ac. TRP, de 24/02/2021, Proc. 4701/17.6T9AVR.P2, Rel. Jorge Langweg.

Tribunal de Justiça da União Europeia

C-14/83, *Von Colson and Elisabeth Kamann v Land Nordrhein-Westfalen* [1984] ECR 1891;
C-131/97, *Annalisa Carbonari and Others v Università degli studi di Bologna, Ministero della Sanità, Ministero dell'Università e della Ricerca Scientifica and Ministero del Tesoro* [1999] ECR I-1103;
C-160/01, *Karen Mau v. Bundesanstalt für Arbeit* [2003] ECR I-4791;
C-397-01 a C-403/01 (processos apensos), *Pfeiffer et al. v. Deutsches Rotes Kreuz, Kreisverband Waldshut eV*, [2004] ECR-I-8835.

# ÍNDICE